大宋平江

苏州市姑苏区政协文化文史委员会 编

U0823597

大宋平江

宋朝苏州郡守其人其事（下部）

张焕强 主编

苏州大学出版社
Soochow University Press

图书在版编目（CIP）数据

大宋平江：宋朝苏州郡守其人其事. 下部／张焕强主编；苏州市姑苏区政协文化文史委员会编. —苏州：苏州大学出版社，2022. 11
ISBN 978-7-5672-4131-2

Ⅰ. ①大… Ⅱ. ①张… ②苏… Ⅲ. ①郡守—生平事迹—苏州—宋代 Ⅳ. ①K827＝44

中国版本图书馆 CIP 数据核字（2022）第 227838 号

书　　名：大宋平江——宋朝苏州郡守其人其事（下部）
DASONG PINGJIANG——SONGCHAO SUZHOU JUNSHOU QIREN QISHI (XIABU)

主　　编：张焕强
责任编辑：刘　冉
助理编辑：汝硕硕
装帧设计：吴　钰

出版发行：苏州大学出版社（Soochow University Press）
社　　址：苏州市十梓街 1 号　**邮编**：215006
网　　址：http://www.sudapress.com
邮　　箱：sdcbs@suda.edu.cn
印　　刷：苏州市深广印刷有限公司
邮购热线：0512-67480030
销售热线：0512-67481020

开　　本：700 mm×1 000 mm　1/16　**印张**：31.5　**字数**：469 千
版　　次：2022 年 11 月第 1 版
印　　次：2022 年 11 月第 1 次印刷
书　　号：ISBN 978-7-5672-4131-2
定　　价：88.00 元

凡购本社图书发现印装错误，请与本社联系调换。服务热线：0512-67481020

《大宋平江——宋朝苏州郡守其人其事（下部）》编委会

◆目录◆

第一章　平江烟水

——升格后的动荡岁月

（宋康年、庄徽、应安道、贾謜、楼异、胡直孺、许操、季伦、王靓、郑滋）

政和三年（1113），苏州正式升格为平江府。

“平江”二字始自太平兴国三年（978），当时钱俶“纳土归宋”，北宋将吴越国原有土地划分为十三州一军八十六县，“一军”即平江军，“平江”因此而得名。至于“平江”二字的由来，自古就有两种说法：一说是因为苏州地势较低，“与江水相平”，故而称之；另一说是因为“平定江南”而名之。《苏州通史》采用第二种说法，认为平江军命名的时候正是宋与吴越的联军平定江南之时，这一命名具有纪念意义。至于“平江府”的命名则与宋徽宗有着直接关系。早在绍圣三年（1096），宋哲宗赵煦就晋封十五岁的端王赵佶为平江军、镇江军节度使，从此，平江军和镇江军在名义上就成了赵佶的节镇。宋徽宗虽然一生都没有到过苏州，但是对苏州还是有着别样的情愫的，加之当时宋徽宗重用和信赖的蔡京、朱勔对苏州更是有着很深的感情，所以，到了政和三年（1113），宋徽宗就正式把苏州和润州升格为平江府和镇江府，使苏州和镇江成为江南最先升格的城市（杭州升格为临安府是宋廷南渡之后的事情）。

当苏州升格为平江府的时候，北宋“六贼”之一的朱勔已经成为苏州真正的霸主。在上部中已经介绍过，蔡京从苏州回京的时候，把朱冲、朱勔父子一同带了回去，并嘱咐童贯给他们办了假军籍，朱氏父子倚仗假军功做了官。蔡京见宋徽宗喜欢奇花异石，就让朱冲父子“秘取浙中珍异以进”，朱勔便将三株奇异的黄杨运送到汴京，宋徽宗见了果然大喜。趁着宋徽宗心情大好，蔡京将朱勔引荐给了宋徽宗，为朱勔的发迹奠定了基础。

得到宋徽宗的赏识之后，朱勔的胆子慢慢大了起来。为了便于搜集奇花异石、珍巧器物，蔡京向宋徽宗建议，专门在苏州设立“应奉局”，在杭州、苏州设立“造作局”，并于崇宁四年（1105）安排朱勔主持二局的工作。为了便于将搜集来的奇花、异木、怪石等送到京城，朱勔把十艘左右的船只组成一个运输船队，称为“一纲”，这种专门运送奇花异石以满足皇帝喜好的特殊运输交通称为“花石纲”。由于搜刮来的花石竹木太多，源源不断的船队导致运河航道不畅，致使部分船只只能改走海路去往京师。由于朱勔十分卖力，其官位也在不断提升，最后累迁至合州防御使。

有了朝廷命官这一护身符，加上宋徽宗的垂青，朱勔的气焰不断嚣张，民家凡有一木一石、一花一草可供玩赏，应奉局就会立即派人以黄纸封之，称之为供奉皇帝之物，强迫居民看守，居民稍有不慎，就会被冠以“大不恭”之名，轻则被打骂，重则被抓到官府问罪。搬运的时候，不管那花石宝物是在高山绝壑还是在深水激流，官府都不惜破屋坏墙、践田毁墓，不计民力千方百计搬运出来，百姓遭涂炭，中产之家几近破产，甚至卖子鬻女供其索取，好端端的一个繁华苏州，被朱勔弄得萧索异常。

朱勔采办花石的钱，都是从府库中支取的，“每取以数十百万计”，朱勔以采办花石为名，大肆中饱私囊。朱勔矫诏说自己所居住的孙老桥一带被皇帝下诏赐予朱家，强行把民居占为己有，大规模修建园林和宅邸。同时，他还通过各种手段霸占田地、庄园，很快成为拥有私人武装的大官僚、大地主。朱勔最后被抄家时，共计有田庄十所、良田三十万亩，每年收取田租十万石。苏州半座城都成了朱家的，所以史书说“甲地名园，几半吴郡”。至于朱勔家中的珍玩器物，更是让人瞠目结舌，“服膳器用逼王食，而华致过之”。据史料记载，朱勔营造的同乐园，占地面积之大、湖石之奇，堪称江南第一。朱勔一家拥有数千人的卫队，而且东南一带的郡守、县官大多也出于朱勔的门下，“颐指目摄，皆奔走听命”，时人称之为“东南小朝廷”。

在朱勔的压榨下，江南人民不堪其苦，终于导致以“诛朱勔”为名的方腊起义。方腊起义从宣和二年（1120）十月开始，深受“花石纲”之苦的江南各地人民纷纷响应，很快波及两浙路、江南东路、淮南西路十八个州军，攻占县城近七十座。消息传到首都开封，宋徽宗立即派童贯统率数十万原本准备攻辽的大军迅速南下。宣和三年（1121）四月，当时还是官军偏将的韩世忠擒获方腊，起义宣告失败。

方腊造反，打出的旗号就是“诛杀贼臣朱勔”，由于御史弹劾，朱勔及其子侄官职皆被黜落。方腊攻陷杭州，发现州府衙门贵宾招待所有数十人，皆锦衣金带。大刑伺候，才知这些人皆是朱勔家奴。

但是，方腊起义被平定之后，宋徽宗好了伤疤忘了痛，宠幸信任朱勔依旧。朱勔不仅被官复原职，而且“进见不避宫嫔”。有一次宋徽宗因为高兴，把朱勔的肩膀拍了拍，朱勔回去后就在锦袍上绣上金手印，告诉别人徽宗皇帝常常“以手抚之”。朱勔还用黄帛缠臂，与人见面作揖的时候，缠着黄帛的肩膀不动，表示这只胳膊刚刚被皇帝拍过。所以，当时就有“金腰带，银腰带，赵家世界朱家坏”的民谚。

到了宣和七年（1125）十月，金军进攻开封，1126 年，惊慌失措的宋徽宗急急忙忙把皇位传给了宋钦宗赵桓，带着蔡京、朱勔逃到了镇江，估计是想到朱勔的老巢苏州避难，后来因为金军未能攻克开封退兵而去，宋徽宗和蔡京等才返回开封。当时，国家处于风雨飘摇之中，朝野同声要求诛杀“六贼”，宋钦宗只得削去朱勔父子的官职，将其流放，后又下诏在途中处死。消息传到苏州后，积怨已久的苏州人民冲进朱家，将同乐园抢劫一空。虽然同乐园不复存在，但是苏州还是留下了一个叫朱家园的地名，让后人至今牢记那段历史。

就是在这样的背景下，平江知府们艰难地维护着苏州这方天地，虽然其中的一半已经“姓朱”。

苏州升格后，首任知府叫宋康年。

宋康年生于熙宁四年（1071），卒于建炎三年（1129）。宋康年于建中靖国元年（1101）考中进士，先后担任过户部郎中、明州（今浙江宁波）知州等职，苏州升格后，宋康年转任平江知府，在平江知府任上做了十个月后转任淮南路转运副使、淮南江浙荆湖制置发运副使、拱州（今河南睢县）知州，最后的官职是中奉大夫。史料上关于宋康年的记载很少，其任职情况只散落在一些地方志之中，因此笔者无法对其进行全面介绍。

宋康年离任后，庄徽接任平江知府。但是，关于庄徽的资料几乎是空白，只有王鏊的《姑苏志》简单地介绍了一下，说他是政和四年（1114）九月以中大夫充徽猷阁待制自兴仁府转任平江府，重和元年（1118）离任。另外，《宋史》中有一段话提及庄徽："（政和）六年闰正月，知杭州李偃言……是年，诏曰闻平江三十六浦内自昔置闸，随潮启闭，岁久堙塞，致积水为患，其令守臣庄徽专委……"除此之外，没有任何其他涉及庄徽的资料。不过想想这也正常，当时，江浙地区都是朱勔的天下，能够在苏州这样的地方当知州，而且一当就是四年时间，他必然和朱勔的关系非常亲密。一个和朱勔这样的奸贼绑在一起的知府，可以想象其奸诈、圆滑的程度，他也不可能干出什么轰轰烈烈的事情，史书没有记载再正常不过了。

庄徽在苏州一待就是四年，一直到重和元年（1118）才离开，由应安道接任。应安道和庄徽一样，都唯朱勔马首是瞻，所以史书上并没有多少记载。庄徽、应安道之流也都是通过巴结、贿赂朱勔而得到升迁。《宋史·朱勔传》中有一段话提及应安道："勔擢至防御使，东南部刺史、郡守多出其门。徐铸、应安道、王仲闳等济其恶，竭县官经常以为体。"洪迈在《容斋随笔》中也有类似的话："宣和间，朱勔挟花石进奉之名以固宠规利，东南部使者郡守多出其门，如徐铸、应安道、王仲闳辈济其恶，豪夺渔取，士民家一石一木稍堪玩，即领健卒直入其家，以黄封表志，而未即取，护视微不谨，则被以大不恭罪。"徐铸时任杭州知州，和应安道一南一北控制着江浙地区的官场，一天到晚干着助纣为虐、祸害百姓的事情，因此在史书上留下了骂名。

不过，应安道也不是完全没做好事，他在发运使任上对苏州的水利建设提出了建议。据《宋史》记载："发运副使应安道言：'凡港浦非要切者，皆可徐议，惟当先开昆山县界茜泾塘等六所；秀之华亭县，欲并循古法，尽去诸堰，各置小斗门。常州、镇江府、望亭镇仍旧置闸。'八月，诏户曹赵霖相度役兴。"

应安道在平江知府任上做了一年后提举江州太平兴国观，贾譔接任。

贾譔的籍贯和任职情况不详，原因是贾譔和他的几位前任一样，都是朱勔的党徒，史书没有记载很正常。《钦定四库全书·龟溪集》卷十二《黄直阁墓志铭》中有一段话提到贾譔："宣和中，姑苏守贾譔知君名，强欲吏之，辟致幕下，诸君势人，意君可撼以禄，争为出力推挽。龃龉不合，去为浙西提举司干办公事，移京东，改发运司，主管文字，君亦未尝薄其官，所居称治。"这篇墓志铭的主人叫黄策，字子虚，苏州吴县人，直阁是官名。宋吴曾《能改斋漫录·事始·直阁名官》言："真宗大中祥符末，元尝讲《易》泰卦，赐五品服，除直龙图阁。直阁名官，盖始于此。"黄策生性豪迈，风神峻拔，曾当过雍丘县主簿、齐州州学教授。元符三年（1100），宋哲宗驾崩后，昭慈圣献皇后（就是宋哲宗的皇后）恢复位号，但是典册中存在不合礼法的地方，黄策上书引经据典加以争论，结果得罪了蔡京。所以，蔡京当了宰相后就把黄策列为旧党成员，并且将其名刻入党人碑，后黄策被流放到登州（今山东蓬莱），又辗转至海州（今江苏连云港）。没多久，宋徽宗为了破除党争，就把党人碑给砸碎了，黄策也回到了苏州闲居。正是在他闲居期间，贾譔出任平江知府。贾譔知道黄策这人非常有名气，所以才要强令黄策出仕。从这件事情上看，贾譔有朱勔这座靠山，才敢强人所难，也正因为朱勔的气焰，黄策也不敢不出仕。由此可见，贾譔是朱勔一党无疑。

贾譔在苏州做了一年知府，然后由楼异接任平江知府。

楼异，字试可，浙江鄞县（今宁波鄞州）人。楼异是北宋著名教育家楼郁之孙。其父楼常曾做过台州知州，死后父以子贵追赠金紫光禄大夫。

楼异于神宗元丰八年（1085）考中进士，最初担任汾州（今山西汾阳）司理参军，后调任永兴军虞幕府，离开永兴军后出任东京文绣院监正（文绣院是北宋才有的部门，属于少府监，主要负责编织绣品，供皇帝服御及宾客祭祀之用），知大宗正丞。哲宗元符二年（1099），楼异出任登封县令。在登封县令任上，楼异遍游少室三十六峰，写下了著名的《少室山三十六峰赋》和《嵩山二十四咏》。楼异还上书朝廷，建议修建少林寺初祖庵，初祖庵成为至今留存的河南省历史最久的木结构建筑。

在登封待了三年后，楼异升迁为度支员外郎。楼异以奉养双亲为由，请求出任泗州（今安徽泗县）知州（楼异是宁波人，其祖父楼郁曾经当过江西庐江主簿，后来感到“禄不逮亲矣，非吾志也”，自求致仕，授大理评事衔，此后就在家乡读书教书。楼异的父亲楼常也未在泗州担任过官职，其何以要求到泗州奉养双亲不得而知）。离开泗州后，楼异被任命为吏部右司员外郎、左司郎中、太府鸿胪卿，后又以直秘阁的官衔出任秀州（今浙江嘉兴）知州。

徽宗政和七年（1117），楼异以馆阁学士的官衔被任命为随州（今湖北随州）知州。但是，楼异不想到随州去，想回自己的老家明州（今浙江宁波）任职，所以在上任前向徽宗辞别时提出了两个建议：一是在明州设立高丽一司（也就是明州高丽使馆），依照宋神宗元丰年间的旧制，重开中朝贸易，并建议造海船一百艘，以备使者之用；二是将明州广德湖开垦为田，以每年的田租收入作为接待高丽来使的费用。要面子的宋徽宗正愁国库空虚，缺少解决财政问题的有效办法，听了楼异的建议非常高兴，于是将楼异改任为明州知州，并赐给金紫腰带。

广德湖是鄞西地区百姓赖以生存的母亲湖和重要的水利枢纽，起着十分重要的调节气候和农业灌溉的作用。广德湖之名，就是由“湖面广阔，惠德于民”而来。楼异到任后，把广德湖废湖为田，垦辟湖田七万二千多亩，每年可收租谷三万六千石。广德湖被改为田地后，鄞西的水利和生态系统日益恶化，“七乡之田，无岁不旱”。至今当地还流传着一句俗语“田要买东乡，儿子要亲生”，其中包含着人们对广德湖被废后曾经的良田沦为下田的无限伤感。楼异也因为这件事情被诟病。

不过，除了这件事情外，楼异一生还是做了很多善事实事的。在明州期间，楼异在今镇海招宝山下督造了两艘航海巨舰，规模为当时全国之最，在对外贸易中发挥了重要作用。宣和二年（1120），楼异再任明州知州时，正值方腊起义，明州也受到威胁。楼异行动果断，应对措施得力，起义军见明州戒备森严，只得退走，明州因此免受生灵涂炭。

楼异由于政绩卓越，深得宋徽宗赏识，宣和三年（1121），被提拔为徽猷阁直学士，出任平江知府，在平江知府任上做了两年时间。楼异死后多年，被南宋朝廷追封为“太师”。

楼异去世后，胡直孺接任平江知府。

胡直孺，字少汲，江西宜春奉新县人。胡直孺于哲宗绍圣四年（1097）考中进士，他在担任《九域志》编修官的时候，为了营救元祐党人，四处奔走呼号。徽宗崇宁元年（1102），蔡京当上宰相后，为了排除异己、把持朝政，就把反对变法的司马光等三百零九人扣上“元祐奸党”的帽子，在端礼门外树立元祐党人碑，上面刻写三百零九个党人恶名，昭示全国。名字被刻入党人碑的官员，重者关押，轻者贬放远地，非经允许，不得内徙。到了徽宗崇宁五年（1106）正月，天空出现彗星，在文德殿东墙上的元祐党人碑突遭电击，破而为二。徽宗闻之大惧，但因怕宰相蔡京反对，便安排人在深夜时分偷偷把党人碑给毁掉了。蔡京发现此事后十分懊恼，但是因为是宋徽宗亲自安排人去毁掉的，也不敢明着反对，只好悻悻地说道：“此碑可毁，但碑上人名则当永志不忘！”一直到金军第一次围攻开封，蔡京等“六贼”被杀，全国各地的党人碑才彻底被销毁。

在蔡京专权的时代，胡直孺这样的行为无异于飞蛾扑火。但是，作为一个正直敢言的人，胡直孺虽然没法为元祐党人平反，却尽了自己的本分。宣和五年（1123），胡直孺出任平江知府，在平江知府任上做了两年后被提拔为江淮荆浙等六路发运使，然后调入京城担任户部侍郎。宣和七年（1125），金军第一次举兵南下，包围开封，胡直孺不仅积极出谋划策，而且身先士卒投身到抗击金军的战斗中，在北宋官兵的顽强抵抗下，金军未能攻下开封。金军退走后，胡直孺被任命为工部尚书、龙图阁学士、南京府（今河南商丘）知府兼东京道总管。到了第二年，也就是靖康元年（1126），金军再次大规模进攻开封，胡直孺被召勤王，他带领军队勇敢作战，然而，由于朝中主和派从中捣乱，导致胡直孺所部陷入孤军奋战的境地，开封被金军占领后，胡直孺也不幸被俘。被俘后，金军千方百计劝其投降，但是胡直孺坚决予以回绝。一年多后，胡直孺才逃脱牢笼，回到朝中。

宋高宗建炎二年（1128），胡直孺出任洪州（今江西南昌）帅兼洪州知州，冒着政治风险，冲破当时“士子不得挟苏黄稿”的禁令，为黄庭坚征集遗稿。在宋朝的文学史上，黄庭坚与苏轼齐名，史称“苏黄”。蔡京竖立党人碑的时候，苏轼和黄庭坚也都在三百零九人之列，因此才有“不得挟苏黄稿”的禁令。黄庭坚与华林胡氏一族交往颇深，双方不仅常通过书信往来，谈论道学、分享心得，胡氏还曾在黄庭坚困顿之时多次给予资助。唐宋之交，文化政策逐渐宽松，官学废弛，在古代教育中发挥重要作用的家族书院应运而生，由华林胡氏兴办的江西华林书院，开始登上历史舞台。它传承仁义孝道、秉持兼容并包的开放治学理念，代表了宋初教学的最高水平，不仅培育了大量人才，还以其巨大的影响力左右了宋代文学，成为古代家族书院的典范，被誉为江南三大家族书院之一。作为累世而居的世家大族建立的书院，华林书院十分重视对家族成员进行儒家经典的教授，并“准以家法，以孝义齐家”，以求让族人“揖让周旋之仪，孝友姻睦之行，修于闺门之内，形于群众之间”。因此华林胡氏有“家风孝友，累世簪缨”的美誉，多次获宋代朝廷褒奖。华林书院一向秉持开门办学的思想，华林士子与众多文人学者相互往来，论道解惑。苏轼、钱若水、杨亿等社会名人都曾到过华林书院，或交流学习，或传道讲学。正因为如此，黄庭坚才与胡氏结下了深厚友谊，在他死后二十三年的建炎二年（1128），胡直孺不顾朝廷的禁令，搜集黄庭坚的遗稿，并让洛阳朱敦儒、山房李彤编辑出版。我们今天之所以能够读到黄庭坚这么多作品，就是因为当时胡直孺的功劳。

绍兴初年，胡直孺出任刑部尚书兼侍读，上疏论奏十事，宋高宗看了非常高兴，在白团扇上御书杜甫的诗句“文物多师古，朝廷半老儒”赠送给他，同时还赐田租八百石，以示对他的奖励。没多久，胡直孺被任命为兵部尚书兼摄吏部。

胡直孺离开苏州后，朝廷没有及时派遣官员出任平江知府，由通判许操暂时代理知府一职。

许操的生卒年不详，史籍中基本上没有关于许操的记载。清光绪《苏州府志》中只有简单的一句话：“许操，徽宗宣和中通判平江府，七年，权知府事。”所以，笔者对其生平和任职情况无法进行全面介绍。不过，许操作为宋代的诗人，留有一首诗存世，名字叫《福延院》：

一山屈曲如回肘，前有虎眠当水口。
阴森万木绿参天，秀色峥嵘欲飞走。
神仙渺邈不可问，箫鼓尚能喧可否。
朝风暮雨无岁年，应是苍苔暗科斗。

北宋初期，浙江仙居属于边远地区，人口稀少，丛林遮蔽，虎豹出没，人身安全没有保障。据清光绪《仙居县志》记载，北宋天禧三年（1019），仙居下叶村建起了福延寺，此地是僧人清澈结庵之所。相传，清澈是一名得道高僧，曾经砍掉自己的一只手掌为乡民祈雨，并驯服了时常在寺庙前出没的猛虎。许操的诗中提到的“一山屈曲如回肘，前有虎眠当水口”，说的就是清澈驯虎的事情。

许操代理知府一个月后，季伦出任平江知府。但是，关于季伦的资料基本上没有。王鏊《姑苏志》对季伦做了比较详细的记载：“季伦，甄城人。宣和七年正月以显谟阁直学士、朝散郎自知陕州移平江，寻复朝散大夫。靖康元年四月十五日，内降劄子以伦附朱勔落职罢任，提举灵台观。壁记作宣和。”

从这段记载看，季伦是山东甄城（今属菏泽）人，宣和七年（1125）正月以显谟阁直学士、朝散郎出任平江知府，靖康元年（1126）四月，朱勔被罢职诛杀后，季伦因为附逆朱勔而被免除平江知府一职。季伦在苏州待了一年多时间，因为是朱勔的同党，估计没做什么好事，史书没有记载十分正常。

季伦离任后，王靓接任平江知府。

王靓是江西吉安人，生卒年不详，王鏊《姑苏志》记载：“靖康元年三月，以通议大夫、显谟阁待制、提举西京崇福宫除知府事，四月到任，九月罢，仍领旧祠显谟。”王靓在苏州待了半年就被免职了，至于为何被罢职史籍没有记载。笔者在查阅相关史料时，发现有几处提到了王靓。

据《宋史·虞奕传》记载：“睦州乱，以龙图阁直学士知镇江府。寇平，论劳增两秩。还为户部。内侍总领内藏，予夺颛己，视户部如僚属……奕白宰相曰：‘计臣不才，当去之而易能者，不可使他人侵其官。’即自劾不称职。诏为罢内侍，而徙奕工部。袭庆守张漴使郡人诣阙请登封，东平守王靓谏以京东岁凶多盗，不当请封。为政者不悦，将罪靓，奕言：‘靓忧民爱君，所当奖激，奈何用为罪乎?’靓获免。”从这段记载看，王靓是一个忧君爱民的好官，而且敢于直言，因此得罪了当朝权贵，好在虞奕为其仗义执言，他才没有被治罪。

据《宋史·周行己传》记载：“宣和六年夏，卧病京师，幸得许景衡资助接济病愈。七年起复任河南原武县令，旋又辞官。原拟回乡，时因方腊在浙江起义，归途被阻，改赴山东郓州，应太学旧友郓州知州王靓之聘，入幕府为司隶之职，不久病卒于郓。王靓报准朝廷，请其归丧，葬于瑞安芳山乡杉坑山之原。”从这段记载看，王靓在到苏州之前，在郓州担任过知州，第二年才以通议大夫、显谟阁待制出任平江知府。

另外，据南宋周必大《题蔡忠惠公帖》记载：其父周利建“平生喜学蔡忠惠公书，家藏京师旧石刻两卷，真、行、草毕备，妙绝一世”。因为其父周利建才华横溢，所以才能够娶王靓之女为妻。周必大于靖康元年（1126）出生在苏州。父死后，周必大被寄养在庐陵（今江西吉安）外祖母家，由母亲王氏督促他读书。十几岁时，母亲又去世了，他只好跟随伯父辗转各地。虽然青少年时期的周必大生活漂泊不定，但他刻苦勤学，终于成才，最终成为南宋著名的政治家、文学家，“庐陵四忠”之一。

此外，《宋故祝夫人墓志铭》由蒋猷撰文、王靓书碑，书法尤为精美，是宋代尚意书风的典型作品。

综合这些零散的记载看，王靓颇具才华，书法水平很高，而且为人正直，体恤百姓。可惜的是资料太少，笔者无法进行全面介绍。

王靓在苏州待了六个月就被罢职了，之后郑滋接任。

郑滋，字德象，福建福州人。郑滋考中进士后，于大观元年（1107）出任临晋（今山西临猗）主簿。政和六年（1116），提举江南西路学事。宣和六年（1124），以开封府少尹充贡举参详官，也就是负责“详定等第”的考官。到了靖康元年（1126），郑滋以朝奉大夫充徽猷阁待制出任湖州知州，九月改任平江知府，十月到任。在苏州待了大半年后，被转运通判官顾彦成弹劾，说他在围城的时候“日事燕饮”，玩忽职守，故其被免除平江知府一职，以秘书少监的官衔分司南京，被安排在筠州（今四川筠连）居住，实际上这是带有发配性质的安排。到了宋高宗绍兴二年（1132），郑滋被起复为试兵部侍郎，同时兼权吏部、刑部侍郎，也就是暂时兼任吏部和刑部的副部长。到了绍兴十四年（1144），郑滋出任镇江知府，奉旨在镇江重建东西丹阳馆。到了绍兴十七年（1147），他再次出任平江知府，第二年（1148）改任建康（今江苏南京）知府，绍兴十九年（1149）去世。

从郑滋任职的经历和有关史料看，郑滋这个人还是很有才华的。据《六典》记载，郑滋是南宋字画装裱技术最高的五个人之一，说明他在字画上很有研究，而且应该收藏有不少名画。不仅如此，郑滋在诗词上也颇有造诣，留有《游王官谷》诗一首：

大厦将颠仆，一木安能支。
唐室既颓啮，有才何所施。
表圣隐王官，出处适其宜。
藩镇方跋扈，拥兵相雄雌。
尾大不可掉，网纪日凌夷。
虽云务姑息，要求无定期。
当此谁为援，欲进速祸基。

优游向泉石，琴酒聊自恣。
休休复莫莫，终永忘所规。
著史以见志，迂阔从人嗤。
风驭去不返，幽谷空遗祠。
名与前峰高，挺挺为表仪。
洁与飞瀑并，浊流应忸怩。
方今重完节，褒封来非迟。
发扬在守土，抗章无愧辞。
庶几慰精爽，光辉于盛时。

王官谷位于中条山，唐末的大诗人司空图曾隐居于此。郑滋于建炎元年（1127）被夺职安排在筠州居住，应该是这次到筠州路过王官谷的时候游览此地写下的这首诗。整首诗浅显易懂、脍炙人口，因此流传至今。

也许正是因为郑滋自身很有才华，又沉湎于字画装裱，日与一帮诗人画家游宴玩乐，在为官上并不怎么用心，所以一生的官职并不大，到死的时候也只是一个副部级干部，史书没有传记也很正常。

郑滋在苏州待了不到一年就被免职了，由赵岍接任平江知府。

第二章　空前浩劫

——梦魇般的战争摧残（一）

（赵岍）

就在赵岍出任平江知府的那一年，北宋也走到了尽头。

宣和七年（1125）十月，金军兵分两路，开始第一次大规模进攻北宋，并且很快进围太原，占领燕山府（今北京市）。当消息传到开封时，宋徽宗才下诏“罢浙江诸路花石纲、延福宫、西城租课及内外制造局”，“罢道观，罢大晟府、行幸局、应奉局”等。在金军大举南下的情况下，宋徽宗不是积极备战、抗击金军入侵，而是只想逃跑，所以急急忙忙任命太子赵桓为开封牧，并下诏各地起兵勤王，企图以太子“监国”的名义，将抗金的重任推给太子赵桓。在时任宰相吴敏和京城四壁守御使李纲等人的逼迫下，宋徽宗才不得已于十二月传位给太子赵桓，是为宋钦宗。

靖康元年（1126）正月初，东路金军相继占领相州（今河南安阳）、浚州（今河南浚县），黄河南岸的守军把桥烧掉后溃退而去。正月初三，消息传到开封，太上皇宋徽宗立即于当天夜里出逃。金军迅速渡河南下，于正月初七到达开封城下。在执政、东京留守李纲的率领下，开封军民多次打退金军的进攻。当时，西路金军因为久攻太原不下，未能及时与东路军在开封会合。东路金军看到单靠自己这点人马不易占领开封，就派使者进城，要求割让太原、中山、河间三镇，并以宰相、亲王为质，大宋满足这两个条件他们就答应退兵。刚刚登上皇位的宋钦宗只想快点结束战争，所以决定派九弟康王赵构、少宰（次相）张邦昌前往金军中进行谈判。但是，在主战派的要求下，宋钦宗于二月初亲自主持了一次夜袭金军的行动，结果以失败而告终。这次偷袭失败后，宋钦宗立即解除了李纲的职务，并同意割让三镇，以示求和的诚意。宋钦宗的这一决定，遭到了以陈东为首的太学生和数万开封居民的群起反对，他们要求恢复李纲的职务，让其继续领导抗金斗争。不得已，宋钦宗只好恢复了李纲的执政职务，并让其兼任京城防御使。金军看到开封久攻不下、西路金军受阻太原不能及时南下，在宋钦宗答应割让三镇、改以三弟肃王赵枢代替赵构、张邦昌作为人质的条件后，于二月九日撤离开封。

宋徽宗逃到镇江后，立即以太上皇的圣旨，将东南地区的“递角”（报告）、“纲运”（物资）和“勤王”的军队扣留，掌握东南地区的军、政和经济大权，企图重新拿回皇位。宋钦宗为了维护自己的皇位，首先贬逐了“六贼”中的王黼、李彦、朱勔，不久又处死了王黼、李彦和梁师成，随后将童贯、蔡攸和随同宋徽宗一同难逃的蔡京贬官，并下诏太上皇不得干预朝政。宋徽宗没有办法，只好通过密信向宋钦宗表示，愿意回到开封，“乐处闲寂”，不再“窥伺旧职”，也就是不再觊觎帝位。宋徽宗回到开封后，其行动即被限制，失去了自由，他身边的红人蔡京死在了贬官的路上，蔡攸、童贯、朱勔相继被处死。

虽然宋钦宗将三镇割让给了金国，但是太原、河间和中山三府军民并不接受割地诏书，西路金军不得不继续围攻太原，而东路金军在宋将种师中率宋军尾随的情况下也退守到了燕京。在李纲等坚持抗金和三镇军民拒绝割地的情况下，宋钦宗于二月中旬又废除了割地议和的协议。结果金太宗大怒，于八月上旬命宗望、宗翰分率两路大军第二次侵宋。十一月末、闰十一月初，两路大军先后到达开封城下，并组织多次进攻，但都被开封军民击退。然而，宋钦宗竟然听信骗子郭京以所谓“六甲神兵”攻打金军的建议，闰十一月二十五日，郭京声称要率"神兵"出战，打开城门逃跑，金军趁机攻占开封城墙。十二月初二，宋钦宗看到大势已去，只得奉上降表。靖康二年（1127，宋高宗建炎元年）二月六日，金朝下令废宋徽宗、宋钦宗二帝。四月初，宗望、宗翰押着宋徽宗、宋钦宗及其宗族四百七十多人北归，北宋至此灭亡。

金军在废除宋徽宗、钦宗的同时，册立张邦昌为楚国皇帝，在开封登基，定都金陵（今江苏南京）。金军北撤之后，张邦昌迫于形势，迎宋哲宗的废后孟氏为太后，自己为尚书左仆射，金朝设立的伪政权仅仅存在了三十二天就自行消亡了。

虽然宗望、宗翰把宋徽宗、宋钦宗和皇室宗族全部抓起来送到了五国城，但是康王赵构却成了漏网之鱼。在金军第二次南下围攻开封的时候，宋钦宗派康王赵构为使前往宗望军前谈判，而此时金军已经渡河南下，赵构刚到磁州（今属河北邯郸），其副手王云就被磁州百姓杀死，赵构慌忙退到相州（今河南安阳）。当时，金军提出划河为界，宋钦宗又派出执政官耿南仲、聂昌分别出使东、西路金军，当两位使者到达卫州（今河南卫辉）的时候，被乡兵追杀，只好前往相州见赵构，相约起兵勤王。

靖康元年（1126）闰十一月中旬，在开封危急之时，宋钦宗以蜡书诏令赵构为河北兵马大元帅，任命已经坚守中山府达半年之久的知府陈遘为元帅，相州知州汪伯彦、磁州知州宗泽为副元帅，起兵抗金，入援开封。赵构于十二月一日在相州建立大元帅府，就任大元帅，而此时金军早已攻克开封城墙。在北宋存亡危急之际，宋钦宗再次蜡书诏令赵构入援开封。赵构一面传檄河北各州府起兵会于北京大名府，一面自率近万军队渡过黄河到达大名。副元帅宗泽、信德（今河北邢台）知府梁显祖、刘光世、韩世忠等也率所部相继到达大名。宗泽主张迅速南下驰援开封，遭到赵构、汪伯彦的反对。赵构令宗泽率领数千人马打着大元帅的旗号南下开德府（今河南濮阳），以吸引金军，而自己则率大队人马于靖康二年（1127）正月逃到东平府（今山东东平），二月下旬逃到济州（今山东济宁）。金军建立伪政权后，在济州的群臣就想拥护赵构在济州称帝重建宋朝，但是宗泽建议等到了作为宋太祖赵匡胤兴王之地的南京应天府（今河南商丘）后再即位，这一建议得到赵构的采纳。当金军北撤、伪楚政权自行消亡后，垂帘听政的元祐皇后孟氏昭告中外，由赵构嗣位为皇帝，张邦昌不仅率在开封的百官上表劝进，而且还赶到南京表示拥立赵构为帝。赵构看时机已经成熟，就于五月初一在南京应天府即位，改元建炎，是为宋高宗，南宋自此开始。

宋高宗即位后，任命黄潜善为执政、汪伯彦为枢密院长官，封原伪楚帝张邦昌为太保、郡王，任命李纲为右相。到了六月，李纲上疏弹劾张邦昌，张邦昌被贬到潭州（今湖南长沙），随后，李纲开始部署抗金事宜，推荐张所为河北招抚使，总领河北抗金事宜（就是在这个时候，岳飞投到张所部下当了一名小军官）。同时任命宗泽为开封知府，随后又任命其为东京留守、开封府尹，负责整顿开封秩序，以备宋高宗回京。但是，宋高宗根本没有留在开封的打算，一方面是担心金军再次南侵，另一方面是害怕抗金会导致金军把宋徽宗、宋钦宗送回来，影响自己的帝位，所以他一心只想逃亡江南。所以，在回开封坚持抗金还是南下的问题上，李纲与黄潜善、汪伯彦进行了激烈斗争，宋高宗虽然表示“朕当与卿等独留中原，训练将士，益聚兵马。虽都城，可守；虽金贼，可战”，却做着南逃的准备。他首先将孟太后、六宫和卫士家属发往东南，然后于八月初升任黄潜善为右相，李纲虽然也升任为左相，但是因为反对南逃，十几天后即被罢相。

按照与伪楚划定的界线，九月开始，金军逐渐分兵占领河北、河东州县，而被贬的张邦昌也于同月下旬被处死在潭州。为了躲避金军可能的南侵，宋高宗于十月初一从应天府乘船南逃，于当月底抵达扬州。没想到这一走就是五年的逃亡之路，并因此把战火引到了江南，苏州也未能幸免。

南宋政权的建立和赵构的南逃并没有让金军停下脚步，当赵构逃到扬州不久，金军就开始了第一次大规模南侵。建炎元年（1127）十二月，金军兵分两路，分别由娄室和宗翰率领，西路主攻陕西、窥视四川，东路由大名府（今河北大名）渡河直取扬州。建炎三年（1129）正月，东路军由徐州、泗州（今江苏盱眙）奔袭扬州，二月初临近扬州之际，赵构仓皇渡江逃到镇江，然后经常州、无锡到达苏州。听说金军南下，苏州一些富户纷纷逃走，但是苏州毕竟繁华已久，老底子还在，市面交易如故。赵构到了府衙后，卸掉甲胄，改穿黄袍，安排官员安抚百姓，在苏州住了三天后，起驾赴杭州。金军的先头部队虽然到达扬州，但大部队仍然在徐州，加之渡江困难，所以在焚烧扬州后金军退回北方。

赵构离开苏州的时候，命令张浚驻守平江。赵构刚到杭州，就发生了扈从统制苗傅、御营副都统刘正彦叛乱，他们杀死了随从王渊，迫使赵构退位，立赵构三岁的儿子为帝，以此把持朝政。后在张浚、韩世忠等人的努力下，建炎三年（1129）四月叛乱被平定，赵构这才复位。

就在赵构复位后不久的七月，金军第二次大规模南侵。金军这次南侵分为三路，西路军仍然由完颜娄室为帅，目标是四川；东路军由六部都统达赖率领，负责进攻山东、淮北，并伺机南下；中路军由完颜兀术（宗弼）率领，进攻建康，直取江南。金军起兵的时候，赵构正好在建康，他马上安排孟太后及六宫到洪州（今江西南昌）避难，自己也于九月逃到杭州（此时已经升格为临安府）。兀术进军十分迅速，于十一月十六日攻克真州（今江苏仪征），建康守将杜充战败后投降。兀术马不停蹄从建康出发，绕过常州、无锡、苏州，经溧水、广德、湖州攻克独松关，于十二月二十一日占领杭州。

金军南下的步伐很快，却仍然没有追上赵构。金军还在安徽的时候，赵构就于十月中旬逃到越州（今浙江绍兴）。当金军进攻建康的消息传来后，赵构又沿着东运河逃到了明州（今浙江宁波）。金军占领杭州后，赵构又乘船逃到了定海，随即到昌国。金军一路追击，于建炎四年（1130）正月占领明州，并入海继续追击赵构，赵构继续往南逃到温州。到了二月，因为后续部队没有跟上，金军退回到杭州，惊魂未定的赵构这才松了一口气。

金军占领杭州后，遭到了南宋军民的强烈反抗，加之金军不服水土，无法适应南方的炎热气候，同时他们听说韩世忠已经到了江阴一带，自己的后路有可能被切断，所以决定退兵。而正是这次退兵给苏州带来了空前浩劫。

前文已经提到，兀术进攻杭州的时候并没有经过苏州，是绕道而去。而这次退兵则不同，一方面，兀术有着足够的时间，可以从容而退；另一方面，兀术在占领杭州后掠夺了大量的财物，而且还裹挟了众多百姓，再从山区绕行显然不太可能。所以，兀术带着大军和大量物资、百姓，于二月十六日沿着运河一路北上。

兀术从杭州离开后，南宋朝廷下令让淮浙宣抚使周望、平江知府汤东野固守平江。周望、张浚驻守城中，派遣巨师古扼守吴江，陈思恭驻扎楞伽山，李阎罗驻防常熟，郭仲威驻扎城外。二月二十一日，金军进犯吴江，巨师古不战而退，由太湖渔民作为向导藏匿到了西山。二十三日，金军的游骑已经到了苏州东郊，与郭仲威部相遇，结果郭仲威部“望骑而逃”。周望看到守城无望，就把大印交给了郭仲威，自己落荒而逃。

面对如此险境，守苏部队并没有认真准备防守，而是仍然吃喝玩乐。二十四日，郭仲威大会诸将于城上宴饮，数万士民前往叩头请愿，要求加强城防。郭仲威欺骗群众说：“我马上发兵，强虏很快就会被打败的，大家不用担心。”当天下午，金军集聚在苏州城下，郭仲威火烧广化寺，又烧掉医官李世康的住宅，然后放纵部下在城中劫掠，他自己连夜从齐门逃走。驻扎在城里的其他部队看到主将主动弃城而去，也都仓皇而逃。二十五日早上，金军从盘门攻入城内，劫掠官府民居，凡子女金帛、仓库积聚，全部被抢劫一空，然后纵火焚烧民房库舍，大火连续烧了五天五夜才熄灭。

据史料记载：“兀术陷苏时，荼毒生灵，历古未有。小儿十岁以下，男子四十以上，及四十以下不任肩负与识字者，妇女三十以上及三十以下向未裹足与已生产者，尽戮无遗。尤奇者，凡有书籍之民居，有簿记之店肆，必尽火其屋，尽杀其人，虽妇稚不遗。去时，以一衾络一女一儿，使两男担之。大约裹胁以去者十万人……所据合城屋宇中，男子病不能行者，尽杀之，妇女或驱入寨，或亦杀之，谓之洗城。”其残忍如此，历史少有。这次金军劫掠，苏州城内百姓十之七八没有逃掉，事后收得男尸六万二千多具、女尸二万五千多具，后来又从河中捞出男尸八万五千多具、女尸十一万一千多具，加上金军裹挟而去的十万多人，全城数十万人惨遭杀戮或被掳走，可谓一城殆尽。

这还不算完，兀术带着金军离开苏州后，南宋的一些官员乘机炫功，迫害百姓，将留在寨中的病妇两万多人没入妓籍，要她们的家人出钱赎回，否则就动用大刑，被逼死的人有好几千。这些官员还以房子住过金军为借口，将火烧后剩下的房子全部拆除，用拆下来的材料修建官衙和营寨。经过两次洗劫，苏州城基本上变成了废墟。这是苏州建城以来最大的一次浩劫，却不是最后一次。

从北宋灭亡到金军洗劫苏州，四年多的时间里，先后有五人担任平江知府，其中汤东野在战乱之中两次出任平江知府。

就在开封被金军占领没多久的建炎元年（1127）七月，赵岍出任平江知府。

赵岍，字季西，衢州西安（今浙江衢州）人。赵岍刚入官场的时候，出任项城县尉。宋徽宗大观二年（1108），出任潭州通判，并兼知军州事。宣和中出任建宁府（今福建建瓯）知府，两年后于建炎元年（1127）被提拔为福建路转运副使，转任平江知府。

赵岍虽然寂寂无名，但是其外祖父苏安世和其兄长赵抃却在历史上留有大名，虽然名声不太一样。

苏安世在史书上留下大名，与当年欧阳修被贬一案有着直接关系。庆历年间，欧阳修的外甥女张氏与人私通被抓，牵连到了欧阳修。时任宰相贾昌朝和陈执中对欧阳修一直无好感，这次终于抓到了把柄，就想趁机好好整治欧阳修，于是派孙揆前去审查。孙揆只将张氏与人私通的口供呈报给上级，并没有过多地涉及欧阳修，结果贾昌朝和陈执中十分震怒，又安排太常博士、三司户部判官苏安世进行复审。苏安世因为宰相的授意，所以在采用张氏所有供词的同时，把重点放在了张氏与欧阳修的不正当关系上。因为欧阳修名气比较大，宋仁宗又是历史上少有的仁孝之君，所以宋仁宗并没有草草给欧阳修定罪，而是安排自己身边信得过的太监王昭明再次进行复审。王昭明与欧阳修之间也有过节，却并没有趁机落井下石，反而对苏安世复审之后弹劾欧阳修的折子“视之骇”，对苏安世说：“昭明在官家（宋朝对皇帝的尊称）左右，听官家三天两头说起欧阳修，对他十分欣赏，如今复勘的案牍却只迎合宰相的意思，将重大的罪恶都加在欧公身上，我要是同意了，他日只怕性命难保。”苏安世听了这话后十分害怕，就把自己原来准备弹劾欧阳修的奏章换了下来，上疏的内容也只是指责欧阳修用张家的财产购买田产，将一桩乱伦丑闻变成了侵吞财产的普通案件，欧阳修也因这个罪名而被贬滁州，写下了著名的《醉翁亭记》。据宋韩魏公《别录》记载：“内官王昭明绝不类内官。贾昌朝、陈执中恶欧阳公，欲因事深治之，令苏安世鞫狱不成，苏云：‘不如锻炼，就仍乞不录问。’昭明时为监勘官，正色曰：‘上令某监勘，正欲尽公道耳，锻炼何等语也。’”当时如果没有王昭明极力为欧阳修周旋，估计欧阳修会受到更严厉的处罚，千古流传的《醉翁亭记》恐怕也就不会存在了。

苏安世把自己的次女嫁给了秘阁校理赵杨，他们生下了三个儿子，老大赵抃，老三就是赵岍。在《宋史》中，赵抃与包拯同传，是中国清官的典型代表，留下了“铁面御史”的美誉。赵抃历仕仁宗、英宗、神宗三朝，先后在多地担任地方官。赵抃在益州（今四川成都）和越州（今浙江绍兴）担任知州的时候，都留下了十分突出的政绩。

赵抃曾为殿中侍御史，秉公执法，刚直无私，遇事敢于发表自己的意见。对朝廷大臣的非法行为，他弹劾不避权贵，将一个言官的责任发挥到极致。仁宗的张贵妃死后，仁宗命参知政事刘沆为陵园监护使，不久，刘沆为相，仁宗仍命刘沆监护如故，赵抃不惜得罪仁宗与宰相刘沆，要求仁宗守祖宗的规范。宰相陈执中杖杀女使，开封府迎合宋仁宗的意思，曲为回护，赵抃愤然弹劾陈执中，先后上十多道奏折要求严惩，最终导致陈执中被罢免。

赵抃对王拱辰和王德用也进行了弹劾，这两位都是仁宗宠信的大臣。他们在出使契丹期间私自参加契丹宴会，衣着极不严肃，醉饮至深夜，还参与了契丹内部王位之争。外交使臣的不当行为，损害了国家形象和外交关系。赵抃反复上疏论列，据理力争，终使得王拱辰和王德用相继被罢职。

赵抃在地方为官，善于因俗而治，宽猛不同，他治理虔州与成都，尤为世所称道。

虔州素来难治，赵抃到虔州后，因地制宜，“御之严而不苛，召戒诸县令，使人自为治，令皆喜，争尽力，狱以屡空”。赵抃的治理方法，取得了稳定社会的效果，显示出其非凡的政治才干。

四川因特殊的地理位置，在宋代是一个非常重要的地区，选官任守非常严格，非德才兼备者不能任用，蜀中名士范百禄说：“成都，蜀之都会，厥土沃腴，厥民阜繁，百姓浩丽，见谓天府。缣缕之赋，数路取赡；势严望伟，卓越他郡……凡选建师长，必一时名德，中外皆曰：可，然后以尹兹土。”赵抃一生前后四次入蜀，可见他在朝廷的声望之高。

赵抃知益州，根据“蜀地远民弱”的实际情况，采取“以宽为治”的方法，在宽贷民力和宽治犯罪两方面尤为突出。

在宽贷民力方面，止绝送遗节酒。赵抃任成都转运使前，“蜀风素侈”，州郡官吏经常趁机“恣为不法”。为了制止这种不良风气，赵抃一面奏乞止绝州路军互送遗节酒，以求宽贷民力；一面“身帅以俭”，并对不服从者坚决打击，结果“蜀风为之一变。穷城小邑，民或生而不识使者，公行部，无所不至，父老惊喜相慰，奸吏亦竦”。

在宽治犯罪方面，赵抃为成都转运使时，“所部诸州每年有游惰不逞之民以祭赛鬼神为名，敛求钱物”，对这种聚众不法的迷信活动，赵抃“请以其首处死，余皆黔流”，给予重罚。后来当赵抃任成都知府时，“会有犯者系狱，蜀人大恐”“意公皆尽用法”。赵抃这次处置与以往不同，他了解到绝大多数人本无恶意，“特坐橄酒致此耳”，于是“只坐为首者，余释不问”。由此，“蜀人欢服”“蜀人愈爱之”。赵抃以宽治蜀，蜀人安之，受到时论好评。赵抃性格长厚清修，喜怒哀乐不露于色。一生清白廉洁，虽然官至高位，却看淡名利，“平生不治资业，不畜声伎”，在去四川赴任的时候，单马就道，仅携一琴一鹤一龟自随。

赵抃还有很强的自律精神，他每天“入夜必衣冠露香以告于天，不可告，则不敢为也”。每日自省，使得他只做对得起天下老百姓的事情，对弱势群体尤为照顾，“嫁兄弟之女十数、他孤女二十余人，施德恤贫，盖不可胜数”。

熙宁八年（1075），吴越地区发生严重的旱灾，“吴越大饥，民死者过半”，同年九月，赵抃出任越州知州。赵抃到任后，“尽所以救荒之术，发廪劝分，而以家资先之”。在灾荒之年，赵抃捐出自己的家产来救荒，其爱民之心如此，结果“民乐从焉，生者得食，病者得药，死者得葬”。几年后，曾巩特意到越州了解赵抃的救灾故事，写下了一篇散文《越州赵公救灾记》，在文中由衷赞叹：赵抃的施政虽然只在越州一地，但他的仁爱却足以昭示天下。

赵岍在苏州待了六个月就离开了，原因不详，后来的任职经历没有记载。赵岍离开后，孙觌接任平江知府。

第三章 空前浩劫

——梦魇般的战争摧残（二）

（孙觌、汤东野、李邴）

孙觌（1081—1169），字仲益，号鸿庆居士，常州晋陵（今江苏武进）人。孙觌是一个非常有才华的人，一生著述颇丰；同时，孙觌又是一个没有操守的人，一直为时人和后人所诟病。

孙觌从小就有才名，五岁的时候就受到苏轼赏识。宋徽宗大观三年（1109）考中进士，政和四年（1114）又考中词科（主要选拔学问渊博、文辞清丽、能草拟朝廷日常文稿的人才。宋代为宏词科、词学兼茂科、博学宏词科的通称。到了清代则专指博学鸿词科），可见其绝非浪得虚名。

孙觌考中词科后被任命为秘书省校书郎，转任国子司业（宋朝正六品官员，主要负责国子监及各学的教法、政令）。宋徽宗末年，孙觌攀上了蔡攸这棵大树，经蔡攸推荐，孙觌由国子司业提拔为侍御史。没多久遇到金军第一次入侵，宋徽宗匆匆逃离开封，宋钦宗严惩“六贼”，孙觌立即率领众御史弹劾蔡攸，揭露蔡攸的各种不法行为。可见其见风使舵之快。

当时，宋钦宗为了讨好金军，以期早日结束战争，就把李纲的职务给解除了，结果遭到了太学生和开封百姓的坚决反对，他们纷纷要求恢复李纲的职务。此时，孙觌不合时宜地站了出来，弹劾李纲，还污蔑太学生，说他们还要伏阙请愿，结果遭到朝野上下的指责，被贬到和州（今安徽和县）担任知州。迫于众人的压力，宋钦宗只好恢复了李纲的职务，孙觌也很快被召回担任御史。孙觌非常善于见风使舵，一味迎合宋钦宗，极力主张和议，所以很快就被提拔为翰林学士。

靖康元年（1126）十二月，金军攻破开封城之后，得知孙觌的才名，就想要孙觌起草投降诏书，所以就赏赐给孙觌美女，孙觌欣然接受。宋钦宗见大势已去，只好招孙觌起草降表，但是内心非常希望孙觌不要答应，以此与金军进行和解。但是，孙觌并不理会宋钦宗的暗示，很快就把降表写好了。孙觌在文中极力贬低宋朝，对金人却极尽献媚之词。金军拿到这份降表后非常高兴，就把从皇宫里抢来的宫女赏赐给他，孙觌也毫不客气照单全收。等到宋高宗赵构即位后，孙觌的卖国行为被揭发出来，所以就被贬到了陕州（今河南三门峡），后又被贬到岭外。

赵构即位后，任命黄潜善为执政、汪伯彦为枢密院长官，这两个人都是逃跑主义者，所以就极力拉拢孙觌，把孙觌召回朝廷，出任知制诰，负责起草皇帝诏书。建炎二年（1128）正月，孙觌第一次出任平江知府，但是几个月后就离任了，其间出任过给事中、礼部侍郎，兼权直学士院。建炎三年（1129），孙觌出任温州知州，随即改任平江知府。此时，正值金军第二次大规模南侵，孙觌不仅不体恤百姓，反而催逼百姓缴纳欠赋，结果以扰民罪而被夺职，后提举鸿庆宫。也因为这个原因，孙觌自号鸿庆居士，其文集也称《鸿庆居士集》。但是，孙觌这人非常善于迎合上意，也很会见风使舵，所以到了绍兴元年（1131），孙觌又被起复为临安知府。临安作为南宋的都城，地位要比苏州高，由此可见孙觌的能量。然而，在这个位置上没多久，到了第二年，孙觌就因为贪污军费被除名，被羁押在象州（今广西象州）。绍兴四年（1134），孙觌被放还家乡，在太湖边居住了二十多年。但是，闲居在家的孙觌并没有闲着，而是不断巴结朝中权贵，与大奸臣万俟卨走得很近。万俟卨是迫害岳飞的罪魁祸首之一，万俟卨死后，孙觌为其写了墓志铭，在文中颠倒是非，极力赞扬他杀害岳飞一事，可见孙觌这人无耻到了什么程度。

宋孝宗赵昚即位后，洪迈主持修编《国史》，他向赵昚建议，请求赵昚下诏，让孙觌将自己亲身经历的靖康时候的事情写下来上报。孙觌领旨后，在回忆录中对自己不喜欢的人物如李纲等大加污蔑，文中很多都是不实之词，洪迈却不加辨别，把孙觌的很多话都记载在了《钦宗实录》之中，给后人研究历史带来了很多困惑。后来，朱熹和别人谈起这件事情，感到非常气愤，说："小人不可使执笔。"此话确实很有道理，像上部提到的当年苏轼兄弟攻击新党人物和后来的林希受章惇指示攻讦旧党，都是无所不用其极。但是，那个时候是党争进入白热化阶段，大家为了保命不得不如此。而孙觌却完全是本性使然，他是一个毫无操守的人，经常颠倒黑白，实在是一副小人嘴脸。

孙觌第一次在苏州担任了几个月的知府后就离开了，建炎二年（1128）六月，汤东野第一次出任平江知府。

汤东野，字德广，江苏丹阳人。汤东野的生卒年不详，曾担任过宣德郎、御史台主簿、兵部郎中、建康知府等职务。

汤东野得到重用与范信中揭露张怀素有着直接的关系。据《梁溪漫志》记载，崇宁四年（1105）黄庭坚病死在贬所宜州（今广西宜山），范信中前往宜州为黄庭坚办理后事。等黄庭坚的丧事办完后，走投无路的范信中就投靠了落拓道人张怀素。当时张怀素与吴储、吴侔兄弟密谋造反，这兄弟二人认为范信中是个怪人，就劝张怀素杀了他。范信中觉察到危险，就设计脱身逃了出来。在得到好友汤东野的母亲资助一万贯钱后，范信中到京城告发了张怀素。张怀素谋反的事情泄露后，朝廷兴起大狱，因此事而被处死的有数十人。等事情结束之后，朝廷论功行赏，范信中把功劳全部推到了汤东野的身上，说去告发张怀素是汤东野的主意。于是，朝廷授予汤东野宣德郎、御史台主簿的官职，范信中也被授予供备库副使。

到了建炎二年（1128）六月，汤东野自江西转运副使除中大夫、充秘阁修撰，出任平江知府。第二年春天，金军开始大规模南侵，宋高宗赵构把朱胜非留在苏州负责抵御金军，不久朱胜非被召到杭州，由张浚负责管理苏州军马。此时，从前方逃到苏州的数万败兵，到处为非作歹，张浚把这些溃兵召集起来进行安抚。当时，正好发生苗傅、刘正彦叛乱，当改元诏书送到苏州的时候，张浚命令知府汤东野秘而不宣，准备起兵勤王。此时大将张俊正率领一万人马回到平江，张浚与其密约，共同讨伐叛军。三月中旬，御营主管韩世忠从宿迁经常熟到达平江，与二张合兵共同平叛。时任平江知府的汤东野负责后勤支援，出了很大力，史称平叛时军中“百须，东野实主之”。

虽然在这次平叛中汤东野立下了不小的功劳，但是在随后抵御金军攻城的时候，汤东野作为知府却成了叛逃者。据王鏊《姑苏志》记载，建炎三年（1129）五月，太后车驾到苏州，汤东野也因此陪驾离开苏州，孙觌接任，第二次担任平江知府。到了建炎三年（1129）九月，汤东野又以兵部侍郎的官衔权平江府事，也就是暂时管理平江府，到了第二年（1130）二月，“金人犯境，以府印付统制，挈家出奔”。

清朝彭绍升在《重修盘门双忠祠记》中写道：“余观建炎之事，宋之不亡者幸耳。方金兵破扬州，于时高宗驻平江，去敌尚远，平江固可守也。蹙蹙焉去之临安，而越，而明，不暇一夕息。已而敌破建康，道广德，趋临安，由越入明，纵掠海上而归。使其时平江诸将帅，以劲旅遏其冲，俾只轮不反无难者，奈何兵不战而溃，城不攻而下，坐使五十万人，并命于锋刃而莫之救。”这里的“兵不战而溃，城不攻而下”，就是指当时的守将和官员全部置百姓生死于不顾，自己逃跑，其中就包括汤东野在内。因为这件事情，汤东野被免职，从此之后汤东野也就在官场上消失了，其结果如何史书没有记载。

在孙觌第二次出任平江知府因为扰民被免职和汤东野第二次出任平江知府期间，李邴出任过平江知府，不过，李邴到任只有三天时间就离任了。据王鏊《姑苏志》记载：“李邴，资政殿学士、中大夫，建炎三年闰八月自提举洞霄宫除，九月三日到任，视事三日落职，罢任依旧宫祠。”

李邴，字汉老，祖籍山东济州任城（今山东济宁），后迁居福建泉州，遂为泉州人。李邴于宋徽宗崇宁五年（1106）考中进士，先后担任过起居舍人、中书舍人等职务。金国兴起之后，北宋与金国达成协议，决定共同灭辽。在对北方用兵的过程中，李邴虽然每天处理文件达上百件，但都处理得井井有条，没有任何为难和疏漏的地方，因此被提拔为给事中、同修国史兼直学士院，不久又迁翰林学士。有一次在皇宫里参加宴饮，宋徽宗命李邴当场赋诗，李邴一挥而就。当时，高丽派使节入贡，李邴是主要陪同人员，宋徽宗派宦官把李邴写的诗拿给使节看，高丽使节请求把李邴的诗抄录带回去。由此可见，李邴的才华十分出众。但是没多久，李邴就因为言论不当而被贬官，提举南京（今河南商丘）鸿庆宫。宋钦宗即位后，任命李邴以徽猷阁待制的官衔出任越州知州，但是不知何因，过了一段时间，李邴再次被免职，提举西京嵩福宫。

宋高宗赵构即位后，恢复了李邴的徽猷阁待制一职。一年后，召为兵部侍郎兼直学士院。当时，正好遇到苗傅、刘正彦叛乱，二人逼迫赵构逊位。赵构看了看身边的李邴，要李邴起草逊位诏书，李邴内心是不想起草这个诏书的，但是又不能违抗皇帝的命令，所以就要求宋高宗赵构手书诏令，等拿到赵构的御札后才敢起草。此时，朱胜非请求降下赦诏，李邴就在大堂上草拟。当初，苗傅、刘正彦计划叛乱的时候，李邴曾面见苗傅，当面向苗傅讲述以逆顺福的道理，劝苗傅不要作乱，但苗傅听不进去。于是，李邴就找到殿帅王元，要他以禁军击杀叛军，但是王元唯唯诺诺嘴上答应却没这个胆子。李邴又到政事堂找到朱胜非，刚好刘正彦和他的党羽王世修也在场，李邴就以大义指责他们，在场的人无不为李邴捏把汗，李邴却浑然不怕。当时，反对苗傅、刘正彦的正直大臣有很多，像御史中丞郑瑴就直接抗疏，对苗傅和刘正彦说不应当更改年号。所以，等到建炎三年（1129）三月苗傅、刘正彦叛乱被平定后，李邴和郑瑴被提拔为端明殿学士、同签书枢密院事，也就是参与枢密院的管理工作，相当于枢密院副长官。李邴和张守（当时和李邴一样，同为同签书枢密院事）负责起草百官章奏，“三奏三答”，立马草就。等到太后的手诏到了以后，李邴又负责起草赵构复位的诏书，各种文件一天就准备好了，可见李邴确实是一个才思敏捷、才华出众，而又雷厉风行的人。

建炎三年（1129）四月，李邴被提拔为尚书右丞，不久又改为参知政事（宰相）。当时宋高宗北上巡视江宁，孟太后及六宫被送往豫章（今江西南昌）避难，高宗任命李邴为资政殿学士、权知行台三省枢密院事，也就是把后方的军政大权全部交给了他。但是，因为和吕颐浩（时任尚书右仆射）的意见不合（李邴是坚定的抗金主义者，而吕颐浩则极力劝宋高宗逃跑，后来宋高宗逃到海上就是吕颐浩的主意），李邴要求离职，以本职出任提举杭州洞霄宫的闲职。不过不到一个月，李邴又被起复为平江知府。但是，他刚到任三天，就因为其兄长李邺失守越州受到牵连而被免职。第二年，也就是建炎四年（1130），宋高宗大赦天下，李邴也官复原职，出任资政殿学士。

李邴一生忠贞为国、敢言直谏。面对叛臣，敢于当面谩骂；面对金国，一直主张北伐。绍兴五年（1135），宋高宗召见李邴，问其宰执方略，李邴洋洋洒洒写了一篇奏疏，提出了四条建议：战阵、守备、措画、绥怀。

在战阵上，李邴提出了五条建议，即出轻兵、务远略、储将帅、责成功、重赏格。他在文中说："关陕为进取之地，淮南为保固之地。关陕虽利于进取，然不用师于京东以牵制其势，则彼得一力以拒我。今大将统兵者数人，皆所恃以为根本，万一失利，将不可复用。偏裨中如牛皋、王进、杨圭、史康民皆京东土人，知地险易，可各配以部曲三五千人，或出淮阳，或出徐、泗，彼将奔命之不暇，此不动而分陕西重兵之一端也。关陕今虽有二宣抚，其体尚轻，非遣大臣不可。吕颐浩气节高亮，李纳识量宏远，威名素著，愿择其一而用之，必有以报陛下。陛下即位之初，韩世忠、刘光世、张俊威名隐然为大将，今又有吴玠、岳飞者出矣。愿诏大将，于所部举智谋忠勇可以驭众统师各两三人，朝廷籍记。遇有事宜，使当一队，毋录大将，则诸人竞奋才智，皆飞、玠之俦矣。大将爵位已崇，难相统一，自今用兵，第可授以成算，使自为战而已，慎勿遣重臣临之，以轻其权而分其功。今却敌退师之后，必论功行赏，愿因此诏有司预定赏格，谓如得城邑及近上首领之类，自一命至节度使，皆差次使足相当。"这五条对策，不仅十分符合当时的形势需要，而且把领兵的战将也都列了出来。更难能可贵的是，当时李邴和吕颐浩是有矛盾的，而且李邴因此还辞了官，但是仍然推荐了他，称其“气节高亮”，可见李邴的胸怀绝非一般人可比。

关于守备，李邴也提出了五条对策，即固根本、习舟师、防他道、讲遗策、列长戍。他在文中说：“古之名将，内必屯田以自足，外必因粮于敌。诚能得以功名自任如祖逖者，举淮南而付之，使自为进取，百不至虚内以事外。臣闻朝廷下福建造海船七百只，必如期而办，乞仿古制，建伏波、下濑、楼船之官，以教习水战，俾近上将佐领之，自成一军，而专隶于朝廷。无事则散之缘江州郡，缓急则聚而用之。臣度敌人他年入寇，惩创今日之败，必先以一军来自淮甸，为筑室反耕之计，以缀我师。然后由登、莱泛海窥吴、越……以出吾左；由武昌渡煤窥江、池，以出吾右，事处不当则大事尽败。愿预讲左支右吾之策。夫兵之形无穷，愿诏临江守臣，凡可设奇以误敌者，如吴人疑城之类，皆预为措画。今长江之险，绵数千里，守备非一，苟制得其要，则用力少而见功多。愿差次其最紧处，屯军若干人，一将领之，听其郡守节制，次紧稍缓处差降焉，有事则以大将兼统之，既久则谙熟风土，缓急可用，与旋发之师不侔矣。”

关于措画，李邴从五个方面提出建议，即亲大阅、侍禁卫、讲军制、订使事、降敕榜。李邴在奏章中写道：“建炎以来，禁卫单寡，乃藉五军以为重，臣常寒心。愿择忠实严重之将以为殿帅，稍补禁卫之阙，使隐然自成一军，则其驭诸将也，若臂之使指矣。今诸郡厢禁冗占私役者，大郡二三千人，小郡亦数百人。臣愿讲求，除郡守兵将官自禁军给事外，余兼从衣粮使自僦人以役。大抵杀厢军三分之二，而以其衣粮之数尽募禁军。金人自用兵以来，未尝不以和好为言，此决不可恃。然二圣在彼，不可遂已，姑以余力行之耳。臣谓宜专命一官，如古所谓行人者，或止左右司领之，当遣使人，举成法而授之，庶免临时斟酌之劳，而朝廷得以专意治兵矣。”

关于绥怀，李邴也提出了五条对策，即宣德意、先振恤、通关津、选材能、务宽货。他在文中说：“山东大姓结为山寨以自保，今虽累年，势必有未下者。愿募有心力之人，密往诏谕。应淮北遗民来归者，令淮南州郡给以行由，差船津济，量差地分人护送，毋得邀阻。有官人先次注授差遣，无官而贫乏者，令沿江州郡以官舍居之，仍量给钱米三两月，其能自营为生乃止。内有才智可用之人，随宜任使，勿但縻以爵秩而已。凡诸将行师入境，敢抗拒者，固在剿戮。其有善良、老弱之人，皆从宽货，使之有更生之望。”

李邴提出的建议不乏可用和先见之处，然而，报上去之后却石沉大海。此后，李邴散居泉州十七年，最后在泉州去世，享年六十二岁。

李邴离开苏州后，汤东野第二次出任苏州知州，因惧战逃跑而使苏州遭遇亘古未有之惨剧。

第四章　劫后荒城

——苏州秩序的初步恢复（一）

（胡松年、李弥大）

金军在烧杀掠抢后，带着搜刮的金银财宝和十万百姓离开苏州北上，一个繁花似锦的城市一夕成了一座荒城。等金军退走后，逃到其他地方的南宋军队却竞相回城，张浚从昆山，巨师古从西山，李阎罗、郭仲威等从常熟，陈思恭从乌墩（今浙江乌镇），以收复的名义回到苏州。在这些将领中，真正抗金的只有陈思恭部。陈思恭带领所部出太湖，追击金军尾部，取得了一定的胜利。而其他几位将军则在几乎变成废墟的苏州城大肆劫掠。经过金军和宋军的两次洗劫，苏州几乎变成废墟，其惨状可谓亘古未有。

金军退走后，苏州也开始逐渐恢复秩序。然而，恢复秩序却面临着艰难的局面：一方面，经过两次洗劫后人心极为恐慌，另一方面从北方逃难过来的众多难民需要进行安置。面对这样的形势，南宋朝廷采取了两项措施：一是严惩抗金战争中的懦夫和荼毒百姓的将领。金军退走后，郭仲威出任真、杨镇抚使，仍然怙恶不悛，被刘世安擒获后押到杭州。为了安抚苏州百姓，宋高宗下旨将郭仲威押至苏州斩首，以此严肃军纪、安定人心。二是招募流民，垦殖废地，同时，严禁苛敛，赈济灾民，实行税收优惠政策。通过这些有效措施，苏州的社会秩序逐渐得到恢复。

在这样的背景下，一批能员干吏来到平江担任知府，为苏州秩序的恢复和经济社会的发展做出很大的贡献。

战后平江的首任知府是南宋名臣胡松年。

胡松年（1087—1146），字茂老，海州怀仁（今江苏赣榆）人。胡松年幼年丧父，家里十分贫穷，依靠母亲织布卖钱维持生计，供他读书。胡松年天赋异禀，读书过目不忘，而且十分刻苦，博览群书，尤其精通《易经》。政和二年（1112），胡松年以太学生上舍生（宋朝太学生分外舍生、内舍生、上舍生，上舍生是其中最为优秀的学生）的身份出任潍州（今山东潍坊）教授。政和八年（1118），宋徽宗在偏殿召见胡松年，因为胡松年才思敏捷，而且长相英俊，宋徽宗“伟其状貌”，改任胡松年为校书郎兼资善堂赞读。没多久，又改任其为殿试参详官，升迁其为中书舍人，除给事中、兼侍讲。

当时，北宋与金朝之间达成协议，决定夹攻辽朝，辽燕京由北宋负责攻取，金军负责进攻中京大定府（今内蒙古宁城）。待辽朝灭亡后，燕云地区归宋朝所有，宋朝将原纳给辽朝的岁币转给金朝。这一史称“海上之盟”协议的达成，看起来是一件对北宋有百利而无一害的事情，然而，由于宋朝军队的腐败，数十万大军两次进攻燕京都被辽军所败，燕云地区最后还是由金军攻占。后来，虽然金朝把燕京及其所属九州中的西部六州送给了北宋，但是这些地区的百姓大部分都已被金军俘虏送往北方作奴隶，金朝交给北宋的只不过是破败不堪的废墟。这次战争中北宋朝廷的腐败和军队战斗力的低下，加上北宋朝廷的失信行为，最终为北宋的灭亡埋下了伏笔。

正是看到了这一点，胡松年不断给朝廷上奏，极论北方战事带来的危害，结果惹恼了时任宰相蔡京，以致被贬为提举太平观的闲职。到了建炎初年，北宋被灭，胡松年给宋高宗上了一道密折，论述中原战争的形势，被宋高宗召到身边。金军从苏州北撤后，胡松年于建炎四年（1130）被任命为平江知府。听说胡松年要到苏州担任知府，苏州的贪官污吏、土豪劣绅便闻风敛迹。胡松年到任后，在大街上张榜公布了兴利除害等十七件大事，并让老百姓献计献策，监督执行，深受老百姓的拥戴，苏州的社会秩序很快得到稳定。

胡松年是坚定的抗金主义者，在苏州期间，多次上书朝廷，建议打造战船，建立水军，加强长江防线，得到宋高宗的赏识。因为在平江知府任上政绩突出，胡松年于绍兴二年（1132）被任命为中书舍人。回到朝廷后，胡松年更是为抗金积极出谋划策。他上书指出：武昌、九江、建昌（今江西抚州）、京口、吴江、钱塘、明州（今浙江宁波）、越州（今浙江绍兴）等地处于要冲，建议各屯水兵三千用于备战。不久，胡松年被任命为给事中，刚好遇到朝廷选择将帅，胡松年上疏建议："富贵者易为善，贫贱者难为功，在上之人识擢何如尔。愿陛下亲出劳军，即行伍搜简之，必有可为时用者。"同时他还就恢复中原提出建议："恢复中原，必自山东始，山东归附，必自登、莱、密始，不特三郡民俗忠义，且有通、泰飞艘往来之便。"不久，胡松年被提拔为侍讲，恰好遇到被金国扣留五年之久的王伦回到临安，王伦带回金国想要议和的消息，这样一来朝廷便需要派人出使金国。

靖康元年（1126），开封失守，就在刚刚登基的宋钦宗不断派人到金营求情的过程中，京城百姓对当朝御敌不力导致国都城破的局面义愤填膺，纷纷拥到皇宫宣德门前聚集，大吵大闹，乱作一团。面对百姓的抗议，宋钦宗张皇失措，身边的大臣也都面露惊慌之色，无人敢前去安抚百姓。正在大家不知如何是好之际，王伦毫不犹豫地挤到宋钦宗面前大声说："臣能处理好此事。"

王伦是北宋名相王旦弟弟的玄孙，算得上世家子弟。不过，这个世家到王伦这一辈已经家道中落，王伦年轻时家贫无业，游荡于开封、洛阳一带。王伦为人侠义，锄强扶弱，好打抱不平，一直以祖上王旦为荣，有着重振家声的理想，无奈时辰未到，机遇不来，年过四十还一事无成。王伦此时挺身而出，可谓解了宋钦宗的燃眉之急，但是王伦无职无权，无法处理这次群体性事件，所以，宋钦宗就手书"王伦可除兵部侍郎"，王伦接过御书，带领一班弟兄走到那群上访的百姓中间，动之以情，晓之以理，一会儿工夫，老百姓的思想工作竟然被他做通了，他们既不吵，也不闹，不久就散了，宋钦宗也感到惊奇。然而，当王伦拿着御书向朝廷请职要官时，状元出身的宰相何栗却认为，王伦不是科举出身，功劳也不大，骤升为兵部侍郎这样一个从三品要职，太不符合朝规了，所以只同意给他修职郎，一个从八品而又没有具体职务的虚衔散官。王伦虽然心中有气，但也只能忍了，因为他胸怀重振家族声望的信念，总想找机会出头，如今既然有了一个做官的机会，顺利进入了体制内，那就好好珍惜。

靖康二年（1127）四月，金军俘虏宋徽宗、宋钦宗二帝和后妃、皇子、宗室、贵戚等三千多人北去，北宋灭亡。宋高宗登基后，金人便迅速集结军队再次南侵，欲把这个刚刚草创的南宋王朝扼杀在摇篮里。宋高宗一面仓皇出逃，一面派出一支支求和的队伍北上金国求和。当时，金宋敌对，剑拔弩张，去求和的不是被扣押就是被处决，求和如同赴死，谁愿意趟这种有去无回的浑水？所以，宋高宗只得许以高官厚禄，招募赴金使者。此时，又是王伦挺身而出，主动请求出使金国。建炎元年（1127）十一月，王伦被宋高宗任命为朝奉郎、假刑部侍郎，充当大金通问使。王伦到达金国后，见到了金国开国大将、左副元帅完颜宗翰。然而，此时的金国是大赢家，对宋朝连皇帝都瞧不起，遑论小小使臣，对待他们如同对待阶下囚，没什么好脸色。因此，王伦一行不但没有启动谈判，反而被完颜宗翰全部扣押为人质，一扣就是五年之久。随着宋金战争形势的变化，金国对南宋的态度也时有转变。绍兴二年（1132），完颜宗翰主动找来王伦，说金国打算与南宋议和，让王伦立即启程南归，向南宋朝廷转奏。当年秋，王伦终于回到临安，向朝廷报告了金人议和的意愿。但是，面对虎狼一样的金国，没有人愿意担任使节。此时，胡松年挺身而出。于是，朝廷派签书枢密院事韩肖胄为正使，任命试工部尚书胡松年为副使，一同出使金国。韩肖胄的曾祖韩琦是北宋嘉祐年间的宰相，其祖父韩忠彦在建中靖国年间也当过宰相，出身十分显赫。相比较而言，胡松年的出身要低微得多。此时的胡松年虽然已成了国家的股肱之臣，但是，在“使命久不通，人皆疑惧”的情况下，出使金国仍然是一种冒险行为。所以，胡松年出发前给朝廷上奏说：“半年之内，臣如不能回朝复命，即是金国另有图谋，应速出兵，切勿因臣贻误时机。”

面对韩肖胄和胡松年的壮举，当时的正直大臣无不为之动容，就连著名的词人李清照也在激动之余写下了两首送行诗词。在这两首名为《上枢密韩公、工部尚书胡公诗（并序）》的诗词中，李清照写道：

绍兴癸丑五月，枢密韩公、工部尚书胡公使虏，通两宫也。有易安室者，父祖皆出韩公门下，今家世沦替，子姓寒微，不敢望公之车尘。又贫病，但神明未衰落。见此大号令，不能忘言，作古、律诗各一章，以寄区区之意，以待采诗者云。

其一

三年夏六月，天子视朝久。
凝旒望南云，垂衣思北狩。
如闻帝若曰，岳牧与群后。
贤宁无半千，运已遇阳九。
勿勒燕然铭，勿种金城柳。
岂无纯孝臣，识此霜露悲。
何必羹舍肉，便可车载脂。
土地非所惜，玉帛如尘泥。
谁当可将命，币厚辞益卑。
四岳佥曰俞，臣下帝所知。
中朝第一人，春官有昌黎。
身为百夫特，行足万人师。
嘉祐与建中，为政有皋夔。
匈奴畏王商，吐蕃尊子仪。
夷狄已破胆，将命公所宜。
公拜手稽首，受命白玉墀。
曰臣敢辞难，此亦何等时。
家人安足谋，妻子不必辞。
愿奉天地灵，愿奉宗庙威。

径持紫泥诏，直入黄龙城。
单于定稽颡，侍子当来迎。
仁君方恃信，狂生休请缨。
或取犬马血，与结天日盟。

其二

胡公清德人所难，谋同德协心志安。
脱衣已被汉恩暖，离歌不道易水寒。
皇天久阴后土湿，雨势未回风势急。
车声辚辚马萧萧，壮士懦夫俱感泣。
闾阎嫠妇亦何知，沥血投书干记室。
夷虏从来性虎狼，不虞预备庸何伤。
衷甲昔时闻楚幕，乘城前日记平凉。
葵丘践土非荒城，勿轻谈士弃儒生。
露布词成马犹倚，崤函关出鸡未鸣。
巧匠何曾弃樗栎，刍荛之言或有益。
不乞隋珠与和璧，只乞乡关新信息。
灵光虽在应萧萧，草中翁仲今何若。
遗氓岂尚种桑麻，残虏如闻保城郭。
嫠家父祖生齐鲁，位下名高人比数。
当时稷下纵谈时，犹记人挥汗成雨。
子孙南渡今几年，漂流遂与流人伍。
欲将血泪寄山河，去洒东山一抔土。

其三

想见皇华过二京，壶浆夹道万人迎。
连昌宫里桃应在，华萼楼头鹊定惊。
但说帝心怜赤子，须知天意念苍生。
圣君大信明如日，长乱何须在屡盟。

李清照在诗中表达了对韩肖胄和胡松年的无比信赖和无限期望，而两位此次出使也确实没有让大家失望。到汴京的时候，伪齐皇帝刘豫要求使节以臣子之礼晋见，韩肖胄没有说话，胡松年站出来叫了一声："圣主万寿。"刘豫不解，就问道："圣意何在?"胡松年回答说："主上之意，必复故疆而后已。"意思就是说，皇上的意思，什么时候恢复了疆土再说，弄得刘豫十分难堪。由于这次出使不辱使命，胡松年回朝后被提拔为吏部尚书。

绍兴三年（1133），岳飞被任命为沿江制置使。第二年，岳飞收复襄阳六郡。朝廷让胡松年筹划守御之策。胡松年上疏建议："让岳飞班师，看看刘豫有什么反应，如果刘豫置之不理，那么刘豫一定心怀叵测，不可轻易进军，命令各部将士小心防守即可。"同时，胡松年还指出建造战舰有四个好处："一曰张朝廷深入之军势；二曰固山东欲归之民心；三曰震叠强敌，使不敢窥江、浙；四曰牵制刘豫不暇营襄、汉。"

不久，胡松年被提拔为端明殿学士、签书枢密院事。胡松年居高望远，在深入分析当时形势之后，提出了关系国家长远建设的八条建议："立规摹以定中兴之基，振纪纲以尊朝廷之势，驭将帅使知畏，抚士卒使知劝，收予夺之柄，察毁誉之言，无以小疵弃人才，无以虚文废实效。"同时，他还举荐张敌万出任将帅，对宋高宗说：张敌万"向在淮南诱敌深入，步骑四集，悉陷于淖，无得解者，金人至今胆落。乞令统率军马别为任使，庶几外阃渐多名将，不独仗倚三四人而已"。

绍兴四年（1134），谍报送到朝廷，说刘豫在登州（今山东蓬莱）、莱州、海州（今江苏连云港）、密州（今山东诸城）集聚战舰，在淮阳（今属河南）、顺昌（今安徽阜阳）囤积粮草，准备借助金军一道南侵。朝廷大臣认为，韩世忠、刘光世、岳飞各当一面，可以确保无虞。胡松年上疏说："三人声势初不相属，缓急必不相救。况海道阔远，苏、秀、明、越最为要冲，乞选精兵万人，命一大臣往驻建康，亲督世忠、光世守采石、马家渡，以张两军之势，仍以兵五千屯明州、平江，控御江海。或无人可遣，臣愿疾驰以赴其急。"接到这份上疏后，宋高宗下诏让胡松年前往沿江一带，与诸将会商进讨之策，同时观察敌人动静。

当时，南宋朝廷议和派与主战派之间斗争非常激烈。这次伪齐在金军的配合下，很快到达楚州（今江苏淮安），离建康只有一步之遥，南宋已经退无可退。而此时担任四川都督的赵鼎却向宋高宗辞职，赵鼎是主战派，此时金人入侵，他却想辞职，宋高宗便说道：“如今金人大举南侵，朝廷正是用人之际，你怎能离我而去呢？”宋高宗任命赵鼎为尚书右仆射兼知枢密院事，他上任之后力主抗金，并得到了朝中许多大将的支持。当时金人一路大胜，士气大涨，而宋军节节败退，士气低落。想打胜仗，一定要有士气，于是赵鼎向宋高宗进言“御驾亲征”，鼓舞将士们的士气，他将金人与伪齐的情况向高宗分析了一番，恰逢此时传来了韩世忠大破金军的消息，这让宋高宗的底气又增加了几分，最终高宗决定御驾亲征。宋高宗到达平江后，任命胡松年权参知政事，专门负责管理战舰，张浚负责管理军械。胡松年上疏：“议论既定，力行乃有效，若今日行，明日止，徒纷纷无益。”

宋高宗的亲征，极大地鼓舞了士气，而伪齐和金军因为战线过长，粮草供应不上，加之长江这道天堑的天然防线久攻不下，士气锐减，而此时又传来金太宗病重的消息，无可奈何之下，金朝只好下令退兵。见到金人撤退，赵鼎下令乘胜追击，收复了大片失地。然而，宋高宗只想偏安一隅，担心一路打过去接回宋徽宗、宋钦宗会影响自己的帝位，所以取得一些胜利后就下令收兵。

当时秦桧第一次担任宰相，胡松年非常鄙视他。在秦桧的授意下，胡松年遭到主和派的围攻，不得已，他只好以身体不好为由提出辞职。绍兴五年（1135），胡松年改任宣州知州，后提举洞霄宫，卜居阳羡言村（今宜兴宜城东）。胡松年筑堂自娱，名曰“横山”，由孙觌题书“横山堂”，并题诗云：“波间指点见青红，雪脊嶒崚倚半空。幻出生绡三万幅，游人浑在画图中。苍云十亩荫平宽，露叶风枝绕舍寒。莫遣先生赋归去，且令小吏报平安。”

绍兴十六年（1146），胡松年病逝，享年六十岁，墓葬宜城梅林，后归葬故里。胡松年一生忧国忧民，晚年闲居乡间，仍然不忘朝廷之事，对“和籴科敛、防秋利害”等多有进言，宋高宗全部都予以采纳。胡松年平生不喜蓄财，不贪虚名，他结交广泛，家里经常高朋满座，所以俸禄常常不够开支。有人劝他为了子孙后代节约开支，胡松年说：

“贤而多财，则损其志，况俸禀，主上所以养老臣也。”胡松年正因为一生为官清正、刚直不阿，所以一直受到世人的赞誉。

胡松年离开苏州后，李弥大出任平江知府。

李弥大（1080—1140），字似矩，号无碍居士，江苏吴县（今江苏苏州）人。李弥大是李撰的儿子，而李撰是福建连江人，但是宋史在介绍李弥大、李弥逊兄弟的时候，都说其籍贯为吴县。笔者查阅有关史料，李撰一生最大的官也只做到通判一级，也就是现在的副厅级，而且一生未到苏州任过职，何时落籍苏州不得而知。查其任职经历，李撰于熙宁六年（1073）考中进士，最开始担任过余姚主簿，也许是到余姚上任路过苏州时看到苏州是江南第一大都市，便把家安顿在了这里。李撰的长子李弥大、次子李弥逊都出生在苏州，说明此前他们的家已经落户在了苏州，不然就解释不通为何李弥大和李弥逊的籍贯是苏州。当然，因为没有翔实的资料，这也只能算是笔者的推测和分析。

李撰一生有六个儿子，长子李弥大，历任户部、刑部、工部尚书；次子李弥逊，出任过户部侍郎、敷文阁待制；三子李弥纶（旧志为弥伦），出任过台州知州；四子李弥中，太学上舍生；五子李弥性，太学生；六子李弥正，出任过吏部侍郎。

李弥大、李弥逊兄弟二人生活在南宋和北宋之交，辽、金大举进犯中原的动乱年代，兄弟二人同朝为官，都是坚决和积极的主战派，因此，二人的仕途也都并不顺遂，晚年也都遭遇了一些蹉跎。

李弥大于崇宁三年（1104）考中进士，经朝中大臣推荐，宋徽宗召对，被任命为校书郎，随后又被提拔为监察御史。当时有传言说燕京地区的老百姓想回归宋朝，于是宋徽宗派李弥大以假太常少卿（也就是临时给一个太常少卿的官衔）担任契丹贺正旦使出使契丹。从契丹回来后，李弥大把自己出使期间所见所闻写成奏疏上报给宋徽宗，他在奏疏中说：“或谓彼主淫刑灭亲，种类叛离，女真侵迫，国势危殆为可取；或谓下诏罪己，擢用耆旧，招赦盗贼，国尚有人未可取；莫若听其自相攻并。”

当时，辽国在末帝天祚帝的统治下，迅速走向衰败。天祚帝于辽寿昌七年（1101）即位，而一年前，宋徽宗也登上了皇帝的宝座。这两人都是昏庸之辈，正是这两人登上皇位后，分别葬送了辽朝和北宋。天祚帝即位后“拒谏饰非，穷奢极侈，盘于游畋，信用谗谄，纪纲废弛，人情怨怒”，因而导致叛乱不断。而此时在其北方的女真族却迅速兴起，并于北宋政和五年（1115）建立金国。金国建立后的首要国策就是灭辽。正是在这样的情况下，燕云地区的百姓希望回归宋朝。所以，李弥大出使回来后把所看到和听到的情况汇报给了宋徽宗，建议“莫若听其自相攻并”。应该说这个建议是北宋最好的选择，让辽国和金国互相进攻，无论哪方取胜了对北宋都是好事。然而，荒淫无度、耽于玩乐的宋徽宗却也想建立不世之功，在童贯和蔡京的怂恿下与金国签订了海上之盟，最终导致北宋的灭亡。

出使契丹回京后，李弥大被提拔为起居郎、试中书舍人、同修国史。当时，童贯到永兴军巡察，被授予走马承受（全称“都总管司走马承受公事”，为路级监察官员）。白锷是童贯的心腹，仗着童贯的权势，不及时上报边境的军报，朝廷也只是给了轻微的处分（止从薄责）。李弥大知道后立即上书给朝廷，认为边关军情报告事关重大，如果不能及时上报会影响大局，绝非朝廷之福。结果惹恼了童贯，虽然白锷被除名了，但是李弥大也因此被贬为光州（今河南信阳光山）知州，后移至鄂州（今湖北武昌）担任知州。几年后才被起复为给事中兼校正御前文籍详定官，拜礼部侍郎。

靖康元年（1126），金军第一次大举侵犯中原，宋徽宗匆匆逃亡江南，刚刚即位的宋钦宗任命李纲为尚书右丞、东京留守。李纲任命李弥大为参议，但是在攻守之策上李弥大与李纲的意见不合，所以很快就被罢去了参议之职。在李纲的率领下，宋军节节胜利。但是，在时任宰相李邦彦等人撺掇下，宋钦宗答应割让太原、中山、河间三镇给金国，作为金军退兵的条件。在主和派割让三镇后，金军暂时北撤，宋徽宗也回到了京城。金军退走后，宋钦宗对布防做出了新的调整，派遣种师道、种师中援助河北，姚古援助河东。针对这个布防，李弥大上疏建议，把河东西部的麟州（今陕西榆林神木）等郡及陕西的兵员全部交给姚古辖制，将河东路及京东附近州郡的兵员全部交给种师道、种师中管辖，以便形成相互攻守之势。接到这个奏疏后，朝廷任命李弥大为河东宣抚副使。到了靖康元年（1126）八月，金军第二次大举南侵，辰州主帅张师正无能，带领刚刚获得大捷的军队吃了败仗，李弥大诛之稳定了军心，又提拔行伍出身的韩世忠为裨将，平李福之叛，擒获李福并将其斩首示众。李福部万余人在阵前归降。韩世忠平叛有功，受到李弥大的重赏，并复遣其师援真定。

李弥大在这次抵抗金军的战斗中一直表现得十分果断英勇，却遭到主和派的不断攻击和陷害，侍御史胡舜弹劾他妄杀立威，结果李弥大被削去兵权，改任为陕州（今河南三门峡）知州。河东被金军攻破后，小将李彦先到陕州拜访李弥大，与李弥大纵谈攻守之道，得到李弥大的欣赏，李弥大就把李彦先留下来任命为手下大将，让他在成肴、渑间抵抗金军。由于汴京告急，宋钦宗下诏要李弥大前去支援，李弥大未敢轻进。刚好遇到永兴主帅范致虚起兵勤王，范致虚传檄给李弥大，让李弥大出任诸道计议。李弥大率所部前往开封，行军到方城，结果道路被阻，只好前往大元帅府（赵构当时出任大元帅，驻扎相州）。

建炎元年（1127），李弥大出任淮宁府（今河南淮阳）知府，但是到任没几天就遇到了杜用等人造反。李弥大用绳子吊出城脱逃，等到叛军被平定后才回到城里。因为这件事情，李弥大受到降级处分，但是很快又被召为吏部侍郎。

宋高宗逃到杭州后，任命李弥大权知绍兴府，试户部尚书兼侍读。当时，宋高宗让吕颐浩巡视各军，任命李弥大为参谋官。李弥大给宋高宗上了两道奏疏，其一说：“王导、谢安为都督，未尝离朝廷，今边圉幸无他，颐浩不宜轻动。”意思是说，东晋的时候王导、谢安也曾出任都督，但是都没有离开朝廷，现在各军并没有什么大事，吕颐浩也不必亲自到各军去。其二说：“已为天子从官，非宰相可辟。乞于诸军悉置军正，如汉朝故事……伺察颐浩过失。”就是建议在军队中设立“军正”作为监察官，监督吕颐浩的动作。吕颐浩是主和派，而李弥大是主战派，本来就受到主和派的排挤，他还提出这样的建议，必然会成为吕颐浩等人的眼中钉。所以，因为这件事情，李弥大以“忤旨”

被降职，出任平江知府。但是这还没算完，中丞沈与求上章弹劾李弥大“谋间君臣，妄自尊大”，结果李弥大到平江任职六天就被免职，闲居家乡好几年。

到了绍兴五年（1135），李弥大才被起复为静江（今广西桂林）知府，上奏就广西边防事宜提出自己的建议。没多久被召回杭州，出任工部尚书。但是刚回到杭州不久，广西提刑韩璜就上书弹劾，说他在广西期间“日断强盗死罪，引绞入斩”，结果李弥大被降了两级，罢职回到苏州。

从出任平江知府到起复为静江知府，李弥大在苏州待了好几年时间，“弥大知平江府被劾，遂筑室于西山，名‘易老堂’，自号无碍居士”。这期间，李弥大悠游于山水之间，写下了许多脍炙人口的诗篇。他在《游洞庭山》中写道：

秋林结绿留连赏，春坞藏红次第吟。
拟泛一舟追范蠡，从来世味不关心。

李弥大在林屋洞山上筑道隐园，并且为道隐园写过一篇记：

林屋洞山之南麓，土沃以饶，奇石附之以错峙。东南面太湖，远山翼而环之，盖湖山之极观也。莽草丛卉，未有过而问者。无碍居士尝散策游，乃约工费助道家而团之。其西则苍壁数仞，洞穴呀然，南向者曰丙洞。自洞之东北跻攀而上有石室，窈以深者曰旸谷。缘山而东，乱石如群，犀、象、牛、羊起伏蹲卧乎左右前后者，曰齐物观。又其东有大石，中通小径，曲而又曲，曰曲岩。居士思晦而明齐，不齐以致其曲而未能也。岩、观之前，大梅十数本，中为亭，曰驾浮，可以旷望，将凌空而蹑虚也。会一圃之中，夷篁茅发，奇秀殖嘉茂。负来岗隐然，南指结庵以居，曰无碍，室曰易老。且将栖息于兹，学易老以忘吾年也。居士少为儒，言迂而行质，仕则不合而去，游于释而泳于老。盖隐于道者，非身隐，其道隐也。居士李姓，弥大名也。绍兴壬子十一月十五日记。

李弥大的《无碍居士道隐园记》虽然通篇写的都是湖光山色，没有涉及朝廷政事，也没有对迫害自己的人有一言不满，但是其中的“居士少为儒，言迂而行质，仕则不合而去”几句话，也算是对自己一生的反思，自己虽然学富五车，却不懂为官之道，不会趋炎附势，那么不能融于朝廷，也就再正常不过了。李弥大罢官十一年后，于绍兴十年（1140）去世，享年六十一岁。

其弟李弥逊和李弥大一样，也是坚定的抗金主义者，又是苏州人，所以这里一并做个介绍。

李弥逊，字似之，生于元丰八年（1085）。大观三年（1109），李弥逊以太学上舍生的身份考中进士，说明他的成绩十分优秀。考中进士后，李弥逊出任单州（今山东单县）司户，然后调任阳谷县主簿。政和四年（1114），调入京城，除国朝会要所检阅文字。因为能力突出，被引荐面见宋徽宗，被任命为编修六典校阅，没多久又被提拔为起居郎。当时蔡京当政，朝局十分腐败，李弥逊上疏议论时政，因“封事剀切”，得罪了蔡京，被贬为庐山县令，后又改为奉嵩山祠，但这并没有完，随后他又被夺去职务，在家隐居了八年之久。一直到宣和七年（1125），李弥逊才被起复，出任冀州（今属河北衡水）知州。金军第一次南侵时，李弥逊招募勇士，修筑城墙，决河水护城，并出兵截击金国的骑兵，斩首甚众，兀术只得率残兵败走。所以，金军侵犯河北时，其他州郡全部告急，唯独冀州成为金军不敢侵犯的地方。

宋高宗即位后，陆续任用旧臣，任命李弥逊为卫尉少卿，出任瑞州（今江西高安）知州，随即又升任为江东转运判官、代理安抚司事。建炎元年（1127），建康府牙校周德叛乱，把主帅宇文粹中给抓了起来，并斩杀官吏，焚烧房屋，据城自守，十分猖獗。李弥逊以江东转运判官的身份代理建康府事，单骑来到城下，把蜡书射入城中进行招降，并设法派人与叛贼暗通款曲，叛贼最终打开城门，迎接李弥逊。李弥逊进城后对叛贼“谕以祸福，勉使勤王”。没几天，李纲率大部队抵达建康，李弥逊与李纲合谋，将周德等擒获，诛杀五十多名首恶分子，对其他人进行抚慰，稳定了建康的社会秩序。

建炎二年（1128），李弥逊升任为淮南转运副使，出任饶州（今湖南鄱阳）知州。宋高宗早就听说李弥逊有忠直之名，所以就把他召回临安出任起居郎。但是，李弥逊这人生性耿直，而且还不接受教训，他在徽宗时就因为直言取祸闲居八年之久，现在好不容易回到了皇帝身边，却仍然不知收敛，给宋高宗上了一道奏疏，提出“当坚定规模，排斥奸言”，又说：“朝廷一日无事，幸一日之安，一月无事，幸一月之安，欲求终岁之安，已不可得，况能定天下大计乎？”虽然宋高宗看了奏疏给予了肯定，“嘉其说直”，但是皇帝身边的大臣不高兴了，担心他在皇上身边说出什么对自己不利的话，所以就找了个理由将其外放，李弥逊以直宝文阁的官衔出任吉州（今江西吉安）知州。李弥逊向宋高宗陛辞的时候，宋高宗对他说：“我很想把你留在身边，但是朝中大臣想要你到基层锻炼，熟悉民事。爱卿尽管去吧，我会召你回来的。”

结果，李弥逊这一去就是将近十年的时间，一直到绍兴七年（1137）四月，李弥逊才被召回临安，被任命为左司员外郎，八月才恢复起居郎。同年冬，升迁为试中书舍人。虽然从第一次因直言获罪到这次起复将近二十年，但是李弥逊仍然初心不改，照样直言。所以连《宋史》的作者脱脱也感慨道：“弥逊自政和末以上封事得贬，垂二十年，及复居是职，直前论事，鲠切如初。”

李弥逊见时局十分危急，就上奏朝廷条陈“六事”：“固藩维以御外侮，严禁卫以尊朝廷，练兵以壮国势，节用以备军食，收民心以固根本，择守帅以责实效。”当时，金军不断分兵南侵，南宋的形势并没有完全稳定下来，宋高宗驻跸的地点也没有真正确定，宋高宗下旨要求朝中大臣准备船只和士卒运送粮食接济宫里的人。李弥逊就此上奏说：“六飞雷动，百司豫严，时方孔艰，宜以宗社为心，不宜于内幸细故，更勤圣虑，事虽至微，惧伤大体。”宋高宗“嘉其言”，所以就提拔李弥逊为试户部侍郎。

当时，秦桧第二次出任宰相，李弥逊和吏部侍郎晏敦复非常担忧朝局。看到朝局日非，所以到了绍兴八年（1138），李弥逊坚决要求外放为地方官，但是宋高宗明诏不予批准。当时，赵鼎为左相，秦桧为右相，在秦桧的迫害下，赵鼎只能离开朝廷，秦桧也终于达到了自己的目的，在朝中大权独揽。在此之前，南宋在北伐中取得了很大的胜利，加上岳飞、韩世忠等一众将帅，收服中原完全是有可能的。但是，宋高宗担心收复中原接回二帝会影响自己的皇位，所以只想偏居一隅。正是号准了宋高宗的这一脉搏，秦桧积极主张与金国进行议和。当时，金国派遣乌陵思谋出使南宋，乌陵思谋到了南宋后非常无礼，“索礼甚悖”，所以导致军民共愤。看到全国上下同仇敌忾，秦桧假惺惺到御前请求罢去宰相之职，想要通过委屈自己达到议和的目的。枢密院编修官胡铨上书，要求斩杀秦桧；校书郎范如圭写文章骂秦桧“曲学背师，忘仇辱国”；礼部侍郎曾开引用古人的例子辱骂秦桧，结果这些人相继都被贬黜出了朝廷。

面对这样的局面，李弥逊上书要求当面对答，说金国使者来议和，要求我朝行君臣之礼，万万不可答应。宋高宗认为李弥逊说的有道理，下诏让大臣进行讨论。群臣大多附和秦桧的意见，但是李弥逊却坚持己见，上书力言：“陛下受金人空言，未有一毫之得，乃欲轻祖宗之付托，屈身委命，自同下国而尊奉之，倒持太阿，授人以柄，危国之道，而谓之和可乎？借使金人姑从吾欲，假以目前之安，异时一有无厌之求，意外之欲，从之则害吾社稷之计，不从则衅端复开，是今日从有屈身之辱，而后患未已。”又说：“陛下率国人以事仇，将何以责天下忠臣义士之气？”

看到李弥逊这样的态度，秦桧把李弥逊邀请到自己的家里，对李弥逊说：“现在朝廷缺员很严重，如果你对和议不提出异议，就举荐你出任高官。”李弥逊回答说：“我受国恩深重，怎么敢见利忘义？希望今天的事情，天下人都不以为然，我只有请求离开以报你的恩情。”秦桧默默不语不知道怎么回答。第二天，李弥逊再次上疏，言辞十分激烈，坚决反对议和，并说：“送伴使（也就是陪同金国使者的官员）揣摩迎合，不恤社稷，乞别选忠信之人，协济国事。”结果惹得秦桧大怒。李弥逊知道在朝中待不下去了，所以就以有病为由要求外放。宋高宗授意大臣挽留，但是李弥逊去意已决，绍兴九年（1139）春他再次提出外放，宋高宗不得已，只好让李弥逊以徽猷阁直学士的官衔出任端州（今广东肇庆）知州，不久又改为漳州知州。第二年，李弥逊挂冠归隐祖籍福建连江西郊濂湖，自号筠溪居士。绍兴十二年

（1142），秦桧乘金兵战败、宋金复通和好之际，唆使其党羽弹劾当年反对和议的大臣。于是，李弥逊被追夺官职，闲居老家，“十余年间不通时相书，不请磨勘，不乞任子，不序封爵，以终其身，常忧国，无怨怼意”。

李弥逊始终坚守本心，忠心为国，常作诗文表示愤慨，也经常逍遥于利坑、石门、玉泉、宝林等名胜古刹，并且多有吟咏。李弥逊与李纲交好，诗歌酬答甚多。绍兴二十三年（1153），李弥逊因病去世，享年六十九岁。

第五章　劫后荒城

——苏州秩序的初步恢复（二）

（席益、李擢、向伯厚、宋伯友）

李弥大到任六天后就被免职了，席益接任平江知府。

席益，字大光，洛阳人。《宋史》没有席益的传记，只在其父亲《席旦传》后有一句话："子益，字大光，绍兴初，参知政事。"所以，关于席益一生的任职经历并没有完整的资料，其为官和任职情况散见于《宋史》《续资治通鉴长编》等史籍之中。从这些零散的资料看，席益非常聪明，且善交际。席益一生虽然在战乱中有所蹉跎，但是总体上是比较顺利的，最后做到参知政事。

席益的聪明与其出身和家庭背景有着直接的关系。席益的父亲席旦七岁的时候就能作诗，曾经登上沉黎岭，写下出类拔萃的诗句，令时人感到非常吃惊。元丰年间，席旦参加科举考试，但是礼部的人并没有把他的名字列入殿试的名单。当时，宋神宗正在开拓西部疆土，席旦就给宋神宗上书，提出："取得胜利很容易，巩固胜利成果却很难，知道怎么得到它，就一定知道怎么守住它。"宋神宗看了非常高兴，专门赐席旦进士及第。席旦不仅十分聪明，而且为人正直、能力很强，所以进入官场后一路被提拔。席旦曾三次出任成都知府，对治理川蜀地区、维护西南少数民族的利益做出了很大贡献。出身于这样的家庭，席益的家教自然不会差，能诗会文也是必然的事情。

与其父亲的正直敢言相比，席益要圆滑得多。席益一生交游广泛，有不少关系不错的朋友，所以，席益一生总是有高官推荐他。

席益与南宋之初的著名诗人陈与义有着很深的友谊。陈与义号为“诗俊”，与“词俊”朱敦儒、“文俊”富直柔同列“洛中八俊”。席益和陈与义是洛阳老乡，陈与义被任命为符宝郎，与席益在开封相遇，二人一见如故，成为莫逆之交。不久，陈与义遭到贬黜，出任陈留酒监。二人分别时，席益专门写诗相送。建炎元年（1127），金军攻入开封，陈与义从陈留南逃，经湖北、湖南、广东，一直逃到福建。建炎三年（1129），时任郢州（今湖北钟祥）知州的席益，逃离自己的岗位，流浪于湖南衡山。同年腊月，席益与陈与义在衡山相遇。第二年元旦后，陈与义离开衡山前往邵阳，与席益分别时写了一首词《虞美人·张帆欲去仍搔首》：

张帆欲去仍搔首，更醉君家酒。吟诗日日待春风，及至桃花开后却匆匆。

歌声频为行人咽，记著樽前雪。明朝酒醒大江流，满载一船离恨向衡州。

陈与义在题记中写道：“大光祖席，醉中赋长短句。”可见，当时是席益做东，宴请陈与义等好友。另外，这次分别，陈与义还写有一首《别大光》的诗，可见二人感情之深。

席益与仁宗时的宰相吕夷简的玄孙吕本中也有着很深的感情。当时，吕本中一家到广西贺州避乱，听说席益、陈与义接到朝廷诏书，准备前去勤王，就挥手写下了一首诗《贺州闻席大光、陈去非诸公将至，作诗迎之》：

五年避地走穷荒，岭海江湖半是乡。
欢喜闻君俱趣召，衰颓如我合深藏。
晓寒已静千山瘴，宿雾先吞万瓦霜。

日日江头望行李，几回驱马度浮梁。

离开湖南回到朝廷后，席益攀上了吕颐浩这一靠山，并帮吕颐浩在和秦桧的斗争中出谋划策。绍兴元年（1131）二月，秦桧升任参知政事。时任宰相范宗尹提出建议，对宋徽宗崇宁、大观以来朝廷滥赏之事进行讨论，秦桧极力赞成。但是这个建议遭到了宋高宗的坚决反对，秦桧又转而附和宋高宗，并以此为由，极力排挤范宗尹，范宗尹遂被罢相。为了出任宰相一职，秦桧扬言："我有二策，可耸动天下。"有人问他："有何良策，为什么不说出来?"秦桧说："现在没有宰相，无法执行。"后，秦桧升任右仆射、同中书门下平章事，并兼知枢密院事，首次登上宰相宝座。

到了九月，吕颐浩第二次出任宰相，与秦桧共掌朝政。秦桧排挤范宗尹，目的就是想独揽朝政，好不容易把范宗尹搞走了，现在又来了一个吕颐浩，这是秦桧所不能容忍的，所以他就密谋夺吕颐浩的权，让自己的党羽造谣说："周宣王修内政、攘外敌，故能中兴，今二相应分管内政外政。"宋高宗担心内斗再起，就诏命吕颐浩专管军事，秦桧专管政务。于是，吕颐浩离开杭州，在镇江建造都督府。

绍兴二年（1132）七月，吕颐浩自镇江都督府还朝，谋划如何赶走秦桧。于是，吕颐浩任命朱胜非为自己的助手，荐黄龟年为殿中侍御史、刘棐为右司谏。黄龟年上章弹劾秦桧专主和议，破坏恢复，结党专权，不会长久，并把秦桧比作王莽、董卓。为了应对吕颐浩的发难，秦桧起用胡安国、张焘、程瑀等名人，委以要职，以图排挤吕颐浩。吕颐浩向席益征求对策，席益献计，把秦桧及其党羽看作朋党，首先攻击其党魁胡安国。

北宋走向衰败，很大程度上是党争的结果，这一点宋高宗不会不清楚。所以，他绝不允许在自己的朝廷再次出现党争。席益的这招非常奏效，可以说是打蛇打到了七寸的位置。当时，朝廷任命朱胜非为同都督，胡安国上书说朱胜非不可用，朝廷改任朱胜非为醴泉观侍读。胡安国的上书正中了席益的计策，于是吕颐浩一派纷纷上章弹劾胡安国结党营私，胡安国只好请求辞职，虽然秦桧再三挽留，但是胡安国仍然离开了朝廷。此后，秦桧的党羽张焘、胡世将、吴表臣等也都被罢出尚书省。到了八月份，宋高宗召綦崇礼入宫奏对，拿出秦桧所陈二策给他看（秦桧所献二策是指河北人还金国，中原人还刘豫），并说：“秦桧说‘南人归南，北人归北’。朕是北人，将归哪儿？秦桧又说‘为相数月，将耸动天下’，朕至今也没看到。”綦崇礼就把宋高宗的意思写入训辞昭告中外。随后，宋高宗下诏，罢去秦桧的相位，改任为观文殿学士，提举江州太平观，并张榜朝廷，以示不再复用。

在吕颐浩与秦桧斗得不可开交的时候，席益于绍兴二年（1132）五月出任平江知府，到了八月，因为在这次斗争中立有大功，被吕颐浩推荐出任参知政事。对吕颐浩的这一推荐，程瑀等人很是不解。程瑀对吕颐浩说：“益为人公岂不知，何必用？”吕颐浩说：“给事不见御批耶？”程瑀说：“已见矣。公不能执奏，乃先示瑀辈，欲使不敢论驳耶？然益之来，非公福也。”吕颐浩这才醒悟过来，于是就上奏弹劾席益，但是这并没有动摇席益的地位，反而是吕颐浩以言论不当而被罢去宰相一职，提举亳州明道宫。吕颐浩被罢相后，席益由工部尚书拜参知政事，后以资政殿学士提举江州太平观，过了两年起复为潭州知州兼湖南安抚制置大使。绍兴五年（1135）出任成都知府，兼成都、潼川、夔州、利州路安抚制置大使，绍兴七年（1137）被罢职，此后再无下文。

席益离开后，李擢接任苏州知府。

李擢，字德升，齐州（今山东济南）人，其生卒年不详。关于李擢的史料比较凌乱，《续资治通鉴长编》和《建炎以来系年要录》都有零散的资料，从这些资料看，李擢曾担任过工部侍郎、礼部尚书、平江知府等职。李擢虽然做到了部级干部，但是他在历史上的名声并不好，主要原因是他在金军进攻开封时表现太差。

李擢是李清照的丈夫赵明诚的妹夫。大观元年（1107），赵明诚的父亲赵挺去世，赵明诚遭到蔡京的陷害，被夺去官职，赵明诚和李清照夫妻二人只好离开京城，屏居青州乡里。在青州第二年的重阳节和第三年的端午节期间，赵明诚和李擢两次同游仰天山。大观三年（1109）九月十三日，二人又同访灵岩，流连了两天才返回，可见二人的关系绝非一般。

赵明诚在青州一待就是十三年，一直到宣和二年（1120）才再次被起用，先后担任莱州、淄州（今山东淄博）知州。到了靖康二年（1127），赵明诚因奔母丧南下金陵（今江苏南京），并出任江宁知府。但是，在江宁知府任上只做了一年就被免职。当时在江宁的御营统治官王亦准备发动叛乱，下属将此事向知府赵明诚汇报后，赵明诚却没有把这件事情放在心上。见知府不作为，他的下属就自行准备，以防不测。当天夜里，王亦果然造反，结果，被赵明诚的部下击败。天亮时，当下属前去向赵明诚报告的时候，却发现他在当晚发生兵变的危急关头，自己用绳子从城墙上吊下溜出城逃跑了。叛乱被平定之后，赵明诚因为临阵脱逃被革职。李清照深为丈夫的行为感到羞愧，虽然并无争吵，但往昔的鱼水和谐已经一去不返，她从此冷淡疏远了赵明诚。被革职不久，赵明诚又被启用，移官湖州。于是，建炎三年（1129），李清照又随赵明诚前往湖州赴任。说是赴任，其实是逃亡，一路上两人相对无语，气氛尴尬。行至乌江，站在西楚霸王项羽兵败自刎的地方，李清照不禁浮想联翩，联想起丈夫在江宁任上的丑事，以及南宋小朝廷的苟安，一时激愤难平，随口吟诵出了那首著名的《夏日绝句》：

生当作人杰，死亦为鬼雄。
至今思项羽，不肯过江东。

李清照通过歌颂项羽的悲壮之举来讽刺南宋当权者不思进取、苟且偷生的无耻行径。赵明诚站在她的身后，闻之愧悔难当，从此郁郁寡欢、一蹶不振，不久便急病发作，病卒于建康（今江苏南京）。

赵明诚去世后，李清照无依无靠不知道该怎么办。当时，金军进逼，形势十分危急。宋高宗为了南逃，分批将后宫送往南方，隆佑太后已先期到达洪州（今江西南昌）。由于“事势日迫”，李清照想起来李擢在洪州，“念侯有妹婿，任兵部侍郎，从卫在洪州，遂遣二故吏，先部送行李往投之”。虽然行李已经送走了，但是李清照并没有及时成行，结果虽然躲过了金军攻陷洪州，但是一生的积蓄也从此散落殆尽。

据《建炎以来系年要录》记载，建炎三年（1129）十一月壬子，“隆佑皇太后退保虔州……知洪州王子献弃城遁走抚州……于是中书舍人李公彦、徽猷阁待制、权兵部侍郎李擢皆遁”。金军顺利占领洪州。

其实这并不是李擢第一次逃跑，在此之前，李擢就一直以投降派和逃跑主义者的面目出现。据《三朝北盟会编》记载，当金军第二次围攻开封的时候，李擢被任命为南壁守御，负责南城门的守卫。然而，李擢却在城墙上修建房屋，日夜宴饮，“中书舍人李擢为南壁提举官……擢于城楼上修饬坐卧处，如晏阁宾馆，日与僚佐饮酒烹茶，或弹琴宴笑，或日醒醉，守御使孙傅、王宗濋，宰相何栗皆知而不问，将士莫不扼腕者，本壁统制官何庆源告擢，敌人以木板垒桥渡河，桥将成矣”。用这样的官员守御都城，北宋灭亡也就在情理之中了。

开封陷落后，李擢被免职。李擢逃出开封，一路逃到湖南，与好友陈与义、席益在湖南相遇。不久宋高宗即位，他很快起用李擢为中书舍人、权兵部侍郎，负责守卫洪州。从南昌逃跑后，李擢再次被免职，“责郴州安置”。但是没多久他又再次被召用，以左朝请郎、充徽猷阁待制的官衔出任平江知府。在苏州待了三个月李擢又被提拔为工部侍郎回到杭州，后又到婺州（今浙江金华）担任太守。

绍兴四年（1134），李清照避难金华，投奔李擢，卜居酒坊巷陈氏第，写了著名的《题八咏楼》：

千古风流八咏楼，江山留与后人愁。
水通南国三千里，气压江城十四州。

八咏楼原名元畅楼，宋太宗至道年间更名为八咏楼，与双溪楼、极目亭同为金华观景胜地。李清照于绍兴二年（1132）与张汝舟再婚，张汝舟看中的是李清照与赵明诚一生的收藏，结婚后才发现，李清照一生的收藏早已在逃难的路上散佚，于是立即露出凶残的面孔，甚至对李清照拳脚相加。不能忍受这种屈辱的李清照只能选择离婚，但是，根据宋朝的法律，妻子提出离婚，不管过错在谁，女方都要被判两年徒刑。尽管如此，李清照也坚持要和张汝舟离婚，可见其对张汝舟失望到了什么程度。离婚后，李清照被投入监狱，在友人的救助下，最后被放了出来。落魄至极的李清照决定离开这个伤心之地，刚好李擢在金华为官，于是李清照来到金华，过了一段落寞而又清闲的日子。

李擢于绍兴二年（1132）十二月到任平江知府，第二年三月就离开了。接任李擢的叫向伯厚，关于向伯厚的资料基本上没有。王鏊《姑苏志》说他是绍兴三年（1133）四月以浙西提刑暂权府事，说明在李擢离任后，朝廷并没有立即任命新的知府，平江知府由向伯厚暂时代理。

向伯厚代理四个月后，宋伯友出任平江知府。

宋伯友的籍贯和生辰不详，其为官情况散见于《续资治通鉴长编》《建炎以来系年要录》和一些地方志。从这些史料看，宋伯友历官开封廷尉、大理寺卿、刑部侍郎、衢州知军、抚州知州、处州知州、平江知府等职。从这些散乱的资料看，宋伯友有这么几个特点：

一是为官严酷，多喜杀戮。《靖康要录》有这么一段话："伯友昔任大理，杀戮无辜，不计其数。时盛章尹京，伯友为廷尉，观望内侍风旨，多杀以希恩宠，怨气充塞，伤天地之和，使上皇负谤于天下。此与汉唐酷吏无异，宜膏斧锧，以快吾民。今使治郡，犹狼牧羊，亦何一方赤子不幸耶！"因为这条奏疏，宋伯友被降职充任右文殿修撰，出任郑州知州。上部关于盛章的条目已经介绍过，宋伯友在开封府的时候，盛章担任开封府尹，盛章这人"果于诛杀，以惨毒闻"。在这样的人手下工作，而且担任的是廷尉一职，养成杀戮的习性也就在情理之中了。

二是能力低下，怯战懦弱。《宋史·本纪》记载："是年闰月癸巳，宋伯友坐弃郑州废罢。"也就是说，他在被贬郑州知州的时候，正好金军入侵，作为地方长官，他不仅没有积极备战、有效防御，反而弃城而逃，因此被免官。据《宋史·薛弼传》记载："靖康初，金兵攻汴京，李纲定议坚守，众不悦。弼意与纲同，围解，迁光禄寺丞。尝言：'姚平仲不可恃。'未几而败。纲求太原，弼言：'金必再至，纲不当去，宜先事河北。'金人果再入。始命刑部侍郎宋伯友提举河防，弼以点检粮草从之，为计画甚切，皆不能用，乃乞罢归，改三门、白波辇运，寻主管明道宫，提举淮东盐事，改湖南运判。"从这段记录看，在郑州做了逃兵之后，宋伯友虽然被免职了，但是很快又被起用，出任刑部侍郎，并且负责黄河河防，薛弼作为参谋，主要负责粮草供应。薛弼为宋伯友积极出谋划策，出了很多防御的点子，但是宋伯友一概不予采纳。后来等金军攻到黄河边的时候，这些守军不战而退，导致金军很快就进围开封。

宋伯友虽然能力不强、善于逃跑，却并没有影响其职务升迁。据《浙江通志》《江西通志》等记载，宋廷南迁后，宋伯友先后担任过衢州知军、抚州知州、处州（今浙江丽水）知州等职务，绍兴三年（1133）七月，又从处州任上升任平江知府，八月到任，十月迁刑部侍郎，在苏州一共待了两个月时间。

宋伯友虽然为官严酷，而且在宋金战争中表现很差，但是也不是完全没做好事。据《续资治通鉴长编》记载："宋伯友言：'艰难以来，中原隔绝功臣子孙，凋丧殆尽，乞访其后，量材录用。'故有是旨。其后，得赵普、赵安仁、范质、钱若水诸孙，皆官之。"也就是说，宋伯友曾经受到皇帝召见，并提出建议，对功臣的后代进行起用，得到了皇帝的采纳，也算是功德一件。

在苏州期间，宋伯友对设厅进行了重建。据范成大《吴郡志》记载："设厅，皇祐中，李晋卿以兵部员外郎守郡，尝修大厅。蒋堂为《记》，叙厅之所始甚详。今题名逸李姓名，晋卿是其字也。后嘉祐中，王琪以知制诰守郡，始大修设厅，规模宏壮。假省库钱数千缗，厅既成，漕司不肯除破。时方贵《杜集》，人间苦无全书。琪家藏本，雠校素精。即俾公使库镂版印万本，每部为直千钱。士人争买之，富室或买十许部。既偿省库，羡馀以给公厨。冰火之后，绍兴三年，郡守宋伯友更建今厅。高宗皇帝巡幸，尝以为正衙，制度差雄。"关于王琪刊刻《杜工部集》偿还修官衙欠款的事情，上部已有详细介绍。金军占领苏州的时候，一把火把苏州城烧了个干干净净，北宋期间历任知州修建的官衙也未能幸免。金军退走之后，平江的历任知府开始了艰难的城市重建工作，其中宋伯友修复了设厅，也算是对苏州的灾后重建做出了自己的一点贡献。

第六章　艰难重建

——苏州城市和经济社会的初步发展（一）

（孙佑、赵子画、李光）

前文已经提到，金军退走之后，南宋朝廷采取了一系列措施恢复苏州的秩序，一方面，严惩在战争中荼毒百姓的官员，以安定人心；另一方面，招募流民，垦殖荒田，严禁苛敛，赈济贫弱。金军离开苏州的时候，被杀被掠的一共达五十万人，苏州几乎成了空城。但是，在建炎年间的宋金之战中，北方的官吏、士绅和百姓大量南迁，“京都细民，往东南者甚众”。这些北方逃难的人很多落户在了苏州。他们的到来，一方面，一定程度上弥补了战争造成的人口空缺；另一方面，促进了南北文化的交融，使苏州文化的包容性得到明显提升。同时，这些南迁的人也把北方的生活习惯、饮食方式等带到了南方。苏州作为著名的江南水乡，面食、点心却非常丰富，与这次的人口南迁有着直接的关系。

在稳定秩序、恢复生产的同时，苏州的地方官员也开始对苏州城内的一些建筑进行修复。前文提到的胡松年，于绍兴元年（1131）再建了军营的戟门。席益、李擢于绍兴二年（1132）重建了谯楼。此后苏州的历任官员也都在自己的能力范围内对城市建设做出了贡献。

宋伯友离开苏州后，孙佑接任平江知府。

孙佑的籍贯和生卒年不详，其介绍散见于《建炎以来系年要录》及相关地方志之中。从这些资料看，孙佑曾担任过徽州知州、江州（今江西九江）知州兼治江安抚司公事等职。

绍兴元年（1131），岳飞奉命到江南西路讨伐叛将李成，留下自己的爱将张宪在徽州保护军队家属。但是，徽州知州孙佑拒绝支援粮草，导致留守家属生活出现困难。为此，张宪与孙佑之间发生冲突，最后张宪以三日内离开徽州为条件，孙佑才给部队提供了粮草。

当年，因叛将李成的部下窜至湖北罗田，烧杀掳掠，加之当地土豪张昂趁机作乱，滥杀无辜，罗田当地人不是逃难就是被杀，县城和村庄俱废，十室九空，茶山荒芜，无人采种。绍兴三年（1133）三月，时任江州知州兼治江安抚司公事的孙佑，向朝廷提出建议，将九江人迁往圻黄一带，得到了朝廷的批准。从此，大批江西人进入罗田，从事种茶贩茶活动，在罗田安居乐业，繁衍生息。

离开江州后，孙佑被提拔为江西提刑。绍兴三年（1133）十月他以右朝请郎、直秘阁的官衔，权发遣平江军府事，绍兴四年（1134）正月到任，绍兴五年（1135）二月罢任，在苏州待了一年多时间。在这一年多时间里，孙佑做了不少事情，其中在历史上留下记载的就有三件。

一是重刻《吴郡图经续记》。在上部中已经介绍过，当年，晏知止到苏州担任知州的时候，动员朱长文撰写了《吴郡图经续记》，但是此书一直未能刊刻印刷，一直到元符二年（1099）通判祝安上代理州务期间，才刊刻出版。南宋以前的方志极为罕见，朱长文所编撰的《吴郡图经续记》是现存最珍贵和最具价值的地方志之一。因此，《四库全书》的编撰者对此做出了高度评价："《吴郡图经续记》三卷，宋朱长文撰……州郡志书，五代以前无闻。北宋以来，未有古于《长安志》及是记者矣。朱彝尊跋《咸淳临安志》，历数南北宋地志，不及是记。知彝尊未见其书，为希觏之本也。"由此可见，朱长文的《吴郡图经续记》在宋代之后并没有广泛流传，一直到18世纪末依然是一部罕见的书籍。但是，虽然罕见，现在仍然有一部宋版的《吴郡图经续记》保存在台湾，而这一部宋版的《吴郡图经续记》正是当年孙佑所重刻。

孙佑在重刻《吴郡图经续记》的时候还写了《后序》，他在《后序》中写道："自庚辰八月权州祝君（祝安上）镂版题跋之后，距今绍兴甲寅实三十五年，佑被命假守。时兵火之余，图籍散亡，秉笔凝滞，触事面墙，每贤士大夫相过，必以咨访。未几，前湖州通判陈能千，自青龙泛舟，携此书相访，开卷欣跃，因授学官孙卫补葺校勘，复为成书以传，异日职方氏缵修中兴新书，当亦有取于斯，则乐圃先生之志不泯矣。"

从这段《后序》中可以得知，在金军南下的过程中，大量的珍贵书籍遭到破坏。南宋建立后，许多地方官急切盼望得到那些十分短缺但为管理地方所需的参考书籍。孙佑十分幸运，在湖州前通判陈能千来访的时候得到了朱长文的《吴郡图经续记》，欣喜之余，孙佑以公家的钱将此书重新修订、编辑和出版，这才有了我们现在能够见到的《吴郡图经续记》。仅此一件事情，孙佑足可以在苏州的文化史上留下自己的大名。

二是接待宋高宗来苏视察。据《建炎以来系年要录》记载，绍兴四年（1134）十月，宋金之间的战争处于相持阶段，宋高宗赵构决定北巡，目的地正是平江。宋高宗于十月二十三日乘御舟从临安出发，经过吴江的时候，吴江知县杨同以接待皇上的名义在当地横征暴敛，使得刚刚遭受战争摧残的老百姓更加苦不堪言，宋高宗知道后一怒之下把杨同给罢免了。离开吴江后，宋高宗的御舟于二十七日抵达姑苏馆，高宗乘马入住平江府行宫（也就是前文提到的设厅）。孙佑知道吴江杨同因为接待过于奢侈而触了霉头，所以招待时尽量简陋，连吃饭的桌子都是从寺庙里捡回来的已经非常破烂的木供桌，搞得宋高宗哭笑不得，还得表面上表扬孙佑办事得力。"平江府行宫守臣孙佑进御膳，其桌子极弊，且有僧寺题识，上不以为嫌。"

过了几天，宋高宗对宰相赵鼎说："朕念往日艰难，虽居处隘陋，饮食菲薄，亦所甘心，若边境已清，都邑既定，迎还二圣，再安九庙，帝王之尊固在。"赵鼎回答说："陛下规模宏远如此，则天下幸甚。"赵构这话实在太假，作为帝王，甘于住在简陋的房屋、吃着粗茶淡饭显然不是自己所愿，而接回二圣更是宋高宗不愿看到的事情，这也是岳飞最后被杀的主要原因之一。

宋高宗这次在平江府住了三个多月，在视察苏州城乡建设的同时，在平江府衙处理朝政大事，一直到过了春节，才于绍兴五年（1135）二月三日乘御舟返回临安。

三是举荐王苹。王苹是福建福清人，青年时随父亲居住在平江。宋高宗这次巡视平江的时候，孙佑向宰相赵鼎举荐了王苹，说他“素行高洁，有忧时爱君之心，开物成务之道”。赵鼎本就推崇洛学，而且极力主张抗金，王苹与他的思想不谋而合，二人一见如故，因此赵鼎就把王苹推荐给宋高宗。宋高宗召见王苹，听取他对政事的见解。王苹以“谋从众，则天心合”和用人“不蔽于好恶”的主张，促使高宗抗金，得到宋高宗的赏识。后王苹获进士出身，授予右迪功郎，加秘书省正字兼史馆校勘，最后升迁至著作佐郎、常州通判。后来王苹的侄子王谊，实在看不下去秦桧的做派，就写了一篇《罢相对》的文章，结果惹怒了秦桧，王苹也受到牵连而被罢官。当年著名理学家程颐在洛阳、涪陵一带讲学，王苹曾跟随他一起钻研理学，成为程颐的得意门生。后来，王苹又以同门后辈的身份，师事曾在“程门立雪”的杨时，继续跟随杨时学习，深得程颐、杨时的学术精髓。王苹被罢官后，回到福清海口龙江书院，专心从事理学研究，有力推动了理学的发展，为南宋朱熹理学的诞生奠定了坚实的基础。

宋高宗离开平江后，孙佑也被罢职，原因不详，此后他出任过虔州（今江西赣州）知州等职。郭志安先生在《论宋代的保密与泄密》一文中说：“如宋廷在绍兴年间对虔州境内叛乱势力的招降中，虔州知州孙佑‘有讨捕之意，无讨捕之术，谋虑不密，漏泄事机。致令皆怀反侧，结集复行作过’。”说明孙佑在绍兴年间还出任过虔州知州，此后再也没有史料提及他。

孙佑被罢职后，赵子画出任平江知府。

赵子画（1089—1142），字叔问，涿州（今河北涿县）人。赵子画是燕王赵德昭的五世孙。赵德昭是宋太祖赵匡胤的次子，曾担任过贵州防御使、兴元尹、山南西道节度使、检校太傅、同中书门下平章事、京兆尹、检校太尉等职务，太平兴国四年（979），因受宋太宗训斥，自杀而死。赵德昭的九世孙为宋理宗，十世孙为宋度宗。

赵子画出身于帝王之家，自幼受到良好的教育，史书称之“警敏强记，工书翰”。但是，赵子画并非通过考试进入官场，而是通过恩荫进入仕途。《宋史》没有赵子画的传记，因此对其生平事迹和为官情况笔者不是十分清楚。赵子画的为官情况散见于《宋史》《三朝北盟会编》《建炎以来系年要录》等史书之中。

从这些史料看，赵子画进入官场后，担任过吏部员外郎、左司员外郎等职务。宣和初年，出任详定九域图志编修官，升迁为徽猷阁直学士。宣和四年（1122）权知密州（今山东诸城）。在密州知州任上，赵子画向宋徽宗上奏：“窃闻神宗皇帝正史，多取故相王安石日录以为根柢，其中兵谋政术往往具存，然则其书固亦应密。近者，卖书籍人乃有‘舒王日录’出卖，臣愚窃以为非便，愿赐禁止，无使国之机事传播闾阎，或流入四夷，于体实大。”宋朝从立国开始就面临着与北方辽国和西边西夏之间的矛盾，一直处在战与和的摇摆之中，朝廷官员也因此分成两派，相互之间一直争斗不断。朝廷内部的这种争斗和外部与辽夏之间的矛盾纠缠在一起，反映到书籍生产与管理上，则演变为凡是涉及时政朝章、边事军机，违背儒家经义，有伤社会风化，以及妖言惑众等的书籍，一律在禁止刊印和销毁之列。到了宋徽宗时期，辽国逐渐衰弱，而金国却迅速崛起，北方边境形势日趋紧张，北宋朝廷对书籍的管理也更加严格，多次下诏禁止刊印和售卖涉及边境和军事机密的书籍。正是在这样的背景下，赵子画向朝廷上了这道奏疏，得到了朝廷的采纳，朝廷要求开封府和诸路进行严查，同时允许少数民族告发，并给予奖励。

宋室南迁后，赵子画于绍兴元年（1131）出任太常少卿，并对祭祀活动提出了自己的建议。据《文献通考》卷七十五记载，绍兴元年十一月，太常少卿赵子画说：“岁祀上帝，设位于绍兴天庆观。今驻兵其所，请更设于城外东南之告成观。”卷八十五载：高宗绍兴元年，太常少卿赵子画言：“祀典，每岁春分日祀高禖（管理婚姻和生育之神），青帝正位，配以伏羲、高辛，从以简狄、姜嫄。弓矢、弓韣，内出备器。礼毕，收彻三从祀神位前礼料，入禁中行礼。自车架巡幸，虽多故之际，礼文难备，至于祓无子，祝多男，所以系四方万里之心者，盖不可阙。乞自来岁之春，复行高禖之祀。”从之。

到了绍兴三年（1133），宋金之间开始议和，并且互派使者到对方国家进行谈判。绍兴三年十二月，金国派遣李永寿、王翊等人出使南宋。南宋朝廷对此非常重视，安排刑部员外郎潘致尧、浙西兵马都监高公绘负责接待，兵部侍郎赵子画，右武大夫、忠州防御使、提举台州崇道观杨应诚“馆之”，也就是在旅馆陪伴。《建炎以来系年要录》还有一句话提到赵子画：“绍兴四年，朱胜非罢相，尚书兵部侍郎赵子画为其请求外放，准其知湖州事宜。”说明，到了绍兴四年（1134），赵子画已经升任为兵部侍郎。前文已经介绍，正是这次金国派使者来访之后，南宋才派出以韩肖胄和胡松年为正副使的高规格使团出使金国，开始了两国媾和的工作。

此后，赵子画又出任秀州知州。绍兴五年（1135）二月，赵子画以徽猷阁直学士、朝奉大夫的官衔，出任平江知府，但是只待了五个月，就于当年七月被召回朝廷。

离开苏州后，赵子画转任为礼部侍郎。据《建炎以来系年要录》记载：“己未，罢修政局，以议者言修政所讲多刻薄之士，失人心，致天变故也。龙图阁待制、知温州洪拟试吏部尚书，徽猷阁待制、提举临安府洞霄宫郑滋试尚书兵部侍郎。诏雩祀上帝，复以太宗配用。太常少卿王居正请也。旧以神宗配，居正建议，而礼部侍郎赵子画奏行之。”

赵子画作为帝王之后，家学深厚，而其本人又十分聪明，所以在交游和学术上也有着不俗的造诣。据《开化县志》记载，江家是宋朝开化的望族，太常少卿江纬致仕回到家乡后，就在华埠建造了一座学堂，当时的江少虞、江少齐、江汉、江藻、李处权、赵子画、程俱等品学兼优的文人名儒经常来这里讲学，培养了大量人才。后人称该学堂为“七虎堂”，其遗迹至今犹存。说明赵子画的学术造诣为时人所认可，不然也不会和江藻等名人并列，并作为教授经常去讲课。

赵子画离开苏州后，南宋四大名臣之一的李光出任平江知府（南宋四大名臣分别是李光、李纲、赵鼎、胡铨）。

李光（1078—1159），字泰发（一作泰定），号转物老人，越州上虞（今浙江上虞）人。李光是唐朝汝阳王李琎的后人，是南宋著名的文学家、词人。

李光生于宋神宗元丰元年（1078），其童年时就有别于其他孩童，不太顽皮，而且也不做什么恶作剧，他的父亲李高就称赞道："我的儿子是云间之鹤，将要使我家业兴旺。"李高去世后，李光还是少年，但是居丧守礼如同成人，有人送来财物，他都一一谢绝。守丧期满后，李光进入太学学习，并于宋徽宗崇宁五年（1106）考中进士，正式进入仕途。

李光最开始出任开化（今属浙江衢州）县令，任内有政声。于是，朝廷就召他回京，担任都堂审察（都堂是尚书左右仆射办公的地方，都堂审察相当于办公厅的秘书）。但是，时任宰相蔡京不喜欢他，就任命李光为监当官（差遣官的总称），出任常熟知县。当时，"六贼"当政，朱勔的父亲朱冲在苏州横征暴敛，李光一怒之下就把朱冲的家童绑起来治罪。朱勔听说自己的家童被李光欺负了，大怒之下指示吏部把李光改任为吴江知县。但是，李光并没有屈服，仍然我行我素。宋朝不准诛杀文人，李光这人又正直，没什么把柄可抓，朱勔拿他没办法，只好改任李光为京东西学事司（学事司相当于现在地方的教育局）管勾文字，把他闲置了起来。

当时，刘安世被免职后有一段时间住在南京（今河南开封），李光执学生礼前去拜见。刘安世对李光说："我从司马光那里听到一句话——'学问应当从无妄中入门。'"李光大受启发。没多久，李光被任命为太常博士，升为司封（负责官员封爵、叙赠、承袭等事务）。李光上疏指责士大夫阿谀奸佞成风，甚至援引荀卿"有听从，无谏诤"的话，想要达到堵塞言路的目的。同时，指出官员中的怨嗟之气聚结为妖气，影响整个官场风气。这话让时任宰相王黼非常反感，于是王黼就指使吏部打发李光到桂州（今广西桂林）担任阳朔知县。刘安世听说李光因为议论政事被贬，就写信称赞他，鼓励他坚守本心。当时，李纲也因为评论水灾一事离开朝廷，住在义兴（今江苏宜兴）。听说李光被贬南下，就在水驿等候李光，看到李光的船靠近码头，李纲大声喊道："是赵州李司封的船吗?"李纲把李光接到府中住了好几天，二人定交而别。

离开阳朔后，李光被任命为司勋员外郎（吏部司勋次官，负责功勋酬奖、审复赏格等事项），不久又升迁为符宝郎（门下省符宝司的官员，负责掌管皇帝玉玺等）。金军第一次围攻开封的时候，张皇失措的宋徽宗只想逃跑，就把皇位禅让给了宋钦宗。当时，作为符宝郎的李光知道宋徽宗有禅让之意，就把玉玺交了出来，对蔡攸说："陛下所作所为，违背众心。今日之事，如果没有皇太子出面，就会国、家俱亡。"蔡攸听了非常畏惧，未敢提出任何异议。因为在这件事情上李光坚定地站在了宋钦宗一方，所以，宋钦宗登上皇位后，提拔李光为右司谏。

宋徽宗逃到镇江后，企图控制东南的财政大权，以期将来重新登上皇位，有些官员趁机离间两宫之间的关系。针对这种局面，李光建议宋钦宗商议奉迎典礼，并对宋钦宗说："东南财用，被朱勔耗尽了；西北财用，被李彦耗完了；天下根本之财，被蔡京、王黼耗竭了。这些人借应奉之名到处收敛，其实资财都到了自己家里，官府没有半年的储蓄，百姓没有十天的积粮。请求根据旧制，三省、枢密院统计军民财政，与户部计算一年的收支，控制国家费用，选择官吏考核，使财源归一。"同时他还上奏说："朱勔托口应奉，胁制州县，田园第宅，富比王室。请求选择清廉强干的官员设立机关，追究朱勔父子及奉承监司、守令，如胡直孺、卢宗原、王仲闳、赵霖、宋晦等人的责任，查根究底，计资没收，把他们强夺百姓的钱财还给百姓。"

看到金军退走，宋徽宗要求回到开封，蔡攸也想趁机回到首都。李光对宋钦宗说："蔡攸如果入朝，则必定导致百姓变乱，万一惊扰了陛下车驾，臣会犯下不预言之罪。希望早些贬斥他。"当时，朝中惩治"六贼"的呼声很高，宋徽宗复位的心思还没有完全消除，在李光等人的不断上奏下，宋钦宗最终下定决心解决了"六贼"。为了奉迎宋徽宗回京，宋钦宗下令专门把撷景园改为宁德宫，作为宋徽宗和其后宫的住所。但是，太上皇后却看不上这个地方，提出要入住宫中。对此，李光上疏说："禁中是天子的宫殿，如果要奉迎太上皇后入宫，也应当禀太上皇，交有关部门讨论典礼。"宋钦宗就把李光的奏章交到有关部门讨论，讨论的结果是太上皇后入宫不合适，太上皇后只好住到了宁德宫。

金军逼近开封的时候，朝中官员弃官逃跑的多达五十余人，但是朝廷对这些人的惩罚却各有差别，导致京中舆论哗然。李光上奏建议把这些逃跑的官员交给大理寺公正处理。太原被围，事态十分危急，李光上奏建议："请就地委任折彦质（时任河北河东转运副使），征发全部晋、绛、慈、隰（今山西隰县）、泽、潞、威、胜、汾等州民及本路各县弓箭手，使守令各自统率。如果有土豪、士人愿意当守令者，给予他们初官、应副器甲，协力赴援。女真族劫持亲王，以三镇为借口，势必深入，请大修京城守御装备，以击碎敌人的阴谋。"

李会、李擢被召回京城担任谏官，李光上疏说："蔡京再度执政时，李会、李擢相继为谏官，对政事不发一言；金人围城时，与白时中、李邦彦专倡避敌割地之谋。白时中、李邦彦因此罪罢职，而李会、李擢反被召用，又加入谏诤职务之列。请求撤回成命。"但是宋钦宗没有采纳。李光因此要求到地方任职，宋钦宗同样也没有答应。

当时，彗星出现在寅、艮之间，耿南仲等人都认为感应在外夷，不足虑。但是李光不这么认为，于是就上了一道奏疏："孔子作《春秋》，不记载祥瑞，是想使人君常怀恐惧从而修省政事，没有听说过把灾异归于外夷的说法。"这道奏章递上去后，终于惹怒了宋钦宗，于是宋钦宗就把李光贬为监汀州（今福建长汀）酒税，也就是负责汀州酒业的税收工作，相当于现在的税务局局长。

宋高宗即位后，提拔李光为秘书少监，出任江州（今江西九江）知州。不久，李光又升任为侍御史，因为道路阻隔并没有赴任。

建炎三年（1129），宋高宗从临安到建康（今江苏南京），任命李光为宣州知州。当时，范琼将率军经过宣州，李光先到州衙处理政事，等范琼到了城下李光才打开城门慰劳，并挽留范琼率部下在州里住了三天。李光认为宣州离行在（当时宋高宗南逃后留在杭州）较近，是拱卫皇上的重要地方，于是修理城池，集聚粮草，把地方百姓编册，按照保伍分编，称为义社。并从百姓中选择身体健壮的，以“土豪”为统率，一共集中了一万多人，号称“精拣军”。又在二十三处险要之地设立兵营，进行重点防守。把全城分为十个区域，安排兵士分区巡逻，兵士白天自由活动，晚上守城，有敌情就组织参战。一开始人们纷纷指责如此一来非常不便，但是到金军南下时就显示出其成效。这件事情传到朝廷，李光晋升为直龙图阁学士，并被允许便宜行事。

金军南下的时候，杜充降敌，把建康拱手送给金军。御营统制王燮、王珉率溃兵退到宣州城外，这两个人素来不和，此时当了逃兵仍然互斗不断。李光亲自到二人兵营，劝说他们先国家后私仇，二人醒悟后得以和解。对逃到宣州的溃兵，李光也都发给粮食进行安抚。当时，有水师在繁昌（今属安徽芜湖）叛乱，逼近宣州境内，李光立即派兵围剿，迫使敌人连夜遁走。因为备战积极，御敌有功，李光升任为右文殿修撰。

兀术在进攻建康时，水军统制邵青战败，不得已从真州（今江苏仪征）率残部西上，并在当涂、芜湖两县之间剽掠。李光知道后，写信进行劝说招抚，并送给他两千斛大米。邵青非常高兴，对李光派来的使者说：“我们是官军，但是所经过地方的百姓都把我们当作强盗对待，只有李光不怀疑我们。”于是邵青部在宣州境内秋毫无犯。后来，邵青的船队经过繁昌，有人骗他说：“这是宣州境内。”邵青立即率船队离开南岸，沿着北岸离去。

建炎三年（1129），戚方纠合散兵四处劫掠，攻破宁国县，抵达宣州城下，分兵四路围攻。李光招募勇士打开城门进行回击，贼寇受到惊扰，以致自相残杀。因为贼寇势力很大，李光急速派人向朝廷求援，朝廷派出统制巨师古、刘晏前来支援。但是，从临安到宣城要几日路程，远水解不了近渴。此时，戚方和他的副职并马在城外巡视，商量攻城之策，李光写了一封信用箭射到戚方副职的马前，信中说：“戚方是穷途末路之寇，上天必然会诛杀他，而你是将门之子，怎么能依附贼寇呢?”看了这封信，戚方和副使二人互相猜忌，攻城的速度也慢了下来。李光把匕首放在枕头下，与家人相约：“城不一定能保住，如果我死，你们应当自杀，不要落到贼寇手中。”贼寇为了攻进城内，把竹木编起来当浮桥借此渡过护城河，并用抛石车对准城墙进行射击。李光下令把竹子编成网状迎着抛过来的石头，石头打到网上就会弹回去，或者落到地上，无法伤人。巨师古和刘晏抵达后，敌人假装败退，刘晏趁势追击，结果中了敌人的圈套而战死。巨师古率领中军痛击，最终赢得了这次保卫战的胜利。

宣州保卫战胜利后，李光被任命为徽猷阁待制，出任临安知府。绍兴元年（1131）正月，李光被任命为洪州（今江西南昌）知州，但是李光坚辞不就，朝廷改任他提举临安洞霄宫。随后他又被任命为婺州（今浙江金华）知州，刚到任又被提拔为吏部侍郎。当时，金军刚刚退走，宋高宗打算把杭州作为临时首都，也就是行在（这也正是临安名字的由来），李光受命节制临安府驻扎诸军，并兼任户部侍郎，负责首都的建设及各种缮后事宜。李光在不惊扰百姓的前提下，把各种政事处理得井井有条。李光还奏请减免两浙历年积欠，以表示“施德自近”之意。戚方被俘后，出任管军，正好属于李光节制。戚方见到李光后非常恐惧，跪拜在庭前。李光上前扶起戚方，对他说：“你过去是强盗，我任郡守，抓捕你是我分内的事情。现在我们都是臣子，应当共同勉励，忠心报国，不要因为先前的事情互相猜忌。”戚方感动得当场掉泪。

当时朝廷有诏令，金军进攻的时候，各地守臣可以根据实际情况互相商量，可守就守，不可守则避。李光上疏说：“守臣担负守护人民、国家的重任，应当责之以存亡。如果预先开启迁避之门，是引诱他们逃跑，希望追回前命。”因为在临安的建设和管理上政绩突出，李光被提拔为吏部尚书，成为正部级领导。

秦桧第一次出任宰相时，就开始结党营私。针对这一情况李光上疏极力指责朋党的危害：“议谏大臣，各怀避讳顾虑之意，不肯把持危扶颠作为己任。行都在会稽，前后历时三载。从前一年到现在，敌人不再有南渡意向，淮甸近在咫尺，却一点也不着急经营，长江千里，也不设防备敌，每天怀着怯意细考乘船浮海之计。晋元帝区区草创，尚能建立国家，修建宫殿，保有江、浙。刘琨、祖逖与逆胡在并、冀、兖、司、雍诸州抵抗作战，这些地方从未陷没。石季龙重兵已抵历阳，晋元帝任命王导都督中外诸军以御敌人，也没有像今天这样专门躲避胡狄。陛下驾临会稽，江、浙是天下之根本，而进足以战、退足以守的地方是建康。建康到姑苏一百八十里，其间险要可守之地有六：江宁镇、碙砂夹、采石、大信，上游则有芜湖、繁昌，都与淮南相对，其余都是芦条枝蔓之地，或是奇岸险滩水势湍急之处，难于行走舟船。可以预先在各险要之地屯兵积粮，命令将士分管各处，调发邻近乡兵，协力守御。建议诏令大臣，斟酌实行。”李光的这封奏疏，虽然指出了朋党之危害，攻击了逃跑主义者，却并没有把矛头对准秦桧，所以秦桧也并没有把李光作为自己的对手。

大将韩世清本是苗傅遗党，长期驻扎在宣城，不仅擅自占据仓库，而且不听调遣。李光建议先行除掉韩世清，另外任命大将作为统帅。于是，朝廷任命李光为淮西招抚使前去平叛。李光假道宣城，韩世清前来相见，李光当场把他捆绑送回朝廷治罪。李光出发之前，把自己的计划告诉了宋高宗，却并没有告诉秦桧，结果秦桧大怒，认为李光没有把他放在眼里。所以，李光还在上任的途中就被改为端明殿学士、江东安抚大使，出任建康知府，兼任寿春、滁、濠、庐、和、无为宣抚使。

秦桧第一次被罢相后，吕颐浩、朱胜非成为当权派，李光历来就和他们政见不合。这二人当权后，支持他们的谏官指斥李光是秦桧同党，结果李光被夺职奉祠（宋代设宫观使、判官、都监、提举、提点、主管等职，以安置五品以上不能任事或年老退休的官员等。他们只领官俸而无职事。因宫观使等职原主祭祀，故亦称奉祠）。

绍兴五年（1135）二月，秦桧恢复资政殿学士，李光也起复为宝文阁待制，出任湖州知州。七月，李光被授予显谟阁直学士，出任平江知府。当时，朝廷因缺乏军粮储备，命户部郎中霍蠡出使两浙，到平江以“和籴”的名义征收粮食，实际上就是要无偿征收。李光指斥霍蠡说：“主上南渡以来，屡次戒敕，不得随意科税聚敛，现在到民间购买米粮，至少要出本钱。”霍蠡没办法，只好回到朝廷汇报情况。听了霍蠡的汇报后，宋高宗降旨下拨本钱，使“和籴”购买粮食的任务，“不逾月而毕”。从这段记载看，李光不仅正直敢言，而且非常体恤百姓。李光的做法，对安定民心起到了重要作用。这段记载也同样说明，经过几任知府的努力，苏州的经济得到了迅速恢复，不然仅仅靠支付本钱，朝廷不可能在不到一个月的时间内就完成收购任务。

李光在苏州待了四个月就离开了，被提拔为吏部尚书，恢复了正部级职务。李光上疏给宋高宗说：“自古创业中兴，一定有所依恃而起。汉高祖依恃关中，汉光武帝依恃河内，陛下驻扎东南，两浙就是陛下依恃的根本。然而，治下却并不稳定。从冬到春，雨雪不停，百姓失业，加之福建、湖南连年盗贼作乱，范汝为、杨幺相继而起，朝廷派大军诛杀，杀戮过当，导致民不聊生。现在各地旱荒，流丐满路，盗贼出入。请求选择良吏招怀抚纳，责令各地监司惩治贪赃，抚恤饥民。”

刘世光、张俊在北方前线接连传来捷报，对此，李光上疏说：“观察金人部署，一定另有阴谋。现在我方已经占据东南，敌人万里来袭，利于速战，应当戒令诸将持重而消耗敌人，不过数月，敌人粮食耗尽，则胜券就操在我方手中。”此后，李光被任命为江西安抚使、洪州知州兼制置大使，改任吏部尚书。一个月后，又被提拔为参知政事，进入最高领导层。

当时，秦桧积极倡导宋金和议，但是朝廷反对的声音很大。秦桧就向宋高宗建议，以李光的名义发布告示，借助李光的声望压制民心。宋高宗对李光这个人非常了解，不打算借用李光的名义，秦桧说：“李光有名望，如果让他一起签名，浮议会自动停息。”宋高宗只好同意了秦桧的提议，把李光的名字放到张榜公布的名单之中，结果招来朝中反对和议一派的谩骂。李光的同乡杨炜上书给他，指责他借依附权贵谋取高官，中了敌人的奸计，毁掉了一生的气节。李光本意是想趁着和议之机做自治的打算，没想到最后弄成这个样子，但是告示已经发出，自己也没办法多解释。

后来，秦桧建议撤掉河南守备，夺取诸将兵权，遭到了李光的极力反对。李光认为戎狄狼子野心，和谈不可依恃，守备不可撤销。结果秦桧怀恨在心。秦桧任命自己的亲党郑亿年为资政殿学士，李光当着宋高宗的面提出反对意见，又与秦桧在高宗面前辩论：“看秦桧的意思，是想堵塞蒙蔽陛下的耳目，盗弄国权，怀奸误国，不可不察。”结果，秦桧大怒。李光知道惹怒秦桧自己没有好果子吃，所以，第二天就请求罢职。宋高宗说：“你昨天当面斥责秦桧，举动像古人。朕退朝后感叹，正要寄心腹于你，为什么要辞官呢?”李光说：“我与宰相争论，不可再留任。”宋高宗不希望李光离开朝廷，所以一开始并没有批准李光的辞呈。但是，李光连续上了九道奏章，坚决要求辞职。没办法，宋高宗只好改任李光为资政殿学士、绍兴知府，后又改任提举临安洞霄宫。

到了绍兴十一年（1141），御史中丞万俟卨指责李光阴怀怨恨，结果李光被贬为建宁军节度副使，被安置在藤州（今广西藤州）。绍兴十五年（1145），移置琼州（治所在今海南琼山）。绍兴二十三年（1153），李光的次子李孟坚被陆升之诬告私撰国史，结果被立案调查。吕愿中（秦桧的党羽，时任静江知府、广西经略安抚使）告李光与胡铨（南宋四大名臣之一）诗赋唱和，讥谤朝政，李光又被移置昌化军（今海南儋县）安置。此时，李光在海南已达八年之久，但是，再次被贬的李光却宠辱不惊，怡然自得，继续议论文章、考证历史。

一直到绍兴二十八年（1158），李光才因郊祭之恩，恢复左朝奉大夫之职，任其自便居住。年过八十的李光选择在江州（今江西九江）居住，第二年致仕，当年四月在江州去世，享年八十二岁。宋孝宗即位后，追赠李光为资政殿学士，赐谥号为庄简。

据说李光家藏有万卷书籍，遗憾的是其子孙不守，散落于豪民之家。元朝孔齐在《至正直记》中说：“予至上虞，闻李庄简公光无书不读，蓄书数万卷。子孙不肖，且粗率鄙俗，不能保守，散于乡里之豪民家矣。读其家训，不觉为之痛心也。”

第七章　艰难重建

——苏州城市和经济社会的初步发展（二）

（张守、章谊、梁汝嘉）

李光离开苏州后，南宋著名的抗金宰相张守接任平江知府。

张守（1084—1145），字子固，常州晋陵（今江苏常州）人。张守出身草根，小时候家里很穷，家中没有藏书，也没钱买书，所以只能靠向别人借书学习。张守不仅天资聪颖，“过目辄不忘”，而且十分勤奋，所以，尽管家里很穷，但仍然学习成绩很好。崇宁元年（1102），十九岁的张守考中进士，又考中词学兼茂科。后，张守被任命为详定《九域图志》编修官。后来因为朝廷要减少编修官的人员数量，其被改为宣德郎（七品散官）。宣和元年（1119），张守被提拔为监察御史，后因母亲去世，丁忧回到老家常州。

建炎元年（1127）冬，张守被召回朝廷，赐予五品服。当时，宋高宗已经逃到扬州，兀术率大军经过东平、泗州（今安徽泗县）渡过淮河，准备进攻扬州。时任宰相汪伯彦、黄潜善认为这是李成余党，不足为虑。宋高宗召集百官征求意见，要各位各抒己见。叶梦得请求宋高宗尽快南渡，以长江为防线御敌。张俊也说敌人的势头很大，应该尽快南渡，以避其锋芒。唯独张守提出反对意见，陈述关于防淮、渡江利害等六个问题，认为金军侵犯淮甸有四条路线，主张兵分四路，抵抗侵犯淮水一带的四路金军。同时，张守还上疏，请求下诏各大臣，以选将治兵为急务，凡不急之务，交给都司和六曹进行处理。结果，两位宰相非常不高兴，以抚谕京城的名义把张守从宋高宗身边支走。接到任务后，张守二话没说立即启程返回都城。

建炎三年（1129）正月，张守回到宋高宗身边，上疏：“金人必来，愿早为之图。”宋高宗看了后心中“恻然”。于是，提拔张守为起居郎兼直学士院。金人果然渡过淮河南下，宋高宗匆匆忙忙逃到临安。到临安后，汪伯彦、黄潜善被罢去宰相之职，张守被提拔为御史中丞。当时，朱胜非为宰相，苗傅、刘正彦发动叛乱，这期间的诏令及文书全部都是由张守和李邴分别完成的。叛乱被平定后，张守上疏说朱胜非作为宰相，“不能思患预防，致贼猖獗”，应该罢去宰相一职。奏疏递给宋高宗后，宋高宗把奏疏留了下来，到了四月份才罢去朱胜非的宰相职务。

因在平叛中立有大功，吕颐浩被任命为尚书右仆射（右相），不久转为左相，这是吕颐浩第一次出任宰相。吕颐浩建议按司马光的办法，把三省合并到一起。宋高宗下诏让侍从、台谏进行讨论，张守上疏说：“司马光的办法确实可行，如果召集朝臣进行讨论，肯定会众说纷纭，没法达成一致。”宋高宗接受了张守的建议，直接将三省合并到了一起。

建炎三年（1129）五月，宋高宗前往建康，经过常州时任命张浚为宣抚处置使，出镇川、陕。吕颐浩与张浚合议，想请宋高宗先到武昌，再去陕西。张守和谏议大夫滕康坚决反对，对宋高宗说：“东南是当下的根本，陛下如果远离江南，诸路奸雄必然心生窥伺。现在的将士大多是陕西人士，而蜀地与关陕很近，他们之所以想要陛下西进，就是想回到家乡，并不是为陛下和国家考虑。”张守上疏陈述西进的十大危害，并对滕康说：“幸蜀之事，吾曹当以死争之。”在张守等人的坚决反对下，宋高宗于当年八月经平江赴临安。

建炎四年（1130）四月，韩世忠在黄天荡大败兀术，吕颐浩建议宋高宗御驾亲征，御史中丞赵鼎上疏指责吕颐浩轻敌冒进，吕颐浩只好辞去宰相一职，出任镇南节度使、开府仪同三司、醴泉观使。六月，江南阴雨绵绵，宋高宗下诏让郎官以上朝臣议论朝政得失。当初，张守为端明殿副学士时，曾上疏说："陛下处宫室之安，则思二帝、母后穹庐毳幕之居；享膳馐之奉，则思二帝、母后膻肉酪浆之味；服细暖之衣，则思二帝、母后穷边绝塞之寒苦；操与夺之柄，则思二帝、母后语言动作受制于人；享嫔御之适，则思二帝、母后谁为之使令；对臣下之朝，则思二帝、母后谁为之尊礼。思之又思，兢兢栗栗，圣心不倦，而天未为之助顺者，万无是理也。"这次宋高宗让朝臣议论得失，张守再次重申："今罪己之诏数下，而天示悔祸，实有所未至耳。""天时人事至此极矣，陛下睹今日之势与去年孰愈？而朝廷之措置施设，与前日未始异也。俟其如维扬之变而后言之，则虽斥逐大臣，无救于祸。汉制灾异策免三公，今任宰相者，虽有勋劳，然其器识不足以斡旋机务。愿更择文武全材、海内所共推者，亲擢而并用之。上书论事，或有切直，宜加褒擢以来言路。"

当初张守上疏认为吕颐浩不可独任宰相、张浚不可西去，这与宋高宗的意见相左，因此他要求到地方任职。宋高宗没有答应，而是任命他为礼部侍郎，但是张守坚辞不就。宋高宗把张守叫到政事堂，对他说："正人端士不宜轻去"，朝廷需要你这样的正直大臣在朝中。张守这才接受任命，出任礼部侍郎。殿中侍御史赵鼎被宋高宗召见，认为张守不应当无故下迁。宋高宗说："张守的资历尚浅。"赵鼎说："言事官没有其他的错误，就不要随便降职，不然会打击这些言事官的积极性，希望陛下'毋沮其气'。"宋高宗接受了赵鼎的建议，提拔张守为翰林学士、知制诰。到了九月份又提拔其为端明殿学士、同签书枢密院事。当时，兀术已退走，张守扈从宋高宗从海道经过永嘉回到会稽。

绍兴四年（1134）五月，张守升任参知政事（副宰相）。当初，张守曾经举荐过汪伯彦，汪伯彦后来因为苗傅、刘正彦叛乱一事被免职。张守升任参知政事后，沈与求拿此事弹劾张守，张守因此被降职，以资政殿学士提举洞霄宫。没多久，其又被任命为绍兴知府。张守刚到任又被改任为内祠兼侍读，但是张守坚辞不就，朝廷只好改任他为福州知州。当时，右司员外郎张宗臣建议福建修建城池，张守上奏说："福州城建于晋太康三年，伪闽（指宋初泉漳政权）时扩大到六千七百余步。我朝建立的时候便已削平，现在公私困弊，无力修建，请等他年再修。"朝廷采纳了张守的建议。张守在福建通过变易度牒，筹集一百多万缗送到临安，以助国用。

当时刘豫在金军的协助下入寇淮南，却并没有得到什么好处，反而被俘虏不少兵士。宋高宗巡视平江的时候，各路将领纷纷前来献俘。张守听说后向宋高宗上疏说："现在献来的俘虏如果都是金人，或者是刘豫借来的其他国家的人，杀了就可以了。至于像河南、山东的士民，都是陛下的赤子，他们本身就是不得已才成为刘豫的兵士。希望陛下谕之以恩信，发给他们钱财让他们回归本土，愿意留下来的也尊重他们的选择，这样贼兵可以不战而溃。"金军退走后，宋高宗下诏让诸将渡江追击，张守又上疏说敌情难以预测，贸然追击风险很大，建议在派诸将渡江的同时，留下刘光世控制各个渡口，以防不测。

建炎四年（1130）到绍兴元年（1131），范汝为在福建举起义旗，后来虽然被招安为朝廷所用，却给福建带来了很大冲击。张守在福建四年，抚恤百姓，发展经济，并奏请朝廷蠲免福州的贷款十五万缗。张守多次要求免除福州知州一职，绍兴五年（1135），张守回到朝廷，被任命为提举万寿观兼侍读。两个月后，张守以有病为由要求离开朝廷，被任命为平江知府。但是在平江待了半年不到，张守就以奉祠的名义要求离任，回到家乡。

绍兴六年（1136）十二月，宋高宗召见张守，当天即任命张守为参知政事，第二天又让他权枢密院事，就是以参知政事的官衔暂时管理枢密院，负责最高军事机关。第二年，时任右相张浚以"罢骄惰怯"罢去了刘光世的职务。宋高宗想把刘光世所部划归岳飞，却遭到了左相秦桧的反对，张俊也表示不同意，他建议以刘光世部将王德任左护军都统制、郦琼任副都统制，以兵部尚书、都督府参谋军事吕祉任节制。张守对这个任命表示坚决反对，对张浚说："如果一定要换将，也要闻望素高、能服诸将的人才可以。"但是张浚不听，最终还是让吕祉到淮西抚谕诸将。结果，郦琼不服王德居其上，多次申述不被重视。八月，郦琼杀吕祉等，裹胁四万人叛变投向伪齐。这就是著名的“郦琼之变”，也称“淮西兵变”。这次兵变，不仅使南宋对抗金人和伪齐的军事前沿的江淮重地，突然处于防卫空虚的状态，而且还成为后来南宋对金人战略变化的一个转折点。尽管此后不久金人废掉了刘豫伪齐政权，但兵变给南宋政权造成的消极影响远未消除，致使南宋失去了一次极为宝贵的收复故土的历史机遇，让后世史家为之扼腕长叹。

兵变发生后，张俊引咎辞职。朝廷大臣和谏官借此纷纷上章弹劾张俊，宋高宗只好御批把张俊安置到岭南。对于这个结果，张守觉得非常不公平，于是上疏极力挽救，对宋高宗说：“张俊为陛下守护两淮，立下大功。之所以罢免刘光世，是因为刘光世部是一群乌合之众，不堪重用，这次的兵变正好印证了这一点。现在大臣纷纷上章攻击张俊，臣担心后任者以张俊为戒，以后还有谁为陛下尽忠做事呢?”宋高宗这才把张俊改为永州安置。因为在这件事情上得罪了一众大臣，张守提出辞职，宋高宗没有同意。

绍兴八年（1138）正月，宋高宗在巡视建康后准备返回临安，张守趁机向宋高宗上疏说：“建康自六朝为帝王都，江流险阔，气象雄伟，且据都会以经理中原，依险阻以捍御强敌，可为别都以图恢复。”张守的建议可谓高瞻远瞩，对恢复中原有着重要的意义，却遭到了赵鼎等人的坚决反对。张守只好再次请求外放，以资政殿大学士官衔出任婺州（今浙江金华）知州，又改为洪州（今江西南昌）知州，兼江南西路安抚使。当时，江西盗贼猖獗，张守离开临安陛辞的时候，宋高宗问他消灭强盗的对策，张守说：“首先要施以恩德，如果还有冥顽不化的，则出兵镇压。”并请求出兵占领要害之处。张守到任后，在江南西路各州府发布公告，晓以恩义，限定时间让这些盗贼自首，几个月的时间就平息了江西的匪患。

离开洪州后，张守出任绍兴知府，刚好遇到朝廷派出三位使者搜刮各地财富，使者每到一个地方鞭打百姓，耀武扬威。韩球在会稽一地就搜刮了五十余万缗。张守到任后，立即要求觐见，把三位使者在各地的不法行径告诉了宋高宗。宋高宗立即下诏把三位使者召回朝廷。

当时，秦桧当政，对张守的做法十分不满。张守内心不安，再次要求奉祠。

绍兴十六年（1146），朝廷想找一位将军出任建康统帅，宋高宗说："建康是军事重地，要用大臣中有德望者，只有张守可以。"于是就任命张守为建康帅。张守到建康没几个月就去世了，死后被谥文靖。

张守离开苏州后，章谊接任平江知府。

章谊（1078—1138），字宜叟，建州浦城（今属福建南平）人。崇宁四年（1105）考中进士后，章谊被补授为怀州（今河南沁阳）司法参军，然后到漳州、台州担任教授。离开台州后，章谊被任命为杭州通判。建炎元年（1127），陈通入寇钱塘，钱塘守臣将城门关闭，传檄给章谊，要他聚集杭州下属七个县的兵士，张弓击鼓，以张声势。当时，群盗蜂起，宋高宗任命王渊为制置使，讨伐杭州一带盗匪。章谊协助王渊一起击败了乱贼，顺利入城，并抚慰百姓，得到了当地百姓的称赞。

建炎三年（1129），宋高宗逃到临安，遭遇苗傅、刘正彦兵变，群臣惊恐，人心汹汹。宋高宗要群臣献计献策，浙西安抚司主管机宜文字的时希孟说："乞问三军。"意思就是说，问问三军的长官看看怎么办。章谊立即出列驳斥道："问三军何义，若将鼓乱邪？"意思就是说，问三军有什么意义，这不是要鼓动叛乱吗？时希孟这才闭起嘴巴。章谊得到了宋高宗的赏识。叛乱被平定后，时希孟被贬为吉阳军知军，章谊连升两级，被任命为仓部员外郎（负责全国仓储出纳工作），受命到两浙地区筹集钱粮，接济军费。没多久，宋高宗召章谊回到临安，任命他为驾部员外郎，很快又提拔他为殿中侍御史。章谊不避权贵，遇事敢于直言，认为抗金失败，主要是由于掌权的大臣和将官误国。宋高宗当时在扬州的时候，拥有数十万士兵，完全可以与金军一战。但是，宰相黄潜善、汪伯彦不明敌情，未能提前部署，金军忽然来到，高宗只能迫走江东。移驻建康时，尚有强兵和长江天险可守，却不设水师，两位宰相争执不下，金军尚未来到宋军就沿海南逃。因此，章谊提出战守四策，对宋高宗说："金人累岁南侵，我亦累岁奔走……有江海，必资舟楫战守之具；有险阻，必资郡县防守之力；有兵将，必驾驭抚循，不可为将帅自卫之资；有粮赋，必漕运转输，不可为盗贼侵据之用。四者各付能臣，分路以办，重赏严罚，谁敢不用命哉！”

宋高宗下诏询问保民、弭盗、遏寇、生财之策，章谊上疏说：“去奸贪残虐之吏，则民可保；用循良廉平之吏，则盗可弭；敌寇未遏，以未得折冲御侮之臣；财赋未裕，以未得掌财心计之臣。凡此四者，任人不任法，则政治可得而治矣。”

绍兴二年（1132），章谊被提拔为大理寺卿（最高审判机关长官）。时任宰相建议调章谊出任平江知府，宋高宗说：“谊，儒者，赖以奏谳平恕，使民不冤，勿令补外。”不久，任命章谊权吏部侍郎。章谊上疏建议：“诏有司编类四选通知之条，与一司专用之法，兼以前后续降指挥，自成一书。如此则铨曹有可守之法，奸吏无舞文之弊，书成而吏铨有所执守矣。”又改任章谊为刑部侍郎兼详定一司敕令（主管盐铁、度支、户部司政令）。章谊上疏说：“比修绍兴敕令格式，其忠厚之意，则本于祖宗；其纲条之举，则仍于旧贯。今在有司，为日既久，州县推行，渐见抵牾。欲承疑遵用，则众听惑而不孚；欲因事申明，则法屡变而难守。”因此，建议下诏让监司、郡守与承用官司，参考祖宗旧典，对新的条文进行梳理，逐条对照后，提出意见建议上报，然后进行审定，出台新的法律。

不久，章谊被提拔为徽猷阁直学士、枢密都承旨（负责枢密院内部事务）。针对禁卫军设置不够合理、组成人员良莠不齐的状况，章谊上疏说：“汉有南北两屯，唐有南北两卫，皆天子自将之兵。祖宗所置殿班亲军，处禁门之内，皆极天下之选。今日神武兵萃于五军，多逃亡之余，市斤之人，殿班亲军，倚以侍卫者，曾无千百。愿陛下酌汉、唐南北禁卫之意，修本朝遴选班直之法，选五军及诸州各为一卫，合取万人，分为两卫，则禁卫增严，王室大竞矣。”

绍兴四年（1134），金国派遣李永寿、王翊为使来到临安，要求放回被俘的刘豫部属以及在东南的西北人，还胁迫宋廷划河南正阳西南给刘豫，众臣纷纷反对，但又不敢彻底和金国翻脸。于是，朝廷想派遣参知政事席益出使金国，与金国进行商议。席益以母亲年老为由推辞，并举荐章谊代替自己。宋高宗说：“章谊的母亲年纪也很大了，只能我亲自跟他说。”章谊接到任务后，毫无惧色，只是告诉家人要瞒着老母亲，不能让她知道。章谊被封为龙图阁学士、充军前奉表通问使，给事中孙近作为他的副手，一同出使金国。

章谊一行到达云中后，与粘罕、兀室进行谈判。章谊坚持自己的原则，不肯接受金国的条件。金人看章谊不肯低头，就叫他不用谈了，直接回去。章谊说：“我受命万里来到金国，目的就是要达成协议，同时还要迎回二圣，我必须等有了结果再回去。”金人让萧庆给章谊授书，以道听途说的事情责难章谊。章谊质问他们的根据所在，金人只好如实告诉了章谊，章谊乃还。路过南京（今河南商丘）的时候，章谊被刘豫扣留了下来，他设计脱身才最终回到了临安。回到朝廷后，宋高宗嘉赏其劳绩，升任他为刑部尚书。同年冬，宋高宗北上亲征，宋军在淮阴一带取得大捷。此次北上，章谊一同扈从。回到临安后，章谊被改任为户部尚书。章谊上疏说：“祖宗设官理财，内则户部，外则诸路转运使、副，东南委输最盛，则又置发运，以督诸路供输之入，皆有移用补助之法，户部仰以不乏者也。今川、广、荆湖土贡岁输，不入王府者累年矣，皆发运使失职之罪也。顷因定都汴京，故发运使置司真、泗，今驻吴会，则发运当在荆湖南、北之间。望讨论发运置司之地，选能臣以充其任。”同时又说：“户部左右曹之设，诸路运司则左曹之属也，提举则右曹之属也。若复发运司，于诸路各置转运使副二员，以一员检察常平，以应右曹之选，则户部财用无陷失矣。”

绍兴五年（1135），章谊以身体不好为由，提出到地方任职。于是，朝廷任命章谊为龙图阁学士、温州知州。章谊到任的时候，正值大旱，米价飙升。章谊采用刘晏的招商法，设立粮米市场，招引各地粮商前来交易，随着各地粮商的纷纷到来，米价也随即日趋平稳。因业绩突出，诏令升官一等。

绍兴六年（1136），章谊改任平江知府。经历金军洗劫之后，苏州人口大幅减少，出现了大量的无主田地，土地兼并现象十分严重，贫富不均。章谊到任后，看到“强宗巨室阡陌相望，而多无税之田，使下户为之破产”的状况，在府衙专门增设一名通判，负责“均平赋税”，压制和束缚豪强。当年，宋高宗第三次北巡，平江作为驻防的要地，各种供给烦琐不堪，章谊处置得十分恰当。宋高宗在平江时召见章谊，章谊应对也十分到位。宋高宗十分开心，赐给章谊带笏（玉制的记事手板），并对章谊说："此不足以偿卿之劳，其勿谢。"

宋高宗离开平江后继续北上，最后驻跸建康，重新任命章谊为户部尚书。章谊就营田一事专门上疏说："京西、湖北、淮南东西失业者最多，朝廷必欲家给牛种、人给钱粮以劝耕，则财力不足。今三大将各屯一路，如各捐数县地均给将士，收其余以省转输，非小补也。"

绍兴七年（1137）初，宋高宗回到临安，任命章谊为端明殿学士、江南东路安抚大使，并让其出任建康知府兼行宫留守。没多久，又改任其为亳州明道宫。绍兴八年（1138），章谊去世，享年六十一岁，谥"忠恪"。

章谊一生忠君爱国、正直敢言，学识渊博、体恤百姓。《宋史》称赞道："谊宽厚长者，故事台官言事，非挟怨以快己私，即用仇家言为人报复，谊犹存大体，士论归之。立朝论事，奏疏无虑数十百篇，皆经国济时之策。"如此能干而且爱惜百姓的官员到平江任职，对苏州经济社会的恢复和城市建设起到了很大的作用。

章谊离任后，梁汝嘉接任平江知府。

梁汝嘉（1096—1154），字仲谟，处州（今浙江丽水）人。梁汝嘉的祖籍是郓州须城（今山东东平），后随父亲梁志大一起迁居处州，其祖父梁焘曾任尚书左丞。

梁汝嘉年少时十分聪明，却并不是通过科举进入官场。梁汝嘉的外祖父何执中是处州人，正是这个原因，梁汝嘉的父亲才迁居处州。何执中在宋徽宗的时候位居宰相，通过奏请，补授梁汝嘉为登仕郎（正九品的散官），后其被任命为中山府（今河北定州）司议曹事。建炎元年（1127），梁汝嘉出任常州武进知县。建炎三年（1129）六月，金军进犯常州，一众官员惊惧异常，纷纷逃散，唯独梁汝嘉率众进行防守。宋高宗接到奏报，嘱咐张浚把梁汝嘉的名字刻在剑上，以备随时调用。九月，因常州知州举荐，梁汝嘉被提拔为常州通判，加直秘阁。

绍兴二年（1132）春，梁汝嘉升任两浙转运副使。当时，临安连续发生火灾和盗案。梁汝嘉受命协理临安府政事，开始整治临安秩序和环境：加强城防，健全巡防制度，加大破案力度，连续破获盗案，盗贼从此绝迹；修改“火政”，把茅草房顶全部更换为陶瓦房顶，火灾便很少出现。在梁汝嘉的治理下，临安的城市面貌和社会秩序发生很大变化，临安这才有了都城的样子。因为政绩突出，绍兴三年（1133）七月，朝廷升任梁汝嘉为徽猷阁待制、试户部侍郎兼临安知府。第二年又把“试”字取消，正式任命其为户部侍郎兼临安知府。宋高宗南逃时，祖宗牌位、太庙都留在了开封，南宋在临安初步安定下来后，这事也就提上了议事日程。绍兴四年（1134），司封郎中林待聘上奏说：“太庙神主，宜在国都。今新邑未奠……以彰圣孝。”太常少卿江瑞友也向宋高宗建议，请求在临安兴建太庙。于是，宋高宗诏命临安知府梁汝嘉择地兴建太庙。梁汝嘉当年兴建的太庙，是目前全国仅存的赵氏皇家太庙。

绍兴六年（1136），宋高宗巡幸金陵（今江苏南京），任命梁汝嘉为转运使，梁汝嘉先行前往金陵，修缮行宫，安排巡幸日程及驻跸事宜。绍兴七年（1137）九月，梁汝嘉出任平江知府。在平江知府任上，梁汝嘉留下的最大政绩是重修苏州文庙大成殿。苏州文庙是范仲淹于景祐二年（1035）创建的，后经不断拓展，规模宏大，气势雄伟。绍兴元年（1131），金军南侵时一把火给烧了个干干净净。金军退走后，几任平江知府对文庙进行了初步修建，恢复了学宫，但是限于财力，大成殿一直未能重修。梁汝嘉就任平江知府后，认为夫子之祀是教化所基，尤其应该严谨，跪拜荐祭之地简陋，是当政者的失职。于是，梁汝嘉与府衙官员商议，搜集府衙遗留下来的材料，筹集经费对大成殿进行了重修。重修后的大成殿雄伟宏阔，彰显了圣人高风，成为教化吴地子民的重要场所。米芾的儿子米友仁为此专门写了一篇《吴郡重修大成殿记》，记录了梁汝嘉重修大成殿的来龙去脉。这篇记不仅成为历史的见证，也是难得的大规制书法作品。

绍兴八年（1138）七月，梁汝嘉随宋高宗一同回到临安，改任为试户部尚书兼江淮荆广经济使。绍兴十年（1140），改任为川陕都转运使。梁汝嘉一直和秦桧关系不错，殿中侍御史周葵想弹劾他。梁汝嘉得到消息后，玩了一招“祸水东引”，对中书舍人林待聘说：“周葵将要弹劾你。”估计林待聘这人性子比较急，也没什么脑筋，就急忙找到秦桧，告诉他周葵要弹劾自己。于是秦桧就免除了周葵的殿试侍御史一职，改为起居郎。周葵见到林待聘后，把弹劾奏章拿给他看，对他说：“梁仲谟何其幸也。”林待聘这才知道自己被梁汝嘉卖了。从此之后，士大夫都看不起梁汝嘉。没有脸面在朝中混下去，梁汝嘉只好请求辞职。于是，朝廷任命他以宝文阁直学士的官衔提举太平观。

不过，梁汝嘉毕竟还是有才的，而且受到宋高宗的欣赏，与秦桧的关系也不错。所以，绍兴十一年（1141），梁汝嘉被起用出任温州知州兼浙西沿海制置使，离开温州后他又到宣州、鼎州（今湖南常德）二州担任知州。绍兴二十二年（1152），因身体有病辞官回到家乡，以宝文阁学士、右通议大夫致仕。第二年去世，死后被追赠为少师，封缙云郡公。

第八章　艰难重建

——苏州城市和经济社会的初步发展（三）

（仇悆、向子諲、林安宅）

梁汝嘉在苏州待了一年后就随宋高宗回到临安，仇悆接任平江知府。但是，关于仇悆的任职时间史籍中没有详细的记载。王鏊《姑苏志》说：“仇悆，自知明州改平江。未详何年。”《宋史·仇悆传》中有一段话：“乃复待制，再知明州，改知平江府，陛辞，言：‘我军已习战，非复前日，故刘锜能以少击众，敌大挫衄，若乘已振之势，鼓行而前，中原可传檄而定。’上嘉之。以言罢，提举太平观。”梁汝嘉是绍兴八年（1138）七月离任的，而接任仇悆的向子諲是六月被任命为平江知府，八月到任的，中间有一个月的空档。如此看来，可能仇悆被任命为平江知府后并没有到任，或者刚到任就因为言论不当而被罢职提举太平观了。但是，不管仇悆是否到任平江知府，作为宋朝著名的抗金官员和百姓爱戴的清官，他都值得详细介绍。

仇悆，字泰然，青州益都（今山东青州）人。仇悆于大观三年（1109）考中进士，被授予邠州（今陕西彬县）司法。到任后，仇悆采取十分宽松的政策，对狱中的罪犯进行详细审查，很多人因此而活了下来。离开邠州后，仇悆被任命为邓城（今湖北襄阳樊城区西北）县令。仇悆在邓城任上，为官清廉无私，为人正直稳重。有一次，范宗尹带着自己写的文章拜见仇悆，仇悆看了文章后，认为范宗尹是不可多得的栋梁，对其极为器重。后来，范宗尹做到了宰相，但是仇悆从未因为私事拜访过范宗尹，足见仇悆人品十分高尚。

仇悆在邓城三年，勤勉政事，爱惜百姓，深受百姓爱戴。仇悆离任时，邓城百姓围堵在路上，“遮泣不得去”，哭声不绝于道，舍不得让清官离去，因此留下了著名的“百姓三哭送仇悆”的故事。

从邓城离任后，仇悆被任命为武陟（今属河南焦作）县令。仇悆在任的时候，金军不断南侵，朝廷派数十万大军赶赴燕山征讨。大军路过武陟县境的时候，有些将领纵容士兵沿途抢掠。仇悆出面与军方交涉，承诺为大军提供粮饷等军用物资，但是要求军队不得骚扰百姓。仇悆把筹集到的粮饷亲自押送到河北涿县，正赶上官军节节败退，粮食辎重被大量丢弃。为了不让金军得到这些丢弃的物资，仇悆指挥民夫将官军丢弃的物资全部抢了回来。

从武陟县离任后，仇悆出任高密县令。当时，高密人受时风影响，打官司成了家常便饭，县衙积累了很多旧案。到任后，仇悆处理讼案，“剖决如流”，积累的案件很快就被处理完毕。当时县吏杨盖勾结豪强鱼肉百姓，仇悆毫不犹豫地把杨盖给抓了起来，并判处黥刑，百姓无不拍手称快。不久，朝廷任命仇悆为密州（今山东诸城）司录。仇悆离任的时候，一万多名百姓赶来挽留，把他拥回到县衙。当时正值寒冬，百姓燃起篝火，在县衙外轮流看护，不让他离开，仇悆只好从后门溜走了。百姓发觉后一路追赶，有人跪在马前哭着说：“公舍我去，我必使公复来！”仇悆到密州上任后，有一天，他正在和同僚议事，忽然有数千人闯入官府，当场把仇悆给抢回了高密。密州守将被这样的场面给吓蒙了，只好眼睁睁地看着仇悆被抢走。朝廷无奈，只好让仇悆继续在高密担任县令。当时，莱阳、高密一带出现盗贼，这些盗贼知道仇悆的名声后，纷纷告诫同党，不得侵犯高密境内。有一次高密境内士兵哗变，关起城门抢掠百姓，官吏几乎被这些哗变的士兵杀光，但有人高喊：“不得伤害仇大人。”可见仇悆在高密百姓心目中的地位。

建炎初，金军大规模南侵，仇悆随宋高宗一同南渡。刚好遇到母亲去世，仇悆只好丁忧在家守孝。沿海制置使陈彦文向朝廷推荐他，朝廷也想起用，但是仇悆为了守孝坚决拒绝了。一直等守孝期满后，仇悆才出任建昌军知军，后被调入临安出任考功员外郎。当时，因为金军南下，官员匆忙南逃，很多官员的“告牒”（官员身份凭证）都丢失了，而开封原来存在吏部的档案资料也被金军一把火给烧没了。所以，南渡之后，很多官员纷纷上诉，希望证明自己的官员身份，其中还有一些混进来的人，真假难辨。仇悆出任考功员外郎后，对这些丢失了凭证的官员一一进行详细鉴定，对有据可查的立即给予认定，使很多丢失了凭证的官员恢复了身份和职务。

因为业绩突出，仇悆被提拔为右司，很快又被任命为沿海制置使。当时，明州的知州和宰相非常亲密，他欺骗宰相说明州的士卒将要叛乱，他准备派遣精兵秘密抓捕。统制官徐文发现了知州的阴谋，开始密谋纵兵进行剽掠，但是很快放弃了这个计划，率领部下从海上逃跑了，走的时候大声疾呼：“我是因为仇公（指仇悆）的原因，才不杀人、不焚房屋。”明州城虽然安然无恙，但是因为这件事情，仇悆还是被降两级，主管太平观。

后他又以淮西宣抚使的官衔出任庐州（今安徽合肥）知州。绍兴四年（1134），刘豫的儿子刘麟会同金军南侵，宣抚司统制张琦想乘危为乱，驱使当地百姓逃亡江南。张琦派武士数千人持刀挟持仇悆，要他一同南逃。仇悆临危不惧，对这些士兵说：“你们不负责保卫国土，我将以死殉国。敌人还没来，你们就仓皇逃跑，谁来保护老百姓？”看到仇悆凛然不惧，张琦“错愕”，只好驱散了兵士，老百姓这才安下心来。当金军临近庐州的时候，仇悆向宣抚司求救，但是张琦不予理会。仇悆又让儿子抄小道向朝廷告急，虽然朝廷非常欣赏仇悆的抗金行为，而且还授予了他儿子官职，却并没有派出一兵一卒前去救援。当时，宋高宗下诏亲征，但是诏书并没有到达淮甸一带，而传言说朝廷将放弃两淮地区，目的是保护江南。仇悆把当前的形势写成告示张榜公布，州民读后无不伤心流涕，纷纷自告奋勇保卫家乡。恰好遇到一群官军因主将战死而退到庐州，但是州里没什么余钱，没有办法犒赏这群士兵，仇悆就把这群败兵集合起来，拿出酒食加以抚慰，并招募庐州、寿州（今安徽寿春）民兵两千余人，出奇兵攻击寿州城，金军三战三败，只好退回淮北。后来刘麟又增兵来攻，也被仇悆击退，仇悆率部俘获金兵甚众，“获旗械数千，焚粮船百余艘，降渤海首领二人”。

当初，金军围攻濠州（今安徽凤阳），十几天都未能攻下。因天气寒冷，很多军马被冻死，于是金军集中兵力进攻淮东。当时枢密使张浚到金陵视察，仇悆向他献计说：“金重兵在淮东，既疲乏，又缺粮，如果以精兵两万，一支从寿阳，一支从汉上，直指汴京，敌人当不战而退。再以大军尾追，没有不胜利的道理。古人讲：‘一日纵敌，数世之患。’希望不要失去这次机会，不然后悔就晚了。”但是张浚并没有采纳仇悆的建议，错过了反攻的最佳时机。

没多久，刘麟再次组织大军进攻庐州，声称兀术的大军就在他的后面作为后盾，淮东淮西人心惶惶，不知怎么应对。周围的州郡官员纷纷焚烧粮草，弃城逃走。枢密使张浚给仇悆下令，让他相机撤退，仇悆回答说：“残破之余，兵食不给，确实不能对付敌人。但是，臣是一个地方的主官，负有防守之责，应当誓死防守。如果现在把城市拱手让给敌人，让金人据有淮西，在巢湖训练士兵，这必将成为朝廷的一大隐患。”这时，恰好京西制置使派遣牛皋率兵路过庐州，仇悆就请求牛皋出面迎敌。牛皋来到府衙的时候，仇悆“以忠义撼之”。牛皋素来英勇，为仇悆的忠义所感动，于是派出两千人出城，与金军短兵相接，所向披靡，敌人三次被冲散，却三次又聚拢起来厮杀。牛皋的副手徐庆在鏖战中坠马，敌人立即上去围攻，牛皋拍马奔去，把徐庆抓起来夹在腋下，击杀数人，大声叫着说：“我是牛皋，曾经四败兀术，谁来上前决一死战!”敌人听到牛皋大名，纷纷逃散。

仇悆御敌有功，被授予徽猷阁待制。第二年，宣抚司才派遣大将王德前来庐州支援，当时刘麟和金军已经退走，王德对他的部下说：“先前形势危急，我们这些人没有一个肯渡江击杀敌人，而今天战争已经平息了我们才到来，有什么脸面去见仇公呢?”王德的手下很多都是女真和渤海归附的士兵，他们见到仇悆的塑像，都不自觉地以手加额，表示尊敬。

绍兴五年（1135），仇悆改任为浙东宣抚使，出任明州知州。仇悆在明州任职期间，抑制豪强，扶持善弱，兴办学校，助学田百余亩，遇到灾年拨出官府的储粮赈济百姓，深受百姓爱戴。在明州的时候，他与手下一个同僚关系比较好，准备推荐提拔此人。有一天，他和这位同僚闲聊："你家日常费用多少？"这位同僚说："我家十口人，每天费用一千钱。"仇悆觉得不可思议，问道："怎么会用这么多钱？"同僚回答说："早上买点肉，晚上吃菜羹。"仇悆吃惊地说："我这个做太守的，平时都不吃肉，只吃素菜，你做个小官，就敢吃肉，肯定不是廉洁的人。"从此以后，仇悆就疏远了这位同僚，推荐的事情也不再提及。这个故事被编入道教劝善书《感应篇》第四卷，作为劝诫教育后人的典范流传至今。仇悆还在奉化修筑沙堰七百多丈，奉化百姓因此立"善塘庙"祭祀仇悆。

朝廷听说了仇悆的政绩，为他"进秩一等"。宋高宗专门召见仇悆，并"亲加褒谕"，准备让他留在身边任职。但是一帮言官认为仇悆在地方任职的时候，对待下属"惨酷"，惩治了很多胥吏，于是请求把仇悆放到外藩任职。当时，湖南一带少数民族叛乱还未完全平息，于是朝廷就晋升仇悆为直学士，出任湖南安抚使。仇悆到湖南后，严禁私自铸钱，鼓励少数民族百姓务农种田，打通对外贸易渠道，物价很快得到抑制。湖南的叛乱在几个月内得到妥善处理，仇悆被召回朝廷，升任为宝文阁学士，出任陕西都转运使。当时金人无故提出要归还侵占的土地，仇悆上疏认为金人诡计叵测，所以坚决不去上任。当时，秦桧正力主和议，把仇悆视为异己，就借机罢了仇悆的官职，仇悆以左朝奉郎、少府少监分司西京，被安排到全州（今属广西桂林）居住。

绍兴八年（1138），仇悆被起复为河南知府，还未出发，金人果然又把归还的土地抢了回去，和当初仇悆预料的一样。于是朝廷恢复了仇悆的待制一职，他再次出任明州知州，后又改任平江知府，陛辞的时候他对宋高宗说："我军已经形成战斗力，不像以前了，所以刘锜才能以少胜多，敌人的气焰受到抑制，如果能乘现在的气势，鼓行而前，中原可传檄而定。"宋高宗听了很高兴。当时，秦桧专政，仇悆上章谈论朝政，这让秦桧很不爽，秦桧再次罢去了仇悆的官职，让他提举太平观。仇悆死后赠左通议大夫。

接任仇悆的是向子諲。

向子諲（1085—1152），字伯恭，号芗林居士，临江清江（今江西樟树）人。向子諲是宋真宗朝宰相向敏中的玄孙。向敏中的曾孙女向介姬于北宋治平三年（1066）和当时还是颍王的赵顼结婚，被封为安国夫人。治平四年（1067），宋英宗驾崩，颍王赵顼即位，是为宋神宗，他立向妃为皇后，向妃死后的谥号为钦圣皇后。而向子諲就是钦圣皇后向介姬的堂侄。因为这层关系，向子諲于元符三年（1100）被荫补进入官场。到了宋徽宗宣和年间，向子諲已经升任为京畿转运副使兼发运副使。建炎元年（1127），向子諲被提拔为江淮发运使。

向子諲素来和李纲非常友善，两个人走得很近。李纲在抗金的过程中两次被贬，向子諲也受到牵连而被罢职。后他被起复出任潭州知州，金军围攻潭州的时候，向子諲率领军民坚守八天时间，直至击退金军。绍兴八年（1138），向子諲被提拔为户部侍郎，出任平江知府。六月被任命，八月到任。当时，秦桧正在和金国议和，向子諲坚决反对，被秦桧视为眼中钉，所以到平江三个月后他就被罢去官职，居住在临江，一直到绍兴二十二年（1152）去世。

向子諲是坚定的抗金主义者，因此，他一生为官并不顺利。但是，向子諲毕竟出身豪门，家学渊源深厚，加之才华横溢，诗词都写得很好。所以，尽管仕途不顺，但也并不寂寞，而且以诗词青史留名。向子諲一生写了很多诗词，不少是上乘之作。其诗词，南渡以前风格绮丽多姿，南渡以后则伤时忧国，与时代紧密相连。这里录几首代表性的诗词，以飨读者。

虞美人·去年雪满长安树

去年雪满长安树。望断扬州路。今年看雪在扬州，人在蓬莱深处、若为愁。

而今不恨伊相误。自恨来何暮。平山堂下旧嬉游，只有舞春杨柳、似风流。

洞仙歌·中秋

碧天如水，一洗秋容净。何处飞来大明镜？谁道斫却桂，应更光辉。无遗照，泻出山河倒影。

人犹苦余热，肺腑生尘，移我超然到三境。问姮娥，缘底事，乃有盈亏？烦玉斧，运风重整。教夜夜，人世十分圆。待拚却长年，醉了还醒。

秦楼月·芳菲歇

芳菲歇。故园目断伤心切。伤心切。无边烟水，无穷山色。

可堪更近乾龙节。眼中泪尽空啼血。空啼血。子规声外，晓风残月。

[这首词写于“靖康之难”以后，时逢暮春，姹紫嫣红凋零殆尽，繁华凋零的景色触动了作者的万千愁绪。他不禁悲从中来，写下这首词。作者在《西江月》小序中写道：“政和间，余卜筑宛丘（今河南淮阳），手植众芗（紫苏之类的香草），自号芗林居士。建炎初，解六路漕事，中原俶扰，故庐不得返，卜居清江之五柳坊。”向子諲本就是清江人，建炎初因李纲而被罢职，在家乡居住。]

阮郎归·江南江北雪漫漫

绍兴乙卯大雪行鄱阳道中

江南江北雪漫漫。遥知易水寒。同云深处望三关。断肠山又山。

天可老，海能翻。消除此恨难。频闻遣使问平安。几时鸾辂还。

（这首词写于绍兴乙卯，也就是绍兴五年，即 1135 年。这时，由于岳飞、韩世忠等名将屡次击败金军，南宋的形势出现新的转机。但是，宋高宗担心接回二圣会威胁到自己的帝位，所以只想避居南方，不愿收服中原，最终让岳飞等止步于河南。正是在这样的背景下，向子諲写下了这首词。）

水龙吟·华灯明月光中

绍兴甲子上元有怀京师

华灯明月光中，绮罗弦管春风路。龙如骏马，车如流水，软红成雾。太一池边，葆真宫里，玉楼珠树。见飞琼伴侣，霓裳缥缈，星回眼、莲承步。

笑入彩云深处，更冥冥、一帘花雨。金钿半落，宝钗斜坠，乘鸾归去。醉失桃源，梦回蓬岛，满身风露。到而今江上，愁山万叠，鬓丝千缕。

（“绍兴甲子”是指宋高宗绍兴十四年，也就是1144年。“上元”就是现在的元宵节，时俗以上元节夜张灯为戏。“京都”是指被金国占领的汴京。由此可知，这首词是向子諲身处临安，恰逢上元佳节，回忆当年汴京的欢乐盛况，止不住发出故国忧思之情。）

向子諲刚到苏州三个月就因为反对秦桧和议而被迫致仕，由两浙转运使林安宅暂时代理平江府事。但是，林安宅到底什么时候在苏州代理知府，史籍却存在相互矛盾之处。王鏊《姑苏志》记载：“林安宅，字居仁，绍兴八年十一月以两浙转运使暂知府事，九年正月交郡归司。”而范成大的《吴郡志》中，林安宅并没有在苏州任职的经历。根据林安宅的任职经历，其出任两浙转运使是绍兴末年的事情。据洪迈《夷坚志》记载：绍兴末年，林安宅代理平江知府，安徽蒙城人高师鲁在平江府担任监征市场税收的小吏。当时，平江市场上的羊肉价格高达九百文一斤。林安宅想，如此高的羊肉价格，如果有官员自己买来吃，肯定是贪官污吏。于是，林安宅决定把所有官员的购物账本收缴上来审查一番。高师鲁听到这事后，就写了一首打油诗：“平江九百一斤羊，俸禄如何敢买尝？只把鱼虾充两膳，肚皮今作小池塘。”意思是说，小吏员的俸禄如此之低，哪有钱去买羊肉？只能吃点鱼虾，肚子如今都成小池塘了。看了这首打油诗，林安宅只好不再提收账本的事情。根据这些记载看，林安宅确实兼任过平江知府，但是时间肯定不是绍兴八年（1138）。当时，林安宅中进士才十年，而且之前也没有当过什么大官，苏州这么重要的地方，不可能让这样资历的人兼任。

但是范成大《吴郡志》关于宋朝牧守的列表中，向子諲离任后，有几个月的空档期，此间并没有人负责平江府的事情。也许正是这个原因，王鏊把林安宅安插在这段时间内。但是，不管怎么样，林安宅兼任过平江知府应当是确有其事。所以，这里先对他做个介绍。

林安宅（1097—1179），字居仁，号寓庵，福建三山（今福建福清）人。林安宅的老家在福建福清闽侯县上街镇，因其地历史上有六座桥，故林氏称六桥林氏。六桥林氏的始祖是唐朝辅佐闽王的林硕德。

建炎二年（1128），林安宅考中进士后被授予河南府推官。绍兴五年（1135），林安宅擢升为左议郎（郎官的一种），充户部措置经略所干办（相当于户部的办事员）。绍兴年间，出任新昌县令。林安宅到任后，发现新昌县的民居经常受到东溪洪水的冲击，而田地却缺水灌溉，且群众饮水困难，于是就发动老百姓沿江修筑防洪大堤，并凿渠引溪水灌溉西郊的万亩良田，还在县衙附近居民比较集中的地方挖了七口井，彻底解决了水患和田地灌溉、百姓饮水问题。同时，他还把狭小的县学迁到观音岩前，并予以扩建。林安宅一心为民，受到当地百姓的衷心爱戴，因此，当地人就在江堤边修建了止水庙，把林安宅当作庇护自己的神灵供奉起来。据万历《新昌县志》记载："林安宅，闽三山人。绍兴十二年知县事。至，即修废坠，敦教化，改建学宫，置田养士，更修县治坊郭、门巷、祠庙，筑东堤以御水患，浚七星井，开孝行碶，民至今赖之。宋时有功于县者，安宅为最。累官尚书、参知政事。士民怀之，请祠于学。又为肖像立祠，曰'止水庙'云。"可见林安宅在新昌的名声和地位。

离开新昌后，林安宅又先后出任漳州通判、漳州府尹，主管学事兼劝农使。绍兴二十八年（1158），出任广东东路转运判官。绍兴三十年（1160）四月，转任江西南路转运判官。绍兴三十一年（1161），被授予左朝议大夫，兼劝农使。绍兴三十二年（1162），迁户部左司郎中，权同知枢密院事，负责检详诸房文字事，加朝散大夫。宋孝宗隆兴元年（1163）二月，诰依前职，兼管两浙安抚使、司马步都总管，六月又兼知太平州。在地方任职期间，林安宅都留下了很多政绩。

据《八闽通志》记载：漳州府通判厅东面有一间瑞鹊堂，名字由来便和林安宅有关。绍兴十七年（1147）的一天，担任漳州通判的林安宅在这间房子里会见宾客，一只被箭射伤的喜鹊从窗户飞了进来，跌在地上悲鸣不已。林安宅叫人拔掉喜鹊身上的箭，敷上药后放它离开。但是这只喜鹊不肯离去，好像还有什么话要说。林安宅命人找到射伤这只喜鹊的人，毁坏了他的弓箭，并让他以后不要再狩猎，这只喜鹊才振翅飞走。从此，这间房子便名为瑞鹊堂。

绍兴二十八年（1158），林安宅在担任广东东路转运判官期间，主持对包括大蹊岭、杨桃岭在内的潮惠下路的改造，并在道路两旁修建饮食店，供应酒食，使来这里的人有了回家的感觉。

绍兴三十一年（1161），林安宅担任两浙转运使时，发现地方恶势力拒缴皇粮国税的情况，于是上疏给朝廷说："最近巡视各个郡县，发现不少地方有强势的家族，这些家族强横霸道，对皇粮国税拒不缴纳。遇到催缴令，小则打击或者驱逐户长，大则威胁或者制约官吏。性格懦弱的官吏只能低头容忍，性格刚强的则反被排挤离任。"他建议朝廷采取措施，抑制这些豪族。

乾道元年（1165），湖南郴州以李金为首的暴动队伍攻占了广东四会县，经广东帅臣林安宅奏请，朝廷批准四会、德庆、封川等县免缴当年夏秋两季的税赋，这大大减轻了农民的负担。

此后，林安宅在仕途上一路高歌猛进，提拔的速度越来越快。乾道元年（1165），特授中书门下检正诸房公事；七月除户部侍郎、给事中。乾道二年（1166），除右谏议大夫，赐紫金鱼袋；五月，特授左中大夫，同知枢密院事，兼权参知政事，升为副宰相。淳熙元年（1174）二月，特授左中大夫、龙图阁学士。淳熙二年（1175）四月，特封侯官县开国伯，食邑三百户。淳熙四年（1177）五月，晋封侯官县开国伯，子加食邑三百户。淳熙六年（1179）二月，除端明殿大学士，兼太子太保、侯官县开国伯，食邑九百户，赐绣座、珍宴、车服，追赠三世，恩任二世。当年以端明殿大学士致仕，皇上诰曰："肃括而立身，刚大而养气，刑部奋澄清之志，殿邦有弹压之威，任安危以天下之重，争可否于人主之前。"

这个评价不可谓不高，然而，具有如此显赫地位的人物，《宋史》竟然无传，实在是一件蹊跷的事情。其实，当时的正直大臣和以后的史书对林安宅的评价并不高。《宋史·王十朋传》记载："林安宅出入史浩、龙大渊门，盗弄威福，至是诈病求致仕，十朋并疏其罪，皆罢去。"史浩何许人也？乃是南宋向金主和的代表。宋孝宗即位后，重新启用主战派张浚，并委以重任，时任宰相史浩"与浚冰炭不同，且惧其成功，凡有奏请，必多端沮之"。而林安宅按照史浩的授意，千方百计诋毁张浚。王十朋作为侍御史和坚定的抗金主义者，又是四十六岁才状元及第的才子，对史浩和林安宅的做法十分鄙视，因此不断上章弹劾。

王十朋在《论史浩札子》中说："春闱省试，知举三人。上体圣心，策问时事。浩疑其斥己，遂令党人林安宅追捕雕匠，勒令毁版。三知举尝面奏其事，有旨令刊行。安宅，憸人也，知有浩而不知有陛下，不遵圣旨，而惟浩是从，卒不许刊。"从这段文字看，林安宅胆子确实够大，进士的试题刻版，他竟然只凭史浩的一句话就敢擅自毁掉。而林安宅之所以这么大胆，乃是因为史浩的权势实在太大。史浩在宋高宗立储和宋孝宗登基等事上立有大功（见《宋史·史浩传》），也许正是这个原因，史浩才如此大胆，林安宅才死心塌地地跟着史浩干。

对林安宅的这种小人嘴脸，王十朋实在看不下去，所以两次上章论说林安宅"奸邪交结"。他在《论林安宅札子》中说："（林安宅）谄事乡人朱倬。倬令何浦荐之，而得浙漕。倬虽小人，然于安宅有卵翼之恩。及台官张震欲论倬，安宅乃手疏倬之隐恶数十事以示震……其与吕布事董卓而杀董卓，何以异乎？"朱倬曾于绍兴三十年（1160）出任参知政事，林安宅与朱倬是福建老乡，结交朱倬是情理之中的事情。朱倬对这位老乡也很不错，推荐他出任两浙安抚使。因此，朱倬对林安宅来说是恩人，至少是在仕途上对自己有过帮助的人。然而，当台官张震想要弹劾朱倬的时候，林安宅却把别人不知道的朱倬做过的坏事（隐恶）透露给了张震，他的告密成为张震弹劾朱倬的主要依据。这种恩将仇报的人确实让人痛恨。

至于林安宅攀附史浩、龙大渊等权贵，王十朋在这篇《札子》中也说得十分透彻：“安宅出入史浩、龙大渊之门。其在都司也，进则见浩，退则见大渊。天府之除不由正道，物议咸鄙薄之，有‘从何处来’之语。浩与大渊结为死党。及二人反目，浩托安宅和之。安宅既欲效勤于浩，又欲献佞于大渊，遂造其室，为奴颜婢膝之能，士夫传以为笑。”在王十朋等人的弹劾下，史浩和龙大渊一度被罢职，林安宅看到势头不对，乃诈病以求致仕。被免职后，林安宅又“冀侥幸复留之计，动用奸谋以要君父”。对林安宅这种可耻的行为，王十朋嘲笑他“不顾廉耻，不知进退，真小人之雄者也”。

正是因为林安宅脸皮厚、变脸快，他才能在官场上混得风生水起。他虽然多次被罢职，却很快又被起用，而且官越当越大。据《宋史·宰辅表》和《续资治通鉴》记载：“乾道二年五月庚戌，林安宅自右谏议大夫除同知枢密院事、兼权参知政事。八月丙戌，林安宅罢。”对罢职的原因，《续资治通鉴》写道：“初，安宅为御史，请两淮行铁钱，叶颙力言不可。安宅忿然。既入枢府，乃劾颙子受宣州富人钱百万。御史王伯庠亦论之。颙乞辩明。及颙罢参、枢，帝下其事于临安府尹王炎亲鞫。置对无迹。帝以安宅、伯庠风闻失实，并免官。仍贬安宅筠州安置。召颙赴阙，帝劳之曰：‘卿之清德，自今愈光矣。’”这件事在《宋史·叶颙传》中也有相同记述，说林安宅制造假案，叶颙的儿子把林安宅讨好他父亲的书信贴到自家的厅堂墙上，林安宅觉得丢尽了面子，恼羞成怒，于是采取诬告的手段，实行报复，欲置之死地而后快。不仅如此，林安宅还攻击另一位正直的宰相洪适，使洪离开了相位。可见林安宅这人不仅是小人嘴脸，脸皮厚、变脸快，而且心胸狭窄、睚眦必报。

王十朋在《论林安宅札子》中还列举了林安宅为官的一贯表现：“初令越之新昌，纳官妓为妾，则以滥闻；及倅漳州，盗郡将之权，贪墨自恣，则以脏闻；及作广漕，起罗织之狱，诬陷善良，则以酷虐闻。……然自知临安以来，初不见其所长，事无大小，皆委于吏，狱讼繁兴而不能决，盗窃公行而不能治。议者谓不逮前政远甚。是岂可居弹压之任乎？”

如果真的如王十朋所说，林安宅是个既贪色又贪墨，既无能又严酷的官员，恐怕也不会一路升迁，一封再封。他能做到宰相，而且还被封为开国伯，必然有其过人之处，即便如王十朋所说是个十足的小人，其能力也不容小视。

第九章　艰难重建

——苏州城市和经济社会的初步发展（四）

（欧阳懋、赵霈、梁汝嘉、张宗元）

林安宅代理平江知府几个月后，欧阳懋接任。

欧阳懋是欧阳修的孙子，其生卒年和为官情况不详。王鏊《姑苏志》说他于绍兴九年（1139）正月以右中奉大夫充徽猷阁待制除任，五月提举江州太平观，也就是说欧阳懋就任平江知府不到五个月就离任了，其后再无史料记载。也有史料说欧阳懋是在平江知府任上去世的，但无确切依据。

虽然欧阳懋的为官情况尚不清楚，但是我们知道欧阳懋与南宋两个著名的词人有着直接的关联。一个是黎里古镇的奠基人，也是欧阳懋的女婿赵磻老；另一个是宋朝著名的爱国词人张元干。

赵磻老是山东东平人，因为娶了欧阳懋的女儿为妻，所以由欧阳懋恩荫进入官场。最开始担任过宝应县主簿，绍兴三十年（1160）以礼官的身份随同知枢密院叶义问出使金国，乾道六年（1170）以书状的身份随同范成大再次出使金国，回来后，范成大把他推荐给时任宰相虞允文，随后，其升迁为正言（相当于拾遗，掌管规谏）。乾道八年（1172），赵磻老出任楚州（今江苏淮安）知州，上疏请求蠲免当地绸绢之贡，得到朝廷批准。淳熙元年（1174），他以尚书户部员外郎除直秘阁，出任庐州知州，翻修州学，重塑包拯像，搜集整理包拯遗著并刊印《包孝肃公奏议》一书，鼓励学子继承前贤遗志，使庐州风气得到很大改变。淳熙二年（1175），赵磻老升任为两浙路转运副使，第二年出任临安知府。淳熙四年（1177）五月，升任秘阁修撰，仍然兼任临安知府。淳熙五年（1178）二月，权工部侍郎、兼临安知府。赵磻老喜欢并擅长书画，在临安太学修建了一座阁楼，并专门设立了“光尧石经阁”，将太上皇赵构的御书石经勒碑供奉在阁中，深得宋孝宗嘉许，并得到太上皇赵构御书陆机《文赋》、王元之《待漏院记》墨宝。受到太上皇和当朝皇帝的赏识，赵磻老的前途似乎一片光明。然而，正所谓“福兮祸所伏、祸兮福所倚”，正当赵磻老与太上皇和当朝皇帝关系日趋亲密的时候，没想到临安发生了招兵舞弊事件。淳熙五年（1178）五月，殿前都指挥使在招兵中虚报名额，事发后赵磻老以失察受到牵连，被贬为饶州（今江西鄱阳）知州。赵磻老心灰意冷，决意退隐，来到黎里。

赵磻老到黎里后，在南港西侧一条无名小浜安顿下来，营造赵家花园（一开始花园并没有名字，赵家花园是后人叫出来的）。赵磻老到黎里后，做了三件对黎里具有深远影响的事情。

一是调停当地居民和北方移民之间的关系。北宋灭亡之际，大批北方士民移居南方，不少在苏州一带定居下来，其中有一千多户在黎里。新移民的到来，打破了原有的格局，形成了三方势力。赵磻老到黎里后，通过深入调查，拿出解决方案，上报县里将黎里升格为乡，在里正之上选拔一名乡司，负责整个乡的管理工作。

二是整治市河，整顿街道。当时，黎里汝家桥东侧是一片沼泽，一到雨季，黎川市河河水流经这里就会向两边泛滥。赵磻老带领乡民，把黎川市河截弯取直，对汝家桥一带进行清淤，开挖河道，从此彻底解决了河水泛滥的问题。同时，赵磻老还组织乡民修建了十多座红栏桥，方便百姓出入，使黎里的面貌发生很大变化。

三是营造吴江历史上第一个私家花园——赵家花园。可惜花园今已不存，只留下“花园浜”“花园港”等名字，让后辈怀思古之幽情，念先人之功德。

与欧阳懋关系密切的另一位著名的人物是爱国词人张元干。

张元干是福建永泰人，是前面介绍过的向子諲的外甥。少时，张元干跟随为官的父亲游学天下。十四岁那年，他首先来到了郧城，在这里他开阔了视野，领略了传统文化的博大精深，诗词创作才华开始显露。也正是这个时候，欧阳懋认识了这个才华横溢的年轻人，两人一见如故。后来，欧阳懋回忆说："初若不经意，而辞藻可观，莫不骇其敏悟。"二十二岁那年，张元干来到京师开封，进入太学，成为太学上舍生。经过正规的培训，张元干的学业和诗词水平突飞猛进。欧阳懋写道："再会于京师，仲宗（张元干的字）事业日进，又数年复见之，则已卓然为成材矣。盖其天资夙成，素有以过人也，至于竭力松楸，克勤祀享，笃于礼仪，孝爱之道，所谓文质彬彬者欤?"说明张元干二十刚出头，虽然功名未显，却已经是一位令人刮目相看的诗词名家了。

张元干后来的成就也确实如欧阳懋所说，他开辟了豪放派的词风，为词的发展树立了一个新的里程碑。张元干以廉立身、为国尽忠的精神得到了毛泽东和周恩来的高度赞扬。

欧阳懋离任后，赵霈接任平江知府。

赵霈，浙江衢州人。赵霈是宋神宗朝当过宰相的赵抃的孙子，其生卒年不详，为官经历和任职情况散见于《宋史》《续资治通鉴》《建炎以来系年要录》等史籍之中。从这些史料看，赵霈这人水平不是太高，属于平庸之辈，但也提出过一些不错的建议，是一个才智一般、一心想做事情，而又没有什么大的作为的人。所以，《宋史》无传也属正常。

赵霈于政和五年（1115）考中进士，其前期的为官情况不详，自绍兴年间以后，才依稀见于史料。

《宋史・本纪》卷二十八有一句话："五年（指绍兴五年，也就是1135年）春，以右司谏赵霈论奏得体，赐三品服。"按照宋朝的官制，右司谏是正七品的官员。一个正七品的官员，能够被赐给三品的官服，说明赵霈的论奏甚得宋高宗的心意。而查相关史料，绍兴五年赵霈的论奏有四处，他还因其中一个论奏而落了个“鹅鸭谏议”的外号。

第一处是关于科举考试的。据《宋史》卷一百零九记载：“绍兴五年，初试进士于南省，……旧制，御试初考既分等第，印封送覆考定之，详定所或从初，或从覆，不许别自立等。嘉祐中废。至是，知制诰孙近奏：‘若遵旧制，则高下升黜，画出详定官，初、覆考为虚设。请自今初、覆考皆未当，始许奏禀别置第等。’谏议大夫赵霈请用《崇宁令》，凡隔二等、累及五人许行奏禀，从之。”

第二处是关于交子（纸币）利弊的。交子是世界上最早使用的纸币，最开始在四川民间流行，从宋仁宗天圣元年（1023）起改由政府发行。纸币的发行，极大地促进了贸易和经济的发展，但也随之出现了盗印纸币和抬高物价的问题。所以，自从交子出现之后朝臣对发行纸币争论不休。到了南宋初年，关于发行交子利弊的争论再次兴起，主要原因是政府缺乏发行纸币的本钱，所以反对的人很多。据《建炎以来系年要录》记载，当时不少人认为：纸币流通能“馈粮实边，减搬辇之费”，有便于汇兑的好处；纸币发行只要本钱充足，可保兑现，就能收到“循环出入，钱少而利多”的效果；市有二价、万物增贵、伪造纸币、纸币尽归官府等，则是纸币流通的害处。赵霈认为“用交子则价值必倍”“片纸不可以分裂”、民间有诈伪均是使用纸币产生的弊端；胡交修指出：“今之交子，较之火钱无铜炭费，无鼓铸之劳，一夫日造数十万纸，鬼神莫能窥焉，真赝莫辨，转手相付，旋以伪券抵罪，祸及无辜。久之见钱尽归藏镪之家，商贾不行，细民艰食。”

第三处是关于官员贿赂的。据《宋会要辑稿》记载，绍兴二年（1132）“平江府率敛之名，抑又甚于他郡，往往以爵馈送遇往，结托交通之用”。又绍兴五年（1135），右谏议大夫赵霈上言：“比年以来，郡守更易不常，固有交印视事，席未暇煖，人复改命，或与他州守臣两易其任，然公帑每遇到罢，例依各有馈送，多者数百千，少者亦不下三二百千，初到任人既已收受馈送，或移之他郡亦复如之。”因此，他建议对这种拿着公家的钱贿赂公行的行为加以约束。

这几次论奏，赵霈提出的建议都比较中肯，虽然并没有多少新意，但至少是可行的。所以，宋高宗一高兴就赏给他三品官服。

第四处是关于祈雨的。据宋董弅《闲燕常谈》记载："绍兴乙卯，夏大旱。车驾在临安府，诏禁屠宰，以祷雨。谏议大夫赵霈上言曰：'自来断屠，止禁猪养，而不及鹅鸭。请并禁止。'中书舍人胡寅曰：'一疏无二百言，而用字以十数。况谏议乃及此乎？闻虏中统兵者号龙虎大王。脱或入寇，宜以鹅鸭。'谏议拒之，时人以为名对。"《建炎以来系年要录》记载了同样的事情。明沈德符《敝帚斋余谈》也记录了差不多的事情："汤义仍论给事胡似山（汝宁）除参论饶伸外，不过一'虾蟆给事'而已。盖时因祷雨禁屠宰，胡请并禁捕蛙，以感召上苍，故汤有此语，且告人曰：'吾亦为似山图不朽，与南宋鹅鸭谏议属对亲切耳！'"可见提出这样建议的人并非赵霈一个。正是这次提议，赵霈留下了"鹅鸭谏议"的外号，当时朝臣也因此认为他不学无术、胡言乱语。

但是，从赵霈后来提出的一些建议看，并非一无是处。如绍兴六年（1136），江南大旱之后粮食短缺，加之宋室南迁还没有完全稳定下来，以前的常平仓和义仓也基本上名存实亡，吉州物价"米斗千钱"。因此，赵霈建议："州责之守，县责之令，多方劝谕上户，估定中价。俾以所食之余，各行出粜，稍济贫乏，务在均平。"赵霈提出"均平"，意思是不让粮食过度集中在少数人手里，让富户拿出粮食，由官府定出一个"中价"，以此调节市场供需，平抑物价。这个建议对于灾荒之年是一个比较可行的办法。由此可见，赵霈并非完全是个不学无术之人。

绍兴五年（1135），赵霈出任户部、刑部侍郎，但是此后再无升迁。据《续资治通鉴·宋纪一百十七》记载：绍兴六年（1136），宋高宗准备北巡，"时户部侍郎王俣先往平江措置，于是兵部尚书刘大中、工部侍郎赵霈从，仍以大中兼权吏、礼部尚书，赵霈兼权户、刑部侍郎。"这是史书记载的赵霈的最高职务。

绍兴九年（1139）八月，赵霈以徽猷阁直学士、左朝议大夫出任平江知府，在苏州待了不到一年，就于绍兴十年（1140）六月改任为秀州（今浙江嘉兴）知州，此后的为官情况再无记载。

赵霈离任后，梁汝嘉第二次出任平江知府。梁汝嘉在苏州待了一年多点就改任为明州（今浙江宁波）知州，由张宗元接任平江知府。

南宋叫张宗元的人比较多，其中有史料记载的有两个人，其一是洪迈《容斋随笔》和《夷坚志》记载的其岳父张宗元，字渊道；其二是徐松《宋会要辑稿》提到的宋高宗时的进士张宗元，他是张浚的孙子。前一个张宗元是张浚的门客，与张浚的关系非常好。既然如此，张浚何以会把孙子也起名为张宗元，笔者有些不解。

张宗元，字渊道，河南方城人。其生年不详。查相关资料，张宗元曾经担任过工部员外郎，建炎四年（1130），张浚担任川陕宣抚使的时候，张宗元在张浚手下担任主管机宜文字的文职官员，是张浚最亲近的人物之一。正因为和张浚的关系非常密切，张宗元与岳飞、赵鼎、秦桧、叶义问等都有交集。作为一个正直的官员和坚定的抗金主义者，张宗元也因此遭受了许多挫折和磨难。

先说张宗元与岳飞之间的交集。

绍兴五年（1135）五月，宋高宗派宰相张浚亲自前去督促岳飞平定杨幺起义军。六月，杨幺部被分化瓦解，杨幺被杀。内乱的平定为北伐迎来了最好时机。绍兴六年（1136）正月，宋高宗派张浚到荆襄视察部队，并手书《裴度传》赠给张浚，以此勉励张浚像裴度一样收复中原。二月，张浚命令韩世忠出兵进攻淮阳（今江苏邳县）。丙辰，韩世忠进围淮阳，敌人坚守不出，韩世忠久攻不下，刘猊（伪齐将领）和兀术的援军很快赶了过来，韩世忠向张浚求援，但是张浚却置之不理。没办法，韩世忠只好退到楚州（今江苏淮安），路上遇到金朝的援军，韩世忠率领军队击败了这批援军，金军这才退走。

到了六月，张浚命令驻扎在太平州的刘光世部转移到庐州（今安徽合肥）防守。九月，刘豫兵分三路南侵，刘光世放弃庐州退到采石（今安徽当涂北），几乎耽误大事。十月，当刘麟渡过淮河进攻南宋的时候，刘光世弃城逃跑，在张浚的逼迫下他才不得不回军防守，并派王德、郦琼等在霍丘击败了伪齐军队。这次战役结束后，张浚于十二月上章弹劾刘光世："刘光世骄惰不战，不可为大将，请罢之。"

在刘光世被罢之前，岳飞已经几次面见宋高宗，谈论恢复中原的策略。岳飞还给宋高宗上章说："金人在河南扶植刘豫是企图用汉人攻打汉人，这样他们就可以休整兵马，伺机进攻我们。希望陛下批准我率领军队直奔汴京、洛阳，占据河阳、陕府、潼关，以此号召叛将来归。叛将归顺后，官军前进，敌人必然放弃汴京，逃亡河北，京畿、陕右可全部恢复。然后我们分兵进攻浚州、滑州，经营两河地区，如此则刘豫可擒，金人可灭。”看了岳飞的奏章，宋高宗非常高兴，对岳飞说：“有你这样的大臣，我没有可忧虑的了，进退的时机由你把握。”“中兴宋朝的大事，全部委托给你了。”

刘光世被罢职后，张浚问岳飞，哪位大将适合掌管淮西的军队。这之前，宋高宗已经许诺将淮西兵交给岳飞统领，以图中兴大业。所以，当张浚征求岳飞意见的时候，岳飞的态度有些傲慢。张浚一连提了四个人，分别是王德、吕祉、张俊、杨沂中，但全部被岳飞给否决了。张浚非常不高兴地说：“我知道非你不可。”岳飞回答说：“都督郑重其事地征求我的意见，我不敢不说，我并不是想取得指挥权。”

其实宋高宗答应让岳飞主持中兴大业的事情张浚是知道的，对宋高宗这个许诺，张浚非常不满。因为当时张浚是宰相，北伐中兴宋朝，这可是千古留名的事情，应该由他牵头才对。所以，张浚拉拢主和派的秦桧一道，在朝中排挤岳飞。岳飞和韩世忠一样，本都是当时握有兵权的大将，张浚当然不希望淮西军再落入岳飞的手中。而他提出的四个人选，都是亲中央派的人物，岳飞自然不愿意。

两人争执的结果，是派吕祉前往淮西军任主帅。宋高宗的许诺没有兑现，岳飞一怒之下上奏宋高宗，要求解除兵权，并且在宋高宗还没有批准的情况下，步行回到母亲的墓前，搭建了一座小屋居住，为母亲守孝。

岳飞的不辞而别，让张浚十分恼火，于是张浚连连上书宋高宗，说岳飞是“意在要君”。朝野上下一片哗然，认为岳飞这是明显不听中央号令，如果将来朝廷要对岳飞动手，岳飞岂不是要造反？所以，张浚和朝臣的意见，宋高宗也深以为然。

岳飞离职后，张浚尝试把岳飞的军队收归中央，于是就派权兵部侍郎兼都督府参议军事的张宗元权湖北、京西宣抚判官，前往鄂州监岳飞军。但是，张宗元到达岳飞部后却傻眼了，岳飞离开部队后把兵权交给了自己最信赖的将军张宪，张宗元来到后，张宪首先称病不出，其他将领也纷纷效仿。军队中管事的军官几乎全部离职，这让张宗元陷入尴尬的境地。没办法，张宗元只好如实向张浚汇报。张浚只好和宋高宗一起对岳飞说好话，朝廷多次下诏给岳飞，催促其复职，但是岳飞一直推辞。宋高宗只好派人前往岳飞府，用了整整六天时间进行劝说，岳飞才回来任职。

张宗元回到临安后，宋高宗问他岳飞部队的情况。张宗元并没有落井下石，而是实事求是地对宋高宗说："将领团结和睦，士兵骁勇精锐，人人心怀忠孝，都是岳飞教育得好。"宋高宗听了十分高兴。岳飞上奏催促北伐，还请求宋高宗迁都长江上游，以便激励士卒，但并没有得到宋高宗的答复。

不久，因为张浚用人不当，发生了著名的"淮西兵变"，张浚也因此而被迫辞职。岳飞虽然这次通过"要挟"的方式赢得了兵权之争的胜利，却为自己最终被杀埋下了隐患。岳飞的举动不仅让宋高宗和一众文官心里不爽，他在张浚举荐武将时全部持否定的态度，也得罪了各位将军，加上他又非常不理智地参与了立储这样敏感的事件，所以后来岳飞被冤枉，几乎没有文臣武将出来为他求情。

再说张宗元与赵鼎之间的交集。

赵鼎因为反对议和，与秦桧之间矛盾重重，因而两次被罢相。第二次被罢相后，秦桧把他打发到泉州担任知州，又让谢祖信指责赵鼎曾接受张邦昌的伪命，因此而夺其节钺。再让御史中丞王次翁指责赵鼎治郡废弛，因此宋高宗又让赵鼎提举洞霄宫。赵鼎从泉州回到临安，又上书议论时政，秦桧怕他重新被起用，就让王次翁再次上疏指责他曾接受伪命，贪污都督府十七万缗钱，于是，赵鼎再被贬官，住在兴化军。即便如此，秦桧还是担心赵鼎东山再起，就安排人不断弹劾他，宋高宗只好命他迁移到漳州，随后又任命他为清远军节度副使，安置在潮州。

赵鼎在潮州五年，闭门谢客，从来不谈时事，就算有人询问，他只是引咎自责而已。但是，尽管如此，秦桧仍然不打算放过他。绍兴十四年（1144），中丞詹大方诬蔑赵鼎受贿，嘱令潮州郡守把他编在移民中迁移到吉阳军（今海南三亚），赵鼎上谢表说：“白首何归，怅余生之无几；丹心未泯，誓九死以不移。”秦桧见后说：“这个老头还像以往那样倔强。”这给赵鼎带来了灭顶之灾。

在吉阳军三年，心力交瘁的赵鼎寄住在水南村裴闻义家里，基本上过着一种与世隔绝的生活，其门人故吏因为惧怕秦桧，都不敢跟他来往，甚至连书信也没有，只有广西将军张宗元时时给他送些酒食。秦桧知道后，非常恼火，于是就把张宗元调离了广西，同时加强对赵鼎的监督，责令吉阳军每个月将赵鼎的开支情况上报。绍兴十七年（1147），“诏赵鼎遇赦永不检举”，并且追究对赵鼎不错的潮州录事参军石恮的责任，将其除名，安排到浔州（今广西桂平）看管。赵鼎知道后，派人告诉他的儿子赵汾说：“秦桧一定要杀我。我死了，你们就没有忧患了；不然，祸及一家。”赵鼎以死明志，自书墓志铭说：“身骑箕尾归天上，气作山河壮本朝。”（后人用“骑箕尾”指代国家重臣之死）。遗言嘱咐他的儿子请求归葬，便绝食而死。绍兴十八年（1148），得旨归葬。宋孝宗即位后，追赠赵鼎太傅，赐谥号忠简，追封丰国公。淳熙十五年（1188），赵鼎与吕颐浩、韩世忠、张俊得以配享高宗庙庭，其子孙十二人都被授任官职。

从这件事情看来，张宗元确实是一个有情有义、正直担当、敢说敢为的人。正因为如此，他才一直被秦桧视为眼中钉，甚至想将其置于死地。

最后再来谈谈他和秦桧、叶义问之间的关系和交集。

张浚是坚定的抗金主义者，而秦桧是有名的投机派和投降派，所以，张浚和秦桧之间天然存在着不可调和的矛盾。绍兴七年（1137），“淮西兵变”发生后，张浚只好引咎辞职。绍兴九年（1139），宋高宗以宋金和议大赦，张浚官复原职，但因多次上书反对高宗、秦桧与金议和，张浚被排挤出朝廷，出任福州知州、福建路安抚大使。绍兴十一年（1141）十一月，宋金订立“绍兴和议”，同月，朝廷授张浚检校太傅、崇信军节度使、万寿观使闲差，次年封其为国公。绍兴十六年（1146）七月，张浚上奏备战抗金，结果，秦桧大怒，张浚被罢去检校少傅、节度使、国公官爵，只保留文阶官特进，以提举宫观，绍兴二十年（1150）又移往永州居住。一直到绍兴二十五年（1155）十月秦桧死后，张浚才于当年十二月被重新起用，恢复观文殿大学士职衔和国公爵位，任洪州（今江西南昌）判官。此前不久，张浚因母死守丧，于是奉柩归葬西川，到达江陵时，又上奏请高宗备战抗金，引起新任宰相、秦桧党羽万俟卨、汤思退的不满，宋高宗也以“今复论兵，极为生事”为由，再次将张浚贬往永州居住。绍兴三十一年（1161）正月，金军南犯已迫在眉睫，宋高宗在不得不做抵抗准备的同时，也放宽了对张浚居住地点的限制。同年十月，在宋金战争已经开始的情况下，又起用张浚出任潭州通判，十一月改其为判建康府。当张浚于十二月下旬到任时，“采石之战”已经结束，金帝完颜亮已被部下杀死，两淮金军也开始退兵。但宋金战争仍在进行中，宋高宗却认为终归于和，所以并没有重用张浚。直到绍兴三十二年（1162）五月，才任命张浚专一措置两淮事务兼两淮及沿江军马，全面负责江淮防务。六月，宋高宗退位，宋孝宗即位。宋孝宗即位后，恢复了张浚的枢密使一职。隆兴元年（1163），封张浚为魏国公，都督江淮军马，张浚渡淮北伐，收复宿州等地，后因部下将领不和，兵败符离（今安徽宿州）。主和派势力随即抬头，秦桧党羽汤思退于七月间被任为右相兼枢密使，议和活动也在进行中。十二月，汤思退升任左相兼枢密使，张浚也升任右相兼枢密使，仍兼江淮东西路。隆兴二年（1164）三月，张浚还奉诏视师淮上，积极部署抗金措施。四月，被召回朝，随后江淮都督府也被罢，在太上皇宋高宗的干预下，左相汤思退更加紧了降金乞和活动，张浚感到抗金无望，即求致仕，遂被罢相，授少师、保信军节度使、出判福州。张浚对新的任命坚辞不就，恳求致仕，改授醴泉观使闲差。同年八月，张浚病逝，赠太保，后加赠太师。

张宗元作为张浚的直接部下、幕僚，自然和张浚的立场是一致的，因此，张宗元也一直是秦桧打击的对象。绍兴二十二年（1152），张浚生日的时候，张宗元写了一首诗表示祝贺。因为这首叫“张和公生日诗”的诗，张宗元被贬到柳州，差点就死在了那里。洪迈《容斋随笔》中记录了这件事情：“秦氏颛国得志，益厉刑辟，以钳制士大夫，一言语之过差，一文词之可议，必起大狱，窜之岭海，于是恶子之五俚者，恃告讦以进。赵超然以‘君子之泽，五世而斩’责汀州，吴仲宝以《夏二子传》流容州，张道渊以《张和公生日诗》……皆是也。”

到了绍兴二十五年（1155），张宗元以龙图阁直学士衔担任洪州（今江西南昌）知州，秦桧想进一步压制张浚，就安排张柄出任潭州（今湖南长沙）知州，安排汪召锡巡视湖南，让他们两个去整治张浚，又安排张常先出使江西，去整治张宗元。张宗元得到消息后，取道江州（今江西九江）逃走，这时，叶义问救了他一命。

据《宋史·叶义问传》记载：“知江宁县。召秦桧所亲役，同僚不可，义问曰：‘释是则何以服他人。’卒役之。通判江州。豫章守张宗元忤桧，或中以飞语，事下漕臣张常先。宗元道九江，常先檄义问拘其舟，义问投檄曰：‘吾宁得罪，不为不祥’。常先白桧，罢去。”

这个记载说的正是秦桧要抓捕张宗元的事情。当时，叶义问出任江州通判，有一天，叶义问离开衙门正要下班回家，一个官差拦住了他，态度非常傲慢，叶义问问他有什么事，但这个人要叶义问带他回家再说，叶义问没有答应，直接转身回到了官衙。到了大堂之后，此人拿出一封密函交给叶义问，并对叶义问说：“我家老爷让我将这封书信交与你，要你按照书信中的意思尽快办好，切莫当作儿戏。”

叶义问打开书信一看，不由倒吸一口冷气。原来这封密函是漕臣张常先所交，信中说，豫章（即洪州）太守张宗元近日将路过江州，要叶义问扣住张宗元将其押往京城，交给大理寺审问。

张常先是张叔夜的儿子，张叔夜在金军围攻开封时战败被擒，和秦桧一道随同宋徽宗、宋钦宗被押往金国，走到宋辽界河一个叫白沟的地方，因不甘受辱，绝食而亡，因此名垂千古。然而，张叔夜的儿子张常先却为了往上爬不惜卖身求荣，看到秦桧得势就攀附秦桧。由于和张常先的父亲同样有过一段难忘的被俘经历，所以秦桧对张常先也另眼相看、关爱有加，提拔张常先担任转运判官，负责管理漕运。

叶义问拿着这封密函，一时不知道该怎么办。叶义问知道张宗元是一个忠臣清官，只是得罪了秦桧才招来祸患。但是，张常先是秦桧的心腹，而且手握漕运大权，也不是轻易可以得罪的。思之再三，叶义问终于下定决心：“宁可保全忠良，也不留千古骂名。”于是对送信的官差说："你先回去告诉张大人，我会酌情处理的。"张常先的信使一听就明白叶义问这是在敷衍自己，顿时拉下脸来说："叶大人，我此番来送书信，并不是单单奉我家老爷之命，实乃是秦丞相有意给大人一个立功的机会，望大人三思而行。"叶义问听了摆摆手，让这位官差下去。但是，这位信使自恃背后有秦桧和张常先，态度非常蛮横，没有得到叶义问的明确答复，就是不走。叶义问见小小的官差仗势欺人，十分恼火，把密函扔在地上，怒道："我就是得罪秦桧，也不干这种肮脏的事情。"说罢，吩咐下人端茶送客。

由于叶义问的保全，张宗元逃过一劫，但是，叶义问也因此被秦桧罢去官职。好在当年十月秦桧就病死了，叶义问被闲置一段时间后又起复为殿中侍御史。

张宗元去世后，洪适写有《张龙学挽诗二首》，范成大作有《龙学侍郎清河侯张公挽词二首》，周必大也写了《张渊道侍郎挽词二首》，可见他在人们心目中的地位。

张宗元在苏州待了不到两年时间，于绍兴十三年（1143）出任静江知府，周葵接任平江知府。

第十章 艰难重建

——苏州城市和经济社会的初步发展（五）

（周葵、王唤、郑滋）

周葵（1098—1174），字立义，号荆溪，晚号惟心居士，江苏宜兴人。宜兴古称荆溪、荆邑，秦始皇二十六年（前221）置阳羡县。晋怀帝永嘉四年（310），为表彰周玘（周处的儿子）三兴义兵之功，设置义兴郡，归扬州管辖。隋文帝开皇九年（589），废义兴郡，改阳羡县称义兴县，属常州。宋太宗太平兴国元年（976），为避太宗赵光义讳，改义兴县为宜兴县，属常州。周葵号荆溪，来源正是宜兴最早的名字。

周葵是阳羡第一人物周处的后裔，其先祖声名十分显赫，尤其是六朝时期，阳羡周氏盛极一时。从周鲂到周缙的四辈人中，先后有多人被封为王、公、侯。周鲂是三国时吴国的将领，曾担任过鄱阳太守，因战功被封为关内侯；吴国被灭后，周处转仕晋朝，战死沙场，被追封为忠武公、武惠正应王；周处的长子周玘三次举义兵平定江南，阳羡县因此而被改为义兴郡，周玘被任命为东晋吴兴太守、乌程侯，后又晋封为公；周处的三子周札为东晋征虏将军，被封为漳浦亭侯、东迁县侯；周玘的儿子周勰为东晋临淮太守，被封为乌程公；周札的侄子周懋（周札一共弟兄三个，大哥周玘，二哥周靖早逝，周懋是周靖的儿子）为东晋晋陵太守，被封为清流亭侯；周赞（周靖的儿子）为东晋大将军从事中郎，被封为武康县侯；周缙（周靖的儿子）为东晋太子文学，被封为都乡侯。出身于这样的家族，先辈们忠孝刚烈的事迹对周葵产生了很大的影响，周葵一生品行端正、正直敢言正缘于此。

周葵不仅家学渊源深厚，而且自小就十分聪明刻苦，因此，早有令名。周葵先后在州学和太学学习，这两个学校的师生都在传诵他的文章，可见少年周葵已经名扬天下。宣和六年（1124），周葵考中进士，被任命为徽州推官（负责审判案件的官员，相当于现在的法院院长），办事敏捷果断。宋高宗逃到临安后，各军都在边境上与金军交战，周葵与判官（协助地方长官工作，相当于现在的市长助理）一道主持州府工作，应变十分迅速，守护了地方的安宁。

离开徽州后，周葵被调任为临安府教授，还未到任，吏部侍郎陈与义便向宋高宗推荐了周葵。宋高宗两次召见周葵，第一次是试任馆职（昭文馆、史馆、集贤院等处担任修撰、编校等工作的官职），也就是考察他的能力；第二次是任前跟他谈话，在交谈的过程中，宋高宗对他说："侍从们都说你品行端正，可堪大用。"

没多久，周葵被提拔为监察御史，升迁为殿中侍御史。到任仅两个月，周葵就上了三十多道奏章，其中二十多道都是批评朝廷办事不力，直接指责宰相不负责任。宋高宗看了很不高兴，气得脸都绿了，对周葵说："张浚、赵鼎他们肯为朝廷办事，就必须给他们相应的权力，你为何总是要拿一些小事指责他们？"周葵毫无惧色，对宋高宗说："陛下即位以来已经换了十多位宰相，其初皆极意委之，卒以公议不容而去。陛下有过尚能希望大臣尽忠直谏，难道朝臣有过就指责不得吗？小过不改，罪过日深，岂能保全？"听了这话宋高宗的脸色才缓和过来，他由衷佩服周葵的胆量和见识，对周葵说："你的这番言论倒是很独特。"

当时，朝臣在北伐的问题上争论十分激烈。张浚等主战派力主派兵北伐，收复失地。周葵连上三道奏章，阐明利弊关系，强调："在生死存亡之际，一定要考虑国家安危。""条件不成熟，切不可轻易出征。”结果，因“败坏大计”，周葵被贬为司农少卿，以直秘阁出任信州（今江西上饶）知州。周葵还未去上任，赵鼎就被罢职，陈与义掌握朝政，改周葵为湖南提刑，因其双亲老迈，后改其为江东提刑，但是周葵都没有去上任。

宋金和议达成后，宋高宗召见周葵，周葵对宋高宗说：“为国有道，战则胜，守则固，和则久。不然，三者在人不在我矣。”宋高宗升任周葵为太常少卿。当时，秦桧一人为宰相，权倾朝野。秦桧料周葵以前因为议论北伐而被罢职，心里一定怨恨赵鼎，所以他就想利用周葵攻击赵鼎。于是，秦桧再次提拔周葵为殿中侍御史。周葵知道秦桧的想法，对别人说：“元镇已被贬职，我根本就不想再说什么了，就算我作为门下客也比不上他。”当时，宫内减少差事，需要裁撤四个人，秦桧希望周葵帮他说话，结果周葵对宋高宗说：“希望陛下以仁祖为榜样，大臣以杜衍为榜样。”秦桧因此开始对他不满。周葵还上疏论奏国用、军政、士民三个方面的弊端，对宋高宗说：“国用应当藏于百姓家，百姓富足，国用就不用担心。”周葵又上章指出荐举改官的弊端，认为应减少荐举官员的数额，宋高宗诏令吏部落实。

秦桧对梁汝嘉十分器重，当时，梁汝嘉权户部尚书，秦桧准备让宋高宗赐梁汝嘉进士出身，拜官两府。梁汝嘉听说周葵要上疏弹劾他，就采取“祸水东引”的办法，对中书舍人林待聘说：“侍御史将要弹劾你。”林待聘趁秦桧还未上朝，把此事告诉了秦桧，秦桧立即上奏让周葵出任起居郎，让他没有上奏弹劾的机会。周葵正在宫外等候召见，秦桧出殿告诉守门的侍卫说：“周葵已得到圣旨降为起居郎。”没让他进入大殿。

当时，朝廷下诏，要各位从官推荐士人，周葵推荐了吕广问，此前他们两个并不认识。参知政事李光打算任命吕广问为馆职，但是秦桧不同意。李光被贬职后，周葵因为附会李光而被革职，出任主管玉隆观的闲职。绍兴十三年（1143），周葵被起用为直秘阁，出任湖州知州，改为平江知府。当时，金朝的使者络绎不绝，苏州是必经之地，周葵接待这些使者的时候从不行礼。江浙转运使李椿年按照秦桧的授意弹劾周葵，于是，在苏州待了一年后，周葵再次被罢职，提举崇道观。周葵避居乡间，当时国家内忧外患，人们大多无法忍受，唯独周葵处之泰然。

一直到绍兴二十五年（1155）秦桧死后，周葵才恢复直秘阁的官衔，被任命为绍兴知府。周葵向宋高宗陛辞的时候，被宋高宗留了下来，高宗让他权礼部侍郎，不久又让其兼任国子祭酒。周葵上奏说："科举是用以选拔人才的，近年的考官，为了迎合大臣的心理，把经传中可以献媚的语句用作考题，导致学者和考生们竞相追逐时好。希望下诏国学并选择秋试考官，精选精通经学、了解古史的士子，并将他们放在进士的前面，对那些牵强附会、投机取巧的人加以废黜。"

随后，周葵被提拔为给事中。侍御史汤鹏举上奏弹劾周葵说："周葵由于魏良臣（时任参知政事）的推荐，一下子升到侍从的高位。吕广问是周葵的死党，乞求将他们两个一同罢免。"而太学生黄作、詹渊则率领诸生到都堂投书，要求留下周葵。第二天，何俌等对宋高宗说起此事，请求对太学生予以警告。宋高宗下诏把黄作、詹渊流放到五百里外的州郡编管，外放周葵为信州知州，没多久周葵再次被罢官。

过了一段时间，周葵被起复任命为抚州知州，因患有疾病，改任提举兴国宫，随后以直龙图阁出任太平州（今安徽当涂）知州。太平州在长江边上，因为大水州内的圩堤被冲毁，长度达一百二十里。周葵到任后，组织人力进行修复。当年出现洪水，临近州郡的田地全部被淹没，唯有太平州没有被洪水侵蚀，粮食获得丰收。太平州城内护城河长期堵塞，周葵下令城中百姓每家出一名男子，官府供给吃食，官民全力疏通河道，解决了城内河道不畅的问题。因政绩突出，周葵被提拔为集英殿修撰、敷文阁待制，出任婺州（今浙江金华）知州。

隆兴元年（1163），宋高宗禅位给宋孝宗，周葵升任为兵部侍郎兼侍讲，后改为同知贡举兼权户部侍郎。曾觌与龙大渊原是赵昚建王时期的低级僚属，由于善于察言观色，深得赵昚欢心。赵昚登基后就破格晋升二人，让他们参与军机大政。朝臣纷纷上奏抨击二人不学无术、见识浅薄，但宋孝宗不但不听劝谏，还将反对的大臣降职罢官，曾、龙二人更加无所忌惮。当时，宋孝宗多次下诏问询钱谷出入情况，曾觌和龙大渊经常拿些鸡毛蒜皮的事情讨好皇上。周葵借机上疏给宋孝宗说："陛下劳心各项政事，每天都有所咨询，总是出乎人意。今天提交的奏章都是关于隐约讽喻的文章和一些小事的，这一定是有小人想趁机实现他们的私心，陛下不可不察。"其实就是指曾觌和龙大渊二人。宋孝宗听后为之改容，却并没有接纳周葵的建议疏远曾、龙二人，对其仍然信任有加。

当时，金国政权内部各种势力斗争十分激烈，金主完颜亮为部下所杀，张浚被起复为枢密使，负责都督江淮军马，渡淮北伐。张浚认为北伐的时机已到，就秘密对宋孝宗说："现在敌人失去了泗州，那些害怕被定罪的人都想归顺宋朝，希望陛下派兵渡过淮河北伐，这是恢复国土的最佳时机。"周葵知道后，要求与张浚对话，并多次劝说宋孝宗不要轻易用兵。但是，一心想收复中原的宋孝宗并没有听从周葵的建议，而是派遣李显忠、邵宏渊前去夺取灵璧和虹县，结果以失败而告终，宋孝宗这才想起周葵的话十分有道理。于是，任命周葵为参知政事，隆兴二年（1164）七月，周葵兼知枢密院事。

当时，台谏交章谈论，说议和太过匆忙。周葵和陈康伯、汤思退要求让侍从、台谏集体讨论，但大家议论纷纷，没有形成定论。于是，一众宰执以罪要求辞职，宋孝宗没有批准，唯独周葵再三坚持要求辞去参知政事一职。宋孝宗问周葵："卿为什么一定要坚持辞职呢？"周葵回答说："自参与政事以来，每次和宰相讨论国事，对我提出的建议，有认为是对的所以表示赞成；有人是不得已而表示同意；也有绝不认可的，这种情况十次中就有四五次。等到这些意见呈送到陛下面前，陛下又或者认为不是这样的，大概十件事情中，不同意的也有七八件。所以，我从内心感到十分惭愧。这就是我坚决要求辞职的原因。"

周葵曾经请求召用侍从和台谏，宋孝宗说："如何才能得到像你这样正直、诚实的人呢？"周葵向宋孝宗推荐了李浩、龚茂良，孝宗认为他们都是佳士，也重用了他们。

隆兴二年（1164）十一月，虞允文和陈康伯出任宰相后，周葵与他们的政见不一致，立即提出辞职。这次宋孝宗没有再强留他，而是让他以资政殿学士，提举洞霄宫。后他又被起复出任泉州知州，但是周葵以年纪大为由，要求告老还乡，得到朝廷批准，以大学士衔致仕。淳熙元年（1174）正月，周葵去世，享年七十七岁。宋孝宗得到周葵去世的噩耗非常震惊，深表哀悼，追赠周葵为正奉大夫，并把他的儿子升为朝官。

周葵离任后，王晪接任平江知府。

王晪是秦桧的大舅子，是宋神宗时著名的宰相王珪的孙子，因为这两层关系，王氏盛极一时，但也背负了千古骂名。不过，实事求是地讲，王晪并非无能之辈，在政坛上还是做出过贡献的，尤其是对苏州古城的建设和苏州经济的发展，做出了不可磨灭的巨大贡献。

王晪的祖父王珪是成都华阳人，小时候随叔父迁居到安徽舒州（今安徽潜山），遂为舒州人。王珪沉稳随和，天资聪颖，勤奋好学，而且小心谨慎，很会处事，所以一生仕途十分顺利，时称“三旨相公”（王珪上殿进呈时，称为“取圣旨”；神宗决定后，称为“领圣旨”；退朝后告诉禀事的人，称为“已得圣旨”）。

首先，王珪很有才华，而且学习非常勤奋。宋仁宗庆历二年（1042），王珪高中榜眼。宋神宗非常欣赏他的才华，所以即位后就提拔他为翰林学士承旨，专门为朝廷起草重大典章。

其次，王珪做事非常谨慎。宋仁宗议立太子，中书要他起草诏书，王珪说：“此大事也，非当面接受圣旨不可。”第二天，宋仁宗亲自召见，王珪对宋仁宗说：“天下臣民早就希望立太子，以免生乱。这次果真是陛下的圣意吗？”宋仁宗说：“朕意已决。”王珪这才起草立储的诏书。宋英宗即位后，有人拿此事做文章，告诉宋英宗，说当年王珪不想立他为太子，所以故意不愿起草诏书。因此，王珪被冷落了好几年，一直到治平四年（1067），宋英宗忽然召见他，升任王珪为端明殿学士，并赐予龙盘金盒，对王珪说：“以前误信人言，今朕已疑窦尽消。”

最后，王珪这人十分圆滑，很会处理人际关系，谁也不得罪，所以官运非常好。王安石变法期间，王珪先后担任参知政事、集贤殿大学士、银青光禄大夫、尚书左仆射兼门下侍郎。宋哲宗即位后，他又转而支持守旧派，投靠在太后的门下，因此被封为岐国公。在当时新旧两党斗争激烈、你方唱罢我登场的情况下，王珪能够屹立不倒，而且还能不断得到升迁，可见其左右逢源、见风使舵的本事和能力。

王珪这种见风使舵的本事，也遗传到了子女身上。王珪的两个儿子王仲山和王仲嶷都是机会主义者和逃跑主义者，尤其是王唤的父亲王仲山，更是毫无民族气节。

建炎三年（1129），金军攻破长江防线，一路势如破竹，一直打到江西，当时逃跑或者投降的知州达十四人之多，其中就包括王仲山和王仲嶷。当时，王仲山担任抚州知州，金军还未攻城，他就“以城降拜”，投降已经是丧失了气节，而“拜”则更是无耻。就算如此，金军也没有给他官职，于是，王仲山要自己的儿子（不知道哪个儿子，史料没有详细记载）“权知州事，令括管内金银，赴洪州（今江西南昌）送纳”。当时，王仲嶷担任袁州（今江西宜春）知州，金军尚未前去攻打，王仲嶷就主动向金军投降。名门之后的兄弟俩，联袂向敌人投降，消息传到朝廷，上下一片哗然。当时宋高宗虽然也一直在逃跑的路上，但还是希望各地官员能够积极抗击金军，不对这两兄弟进行处罚，不足以警示其他官员，于是下诏对其严厉痛斥：“今两兄弟，为郡江西。临川先降，宜春继屈……虽尔无耻，不愧公议，然亦何颜下见先人？”

此事之后，王仲山销声匿迹，据《建炎以来系年要录》和朱胜非《秀水闲居录》等记载，王仲山在山东有不少产业，从中拿出了一千缗为自己赎罪，后来还帮助女婿秦桧一家回到了江南。王仲山跑到了北方，但是王仲嶷却仍然不知廉耻地在官场钻营，主动去巴结汪伯彦，以期得到重用。建炎四年（1130），言官以他在袁州投敌为由弹劾他，于是他被贬为忻州（今属山西）团练副使，潮州安置。绍兴五年（1135），秦桧从金国回到临安并出任宰相后，立即设法为他恢复名誉，后来王仲嶷出任过越州（今浙江嘉兴）知州。但是，言官却一直抓住他不放，论其“不廉不忠”，朝廷只好让王仲嶷以中大夫退休。但是，王仲嶷并不甘心，第二年上疏为自己辩解说：元祐时宣仁太后主政，恢复旧法，他的父亲王珪是赞成的，有神道碑为证。因此，不该受谤说他不忠。宋高宗看了奏疏后，下令恢复王仲嶷左中大夫和宫观的官衔。到了绍兴十三年（1143），当时宋金和议已经达成，年迈的王仲嶷还在大做文章，为朝廷歌功颂德，以求得到朝廷的恩典，在秦桧的运作下，他还真的如愿以偿。据《建炎以来系年要录》记载："左正议大夫、提举台州崇道观王仲嶷复显谟阁待制致仕。"这就不仅恢复了其官职，甚至还恢复了其名誉，朝廷为什么这么做？"仲嶷始坐江西降敌失官。后复故秩。至是献绍兴圣德颂于朝，且遗秦桧书……书未报而仲嶷卒。权中书舍人刘才邵因言其所颂，既进归美之实，而权制典雅，真得家法之传，乃有是命。"王明清《挥麈后录余话》记载：王仲嶷恢复职务后，"诸孙皆奏京秩。年八十余卒"。不仅自己恢复职务，载誉而归，而且还荫及子孙。虽然此后不断有言官提及此事，但终因秦桧势大且又深得宋高宗信任而不了了之。

王仲山一共有五个儿子，其中名气比较大的是长子王�。王晦虽然因为其父献城投降，受到一定影响，但是他娶了个好夫人，其岳父是郑居中（宋徽宗的时候官居宰执）；同时，王晦的妹妹嫁给了秦桧。有了这两层关系，王晦一生的仕途还算比较顺利。

王晦的生卒年不详，其为官情况有记载的主要是北宋灭亡之后的经历。靖康元年（1126），金军第二次围攻开封，康王赵构由河南北部绕道鲁南然后转往归德，设立大元帅府。中途经过单州（今山东单县），当时王晦是单州知州，得知消息后，他率领官员出城郊迎。建炎二年（1128），王晦出任江阴统制官，率领士民顽强抵抗金军。到了绍兴元年（1131），王晦的官职得到迅速提升。据《建炎以来系年要录》记载：绍兴元年，"诏以绍兴重修敕令格式为名，自来年颁布。中大夫直秘阁新知饶州王晦提举临安府洞霄宫。晦以郑居中故，积迁至大官"。可见，在秦桧当上宰相之前，王晦之所以很快得到提拔，主要就是因为其岳父郑居中的荫庇。秦桧出任宰相后，王晦的升迁则与秦桧有着直接的关系。

王晦作为秦桧的大舅子，得到秦桧的关照是十分自然的事情。此外，他们二人的关系十分亲密，还有另一个原因。王晦有个私生子，而秦桧膝下无子，秦桧随宋徽宗、宋钦宗一同被俘北上以后，王晦就把自己的私生子算作秦桧的儿子，取名秦熺，并上报朝廷做了备案，赏给官职。秦桧回到南宋后，很喜欢这个秦熺，当即承认了父子关系。正因为其二人的关系十分紧密，所以，此后王晦在宦海也随着秦桧而沉浮。

建炎四年（1130）十月，秦桧借挞懒围攻楚州（今江苏淮安）之机，携家眷回到临安，第二年八月即被任命为右仆射、同中书门下平章事、兼知枢密院事，首次拜相。王唤也被任命为提点江淮等路坑冶铸钱，这是一个肥差。但是，因为秦桧的地位并不牢固，所以言官上奏弹劾王唤，王唤到任不到半个月就恢复了原来的官职。不过，没多久王唤还是获得了这个官职，只是换了一个地方，提点江浙京湖福建广南路坑冶。然而，好景不长，绍兴二年（1132）八月，在吕颐浩等人的运作下，秦桧被罢职。吕颐浩借机罢免了与秦桧关系密切的将近二十人的官职，其中就包括王唤和他的弟弟王昞，王唤从此闲居了好几年。

绍兴五年（1135），金太宗去世，挞懒主政，宋金之间开始议和，秦桧也再次被起用。绍兴六年（1136），张浚为了拉拢秦桧，就把王唤安排在自己的都督府，任随军转运副使。绍兴八年（1138），秦桧第二次拜相，并且是独相，权倾朝野。王唤也再次得到重用，出任泰州知州，并兼任通泰制置使，也就是兼管通州（今江苏南通）。当时，有一些言官对王唤的任用提出反对意见，但是因为有秦桧在，王唤不仅没有受到影响，反而得到不断提升。不久，王唤被提拔为淮南东路转运副使，随后又加直龙图阁、秘阁修撰的官衔，可谓是一路高歌猛进。

绍兴十二年（1142），金国按照宋金达成的协议，把装有宋徽宗遗体的棺椁和韦太后送回南宋。王唤抓住机会做了两件事情：

第一件事情是以转运副使的名义，献给转运司“银钱十万缗两，以助奉迎两宫之费”。这点钱并不是太多，重要的是王唤的做法起到了示范作用。看到王唤如此讨好朝廷，各地纷纷效仿，“四方率皆献助矣”。朝廷一下子凭空多了大笔的收入，对当时百废待兴而又国库空虚的南宋来讲，无异于天上突然掉下馅饼，从皇帝到众大臣当然十分高兴，而首倡者王唤无疑功劳最大。

第二件事情是平息韦太后借钱风波。据《建炎以来系年要录》记载：“太后称贷于金之副使，得黄金三百两，且约至边境，倍息以还。后既得金，营办佛事之余，尽以犒促者，悉皆欢然。途中无问言，由此力也。既将抵境上，使必欲先得所负，然后以后归我……遂询于王（指奉迎大使王庆曾）……王心惧秦（指秦桧）疑其私相结纳（太后），归欲攘其位，必贻秦怒，坚执不肯，傧相（指金国送太后的伴随者）待界上，凡三日……既愆期，张浚为枢密使，请备边，忧虑百出，人情汹汹，谓金已背盟中变矣。秦适以疾在告，朝廷为备边计，中外大恐。时王唤以江东转运副使，为奉迎提举一行事务，从王（指王庆曾），知事急，力为王言之，不从。唤乃自裒其随行所有，仅及其数以与之。金人喜。后即日南渡，疑惧释然。”从这段记载看，太后在回来的路上向金国副使借贷了三百两黄金，主要用于敬佛，剩下的都赏给了随行的人员。得到这些赏赐的人自然非常高兴，所以一路上服务非常周到。太后借贷的时候，答应到了边境以一倍的利息偿还本息，但是，到了边境后，奉迎大使王庆曾担心帮太后还钱后有私自结交太后的嫌疑，怕回朝之后受到秦桧的处罚，死活不答应还这笔钱。金国使者在没有得到这笔钱的情况下，坚决不肯放人，双方就僵持在边界，引起朝野哗然，朝野以为金军又违背了和议。在这种情况下，王唤挺身而出，拿出自己所有的钱，还给了金国使者，金国这才放人，让太后一行继续南行。

韦太后回到临安后，把这事告诉了宋高宗。宋高宗听了之后非常恼火，准备处罚王庆曾。王庆曾是秦桧的心腹，对秦桧是言听计从，秦桧非常喜欢他。为了保全王庆曾，秦桧就让王唤把责任揽到了自己身上。王唤是秦桧的至亲，即便有什么过错，宋高宗也不会重罚。没想到王唤一力承担责任，大得宋高宗的欢喜，高宗决定凡是参加奉迎的官员全部官升一级，王唤也特升为集英殿修撰，出任两浙转运使，参加办理宋徽宗的丧事。等宋徽宗的丧事结束后，朝廷又任命王唤为临安知府，王唤成为首都的最高长官。

为了提升自己的声誉，王唤到任后着重在文化教育上做文章。一是为太学筹措固定经费，以满足三百个太学生的生活和学习需要；二是整顿秘书省，恢复到北宋时的旧制；三是举行曝书会，就是在天气好的时候，叫官员把书籍拿出来晒。

绍兴十四年（1144）三月，王唤改任平江知府。当时的杭州是南宋的都城，地位要高于苏州，而且当时秦桧为独相，深得宋高宗信赖，王唤要调动的话也应该是被提拔重用，何以会从都城转任到苏州？其中的原因值得玩味。南京博物院原院长梁白泉先生在《初议王唤其人》一文中说："王唤……绍兴十四年（1144），应他自己请求改知平江府。"梁白泉先生是我国著名的历史学家，治学向来严谨，他这么说一定是有其依据的。那么，王唤何以会自己要求出任平江知府呢？这与当时苏州的状况和南宋的政治形势有着直接的关系。

先从南宋的政治形势上看。绍兴十一年（1141）十一月，宋金正式签订"绍兴和议"，双方开始休兵。十二月，岳飞以"莫须有"的罪名被秦桧害死。绍兴十二年（1142），秦桧晋封为太师、魏国公，一时权倾朝野。虽然秦桧的权势越来越大，但是害死岳飞父子这件事情也使得秦桧的名声越来越臭。王唤作为秦桧的大舅子，当然也会受到正直朝臣的鄙视。为了逃离这种尴尬的境地，离开都城到外地任职无疑是个不错的选项。

再从苏州当时的情况看。经历"建炎狄难"之后，苏州几乎变成一座废城。金兵退走后，历任知府胡松年、李弥大、席益、李擢、宋伯友等人，虽然大多尽心尽力在城市建设和经济社会发展方面做了一些工作，但是或限于人力财力，或由于任期太短和个人能力不足，面对满目疮痍的一座废城，他们只能在力所能及的范围内修修补补。到王唤出任平江知府，"建炎狄难"虽然已经过去了十多年，但是城市面貌并没有发生太大的变化，前任的知府也只是把官衙稍作修缮，作为办公和宋高宗几次北巡的落脚之地，其他地方仍然破败不堪。至于逃难回来的游民和北方南渡的难民，则只能自搭棚户暂住。宋金议和之后，苏州成为宋金使者必经的城市和南宋抗金的北方主要防线，其城市面貌关系南宋朝廷的脸面。这个时候选择出任平江知府，不仅可以回避朝中对自己的议论，而且可以大展拳脚，在苏州做出一番政绩，改变朝臣对自己的看法，确实是一个不错的选择。此后的实践证明，王唤确实在苏州取得了巨大的成绩。

元代陆友仁在《吴中旧事》中记载了王唤出任平江知府后发动民众清理废墟、重建家园的情况："兵火之余，故墟瓦砾山积，乃录入城小舟，出必载瓦砾以培塘，人以为便。石之破碎者，积而焚之，以泥官舍，不赋于民而有余。”面对兵火后的废墟，王唤下令：凡是进城的船只，出城时必须装满瓦砾，然后把它们倒在城外指定的河塘边，这样既不用花费公款大量征用民力，也不用占用船家大量时间影响他们的生计，既可以加固河堤，又可以拓宽岸道，方便陆上交通。而建筑所需的石灰材料，王唤也是就地取材。他要求人们在清理瓦砾的时候，把大的石块堆放在一边，作为将来建造宫殿的基础材料，而把破碎的青石堆放在一起，就地焚烧后作为砌墙及粉刷宫殿和民居的白石灰。就这样，只用了一年多时间，王唤就在胥门内修建了两座国宾馆，取名为“姑苏馆”，并在胥门城墙上筑起高台，取名为“姑苏台”，在姑苏台的东面修建了一座花园，取名为“百花洲”，百花洲中建有颁春亭、宣诏亭等亭台楼阁，造有巧夺天工的假山盆景，并遍植各种奇花异卉，一年四季百花怒放。在百花洲的东面又建有“射圃”，用于文娱活动。范成大在《吴郡志》中说：“姑苏馆体势宏丽。为浙西客馆之最。”“制度尤瑰物，为吴中伟观。”建炎时当过平江知府的孙觌也说：“姑苏馆宏丽雄深，为三吴之冠，承平时亦未尝见之。”

王唤还对文庙府学以及府署进行大规模整修，主持重建了齐云楼、西楼、西斋、四照亭、天庆观（后来的玄妙观）等，重建后的天庆观虽然也历经战火，但主体结构一直保存至今。如今，玄妙观成为苏州的一处全国重点文物保护单位，王唤的功劳不可埋没。

王唤之所以能够在短短两三年内取得这么大的成绩，一方面是因为朝廷的关系够硬，有秦桧这块牌子，他要做什么没人敢指手画脚；另一方面则是因为王唤有经验、有魄力，而且还尊重科学、尊重人才。

前面已经提到过，王唤在临安知府任上也取得了不少政绩。当时，宋高宗下诏，要临安府“措置太学”。王唤遵照宋高宗的旨意，仿照北宋汴梁皇家太学的规制，在杭州拓地兴建太学，太学中的武学、宗学、律学、算学、书学、画学、医学等学科也都逐一得到恢复。通过太学的重建，南宋统治者将北方的文化引入南方，有效促进了南北文化的交流交融和南宋文化教育事业的繁荣。

王唤不仅有着城市建设的经验，而且在城市建设的过程中尊重知识、尊重人才。为重建平江城，他不仅带来了一批建筑专家，而且还尊重科学，要求所有的建筑都要严格按照皇家刊刻的《营造法式》进行施工。《营造法式》是李诫在两浙工匠喻皓《木经》的基础上编写而成的，是北宋官方颁布的一部建筑设计和施工的规范性著作。此书编写于北宋熙宁年间（1068—1077），成书于元祐六年（1091），元符三年（1100）修订完毕，崇宁二年（1103）正式刊行。宋室南迁后，此书几乎成为孤本。在平江知府任上，王唤不仅严格按照这本建筑经典重建苏州古城，而且还组织力量于绍兴十五年（1145）重印了该书。后世关于《营造法式》的各种抄本和刻本，全部源于王唤重印的绍兴刊本。《营造法式》能够得以传世，王唤同样功不可没。

王唤对苏州古城的重建，不仅使苏州逐渐恢复了旧日面貌，而且吸引了大批北方士民落户苏州，为苏州的再次繁荣奠定了基础。

以王唤这样的聪明才智和他与秦桧之间的关系，离开苏州后肯定会得到重用。可惜天不假年，在苏州待了三年后，他就于绍兴十七年（1147）正月去世了。值得一提的是，王唤的弟弟王会、堂弟王晌也都担任过平江知府，后面还会介绍。

王唤去世后，郑滋再次出任平江知府。郑滋于靖康元年（1126）在苏州担任过一年知府，前面在第一章中已经做过介绍。

第十一章　稳步发展

——和平岁月中的苏州经济（一）

（俞俟、王晌、周三畏、徐琛）

“绍兴和议”达成后，宋金之间保持了相对和平的局面，一直到绍兴三十年（1160），宋金之间再次发生大规模的冲突，然而，随着“采石之战”的失败和完颜亮的被杀，金军只好退回北方。宋孝宗即位后，为了改变南宋的臣属地位，再次发动“符离之战”，并最终于隆兴二年（1164）促使两国达成新的协议，史称“隆兴和议”。在这二十多年时间里，虽然宋金之间冲突不断，甚至还发生了两次大规模的战争，但是战争基本上都在长江以北，对苏州并没有太大的影响，这为苏州经济社会的发展创造了一个相对宽松的环境。其间，秦桧从绍兴八年（1138）独相，到绍兴二十五年（1155）去世，集军政大权于一身，贿赂公行，赃吏恣横，“绍兴和议”后，更是横行不法，亲信布满朝野，给苏州的官场也带来了一定的冲击和影响。但是，从整体上讲，“绍兴和议”后，苏州的经济一直在平稳发展之中，城市建设也在不断恢复，虽然和北宋中后期相比还有较大的差距，但是，除了少数秦桧的亲戚、亲信不作为和乱作为外，大多数知府都在努力之中。

郑滋在苏州做了一年知府后就离开了，俞俟

接任。

俞俟，乌程（今浙江湖州）人，生卒年不详，其任职情况散见于《建炎以来系年要录》《宋史》《宋会要辑稿》和一些地方志之中。从这些资料上看，俞俟在多个地方当过主要领导，曾担任过归安知县、扬州知州、常州知州、临安知府、平江知府等职，并且在任上都做出过一些贡献。综合他的任职情况看，俞俟其人为人正直、敢于担当，是一个正直能干的官员。

据《万姓统谱》记载，俞俟曾在宋徽宗宣和年间出任归安（今湖州市区）知县。在任期间，心系百姓，处事公正。当时，朱勔的爪牙到处搜刮民财、民田，对敢于隐瞒百姓财产的官吏，严加制裁。同时，严禁私贩官盐，违者治以重罪。对朱勔及其党羽的做法，俞俟一概予以抵制，发现有贩私盐的，也都给予宽大处理。

宋室南渡后，俞俟于绍兴四年（1134）出任常州知州。据曹永忠先生《常州府学及其沿革考》一文介绍，俞俟在担任常州知州期间对常州府学进行过修缮。常州府学（今常州二中）创建于唐肃宗至德年间，建炎四年（1130）被金兵所毁，仅留下大成殿保存完好。绍兴四年（1134），俞俟担任知州期间，增建四间馆舍，安排求学的学生居住。绍兴七年（1137），知州虞云兴建了中外门各五楹，大成殿的后堂五楹，东庑、西庑各七楹。在俞俟和其后任的努力下，府学逐渐得到恢复，俞俟为常州的文教事业做出了自己的贡献。

离开常州后，俞俟被任命为江南东路转运判官。据《宋会要辑稿》记载："绍兴五年正月十四日，诏建康府行宫缮本未毕，兼城壁损坏，亦当修筑，可委江东帅臣同转运判官俞俟随宜措置，须管日近了毕。"这说明当年俞俟已就任转运判官一职。到了绍兴五年（1135），俞俟还专门就税收问题上疏提出自己的建议。据《宋会要辑稿》记载："绍兴五年五月十日，江南东路转运判官俞俟言：'州县酒务课利，自崇宁以后，节次添收诸司钱及增长价钱，并收兑上供，如两浙路几及一半，江东路亦近三分之一。近岁米麦高贵，所得利息不能给诸司等钱，是致州县不复究心措置，止是近及旧额，更不增趁。乞将绍兴二年后三年课利，取一年酌中或最高诸司钱数立为定额，如额外增羡，更不分诸司等钱，庶使州县可以极力经画趁办，以给用度，不为小补。’户部言：‘欲依所乞，仍令转运司官取索钱三年最高之数具收，申朝廷乞为定额。’从之。”宋廷南渡之后，税收多寡不分，导致部分地区的负担过重，引起百姓不满。俞俟看到这个问题后，提出以绍兴二年（1132）之后三年的平均数或者最高额作为定额，多出的部分不再上交中央，以激发地方的积极性，得到了朝廷的批准。这个建议对于提高州县官员收税的积极性无疑是十分有效的，也可以从一定程度上减轻那些收税过多的地方百姓的负担。

到了绍兴七年（1137），已经升任为转运副使的俞俟，因为办事得力，被提拔为直秘阁。据《宋会要辑稿》记载：绍兴七年（1137）四月二十一日，诏：“江东转运副使俞俟营缮行宫毕役，及应张浚一军钱粮无阙，特除直秘阁，更与转一官，依条回授。”也就是说，俞俟在修缮行宫和供应张浚部军需钱粮事情上没有任何纰漏，取得了很大成绩，因此特予提拔，转任新的官职。

到了绍兴十年（1140），俞俟被任命为扬州知州。据《咸淳临安志》记载：“绍兴十年九月二十六日，俞俟以右朝请大夫直秘阁知扬州，十一月初四除敷文阁直学士，提举江州太平观。”说明到了绍兴十年（1140），俞俟已经升任为右朝请大夫、直秘阁，出任扬州知州，但是在扬州只待了两个多月，就改任为提举江州太平观的闲职，原因不详。

不过，到了第二年，俞俟就被任命为临安知府，说明他并没有犯什么错误。俞俟在临安知府任上的两件事史料有明确记载：

一是扩大城市规模。据《乾道临安志》记载：杭州城最初只有七个厢、六十八个坊。宋廷南渡之后，大批北方士民逃难到南方，加上杭州作为临时首都，人口迅速增加，城郊很多地方也很快形成了城区。在这样的情况下，临安知府俞俟向宋高宗提出建议：现在临安城外南北两地，“人烟繁盛，各比一邑”，是否可以在江涨桥和江干两地各设一个厢？俞俟的建议得到了宋高宗的采纳，从此城北、城南享受厢级待遇。根据《淳祐临安志》记载，到了绍兴二十二年（1152），杭州城已经有十二个厢、八十九个坊。而根据《咸淳临安志》记载，到了咸淳四年（1268），杭州人口已经突破百万，八十九个坊又被拆分为九十六个坊，城市规模扩大了一倍，杭州也成为当时世界上人口最多、经济社会最为发达的城市。

二是查抄岳飞的家。绍兴十二年（1142），在岳飞、岳云父子和张宪惨遭杀害后，南宋刑部大理寺颁布的诏书中有一段话："岳飞、张宪家属，分送广南、福建路州军拘管，月具存亡闻奏。编配人并岳飞家属，并令杨沂中、俞俟，其张宪家属令王贵、汪叔詹，多差得力人兵防送前去。不得一并上路。岳飞、张宪家业籍没入官，委俞俟、汪叔詹逐一抄札，具数申尚书省。"根据《宋史》《建炎以来系年要录》的记载，岳飞被害后，朝廷责令时任临安知府的俞俟、汪叔詹负责查抄岳飞和张宪的家。而其家属则由杨沂中（当时以少傅的身份管理军队）和临安知府俞俟派人分别送到广南和福建看管，每个月由当地州县将他们的死活情况如实上报朝廷。

绍兴十八年（1148）五月，俞俟以敷文阁直学士、右中大夫的官衔出任平江知府，绍兴十九年（1149）三月改任为建康知府，同年十二月，又改任为绍兴知府。

俞俟离任后，王晌接任平江知府。

王晌是王唤的堂弟，其生卒年不详。秦桧独相后，一人得道鸡犬升天，王氏一脉纷纷得到重用，王唤的弟弟王会、王著、王晓、王历，堂兄弟王曮、王晌、王昞等，都在南宋官场平步青云，"凭恃权势，恣为不法"，"凌夺百姓田宅，甚于强盗"。然而，好景不长，绍兴二十五年（1155），秦桧死后，王氏一脉也纷纷被罢职。据《续资治通鉴》记载：绍兴二十六年（1156），"夏，四月，甲申，刑部开具自去岁郊祀后监司、郡守尝被台劾之人：直龙图阁赵士鬏，直徽猷阁龚鋈，直秘阁郑侨年、郑震、郑霭、高百之、张永年、王晌、孙汝翼，直敷文阁方滋，共十人。诏并夺职"。这十个人都是秦桧一党，或者是其亲戚。

靠着裙带关系而上台，王晌也不可能做出什么利国利民的事情。好在王晌在苏州仅仅待了大半年的时间，当年十一月就离开苏州了，由周三畏接任平江知府。

周三畏是著名的历史故事人物，是一个被演绎了千年、争议了千年的人物。《说岳全传》有一回叫“勘冤狱周三畏挂冠，探囹圄张总兵死义”，把周三畏描写成不肯“屈勘岳飞”，宁愿“弃了这官职，隐迹埋名，全身远害”的洁身自好的君子形象。这个故事在浙江金华、兰溪、建德一带更是广为流传，说是南宋的大理寺卿周三畏，不忍冤枉岳飞，挂冠出走后，隐居在兰溪西北黄店白露山红岩下。周家屋前有一口水塘，周三畏常常摸点螺蛳做菜。一天，周三畏正准备将已经剪掉尾部的螺蛳倒进锅里去炒，突然秦桧派兵来搜山了。周三畏吩咐家人躲进神龛避险。家人看到灶台上还有一盆未来得及炒的螺蛳，就直接倒进池塘里了。秦桧派来的差役没有找到周三畏，只好悻悻而去。周三畏一家从神龛出来后，看到池塘里被剪掉尾部的螺蛳还能活动，触景生情，便不忍再吃。从此之后，“忠隐庵”前的池塘里仍然繁衍着这种不长尾部的螺蛳。这个传说表达了人们对周三畏的敬仰和对秦桧的愤恨，然而，却与历史事实严重不符。这里就从史料中还原一个真实的周三畏，顺便介绍一下周三畏被演绎洗白的过程。

周三畏（1103—1181）是汴京（今河南开封）人，他之所以在历史上留下鼎鼎大名，主要就是因为参与了岳飞冤案的审理工作。

据《宋史》和《续资治通鉴》记载：绍兴十一年（1141）一月，金国元帅宗弼再次率金军渡过淮河入侵南宋，攻占寿春，并进军到庐州（今安徽合肥）附近。宋军刘锜、杨沂中奉命前去支援，并令岳飞东进江州（今江西九江）进行策应。岳飞提出北进中原直接进攻开封迫使金军退兵的战略，遭到宋高宗、秦桧的拒绝，他们只让岳飞救援淮西，不准进攻中原。刘锜率两万宋军赶到庐州，见城池残破，只好退屯东关（今安徽巢湖东南），金军占领庐州后继续南侵。二月，当金军即将到达长江边的时候，王德率宋军渡江北上进驻和州（今安徽和县），宋金两军在和州、含山、巢县、昭关、清溪一带展开激战，金军主力与杨沂中、刘锜在柘皋决战，结果被宋军打得大败而归。

柘皋之战，显示出南渡后南宋军队由弱变强的态势，也改变了之前只有岳飞、韩世忠、张浚三位大将左右南宋战场形势的局面。在这种情况下，宋高宗意识到金军已不可能威胁到南宋的安全，但同时他又不愿打败金国，促使金国将宋钦宗放回来而影响自己的帝位，所以他决心向金国求和，以维持对南方半壁江山的统治。

时任给事中的范同向秦桧献计：要想达到求和的目的，首先要将抗金最坚决的岳飞、韩世忠等人的兵权收回。于是，秦桧借封赏柘皋战功的名义，把岳飞、韩世忠、张浚三位宣抚使叫回临安，任命张浚、韩世忠为枢密使，岳飞为枢密副使。张浚知道宋高宗和秦桧的意图，所以就附和降金求和的国策，主动交出了兵权。宋高宗也乘势宣布撤销三宣抚使，收回韩世忠、岳飞的兵权。

当时，宋高宗和秦桧首先要打击的对象是在军队中声望最高的韩世忠。所以，当年五月，下诏“韩世忠听候御前委使，张浚、岳飞带本职前去楚州（今江苏淮安）按阅御前军马（韩世忠部）”，随后在镇江设枢密行府。张浚向岳飞暗示宋高宗和秦桧陷害韩世忠的意图，岳飞不为所动。由于岳飞没有贯彻宋高宗、秦桧陷害韩世忠的意图，七月份回到临安后又反对罢除名将刘锜的兵权，宋高宗和秦桧就把矛头转向岳飞。八月，岳飞被罢官，随后朝廷以罗织谋反的罪名于十月将岳飞和其部将张宪一同关进大理寺大狱。同时，宋高宗和秦桧也加紧了降金求和的步伐，韩世忠在反对无效的情况下，只好辞官避祸，回到苏州居住。

岳飞从十月十三日被关进大理寺监狱，到十二月二十九日遇害，为期两个多月时间。岳飞被关进监狱后，宋廷“命御史中丞何铸、大理卿周三畏鞫之”。何铸在审理的过程中，看到岳飞背刺“尽忠报国”四个字后，深受感动，转而尽力为岳飞辩护，甚至不惜与秦桧当面抗争，结果被免去了御史中丞一职，改为端明殿学士、签书枢密院事，充大金报谢使。《宋史·何铸传》明确记载：“秦桧力主和议，大将岳飞有战功，金人所深忌，桧恶其异己欲除之，胁飞故将王贵上变，逮飞系大理狱。先命铸鞫之。铸引飞至庭，诘其反状。飞袒而示之背，背有旧涅‘尽忠报国’四大字，深入肤理。既而阅实俱无验，铸察其冤，白之桧。桧不悦曰：‘此上意也。’铸曰：‘铸岂区区为一岳飞者，强敌未灭，无故戮一大将，失士卒心，非社稷之长计。’桧语塞，改命万俟卨。飞死狱中，子云斩于市。”

由于审查案子的主官何铸没有贯彻宋高宗和秦桧的意图，一个多月后，朝廷又改任万俟卨为岳飞一案的主审官，并经过一个多月的严刑逼供，最终在岳飞没有认罪的情况下，以“莫须有”的罪名将岳飞赐死。据《续资治通鉴》记载：“绍兴十一年十月，左仆射秦桧下飞于大理狱，命御史中丞何铸、大理卿周三畏鞫之。飞久不伏，因不食，求死，命其子阖门祗候雷视之。至是，万俟卨入台月余，欲遂上。十二月癸巳，‘诏飞赐死’。是年飞三十九岁。”

在审定岳飞案子中还有一个人物需要提及一下。《说岳全传》说岳飞入狱后，这个案子的主审官是周三畏，副审官是何铸、罗汝楫、万俟卨。但是实际上周三畏始终都是副审，何铸是第一任主审，万俟卨是第二任主审，而罗汝楫并没有参与岳飞一案的审理工作。何铸、万俟卨、罗汝楫三人都是秦桧的党羽，不然秦桧也不会安排何铸担任岳飞一案的主审官员，只是没想到何铸在审理的过程中态度发生了一百八十度转弯，秦桧这才把何铸给换了下来。不过，不管怎么样何铸都是自己的死党，所以秦桧并没有对何铸下死手，只是给他换了个位置，把他从这个案子中调离开。罗汝楫作为秦桧的死党，按照秦桧的意思，积极参与弹劾岳飞，岳飞下狱后，罗汝楫又弹劾岳飞的幕僚朱芾、李若虚等人，弹劾反对这次冤案的大理寺丞李若朴（李若虚的弟弟）、何彦猷等人，但是并没有参与案件的审理工作。

在审理岳飞案子的过程中，何铸因为态度的转变而被调整官职，但是周三畏却始终没有更换，说明周三畏并没有违背宋高宗和秦桧的旨意。从有关史料看，周三畏这人“性谨慎、畏事”，也就是说，周三畏这个人胆小怕事，做事谨慎。所以，这样的人不可能做出挂冠而去的壮举。也许正是看准了周三畏没有胆子和自己作对，秦桧才放心让他担任副审，而且自始至终都没有更换。可见，周三畏虽然并非秦桧的死党，但是在岳飞一案审理的过程中畏首畏尾、丧失骨气，甚至是助纣为虐，成为害死岳飞的帮凶。

当岳飞一案尘埃落定后，秦桧也开始处理参与这个案子的官员。何铸首先遭到弹劾，其罪状之一，是“岳飞反状败露，铸首董其狱，亦无一言叙陈”“日延过客，密议朝政，以欲缓岳飞之死”，因而被罢官贬斥。为岳飞说过好话的大理卿薛仁辅被说成是“持心不平，用法反覆”，也被罢去官职。罗汝楫弹劾李若朴和何彦猷说：“朝廷召寺（指大理寺）官聚断，咸以飞之罪死有余责。独二人喧然，力以众议为非，务于从轻。”所以，这两个人也被贬黜。

在处罚岳飞一案中持反对意见的人的同时，对表现积极的则提拔重用。绍兴十二年（1142）正月十四，“御史中丞万俟卨、大理卿周三畏同班入对，以鞫岳飞狱毕故也”。也就是说，岳飞一案结案后，万俟卨和周三畏一起到朝廷向宋高宗汇报岳飞一案审理情况。不久，万俟卨升迁为参知政事，周三畏升迁为刑部侍郎。绍兴十四年（1144）正月，“为普安郡王持何服事，诏周三畏和秦熺一同入朝议事”。普安郡王即赵眘，他当时的封号是郡王。讨论赵眘穿什么衣服，完全是皇帝的家事，这么私密的事情让秦桧的儿子秦熺和周三畏一同参加，可见当时周三畏在宋高宗和秦桧心目中的地位，他俨然是秦桧一党了。到了绍兴十五年（1145）六月，周三畏又被提拔为刑部尚书。岳飞死后，周三畏屡屡受到提拔，说明他在审理岳飞一案时，一定起到重要作用，至少是附和了秦桧一党的意图。

此后，周三畏的官衔没有再做变动，但是职务有所调整，先是到婺州（今浙江金华）担任知州，绍兴十九年（1149）十二月改任平江知府，但是，到苏州不久，就遭到弹劾。侍御史曹筠上奏弹劾周三畏，说他“顷为大理卿，鞫勘岳飞公事，犹豫半年不决”。这话显然与事实不符，第一，岳飞的案子前后只有两个多月，“犹豫半年不决”显然是夸大其词；第二，周三畏当时是副审，并没有决定权，所以决与不决周三畏都无法掌控。当然，曹筠的目的是要把周三畏拉下马，罗织罪名夸张一些也情有可原。结果，周三畏在苏州担任知府三个多月就被免职，出任提举江州太平兴国宫的闲职。

周三畏在岳飞一案中，实际上是扮演了一个帮凶的角色。但是，此后的几百年间，周三畏却成功地被洗白为一个大义凛然、主持公道、抗击奸党的英雄人物。当时在审理岳飞一案中，参与审查的三个主要官员，只有何铸是坚决反对的，而且“日延过客”，希望得到各方面的支持，共同为岳飞喊冤。如果要树立一个正面人物典型，何铸最合适不过。然而，最后被塑造成正面人物的却是周三畏，历史和大家开了一个不小的玩笑。

从周三畏洗白的历史过程看，自南宋中期开始，从朝廷到民间，就已经有人将周三畏作为正面形象加以塑造和宣传。岳飞是宋孝宗即位后，于绍兴三十二年（1162）被平反的。此后，岳飞的事迹就开始广为流传。在宣扬岳飞事迹的同时，需要有一个人物成为维护正义、抗争奸邪的正面形象。至于这个人物是谁，老百姓并不关心，关键是最开始是谁来塑造这个人物。也许是周三畏的后人主动作为，也许是编这个故事的人是周三畏的好朋友，但是，不管怎样，成为正面人物的是周三畏，而不是真正维护正义的何铸。从此开始，周三畏就成了岳飞冤狱一案中的正面人物。据1988年版《兰溪市志》记载，嘉定元年（1208），宋宁宗曾赐匾“忠隐庵”。如果这一记载准确的话，那么，至少在宋宁宗之前，已经有了周三畏挂冠隐居兰溪的说法，不然宋宁宗也不可能赐给这一匾额。当然，这段记载的真实性值得考证。

到了元代，元杂剧中开始将周三畏作为反对秦桧的正面人物加以宣传。而正式将周三畏作为反对秦桧的关键人物，则是钱彩编次、金丰增订的《说岳全传》。《说岳全传》成书于清朝顺治年间，正式刊印是乾隆年间，其内容主要来源和根据就是元杂剧。到了清朝光绪年间，《兰溪县志》则专门把周三畏列入“忠节卷”，并且为其撰写了传记。据光绪《兰溪县志·人物·忠节卷》《周三畏传》记载：“（周三畏）初为大理寺少卿，岳飞狱起，命治之，桧令人讽其诬害，三畏怫然曰‘枉法以害忠良，博好官而甘唾骂，吾为乎哉？’并遗桧书，词甚切直。绍兴十九年由右朝请大夫出知婺州，后避桧隐居兰溪白露山下。嘉定元年赐匾额曰忠隐庵。”后人还为其修了墓葬，墓碑上刻有“宋大理寺卿周廷尉讳三畏公之墓”十四个字。这样一来，周三畏作为历史正面人物的形象就以史料的形式正式被确立下来。20世纪60年代，新编历史剧《满江红》又将周三畏的形象进一步拔高，说他作为一个“拼却乌纱，不顾性命”的刚正法官，与万俟卨、罗汝楫面折廷争，“为岳飞挂冠入狱”。

宣传英雄故事，树立正面形象，弘扬正气、反对奸邪，激发爱国热情，是涵养民族精神、促进社会进步的重要形式和手段。但是，历史就是历史，历史的真实性需要我们去挖掘，也值得我们去探讨和维护。

周三畏离任后，徐琛接任平江知府。

徐琛的生卒年不详，徐琛之所以能够出任平江知府，主要是因为秦桧。秦桧独相以后，形成了自己的政治团队，团队主要成员由四部分人组成：一是秦桧的子弟和姻亲。前面已经介绍过，秦桧没有儿子，所以就认大舅子王唤的私生子秦熺为子。秦熺于绍兴十二年（1142）考中进士后，六年时间就升迁为权枢密院事，并领修国史，权势仅次于秦桧。秦熺的儿子秦埙于绍兴二十四年（1154）在考官的操作下考中进士，并很快被提拔为礼部侍郎。秦桧的亲戚不管关系远近也都纷纷得到提拔和重用，其中就包括徐琛在内。二是秦桧的乡党、朋友或同学。秦桧是建康人，其同学范同、段拂高居参知政事，何若、巫伋为知枢密院事，魏良臣、钱周材是侍从。秦桧第一次被罢相后，曾在温州担任过一年的知州，与当地士人结下了深厚的情谊，因此，独相以后温州人也备受秦桧重用，吴表臣官至吏部尚书，林待聘出任给事中兼直学士院，郑仲熊官至参知政事，郑亨仲官至资政殿学士，等等。此外，无论是教其子孙的门客，还是为其设醮奏章的羽客，甚至是为其治产的庄客等，也无不获得重用。三是阿谀奉承、甘做奴仆的士大夫。从“绍兴和议”到秦桧去世，在朝廷中担任过执政的一共有二十五人，除了孟忠厚是外戚以外，其他几乎全部都是甘愿做秦桧党羽而被秦桧提拔上来的无耻之徒。至于各部的长官、言官等朝廷重臣和地方官吏中，秦桧的党羽更是不计其数。四是对秦桧邀恩固宠的外戚和宠臣。秦桧这人非常聪明，而且对权术的操纵到了出神入化的地步。宋高宗是一个猜疑心很重的君主，秦桧对此心里非常清楚。尽管宋金和议这件事情已经将二人紧紧捆绑在了一起，但是明目张胆地结党营私，仍然会引起宋高宗的反感，结果也必然会造成对秦桧不利的局面。所以，秦桧千方百计勾结宋高宗身边的宠臣，特别是医官王继先和外戚吴益二人，通过他们窥测宫中动向，并对宋高宗施加影响，以达到结党营私的目的。王继先是开封人，医术世家出身，为宋高宗和韦太后侍医达30多年之久，深得宋高宗母子的宠幸。吴益是宋高宗皇后吴氏的弟弟，累官至保康军节度使、太尉、开府仪同三司，也是一个炙手可热的人物。此外，秦桧能够达到邀恩固宠的目的，还因为利用了宋高宗和生母韦太后的阴暗心理。韦太后被俘滞留金国期间，曾下嫁金国贵族，这件宫廷丑闻除了一同被俘的秦桧之外，南宋朝廷几乎没有人知道。因为这一点，宋高宗和韦太后才会放纵秦桧胡作非为。

徐琛是秦桧姨妈的儿子，是秦桧的表兄（一说是秦桧妻子王氏的表兄），受到重用是情理之中的事情。不过，从有关史料看，徐琛之所以在历史上留下大名，除了因为和秦桧是表亲这层关系外，与其自身的成就也有着一定的关系。

徐琛是江西诗派著名诗人徐俯的同族，徐俯是给事中徐禧之子、诗人黄庭坚的外甥，曾官至参知政事（副宰相）。徐俯是洪州分宁（今江西修水）人，徐琛既然是其同族，籍贯也应当是江西洪州。据《慈溪县志》介绍，慈溪马堰村徐氏于南宋初迁入，其始祖徐琛受命守眉山寨，家眷迁徙桐池湖后定居马堰村。因此，从徐琛开始，徐琛一脉的籍贯即为浙江慈溪。

徐琛长于秦桧，而且出身诗书世家，应当是通过科举进入官场的。徐琛的仕途情况没有完整的史料记载，其为官经历散见于《宋史》《续资治通鉴》《建炎以来系年要录》等史籍之中。从这些史料看，徐琛曾担任过福建转运判官、明州（今浙江宁波）知州、平江知府等职，而且在任上也留下了一些政绩。

在担任明州知州期间，徐琛主持刊刻了《徐公文集》。徐铉是五代宋初著名的文学家、书法家、文字学家，其诗文集由他的女婿吴淑编印成集。南宋陈振孙在《直斋书录解题》中记载："三十卷，左散骑常侍广陵徐铉鼎臣撰。其二十卷，仕江南所作，余十卷，归朝后所作也。所撰《李煜墓铭》，婉嫕有体，《文鉴》取之。"由此得知，《徐公文集》前二十卷是徐铉在南唐为官时所作，后十卷是进入北宋后所作，宋代有两种刻本，一是北宋天禧元年（1017）胡克顺刻本，二是南宋绍兴年间徐琛在明州时利用公款刊刻本，其后元明两代均无刻本，一直到清朝光绪八年（1882），安徽黟县李宗媚把徐乃昌家藏明朝抄本借出来，由金陵书局镂版印行。但是，这个刻本校勘粗率，错误很多。因此，到了民国八年（1919），徐乃昌把自己得到的宋朝徐琛的刻本进行重刻，这才使《徐公文集》得以完整传世。我们今天能够看到《徐公文集》，徐琛的贡献不可抹杀。

绍兴二十年（1150）五月，徐琛以右中大夫、敷文阁待制的官衔出任平江知府，在苏州一共待了三年时间。徐琛在苏州期间的为官情况不详，杭州大学教授何忠礼《“绍兴和议”签订以后的南宋政治》一文中有一段话：“直秘阁、福建路转运判官徐琛，所至贪污狼藉，因是秦桧妻王氏的中表，不数年，即升任敷文阁待制，知平江府。”这段话的依据不知是什么，但是何教授是历史大家，所写应该可以取信。既然“所至贪污狼藉”，那么他在苏州为官也不会清廉。不过，徐琛在苏州修建了一些建筑，对苏州的城市建设做出了自己的贡献。据范成大《吴郡志》记载：“西楼，在郡治子城西门之上。唐旧名西楼，后更为观风楼，今复旧。绍兴十五年，郡守王唤重建。二十年，郡守徐琛篆额。”“观德堂，在教场，唐西园地也。绍兴二十一年，郡守徐琛建，西又有射亭。”

徐琛虽然因为秦桧的关系名声并不好，但是他本人出身诗书之家，因此，在书画上有着很深的造诣，不然也不敢为西楼撰写匾额。另外，宋朝诗人陈长方有一首诗，名字叫《赠画者徐琛》，也可以从一个方面印证徐琛在书画上的造诣。被诗人称为“画者”，并且写诗相送，足见其在当时书画界的名声一定不小。陈长方的诗比较长，此处不做录用，有兴趣的朋友可以在网上查找欣赏。

第十二章　稳步发展

——和平岁月中的苏州经济（二）

（李朝正、汤鹏举、王会）

徐琛离任后，李朝正接任平江知府。

李朝正（1096—1155），字治表，江苏溧阳人。据《溧阳县志》记载："李朝正，性刚直，不苟于势力。游太学，登建炎二年进士第。"李朝正在《宋史》中并无传记，其主要事迹和为官情况主要是通过地方志流传下来的，《万历溧水县志》《顺治溧水县志》《光绪溧水县志》等书中都有传，以《顺治溧水县志》中记载最为详细，但这些志书都是距其几百年之后所作，其中的真实性有多少值得考据。不过，从李朝正的仕途情况看，这些地方志的记载大多是可信的，只是对其评价有些过高，毕竟李朝正和秦桧之间也有着扯不断的关系。

李朝正建炎二年（1128）中进士科，是宋高宗即位后的第一科。考中进士后，李朝正被任命为敕令所删定官（敕令所是宋朝枢密院编修三司令式所的简称，是起草皇帝命令的官署，长官为提举、同提举，下设详定官和删定官。删定官是在提举的领导下具体负责修改和审定律令的办事人员）。绍兴七年（1137），李朝正出任溧水县令。在任期间，李朝正重修了中山驿、儒学大成殿，新建了儒学讲堂斋舍，修建了县城临淮桥和通济桥，还奏请朝廷赐名城隍庙为正显庙，封广惠侯。因为政绩突出，深受百姓爱戴。在溧水“有异政，秩满民泣留。知府叶梦得荐于朝”。宋高宗说：“近时县令以政绩被荐，辄别除差遣，莫若进秩久任之，庶几民安其政。”意思就是说，近年来，县令因为政绩突出被推荐，往往改做其他差事，不如给他们升迁官衔，让他们在那个地方长期任职，这样可以达到稳定执政政策、安定民心的作用。于是，李朝正再次回到溧水，以五品官衔继续担任溧水县令。

绍兴十年（1140）四月，经王鈇推荐，李朝正升任为太府寺主簿（太府寺主要掌管制订国家财货的政令、库藏出纳、商税、平准、贸易等事，也就是管理国家的财货、贡赋等事务。设有卿、少卿、寺丞、主簿等职务，其中设主簿二人，负责管理太府寺大印、检查钞票的数目、稽查得失、平衡度量衡等）。王鈇是秦桧舅舅王本的儿子，秦桧出任宰相后，推荐王鈇到朝中做官，王鈇先后当过两浙西路提点刑狱、两浙西路转运副使、户部侍郎、措置两浙经界，后以敷文阁直学士出任湖州知州，转任广东经略使、兼广州知州，绍兴十九年（1149）在任上去世。

但是，李朝正担任太府寺主簿没多久就再次改任敕令所删定官。到了绍兴十四年（1144），又改任尚书户部员外郎。据《建炎以来系年要录》记载：“绍兴十四年，三月丁巳，左奉议郎敕令所删定官李朝正守尚书户部员外郎。”这次任命，估计也是王鈇推荐的，因为第二年李朝正升任为户部右司员外郎，也是王鈇举荐的。据《建炎以来系年要录》记载：“绍兴十五年，正月，户部侍郎王鈇言，本部员外郎李朝正尝知溧水，均税不扰，请与共事。十二月，户部员外郎李朝正、金部员外郎宋贶，并为右司员外郎。”从这则记载看，王鈇之所以推荐李朝正，主要是因为他在担任溧水县令的时候，从当地实际出发，平均税赋，从而达到“不扰民”的效果。也正是这个原因，后来王鈇生病的时候，又推荐李朝正出任户部侍郎，接替自己措置经界。据《建炎以来系年要录》记载：“绍兴十六年，二月丙寅，尚书户部侍郎王鈇充敷文阁直学士知湖州，以鈇引疾有请也，右司员外郎李朝正权户部侍郎，措置经界。三月癸巳，户部侍郎李朝正言诸路提刑拘催诸州经总制钱，有奖无罚，事属侥冒，乞立减展磨勘年格法，从之。”也就是说，王鈇因为身体不好，主动要求到湖州担任知州，而且推荐了李朝正代理户部侍郎一职，负责措置经界。不久，李朝正正式担任户部侍郎，并针对当时各地税收存在的问题，建议设立减展磨勘年格法，得到了朝廷的批准。

“经界”一词早在春秋时期就已经存在。《孟子·滕文公章句上》有句话：“夫仁政，必自经界始。经界不正，井地不钧，谷禄不平，是故暴君污吏必慢其经界。”和隋唐不同，宋朝取消了对土地占用的限制，只要土地的主人按照土地面积纳税，便可以随意占用和兼并土地，甚至连坡塘湖泊与公共水利设施也可以私有。宋廷认为，富者通过兼并土地，连田阡陌，是“为国守财尔。缓急盗贼窃发，边境扰动，兼并之财乐于施纳”。宋廷的出发点和愿望是好的，然而实际效果却并非他们所料想的那样。这一政策实施的结果是，“权势之家日盛，兼并之习日滋”，贫富差距不断拉大，社会矛盾也不断加剧。

在北宋前中期，宋廷对土地和户口管理非常严格，命令各州每年将户籍、土地状况申报运司，运司于每年正月上报户部，户部在半个月内上报尚书省。对于敢于瞒报、漏报、虚报者，朝廷将严惩不贷。但是，到了北宋末年，尤其是南宋初年，就出现了一些大户隐瞒土地不报的现象。绍兴年间，苏州连年发生地震和灾荒，“平江府东南有逃田，湖侵相连，塍岸久废，岁失四万三千余斛”。针对这种状况，绍兴十二年（1142），工部侍郎李擢建议：“乞招诱流民疏导耕垦；其不可即工者，蠲其额。又，郡民之陷虏者，弃田三万六千余顷，皆掌以旧佃户，诸县已立定租课，许以二年归。业主田瘠薄，民以旧籍为病，愿除其不可耕之田，损其已定过多之额。”根据李擢的建议，户部左司员外郎李椿年提出“正经界”的建议，也就是对土地重新进行丈量。李椿年认为，经界不正有十大祸患：“一是侵耕失税；二是推割不行；三是衙前及坊场户虚供抵当；四是乡司走弄税名；五是诡名寄产；六是兵火后，税籍不实，争讼日起；七是倚阁不实；八是州县隐赋多，公私俱困；九是豪猾户自陈税籍不实；十是逃田税偏重，故税不行。”李椿年在奏疏中还说：平江一府过去的税入有七十万斛，现在名义上收入虽然有三十万斛，但实际收入仅有二十万斛，这都是欺上瞒下造成的，因此建议朝廷正经界，得到了朝廷的批准。朝廷委任李椿年为两浙转运副使，从平江府开始，专门措置经界。

李椿年先从自己家的土地开始丈量，一丝不苟，划清界限，计算面积。又让老百姓十家为一甲，自行丈量申报，不用进行复查，如果有隐瞒的，就转而送给告发的人。李椿年在平江府的做法取得了很好的成效。到了绍兴十四年（1144）十二月，因为母亲去世，李椿年丁忧回了老家，由王鈇代替李椿年继续措置经界。据《续资治通鉴》记载："（绍兴十五年正月）戊辰，命权户部侍郎王鈇措置两浙经界。李椿年既以忧去，秦桧请用鈇。帝因言经界之法细，民多以为便。桧曰：'不如此，则差役不行，赋税不均。积弊之久，今已尽革，去年陛下放免积欠，天下便觉少苏。'鈇言：'本部员外郎李朝正，尝知溧水县，均税不扰，请与共事。'又言：'今当革诡名挟户，侵耕冒佃，使差有常籍，田有定税，则差役无争诉之烦，催科免代纳之弊。然须不扰而速办，则实利及民，欲更不画图，又造砧基簿，止令逐保排定，十户为一甲，令递相纠合，从实供账二本，积年所隐，一切不问。如有不实，致人陈告，即将所隐田给以充赏。'从之。"

在户部侍郎任上，李朝正不仅参与和负责措置经界工作，还积极为减轻百姓负担奔走呼号。张俊担任淮西安抚使的时候，驻军在建康，为了筹措军费，大肆征收租税，导致民不聊生。建康知府晁谦之（晁补之的堂弟）上奏朝廷，请求减轻百姓负担。李朝正让总领所核实情况后予以蠲免。据《江苏省通志稿》记载："绍兴十六年七月，丙申，江东转运司建康府言：'本府民户所欠官钱六万余缗，委是贫乏，无可催理，乞特赐蠲免。'权户部侍郎李朝正乞令总领所审实蠲放，从之。先是，清河郡王张俊为淮西安抚使，驻军建康，责部民子钱息之不已，积不能偿，则献于朝。奏下守臣，敷文阁直学士晁谦之诘得其状，立上言：'皆穷民，愿勿责。'上许之。"

到了绍兴十八年（1148），李朝正参与了当年的科举考试工作，担任覆考官。据《绍兴十八年同年小录》记载："三月二十三日引试御试，敕差初考官左朝议大夫权尚书礼部侍郎兼直学士院沈该，左奉议郎守尚书祠部员外郎陈诚之；覆考官左朝散郎权尚书户部侍郎李朝正，左宣教郎守尚书、司封员外郎汤思退，左奉议郎守尚书司勋员外郎沈介；详定官左朝奉郎试工部尚书詹大方。”宋代的同年小录绝大多数都已失传，现在能够看到的仅有《绍兴十八年同年小录》和宝祐四年（1256）小录两个小录，后者之所以能够流传下来，是因为当年那一科，文天祥是状元。而前者之所以能够保存下来，不是因为当年那一科的状元王佐，而是因为第五甲第九十名的朱熹。朱熹后来建立了庞大的理学体系，成为宋代理学的集大成者。这份《绍兴十八年同年小录》也因为朱熹的原因，成为历代理学家讲学的家传录。到了明朝弘治年间，王鉴之将此书在紫阳书院重刻，改名为《朱子同年录》。

绍兴二十年（1150）后，李朝正曾“奉祠”闲居了一段时间。“奉祠”是宋朝特有的祠禄制，是一种特殊的政治待遇，“奉祠”的官员只享受级别待遇，不用承担具体的职务。朝廷之所以让李朝正“奉祠”闲居，主要是因为他的女婿魏师逊将要被提拔为参知政事，李朝正需要避嫌。李朝正“奉祠”没多久，就于绍兴二十三年（1153）四月，起复为平江知府。在平江知府任上做了一年多时间，李朝正被罢官。理由是李朝正和他的女婿魏师逊共为商贩。

魏师逊是参知政事魏良臣的族叔，但却比魏良臣小十三岁。魏良臣在建康府学的时候与秦桧是同学，所以后来得到了秦桧的重用，成为秦桧集团的重要成员。魏师逊只比李朝正小十一岁，原配夫人是王氏，王氏去世后他再娶李朝正的女儿为妻。因为魏良臣、李朝正的关系，魏师逊考中进士后，深得宋高宗和秦桧的赏识，也成为秦桧集团的重要成员。宋高宗曾赐魏师逊的父亲魏世谟“朝士大夫，忠孝为本”八个字作为魏家子孙的字辈。得到皇帝亲赐字辈，是何等荣耀的事情，可见宋高宗对魏家的器重。

魏师逊于绍兴二十一年（1151）被任命为敕令所删定官，后改为御史中丞。绍兴二十三年（1153），宋高宗把魏师逊家乡建康府溧水县的永丰圩划出一部分赐给秦桧，命名为秦家圩。因为和秦桧的关系比较密切，而且积极充当秦桧的打手，先后弹劾王纶、史才等人，所以魏师逊甚得秦桧的喜欢，官职连连升迁，到了绍兴二十四年（1154），竟然被提拔到了参知政事的高位。

为了投桃报李，绍兴二十四年（1154），魏师逊干了三件臭名昭著的事情：一是为秦桧的孙子秦埙的科举舞弊。当年，秦桧的孙子秦埙参加殿试，秦桧想让自己的孙子拿个状元，以便为其日后的仕途做好铺垫。但是，秦埙此前已经恩授敷文阁待制，属于在任官员，按照规定是不能中状元的。于是，秦桧特意选派自己的心腹魏师逊、汤思退、董德元等负责这场考试。魏师逊牵头，统一了大家的意见，董德元更是违规抄录了秦埙的试卷编号。这帮人异常兴奋，认为升官发财的机会来了，就通过暗箱操作，把秦埙的名字放在一甲第一位，把张孝祥的名字放在了一甲第二位。没想到宋高宗特别欣赏张孝祥的才华，殿试的时候把张孝祥定为状元，把秦埙降为第三名。在这一榜中，秦桧的侄子秦焞、秦焴等许多亲戚也都如愿考中进士，而本来居锁厅试第一的陆游却意外落榜，这一结果让魏师逊等人为天下人所不齿。二是魏师逊按照秦桧的意思，弹劾了端明殿学士、签书枢密院事史才，随即魏师逊便以御史中丞兼侍讲，充端明殿学士、签书枢密院事，权参知政事，从考中进士到位居副宰相，仅仅用了六年时间，可谓是火箭式的提拔。三是魏师逊刚出任参知政事不久，就因“少忤秦桧意”而遭到同党董德元弹劾，被免除参知政事，其岳父李朝正也受到牵连而被免职。

魏师逊与董德元不仅是同榜进士，而且都是秦桧的同党。两个人臭味相投、沆瀣一气，按照秦桧的意图，干了不少为世人所不齿的事情。但是，魏师逊当了参知政事以后，不知道是昏了头，还是飘飘然了，竟然忤逆秦桧的意思。此时的秦桧可谓权势熏天，没有人敢跟他对着干。魏师逊作为秦桧的死党，竟然敢违背秦桧的意愿，秦桧自然不会让他好过。于是就让董德元出面弹劾，理由是“买贱卖贵，自同商贩”，并在弹劾奏章中建议对魏师逊“重加窜殛”，也就是流放或者杀头，下手不可谓不狠，完全不是同党之间的做法，可见魏师逊这次把秦桧得罪得不轻。不仅如此，董德元还指控李朝正与魏师逊“共为商贩”，结果李朝正也随即被罢去平江知府一职。这对李朝正来说，完全是飞来横祸。不过，在秦桧一手遮天的情况下，死在秦桧手中的冤魂不计其数，被免去官职算是幸运的啦。

李朝正被罢官后回到家乡溧阳，第二年就病逝在了家中，享年六十岁。

李朝正不仅是一位政治家，也是一位医学家。《江南通志》中记有李朝正所作《备急总效方》四十卷。据相关资料记载，李朝正在担任平江知府时，深感单方虽然简单，但是可以治疗急病，于是就广泛搜集《证类本草》《圣惠方》《深师方》《金匮方》《肘后备急方》《葛氏方》等一百七十多种古代文献，于绍兴二十四年（1154）编成《备急总效方》，并刊刻出版。此书在内容、版本、临床、医药学史等方面都有很高的参考价值，是研究宋代以前医学文献的重要参考。此书的绍兴传本现藏于日本杏雨书屋，为世间唯一传本。

李朝正被罢官后，汤鹏举接任平江知府。

汤鹏举（1088—1165），字致远，江苏金坛人。据《京口耆旧传》记载："未冠入学，遂贡京师，试上舍第一，擢政和戊戌科进士第。"从这段记载看，汤鹏举出身官宦之家，生性聪明，志向远大。宋哲宗绍圣四年（1097），十岁的汤鹏举和先生杭夷甫有过一段对话，杭先生问："贞者事之干何谓也？"汤鹏举回答说："事不正不立，木无干不生。"杭先生闻之大奇。

汤鹏举未冠入学，饱读诗书，由郡学贡生赴汴京太学应试，考中上舍生第一名，可见成绩之优异。宋徽宗重和元年（1118），汤鹏举再次到开封参加会试，考中进士后被任命为晋陵（今江苏武进）县丞，从此步入仕途。在晋陵期间，汤鹏举断案果决，狱无冤案，被称为"神命御史"。任职满两年后，汤鹏举升任为安徽当涂县令。在任期间，汤鹏举经常微服私访，惩治奸商污吏，深受百姓爱戴，被誉为"良吏"。

宋廷南渡之后，宋高宗急需治世能臣，于绍兴元年（1131）任命汤鹏举为淮南江浙荆湖等路发运使。当年，秦桧南归后第一次出任宰相，立即开始结党营私。汤鹏举不肯攀附秦桧，结果遭到秦桧一党诬陷，被贬出任泽州（今山西晋城）知州。从此，拉开了汤鹏举与秦桧之间长达二十多年的斗争序幕。在泽州期间，汤鹏举多次指出，泽州近敌境，经常遭到金兵骚扰，百姓无法安居乐业，建议朝廷加强驻军。同时，他还上章弹劾董德元附会秦桧危害国家，要求罢免董德元的官职。当时，秦桧的做法遭到朝廷很多人的反对，吕颐浩乘机反击，黄龟年也上章弹劾秦桧植党专权，一味议和，阻止国家统一。对秦桧的“南人归南，北人归北”的主张，宋高宗也非常反感。所以，在一众大臣的操作下，秦桧很快被罢免宰相一职。

秦桧被罢相后，汤鹏举于绍兴三年（1133）被调回临安，以左奉议郎的官衔出任绍兴府通判。此后几年，汤鹏举先后担任广德（今属安徽宣城）知府、常州知州和饶州（今江西鄱阳）知州。在任期间，汤鹏举严惩贪官，广招流民，垦荒耕田，当地所交贡赋居全国前列，他为南宋政局的稳定做出了自己的贡献。

然而，好景不长，绍兴八年（1138），秦桧再次出任宰相，并且很快铲除异己，在朝中独揽大权。到了绍兴十年（1140），金国背盟出兵河南，岳飞奉命率军御敌，并在郾城大败金军。秦桧为了除掉汤鹏举，奏请宋高宗同意，让汤鹏举以直秘阁的官衔出任郑州知州，让他身陷敌锋，企图借金军之手除掉他。当时，岳飞已经打到开封附近，收复中原指日可待。担心岳飞收复失地，迫使金国放回宋钦宗而影响自己的帝位，宋高宗连下十二道金牌让岳飞撤兵。岳飞被迫放弃已经收回的故土，回朝复命。岳飞部撤走后，郑州无军守卫，很快被金军占领，汤鹏举侥幸逃脱回到临安。

岳飞被害后，汤鹏举被秦桧贬为浙东转运判官。一直到绍兴十六年（1146），汤鹏举才升任为左中奉大夫、直秘阁、江浙路转运副使，负责镇江到杭州沿线各县的秋粮征收工作。在任期间，汤鹏举力革旧弊，积极倡导清廉之风，对私分挪用者以自盗论处。汤鹏举的善治善为，深得民心，两浙人民在金坛东唐安乡尧塘建了一座“画锦桥”，以谢汤鹏举之恩。汤鹏举为官清廉，两袖清风，妻子蔡氏病故后，无钱安葬，宋高宗知道后，特赠给汤鹏举银绢三百用于安葬妻子，这在历史上也是绝无仅有的事情。宋朝的官员除了俸禄之外，还有职田，穷到连妻子安葬费用都没有的程度实在让人难以相信。朝廷专门赠送钱绢用于安葬官员妻子的，除了汤鹏举之外，很难再找到第二人。

绍兴十七年（1147），汤鹏举回朝奏事。当时，秦桧集团已经牢不可破，宋高宗虽然放纵秦桧一党胡作非为，但是心里还是防着秦桧的。所以，宋高宗就把汤鹏举留在了朝中，以制约秦桧一党。第二年，汤鹏举以敷文阁待制的官衔出任临安知府。汤鹏举到任后，立即深入民间了解基层情况，随即出台公款消费的规定，限制官妓差排，严格官银消费。上奏《撩湖事宜》，组织治理西湖，以保证人口急剧增长对用水的需求。同时，在崇德县西南修建语溪馆，重建仁和馆，倡导兴文重教之风，为南宋都城经济社会的稳定和文教事业的兴盛做出了积极贡献。

汤鹏举在都城刚正不阿，严格执法，被秦桧一党视为眼中钉、肉中刺。于是，到了绍兴二十年（1150），秦桧奏请让汤鹏举以直显谟阁出任婺州（今浙江金华）知州。宋高宗知道这是秦桧在整治汤鹏举，但是，一方面他不想和秦桧撕破脸皮，另一方面，由于秦桧集团专权，宋高宗对外面的情况也不甚了解，所以他也就同意了秦桧的这个奏请，同时诏令汤鹏举于外为台官，可以直接向自己奏陈。第二年，汤鹏举又以直龙图阁改任绍兴知府。因为他每到一个地方都勤于政事，恩及百姓，所以被称为“国之栋梁之臣”。

绍兴二十五年（1155）正月，汤鹏举出任平江知府。当时，秦桧已病重，宋高宗担心秦桧一党会有异动，所以就于当年七月急召汤鹏举回京，以其为后援，以防不测。秦桧死后，十二月宋高宗立即升任汤鹏举为殿中侍御史，随后又任命其为御史中丞，掌管台谏。汤鹏举立即上奏“请黜秦党”，得到宋高宗的批准。于是，参知政事董德元、尚书礼部侍郎兼侍讲王珉、权吏部侍郎徐嘉、权尚书工部侍郎丁娄明、权尚书兵部侍郎兼权直学士院沈虚中、尚书右司郎中兼权户部侍郎钟世明等一大批秦桧党羽被罢免，秦桧一党几乎被罢黜殆尽。同时，汤鹏举上奏建议“释放秦党所诬受冤官员，皆复旧职”，得到宋高宗的批准，赵汾、赵令衿免罪出狱，王之奇、王之荀兄弟许自便居住，张浚、洪皓、胡寅、张九成等尽还原官，迁李光、胡铨于近州，追复赵鼎、郑刚中等官阶。长期受秦桧一党打压的正直大臣一时扬眉吐气，岳飞手下大将董先拜泣：“生我者父母，全我者公也!”汤鹏举一时誉满朝野，宋高宗嘉勉汤鹏举“忠直”，敕曰：“尔以御史，皆有稽之实。予维宠之复命，往贰执法，乐予从善，朕志亦可见矣！”

绍兴二十七年（1157），汤鹏举出任参知政事，官居副宰相。不久，又知枢密院事，掌管国家军事大权。汤鹏举一方面竭力革除军中积弊，废除门第观念，提拔青年战将，并论功行赏，使得军威大振；另一方面，积极恢复、整顿和巩固边防，全面做好防御金军进攻和恢复中原的准备工作。绍兴三十一年（1161），金主完颜亮亲率大军南下，在张浚、汤鹏举等主战派的主持下，金军大败而归。完颜亮这次南侵，采取水陆两路进攻：水路部队由六百多艘战舰、七万多名士兵组成，从钱塘江直逼临安，结果被岳飞旧将李宝火烧五百多艘战舰，狼狈而逃；陆路部队由完颜亮亲自指挥，他集结了四十多万兵马渡过淮河兵临长江。汤鹏举奉命到采石矶犒军，“励将士人人思奋”，恰逢虞允文率领大军来到采石矶。虞允文带领一万八千宋兵奋勇杀敌，渡江的金兵一大半被杀死在江中。采石矶大战从早上打到晚上，异常激烈。此时，汤鹏举带领士兵在后山擂鼓，金军以为宋朝援军已到，纷纷掉头逃窜。虞允文又命三千弓箭手上船追击，金军死伤惨重。

“采石大捷”，极大地鼓舞了主战派的信心，朝中主战与主和争议再起。张浚、汤鹏举、虞允文、陈康伯等极力主张乘胜北伐，尽早收复故土。一直主张和议的宋高宗左右为难，就想了一个办法：把皇位让给儿子，自己做太上皇。结果，收复中原再次成为泡影。

在汤鹏举、虞允文等人的努力下，宋孝宗赵眘继位后，很快就下诏为岳飞平反昭雪，以隆重之礼将岳飞改葬，并寻觅岳飞后人加以录用。同年，宋孝宗下诏，让汤鹏举知贡举。汤鹏举一改历年科举徇私之弊，提拔寒门学子，为国家选出了一批优秀人才。此时的汤鹏举已经是七十多岁的老人，所以，这次科举结束后，汤鹏举就提出致仕，得到了宋孝宗的批准。退休后的汤鹏举，回到家乡居住，将范仲淹的“忧乐观”和自己的座右铭“勤以立业、俭以处贫、敬以持身、廉以报国”写成条幅挂在墙上，激励自己和后人。乾道元年（1165）冬，汤鹏举去世，享年七十八岁。汤鹏举死后，宋孝宗诏谥“敏肃”，赠金紫光禄大夫，入祀乡贤祠，敕葬溧阳县奉安乡九龙山。

汤鹏举在苏州担任平江知府只有半年时间，离任后由王会接任。

王会是秦桧的小舅子，是王唤的弟弟。王唤在担任平江知府期间，为苏州的城市建设和经济社会发展都做出了突出贡献。与哥哥不同，这个王会除了按照秦桧的意图大肆敛财外，基本上没干过什么好事。据相关资料记载，岳飞下狱之后，秦桧“使亲党王会搜刮，家无儋石之储，器用惟存尚方所赐，之外无有也”，可见岳飞虽然高居帅位，却一生清廉，家里并没有多少私藏，这让秦桧大失所望。岳飞被害后，王会先后到湖州、明州、秀州、平江等地担任知州或者知府，这些地方都是江浙最富庶的地区，王会到任后，主要任务就是置办田产，大兴土木，“置田产于湖、秀，造大宅于平江”，横征暴敛，等到离任回京的时候，就把搜刮来的钱财席卷而去，“及其还朝，席卷而去，帑藏为之一空”。好在王会在苏州仅仅待了三个月的时间，然后转任建康知府，秦桧死后就被罢职了。但是，尽管只有短短的三个月时间，王会仍然在苏州建造了豪华别墅，搜刮了不少田产和财物，可见这个王会多么贪婪。

王会离开后，孟忠厚接任平江知府。

第十三章　稳步发展

——和平岁月中的苏州经济（三）

（孟忠厚、蒋璨、陈正同）

孟忠厚，字仁仲，洺州（今河北永年）人。孟忠厚出身显赫，却生性谨小慎微；官居要职，却一直不恋权势，因此，孟忠厚一生平平淡淡，没有遇到过什么大灾大难，是南宋少有的享受了荣华富贵而又得到多数人赞许的好官。

孟忠厚是孟子的第四十七代孙，其家族在北宋时期比较显赫。孟忠厚的五世祖孟元，在宋仁宗时担任马军都虞侯、眉州防御使，死后赠太尉；四世祖孟公随，在宋神宗时担任银青光禄大夫、检校太子宾客，死后赠太师，追封晋王；祖父孟在，宋哲宗时担任安武军观察留后，死后赠太师，追封韩王；父亲孟彦弼，担任开封司录、中散大夫，封咸宁郡王，后又改封豫章郡王、吴兴郡王。

元祐七年（1092），孟忠厚姑母孟相被选为宋哲宗的皇后，朝廷开始对孟氏一家进行册封。孟忠厚的祖父孟在，原来只不过是“阁门祗侯”的小官，后因孟相被提拔为崇仪使、荣州刺史，一下子进入高官行列；孟忠厚的祖母王氏被封为华原郡君，赏赐钱、银、绢各一千。不久，朝廷第二次对孟家封赏，孟皇后的曾祖孟元被追封为温国公，曾祖母、舒国夫人范氏改为蔡国夫人，祖父孟公随被赠检校太傅、安华军节度使，又改为淮康军节度使、开府仪同三司。祖母、母亲等也都得到册封。

不仅如此，孟忠厚家族还被确定为孟子的后裔。在宋神宗以前，朝廷还没有把哪个孟姓的家族列为孟子的后裔，其原因是从战国到北宋，孟子的地位并不高，谁是孟子的后裔没人关心。但是，从宋神宗开始，孟子的地位不断提高，谁是孟子的后裔也引起了人们的关注。随着孟相成为皇后，孟忠厚一家在北宋的地位也达到了无人能敌的高度。也就在孟相被选为皇后的这一年，朝廷在册封诏书中正式确认了孟忠厚一族为孟子后裔。时任宰相苏颂在《立孟皇后册文》中写道："马军都虞侯、眉州防御使、赠太尉孟元孙女，衣冠望族，邹鲁华胄，流光储祉，钟粹邦媛，有徽柔之质，不待母师之诲，有安正之美，宜配坤极之尊。"苏颂的册封文稿一锤定音，认定了孟忠厚一家是孟子后裔。

出生在这样的家庭，少年时代的孟忠厚无忧无虑。然而，天有不测风云，这样的好日子很快就到头了。元祐八年（1093），垂帘听政的高滔滔病死，宋哲宗亲政，召章惇回朝担任宰相。章惇对旧党的怒火压抑了近十年，因此，他出任宰相后就极力打击旧党。章惇认为孟皇后是高滔滔强加给宋哲宗的，因此，在章惇的操作下，孟皇后于绍圣三年（1096）九月被废，被贬在瑶华宫的道观中做女道士。从此，孟氏一家开始走向衰落，不过这也为南宋孟氏的再次崛起埋下伏笔。

值得庆幸的是，孟皇后被废并非宋哲宗的本意，他和孟皇后之间的感情还在。宋哲宗曾说："孟皇后被废，是宰相章惇使我失误的。"说明宋哲宗在心里对废后这件事情是后悔的，只是木已成舟，也不能改变什么。所以，宋哲宗对孟皇后的家族并未落井下石，孟氏一族依然得到了宋哲宗的关照。

政和四年（1114），孟忠厚的第一任妻子、御史中丞王祖卿的女儿王氏不幸病逝，留下三个儿子无人照料，孟忠厚无奈之下只好续弦。第二年，孟忠厚娶王珪的孙女、王仲嶷的女儿王氏为妻。王仲嶷的哥哥是王仲山，也就是秦桧的岳父。所以，孟忠厚的第二任妻子王氏与秦桧的夫人王氏是叔伯姐妹，孟忠厚和秦桧之间算是连襟的关系。也许正因为这层关系，秦桧专权之后并没有怎么为难孟忠厚，虽然孟忠厚并不怎么与秦桧交好。

这王氏虽然出身豪门，却并没有大家小姐的娇气，嫁给孟忠厚之后一心相夫教子，操持家务。当时，因为孟皇后被废，孟忠厚家庭经济条件并不怎么好，尤其是靖康之难宋金交战之时，孟忠厚家更是雪上加霜，王氏几乎把自己的嫁妆全部变卖，才使一家勉强度过这段艰难的岁月。

宋徽宗宣和年间，孟忠厚担任将作少监（将作监是宋朝制作兵器的部门，少监是副职，相当于六品）的小官。靖康元年（1126），孟忠厚出任海州（今江苏连云港）知县兼卫尉卿，也正是这一年，金国开始大规模入侵北宋。在金军包围汴京之际，孟皇后所住的瑶华宫被火烧了，她只好搬到延宁宫，没想到延宁宫又发生火灾。战火纷飞的年代，没有人会关心一个废后的死活。走投无路的孟皇后只好出宫到侄子孟忠厚家求援，孟忠厚和他的父亲孟彦弼看到昔日的皇后如此落魄，心里十分难过，立即把家里最大的房子腾出来给孟皇后居住。而此时的王氏对这个姑妈更是照顾有加，宋室南渡后，王氏连续五次被朝廷封赏，与这段经历有着直接的关系。

孟皇后这次出宫虽然是无奈之举，却因祸得福，不仅逃过了被金军俘虏的厄运，而且还为自己的复出创造了条件。金军在掳走宋徽宗、宋钦宗和所有皇室宗亲的时候，因为孟皇后不在宫中，而且已是废后，所以她并没有进入金军的视野，孟皇后逃过一劫。金军撤走后，册立张邦昌为皇帝，国号“楚”。张邦昌是个文官，在朝中并没有什么威望，知道自己无法服众，所以就到孟忠厚家请孟皇后出来垂帘听政。孟皇后虽然是女辈，却非常有见识，知道伪楚作为傀儡政府，不可能长久。所以，她在出来垂帘听政之前，就派孟忠厚前往南京（今河南商丘），劝说赵构称帝。后来，赵构继位，正是打着孟皇后、后来的隆祐太后懿旨的名号。虽然这只是一个由头，但是，在封建社会帝位承袭这件事情上，如果名不正，其合法性就会受到质疑。当时正值乱世，赵构需要各方面的支持，如果自己继位的合法性有问题，号召力就会大受影响。所以，在这件事情上，隆祐太后和孟忠厚的功劳可谓至伟。

正是这个原因，赵构即位后，任命孟忠厚为显谟阁待制，孟忠厚也成为宋朝外戚中第一个担任显谟阁待制的人。显谟阁待制是国子监下面的一个文官，虽然官职并不是太高，却是才华与学问的象征。宋朝对外戚的官职有着严格的规定，不允许外戚担任实职，只能担任虚职。所以，在孟忠厚之前，没有一个外戚被任命为显谟阁待制，但是赵构却打破了祖制。孟忠厚并非通过科举进入仕途，虽然也很有才华，但依然不被那些通过科考进入官场的人所看得起。所以，赵构的这个任命马上引起了文人集团的不满，右谏议大夫卫肤敏（曾中探花）首先跳出来反对，接着台谏刘珏也站出来反对，但都被赵构驳回去了。结果刘珏以有病为由不来上朝了，随后卫肤敏也不来上朝了。时任宰相朱胜非一看势头不对，就对赵构说："陛下刚刚即位，就有谏臣辞职，这样影响不好。"中书舍人汪藻、中书侍郎张悫等人也都纷纷提出反对意见。宰相黄潜善、知枢密院事汪伯彦等人建议任命孟忠厚为武官，这样既照顾了太后的面子，也肯定了孟忠厚的功劳。但是，赵构仍然坚持自己的意见，认为孟忠厚确实有才华，任命为文官并不过分。赵构的坚持，让这帮文人更加恼羞成怒，他们继续和赵构争执不休，刘珏甚至说："孟忠厚目不识丁。"这就有点人身攻击的味道了。然而，赵构对这帮文人毫无办法。北宋本就实行重文抑武的国策，文人在执政集团中享有至高的荣誉和地位，不是哪个皇帝能够动摇的。

面对这样的局面，赵构最终做出了让步，对这些文人说："这件事情让孟忠厚自己决定吧。"消息传到隆祐太后的耳朵里，隆祐太后立即让孟忠厚去担任武职。孟忠厚这人本就不贪权势，表示愿意去担任武职。赵构这才下诏，任命孟忠厚为常德军承宣使，干办皇城司。宋朝的节度使也只是一个虚衔，并没有指挥军队的权力。孟忠厚被任命为承宣使后，只是享受待遇，主要的任务是做皇城司分内之事，就是为皇族购买日常用品。

金军虽然退回北方，但是对宋朝的威胁并没有解除，随时都有可能再次南侵。为了做好逃跑的准备，建炎二年（1128）八月，宋高宗安排隆祐太后率领后宫妃嫔先期前往杭州。孟忠厚作为主要的陪同人员，负责照顾隆祐太后的日常生活，一路护送太后和后宫妃嫔安全抵达杭州。

隆祐太后到杭州不久，宋高宗也因为金军的南侵而南逃。建炎三年（1129）正月，赵构抵达杭州，三月就发生了苗傅、刘正彦政变，苗、刘二人囚禁了宋高宗赵构，册立赵构的儿子赵旉为皇帝，由隆祐太后垂帘听政。苗、刘二人为了拉拢隆祐太后，特意赏赐给孟忠厚很多东西，却遭到了孟忠厚的拒绝。孟忠厚还专门上书，要求减少封赏，以此表示对叛军的不满。

苗、刘叛乱被平息后，朝廷对有功人员进行封赏，大臣们普遍认为，隆祐太后功劳最大，应该得到奖赏。赵鼎对张浚说："太后平息叛乱，其功最大，应该奖赏太后的家族。"于是，张浚向宋高宗上奏，升任孟忠厚为宁远军节度使。

由于金军来势凶猛，杭州并非安全之地，所以，在孟忠厚的陪同下，隆祐太后又带着后宫妃嫔逃到南昌，等金军退走后，才又辗转到越州（今浙江绍兴）。在越州期间，发生了孟忠厚被部下诬告的事情，最终因为宋高宗的信任和果决而得到圆满解决，并没有给孟忠厚带来不利影响。

事情是这样的，建炎四年（1130）八月，孟忠厚护送姑妈到达越州，随后，孟忠厚派遣自己的卫士、宣教郎范焘到附近采购物品。但是，范焘却以孟忠厚的名义骚扰州县，损害了百姓的利益。范焘回来后，孟忠厚对其进行了处罚。范焘因此而怀恨在心，决定报复孟忠厚。等到隆祐太后一行回到杭州后，范焘立即上奏，诬告孟忠厚和隆祐太后私养宋钦宗的儿子，并把他藏在暗室之中。接到这封奏疏后，宋高宗立即识破是诬告，对宰相范宗尹说："朕与太后是母子关系，母子之间没有什么值得怀疑。范焘诬陷太后，离间我们母子之间的关系，实在可恶，立即送御史台治罪。"范宗尹说："既然陛下心中坦然不疑，还不如不把范焘送至御史台。"宋高宗说："之所以要送御史台，就是因为要让天下人都知道，他是因为诬陷太后而获罪的。"同时又说："英宗和他的母亲慈圣太后、哲宗和他的祖母宣仁太后，都是被他人挑拨离间，导致两者之间相互猜忌，结果牵连了两个朝代。所以，朕不得不严惩。”绍兴元年（1131）二月，朝廷下诏，以诬陷孟忠厚和太后的罪名，将宣教郎范焘除名，安排在潮州编管。

绍兴元年（1131）三月，孟忠厚的母亲去世。几天后，隆祐太后也因病去世，孟忠厚十分伤心，上奏朝廷，要求穿双重孝服，为母亲和姑妈同时守孝三年，得到了朝廷的批准。到了六月份，朝廷以孟忠厚穿双重孝服守孝和对隆祐太后附祭祖庙有功，特赐孟忠厚为镇潼军节度使、开府仪同三司。到了第二年三月，宋高宗下诏，将朱勔在苏州留下的南园赐给孟忠厚一家居住。

绍兴三年（1133）四月，隆祐太后下葬以后，太后同姓亲属全部迁秩两级，不是同姓的亲属迁秩一级，孟忠厚因此被授予信安郡王。朝廷在诏书中说：“载考济阳之始，王虽由元舅。顾如隆祐之盛烈，特鲜近亲蔽自朕心，用作尔祉。”意思就是说：从济阳王开始，封王爵只能选择皇帝的嫡亲舅舅。但考虑到隆祐太后的功劳巨大，所以选择近亲孟忠厚封王爵，以表达我内心深处对太后的孝心。同月，孟忠厚被任命为礼仪使，奉命到温州制造太后神像，宋高宗亲自送他到皇宫南门外，宰相率领百官一直送到城外。同年九月，孟忠厚又奉旨到温州，把隆祐太后的谥册从“昭慈献烈”改为“昭慈圣献”。

绍兴四年（1134）十月，孟忠厚受命到泰宁寺，迎奉太后神像，将其安置到局势平稳又便于祭祀的越州。回到朝廷后，孟忠厚上书，乞求提拔他的门客曹云为登仕郎。对孟忠厚这个请求，朝中大臣意见不一，宋高宗对大臣们说：“昭慈圣献太后，过去在瑶华宫三十多年，应该得到恩泽封官的亲人有八十多人，但是昭慈圣献太后从来没有提出过任何要求。孟忠厚受到昭慈圣献太后的训导，从不以私事干涉朝廷，但他想到了他的门客，并且是第一次向朝廷提出要求，而且这也是符合制度规定的。既然有制度规定，就应该提拔曹云为登仕郎。”宋高宗还说：“我曾经看过汉朝、唐朝的历史，外戚乱政很严重。我朝母后的贤惠，前朝都无法相比。”宰相沈与求附和宋高宗说：“陛下目光深远，昭慈圣献太后神灵得到再安，对社稷来说其功巨大。”宋高宗接过沈与求的话头说：“前期孟忠厚应该得到的恩泽，因为战争的原因没有及时给予。等到空闲下来的时候，赐给孟忠厚一部分田产，以此安慰昭慈圣献太后的在天之灵。”于是，绍兴五年（1135）二月，朝廷赐给孟忠厚农田三十顷。

绍兴六年（1136）八月，孟忠厚被任命为德庆军节度使。绍兴九年（1139）八月，在孟忠厚的要求下，其官职调整为镇潼军节度使、开府仪同三司，出任镇江知府。按照宋朝的制度，官职达到节度使和宰相虚职的外戚，不能担任地方长官，而孟忠厚再次打破了这个祖制，可见宋高宗对他的信任。

然而，这项任命还是引起了朝廷文臣的不满，孟忠厚出任镇江知府两个月后，给事中刘一止上书说：“本朝皇后的家族里，像孟忠厚这样学识渊博的人，确实不可多得，孟忠厚担任镇江知府完全称职。但是，我朝从建国到现在，还没有外戚担任地方知府的先例，孟忠厚出任知府，打破了惯例，以后如果比孟忠厚水平低的外戚也要求当地方官怎么办?”针对刘一止的问题，朝廷专门下诏：“孟忠厚是昭慈圣献太后的近亲，本人水平很高，所以才特许他出任地方长官，以后的人不能拿孟忠厚做比较，向朝廷要官。”也就是说，孟忠厚只是特例，仅此一个，下不为例。以此封住了众人之口。

在镇江待了不到一年，孟忠厚于绍兴十年（1140）四月改任明州（今浙江宁波）知州，两个月后又改任醴泉观使。绍兴十一年（1141）四月，孟忠厚再次到地方任职，出任婺州（今浙江金华）知州，不久又改任越州（今浙江绍兴）知州，并兼管昭慈圣献太后的陵墓。同年七月，孟忠厚晋封为少保。

绍兴十二年（1142），宋金之间“绍兴和议”签订后，金国把装有宋徽宗遗体的梓宫运回南宋，孟忠厚被任命为梓宫迎送礼仪使、保庆军承宣使、知大宗正事。孟忠厚向朝廷建议，派遣一名知礼仪的官员陪同他一起前往迎接梓宫。于是，朝廷派遣太常丞吴棫随孟忠厚一同前往。吴棫是孟忠厚的妹夫，家贫无依，投靠孟忠厚。这次任命下达后，有人造谣说，吴棫与孟忠厚在一起的时候，有非常自私的行为，如果让他前去迎接梓宫，会影响南宋形象。因此，朝廷撤销了这次任命，罢免了吴棫的公职。

这件事情并没有对孟忠厚带来负面影响。为了显示对迎接梓宫的重视，朝廷还任命孟忠厚为枢密使。枢密使是宋朝管理军事的最高长官，正常情况下，作为外戚，孟忠厚无论如何都不可能担任这样的高官。但是，迎接梓宫是朝廷的最高礼仪，官员级别不够的话，无法显示对此事的重视。当时的宰相是秦桧，按理应由秦桧迎梓宫，但是秦桧害怕到了金国后被扣押，所以，朝廷才破例任命孟忠厚为枢密使。当然，这也只是一个待遇，只不过是为了显示对迎接梓宫的重视，其并没有实际指挥军队的权力。

绍兴十二年（1142）七月，孟忠厚抵达金国首都，受到隆重接待。当年十月，孟忠厚顺利将宋徽宗的梓宫迎回临安，参知政事王次翁也将宋高宗的生母接回了临安。随后，宋高宗对出使金国的有功人员进行奖赏，孟忠厚提升为直秘阁。

宋徽宗的梓宫回到临安后，孟忠厚又参与了宋徽宗的陵墓建造和安葬事宜。等此事结束后，孟忠厚要求回到枢密院上班，却未能如愿。孟忠厚虽然和秦桧是连襟的关系，但为人正直，不拍秦桧的马屁，所以，秦桧内心非常嫉恨他，并不希望他掌握实权。于是，秦桧就安排自己的亲信上章弹劾孟忠厚，理由是宋朝祖制规定，外戚不得掌握军事大权。宋高宗没办法，只好任命孟忠厚为福州知州。当时，以朱明为首的海盗十分猖獗，导致福建一带大乱。宋高宗担心孟忠厚不能消灭匪患，就把时任观文殿大学士、江南东路制置大使、建康知府叶梦得和他进行对调，由叶梦得出任福州知州，率军前去镇压海盗，孟忠厚则到建康接任知府。

绍兴十五年（1145）四月，孟忠厚提出前去祭拜先帝徽宗，得到朝廷的批准。祭拜结束后，孟忠厚准备回到临安汇报工作。在回朝的路上遇到了好友王铚，孟忠厚对王铚说："我和秦桧虽然都是王珪的孙女婿，但秦桧一直都对我存有疑心，想找借口把我排挤出朝廷。我这次回朝，该如何讲话才不会让秦桧找到攻击我的理由呢？"王铚说："元祐时期，姚麟担任蔡州节度使，曾经提出免除提举学事一官，朝廷同意了。"当时，孟忠厚还兼任直秘阁一职，直秘阁是皇家图书馆的馆长，虽然并没有什么权力，却是学识的象征。所以，回到朝廷后，孟忠厚就提出辞去直秘阁一职，得到了朝廷的批准。同年五月，孟忠厚改任绍兴知府，但是，仅仅两个月即被罢官，原因是谢表用词不当。

孟忠厚刚到绍兴不久，刚好遇到朝廷大赦加恩，孟忠厚的妹夫、左承议郎吴棫代替孟忠厚写了一道谢表，文中有“本无时才，出为世用”的字眼。谢表送上去后，御史中丞詹大方认为讲这样的话有点看不起朝廷。宋高宗让大臣们分析这句话的意思，孟忠厚知道后十分害怕，就上书为自己辩护，结果被免去了绍兴知府的职务。秦桧又派人调查，知道这篇文章是吴棫起草的，于是又罢免了吴棫的职务。吴棫是南宋著名的音韵学家，就因为这件事，结果终生都没有得到重用。

从此之后，孟忠厚看清了官场的险恶，也看淡了仕途和前程，就在家中过上了优哉游哉的日子。然而，树欲静而风不止，此后的几年，孟忠厚虽然远离官场，却遭受了家庭变故的一系列打击。孟忠厚的三子孟载，曾在抗击金军和镇压农民起义的战争中负伤，绍兴十六年（1146）十一月，伤势复发，不幸去世。绍兴二十年（1150）五月，孟忠厚的第二任妻子秦国夫人王氏病逝。连续失去爱子、爱妻，给孟忠厚带来了沉重打击，但没有击垮孟忠厚，他仍然坚守本心，好学不倦，受到朝廷官员的好评。

绍兴二十五年（1155）十月，秦桧病死，在家闲居了十年的孟忠厚，也迎来了自己的高光时刻。秦桧死后，参知政事魏良臣主持朝政。魏良臣和秦桧是老乡加同学，但是人品比秦桧好得多。魏良臣能够出任副宰相，与秦桧有着直接关系。但是，从史料上看，魏良臣也不是奸党嘴脸，秦桧死后他也并没有受到什么攻击，说明这人还算比较正直。因为史料记载不是非常全面，后人对魏良臣的评价存在严重分歧，有说他是忠臣的，也有说他是奸臣的。因为他不是本书记录的对象，此处不做过多评论。

魏良臣对孟忠厚的才华十分欣赏，所以，秦桧死后，魏良臣对宋高宗说：“孟忠厚在外戚中，算得上是最优秀的‘贤者’。”宋高宗说：“上次徽宗的梓宫南归，必须由宰相护送，可是秦桧怕死，所以才派孟忠厚出使金国。孟忠厚不辱使命，以枢密使的身份把先皇的梓宫安全护送回来。朕不打算起用外戚掌管朝政和军队，主要原因是担心万一他们出现过失，处理重了对不起亲戚，处理轻了又违背法律，造成朝政混乱。对于孟太后家的子弟，朕只打算给他们爵禄。”魏良臣说：“陛下英明，这才是对待外戚的正确方法。”于是，让孟忠厚恢复旧职，并授予孟忠厚两个儿子官职。绍兴二十六年（1156）二月，孟忠厚出任平江知府，十一月改任绍兴知府。绍兴二十七年（1157）正月，孟忠厚升任万寿观使、提举秘书省。此时的孟忠厚，已是高龄，自感精力不济，所以就提出致仕，得到了朝廷的批准。于是，孟忠厚被加封为太保后正式退休，朝廷在《孟忠厚加太保致仕》诏书中对其进行了高度评价。

孟忠厚一生没有干过什么轰轰烈烈的大事，却得到了高度评价，原因除了他是孟太后的侄子外，主要是其为人正直，清正廉洁，处事谨慎。在官不恋权，被免不气馁。出身豪门而能以平常心为人处世，确实难能可贵。孟忠厚两任妻子一共生育了七个儿子，全部被安置在江浙一带，其中第六子孟雍、第七子孟崇定居在吴县。

孟忠厚在苏州待了九个月的时间，离任后蒋璨接任平江知府。

蒋璨（1085—1159），字宣卿，江苏宜兴人。在上部介绍蒋之翰时已经提到过，宋朝时，宜兴蒋氏一族一直是望族，从蒋堂开始，人才辈出，灿若星辰，出了很多大官。蒋璨的父亲蒋之美于熙宁六年（1073）考中进士，官至太府卿，时有“不畏侯卿杖，只畏蒋侯笔”之誉。可惜天不假年，蒋璨少时蒋之美就去世了。蒋之美去世后，蒋璨就由其伯父蒋之奇抚养。

蒋璨自小就十分聪明，而且因为父亲早亡，家庭发生变故，所以学习愈加刻苦，“博览载籍，挥笔成章，尤喜为诗，亦善书”，因此，深受其伯父蒋之奇的器重。蒋之奇做到副宰相级别的大官，因此，宋徽宗崇宁五年（1106），以伯父蒋之奇的官职恩荫补授蒋璨为将仕郎（从九品的文官散官，宋朝级别最低的官员，相当于现在刚考进公务员队伍的科员），出任婺州（今浙江金华）兰溪县主簿。进入南宋后，蒋璨先后在抚州、通州（今江苏南通）、台州等地担任过地方官。当时，南宋立足未稳，宋金之间的战争持续不断。为了应对庞大的政府和军费开支，南宋朝廷加大了征税力度，使刚刚遭受战争创伤的百姓生活更加雪上加霜。对于这种杀鸡取卵的做法，当时的有识之士无不为之忧虑，纷纷上章提及此事。如周南仲上书说：“今日天下既失其半，又四川财赋不归朝廷，计朝廷岁用数千万，皆取之东南，刮骨槌髓，民不聊生。”谢祖信说：“东南之财，尽于养兵，民既困穷，国亦虚弱。”但是，尽管如此，仍然满足不了庞大的军费开支需求。因为军费短缺，出现了不少叛乱和闹事的情况。当时，蒋璨出任抚州知州，因“江西漕计空乏，军士廪食不继，一日聚而谋于转运使之庭，排门阀，击胥吏，出不逊语”。在这样的情况下，作为地方官，既要安抚百姓，又要为驻军筹措军粮，其艰辛可想而知。

离开抚州后，蒋璨又先后到通州、台州担任知州。绍兴五年（1135），负责提举淮南东西路茶盐公事。此后，又到扬州担任知州。绍兴十年（1140），出任临安知府。临安作为南宋的都城，人口越来越多，城市河道经常出现堵塞现象。在蒋璨以前，从绍兴四年（1134）开始，政府就安排厢军疏通河道。为防止下水排水受阻，转运副使马承家还奏请宋高宗同意，禁止居民将粪土、垃圾倒入河中，并安排专人进行监督。蒋璨到任后，对淤塞严重的盐桥大河和清湖河进行了疏浚，保证城市在雨季不受影响。从临安知府任上离开后，蒋璨出任两浙转运副使，又转任淮南转运副使。

绍兴二十七年（1157）二月，蒋璨以右中大夫、充集英殿修撰的官衔出任平江知府。从绍兴二十七年（1157）二月到任，到绍兴二十八年（1158）八月离任，蒋璨在苏州一共待了一年半时间。在这一年半时间里，蒋璨修建或者恢复了不少建筑。据范成大《吴郡志》记载：“池光亭，在郡宅后池北。绍兴十七年，郡守郑滋重建。池傍有小山二，东曰芳坻，郡守蒋璨建，飞白书其额；西有桧，郡守洪遵访故事植焉。”“平易堂，在小厅东挟。绍兴间，郡守蒋璨立，自书匾榜。淳熙五年，郡守单夔易以隶书。”“思贤堂，旧名思贤亭，以祠韦应物、白居易、刘禹锡，后改曰三贤堂。绍兴二十八年，郡守蒋璨建。三十二年，郡守洪遵又益以王仲舒及范文正公二像，更名思贤。”“逍遥阁，在旧凝香堂后。盖取韦应物‘逍遥池阁凉’之句。此阁旧观复堂也。逍遥额，郡守蒋璨书。后守韩彦古欲更名，乃除去旧额，而迄不果更名。”“坐啸斋，在四照亭南。绍兴二十七年，郡守蒋璨建，并书额。”

从这些记载看，蒋璨在苏州做了不少实事，为苏州城市建设做出了自己的贡献。

绍兴二十八年（1158）三月，蒋璨升为敷文阁待制（从四品的职官。蒋璨到平江府就任的时候是右中大夫、充集英殿修撰，中大夫是从四品的文职散官，集英殿修撰则是正六品的职官。虽然都是从四品，但是一个是散官，一个是职官，算是一种提拔），八月离任，十月提举洪州（今江西南昌）玉隆观，第二年去世。

蒋璨才华出众，诗、书俱佳，但是流传下来的不多。蒋璨的书法在当时非常出名，不然他也不敢在苏州这样的地方写下不少匾额。其书法流传下来的有《跋怀素自叙帖》。蒋璨著有《景坡堂诗集》十卷，但存世很少。这里录一首蒋璨的词，以飨读者。

青玉案·三年枕上吴中路

三年枕上吴中路。遣黄耳、随君去。欲过松江呼小渡。莫惊鸥鹭，四桥都是，老子经行处。

辋川图上看春暮。长忆高人右丞句。作个归期天未许。春衫犹是，小蛮针线，曾湿西湖雨。

蒋璨离任后，陈正同接任平江知府。

陈正同的生卒年和籍贯不详，记录其为官情况的史料之间有抵牾。南宋理学家胡宏的《五峰集》卷三《邵州学记》中说：“延平陈公正同，天资忠信，克世其家，作守于邵，小心恭畏，布诏行令，以明伦为先务。”从这段话看，陈正同应该是福建延平人，此人生性忠厚，处事谨慎。但是，查有关史料，北宋福建并没有邵州这个地方，湖南的邵阳在唐朝时曾设邵州，北宋时归荆湖路管辖。根据《宋会要》记载，荆湖路六府并没有邵州，不知其依据是什么。不过，本文主要是介绍陈正同的事迹，对胡宏的《邵州学记》不做深究。

最早出现陈正同名字的史籍是《建炎以来系年要录》，其中记载，绍兴七年（1137）七月十九日，福建提举市舶司陈正同罢，原因是有论者说他“资浅”。因为缺乏详细资料，笔者不知道陈正同当年多大，但是，从“资浅”二字看，当时的陈正同年龄应该不是太大，或者进入官场的时间不是太长；同时，也说明陈正同不是什么豪门出身，在朝廷中没有什么特别硬的关系，不然也不会因为资历问题而被罢职。在第一部中已经介绍过，“市舶司”是宋朝特有的管理进出口贸易的机构，相当于现在的海关。市舶司的提举是个肥差，想当这个官的人很多。正因为这个官油水多、权力大，所以很容易滋生贪腐，很多人也因此被罢职，但是，唯一以“资浅”而被罢职的人就是陈正同，可见其没有什么背景。如果是秦桧的亲戚或者同党，就不会有人敢以这个理由弹劾他了。

陈正同为官时间最长的两个地方是福建和苏州。

陈正同曾经担任建州（今福建建瓯）知州，并且做了不少事情。

一是改寺为府学。据《邵州学记》记载：“（陈正同）叹郡庠庳下，亵于嚣尘，考按厥始，乃元符中因皇华馆之旧也。公曰：‘嘻！此岂尊师重道之礼，其何以明施天子德政乎？’士子合词曰：‘神霄废宫，地势高明，栋宇宏丽，今为戒坛寺，其徒二三人，坐视废颓而加之拆毁，请更以奉先圣。’公大悦，从之。”从这段记载看，陈正同出任建州知府时，因为府学地处庳湿，故将废颓的戒坛寺改为府学。

二是修建纪念性的祠庙。据《八闽通志》记载：建安县的游御史祠是纪念宋儒游酢的，胡文定祠则是纪念宋儒胡安国的，这两个祠庙都是陈正同担任知州的时候所建。

三是刊刻书籍。方彦寿先生所著《福建历代刻书家考略》将历朝福建刻书家列了出来，其中就有陈正同，可见陈正同在福建任职期间还刊刻了书籍，为文化事业的发展做出了自己的贡献。

在苏州期间，陈正同就“身丁钱”改革提出了自己的建议。“身丁钱”就是人头税，上部已经提到过。“身丁钱”早已有之，北宋承袭了下来。但是，这项税收存在很多不合理的地方，因此，一直有人提出要进行改革，只是因为这项税收是北宋财政的重要来源，所以改革未能实现。进入南宋以后，“身丁钱”逐渐向田亩税归并和转化，特别是在江浙等发达地区，出现了用“履亩纳钱”来兴修水利工程的做法。所谓“履亩纳钱”，就是大户出钱，下户出力，利用农闲兴修水利。这一办法受到包括富户、穷人等各类民户的普遍欢迎。正是在这样的背景下，时任平江知府的陈正同于绍兴二十九年（1159）上书说：“相视到常熟县开浚堵浦，其修治田岸，系有田之家，计亩均出田米，以保永业，必无怨尤之理。”兴修水利，“以保永业”，采取的办法是有田地的人家，按照亩数平均出钱，大家当然不会有意见。所以，到了南宋中期以后，“身丁钱”也就逐渐废止了。

在来苏州之前，陈正同还出任过枢密院都承旨。据《宋会要》记载：“绍兴二十八年，甲辰，枢密院都承旨陈正同，言诸路奏谳死囚，例多降配，非是。帝曰：‘刑罚非务刻深，欲当其罪。若专姑息，废法用例，则人不知畏，非所以禁暴戢奸。可谕刑官，常令遵守成宪’。”据范成大《吴郡志》记载，陈正同出任平江知府时候的官衔是右中大夫、敷文阁待制，敷文阁待制是从四品的职官，而枢密院都承旨是五品职官，说明陈正同出任平江知府是得到提拔重用。

陈正同与南宋著名词人蔡伸关系比较密切，蔡伸是莆田人，二人是老乡，也许正是这个原因，蔡伸专门写了一首《点绛唇》相送，说明二人交往比较多，也从一个方面说明陈正同的学识不会差，不然蔡伸这样的大才子也不会专门为他写词相送。

陈正同在苏州待了不到两年时间，就提举江州太平兴国宫，此后的任职情况再无资料记载。

第十四章　稳步发展

——和平岁月中的苏州经济（四）

（朱翌、洪遵、沈介）

陈正同离任后，朱翌接任平江知府。

朱翌（1097—1167），字新仲，号潜山居士、省事老人。安徽舒州（今安徽桐城）人，晚年卜居明州鄞县（今属浙江宁波）。

朱翌的父亲叫朱载上，宋神宗元丰年间在黄州（今湖北黄冈）担任教授。当时，苏轼被贬黄州，偶然得到朱载上的诗句，很是欣赏，二人遂成为莫逆之交。据洪迈《容斋随笔》“二朱诗词”条目记载：“朱载上，舒州桐城人，为黄州教授，有诗云：‘官闲无一事，胡蝶飞上阶。’东坡公见之，称赏再三，遂为知己。”宋朝陈鹄在《耆旧续闻》中对这件事情进行了详细描述：“朱司农载上尝分教黄冈，时东坡谪居黄，未识司农公。客有诵公之诗云：‘官闲无一事，胡蝶飞上阶。’东坡愕然曰：‘何人所作？’客以公对。东坡称赏再三，以为深得幽雅之趣。异日，公往见，遂为知己。自此，时获登门。偶一日，谒至。典谒已通名，而东坡移时不出。欲留，则伺候颇倦；欲去，则业已通名。如是者久之，东坡始出。愧谢久候之意。且云：‘适了些日课，失于探知。’坐定，他语毕，公请曰：‘适来先生所谓日课者何？’

对云：‘抄《汉书》。’公曰：‘以先生天才，开卷一览，可终身不忘，何用手抄耶?’东坡曰：‘不然，某读《汉书》，到此凡三经手抄矣。初则一段事三字为题，次则两字，今则一字。’公离席复请，曰：‘不知先生所抄之书，肯幸教否?’东坡乃命老兵就书几上取一册至。公视之，皆不解其义。东坡云：‘足下试举题一字。’公如其言，东坡应声辄诵数百言，无一字差缺。凡数挑皆然。公降叹良久，曰：‘先生真谪仙才也。’他日，以语其子新仲，曰：‘东坡尚如此，中人之性，岂可不勤读书耶?’新仲尝以是诲其子辂。”从这段记载看，朱翌的父亲朱载上最终的官职是司农卿。而朱翌在诗词上有所成就，与其父亲的教导是分不开的。

朱翌也没有让父亲失望，他年轻的时候就在诗词上显露出才华。据陈鹄《耆旧续闻》记载：“待制公十八岁时，尝作乐府云：‘流水泠泠，断桥斜路横枝亚。雪花飞下。全胜江南画。白璧青钱，欲买应无价。归来也。风吹平野。一点香随马。’朱希真访司农公不值，于几案间阅见此词，惊赏不已，遂书于扇而去。初不知何人作也。一日，洪觉范见之，叩其所从来，朱具以告。二人因同往谒司农公问之，公亦愕然。客退，从容询及待制公，公始不敢对，既而以实告。司农公责之，曰：‘儿曹读书，正当留意经史间，何用作此等语耶?’然其心实喜之，以为此儿他日必以文名于世。”

朱翌曾在太学学习，主攻《周礼》。政和八年（1118），被赐同上舍出身。关于朱翌是考中进士还是被赐，有不同的说法。周必大《朱新仲舍人文集序》说：“年二十，登政和进士第。”而《宝庆四明志》记载：“朱翌，字新仲，政和八年赐同上舍出身。”多数人认为朱翌是被赐上舍生。朱翌被赐同上舍出身后，出任江宁府溧水县主簿，宣和年间转任江南东路安抚使司幕职官。当时，江南东路安抚使是王汉之，字彦昭。朱翌作为幕府文职人员，为王汉之写了不少东西。据《挥麈录》记载：“朱新仲，少仕江宁，在王彦昭幕中。有代彦昭《春日留客》致语云：‘寒食止数日间，才晴又雨；牡丹盖十数种，欲拆又芳。’皆《鲁公帖》与《牡丹谱》中全语也。彦昭好令人歌柳三变乐府新声。又尝作《乐语》曰：‘正好欢娱，歌叶树数声啼鸟；不妨沉醉，拚画堂一枕春酲。’又皆柳词中语。”

宋室南渡后，朱翌寓居在严陵（今四川内江严陵），后被任命为左从事郎。绍兴六年（1136）十月，转任为敕令所删定官。绍兴八年（1138）十月，出任秘书省正字。绍兴九年（1139）十月，转任秘书省校书郎、实录院检讨官。绍兴十年（1140）四月，被提拔为祠部员外郎；十月，转任秘书省少监；十二月又转任起居舍人。绍兴十一年（1141）七月，朱翌又以起居舍人兼实录院修撰。从事郎、删定官、校书郎都是八品职官，而祠部员外郎是正七品的职官，起居舍人则是从六品的职官。也就是说，很多年没有升官的朱翌，在一年之间连升三级，其中的主要原因是朱翌与范同交好，而范同又把朱翌推荐给了赵鼎，因此朱翌得到不断提拔，这也成为后来朱翌被贬的主要原因。在这期间，朱翌做了不少事情：一是建议修建太学；二是建议在祚德庙祭祀韩厥。韩厥是春秋时期晋国赵氏的家臣，为赵氏立下大功，因此，朱翌说：“谨按晋国屠岸贾之乱，韩厥正言以拒之，而婴、杵臼皆以死匿其孤，卒立赵武，而赵祀不绝，厥之功也。宜载之祀典，与婴、杵臼并享春秋之祀，亦足为忠义无穷之劝。”三是乞修《徽宗实录》。根据朱翌的建议，朝廷下诏：“实录院就编徽宗御制，令礼部行下诸路州军，搜访送院，从检讨官朱翌之请也。”“恭惟徽宗皇帝，躬天纵之睿资，辅以日就之圣学……发为号令，著在简篇者，焕乎若三辰之文，丽天垂光，贲饰群物，所以诒谋立教，作则万世，殆与诗书相表里，将加裒辑，崇建层阁，以严宝藏，用传示永久，其阁恭以敷文为名。”

当时，范同管理史局，朱翌负责抄录、增添和删削《徽宗实录》。也正是在这个时候，范同发现了朱翌的才华，并将他推荐给了赵鼎，朱翌这才得到提拔。然而，好景不长，绍兴十一年（1141）十一月，朱翌就被贬职，被安排到韶州（今广东韶关）居住。据《建炎以来系年要录》记载：绍兴十一年（1141）十一月丙申，“中书舍人兼实录院修撰朱翌罢，以言者论翌顷以谄事吕本中，荐之赵鼎，若以翌可恕，则小人之党日炽故也。”《宋会要辑稿》对此做了更详细的记载：绍兴十一年十一月，“范同责授左朝奉郎、秘书少监，分司南京，筠州居住。朱翌责授左承事郎、将作少监分司西京，韶州居住。臣僚言：同当执政之初，首为迁葬之谋，驱役疲民，骚动州县，州县之吏望风而迎祭者络绎于道，以朝廷执政之尊，而恃威怙权，蔑视百僚，无所不至，至于掩人主之隽功称为己有，劝人主之必杀恣为己私，阴结维城之戚，密通左右之臣，引用非人，植立党与，必欲尽排异己者而中伤忠良，故如朱翌、邵大受之徒，皆以儇轻险躁之资，甘为鹰犬厮役之态，同之所向，翌等必附之，翌等所言，同必行之，更唱迭和，共济其奸，故有是命。”

范同开始的时候是主张议和的，绍兴八年（1138）在接待金国使者的时候还“同北向再拜，问金主起居”，结果为国人不齿。正因为范同主张议和，所以才得到了秦桧的支持，被提拔为参知政事。只是后来和秦桧闹翻了，秦桧才下狠手整治他，连同朱翌一起给收拾了。其实，秦桧开始是想拉拢朱翌的，朱翌不愿附会秦桧，秦桧怀恨在心，就以是赵鼎同党的名义将他给罢免了。周必大《朱新仲舍人文集序》写道：“中忤时宰，谪居曲江十有四年。”而当时的宰相正是秦桧，所以，朱翌被贬，真正的原因就是忤逆了秦桧。

韶州地处岭南，地势北高南低，重关横锁，形势险要。当年宋军征讨南汉，南汉数万大军驱赶大象列阵于曲江莲花山下与宋军对垒，宋军虽然居高临下、气势宏伟，但也是经过血战才破了南汉的大象阵，最终占领了韶州。朱翌来到韶州，虽然并非罪犯，却是被安置性质，手中并没有权力。所以，朱翌调整自己的心态，“自放于山水，刻意文字”“昌其诗，放厥词，盖斥久穷极，益自刻苦于山水间”。朱翌游遍了岭南的山山水水，“名山胜景，游览殆”，并且写下了许多诗词。

朱翌在韶州一待就是十四年，绍兴二十五年（1155）十一月，秦桧死后他才被起复为左承议郎充秘阁修撰。朱翌被起用的原因，《建炎以来系年要录》记载说，汪澈以为是“朝廷愍其久窜岭表”，而实际上是当时徽宗御集编成使得宋高宗想起了朱翌这个人。据王应麟《玉海》记载：“绍兴二十四年十一月十七日，实录院奉诏编次徽宗御集成，上之。初，检讨官朱翌言四方以徽宗圣制来上，愿诏史官编类，仿五阁之制，藏之无穷。于是翰苑拟撰阁曰‘敷文’，至是成书。帝亲制序冠于篇首，权奉安于天章阁。”当年朱翌提出撰修《徽宗实录》，得到了宋高宗的批准，到绍兴二十四年（1154）书成，宋高宗亲自写了序。此时想起被贬到韶州的朱翌十分正常，只是秦桧专权，所以朝廷到秦桧死后才起复朱翌。

朱翌在朝中当了两年秘阁修撰后，于绍兴二十七年（1157）出任严州（今浙江桐庐、淳安、建德所在地）知州，绍兴二十八年（1158）出任宣州（今安徽宣城）知州，绍兴三十年（1160）出任平江知府。在这三个地方，朱翌都做了不少好事。周必大在《朱新仲舍人文集序》中说："公亦守睦（即严州）、宣、苏等郡，俱有惠政。"

朱翌在苏州期间，正好是宋金之间开战的时候。前文已经提到过，金主完颜亮于绍兴三十一年（1161）率金军分别从水路和陆路进攻南宋，结果都以失败而告终。当时，洪遵推荐浙西总管李宝出战，李宝部驻扎在平江，而朱翌与李宝素来不和。因为李宝是洪遵推荐的，所以朝廷就让洪遵主管平江，等李宝率军直捣胶西的时候，战争所需的器械、舟船等物资都由平江府供应。当时，朱翌主要提督海船，其他一应物资大多是洪遵筹措。不过，作为平江知府，朱翌的贡献也不容抹杀。所以，当年八月，朱翌升为敷文阁待制。

朱翌在苏州待了整整一年时间，然后再次被罢职，其原因是侍御史汪澈对其弹劾。汪澈在奏章中说："敷文阁待制知平江府朱翌本秦桧腹心之交……朝廷愍其久窜岭表，在拔拭之列，寝叨郡寄，所至不治。近差李宝往平江措置防扼海寇，翌漠然不顾，泛以武臣待之，使宝徒手无所施功，及其哀恳，亦略不介意，至烦朝廷又遣林安宅，国事安赖焉？望赐罢斥，以为不治者之戒。"但是，这段话显然与事实不符。《宝庆四明志》记载：朱翌"起知严州、宁国、平江府，撙节浮费，积缗钱四十万于平江。高宗皇帝视师江上，后守献之，有诏嘉奖。"洪适在《敷文阁待制朱翌左朝议大夫制》中说："抚字不讳其劳，循良无愧于古，虽奉祠而养气，盖迁秩之应条，其服明纶，以畅荣问。"对朱翌的评价相当高。

但是，不管怎样，因为汪澈的这篇弹劾奏章，朱翌被罢去了平江知府一职。后来，朝廷又任命朱翌为太平、潭州、泉州知州，但是朱翌都没有去赴任。从苏州离任后，朱翌卜居在鄞县，乾道三年（1167）

去世，享年七十一岁。

朱翌一生著述颇丰，有《鄞川志》五卷、《猗觉寮杂记》二卷、《五制集》一卷，其诗今存有三百六十多首，有兴趣的朋友可以找来欣赏。

朱翌被罢去平江知府后，洪遵接任。

洪遵（1120—1174），字景严，号小隐，江西饶州乐平人。洪遵的父亲洪皓于政和五年（1115）考中进士，宣和六年（1124）担任秀州（今浙江嘉兴）司录。当时，秀州发大水，作为一个从九品的小官，洪皓挺身而出，开仓赈济百姓，还冒着“不赦之罪”截留浙东送往朝廷的皇粮（纲米）用于救灾，对同僚说：“宁以一身易十万人命。”所以，尽管洪皓人微言轻，却赢得了当地百姓的爱戴，人称“洪佛子”。建炎三年（1129），洪皓以徽猷阁待制、假礼部尚书的官衔出使金国。到了金国后，洪皓即被扣留，在太原被监禁一年。在金国朝廷之上，洪皓以其胆识和辩才，详述了金国入侵南宋给国家和百姓带来的灾难，要求金国停止侵宋并与大宋议和。完颜宗翰为其才能所折服，要他降金并授予其翰林学士，命其为中京副留守等，洪皓誓死不从，宗翰又逼他到被金国招降的原济南府知事刘豫手下做伪齐官，洪皓说：“既然我做过宋朝的官，便绝不再做他国之臣，此便是我这等酸儒的气节，至死而不渝。”宗翰要将其斩首，他毫无惧色。洪皓的气节，感动了在场的金国官员，叹其为“真忠臣也”。完颜希尹之子漫带敬佩洪皓，向宗翰求情免杀洪皓，宗翰同意了漫带的请求，将洪皓流放到完颜希尹的老家冷山（今黑龙江五常东南一带）。

洪皓到冷山之后，被完颜希尹安置到一间破旧的小土屋里，生活十分凄苦。穿粗布衣服，常用野菜充饥，自己上山砍柴，若冬季大雪封山，则只能捡牛马粪取暖做饭。在困难面前，洪皓没有屈服，而是凭着毅力和智慧开荒种地，修缮房屋，种花植草，吟诗作赋，使自己的生活丰富起来。完颜希尹知道洪皓是一个难得的人才，想让洪皓当自己的助手，他威逼利诱、软硬兼施，但洪皓想尽办法与之周旋，不为所动。无奈之下，完颜希尹让洪皓教授其子女及其他女真子弟读书，使之接受先进的汉文化。教书时，由于冷山之地无书可读，又无纸张可供书写，于是洪皓便凭着记忆，在晒干的桦树皮上默写《论语》《孟子》《大学》《中庸》全文作为课本，这就是有名的“桦叶四书”，成为东北文化史上的佳话。

洪皓在北方被流放了十五年，经历了死亡的威胁、荣华的诱惑、流徙的折磨，但始终坚贞不屈。洪皓不仅是外交家，而且还是史学家和诗人，他到冷山之后，凭借完颜希尹的关系和势力，曾多次秘密派人捎书到当时囚禁徽、钦二帝的五国城看望二帝，同时，他又派人南下，把金国的风土人情、政治制度、军事情况向南宋朝廷汇报。他还利用完颜希尹让他考察金国的机会，遍游金国各地，所到之处，考察北方民族风土人情，传播先进的南方文化，写下了大量的随感和诗词，可惜在他返回南宋途中，怕被金人搜获，这些作品被他付之一炬，流传下来的只是很少的一部分。洪皓返回宋朝后，根据他在金国十五年的所见所闻写了一部杂史，名字叫《松漠纪闻》。该书分正续二卷和补遗三部分，对当时金国的山川地理、风土人情、经济物产、礼仪制度及军事等多有涉及，是介绍东北地区情况较早较全的一部书。《松漠纪闻》史学价值极高，是现在研究考证金史、辽史、东北史、北方民族史必备的书籍。洪皓在冷山期间除了教授学生之外，还以诗会友，写就了大量怀念故国、心盼南归、希望议和的诗篇，这些诗成为龙江大地上最早的汉文诗，冷山也成为最早接触汉文化的地区之一。洪皓到达冷山之后，在自家的小院中修建了一座草亭，表现了一个政治家在危境中热爱生活、祈求和平的心境。小亭建成后，洪皓邀请了冷山的都官前来做客，都官写诗赠予洪皓，洪皓回诗相赠。其中一首为：“小亭逼仄仅容身，开宴添樽有主人，爽垲何妨当九夏，芳菲可惜过三春。休嗟芍药随风陨，待看葵花向日新，万里远来逢一饱，粗胜夫子厄于陈。”这首诗充分反映了洪皓身在异乡、乐观向上、心系祖国的精神。洪皓在教授希尹子女时，与希尹的几个儿子来往甚密，关系处得很好，他们时常有诗相赠。洪皓有一百一十二首诗选进了《全金诗》，其中就有十二首诗是写给希尹诸子的，这些诗大多告诫自己的学生求学上进，立志修身，停战和平，如赠希尹之子彦深诗中写道：“折腰翘袖为公寿，愿赞监军早戢戈”“动容咏德终宵乐，从此修文定止戈。”这些诗既是写给希尹孩子们的，也是写给希尹和金朝廷的，希望的就是停战与恢复和平。

绍兴十二年（1142），南宋与金国签订了“绍兴和议”，结束了十多年的战争。第二年，金熙宗大赦天下，洪皓结束了十五年的流放生涯，回到了南宋都城临安，随即被任命为徽猷阁直学士、兼权直学士院，却被秦桧所忌恨，秦桧以论事不合为由，将其贬到地方任职，随即洪皓又被罢职，被安置在英州（今广东英德）九年时间，其间，他专心在家著书，写就大量著作。绍兴二十五年（1155）转移到袁州（今江西宜春），洪皓走到南雄州（今广东南雄）时病逝，享年六十八岁。

洪遵一共兄弟八人，其兄长叫洪适，洪遵排名老二，其他几个弟弟分别是洪迈、洪邀、洪逊、洪邈、洪邃、洪迅。兄弟八人全部在朝中为官，其中比较出名的是洪适、洪迈。洪迈是《容斋随笔》和《夷坚志》的作者，是南宋著名的文学家。

洪遵自幼就十分聪慧、稳重，而且好学不辍，“不以岁时寒暑而辍”。当时，父亲洪皓滞留漠北，母亲也不幸病故，家庭十分困难。无奈之下，兄弟八人只好到家附近的寺庙生活和学习，尽管如此，兄弟几人仍然苦读不辍，“夜枕不解衣”。后来，因为父亲，洪遵被荫补为承务郎。绍兴十二年（1142），洪遵和兄长洪适、弟弟洪迈一同来到临安参加科考，住在南山净慈院，洪遵与兄长洪适一同考中博学宏词科，并高居榜首，成为当年的状元，弟弟洪迈排名第二，成为榜眼。考试结果出来后，宋高宗说：“父在远方，子能自立，此忠义报也，宜升擢。”于是，授予洪遵为秘书省正字。秘书省正字是从八品的职官，在洪遵之前，考中进士后直接被授予馆职还没有先例。当时，秦桧的儿子秦熺主管秘书省，洪遵不肯阿附秦熺，所以，洪遵的父亲洪皓被贬出京后，洪遵也随即被外放，先后到常州、婺州（今浙江金华）、越州（今浙江绍兴）担任通判。一直到绍兴二十五年（1155）秦桧重病，洪遵才恢复为秘书省正字，也就是说，从绍兴十二年（1142）考中状元到绍兴二十五年（1155），十三年中洪遵的官职一直没有得到任何升迁。

回到朝廷没多久，当年八月，洪遵兼直学士院，刚好遇到父亲去世，洪遵就丁忧回家为父守孝。绍兴二十八年（1158），洪遵除服后被宋高宗召对，洪遵当着宋高宗的面极力为父亲喊冤，对宋高宗说："先臣与龚璹同出疆，龚璹仕于刘豫，以妄杀兵官为豫所诛，而秦桧赠以节旄，擢用其子……臣兄弟屏迹在外。桧不分忠逆如此。"宋高宗听后把责任推给了秦桧，对洪遵也只是进行勉励，说："洪某三子皆可用。"随后，拜洪遵为起居舍人，迁起居郎兼权枢密院都承旨，官衔从八品晋升到从六品。绍兴二十九年（1159），官拜中书舍人，再升三级，成为正四品职官。绍兴三十年（1160）正月，试礼部侍郎，后权兼礼部尚书，进入部级干部行列。绍兴三十一年（1161）五月，出任平江知府。在苏州待了一年后，改任翰林学士。宋孝宗继位后，授以翰林学士承旨兼侍读。隆兴元年（1163），受命知贡举，就是负责当年的科考，拜同知枢密院事。当年七月，以端明殿学士提举太平兴国宫。乾道六年（1170），出任太平州知州，转任建康知府、江东安抚使兼行宫留守。但是，时间不长又被罢职。淳熙元年（1174），提举洞霄宫，同年十一月去世，年仅五十五岁。死后谥文安，赠太师。

洪遵虽然英年早逝，而且为官时间并不长，却在历史上留下了鼎鼎大名，究其原因，主要有五：

一是宽人荐贤、尽忠职守。宋孝宗即位后，他相继担任翰林学士承旨兼侍读、知隆兴元年贡举、同知枢密院事，曾向宋廷推荐李焘、郑伯熊、林光朝等人。李焘著有《续资治通鉴长编》等书，是宋代著名的史学家。郑伯熊为绍兴年间进士，精于古人经制治法，与其兄弟等人以振兴伊洛之学为己任，是南宋永嘉学派的主要代表人物。林光朝为隆兴年间进士，是倡行伊洛之学于东南的先行者。虽这些人未被起用，但可见洪遵的眼光。绍兴三十一年（1161），完颜亮命尚书苏保衡由海道窥南宋两浙，洪遵推荐浙西副总管李宝驻兵平江府御之，因为李宝与时任平江知府朱翌不和，洪遵受命主管平江府，为李宝筹措资粮、器械、舟楫等，为其战胜金军提供了物资保证。

二是正直敢言、不附权贵。从绍兴二十八年（1158）为父守孝期满被任命为起居舍人开始，洪遵为朝廷贡献了大量建议。例如，绍兴二十八年（1158）五月，洪遵上奏，建议以经筵官除罢及封章进对、宴会赐予、讲读问答等事，全部得到采纳，这些建议被编辑成书，名为《迩英记注》。乾道二年（1166）十一月，朝廷又编辑了一本奏疏，名为《祥曦殿记注》，也是根据洪遵的建议编辑而成。洪遵以敢言著称，在皇帝面前勇于提出自己的意见。宋高宗曾说："正立法，自今功臣子孙序迁至侍从，并令久任在京宫观。"洪遵说："侍从，朝廷高选，非如磨勘阶官，安有迁序之制?"从朝廷出来后，洪遵又上书说："今内外将家无虑二十人，若以序迁，不出十年，西清次对皆可坐致。太祖开国功臣子孙不过诸司，惟曹彬之子琮、玮以功名自奋，遂为节度，初不闻有递迁侍从之例。今旨一出，使穆清之地类皆将种，非所以示天下。望收还前诏。"洪遵担任礼部侍郎、权礼部尚书时间很短，却做出了不少政绩。当时，选人、改任、升迁，吏部常常故意巧生枝节、拖延不办，以此索贿受贿。针对这种情况，洪遵明确规定，吏部上下必须照章办事，对公然索贿受贿的官员严惩不贷，一改过去的官风。洪遵为官清正，不附权贵，也不人云亦云。汤思退被罢去宰相的时候，洪遵负责草拟诏书。洪遵在诏书中客观评价汤思退，没有一句贬低汤思退的话，结果他自己却因此丢了官职。

三是忠贞爱国、积极抗金。洪遵的父亲洪皓被金国扣押达十五年之久，致使兄弟八人生活陷入困境。因此，洪遵对北宋灭亡、南宋频遭兵火，深怀切肤之痛。洪遵在中书兼承密旨的时候，有关边防战事的奏报都是第一时间上报，并且他十分关注边防守卫、军器利弊等问题，曾提出了许多切实可行的措施方案，"众谓熟于军旅者所不及者"。而对于金国使者提出的一些不合理要求，洪遵也都是据理力争、寸步不让。比如，金国曾经提出要求，索要绛阳郭小的、安化刘孝恭等二百家，洪遵认为这是无理要求，坚决予以拒绝。

四是关心民瘼、勤政爱民。不论是在朝中为官，还是出任地方主官，洪遵始终坚持以民为本，关心民间疾苦，处处为民着想。洪遵出任平江知府的时候，恰逢宋高宗前往建康巡视，沿途各州县基本上都被朝廷的禁卫兵士骚扰或者勒索，但是，这些禁卫兵士到了苏州地界后却都屏息敛迹，并且相互警告说："内翰在此，汝毋复然。"当时，朝廷曾以“虑商舶为贼得”为由，一度发出禁海令，把商船全部扣押到官府，甚至把沿海的水手和民兵也扣留起来，对江浙沿海的船民和商户造成了极大的困扰。洪遵就此事专门上书朝廷，建议“以船还商，而听水手自便”，得到了朝廷的批准。乾道六年（1170），洪遵出任太平州知州期间，因为发大水，圩田被毁，百姓失业，洪遵组织民夫对毁坏的圩田进行整修。当时，正值寒冬，洪遵亲自带着酒食到工地慰问犒劳民夫，“恩意倾尽，人忘其劳”。时任转运使的张松嫉妒洪遵的功劳，向朝廷妄奏，说毁坏的圩田还没修复，老百姓也没有得到转移安置，说洪遵责令圩田的户主自行进行修复，并裁减掉募工所需要的一半的钱米。洪遵连续上奏朝廷进行抗辩，要求朝廷派员实地进行调查。于是，朝廷派遣将作少监马希言、监察御史陈举善到太平州实地查看，揭穿了张松的谎言，洪遵带领民夫最终把毁坏的圩田全部修复好，使得当地老百姓很快安居乐业。当时，淮南一带发生旱灾，周围州县赈灾措施失当，导致百姓流离失所。洪遵受命前去处置，他一方面安置灾民，使其生活得到保证；另一方面，提请朝廷批准蠲免或减少百姓赋税；同时，还从江西等地购买大米，最大限度地减少旱灾对百姓生活的影响，活人无数。对那些趁机祸乱百姓的兵士和盗贼进行严厉打击，所以，虽然发生大灾，却无大难，洪遵受到宋孝宗的褒奖。

五是才华横溢、著作等身。洪遵家学渊源深厚，一生勤学不辍，因此，其知识面极广，一生著述颇丰。据周必大《同知枢密院事赠大师洪文安公遵神道碑铭》记载，洪遵著有《文集》八十卷，《东阳志》《东阳谱》各十卷。另据元朝马端临《文献通考·经籍考》记载，洪遵著有《泉志》十五卷、《翰苑群书》三卷、《翰林遗事》一卷、《洪氏集验方》一卷、《谱双》一卷、《小隐集》七十卷等，可见其一生著作之丰。尤其值得一提的是，洪遵在铸钱研究方面颇有建树，因此还著成《钱谱》。北宋时期，永平、永丰二监一直是主要的铸钱监。南宋初年，经过兵火之后，二监被废。绍兴二年（1132），朝廷将池州永丰监合并到饶州永平监，每年永平监铸造的钱币和并入虔州的广宁监铸造的钱币一共只有八万贯，远远低于北宋时期的铸币量。绍兴六年（1136），因为铸币量不断下降，饶州钱监也被废置。绍兴二十七年

（1157），为了扭转“钱荒”不断加剧的局面，朝廷下诏恢复饶州、赣州、韶州三州铸钱监。到了绍兴二十九年（1159），有人提出恢复永平、永丰二监，并于鄱阳设置铸钱司，负责铸钱事宜。于是，朝廷诏令刚刚除服回到朝廷担任中书舍人的洪遵一起讨论此事，洪遵建议说：“唐有鼓铸使，国朝初或以漕臣兼领，或分道置使，或厘为二司。自中兴以来，置都大提点官，事权太重，官属太多，动为州县之害。但当随时之宜，为救弊之计，间者亟行废置，事出仓卒，既罢之后，又无一定之论。”因此，建议恢复二监，并对官制进行调整。

洪遵正因为正直敢言、一心为民，宽以待人、严于律己，勤学不辍、著作等身，所以才受到时人和后世的高度评价。楼钥在《洪文安公〈小隐集〉序》中说：“公之兄为右丞相，谥文惠；弟以翰林阁老终端明殿学士，谥文敏，世称‘三洪’以比锦屏‘三陈’，而又过之。”北宋时，谏议大夫陈省华之子陈尧叟、陈尧佐、陈尧咨兄弟三人，两状元一进士。尧叟、尧佐官至宰辅，尧咨为节度使，父子同朝，一门显宦，世人称“状元宰相之家”。后人在四川阆中专门刻了一方“三陈石碑”，以纪念陈省华父子。明代蒋一葵在《尧山堂外记》中说：“‘三洪’并中词科，继入西掖，时有贺启云：‘有是父，有是子，相传忠义之风；难为弟，难为兄，俱擅词章之誉’。”类似的评价还有很多。

洪遵在苏州待了整整一年，离任后沈介接任平江知府。

沈介，字德和，浙江德清人。宋代德清沈氏家族是当地的望族，自沈严于大中祥符八年（1015）考中进士后，其后的五代子孙枝繁叶茂，不少人在朝廷为官，沈与求官至参知政事，沈复知枢密院事，沈介出任吏部侍郎、权兵部尚书，使得德清沈氏盛极一时。沈与求一生刚直不阿、尽忠职守，在朝敢于直言、善于直谏，却在党同伐异、争权夺利的旋涡中受到多次打击，年仅五十二岁就溘然长逝。与沈与求截然不同，沈介要圆滑得多，而且善于见风使舵，所以，沈介一生仕途比较顺利。

沈介的生卒年不详，其于绍兴八年（1138）考中进士，绍兴十二年（1142）又考中博学宏词科，可见作为沈氏家族杰出人才绝非浪得虚名。考中博学宏词科后，沈介被任命为敕令所删定官，第二年转任秘书省正字。此后的十多年时间，沈介一直在朝中为官，先后担任过校书郎、司勋员外郎、秘书少监等职务，官衔也从八品提升到了五品，主要原因就是沈介一直附和秦桧一党，主张和支持和议。当然，沈介虽然支持和议，也一直附和秦桧一党，却并没有做出令人不齿的事情。因此，秦桧死后，沈介不仅没有受到多少影响，反而官职不断得到提升。绍兴二十七年（1157），沈介以朝散郎的官衔出任台州知州。绍兴二十八年（1158），出任贺金正旦使。

从绍兴八年（1138）第二次出任宰相，到绍兴二十五年（1155）去世，秦桧始终立和议为“国是”，南宋因此与金国保持了长达十多年的和平局面。秦桧死后，宋高宗为了这一“国是”的继续推行，任用汤思退、沈该为宰相。秦桧死后，原来也支持和议的张浚在奉母丧归葬四川，路过江陵看到星变后，立即上书要求备边，主张积极抗金。张浚在奏疏中说：“浚虑金数年间势决求衅用兵，而吾方溺于宴安，谓金可信，荡然莫之为备。沈该、万俟卨居相位，尤不厌天下望，朝廷益轻，虽在苫块，不得不为上终言之。”张浚立即遭到了沈该等人的斥责，沈该等人认为他的言论毫无根据。而此时的沈介正好从金国返回，对宋高宗说，金国并没有备战。作为汤思退、沈该的党羽，沈介的说法，为他们主张和议、打击主战派提供了有力的支持，也使处在犹豫之中的宋高宗松了一口气。

但是，沈介的这一谎言很快就被揭穿了。据《宋史·黄中传》记载：绍兴二十九年（1159），黄中“充贺金生辰使，还，为秘书少监，寻除起居郎，累迁权礼部侍郎。中使金回，言其治汴宫，必徙居见迫，宜早为计。上矍然。宰相顾谓中曰：‘沈介归，殊不闻此，何耶?’居数日，中白宰相，请以妄言待罪。汤思退怒，语侵中。已乃除介吏部侍郎，徙中以补其处。中犹以备边为言，又不听，遂请补外，上不许，曰：‘黄中恬退有守。’除左史，且赐鞍马。”《建炎以来系年要录》对此做了更详细的记载：“国子司业黄中贺金主生辰还。时金主亮再修汴京，以图南牧，沈介为贺正旦使先还，不敢言。中归为上言：‘彼国治汴京，役夫万计，此必欲徙居以见逼，不可不早自为计。’时约和既久，中外解驰，无战守备，帝闻矍然曰：‘但恐为离宫也。’中曰：‘臣见其行事，恐不止为离宫，若南徙居汴，则壮士健马，不数日可至淮上，惟陛下深图之。’宰相沈该、汤思退闻之，诘之曰：‘沈监之归，属耳不闻此言，公安得为此也？’居数日，复往曰：‘请以妄言即罪。’思退怒，至以语侵中。时中书舍人洪遵亦请密为边备，该等不听。”

其实，沈介并不是不知道实情，只是作为汤思退和沈该的同党，沈介不敢说而已。当时，完颜亮正在积极准备南侵，所以才大修汴京，准备迁都到汴京。而汤思退和沈该接任宰相后，继续贯彻秦桧的和议方针，积极培植党羽，打击异己，凡是主张备战和抗金的官员，一律在打击之列。在这样的背景下，作为汤思退和沈该的党羽，不愿透露金国的实情也就不难理解了。

但是，沈介毕竟良心未泯，自己说了假话后，心里一直惶恐不安，犹豫再三，于绍兴三十一年（1161）正月，向宋高宗上《论备敌之策封事》。在这篇长达几千字的奏疏中，沈介规劝宋高宗不可因为和议时间长而放松备战，因为金国随时都可能违背合约发动战争，如果不做好迎战的准备，到时候只能被动挨打。对如何备战，沈介也提出了四条建议：御将、训兵、先声以夺敌人之气、弃瑕以用度外之士。尤其是最后一条，针对性非常强。沈介说：“国家承平日久，崇尚礼义，激励廉耻，士大夫一行之失，清论不容，一事之愆，终身自堕，彬彬济济，美矣，顾于今日之用似未进也。而议论之士狃于素习，犹执前说，录微瑕而不顾可用，以一眚而论人终身。用人太狭，而责人太过，谁与共功名哉？臣所谓用者，非器用也，置得其地而勿遗才尔。朝廷之上，儒学之官，清望之臣，自非才行兼全，器识两茂，何以膺其选。若理财谷者，治郡县也，临边鄙也，校军旅也，如此虽大过犹将用之。十步之地，必有茂草，孰谓今日而无其人乎？或曰：‘朝廷隆礼义以范天下之人，犹违令。今而弃瑕，是诱之为过也。且罪戾之人，一闻此声，群起观望，何以待之？’臣曰不然。弃瑕而用，责其功也，非尊宠也。才可用而贳其过，责其后效，直不弃之耳。负罪而无其才者，敢几之乎？臣愿陛下及大臣议而责以求才，与台谏言而谕以使过。如此则实才辈出，何用而不可哉？”沈介的这篇奏疏，看似是就边备提出建议，实际上是对用人发表观点。这对扭转当时对人才求全责备、稍有瑕疵就终身不用的风气，有积极意义。当然，这也是沈介在为自己开脱，担心之前附和汤思退之流的所作所为影响到自己的仕途，此次上疏实际上是他心虚的表现。

为了切割自己和秦桧一党的关系，沈介在出任中书舍人之后（绍兴三十年，即1160），上奏弹劾蔡京的外甥叶林和秦桧的党羽王琰，两人被罢职后，沈介被任命为吏部侍郎。绍兴三十二年（1162），沈介以左朝奉大夫出任永州知州，七月改任平江知府。刚到苏州不久，就于当年十一月改任敷文阁直学士、四川安抚制置使、兼成都知府。

川陕地区一直是南宋抗击金国的重要战场。从建炎元年（1127）开始，金军在从东路南侵的同时，也不断派出大军从川陕地区进攻，以期绕过四川，从西南包抄南宋，但是都以失败而告终，这中间与吴家军的贡献密不可分。在金军南侵之初，张浚就敏锐地意识到了川陕的重要性，建议宋高宗重点经营川陕，使其成为南宋的重要防御屏障。正是在这样的背景下，吴玠带领弟弟吴璘积极御敌，在南宋初期的几大战役中创造了辉煌的战绩，和尚原、饶凤关、仙人关接连三胜，在总结富平血战失利的教训后，调整策略，依仗地利，扭转战局，吴家军成为鼓舞中原地区宋军顽强抗金最生动的榜样。

由于战功卓绝，吴氏兄弟不断得到朝廷重用。绍兴三年（1133），吴玠被加封为检校少保，充利州路及阶、成、凤三州制置使。此后几年，吴氏兄弟因屡胜金军，名扬陇蜀。吴玠升任定国军节度使、川陕宣抚副使。宋高宗赏给他自己穿过的战袍、用过的兵甲，在亲笔信中说："朕只遗憾相隔遥远，不得拊卿之背也。"吴家成为宋代独领风骚的军镇世家。绍兴九年（1139），吴玠死后，由弟弟吴璘接替作为统帅，被拜为秦凤路（今陕西凤翔）经略安抚使、马步军都总管、知秦州。到"绍兴和议"达成，吴璘一直镇守的兴元、兴州一带，和包括陕甘仅剩的阶、成、凤等地，成为利州路的前沿阵地。十年后，吴璘被授予开府仪同三司，同时保留御前诸军都统制、兴州知州、安抚使等实职，实实在在成为坐镇一方的大员，几乎成为两宋时期武将的特例。然而，到了宋高宗赵构朝末期和宋孝宗赵昚继位后，吴璘的赫赫声威不可能不受诸多文臣的猜疑。正是在这样的背景下，沈介被任命为四川安抚制置使，并兼任成都知府。这明显是朝廷对吴家军不信任，派沈介过去隐含着监督吴璘的意思。情况也确实如此，沈介到任后就故意和吴璘对着干，加上兵部侍郎胡铨也经常上章弹劾吴璘，吴璘只得上章请求入朝觐见，想以此表示自己对朝廷并无二心。宋孝宗亲自写信，告诉吴璘可以入朝。吴璘走到中途时，请求免去自己宣抚使的职务，并要求退休，宋孝宗没有答应。吴璘到达临安后，宋孝宗派遣宦官进行慰劳，在偏殿召见吴璘，并允许吴璘去德寿宫朝见宋高宗。宋高宗见到吴璘后感叹道："我和你是一对老君臣，你可以经常到我这里来。"两宫也都多次派人慰问吴璘，宋孝宗还让太子拜见吴璘，封吴璘为新安郡王，让他继续坐镇巴蜀，一切权力照旧。离开临安时，太上皇、宋孝宗分别设宴践行，赵构把自己的一把佩刀送给吴璘，要吴璘想念自己时就可以看看这把刀。吴璘回到巴蜀两年后病故，享年六十六岁。据《史传三编》记，吴璘临终前命家人准备遗表，请求宋孝宗"毋弃四川，毋轻出兵"，没有一句谈到家事。孝宗为其辍朝两日，追赠太师、信王，谥号"武顺"，功勋和荣耀都不逊于吴玠。此后，朝廷对吴家的信任一直没有减少，一直到宋光宗绍熙四年（1193）春，吴璘的儿子吴挺死后，吴挺的儿子吴曦在宰相韩侂胄谋划开禧北伐的时候试图要挟封王，秘密联络金朝叛宋，被负责运粮的仓官杨巨源、转运官安丙设计除掉。从此，吴家军从历史的长河中消失，吴氏也从此走向衰落。

沈介在四川虽然与吴璘作对，但也不是什么好事都没干。沈介到任后，了解民情，关心民瘼，于隆兴元年（1163）上书给朝廷，提出："四川宿兵三十年，民力凋敝，殆将不支，冀能给予接济，并蠲免四川征敛"，得到了朝廷的批准。

隆兴二年（1164），金军再次南侵，为了不让沈介掣肘吴家军，朝廷让沈介以显谟阁直学士出任鄂州知州，兼鄂岳江黄军沿江制置使。沈介以服丧为由推辞，但没有得到朝廷的批准。不久，又任命沈介为权兵部尚书，兼湖北京西制置使。当时，湖南发生李金起义，"数道大震，朝廷忧之"。乾道元年（1165）三月，朝廷任命刘珙为潭州知州、兼湖南安抚使，让他全权负责镇压农民军事宜。五月，刘珙到达潭州，准备调集各州部队镇压起义军，却遭到了各州官员的反对，他们认为：李金起事，“非湖南材官所能了也，非鄂渚羽林不可”。刘珙也意识到湖南的军力薄弱，远不是农民军的对手，只好向朝廷告急，要求增派援军，同时，写信给沈介，要求沈介发兵协助镇压起义军，并且向沈介保证：“道远贼炽，比下诏，且不及事，请以便宜出师，即朝廷以擅兴为罪，吾自当之。”刘珙愿意承担擅自出师的责任，为沈介解除了后顾之忧。所以，沈介很快就派出游奕军统制田宝、鄂州水军统制杨钦各率一部分军马前往湖南。刘珙知道后，“发夫数程外迎之，代其负任。至则犒赐过望”，既给足了来军面子，也让来军得到了实惠，大大激励了这群军士。杨钦原是钟相、杨幺起义军的重要将领，后叛降宋军，成为宋军的干将。刘珙看杨钦是个人才，就下令湖南各路军队全部受杨钦节制。在杨钦的统一指挥下，李金起义军很快就被镇压。这次起义在短时间内得到平息，与沈介的支持有着直接关系。

乾道二年（1166），沈介再次出任平江知府。在苏州待了大半年时间后，于第二年四月改任信州（今江西上饶信州区）知州，同年六月又改任潭州知州，任中与潭州百姓建立了深厚的感情，可见沈介这人还是比较亲民的。乾道六年（1170），沈介要求以本官致仕，却没有得到朝廷批准。第二年，转任左中奉大夫致仕。

第十五章　稳步发展

——和平岁月中的苏州经济（五）

（陈之茂、张孝祥、陈汉、虞允文）

沈介在苏州待了四个月就到四川任职去了，由陈之茂接任平江知府。

陈之茂（？—1166），字阜卿，江苏无锡人。陈之茂学识渊博，为人正直，敢于直言。他与秦桧进行了不懈的斗争，因此一生仕途并不顺遂，也没有当过什么大官，却在历史上留下美名。

年轻时候的陈之茂就是一个敢说敢为的人。绍兴元年（1131）十月，秦桧南归，第二年他第一次出任宰相，随即就提出了和议的主张，遭到很多人的反对。绍兴二年（1132），陈之茂到杭州参加科举考试，按照规定，每个考生都要写一篇“时务策”，就是要求考生根据当时的国家形势写一篇政论性的文章。陈之茂本就主张抗金、反对议和，所以一挥而就写了一篇反对议和的文章。陈之茂在文章中引经据典，列举割地赔款、屈膝投降给国家带来的危害，没点名地骂了秦桧等投降派是国家的罪人。秦桧知道后，气得七窍生烟，决定无论如何都不能让陈之茂考中进士。廷对的时候，陈之茂当着宋高宗的面与秦桧作对，这让宋高宗很难办。当科状元张九成“叩头殿阶，称己学不如之茂，之茂能言人不敢言，宜奖不宜黜”（有些文章称当时张九成担任主考，这与历史事实不符）。面对这样的情况，宋高宗左右为难。一方面，宋高宗和秦桧的主张是一致的，陈之茂反对秦桧，也就是反对自己，把这样的人弄在身边，整天反对自己也不是个事儿，所以，他内心是同意秦桧的意见的；但是，另一方面，张九成是当科状元，名气很大，他的意见也不能不考虑，不然弄不好这帮书生集结起来闹事，场面就没法收拾了。所以，思之再三，宋高宗想出了一个两全其美的办法：赐陈之茂“同进士出身”。这样既没让陈之茂考中，又没让他落榜；既没得罪秦桧，也没让张九成失望，可以说是皆大欢喜，唯一不高兴的当然是陈之茂。但是，陈之茂只不过是一个没有背景的书生，除了认命之外还能怎么样？

因为得罪了秦桧，所以陈之茂虽然被赐进士出身，但是并没谋到好的职位，一直到绍兴六年（1136）才出任休宁县尉（宋朝最低等的官员，为从九品职官）。陈之茂在地方一待就是十多年，他满腹学问，对经书深有研究，所以，每到一个地方就以儒学教化此地，推动了当地文化教育的发展。因为治绩突出，他逐渐被提升，后调入京城，并出任绍兴二十三年（1153）“锁厅试”的主考官。也正是这次考试，让陈之茂名扬天下。

在上部中已经对“锁厅试”做过解释，所谓“锁厅试”就是针对大员子弟、宗室后裔和在任官员的一种专门考试，因为这些大员子弟、宗室后裔和官员都是在职干部，要把办公室锁起来专门让他们参加考试，所以这种考试被称为“锁厅试”。当时，秦桧的孙子秦埙和大名鼎鼎的陆游都参加了这一次考试，而担任这次考试主考官的正是陈之茂。开考之前，秦桧把陈之茂请到自己家里，对陈之茂嘘寒问暖，非常热情，等坐定上茶后，秦桧对陈之茂说：“这次考试，我孙子秦埙也要参加。这孩子读书很用功，老师又是京城有名的学者，到时候还请你这个主考官认真看看我孙儿的考卷。如果他能考中状元，那我就高兴啦。”当时，秦桧权倾朝野，没有人敢忤逆他的意思。但是，陈之茂这人本就是个硬骨头，二十年前自己考试的时候都不怕秦桧，何况现在自己也是一代大儒，而且担任了主考官，哪有怕秦桧的道理。所以，陈之茂并没有立刻答应秦桧，只是对他说：“到时候再说吧。”

等考试结束后，陈之茂组织考官进行阅卷，发现其中有一篇文章十分出色，不仅见解独到、分析精辟，而且充满了爱国主义情怀，陈之茂毫不犹豫地就把答这份卷子的考生列为第一名。开卷之后，陈之茂才知道这个人叫陆游。不过，陈之茂还是给足了秦桧的面子，把秦埙排在了第二名。

秦桧知道结果后，非常生气，恨不得马上把陈之茂抓起来。但是，毕竟陈之茂的名气不小，这样做很容易引起公愤，所以秦桧只能把恨意留在心里，把希望寄托在第二年的复试和殿试上。为了确保自己的孙子在复试中得第一名，秦桧一方面更换了主考官，将陈之茂撤了下来，换成了自己的亲信魏师逊和汤思退；另一方面，以陆游的试卷里有破坏宋金和议的文字，会给国家带来灾难为由，将陆游逼出京城回了老家，一直到宋孝宗即位后才补授陆游进士出身。

第二年春天，复试如期举行，也如秦桧所料，在魏师逊和汤思退的操作下，秦埙被定为状元人选，不出意外的话，殿试通过后秦埙就可以成为当年的状元了。然而，千算万算，秦桧万万没想到，把秦埙拿下来的会是宋高宗。当时，主考官判定的前三名中，秦埙和曹冠的对策都是攻击程氏理学，只有张孝祥没有这么写。所以，看了试卷后，宋高宗就把张孝祥点为状元，将秦埙降为探花，将曹冠擢升为榜眼。而且，赵构还对秦桧说：“张孝祥词翰俱美。”张孝祥抢走了秦埙的状元，秦桧已是怒火中烧，当秦桧得知张孝祥的父亲张祁和自己的政敌胡寅素来交好，而张孝祥又拒绝了自己的党羽曹泳的提亲时，更是怒不可遏。于是秦桧心生一计，指使亲信诬告张祁谋反，张孝祥受到牵连被关进狱中。幸亏秦桧不久后就死了，张孝祥被无罪释放，还被任命为秘书正字。

陈之茂本就是个直言敢谏的学者，秦桧拿他也没办法，只能压着不用。一直到绍兴三十年（1160），陈之茂才被任命为秘书省著作郎，出任监察御史。宋朝的监察御史是从七品的职官，也就是说，陈之茂从考中进士到绍兴三十年（1160），二十八年的时间，职级仅仅提升了四级，可见被压制之惨。不过，此后陈之茂在宦海还算顺利。第二年，也就是绍兴三十一年（1161），陈之茂出任吴兴知府。绍兴三十二年（1162）十二月，陈之茂出任平江知府，在苏州待了四个月后，又于隆兴元年（1163）四月改任建康知府。据《吴郡志》和《景定建康志》记载，乾道二年（1166），陈之茂第二次出任建康知府，但是很快就致仕了，并于当年去世。

陈之茂离任后，张孝祥接任平江知府。

张孝祥（1132—1170），字安国，号于湖居士，历阳乌江（今属安徽和县）人。

北宋灭亡之后，大批北方士民南迁，张孝祥的父亲张祁也带着母亲、弟弟避难到了明州鄞县。绍兴二年（1132），张孝祥出生在明州鄞县桃源乡方广寺的僧房中。因为张祁只是一个小官，在鄞县也没有什么田产，所以家境十分清贫。张孝祥就是在这样的环境中成长的，王质在《于湖集序》中说："故宋中书舍人奋起荒凉寂寞之乡。"绍兴十四年（1144），张孝祥十三岁那年，一直在贫困线上挣扎的张祁举家返乡，却并没有回到故乡历阳，而是在芜湖定居了下来。芜湖地处长江以南，受到金人威胁较小，这也是张祁返乡而定居芜湖的原因之一。唐朝以后，芜湖、于湖两县的名字经常混淆，所以定居芜湖后，张孝祥自号"于湖居士"。

张孝祥自幼聪明，天资过人，被称为"神童"，《宋史》称之"读书一过目不忘"，《宣城张氏信谱传》说张孝祥"幼敏悟，书再阅成诵，文章俊逸，顷刻千言，出人意表"。绍兴十七年（1147），十六岁的张孝祥通过了乡试。十八岁时到建康跟随当时著名的学者蔡清宇学习，二十二岁那年参加省试，"再举冠里选"。张孝祥不仅天资聪明、勤学不辍，而且风流倜傥、为人不羁，王十朋评价说："天上张公子，少年观国光。高名一枝桂，遗爱六州棠。出世才成佛，修文遽作郎。长沙屈贾谊，宣室竟凄凉。"张栻称其："谈笑翰墨，如风无踪。"杨万里说："当其得意，诗酒淋漓，醉墨纵横，思飘月外。"可见青年时期的张孝祥是何等超凡脱俗、卓绝不凡。

绍兴二十四年（1154），张孝祥到杭州参加殿试，出人意料地，宋高宗把他点为状元，而把秦桧的孙子秦埙放在了探花的位置。同科进士中还有范成大、杨万里、虞允文等影响至今的南宋响当当的人物。高中状元以后，张孝祥做的两件事情，立马给张家带来了麻烦。一是立即站在主战派一方，登第后不久，张孝祥就上书为岳飞喊冤，要求朝廷为岳飞平反；二是“拒婚”，此时的张孝祥只有二十三岁，而且尚未婚配。为了拉拢张孝祥，秦桧指使党羽曹泳在朝堂上当众为其女儿向张孝祥提亲，张孝祥以“不答”来表明自己的态度，结果，得罪了秦桧。秦桧指示党羽诬陷张孝祥的父亲张祁谋反，将张祁抓起来投进监狱，百般折磨，张孝祥也因此受到牵连。好在不久秦桧就病死了，不然张孝祥这个才子可能永无出头之日。

其实，这时张孝祥心中的苦闷真是难以向他人言说。他早在十六岁时就与一个李姓女子同居，并育有一子，却一直得不到家族的承认。后来在被逼无奈的情况下才和表妹时氏结婚，在成婚前，他只能忍痛将李氏和儿子送走。李氏凄凉无助，便做了道姑。从此，两人再未见面。张孝祥对明媒正娶的妻子应该是毫无感情的，因为在他的《于湖集》中并无一词一诗一文提到时氏；相反的是，他在很多作品中，描写失去情人、痛别爱子的哀痛，虽然写得很是晦涩，但他心中的悔恨与凄凉却是很明显的。

> 送归云去雁，淡寒采满溪楼。正佩解湘腰，钗孤楚鬓，鸾鉴分收。凝情望行处路，但疏烟远树织离忧。只有楼前流水，伴人清泪长流。
>
> 霜华夜永逼衾裯，唤谁护衣篝？今粉馆重来，芳尘未扫，争见嬉游！情知闷来殢酒，奈回肠不醉只添愁。脉脉无言竟日，断魂双鹜南州。

据说这首情韵悠长的《木兰花慢》，是当年张孝祥送李氏出家时，在送别码头上写就的，从中我们可以体味出张孝祥心中那满满的无奈之情。

秦桧去世后，状元出身的张孝祥在朝中如鱼得水，连连得到提拔。从绍兴二十五年（1155）到绍兴二十九年（1159），短短四年时间，张孝祥就由承事郎、签书镇东军节度判官，到秘书省正字、校书郎、兼国史实录院校勘，再由秘书郎、尚书礼部员外郎到中书舍人，成为正四品的职官，也是皇帝身边的红人。然而，平步青云必然遭人嫉妒，放荡不羁也必然授人以柄，汪彻一纸弹劾就结束了张孝祥的仕途。被罢官后，张孝祥回到芜湖赋闲了两年。绍兴三十一年（1161），金主完颜亮在经过精心准备后，分水陆两路南侵。张孝祥虽然闲居在家，却仍然关注战局变化，写信给李显忠、王权等大将，提出自己对战略战术的看法。张孝祥的同科进士虞允文在采石矶大败金军，完颜亮也被部下所杀，金军败退北方。听闻此事后，张孝祥当即写了一首《水调歌头·闻采石矶战胜》，并在词中大呼“我欲乘风去，击楫誓中流”，表达了自己渴望建功立业的心情。采石之战后，张孝祥来到建康，拜谒了主战派重臣张浚，席上当场写了一首《六州歌头》，慷慨激昂、令人振奋，张浚为之罢席。

绍兴三十二年（1162），在张浚、虞允文等人的举荐下，张孝祥被起用，出任抚州知州。第二年五月，出任平江知府。隆兴二年（1164），张浚再次推荐张孝祥，称其“可负任事”。于是，朝廷恢复了张孝祥中书舍人的官职，随后他又转任为直学士院兼都督府参赞军事，领建康留守。当时，张浚都督江淮军马渡淮北伐，收复宿州等地，后来因为部下将领不和，在符离被金军击败。主和派势力随即抬头，秦桧党羽汤思退于七月间被任命为右相兼枢密使，议和活动也在进行中。在这种情况下，张孝祥仍然上书给宋孝宗，坚持主战收复中原，建议继续北伐。但是，当时的主和派再次掌握朝政，主战派纷纷被贬。当年四月，张浚被罢职，八月去世。十月，张孝祥被改任为建康知府。张孝祥虽然出自汤思退之门，但是汤思退仍然指使尹穑弹劾张孝祥，张孝祥因此第二次被罢官。

乾道元年（1165），张孝祥再次被起用，出任静江（今广西桂林）知府。乾道三年（1167），改任潭州知州，第二年转任荆南知府、荆湖北路安抚使。乾道五年（1169），张孝祥绝意仕途，请祠侍奉双亲，得到朝廷批准，回到芜湖退隐。

从考中状元到请辞回乡，十几年的官场生涯，张孝祥三起三落，最终还是未能实现自己的理想和抱负，只能在失望中绝意仕途，黯然离开。但是，张孝祥为官期间，不管是在朝中还是任职地方，都做出了非常突出的业绩。尤其是在出任地方官期间，张孝祥怀着“恻怛爱民之诚心”，每到一个地方，都颇有“治才”，留下了很好的官声。在抚州时，张孝祥身先士卒，一人单马与乱兵对峙，干净利落地平定了叛乱，力保一方安宁，离开抚州时，父老夹道相送。在平江知府任上，虽然“府务繁剧”，但他仍然明察决断，“庭无滞讼”。在苏州下属的县中，沿海有强宗大姓，强抢豪夺，奸诈贸利，张孝祥将大姓逮捕治罪，抄籍其家，收缴其米仓，得到粮食十万石。第二年发生饥荒，张孝祥用收缴得到的粮食接济灾民，活人无数。浙东发生大水，张孝祥两次上疏请求不要催缴积欠的赋税，得到朝廷批准，使得千万灾民得以生存。在建康时，张孝祥专心治理水患，为民请命，招抚流民，使沿江一带民乐其业。在潭州时，张孝祥关注农事，勤勉公事，善待百姓，使“狱事清静，庭无滞讼”。虽然在荆州任上时间很短，张孝祥仍然尽忠职守，加强武备，整修军塞。他筑堤防洪，设置万盈仓以储漕运。对其家乡芜湖，张孝祥更是无私捐出自己的三百亩良田筑为湖泊，疏通水道，为芜湖开通“水泽地脉”，即如今的镜湖。

张孝祥回到家乡不久，就于乾道六年（1170）七月突患急病而逝，年仅三十九岁。对于其死因，周密在《齐东野语》中说：“以当暑送虞雍公，饮芜湖舟中，中暑卒”。虞雍公是指虞允文，张孝祥与虞允文是同科进士，二人感情很深。张孝祥致仕后回到老家芜湖，虞允文前来看望，正值酷暑季节，两个人在舟中饮酒畅谈，没想到酒逢知己千杯少，因此中暑而亡，实在让人惋惜。但是，查阅虞允文的任职经历，虞允文于乾道五年（1169）即已正式拜相，乾道六年（1170）并没有出京的经历，应该不会在芜湖与张孝祥相遇，不知周密的记载依据是什么。

张孝祥是南宋著名的才子，其诗、词、文、画俱佳，尤其是其词“豪壮典丽”，开南宋豪放派诗词之先河，因此受到时人和后世学者的高度评价。张孝祥有《于湖居士文集》四十卷、《于湖词》一卷留存于世，有兴趣的朋友可以找来一睹。

张孝祥在苏州待了九个月就到建康去了，由陈汉接任平江知府。

但是，关于南宋陈汉的资料几乎没有，范成大《吴郡志》和王鏊《姑苏志》都记载：“（陈汉）右中奉大夫、直敷文阁，隆兴二年三月到任，七月主勾管台州崇道观。”也就是说，陈汉三月份到任，七月份就离开了，在苏州待了前后不到四个月的时间，至于何因离任史料没有记载。

陈汉离任后，南宋名臣虞允文接任平江知府。

虞允文（1110—1174），字彬父（一作彬甫），隆州仁寿县（今四川眉山仁寿县）人。其先祖是唐朝名臣虞世南，虞世南的七世孙虞殷曾出任隆州知州，虞氏遂定居在仁寿。

虞允文年少时就十分聪明，七岁就能提笔作文。后来，虞允文凭借父亲的官职恩荫进入仕途。但是，当时母亲正好去世，虞允文极度悲伤。考虑到父亲孑然一身，且身患疾病，因此他七年都没有出来做官，一直到父亲去世后，才于绍兴二十四年（1154）参加科举考试。考中进士后，虞允文被任命为彭州（今四川彭县）通判，后改为权知黎州（今四川汉源）、渠州（今四川渠县），就是代理两州的知州。当时，秦桧专权，蜀地的人才基本上都得不到重用。绍兴二十五年（1155）秦桧病死后，宋高宗想起用被废置的蜀地人才，中书舍人赵逵首先推荐了虞允文。于是，宋高宗召见虞允文进行廷对。虞允文在应答中，首先认为人君应该敬畏上天、安抚百姓，遵从和效法祖宗成法；其次，针对当时士大夫中的不良风气，提出在以文章、言谈、政事选用这些人时，应该分别裁汰其中的轻浮、巧伪、苛刻者，这样才能保证所选用的官员能够堪负重任；最后，虞允文极力陈述四川财赋等方面存在的弊端。虞允文的对答，让宋高宗十分高兴，他直接任命虞允文为秘书丞，后改任其为礼部郎官。

绍兴三十年（1160），金主完颜亮开始大规模增修汴京，为再次南侵做准备。但是，朱翌等人出使金国回来后却称金国并没有南侵的打算，汤思退等人也一味主和，“置边备不问”。针对这样的局面，虞允文上疏建议：“金人必将败盟，五路出兵，希望诏命重臣商议备御之策。”当年十月，虞允文以“借职”工部尚书的官衔，充贺金正使，出使金国。在金国境内，虞允文亲眼看到金人正在大规模运输粮草、打造战船，辞行时，完颜亮还说了“看花洛阳”的话，南侵之意愈发明显。回到临安后，虞允文把自己在金国的所见所闻如实汇报给了宋高宗，并请求加强淮河和沿海一线的防备。

出使金国回来后，虞允文被提拔为中书舍人、直学士院。当时的三衙管军都由宦官担任，虞允文认为：“自古以来，人主的权力，不是下移至奸臣，便是落在亲随幸臣手中。秦桧盗权十八年，秦桧死后，大权才回归陛下。近来三衙长官结交中官（指宦官），宣和、明受之鉴（指宋徽宗时的童贯典军、梁师成乱政和宋高宗南渡时的苗、刘兵变）近在眼前。”看了虞允文的奏疏，宋高宗立即醒悟过来，取消了宦官管军。

绍兴三十一年（1161），金主完颜亮率金军主力渡过淮河，进逼长江。江北宋军全线溃退，金军如入无人之境。宋高宗派同知枢密院事叶义问前往前线督促江淮军事，虞允文为督视江淮军马府参谋军事，负责协助叶义问抗敌。十一月，完颜亮大军逼近采石。淮西主帅王权获罪被免职，由大将李显忠接任为主帅，虞允文则被派往采石犒师。虞允文到采石后，见宋军萎靡不振，形势十分危急，于是对士兵发表演讲：“若金军成功渡江，你们又能逃往哪里？我军控制大江，若凭借长江天险，为何不能死里求生？何况朝廷养兵三十年，为什么诸位不能与敌血战以报效国家？”虞允文的这番话深深地刺痛了这些士兵，宋军士气为之大振。虞允文随即把散落在沿江各处无所统辖的军队统合起来，以一万八千的兵力与十五万金军在采石决战，结果大败金军，赢得了著名的“采石大捷”。看到在采石无法渡江，完颜亮只好移师扬州，虞允文又赶赴镇江阻截。此时，通过水路进攻南宋都城的金军也被南宋击败，恼羞成怒的完颜亮准备孤注一掷，下令金军三天内必须全部渡江，否则处死。当时，反对完颜亮南侵的金世宗已经控制了北方大部分地区，而连续吃败仗的金军士气十分低落，完颜亮的命令促使金军内部加剧分化。十一月二十七日，金军都统制耶律元宜杀死完颜亮，以退兵为条件和南宋修好。采石之战后，虞允文在南宋朝野上下获得了极高的声誉。

绍兴三十二年（1162）正月，宋高宗抵达建康，旋即商议回銮（即回临安府），下诏任命杨存中为江淮、荆襄路宣抚使，虞允文为副使。因朝臣反对杨存中的任命，虞允文也无法成行，所以，朝廷就改任虞允文为川陕宣谕使。陛辞的时候，虞允文向宋高宗分析形势，认为现在正是“恢复”之机，应该借机出兵中原，却并没有被一味偷安的宋高宗采纳。

虞允文到四川后，与川陕守将吴璘商议北伐大计，吴璘率军攻克凤翔，收复巩州。宋孝宗即位后，在保守派史浩等人的进言下，朝廷“欲尽弃陕西”，要求西线宋军放弃战果，“东不可过宝鸡，北不可过德顺，且欲用忠义人守新复州郡，官军退守蜀口”。虞允文力争无果，吴璘只好仓促撤退，结果被金军偷袭，损失惨重，此前收复的秦凤、熙河、永兴三路再次落入敌手。此后，虞允文前后十五次上疏，陈述陕西对于整个四川，乃至中兴大业的重要性，并强调“一旦弃之，则窥蜀之路愈多”。同时，又写信给宰相陈康伯，请求陈康伯声援，但是，陈康伯“牵于同列”，并没有给虞允文回信。宋孝宗想把虞允文召回朝中，询问川陕事宜，但是朝中当权者对虞允文多有忌惮，仅将其改授为显谟阁待制，让他出任夔州（治所在今重庆奉节）知州，在地方任职，不让他回京。但是不久，宋孝宗还是亲自下诏，叫虞允文回京奏陈自己的意见。

隆兴元年（1163）六月，宋孝宗召见虞允文，虞允文极力反对史浩弃地之说，认为“有八可战”，并用笏板在地上圈画，说明弃地的害处。宋孝宗听了虞允文的奏陈后立即醒悟过来，让虞允文以敷文阁待制出任太平州知州，随即提升其为兵部尚书、湖北京西宣抚使。七月，又改任其为湖北京西制置使。当时，宋廷遣使欲与金国议和，一意主和的汤思退又想放弃南宋控制的唐河、邓州、海州（今江苏连云港）、泗州（今江苏盱眙）四州，虞允文前后五次上疏力争，并拒绝放弃所管辖的唐河和邓州。汤思退大怒，弹劾虞允文“大言误国，以邀美名”。同时又假意请召虞允文回朝，实际上是要排挤他。没办法，虞允文只能交还印绶，请求致仕，但是宋孝宗没有同意，改任他为显谟阁学士，出任平江知府。

隆兴二年（1164），金国再次挑起战事，汤思退获罪被贬，宋孝宗后悔没有听虞允文的建议，刚好被召回的陈俊卿也举荐虞允文，说虞允文可堪大用。于是，刚于十月到任苏州的虞允文，就于十一月被宋孝宗召回临安，任命为端明殿学士、同签书枢密院事。十二月，又改授同知枢密院事、兼权参知政事。乾道元年（1165）三月，虞允文被正式任命为参知政事，仍然同知枢密院事，集军政大权于一身。然而，在这个位置上没待多久，他就因为两件事情而被罢相：一是当年金国所派的使臣完颜仲“偃蹇不敬”，虞允文请求把他杀了，但是朝廷意见不一，这事就被搁置了下来；二是宰相钱端礼收受官员李宏的玉带，牵连到了虞允文，遭到御史章服的弹劾。虞允文被罢相后，外出为宫观官，实际上是被闲置了起来。

乾道三年（1167）三月，虞允文被起复，被授予知枢密院事、兼参知政事。五月，川陕宣抚使吴璘去世，四川制置使王应辰暂管宣抚使司事务。宋孝宗担心王应辰“不习军事”，特命虞允文出任资政殿大学士、四川宣抚使，旋即又诏命虞允文仍兼知枢密院事。颁诏前，宋孝宗专门告诫虞允文：“凡事不应效仿张浚的迂阔，军前之事，你要一一亲临。”

抵达四川一个月后，虞允文又被召回临安，几个月后，朝廷再次让他去四川。临行前，太上皇赵构御书《圣主得贤臣颂》赐给虞允文，宋孝宗还亲自题跋。陛辞时，宋孝宗又将自己穿过的两双鞋子和一套甲胄赐给虞允文，可见对虞允文的期许之深。虞允文在途经郢州（今湖北钟祥）时，奏请在此地筑黄鹰山城；途径襄阳时，又奏请修缮襄阳府城。抵达四川后，虞允文遵照宋孝宗劝诫的九事，迅速开始整饬军务：一是奏请核查各部军卒，将其根据战斗力分为三级，最上级作战，中、下级负责运输辎重，老弱者则被裁汰。一次性裁汰冗兵上万人，节省军费四百万缗。而这些被裁汰的老弱官兵，如果以前有功劳的话，就安排闲散官职让其养老。二是命令利州路帅臣晁公武重新核实兴、洋两地的义军，一共得到两万三千九百多人。三是根据陕西弓箭手的训练要略，参考绍兴年间的规制，将其整理为兵书，印发给文武官员。四是奏请朝廷依据旧制分设川、秦两处茶马司，并将马政交付张松专门打理。虞允文的这些举措使川陕地区军政为之一新。

当初在枢密院时，从金降宋的将领萧遮巴建议料理军卒，虞允文曾奏请三衙对裁撤的士卒加以安抚和收编。虞允文到四川后，金、洋、兴元三地一共有两万多士卒拦路诉说被拘禁的痛苦，虞允文了解情况后，给他们分配了官田，使其安居乐业。同时，虞允文还打算联系金将姜挺、白沂，招募巩州人王嗣祖，计划联合西北各族一同进攻金国，并派番僧六彪和王嗣祖一同前往各族进行商议，却无疾而终。

乾道五年（1169）三月，虞允文被召回临安，六月，被任命为枢密使。当时，宋孝宗准备将曾觌召回朝廷，虞允文和宰相陈俊卿坚决反对，宋孝宗才不得不把曾觌改任为浙东总管。曾觌与龙大渊原是宋孝宗赵昚为建王时期的低级僚属，由于善于察言观色，深得赵昚欢心。赵昚登基后就破格提拔二人，让他们参与军机大政。朝臣纷纷上奏抨击二人不学无术、见识浅薄，但宋孝宗不但不听劝谏，还将反对的大臣降职罢官，曾、龙二人更加无所忌惮。乾道三年（1167），参知政事陈俊卿抓住曾、龙二人不法的证据（偷听、泄露机密政事），弹劾他们，宋孝宗一时气愤将二人逐出朝廷，但对二人还是念念不忘。一年后，龙大渊死去，宋孝宗想重新召曾觌回朝，遭到了包括虞允文、陈俊卿等朝中大臣的强烈反对，所以才改任曾觌为浙东总管。乾道五年（1169）八月，虞允文升任为尚书右仆射、同中书门下平章事、兼枢密使、制国用使，正式拜相。

虞允文升任宰相后，为南宋做了突出贡献，协助宋孝宗整顿吏治、发展经济、兴盛文化，为“孝宗中兴”立下了汗马功劳。

一是重用人才。虞允文最大的功绩是大力提拔和推荐了一批贤能之士。虞允文在工作和生活中，只要听到哪个人有可取的言行，就将其记录下来。他将人才分为三等，辑成《翘材馆录》一书。虞允文担任宰相期间，先后提拔和推荐了洪适、汪应辰、杨万里、胡铨、周必大、王十朋、赵汝愚、晁公武、李焘等一大批能员干吏，这些人后来大多成为南宋的重臣，有些人的事迹影响至今。乾道六年（1170）五月，陈俊卿奏请挽留因直言被外放的右正言龚茂良，结果触怒了宋孝宗，陈俊卿因此而被罢相，并暂时居住在浙江亭（今浙江杭州南白塔岭下钱塘江边），不知何去何从。虞允文求见宋孝宗，向宋孝宗详细论述君臣礼遇之道，并且跪在宋孝宗的床前为陈俊卿求情，最终使宋孝宗改变了主意，任命陈俊卿为福州知州。不过，关于陈俊卿离开朝廷的事情，《宋史·陈俊卿传》有着不同的说法。据相关史料记载，虞允文出任宰相后，在用人和对金的政策上与陈俊卿产生了不少矛盾：枢密都承旨张说为亲戚索求官职，害怕陈俊卿而不敢开口，恰巧陈俊卿休假，张说便向虞允文求官，得到了官职。陈俊卿听说敕令将要发出，吩咐属吏把它扣留下来。张说惶恐谢罪，虞允文也面有愧色，但还是为张说的亲戚请求一个官职，陈俊卿始终不允，张说深以为憾。吏部尚书汪应辰与虞允文议事时意见不合，请求离朝，陈俊卿多次奏说汪应辰刚强正直，可以出任执政。宋孝宗最初与陈俊卿意见相同，但最终还是任命汪应辰为平江知府。从此宋孝宗偏向虞允文，陈俊卿多次请求离朝任职。乾道六年（1170），虞允文又重申向金索求北宋诸帝陵寝之事，宋孝宗亲自写札告诉陈俊卿，陈俊卿奏道："陛下十分思念祖宗，想恢复故有的疆域，臣虽然愚钝无能，难道不知道热情赞扬陛下的计划吗？然而对于大事要考虑得万无一失，等一二年后，国家的力量稍强大些才可行，不敢为了迎合圣意而误国事。"陈俊卿于是闭门不出，请求离朝，孝宗让他以观文殿大学士之职出知福州。但是，不管有没有为陈俊卿据理力争，虞允文担任宰相期间，在人才举荐上还是立有大功的。

二是裁撤冗员。冗兵、冗员问题，一直是宋朝最大的弊病，也是宋朝财政的沉重负担。宋孝宗即位后，对朝廷"兵冗财匮"的现象十分忧心，虞允文和陈俊卿商议后，裁撤了三衙中的杂役和虚占军籍的冗员，并对这些被裁撤的人员进行了妥善安置，使他们心里没有怨言，因此并没有引起什么动荡。

三是索要被金国占领的土地。虞允文担任宰相之后，就与宋孝宗商议派遣使者出使金国要求归还河南之地，于是，朝廷派范成大为祈请国信使出使金国。范成大见到金世宗后，要求金国归还河南陵寝之地，并请求更定受书之仪。河南陵寝之地是北宋诸位皇帝的坟墓所在地，现在被金国占领，使者希望金世宗能将这陵寝之地还给南宋，让南宋能去祭拜，说白了就想在金国境内开一个属于南宋的特区。金世宗当然不会同意，所以就直接拒绝了。范成大没有得到想要的结果，就反复找金国商议，金世宗也有些火了，对范成大说：“土地是不能还给你们的。不过这样吧，为了表示我们对两国和好的诚意，我派三十万人马帮你们把祖坟迁到南方去吧。”得知这一结果后，宋廷上下大震，荆襄将帅纷纷奏请增兵加强边防。虞允文认为：“金国正戒于完颜亮之败，绝不敢轻举妄动，不过是虚张声势罢了。”当时，朝臣议论纷纷，但是虞允文却坚持己见不为所动，最终正如虞允文所料，金国方面并未出兵。这件事情显示了虞允文对两国形势的精准把握。

四是奏立太子。乾道三年（1167），庄文太子赵愭因病早逝后，宋孝宗一直没有再立太子。虞允文担任宰相后，多次向宋孝宗上疏，恳求及早立储。乾道七年（1171）正月，宋孝宗最终立皇三子、恭王赵惇为太子，并外放皇子赵恺为两镇节度使。

五是迁马军司牧地于镇江。侍卫马军司的牧地原在临安，但是临安作为都城本就人口稠密，加上浙江大多是山地，拿不出那么多的地方扩大养马场。于是，虞允文请求将牧地改到镇江，这样不但可以扩大养马场的规模，而且镇江靠近前线，情势危急时也便于就近调动战马渡江作战。但是，三军将士家属大多在临安，他们不想离开都城，所以，对虞允文的这项决策很不满意。虞允文的这项政策也成为后来言官攻击他的主要由头。

六是举荐朱熹入朝。乾道七年（1171）正月，工部侍郎胡铨遭谏官弹劾被免职，胡铨要求致仕。虞允文向宋孝宗上疏，请求将胡铨留下来充当经筵，就是专门为帝王讲论经史的御前讲席。于是，宋孝宗任命胡铨为翰林侍讲。没多久，胡铨向宋孝宗推荐了朱熹，宋孝宗问虞允文是否认识朱熹这个人，虞允文称赞朱熹的学问“不在程颐下”，宋孝宗随即就下诏让朱熹入朝，后来，朱熹为南宋理学的发展做出了不可磨灭的贡献。

虞允文善于举荐人才，却最终在用人上与宋孝宗产生了矛盾。乾道八年（1172），宋孝宗改左、右仆射为左、右丞相，虞允文被任命为左丞相兼枢密使、特进，梁克家升任为右丞相。虞允文曾举荐梁克家接替自己，宋孝宗没有同意，结果虞允文称病不朝，并且仍然称赞梁克家“为人靖重”，有宰相之才。宋孝宗最终任命梁克家为右丞相，但是对虞允文以病为由要挟自己，内心肯定是非常不满的。宋孝宗想任命曹勋为枢密使，写了一道手诏给虞允文征求意见："朕想用武臣为枢密官，你看曹勋如何?"虞允文认为曹勋"人品卑凡"，不可任用。随后，宋孝宗授予宠臣张说为签书枢密院事，结果右正言王希吕和御史台官员纷纷弹劾张说，宋孝宗十分恼火，手书诏书给虞允文说："与远恶监当。"意思是将王希吕贬到偏远的地方去任职。没想到虞允文把宋孝宗的诏书给驳了回去，这让宋孝宗更加恼火。看到因为此事虞允文与宋孝宗闹得十分不快，梁克家对宋孝宗说："王希吕弹劾张说，是为了维护纲纪。左相（指虞允文）援救王希吕，是为了维护国体。"宋孝宗的怒气这才稍微得到缓解，只是轻罚了王希吕，但是虞允文与宋孝宗之间的芥蒂已经没法消除了。有一次，宋孝宗诏命宰臣推选谏官，虞允文举荐了为人刚直、敢于直言，而且文采出众的李彦颖、林光朝、王质三人，但是宋孝宗很长时间不予答复。而臭名昭著的曾觌举荐了一人，宋孝宗立即就赐予其进士及第，并擢升其为谏议大夫。虞允文对此很是不快，就联合梁克家一起向宋孝宗极力谏诤，却并没有达到目的。于是，虞允文就提出辞去丞相一职，请求到地方任职。当时，宋孝宗正想收复中原，收复中原需要从东西两路同时进攻，而虞允文本就是四川人，而且在四川任过职。所以，宋孝宗于乾道八年（1172）九月，任命虞允文为少保、武安军节度使、四川宣抚使，并封爵雍国公，后又赐虞允文家庙祭器，以示宠遇。

陛辞的时候，宋孝宗谕示虞允文进兵收复失地的方略，约定与虞允文会师河南。虞允文说："以后要防止朝廷内外不相呼应。"宋孝宗回答道："如果西师出兵而朕还在犹豫，那是朕辜负你；如果朕已经行动而你仍在犹豫，那就是你有负于朕。"宋孝宗还亲临正衙酌酒、赋诗，为虞允文送行，可见对虞允文的期许之深。

虞允文于第二年抵达成都，正式就任节度使、宣抚使。当时，四川宋军每人每月领米一石五斗，不够士兵养家。虞允文知道后，捐出宣抚司钱三十万购买大米，按照士兵家中人口赠给米粮。虞允文还订立户马（从北宋开始，朝廷下诏让民户养马，然后由朝廷购买以供军用）七条，广泛搜买马匹，为北伐做准备。以前，四川北部有一名巨寇，率领数万人活动于商、虢二州之间，后来在虞允文担任宰相的时候归顺南宋。虞允文到任四川后，这个巨寇又派人到四川进行联系，希望能够为朝廷效力，但不知何因虞允文未予理睬。这位巨寇只好继续在商、虢地区为非作歹。后来，他密谋去金国作盗，没想到密谋泄露，被金国暗中逮捕。这事被时任宰相叶衡奏报给了宋孝宗，虞允文上疏为自己辩解，并请求罚奉以示惩戒，宋孝宗未予答复。宋孝宗一直期待虞允文能够北伐收复中原，但是，虞允文到四川一年多时间，并没有北伐的计划。宋孝宗曾下密诏催促，但虞允文以军需尚未完备为由加以回复，让宋孝宗十分失望。

淳熙元年（1174）六月，因积劳成疾，虞允文不幸去世，享年六十五岁。宋孝宗得知虞允文的死讯后十分伤心，为之辍朝，并追封虞允文为少师。宋孝宗虽然为虞允文的死而伤心，但是对虞允文没能及时出兵还是一直耿耿于怀，“凡宣抚使饰终之典，一切不用”。到虞允文举荐的赵雄出任宰相后，赵雄屡次为虞允文申辩，称其有志于恢复，但不幸去世，才无法完成使命，然而宋孝宗却始终没有回答。一直到淳熙四年（1177），宋孝宗在白石阅军，赵雄奏称军中都是年少健壮之人，宋孝宗才感叹道：“之前虞允文进行裁汰之法，如今才见成效。只谈采石一事，也是奇绝。”第二年，赵雄拟请加赐虞允文赠谥，宋孝宗虽然同意了，但删去赵雄所拟诏书中“久在相位，实著勋劳”八个字，将所赠太师改成了太傅，谥号“忠肃”。庆元元年（1195），宋宁宗重新追赠虞允文为太师。

第十六章　快速崛起

——“隆兴和议”之后的平江知府（一）

（沈度、沈介、姚宪、徐嚞、汪应辰）

“采石之战”宋军大获全胜，再次扼制了金军的南侵，但是，宋金之间的关系并没有发生任何变化。隆兴元年（1163）三月，金国左副元帅纥石烈志宁致书张浚，要求“凡事一依皇统以来旧约（指‘绍兴和议’）”，并索取采石之战前后被宋军攻占的淮北州郡和贡赋，而对南宋提出的关于地位平等和重议划分疆界的要求，却直接加以拒绝。面对这样的局面，宋孝宗决定对金作战，以求改变南宋的臣属地位。同年四月，宋孝宗命令张浚督军北伐，开始的时候，宋军势如破竹，迅速占领了灵璧、虹县、宿州，震动了金国朝野。于是，金国迅速反扑，两军在宿州战成平手，没想到关键时候副将邵宏渊不仅按兵不动，而且还制造谣言动摇军心，导致将士纷纷南逃，宋军以失败而告终，史称“符离之战”。

“符离之战”的失败，不仅挫伤了南宋抗金派的意志，而且使得议和活动又开始进行，秦桧党羽汤思退重新上台出任右相后便竭力主和。汤思退的议和举动得到了太上皇赵构的大力支持，汤思退随即出任左相，主战的张浚虽然也升任为右相，并且极力反对议和，也得到了宋孝宗的支持，但无奈汤思退有太上皇的支持，而且汤思退还拿太上皇压制宋孝宗，“请上以社稷大计，奏禀上皇而后从事”。这让宋孝宗心中十分恼火，他在汤思退的奏折上批示：“敌无礼如此，卿犹欲和。今日敌势非秦桧时比，卿之议论秦桧不若。”但是，面对北伐的失败，宋孝宗心里也清楚，除了议和之外也没有其他办法。所以，宋孝宗下诏“朕以太上圣意，不敢重违”，安排人员暗地里进行议和活动。隆兴二年（1164）十一月，汤思退被罢相，后死在了贬途之中。通过南宋使者的斡旋，南宋在与金国议和的草约中，表明不再向金称臣，“请正皇帝号，为叔侄之国，易岁贡为岁币，减十万”。十二月，南宋使者将正式国书送往金国。乾道元年（1165）正月，南宋国书面呈金世宗。因议和活动基本上是在隆兴二年（1164）完成，所以史称“隆兴和议”。

“隆兴和议”虽然是宋金达成的和议中最接近于平等的和议，但毕竟是不平等条约，而且是在太上皇赵构的干预和强迫下签订的，所以，宋孝宗心中一直愤愤不平，决定一方面积极备战，以战争来达到收复中原、一雪国耻的目的；另一方面，整顿吏治，慎选官员，兴修水利，发展生产，轻徭薄赋，重视民生，这一系列措施使宋孝宗在位期间成为整个南宋政治最清明、经济最繁荣、文化最兴盛的时期，史称“孝宗中兴”。

整个孝宗朝，政局平稳、经济繁荣，但是朝臣之间的斗争仍然不可避免。首先是主战派和主和派之间的斗争持续不断，不过，在虞允文去世后，宋孝宗就把治国重点由军事转向了内政，主和成为主流。其次是理学派与反理学派之间的斗争也很激烈。宋孝宗对理学不予支持，以“士大夫好高论而不务实”“士大夫微有西晋风”加以批评，所以尽管理学派在南宋得到蓬勃发展，但是因为宋孝宗的不支持，其在朝堂之上势力并不大。然而，奇怪的是，士大夫却“偏爱之”，很多宰相如张浚、史浩、龚茂良、梁克家、陈俊卿、周必大等人，都是朱熹的好友，所以，理学派的势力并不弱，尤其是到了周必大和王淮出任宰相之后，两派因为宋高宗丧事和对金的礼仪发生直接冲突，矛盾从此公开化。斗争的结果是反理学的王淮被罢相，这使得南宋理学进一步壮大。宋光宗即位后，周必大罢相，史浩出任宰相，首先攻击周必大一党，随后又大力提拔理学派，从此，理学派自身出现分化，斗争加剧。最后是皇权与相权之间的矛盾出现了新的变化。宋孝宗鉴于秦桧的专权误国，即位后对宰相既重视又警惕，先后罢免了很多或能力不足、或忤逆自己、或权力威望过大的宰相，使皇权得到不断提升。但是，皇权和相权之间的矛盾是一直存在的。朝中这些矛盾和斗争的存在，不可能不对主政地方的官员带来影响。但是，总体上讲，孝宗朝是南宋朝局最为稳定的时期，这为苏州的快速崛起创造了良好的外部条件。

北宋中期以后，苏州即已发展成为江南第一大都市。金军南下时，苏州城几乎化为废墟，经济社会遭到毁灭性打击。但是，毕竟苏州的老底子还在，文脉依然，山河依旧，加之北方士民大规模南逃，在一定程度上弥补了苏州因战争而造成的人口损失，苏州的经济社会文化很快就得到恢复。从绍兴元年（1131）到隆兴元年（1163），三十多年间，在历任知府和苏州百姓的努力下，苏州的城市建设在有序进行，经济，尤其是农业得到不断恢复。宋孝宗即位后，任用贤能，轻徭薄赋，发展生产，为苏州经济的快速发展创造了良好的条件。南北文化、技术的交融，促使农具和种子得到不断改良；水利设施的兴建、田间管理的加强，极大地提升了土地的产出效益；棉花的引进、农家肥的增效、渔业的发展，推动苏州很快成为江南最为富庶的地区之一，最终形成了“苏湖熟，天下足”的局面。

虞允文离开苏州后，沈度接任平江知府。

沈度，字公雅，湖州武康（今浙江德清）人。沈度的生卒年不详，为官情况史料记载很少。历史上叫沈度的人很多，其中最有名的是明朝的大画家沈度。也许正是因为明朝的沈度名气太大，关于宋朝沈度的情况也就没有多少人去关注了。

其实，宋朝的沈度虽然名气不大，但是为人为官和做学问都是响当当的。从零散的史料看，沈度曾跟随宋朝大儒陈渊学习了二十多年，在理学上颇有造诣，学问是很高的。乾道四年（1168），沈度在担任建宁（今福建南平）知府期间，帮助朱熹创立社仓，说明二人关系匪浅。

沈度为官清廉、公正无私。绍兴年间，沈度曾出任余干（今属江西上饶）县令，“有善政”。隆兴二年（1164）十一月，沈度以直秘阁出任平江知府。当年，沈度花费钱三十万贯、米九万多石，组织开挖昆山、常熟十浦，并使之与长江相连。第二年，沈度又开挖江浜的缺口，并开昆山、常熟各个浦口以通大海，彻底解决了影响农业生产的水患问题。另外，沈度在苏州期间还对苏州古城建设做了一些力所能及的事情。据范成大《吴郡志》记载：“思政堂，旧名东斋。绍兴三十年，郡守朱翌建。隆兴间，郡守沈度更名复斋。绍熙三年，郡守沈揆更今名，自书曰扁榜。”

离开苏州后，沈度还出任过建宁、临安知府，最后的官职是兵部尚书。在临安期间，沈度对西湖进行了治理。据《宋史》卷九十七《河渠志》七《东南诸水》载：“九年，临安守臣言：‘西湖冒佃侵多，葑菱蔓延，西南一带，已成平陆。而濒湖之民，每以葑草围裹，种植荷花，骎骎不已。恐数十年后，西湖遂废，将如越之鉴湖，不可复矣。乞一切芟除、务令净尽；禁约居民，不得再有围裹。’从之”。

沈度在多地为官，每到一个地方都有善政：一无荒土；二无游民；三无冤狱，时人称为“三善”。因此，沈度去世后，后人在德清建造了一座厅堂用于纪念他，取名叫“三善堂”。

因为资料匮乏，笔者对沈度无法做全面介绍。仅从这些零散的史料看，沈度对苏州城市和经济文化的发展贡献了自己的力量，值得我们好好挖掘和纪念。

沈度在苏州待了两年时间，离任后由沈介再次接任平江知府。沈介在苏州任职大半年时间就离开了，由姚宪出任平江知府。

姚宪（1119—1178），字令则，会稽嵊县（今浙江嵊州）人。

姚宪的父亲叫姚舜明。姚舜明于绍圣四年（1097）与吕颐浩同一年考中进士，曾担任过昆山、华亭县令。宋徽宗宣和三年（1121）担任婺州通判权州事的时候，遇到方腊起义，所以就迁居到了诸暨。宋钦宗靖康元年（1126），姚舜明由直秘阁、提点两浙刑狱升任为监察御史，时值金军围攻汴京，秦桧欲上书金军主将粘罕，乞求保存赵氏一脉。秦桧找到姚舜明，希望他一同署名上书，却遭到了姚舜明的拒绝，秦桧从此怀恨在心，以至于祸及姚舜明的儿子。

建炎元年（1127），赵构在南京应天府（今河南商丘）即位，建立南宋。不知何因，担任衢州知州的姚舜明给宋高宗上疏，为张邦昌辩护，结果被贬秩两级，随即又被任命为提点江南东路刑狱。建炎四年（1130），姚舜明出任江州（今江西九江）知州兼本路安抚制置使。第二年，姚舜明屯兵建康，负责长江防守。当年十月，当李成部将马进攻陷江州的时候，姚舜明从建康逃走，结果导致端明殿学士王易简等二百多人遇害。但是，不知何因，姚舜明并没有因此受到责罚，反而被任命为右司员外郎，除直龙图阁、发运副使，随后又被任命为左司郎中，以秘阁修撰充江淮荆浙随军转运使，再被提拔为权户部侍郎，绍兴五年（1135）去世。

姚舜明有四个儿子，姚宏、姚宽、姚寓、姚宪。四个儿子中，姚寓没有史料记载，其余三子都进入仕途，但是，因为姚舜明与秦桧的关系，长子、次子都受到了直接影响。

姚舜明的长子姚宏，字令声，宣和年间在太学学习的时候，有一个叫妙应的僧人对姚宏说："君不得以令终。候端午日伍子胥庙中，见石榴花开，则奇祸至矣。"意思就是说，你不能在端午节这天到伍子胥庙中，如果见到石榴花开，必然会遇到灾祸。一开始姚宏在杭州担任税监（相当于现在的税务局局长），三年都不敢登临吴山，后来姚宏被任命为江山县令，去赴任之前，姚宏从诸暨到越州（今浙江绍兴）拜访太守，回来的时候刚刚出城几里地，就遇到狂风暴雨，姚宏赶紧到路边的小庙里避雨，进去后，看到庭院中石榴花盛开，颜色非常鲜艳，于是就询问庙祝，回答说："此伍子胥庙。"当天正好是五月初五。姚宏听闻后，想起当初那个僧人的话，心中骇然，情绪非常低落，赶紧上车回到了家里。

当时，正值秦桧专权，姚宏屡屡求官而不得。户部尚书张如莹和姚宏是表兄弟，姚宏找到张如莹去做工作，张如莹找秦桧说情，秦桧把当年姚宏的父亲不肯与他一同上书给粘罕的事情说了出来。张如莹把秦桧的话告诉了姚宏，姚宏说："现在秦桧所传上书的内容与当时上书的内容完全不一样，不然家父当年也不会不署名的。他现在这么说只不过是为了美化自己、欺骗他人，用于掩饰当年的嘴脸。”没多久，这话传到了秦桧的耳朵里，秦桧大怒，就想找个理由整治姚宏。当时，姚宏调整官职，出任衢州江山县知县，刚好遇到天下大旱，有人向姚宏自荐说能以法术招来雷雨，姚宏就让他试试看，结果果然招来了雷雨。这本来是造福百姓的事情，没想到秦桧指使当地的百姓上告姚宏，说他以妖术惑众，结果姚宏被抓到了大理寺，死在了狱中。

姚舜明的次子叫姚宽，字令威。姚宽从小就十分出名，后来以父亲的官职恩荫补授官职，刚进入官场就受到当时名流的礼遇，吕颐浩、李光都把他招为幕僚，当时的户部侍郎傅崧卿以主管机要文字的属官邀请姚宽入职，但是姚宽坚辞不就。当时秦桧专权，因为和姚宽父亲的恩怨，一直压着姚宽不用。好在姚宽的兴趣不在官场，而且姚宽比他的兄长心胸要宽广得多，“不屈己求进”。后来由贺允中、徐林、张孝祥推荐，姚宽进入监奏院六部，权尚书户部员外郎兼权金仓二部屯田郎、枢密院编修官。

比起两个兄长，姚宪要幸运得多，因为姚宪进入官场的时候，秦桧已经去世，秦桧的余党汤思退虽然也曾经掌握朝中大权，但对姚宪的仕途并没有带来大的影响。姚宪并非通过科举进入官场，而是以父任恩荫进入官场。刚进入官场的时候任承务郎、监临安府粮料院，隆兴元年（1163）出任秀州（今浙江嘉兴）知州，上疏请求开挖园田，并对州县港渎进行疏浚，为当地水利建设和农业发展做出了贡献。乾道三年（1167）五月，姚宪出任平江知府，乾道五年（1169）三月改任两浙转运判官。乾道六年（1170），姚宪出任临安知府，第二年，改任为谏议大夫，临安知府由胡昉接任。乾道八年（1172），姚宪和曾觌受命以祝贺金主上尊号的名义出使金国，并附带提出更定“受书之礼”，也就是要求改变“绍兴和议”中南宋的臣属地位，遭到金国的断然拒绝。七月份，姚宪一行回到南宋，宋孝宗立即下令让沿边各军加强防备，不得遣返间谍、招纳降叛。随后，姚宪被提拔为签书枢密院，没多久又加中书舍人、左谏议大夫、龙图阁直学士、敷文阁待制等官衔。乾道九年（1173）六月，姚宪又被提拔为端明殿学士、签书枢密院事。第二年四月，姚宪晋升为中大夫、参知政事，进入最高决策层。

但是，姚宪刚担任参知政事没多久，朝廷上下就议论纷纷，传说姚宪与台臣詹亢宗等人合谋诬陷宰相曾怀，想要取而代之。因为这个事情，刚刚担任参知政事两个月的姚宪被罢职，以端明殿学士的官衔闲居宫观，七月份朝廷又责令姚宪到南唐军居住，实际上是要把他看管起来。好在这事并没有什么实据，所以过了几年，淳熙三年（1176），姚宪被起复出任泉州知州，在任期间为梁克家（前任宰相）立衮绣坊。淳熙四年（1177）姚宪以端明殿学士出任江宁知府，后转任两浙转运使。淳熙十一年（1184），因为结交叛降官员再次被罢职。此后，姚宪闲居家乡十几年，于庆元三年（1197）去世。

姚宪在苏州待了两年后就改任两浙转运判官了，由苏州西山堂里古村始祖徐嘉接任平江知府。

徐嘉，字吉卿，浙江衢州人。徐嘉的生卒年不详，其为官经历和生平事迹散见在《宋史》《建炎以来系年要录》以及一些地方志之中。从这些散乱的资料看，徐嘉曾担任过使金馆伴使、建宁知府、绍兴知府、平江知府、吏部尚书等职务。能够成为正部级官员，说明徐嘉的官运还是不错的，但是《宋史》没有给他立传，说明徐嘉的影响并不大。而徐嘉的官运不错，一方面得益于他的叔叔徐徽言的影响；另一方面则和徐嘉善于迎合秦桧有着直接的关系。

徐嘉的叔叔是宋朝十大抗金名将之一的徐徽言。宋徽宗大观二年（1108），徐徽言参加武举科考，因为艺压群雄而力拔头筹，“武举绝伦及第”，成为该年度的武科状元，也是北宋最后一个武举状元。考中武状元后，徐徽言先后出任保德军监押等职，并于靖康元年（1126）升任为武经郎，出任晋宁军知军、兼岚（指岚州，即今山西岚县）石（指石州，即今山西离石）路沿边安抚使。金军第一次围攻开封的时候，宋钦宗割让山西三府给金国，作为金军退兵的条件。消息传到山西后，当地军民震惊悲愤，守臣和上民纷纷抵制这一决定，徐徽言毅然率领部下收复了河西路麟、府、丰三州以及岚、石等州县。第二年，北宋灭亡后，徐徽言与汾、晋等地民间勇士数十万相约收复失地，并向已经即位的宋高宗赵构建议：“定全晋则形胜为我所有，中原当指期克复，机不可失。”但是一心南逃的宋高宗并没有采纳徐徽言的建议，而是从东路一路逃走。金军西路主帅娄宿久攻徐徽言不下，就胁迫徐徽言妻子的舅舅折可求到城下劝降，徐徽言站在城头挽起弓箭对妻子的舅舅说："尔于国无情，我与尔有何情？不独我无情，此箭矢更无情！"说罢，一箭射中折可求，然后率领士兵冲杀出城，斩杀了娄宿的儿子才收兵回城。此时，河东各州府全部沦陷，唯独晋宁孤城屹立，徐徽言率部与金军鏖战数十次，杀、伤、俘金军无数，晋宁号称"天下之险"。金军侦查得知城内饮用的是从城外流入城内的河水，于是就用石头和竹、木、草填埋河道，使得城内水源被切断，粮食也渐渐不支。在极其艰苦的条件下，徐徽言激励将士忍受饥渴和伤病的痛苦，与金军死战到底。但是，当时北方已经全部落入金军之手，外援已无可能。徐徽言知道在内无粮草、外无援军的情况下，自己很难坚守太久，所以就命令士兵将军械全部毁掉，以免落入敌人之手。徐徽言知道自己必死无疑，所以就写信给其兄长徐昌言，勉励他为国效力。后来，徐徽言的一个部下变节投敌，偷偷开启城门，金军攻入城内。徐徽言知道大势已去，就在自己家里堆满柴火，放火烧死了自己的妻子和儿子。做完这一切后，徐徽言拔剑自刎，结果被部下夺下了手中佩剑，正好金军攻入，徐徽言不幸被俘。

金军主帅娄宿一向敬重徐徽言的为人和胆识，所以，徐徽言被俘后，娄宿百般诱降，对徐徽言说："如能归顺，可世代统率延安，管辖全陕。"面对高官厚禄，徐徽言大义凛然地回绝道："我受国厚恩，为国而死，死得其所，岂能向尔等屈膝！"娄宿见利诱不成，就改为武力威胁，但是徐徽言软硬不吃、痛骂不止。娄宿无计可施，知道徐徽言不会屈就，只好命令士兵将徐徽言射杀了。得知徐徽言的死讯后，宋高宗抚几震悼，叹道："徐徽言报国死封疆，临难不屈，忠贯日月，过于颜真卿、段秀实远矣，不有以宠之，何以劝忠，昭示来世。"于是，追赠徐徽言为晋州观察使，谥"忠壮"，再赠彰化军节度使。

正是因为叔叔徐徽言，徐嘉虽然附会秦桧，在秦桧死后，却仍然得到提拔重用。据《建炎以来系年要录》等记载，秦桧一直痛恨赵鼎、张浚和胡寅，赵鼎死后，秦桧就想拿赵鼎的儿子出气。绍兴二十五年（1155），秦桧已经病得不轻了，却仍然不忘整治自己的对手。当年十月，宋太祖赵匡胤的五世孙赵令衿看了秦桧所著的《家庙记》，顺口说了一句"君子之泽，五世而斩"，结果被人告发。当时担任御史的徐嘉受秦桧指使，揭发赵鼎之子赵汾与赵令衿关系密切，于是赵汾被抓到大理寺监狱，百般进行拷问，"拷掠无全肤"，又让赵汾自污与张浚、李光、胡寅密谋造反，然而，在严刑拷打之下，赵汾至死不从。因此事受到牵连的多达五十三人。好在秦桧没几天就病死了，其党羽也纷纷被贬黜。秦桧死后，宋高宗曾说过两段话："台谏风宪之地，振举纲纪，纠逖奸邪，密赞治道。年来用人非据，与大臣交党，而济其喜怒，甚非耳目之寄。""王葆、徐嘉、王复，虽言官，所荐皆出桧意。"可见，宋高宗对徐嘉附会秦桧是心知肚明的。但是，秦桧死后，徐嘉并没有受到牵连和处罚，与其叔叔徐徽言在宋徽宗心目中的地位有着直接关系。

绍兴三十二年（1162），洪迈受命出使金国，徐嘉作为馆伴使，随同洪迈一起出使。出使金国回来后，徐嘉先后出任建宁知府、绍兴知府、建康知府。在建宁期间，正好遇到灾荒。为了赈灾，当时还在建宁的朱熹一方面向慈善户劝募粮食然后按照平常的价格卖给灾民，另一方面上书建宁知府徐嘉，请求发放常平仓的存粮，救济灾民，恢复生产，得到了徐嘉的采纳。

乾道五年（1169）四月，徐嘉出任平江知府。徐嘉素喜游山玩水，所以，到任平江知府后，在工作之余游遍了苏州的山山水水。徐嘉曾多次到西山游玩，浩渺的太湖和西山岛上优美的环境，让他十分迷恋。后来，徐嘉的原配夫人毛氏病故后，他就把墓址选在了西山的堂里村，命人在这里挖了两个墓穴，右边安葬了毛氏，左边的留给了自己，并嘱咐儿子："异日必葬我于是"。徐嘉离任平江知府没多久就去世了。几年后，徐嘉的儿子遵照他生前的意愿，将父亲安葬在了西山堂里村早就准备好的墓穴中，徐嘉的次子徐大本带着一家老小落户西山堂里。从此，徐氏一脉便在西山繁衍生息，成为当地的大族之一。徐嘉安葬在堂里后，苏州的达官显贵、巨商富户也纷纷效仿，到西山堂里造房起屋，这里便逐渐形成集镇。到了几百年后的清朝，徐嘉的后代对祖屋进行了重建。清乾隆四十四年（1779），徐氏后代在康熙年间建造的祖屋地基上扩建住宅。道光元年（1821）正厅竣工，取名“仁本堂”，即现在的雕花楼。咸丰三年（1853），徐嘉的后代徐敬之在仁本堂左侧建起了新屋。如今，西山雕花楼已是苏州著名的游览胜地。

徐嘉在苏州待了整整一年时间就离开了，由汪应辰接任平江知府。

汪应辰（1118—1176），字圣锡，信州玉山（今江西玉山）人。汪应辰是南宋著名的官员、诗人和散文家，因此，关于汪应辰的研究文章很多。汪应辰一生只活到五十九岁，却留下了很多事迹，归纳起来，主要有五个方面：

一是高中状元和高宗赐名。汪应辰从小就十分聪明，五岁的时候就能读书，尤擅对对联，不假思索，语出惊人。因为家里比较穷，没有油点灯，他就经常捡柴火点燃看书。自己买不起书，就从别人那里借来读，而且过目不忘。汪应辰原名汪洋，高中状元之后才被宋高宗赐名为汪应辰。汪应辰中状元的时候年仅十八岁，可谓是少年得志。绍兴五年（1135），汪应辰参加殿试，宋高宗以吏道、民力、兵事作为考题，汪应辰在策论中写道：“治道不在言多，顾力行何如耳。”“行有不得，皆反求诸己。吾之一身即正，则天下心悦而诚服。若风草之必偃，自然之理也。”“得十人之心者，可以将十人，得百人之心者，可以将百人，得千万人之心者，可以将千万人。”“而天下之心亦未易服也，刑威不可得而制，权势不可得而胁，惟人主力于为善，勤于进德，始足以服其心尔。”宋高宗读了汪应辰的策论后，以为是个老成持重的中年人，唱名时才发现是个毛头小伙子，非常惊讶，于是就赐名“应辰”。

二是得罪秦桧和仕途蹉跎。汪应辰考中状元后，宋高宗准备授予其官职，让他留在京城。时任宰相赵鼎觉得他太年轻，过早出任京官未必是好事。于是向宋高宗建议：“姑且让他到京城外任职，培养他成为栋梁之材。”宋高宗觉得赵鼎说得有理，就任命汪应辰为镇东军签判。按照宋朝的惯例，状元是不用按照等级一步步等待提拔的，可以破格任用。但从汪应辰开始，所有考中状元的人都要先到地方任职，锻炼一年半载后才能调回京城。经过一段时间的锻炼后，汪应辰被召回京城，被任命为秘书省正字。当时，秦桧极力主张与金和议，汪应辰上书说："和谈不成功不是应该担忧的事情，和谈成功了，因此而不加防范才是最可怕的。有不同的意见并不可怕，不同的意见没有了，上下相互欺骗才是最可怕的。即使和谈成功了，边疆还是要提高警惕，不可因为签订了和议，使将帅滋生骄纵之心，认为可以修整军队，让老百姓休养生息了。如果出现这样的情况，即是忘了原来的耻辱，难道不要想想将来意料之外的祸患吗？不要以为与金和好了就没有忧患了，而要常常想到忧患而加强防备。"奏折送上去后，秦桧很不高兴，贬汪应辰为建州（今福建建瓯）通判，后来他又先后到静江府、袁州（今属江西宜春）、广州等地担任通判。汪应辰在地方一待就是十七年，一直到秦桧死后，汪应辰才被召回京城，被任命为吏部郎官，转任右司。因为母亲年事已高，汪应辰自请到婺州（今浙江金华）担任知州。母亲去世后，汪应辰在家守孝三年，除服后回京出任秘书少监，后晋升为权吏部尚书、户部侍郎兼侍读，任内裁减冗员、推崇节俭，并多次上疏言事，结果又得罪了权臣，只好再次要求外放，被任命为福州知州。没多久，在虞允文的推荐和保举下，汪应辰以敷文阁直学士出任四川制置使、成都知府。离开福州的时候，汪应辰推荐朱熹代替自己出任福州知州。在成都期间减免赋税、抚慰百姓、政绩卓绝，因此，任满后被调入京城，提升为吏部尚书兼翰林学士。但是，汪应辰因为一心为公、直言善谏、敢于兴利除弊而再次得罪权贵，所以只能再次到地方任职，以端明殿学士出任平江知府。刚到苏州不久，韩玉（南宋词人，本来是金国人，绍兴初年携家眷南渡成为宋人）奉旨到边界检查战马，路过苏州的时候，汪应辰没有特别招待，韩玉回京后，密告宋孝宗，说所到州县，没有像平江府那么乱的地方，结果汪应辰连连被贬。在失望之余，汪应辰以有病为由，坚决要求退休，于淳熙三年（1176）病死在寓所，享年五十九岁，死后被谥"文定"。

三是崇尚理学和举荐朱熹，为理学的发扬光大做出了贡献。汪应辰从小学习就十分刻苦，入仕后又拜著名的学者张九成为师，在学术上更加精进。张九成是绍兴二年（1132）的状元，因为不附权贵、主张抗金、反对议和，为秦桧所忌，被贬官谪守邵州（今广东韶关），没多久又以"谤讪朝政"的罪名谪居南安军十四年，秦桧死后才被起用为温州知州，但是因为直谏不被采纳愤而辞官，回到家乡一心研究学问。张九成创办了海宁第一所书院——张文忠公书院，讲授经史。因为和张九成的这层关系，汪应辰和当时的名人多有交往，年轻的时候从喻樗、吕本中、胡安国等人游，后又与吕祖谦、张栻等为友。值得一提的是，汪应辰是朱熹的从表叔，二人常在一起研究学问。《宋元学案》之中立有《玉山学案》，而汪应辰是玉山学派的领袖。时称“东南三贤”的朱熹、吕祖谦、张栻都尊称汪应辰为师，可见汪应辰在当时的影响之大。汪应辰去世后，朱熹、吕祖谦均赶往衢州哭祭，张栻远在衡阳遥祭。汪应辰著有文集五十卷，现存《文定集》二十四卷。汪应辰离开福州的时候，专门举荐朱熹代替自己，为朱熹的仕途发展、学术研究，以及南宋理学的发展做出了贡献。

四是乐善好贤与笃信友爱。上文已经提到，汪应辰与当时的名流和大家多有交往，而且一生都与他们保持着非常好的关系。张九成被贬后，没人敢与之交往，只有汪应辰时常前去慰问。张九成的父亲去世的时候，汪应辰不远千里前往吊唁。汪应辰刚考中状元的时候，曾经受到赵鼎的赏识，为此，汪应辰对其一直怀着感恩之心。赵鼎被秦桧害死后，其家属扶丧经过袁州，一路上没人敢出面相助。只有汪应辰公然作文祭奠，在祭文中说：“惟公两登上宰，皆直艰危之时；一斥南荒，遂为生死之别。事已定于盖棺，恩特容于归骨。”又借给赵家兵卒，帮助赵鼎的儿子护丧。为此，秦桧一党指责汪应辰为赵鼎一党，要整治他。此时，胡寅写了一封公开信，说汪应辰曾受知于赵鼎，写祭文表示悼念乃是人之常情。秦桧见公论如此，这才放过了汪应辰。汪应辰一生写了不少诗词，其中有不少作品都体现了其“好贤乐善，尤笃友爱”的思想品格和个性。如《挽宣抚吴郡王》：“节义家传久，艰难始见忠。一心惟殉国，百战竟平戎。环列周庐肃，官仪道路同。细看麟阁上，谁得似初终?”一方面歌颂了吴郡王精忠殉国的品格，另一方面辛辣嘲讽了那些不能坚定不移、始终如一的人。另一首《分韵送胡丈归建康》表现了诗人与朋友的至诚至深之情：“先生高卧武夷巅，一旦趋朝岂偶然。报国自期如皦日，归田曾不待来年。怀铅共叹扬雄老，鞭马今输祖逖先。册府风流久寥落，送行始复有诗篇。”这并非一般迎来送往的应酬之作，而是主客情感共鸣的产物，所以读来给人以真挚诚恳之感。

五是死葬他乡与高度评价。汪应辰死后并没有葬回老家江西玉山，而是葬在了浙江常山球川。中国人向来讲究“叶落归根”，汪应辰何以会死后葬在他乡呢？其原因有二：一是陪伴母亲。因为家里贫困，汪应辰自小就被迫过继给族人，一直到汪应辰母亲去世的前一年才解除过继关系。过继关系解除后，汪应辰将母亲接到自己身边奉养，母亲死后便葬在了常山。因为一生没有尽到孝道，汪应辰深感愧疚，所以，死后就葬在了母亲身边，永世陪伴。二是风水先生选定。汪应辰去世，朱熹和南宋著名的堪舆学家蔡元定在衢州超化寺祭奠汪应辰后，独自一人到石岩寺与吕祖谦相会十天，潜心研究理学。而这十天时间中，蔡元定走遍了附近的山水，为汪应辰选定了墓地。

汪应辰死后受到后世史家的高度评价，脱脱在《宋史·汪应辰传》中说：“应辰接物温逊，遇事特立不回”，“刚方正直，敢言不避”，“学术精醇，尤称骨鲠……皆事上忠而自信笃，足以当大任者，惜不尽其用焉”。但是，像汪应辰这样学富五车、正直敢言，而又不会变通的人，在宋朝那样的官场上，志向得不到实现、才能得不到展示是十分正常的。

汪应辰在苏州仅仅待了四个月时间就被贬职了，由魏杞出任平江知府。

第十七章　快速崛起

——“隆兴和议”之后的平江知府（二）

（魏杞、向沟、邱崈、方滋）

魏杞（1120—1183），字南夫，寿州寿春（今安徽寿县）人。魏杞儿时遭遇靖康之难，其祖父随驾南迁，魏家由开封迁徙至明州鄞县碧溪（今属浙江宁波）居住，后魏氏一脉便在江南繁衍，广泛分布于宁波、绍兴、余姚、诸暨等地。

在战火纷飞中，魏杞辗转来到宁波四明，邂逅了武翼姜公。姜公见到魏杞后，觉得魏杞天赋异禀，就问其来历。魏杞潸然泪下，对姜公说：“自己生而有母，却不能奉养膝下。”姜公听了为之动容，就把魏杞留在家中，让他跟着自己学习。在姜公的教导下，魏杞的学问越来越有长进，姜公也非常欣慰，觉得魏杞将来必有所作为，于是决定把自己的女儿嫁给魏杞。后来，魏杞以祖恩补授官职，绍兴十二年（1142）参加科举，考中进士，正式进入官场。

魏杞考中进士后，被任命为余姚县尉，任满三年后调任泾县县尉，由后来出任宰相的史浩接任余姚县尉。史浩知道魏杞家里很穷，所以就故意晚点到任，结果魏杞写信给史浩，催促他抓紧到任。史浩回信说：“我迟其行，公促我至，近世交情，所罕闻也。”被世人传为美谈。当时，余姚有巨盗，出没不定，危害乡里，魏杞用计进行围捕，正好赶上自己改任，他又不愿意将这一祸害留给下一任，虽然调令到了，但他仍然坚持捕盗。史浩到任后，将为首的九人捉拿归案。史浩立了功，却不说是自己的功劳。而魏杞也和史浩一样，对捕盗的功劳只字不提。后来，秦桧听说了魏杞的事情，非常器重他，“密为保奏”，等到朝廷封赏了才告诉魏杞。秦桧当时权倾朝野，魏杞没办法，只好接受朝廷的赏赐。

魏杞曾在晋陵（今江苏常州）担任过知县。当时，魏杞已在官场历练多年，为官做事十分老到，加之其为人正直、为官严明，所以当地百姓都非常敬服他。有一次，一个访客住在旅馆，被当地百姓告发，百姓说他是奸党，株连数百人，要求魏杞赶紧抓捕，如果晚了就会引起变故。这事传出去后，当地百姓人人惊骇，但是魏杞不为所动，他先把这个人抓起来，然后好几天都不闻不问。几天后，魏杞又把告发的人抓来，叫他指认奸党。这个告发的人说就是这个人，并且说这个人的女儿是贼首，应该立刻抓进监狱。魏杞对这件事情本就有所怀疑，听了这个告发者的话更加确信这中间有问题。于是，魏杞就对告发者进行严讯，这才知道，原来是这个告发者向对方提亲，想要娶对方的女儿为妻，被对方拒绝了，从此怀恨在心，所以就诬告他为奸党，至于其他数百人，都是他的仇家，他想借此机会一并进行整治，没想到被魏杞看穿了其中的阴谋。晋陵有个巫师，经常装神弄鬼欺骗百姓，有百姓识破巫师的诡计，这个巫师反而到官府诬告百姓不给钱财，魏杞一怒之下把这个巫师赶出了晋陵，烧了他的祠庙。有一天，突然有一个披头散发的女子哭嚎着来到县衙，跪倒在魏杞面前。魏杞赶紧上前扶起这位女子，问她有何冤情？经过询问才知道，这位女子的父亲改任到都城，坐船进入太湖后就不知去向，女子请求魏杞派人寻找。魏杞听了后，非常同情这位女子，就接了她的状子。魏杞的同僚都劝他说：“太湖这么大，谁知道他还在不在我们县管辖的范围。你接了状子找不到人的话，肯定会后悔的。”魏杞对这些意见置之不理，派出五百名官兵，并给予重赏，让他们前去搜捕，果然抓到了一批杀害这个官员的强盗，魏杞将之绳之以法，为这名女子报了仇。魏杞在晋陵三年时间，郡守换了十多个，其中有一个贪墨者，非常嫉恨魏杞，就想拉魏杞下水，却未能得逞。等到这个人因为贪墨被罢官后，当地所有的官员都欢欣鼓舞，而魏杞却在城外等着这位官员，为他准备好舟船和路费。面对魏杞，这位官员悔恨不已，也十分感动，带着一家人感谢魏杞的恩德。

后来，钱端礼（吴越王钱俶的六世孙）把魏杞推荐给宋高宗，说魏杞很有才能，可堪大用。于是，宋高宗召见魏杞，擢升其为太府寺主簿，又晋升其为太府寺丞。钱端礼受命宣谕淮东的时候，魏杞以考功员外郎随同钱端礼一同宣谕，回来后被任命为宗正少卿。被钱端礼推荐是魏杞仕途中的第一次重大机遇，而被汤思退举荐出使金国则是魏杞一生之中的最大一次机遇。

隆兴元年（1163），为了改变宋金之间的关系，宋孝宗发动了北伐战争，结果以失败而告终。汤思退趁机提出宋金议和，举荐魏杞出使金国。于是，宋孝宗召见魏杞，向他询问国家利弊和北境将帅人才，魏杞从容应答，宋孝宗非常满意，就对魏杞说："一欲得卿便使虏。"意思就是说"我想要你出使金国"。没想到魏杞拒绝出使，理由是身体不好。从朝廷回家后，魏杞的母亲了解到朝堂上的情况，对魏杞说："人臣事君，尽命而已。况天子亲擢，此汝自效时也。"魏杞这才答应出使金国，并受诏对此次出使的各项事项进行讨论，提出了十几条建议，最后归纳为四条：一正名，二退师，三减岁币，四不发归附人。陛辞的时候，魏杞对宋孝宗说："臣若将指出疆，其敢不勉。万一无厌，愿陛下勿以小臣为虑，请速加兵。"宋孝宗听后恻然良久，对魏杞说："卿虔心如此，天亦相佑，何虑不济！"

魏杞一行走到盱眙的时候，金国大将仆散忠义、纥石烈志宁正驻扎在淮河边，听说南宋有使臣到来，就派泗州知州赵房长接待魏杞一行。见到魏杞后，赵房长问魏杞这次出访的目的，并且要求魏杞出示国书。魏杞直接拒绝了，对赵房长说："书御封也，见主当廷授。"赵房长说："如果我们见不到国书，不能在此进行和议，阁下怎么能到达首都见到国主呢？"没办法，魏杞只好把国书副本拿出来给赵房长看。赵房长看了后对魏杞说："这次的国书没有'再拜'等字，不能用。南朝二三十年称臣用表，一旦欲为叔侄，且求减币帛，太无礼！"要求魏杞必须更改国书。魏杞说："御书也，臣下岂容辄改？主上以两国各有利害，天地鬼神鉴其曲直，此则有辞，非所惧也。"两个人从中午争执到晚上，互相都无法说服对方。最后，魏杞说："如果和议达成，兵祸旋弭，皆同知之功，神明亦佑。"赵房长只好把情况告诉仆散忠义和纥石烈志宁两位将军，这两位金国将军以各种手段对魏杞进行刁难和威胁，要求南宋仍然按照"绍兴和议"的条款履行合约，魏杞坚决拒绝。双方僵持不下，魏杞只能带着宋朝使团住在淮河边与金军相望。仆散忠义看到无法让魏杞屈服，就和纥石烈志宁分兵进犯山阳，南宋骁将魏胜战死，楚州也被攻陷。消息传到朝廷，宋孝宗十分愤怒，下诏用送给金国的礼物犒劳诸军，想和金军继续开战。魏杞知道一旦发生大规模冲突，必然祸及国家和百姓，于是上书给宋孝宗说："今使事大者，易名称，减岁币，不发系虏归附人，臣与虏力争，其情颇屈。若虏悔祸从约，而礼物既散，恐仓猝难办。且恐虏疑我绐，别生衅隙。"朝廷认为魏杞说得很有道理，于是就采纳了魏杞的建议，留下礼物。魏杞带着礼物继续北上，金国各地驻军多次阻拦，但是魏杞凛然不惧，最终到达燕京，把国书送给了金国国主，又和金国朝廷上下展开激烈论辩，最后迫使金国答应了南宋的要求，并于第二年达成"隆兴和议"。

从金国回来后，宋孝宗当天就召见了魏杞，"劳谕再四"，可见宋孝宗有多开心。随后，宋孝宗下诏军民："杞越疆通问，得其要领而归。淮南侵骑，已空壁而退。"太上皇赵构也在德寿宫召见魏杞，询问出使情况，并对魏杞说："朕向来亦曾奉使，备知虏情，奸诈百出。卿能一一力争，事理俱当。如奏礼物，以成今日之事，尤识事体。讫事而归，想太夫人甚喜。"

因为这次出使金国大获成功，魏杞被破格提拔为起居舍人，随后又升迁为给事中、同知枢密院事，进参知政事、右仆射兼枢密使，旬日之间从一个七品小吏升迁为万人之上的副宰相。但是，魏杞并没有居功自傲，而是"守正不阿"，协助宋孝宗处理国事，为"孝宗中兴"做出了自己的贡献。比如，前文提到的曾觌和龙大渊，因为是孝宗潜邸时的宠臣，所以胡作非为。有一次，魏杞在朝会后单独留下来对宋孝宗说："曾觌、龙大渊权势太重，宜有以抑之。"宋孝宗说："卿所言朕亦觉之，今当若何?"魏杞说："潜邸旧臣，陛下欲富贵之则可，为不当使与政事。如诸路总管，亦不为不重。"宋孝宗深以为然，不久就把二人放为外任，朝廷上下因此更加敬重魏杞的为人。又如，当时四川守将吴璘去世后，对四川兵权如何处置朝廷大臣有着不同的意见，多数人认为吴氏在川陕经营多年，军民已经习惯了吴氏的管理，应该让吴璘的儿子接任，继续管理川陕地区。魏杞说："以吴璘之忠，付以全蜀，固无可虑。璘死，诸子贤否未可知，若不乘时改辙，遂世授吴氏兵柄，他日恐为朝廷忧。"宋孝宗觉得魏杞的忧虑不无道理，于是就把川陕分为几路，从朝廷派员分别担任各路长官，确保了西疆的安全。再比如，在用人上，魏杞"各因所长，不为求全，条为科目，各适其器"。在相位上，魏杞先后推荐了二十多人，比如丞相陈俊卿、端明殿学士汪应辰等，他们都是一时之俊杰、国家之重臣，为孝宗朝的快速发展贡献己力。因此，宋孝宗对魏杞高度评价："卿尽心如此，极体朕意。""朕观卿凡事首尾参照，必欲使法令炳然，一定不可易也。""朝廷肃静，皆卿处事详细之力。"

然而，言多必失，乾道五年（1169）冬，在郊祀冬雷的问题上，魏杞用汉制灾异之说上策，结果被谏官弹劾，被罢去宰相一职，以左谏议大夫的官衔提举江州太平兴国宫。乾道六年（1170）三月，魏杞被起用，以观文殿学士出任平江知府。在苏州期间，"克勤小物，不以大臣自居，听讼处事，悉有方略。受输一事，尤可为后法"。所谓"受输"一事，是指秋苗米的输送问题。从北宋开始，为筹集禄米和军粮，朝廷要求东南六路（两浙、江东、江西、湖北、湖南、淮南路）向开封输送两税秋苗米。高宗移居临安后，设定了两浙、江东、江西、湖南、湖北路向临安上供秋苗米的期限。这一时期，因为和金国之间的战争，屯驻在与金接壤的边境地带的军队不断扩充，对军粮的需求进一步增大。苏州作为朝廷重赋之地，为朝廷筹集粮食是重中之重，官员都不敢马虎。因此，到了收粮季节，府衙官员屡屡向魏杞建议，尽快安排官员按期催收秋粮，但魏杞并不急。后来有一天早上，魏杞突然派出官员，授予锦囊，到各个庙中核实情况（详细记载不详，估计是寺庙借机囤积粮食）。在苏州期间，魏杞还广泛举荐和起用人才，“泛择才能之吏，不限高下。外邑管库之士，偶入城府，度其可使，则亦命之。赇请路绝，官吏无所容其私”。在任的第二年，苏州遇到旱情，魏杞到白龙祠祈雨，“顷之，龙出云表，吏民骇观。一雨三日，岁以大稔”。魏杞因此受到朝廷的表彰，诏书中有“老臣旧弼，谙练庶事”之语，给予魏杞充分的肯定。朝廷下旨要求和籴（也就是到苏州地区购买粮食），魏杞担心在和籴的过程中百姓被骗，就把府衙官员全部派出去，按照当时的市场价为百姓公平兑换，既没有耽误朝廷的期限，也没有让百姓吃亏。但是，没有想到的是，因为这个事情谏官王希吕上章弹劾魏杞贪墨，结果，魏杞因此被罢免平江知府一职。据相关资料介绍，魏杞之所以被诬告，是因为他在担任宰相的时候得罪了王希吕，“公初在揆度，蜀方谋帅，公请以有大臣才器德望者为之，初无容心。其人以为出入，深衔之。至是，以籴事萋菲籴官，公因被诬”。但是，王希吕是乾道五年（1169）考中进士的，以他的年龄和资历，不可能出任四川军帅，说魏杞在推荐蜀帅上得罪王希吕，显然站不住脚。但是，王希吕弹劾魏杞又是有《宋史》记载的，也不会有错。如果上面引文所说属实，那么“其人”当为其他人。

魏杞被罢职后，以端明殿学士奉祠告老。因为一生为官清廉，不置田产，解职后他无家可归，只好寓居在四明的一个僧舍。后来才回到鄞县小溪，人称碧溪先生。被罢职后，有人劝魏杞上疏为自己辩护，魏杞说：“流言止于智者，使有是，一郡之人独无词乎？”最终他没有为自己的冤屈说一句辩解的话。

魏杞被罢官后在鄞县居住了十余年，淳熙十年（1183）因旧伤复发而卒，享年六十四岁。死后被追封为鲁国公，谥“文节”，葬在奉化溪口翠屏山。魏杞的纪念祠堂在宁波鄞州区古林镇西边的蜃蛟村，堂前挂有一块牌匾，上书“太廉堂”。两边有一副对联：“两代公卿传世泽，协理朝纲扶宋室”。史浩还为魏杞写了一首《太廉堂诗》：“战战兢兢事一人，匡扶社稷演丝纶。洁如寒涧冰千尺，净若秋空月一轮。待漏金门伺五夜，中书决政坐重茵。太廉二字君王赐，清白芳傅奕叶孙。”对魏杞做了高度评价，而且也道出了“太廉”二字的由来。

魏杞出使金国回朝的时候，金国钦佩他的人品、学识和胆略，赠给了魏杞一批金银礼物，魏杞婉言拒绝了。回朝后，宋孝宗赏赐给魏杞大批珍宝，魏杞“一介不取，悉归于官”。宋孝宗因此当面对魏杞说：“卿亦太廉矣。”并以“太廉堂”三字赐给魏杞。魏杞的后人建造了“太廉堂”，以弘扬祖风。

魏杞被罢职后，向沟接任平江知府。

向沟是河内（今河南沁阳）人，靖康之难后寓居江苏镇江。向沟是北宋著名宰相向敏中的六世孙，也是第八章介绍过的绍兴八年（1138）担任过平江知府的向子諲的堂侄。河内向氏作为宋朝的望族，向敏中是其中的灵魂人物。向敏中考中进士后，在仕途上一帆风顺，曾两度出任宰相，把河内向氏家族推向了辉煌的巅峰。向敏中的曾孙女成为宋神宗的皇后之后，向氏家族又有了外戚的身份，大量的向氏子弟得到荫补，使得河内向氏再次走向兴盛。然而，随着北宋的灭亡和宋室南渡，河内向氏也四分五裂，散布于全国各地。虽然此后向氏家族也出现过向子諲、向沟等少数比较知名的官员，但是，从总体上看，北宋时期向氏的荣耀已成过眼烟云。

向沟生卒年和为宦经历，史料没有记载。向沟曾担任过右朝奉大夫、舒州知州等职。乾道八年（1172）正月，向沟出任平江知府，但在苏州仅仅待了不到半年时间，就于当年六月改任主管台州崇道观，原因不详。关于向沟的任职时间，范成大和王鏊的记载存在差异。王鏊在《姑苏志》中记载：“向沟，右朝议大夫、直徽猷阁，乾道八年七月到，乾道九年四月主管台州崇道观。”而在向沟的继任者邱密的条目中记载：“左承议郎、直秘阁，乾道八年七月到，乾道九年四月主管台州崇道观。”显然是笔误，所以，向沟出任平江知府的时间应该以范成大记载为准。

向沟作为向敏中的后代，家学渊源很深，他在古籍保护和文化传承上做了不少事情。向沟之所以历史留名，主要是因为在担任舒州知州期间刊印了《王文公文集》，并在曾巩《局事帖》上留下启文，为后世学者研究宋朝历史和书法、刊书等留下了珍贵资料。

王安石的文集，宋代刊刻并流传至今的有两种版本，一是杭州本

《临川先生文集》；二是龙舒本《王文公文集》。前者是绍兴二十一年（1151）王安石的曾孙王珏担任两浙西路转运使时所刊刻，明代以后的王安石文集都是以这个版本为底本传承而来。而后者则在宋朝之后便淹没在历史的长河之中，一直到中华人民共和国成立以后的1962年，中华书局以国内和日本两处所藏《王文公文集》残本补足完整的一百卷，再度出版刊行。也就是说，宋代龙舒本的《王文公文集》目前全世界只有两部，而且都是残本。国内残本原藏清代内阁大库，光绪时，宝应刘启瑞和吴县曹元忠负责清理内阁大库时，刘启瑞把这部书窃取了出来，藏在他家中的“食旧德斋”。1931年前后，傅增湘先生多次致信时任商务印书馆董事长的张元济，反复商讨将刘氏藏本和日本藏本合印出版的事情。然而，不久刘启瑞将其藏书卖出，合印之事也就无从谈起。一直到1962年，合印才得以实现。此后，刘启瑞藏《王文公文集》先后转入南浔、南通等地藏书家手中，再后来被武进王南屏先生收藏。1985年，王南屏夫人房淑嫣女士将宋版《王文公文集》捐献给上海博物馆，从此此书化私为公，成为上海博物馆重要的馆藏之一。

宋版古籍本就十分珍贵，而《王文公文集》更为珍贵的是，该书的背面藏着玄机，全书900多页中有780多页的背面为宋人书简或公牍，属于公文纸印本。所谓公文纸印本，是指利用官府废弃的公文档册、账簿或者私人书启等旧纸的背面进行印刷的古籍。这种风气始于北宋，盛行于南宋，元明时期还有延续。之所以宋朝会流行公文纸印本，主要是因为当时的纸张紧张，不得不利用废弃的纸张印刷。而古人的无心之举或无奈之举，却为我们留下了极为重要的第一手资料。

正是因为如此重要的文献价值，《王文公文集》入藏上海博物馆不久，古书画鉴定家谢稚柳就建议将文集背面的文字影印。1990年，上海古籍出版社出版了由古籍版本学大家顾廷龙先生作序的《宋人佚简》，其中包括南宋舒州官府公牍五十余件、南宋舒州官员和文人的书简三百多件。书简多为舒州知州向沟与同僚们的信札，涉及六十多人，为研究南宋历史人物提供了难得的第一手资料。龙舒本《王文公文集》背面的书简和公牍，几乎每一页上都钤有“向氏珍藏”印，而其内容多为向沟与同僚之间的往来信札，说明这批书简和公牍为向沟所有，而向沟又利用这些废纸刊印了《王文公文集》。向沟当时利用废纸刊印《王文公文集》，当然是为了让王安石的文集得以保存和传世，但令他没有想到的是，千年以后，他刊印的《王文公文集》及其每页背面的书简和信札内容也成了珍贵的资料。2020 年 12 月 2 日，北京永乐拍卖公司专场拍卖龙舒本《王文公文集》和《宋人信札册》，三卷残本竟然拍到了 2.6 亿元的天价，可见其价值之高！而 2016 年以 2.07 亿元成交的曾巩《局事帖》，也同样留有向沟的启文，曾巩的《局事帖》也同样是公文纸刊印的，具有同样的价值。

向沟离任后，由邱崈接任平江知府。

邱崈（1135—1208），字宗卿，江苏江阴人。邱崈于隆兴元年（1163）考中进士，先后担任过秀州（今浙江嘉兴）知州、平江知府、户部侍郎、四川安抚制置使、江西转运判官、同知枢密院事等，是南宋著名的清官，被宋宁宗称为“三朝旧德，一代伟人”。

邱崈赢得如此高的评价，与其一生的贡献是分不开的。纵观邱崈的一生，值得大书特书的有两件事情：一是修建亭林捍海塘堰；二是反对和参与“开禧北伐”。

北宋时，长江出海口在华亭县一带，海潮侵袭，给当地农业生产带来很大危害，所以，历任地方官员都把修建捍海堤坝作为重中之重。政和五年（1115），“提举司官兴修水利，欲涸亭林湖为田，尽决堤以泄湖水。是郡地势东南益高，西北益卑，大抵自三泖五浦下注松江，以入于海，虽决去诸堰，湖水不可泄，咸水竟入为害。于是东南四乡为斥卤之地，民流徙他郡”。南宋名臣楼钥曾经写过一篇《华亭县南四乡记》，诉说灾害的严重：“先是张泾堰坏，海潮大入，云间、胥浦、仙山、白砂四乡，荡为巨壑，漫及苏、湖、秀邑，不复可耕。”到了宋孝宗乾道初年，新泾塘出海口已被冲阔达三十余丈，闸也失去作用，使大量的海水倒流入包括华亭在内的苏州、湖州境内，百姓遭受水患危害，居无定所，民不聊生。

“隆兴和议”之后，宋孝宗把目光转向内政，专注于经济社会发展，整顿吏治，裁汰冗官，惩治贪污，重视农业生产，加强水利建设。

乾道六年（1170）三月，命令“两浙转运副使刘敏士、浙西提举芮辉于新泾塘置闸堰，以捍海潮”。同时派出水利专家、右正言许克昌去实地查访。许克昌巡视勘查后，觉得在新泾塘原址重建闸堰，似有不妥，宜改地址。乾道七年（1171）八月，邱密调任秀州知州时，设置闸堰之事重又提上议事日程。邱密在陛辞时，宋孝宗根据许克昌的请求，向邱密下谕，要求他到任后去受灾地区实地视察一下，将在新泾塘置闸堰的情况，如实上报朝廷。邱密到任后，多次到拓湖、新泾塘、亭林地区考察，发现亭林地区的运港水势比新泾塘稍缓，于是向宋孝宗上书：“华亭县东南大海，古有十八堰，捍御咸潮。其十七久皆捺断，不通里河；独有新泾塘一所不曾筑捺，海水往来，遂害一县民田。缘新泾旧堰迫近大海，潮势湍急，其港面阔，难以施工，设或筑捺，决不经久。运港在新泾塘向里二十里，比之新泾，水势稍缓。若就此筑堰，决可永久，堰外凡管民田，皆无咸潮之害。其运港只可捺堰，不可置闸。不惟濒海土性虚燥，难以建置；兼一日两潮，通放盐运，不减数十百艘，先后不齐，以至通放尽绝，势必昼夜启而不闭，则咸潮无缘断绝。运港堰外别有港汊大小十六，亦合兴修。”宋孝宗同意了邱密的奏请，不在新泾塘入海口设置水闸，而在内移二十里的新泾塘流入运港的地方建立大堰，以根治海水侵害之弊病。邱密雷厉风行，立即筹措建闸的经费，招募秀州四县民工，从当年九月二十六日动工，经过三个月的努力，大堰于当年十二月二十七日竣工。大堰宽三十丈、深三丈六尺、厚二十一丈九尺，不仅十分壮观，而且非常坚实，足以抵御特大海潮的冲击，彻底解决了海潮对苏州、秀州地区的侵袭问题。大堰竣工的第二年（1172）正月，宋孝宗派出监察御史萧之敏前来巡视检查，并蠲免了常年受盐碱侵害的四乡百姓的赋税。

不久，邱密又上书宋孝宗：“兴筑捍海塘堰，今已毕工，地理阔远，全借人力固护。乞令本县知、佐兼带‘主管塘堰职事’系衔，秩满，视有无损坏以为殿最（古代考核政绩或军功，下等称为‘殿’，上等称为‘最’）。仍令巡尉据地分巡察。”邱密在奏疏中提出：正副知县兼带“主管塘堰职事”的头衔，与官吏的任期考绩挂钩，即以大堰有无损坏为最佳标准，并且还要安排巡尉“据地分巡察”，以此确保大堰的安全。宋孝宗接到丘崈的奏折后，“诏特转邱崈左承议郎，令所筑华亭捍海塘堰，趁时栽种芦苇，不许樵采”。又下旨：“华亭县置监闸官，招收土军五十人，巡逻堤堰，专一禁戢，将卑薄处时加修捺。令知县、县尉并带‘主管堰事’，则上下协心，不致废坏。”要求流离失所的百姓返回家园，开耕种田，朝廷免租恢复乡里。为落实宋孝宗的圣旨，乾道九年（1173）正月，朝廷派遣宫中宦官宣布圣旨：由宫中使者张元成负责加筑河堰；二月特派监堰官一员，招募本地士兵五十人，在亭林设立办事机构，开展巡逻，以防止盐运私发和堰坝诸港之灾患。自此以后，秀、苏、湖三州的百姓免受水患，而包括亭林地区在内的云间、胥浦、仙山、白砂等地的田地也逐渐优化，农业生产逐步恢复。

因为在任上成绩卓著，宋孝宗特升迁邱崈为左承议郎。乾道八年（1172）七月，邱崈以承议郎、直秘阁的官衔出任平江知府。邱崈在苏州待了九个月后被提升为户部侍郎，此后又先后出任四川安抚制置使、江西转运判官，一直到韩侂胄出任宰相主持“开禧北伐”，邱崈再次迎来自己的高光时刻。

淳熙十四年（1187），宋高宗赵构去世，在南宋历史上最有作为的皇帝宋孝宗赵昚因为赵构的死，逐渐对政事感到厌烦，两年后，赵昚也学习他父亲赵构的做法，把皇位让给了儿子赵惇，是为宋光宗。宋光宗因为性格懦弱、体弱多病，加上被父亲宋孝宗猜忌，听信奸臣宦官的谗言，让自己的皇后干政，弄得朝廷上下一片混乱。绍熙五年（1194）六月，宋孝宗赵昚去世，宋光宗赵惇与父亲宋孝宗素来不和，以患病为由，拒绝主持丧礼，朝野上下一片哗然。当时，以汝州防御使知阁门事的韩侂胄，与知枢密院事的赵汝愚、殿帅郭杲等人谋议，决定发动宫廷政变，迫使宋光宗退位，拥立皇子赵扩为皇帝。

当时，太皇太后吴氏尚在，住在慈福宫中。韩侂胄因是吴氏的外甥，被委托往慈福宫密告谋议。他通过慈福宫内侍张宗尹、重华宫提举关礼，先后向吴氏进言，终于取得吴氏的支持。赵汝愚又命郭杲率殿前司进驻大内，进行军事布置，控制皇宫。七月，吴氏在宋孝宗灵前垂帘，以太皇太后的名义宣布宋光宗退位，由太子赵扩继位，是为宋宁宗。韩侂胄本想借这次定策之功，获取节度使之职。但赵汝愚以“外戚不可言功”为由，只将韩侂胄官升一阶，授为宜州观察使。韩侂胄大失所望，从此对赵汝愚怀恨在心。当时，韩侂胄还兼任枢密都承旨，负责传达诏旨。借助这个有利条件，韩侂胄逐渐获取宋宁宗的信任，便开始伺机打击赵汝愚。

宋宁宗即位后，赵汝愚升任右丞相，以独相的身份执政。他引荐理学人士，推荐朱熹为皇帝侍讲。当时，朱熹多次进言，建议厚赏韩侂胄而不让其参与朝政，但赵汝愚不以为意。后来，右正言黄度计划上疏弹劾韩侂胄，却因计划败露被贬斥出朝。朱熹、彭龟年先后弹劾韩侂胄，也都遭到贬官。当时，知阁门事刘弼因未能参与“绍熙内禅”，也对赵汝愚心怀不满。他对韩侂胄道：“赵丞相是想独揽大功，您岂止是不能得到节度使之职，恐怕还会被贬到岭南边荒之地。您只要控制台谏，便可保无忧。”韩侂胄遂通过内批，将监察御史吴猎免职，任命亲信刘德秀、杨大法、刘三杰为御史，逐渐控制了言路。他还将参知政事京镗引为同党，共同对抗赵汝愚。庆元元年（1195），韩侂胄指使右正言李沐，奏称赵汝愚以宗室之亲担任宰相，不利于社稷安定。宋宁宗遂免去赵汝愚的丞相之职，将他外放为福州知州。赵汝愚罢相后，韩侂胄升任保宁军节度使、提举万寿观，并通过向宋宁宗荐用亲信的手段，掌握实权。庆元二年（1196），宰相留正因曾与韩侂胄不睦，被刘德秀劾以“引用伪党”，罢相贬出朝廷。不久，韩侂胄又加授开府仪同三司。庆元三年（1197），刘三杰入宫奏对，称伪党如今已演变为逆党，韩侂胄也表示认同。宋宁宗遂下诏严禁理学，并在王沇的奏请下，订立《伪学逆党籍》，将赵汝愚、留正、朱熹、彭龟年、杨宏中等五十九人列名。庆元四年（1198），韩侂胄进拜少傅，封爵豫国公。庆元六年（1200），韩侂胄进位太傅。

韩侂胄执政后，宋光宗时期被排斥的主战官员，再次被起用。陈贾任兵部侍郎，吴挺的儿子吴曦被放回四川，任四川宣抚副使，居家的辛弃疾也被起用出任绍兴知府兼浙东安抚使。野心勃勃的韩侂胄号准了宋宁宗的脉搏，计划进行北伐，以期建立不世之功。韩侂胄找到邱崈，拿出北伐的密议给他看，邱崈立即提出了反对意见：“中原沦陷且百年，在我固不可一日而忘也。然兵凶战危，若首倡非常之举，兵交，胜负未可知，则首事之祸，其谁任之？此必有夸诞贪进之人，攘臂以侥幸万一，宜亟斥绝。不然，必误国矣。”然而，对邱崈的持重谋国之言，韩侂胄根本听不进去。到了嘉泰三年（1203），在韩侂胄的建议下，邱崈被任命为江淮宣抚使，朝廷让邱崈去宣抚江淮，为北伐做准备，却遭到了邱崈的拒绝。邱崈上书给宋宁宗，极力论述北伐的坏处：“金人未必有意败盟，中国当示大体，宜申儆军实，使吾常有胜势，若衅自彼作，我有词矣。”结果，韩侂胄非常不高兴，仍然加紧准备北伐。

开禧元年（1205）改元，一个进士廷对，也上言“乘机以定中原”。本来准备北伐的宋宁宗、韩侂胄，得到辛弃疾等人的建言，在朝野抗金声中，决意发兵了。不久，韩侂胄加封平章军国事，总揽军政大权，下令各军密做行军的准备，调出朝廷封桩库金万两作军需。命吴曦练兵西蜀，赵淳、皇甫斌准备出兵取唐、邓，殿前副都指挥使郭倪指挥渡淮。开禧二年（1206）四月，郭倪派武义大夫毕再遇、镇江都统陈孝庆定期进兵，夺取泗州。攻下泗州后，陈孝庆继续进兵，攻下虹县。江州统制许进攻下新息县，光州民间武装攻下褒信县。宋军在金国毫无准备的情况下出兵得胜，形势大好。五月份，韩侂胄奏请宋宁宗下诏，正式出兵北伐，并推荐老师陈自强担任左丞相，引用旧日的僚属苏师旦为枢密院都承旨，辅佐指挥军事。

然而，正当南宋准备大举北伐之际，发生了吴曦叛变事件，加之金国全面出兵，战争形势立刻出现逆转。前面已经介绍过，吴氏在四川经营三代，吴璘死后，在魏杞的建议下，朝廷削去了吴氏的兵权，派员管理四川，但是仍然任命吴璘之子吴挺担任兴州驻扎御前诸军统制兼知兴州事、利州西路安抚使。绍熙四年（1193）吴挺死后，在赵汝愚的建议下，朝廷召吴挺的儿子吴曦入朝担任殿前司副都指挥，夺了吴氏世袭的兵权。但是，吴曦并没有放弃回四川当土皇帝的梦想，先是走韩侂胄的老师陈自强的门路，其后又向苏师旦行贿，正好遇到韩侂胄物色西路统帅，于是，吴曦被任命为四川副帅，程松出任主帅。开禧元年（1205）年底，吴曦秘密接受金国的诏书、金印，自称为蜀王，并示意程松离去，程松匆匆兼程逃出陕西。吴曦叛变，宋军伐金的部署遭到了严重破坏。没有了西顾之忧，金军的九路大军得以集中兵力到东线作战。宋郭倪军驻扬州，派遣郭倬、李汝翼会师攻取宿州，被金军打败，退至蕲州。建康都统李爽进攻寿州，也战败。皇甫斌又败于唐州。江州都统王大节攻取蔡州，也无功而返，只有毕再遇一军继续获胜。

开禧二年（1206）六月，因为出兵无功，韩侂胄罢免了指挥军事的苏师旦和邓友龙，任用邱密为两淮宣抚使，叶适出任建康知府兼沿江制置使。邱密到任后，对战略进行了重新部署，把部队全部派出驻守长江和淮河要害之处，并向朝廷建议："泗州孤立，淮北所屯精兵几二万。万一金人南出清河口及犯天长等城，则首尾中断，堕敌计矣。莫若弃之，还军盱眙。"得到了朝廷的批准。同时，在邱密的建议下，王大节、李汝翼、皇甫斌、李爽等作战不力的官员全部被贬。邱密的重新布防，改变了战争的形势，由宋军进攻改为金军进攻。十一月，邱密被任命为签书枢密院事，负责督视江淮兵马。金军先后攻陷光化、枣阳、江陵，又攻破信阳、襄阳、随州，进围德安府。有人劝邱密放弃庐州、和州，重点防守长江一线，邱密说："弃淮则与敌共长江之险矣，吾当与淮南俱存亡。"于是，增兵防守淮河一线。开禧二年（1206）年底，金军秘密派人去见邱密，示意讲和，邱密密送金使北归。从此，邱密多次遣使与金军谈和，暂行停战。西线吴曦叛变，东线邱密主和，韩侂胄日益陷于孤立。为了扭转战局，开禧三年（1207）正月，韩侂胄撤掉邱密，以知枢密院事张岩督视江淮军马。韩侂胄自出家财二十万，补助军需。

此时，战争的形势又发生了新的变化。首先，吴曦称王后，遭到了四川军民的强烈反对。吴氏从吴阶开始，在川陕经营了三代，可谓盘根错节、根深蒂固。吴氏之所以在川陕有着非常高的威望，是因为他们三代都能征善战，而且忠于朝廷、热爱国家。但是，吴曦的叛国和称王，却违背了爱国和忠义之本，必然不得人心。吴曦召用大安军杨震仲，杨震仲拒不附逆，服毒自杀。陈咸剃去头发，拒绝向金朝臣服。史次秦自己弄瞎了眼睛，拒不为官。一些官员也都弃官而去。而随军转运使安丙却附逆吴曦，做了丞相长史。监兴州合江仓杨巨源和吴曦的部将张林、朱邦宁、义士来福等互相联络，策划讨伐吴曦。杨巨源找到安丙说：“先生做逆贼的丞相长史吗?”安丙见势不妙，号哭说：“我没有兵将，不能奋起。必得有豪杰才能灭掉此贼。”兴州中军正将李好义找到兵士李贵、进士杨君玉、李坤辰、李彪等数十人，也在计划杀吴曦。杨巨源与李好义等商议，杀吴曦后，得有个“威望者镇抚”，于是准备推荐安丙出来主事。杨君玉等伪造皇帝诏书，命安丙为招抚使，率众诛杀吴曦。李好义等七十多人闯入伪宫，宣读诏书，兵士都散去，李贵当场斩杀吴曦。吴曦称王仅四十一天就被诛灭，大快人心，军民抗金情绪极为高涨。吴曦被杀，金国大为沮丧，又无战备。杨巨源、李好义等请乘势收复四州。李好义出兵，一举收复西和州。张林、李简收复成州，刘昌国收复阶州，张翼收复凤州，孙忠锐收复大散关。李好义进兵至独头岭，会合当地民兵夹攻金军，金军大败。宋兵七日到西和，所向无敌，金将完颜钦逃走。其后，安丙嫉贤妒能，先是坐视吴曦余党毒害李好义而不加追究，继而指使亲信杀害杨巨源，并且诬陷说杨巨源以谋乱自刎而死。安丙的倒行逆施，使蜀中忠义之士无不扼腕流涕，一时人心汹汹。安丙自知罪孽深重，所以上奏自请免职。朝廷担心把他逼上吴曦叛乱的老路，保留了他安抚使的职务。此时的金国也处在“必乱必亡”的前夕，只是由于宋朝出了叛徒，部署失宜，才使金军得以侵入淮南，但金国实际上已不再有继续作战的能力，所以就适时放出了和谈的讯息。韩侂胄得到消息后，派出萧山县丞方信孺为使臣到金军军营进行谈判。

方信孺多次往返宋金之间，最终促成了议和。然而，让韩侂胄没想到的是，金国不仅开出了割地、称臣、归战俘、增岁币的条件，而且要韩侂胄的脑袋。这使韩侂胄大为恼火，他决意再度整兵出战。宋宁宗下诏招募新兵，起用辛弃疾为枢密院都承旨，代替苏师旦指挥军事。六十八岁的辛弃疾这时得病居家，任命下达后，还没有去就任就在家中病死。韩侂胄筹划再战遭到了主和派的一致反对，朝中主降的官员大肆活动。史浩在宋光宗朝病死，其子史弥远此时任礼部侍郎，是朝中投降派的主要代表。庆元六年（1200）韩侂胄的侄孙女韩皇后去世，中宫之位空缺。杨贵妃和曹美人当时都很受皇帝宠爱，然而因为杨贵妃擅于权术，韩侂胄对宋宁宗赵扩说，女人才学高、知古今、性机警不是好事，建议立性格柔顺的曹美人为后。但是宋宁宗没有采纳他的意见，嘉泰二年（1202），立杨氏为后。因此，杨皇后对韩侂胄深怀仇怨，在政治上则和其兄杨次山及史弥远一起，反对韩侂胄。史弥远秘密上书，请求杀掉韩侂胄。杨皇后又叫皇子询上书，说韩侂胄再启兵端，于国家不利，却并没有得到宋宁宗的采纳。于是，杨皇后、杨次山和史弥远秘密勾结，欲对韩侂胄暗下毒手。开禧三年（1207）十一月三日，中军统制、权管殿前司公事夏震等在史弥远的指使下，于韩侂胄上朝时突然袭击，将他截至玉津园夹墙内暗杀，事后才奏报给宋宁宗。韩侂胄被暗杀，军政大权全归杨皇后、史弥远所操纵。随后，他们又把苏师旦处死。投降派完全遵照金国的无理要求，把韩侂胄、苏师旦的头割下，派使臣王柟送到金国，并且全部接受金国提出的条件：增岁币为三十万，犒师银（赔款）三百万两。“开禧北伐”使南宋又一次屈膝降金，葬送了宋孝宗开辟的良好局面，在史弥远的专权和胡作非为下，南宋从此开始衰落。

宋金和议达成后，嘉定元年（1208）朝廷起用邱崈为同知枢密院事，但是邱崈没到任就去世了。邱崈去世后，受到了高度评价。前面已经提到，宋宁宗称赞邱崈为“三朝旧德，一代伟人”。当年，辛弃疾写了一首词，名字叫《永遇乐·京口北固亭怀古》：

千古江山，英雄无觅孙仲谋处。舞榭歌台，风流总被，雨打风吹去。斜阳草树，寻常巷陌，人道寄奴曾住。想当年，金戈铁马，气吞万里如虎。

元嘉草草，封狼居胥，赢得仓皇北顾。四十三年，望中犹记，烽火扬州路。可堪回首，佛狸祠下，一片神鸦社鼓。凭谁问、廉颇老矣，尚能饭否？

辛弃疾的这首词写于开禧元年（1205），当时，韩侂胄正积极筹划北伐，闲置已久的辛弃疾于前一年被起用为浙东安抚使，这年初春，又受命担任镇江知府，戍守江防要地京口。辛弃疾到任后，一方面积极布置军事进攻的准备工作；但另一方面，他又清楚地意识到政治斗争的险恶、自身处境的孤危，深感很难有所作为。辛弃疾支持北伐抗金的决策，但是对独揽朝政的韩侂胄轻敌冒进的做法，又感到忧心忡忡，他认为应当做好充分准备，绝不能草率从事，否则难免重蹈覆辙，使北伐再次失败。辛弃疾的意见和邱崈的意见是一致的，但都没有引起南宋当权者的重视。他来到京口北固亭，登高眺望，怀古忆昔，心潮澎湃，感慨万千，于是写下了这首词送给邱崈，这首词后来成为传颂千古的名篇。

邱崈在苏州待了九个月就离任了，由方滋接任平江知府。

方滋（1102—?），字务德，严州桐庐（今浙江桐庐）人。方滋的祖父方达源在宋神宗时官至龙图阁学士，其父方元修在宋徽宗时当过浚州（今河南浚县）通判。因为这层关系，方滋于宋高宗绍兴初年以荫补进入官场，被授予迪功郎。从绍兴初年进入官场，到其去世（需要说明的是，一般的资料都记载方滋死于乾道八年，即 1172 年，但是范成大的《吴郡志》和王鏊的《姑苏志》均记载方滋出任平江知府的时间是乾道九年五月至七月，也即 1173 年五月到七月，说明方滋不可能在此之前去世。但是，查阅相关资料，方滋去世的时间没有明确的说法，所以笔者在此只能将其卒年列为未知），为官四十多年，三次出任监司、五次出任郡守、七次出任军队首长，先后担任过秀州、楚州、静江、广州、福州、明州、庐州、镇江、鄂州、建康、荆南、绍兴、平江等地知州（知府）、知军。其间，还曾入朝暂理过刑部侍郎、户部尚书，两次出使金国，最后以敷文阁学士提举宫观。其为官经历十分丰富，足迹几乎遍布南宋全境。方滋的为官为人受到了时人的广泛好评，在地方为官，被称“所至务尽其职，如拒增赋税、修筑华亭海堰、蠲减羡余米等，政事多有可纪”“所至务尽其职，发奸擿伏，严而不苛，经理财赋，缓而不驰，颇著政绩”。出使金国，“吐论平正，应答自如，深为金人所推重”。然而，令笔者不解的是，这样一个人，为何《宋史》无传，而且史料少有记载？带着这个疑问，笔者遍查散布在各种史料中关于方滋的点点滴滴，随着史料的增多，笔者最终弄明白了：方滋此人确实能干，也确实做了不少事情，但是，方滋这人十分圆滑老到，做人、做官、做事滴水不漏，因此才成为官场上的常青树和不倒翁。也许正是因为方滋是一个八面玲珑的人，脱脱在写《宋史》的时候才没有把他写进去。

先来看方滋的为人。洪迈在《容斋随笔》中记载了这样一件事情："贤者以单词片言，为人释谤解患，卓卓可书者，予得两事焉。秦氏（指秦桧）当国时，先忠宣公（指洪迈的父亲）、郑亨仲资政、胡明仲侍郎、朱新仲舍人，皆在谪籍，分置广东。方务德为经略帅，待之尽礼。秦对一客言曰：'方滋在广部，凡得罪于朝廷者，必加意护结，得非欲为异日地乎？'客曰：'非公相有云，不敢辄言。方滋之为人，天性长者，凡于人唯以周旋为志，非独于迁客然也。'秦悟曰：'方务德却是个周旋底人。'其疑遂释。当时使一俭巧者承其问，微肆一语，方必得罪，而诸公不得安迹矣。言之者可谓大君子，当求之古人中。"洪迈在这篇文章中还记载了另外一件事情，因与方滋无关，所以就不做引用。从这段记载中可以看出，方滋在广州任职的时候，赵鼎、张浚、洪皓、李光、郑亨仲、胡明仲、朱新仲等秦桧的政敌纷纷被贬岭南，方滋对他们都以礼相待，照顾有加。秦桧知道后问门客："方滋在广州，凡是得罪朝廷的人都加以保护结纳，难道不是为了他日留有余地吗？"门客回答说："方滋天生就是一个厚道的长者，和所有人都周旋应酬，并不只是对贬官岭南的人这样。"秦桧听后便不再猜疑方滋，对门客说："方滋确实是一个厚道人。"

其实，方滋曾经得罪过秦桧。方滋在京城做监司的时候，因为直言得罪了秦桧。当时的秦桧已经权倾朝野，方滋知道得罪秦桧没有好下场，所以一直想找机会让秦桧对自己有所改观。绍兴十六年（1146），秦桧的格天阁落成，全国各地官员纷纷送礼表示祝贺。时任广东经略使的方滋绞尽脑汁出奇招，将海南贸易所得的海外香料制成蜡烛，派人送到秦府作为贺礼，同时，还备下厚礼贿赂秦府的管家。宴会那天，不知是准备不充分还是秦府管家有意为之，蜡烛刚好用完了，管家就对秦桧说："正好广东方务德（方滋，字务德）送来了蜡烛，还没打开，要不相爷试试？"得到秦桧同意后，管家命人点上蜡烛，不一会儿异香满屋，众人这才发现香气是从蜡烛中散发出来的。

秦桧知道这蜡烛肯定不一般，连忙叫人先别点这批蜡烛中剩下的。等宴会结束后，秦桧让人数了一下，连点过的那根在内，一共四十九根。秦桧心里感觉奇怪，这方滋送礼，怎么不凑了整数呢？他把方滋派来送礼的人找来问了一下，原来方滋一共制作了五十根蜡烛，制成之后，担心质量不好，就试着点了一根，觉得效果不错，但又“不敢以他烛充数”，所以总数只有四十九根。秦桧听了，认为方滋对自己诚心实意，没有丝毫欺瞒，内心大喜，从此不再对方滋存有戒心。正因为如此，在洪迈记载的那段故事中，秦桧才会认同方滋是个厚道人。

能够证明方滋在为人上八面玲珑的，还有宋代文人留下的许多诗词。打开百度，搜索方务德，会跳出许多写给方滋的诗词，作者包括曾巩、黄公度、韩元吉、毛开、张孝祥等。这些人的政见不同，在仕途上的遭遇也各有差别，却都与方滋保持了良好的关系，说明方滋在为人处世上确实有过人之处。

再来看方滋的为官。方滋在官场上成为不倒翁，而且每到一个地方都留下不错的政声，说明方滋这个人并非无能之辈，而是肯干、能干、会干的官员。有三件事情可以说明这点。

一是一首词，即陆游写给方滋的《水调歌头·多景楼》：

> 江左占形胜，最数古徐州。连山如画，佳处缥缈著危楼。鼓角临风悲壮，烽火连空明灭，往事忆孙刘。千里曜戈甲，万灶宿貔貅。
>
> 露沾草，风落木，岁方秋。使君宏放，谈笑洗尽古今愁。不见襄阳登览，磨灭游人无数，遗恨黯难收。叔子独千载，名与汉江流。

这首词写于孝宗隆兴二年（1164）。隆兴元年（1163），四十岁的陆游以枢密院编修官兼编类圣政所检讨官出任镇江府通判，次年二月到任所。当时金军方踞淮北，镇江为江防前线，而多景楼在镇江北固山上甘露寺内。多景楼是方滋到镇江后修建的民生工程，陆游到镇江后，方滋陪同陆游一起登临多景楼赏景，陆游触景生情，写下了这首脍炙人口、流传千古的名篇。整首词基本上是抒发爱国之情，但是，陆游在词中对方滋的政绩也给予了充分肯定。“使君宏放，说笑洗尽古今愁”，写出了方滋的宏达、豪迈。同时，陆游还用典孙刘和羊祜讽劝南宋统治者，要以三国孙刘联军在长江与曹操大军一决雌雄的气概，收复山河，一雪国耻，劝谕方滋以羊祜为楷模，心怀天下，为国尽忠。

二是一桩案子，即北宋著名的阿云案。阿云一案发生在宋神宗熙宁元年（1068），登州（今山东蓬莱）一名叫阿云的女子，在母亲去世后许配给一个姓韦的男子。这名男子“貌丑寝陋”，因此阿云十分厌弃。于是，她就怀揣利刃埋伏在这名男子的家里，等这名男子回来的时候对其连砍十几刀，虽然并没有伤及性命，却也砍断了这名男子的一根手指头。地方差役怀疑是阿云所为，就把阿云抓了起来。在审问的时候，阿云对自己的犯罪行为供认不讳。这个案子简单明了，但是在适用法律条款上出现了争议。审刑院和大理寺拟判处阿云死罪。时任大理寺卿的徐遵不同意这一判决，认为有所因之杀而自首的，应免除所因之罪，按故意杀伤罪处理。该案“谋”为所因之罪，应适用“按问欲举减二等”，也就是审问时犯人自首了可以减刑二等处理。御史台据此弹劾徐遵判决不当，徐遵不服御史台的奏劾，向宋神宗请求让内外两制（宋代翰林学士皆加知制诰官衔，起草制、诰、诏、令、赦书、德音等文件，称内制；翰林学士之外，以他官加知制诰官衔履行同样职能者，则称外制）就此案进行讨论。于是，宋神宗下令让翰林学士王安石与司马光共同商议这一案件。司马光倾向于审刑院和大理寺的主张，而王安石则支持徐遵的观点。二人的意见上报后，宋神宗最终采纳了王安石和徐遵的观点，并颁发了诏书。然而，御史中丞滕甫认为皇上的诏书不妥，奏请再次让官员审议，钱觊还奏请免除徐遵大理寺卿的职务。由于双方各执己见，宋神宗只好再次下令，让翰林学士吕公著、韩维和知制诰钱公辅重新进行审定。重审的结果和前面一样，吕公著等人与王安石的意见一致，而另一方则认为吕公著等人的意见不当。宋神宗让王安石从中斡旋，但双方始终没有达成一致意见。到了熙宁二年（1069）正月，宋神宗就此案下了一道诏书：“今后谋杀人自首及按问欲举，并奏取敕裁。”当月，王安石出任宰相，上奏认为：因犯杀伤而自首，得免所因之罪的规定清楚明了，不需再报皇帝裁决，亦不需再立新法。但是，参知政事唐介认为不然，遂与王安石在宋神宗面前进行争论，争论的结果，宋神宗仍然采用了王安石的观点。二月，宋神宗再次下诏，规定此类案件依照熙宁元年（1068）七月诏书办理："谋杀亦伤，按问欲举，自首，从谋杀减二等论。"并收还上次诏书。但是，此案并没有就此结束。诏书颁发后，刑部刘述上奏要求请中书和枢密院合议，中丞吕诲、御史刘琦、钱颛等附和刘述的奏请。宋神宗认为，律文已经非常明确，不需要再进行合议，而曾公亮、文彦博、吕公弼等均认为"杀伤不可首"。时任宰相富弼也认为这些大臣的观点是对的。没办法，宋神宗于当年八月再次下诏："谋杀人自首及按问欲举，并依甲寅敕施行。"至此，争论了一年多的阿云案，王安石一派获得胜利，以"谋杀已伤可首"为准，以皇帝敕令颁布全国。阿云案案情非常简单，却争论了一年多，而且涉及多个国家机关，牵扯众多当朝大臣，宋神宗虽然最后以诏书的形式将此案了结，却并不能让众多反对的大臣心服口服。到了宋孝宗时，方滋出任刑部侍郎，根据当时阿云一案审定的情况，对法律适用上的疑难做出了详细解释，即情重法轻、情轻法重、情理可悯、刑名疑虑。其中涉及的法律适用性问题，本文不做探讨。另外，乾道元年（1165），根据刑部侍郎方滋的建议，朝廷将绍兴以来的断例分类汇集成书，名字叫《乾道新编特旨断例》，为后世法律判决提供了先例。可见，方滋并非无能之辈，在自己的岗位上做出了创造性的贡献。

三是一段城墙。据《广州地方志》记载，广州城经历了多次毁建，绍兴元年（1131），朝廷下令让广南东路转运司拨钱五千贯修缮城墙。十年后，方滋出任广州知州，再次对城墙进行了修缮。史籍中这段记载虽然十分简略，但也能够证明方滋在地方任职的时候是有所作为的。方滋广受时人好评，并非只是溢美之词。

方滋在苏州仅仅待了两个月就离开了，离任的原因应该是身体不好。方滋于乾道四年（1168）出任荆南知府，第二年八月"因疾离任"，说明方滋出任平江知府的时候身体并不好，所以待了两个月后就以敷文阁学士提举宫观去了。

第十八章　快速崛起

——“隆兴和议”之后的平江知府（三）

（马希言、韩彦古、莫漳、陈岘、单夔）

方滋离任后，马希言接任平江知府。马希言的生卒年不详，《宋史》无传，其仕途情况散见于《宋会要辑稿》《浙江通志》《衢州府志》等地方志之中。从这些资料看，马希言这人重节义、守本分，忠于职守、正直敢言，虽然最终的官职是敷文阁学士、平江知府，达到了正三品的级别，但是从其一生的仕途看，并不是十分顺利。

马希言的祖籍是濮州鄄城（今属山东菏泽），靖康之难后随父亲一同南渡，定居在衢州龙邱，遂为衢州西安人。据《衢州府志》和《西安县志》记载：“马希言，濮州鄄城人，唐马周后，高祖给事应图，与从父伸皆以节义著，南渡后，希言为少卿，寓龙邱”。《衢县志》记载：“马希言，濮州鄄城人。唐马周之后，七世登科。高祖给事应图与从父谏议伸皆以节义著。南渡后，希言为少卿，寓龙邱。兄之孙演来居郡城，终随守。”从这些记载看，马希言在建炎年间跟随父亲马伸一同南渡，寓居在龙邱。当时，马伸担任殿中侍御史，随宋高宗一起南逃，马希言也就跟着父亲一起来到了南方。

因为父亲的原因，马希言很早就进入了官场，但是，整个绍兴年间，马希言一直担任基层小官。据《嘉兴府志》记载，在这三十多年里，马希言主要在海盐县担任县丞，只是一个八品小官。当然，其间也许官职有所调整，级别有所升迁，不然也不会到了宋孝宗时出任泉州市舶司提举这一重要职位。

在这期间还有一件事情值得一提。绍兴三十一年（1161），马希言的妻子徐氏去世。徐氏是前面十六章介绍过的徐嚞的女儿，关于徐氏的去世，还有一段神话传说。当时，浙江衢县有位精通相术的异士名叫王廷，人称“王铁面”。他给士大夫看相一说一个准，但从不轻易开口。他给洪迈、兵部侍郎周元特、户部郎中莫子蒙等时任官员都算过命，而且都十分准确。徐吉卿（徐嚞，字吉卿）在衢州做官时，有一天，王廷对徐吉卿说：“从今日起往后第六十日，您将被朝廷征召任用。”徐吉卿听了，笑着对他说：“咱俩既是同乡，你就别拿我开玩笑了。”可王廷说：“我平生从不阿谀奉承他人，又怎会戏弄您呢？您暂且先验证下面这两件事吧！一个月后，您如果收到了五百里外的亲骨肉的死讯，又遇到了登高跌落的凶厄之事，那么我之前说的话也就应验了。”果然一个月后，徐吉卿嫁给马希言的大女儿在临安去世了。随后，徐吉卿又去祖先的坟墓拜祭。他登山时，不小心从山上摔了下来，幸好被树木挡住才捡回一条命。当时，朝廷正在挑选外访的使者，最后把他招了去。这前后发生的事都与王廷说的完全吻合。这些记载有些荒诞，不足为信，记录在此只是为了说明马希言与徐嚞的关系。

宋孝宗即位后，马希言于乾道元年（1165）出任泉州市舶司提举，在泉州待了两年后被调回京城，出任太府寺（掌管钱谷金帛货币的部门）主簿。洪适在《宋文·马希言太府寺主簿制》中记载：“有列于朝者，缙绅之选，况九寺之属乎？尔总领工巧，劳于办职，司府勾稽，肆以命汝。往欿而长，益勤其官。”这段话对马希言在太府寺主簿任上的政绩给予了充分肯定，并勉励他“益勤其官”。《宋会要辑稿》也有一段记载：“乾道三年七月四日，中书门下言‘臣僚白札子，访闻榷货务见在诸色物件，往往与历数目不同，乞行差官从头点数秤盘，据正数收入文历’。诏差太府寺主簿马希言。”榷场货物实际数量与登记数目不一致，必须安排朝中官员前去核对，宋孝宗安排马希言去，说明马希言这人做事认真、办事可靠。

乾道四年（1168），马希言改任为司农寺丞（从六品职官），被派遣到各地赈灾。据《宋史·宋孝宗》载："乾道四年，夏四月壬辰朔。是月，赈绵、汉等州饥，寻以饶、信及建宁府等州饥，遣司农寺丞马希言同提举常平官赈济。"《宋史·周执羔传》同样记载："时闽、粤、江西岁饥盗起，执羔陛辞以为言，诏遣太府丞马希言使诸路赈救之。"这些记载说明马希言不仅是一个忠于职守、认真负责的人，而且是一个勤于政务、不怕吃苦的人。这么多地方受灾，马希言到处充当救火队长的角色，奔波在各灾区，足以说明其勤劳、吃苦、奉献的一面。

到了乾道六年（1170），马希言升迁为将作少监，成为从四品的官员。在将作少监任上，马希言做了一件比较出名的事情：为洪遵主持公道，还洪遵以清白。据《宋史·洪遵传》记载：洪遵在担任太平州知州期间，圩田大面积被毁坏，百姓失业，民不聊生，洪遵招募民工修筑圩田几万亩。当时正值严冬季节，洪遵亲自到工地，带着酒肉犒劳民工，用实际行动鼓励民工，"人忘其劳"。时任转运使的张松嫉妒洪遵的功劳，向朝廷上奏说圩田并没有毁坏，百姓也并没有流徙到其他地方，洪遵责令这些圩田的户主自行进行修筑，并裁减掉招募民工一半的钱米。洪遵连连上疏抗争，并要求派遣朝臣实地进行调查。于是，朝廷派遣将作少监马希言、监察御史陈举善到太平州了解情况。马希言和陈举善实地调查后，发现情况正如洪遵所言，于是如实向朝廷做了汇报。正因为这两位朝中官员实事求是地反映问题，张松的阴谋才没有得逞，洪遵这才完成了圩田的修复工程。马希言回朝后，还就各地圩田修建的利弊提出了自己的建议。据《宋会要辑稿》记载："乾道七年七月二十五日，将作少监马希言奏，'被旨覆寔太平州修圩利病，欲望委自有圩田州县守令措置，将圩内人户推一名有心力、田亩最高之人为圩长，大圩两人，每遇秋成，集本圩人夫于逐圩增修，面阔一尺，侧厚一尺，脚阔二尺，须用坚土实筑。若圩内人力不足，或阙工食，官中量行添助。如是五年不辍，则圩势高厚，虽有湖潦，不能侵么'。诏令逐州守臣措置。希言又言，'乞再委三州军守令，应私圩未修去处，以田亩十分为率，借米一分，令日下修葺。仍令被水之圩更与给借粮种，候秋熟，分两年克纳。并须遍及四远乡村，先以所管常平米支。如不足，转运司就邻近州县取拨应副'。从之。"由此可见，马希言这人不仅十分正直，而且善于思考。他去查验圩田毁坏情况，目的是搞清楚张松和洪遵两个人谁说的是真的，只要如实反映情况就可以了。马希言在实地调研中，了解到圩田修建和管理的漏洞，提出了长期维护管理的有效办法，并积极向朝廷建议，说明马希言确实是一个一心为民、实心办事的官员。

没多久马希言被任命为临安府推官，但是到任没多久就被改任为大理寺少卿。乾道九年（1173）七月，马希言以敷文阁直学士出任平江知府，在苏州待了一年后就于第二年七月罢职，原因不详。

马希言离任后，韩世忠的儿子韩彦古接任平江知府。

韩彦古出生年月不详，卒于绍熙三年（1192）。韩彦古是南宋著名抗金将领韩世忠的第四个儿子，是标准的"将二代""官二代"。南宋建立之初，韩世忠平定"苗刘之乱"、解救宋高宗、黄天荡大败兀术、大仪镇大破金国与伪齐联军，为南宋建立了不世之功。韩世忠一生育有四子，因为韩世忠的关系，四个儿子全部进入官场，并都做了不小的官。长子韩彦直，字子温，官至光禄大夫，死后赠开府仪同三司，封爵为蕲春郡公。次子韩彦朴，官至奉议郎、直显谟阁，早逝。三子韩彦质，官至太府少卿、淮西总领，以太中大夫致仕，谥"敏达"。

《宋史》中并没有韩彦古的传记，其为官为人的情况在《宋会要辑稿》《续资治通鉴》《癸辛杂识》《全宋词》等史籍中有一些零星记载。从这些资料看，韩彦古这个人很有才、很幸运、很粗暴、脾气大、善送礼，因此，史书评价并不高。

第一，韩彦古很有才。韩彦古因为是名门之后，因此受到了良好的教育，他生性聪明、才华横溢，尤其是在诗词方面有着不小的成绩。《全宋词》收有韩彦古的四首词，其中一首叫《浣溪沙》："一缕金香永夜清。残编未掩古琴横。绣衾寒拥宝缸明。坐听竹风敲石磴，旋倾花水漱春酲。落梅和雨打帘声。"他有一首诗叫《题大智院明月巢》："清风去无尘，白云来无心。一笑玉溪上，落花流水深。"虽然韩彦古留下来的诗词不多，但是从仅有的诗词看，格调清新淡雅、意境深远，给人以潇洒出尘的享受。可见韩彦古绝对是一个聪明绝顶的人物，如果在诗词上用心发展，也许能够成为一个杰出的诗人或词人。

第二，韩彦古这人很幸运。韩彦古生于将门之家，是功臣之后，因此受到了宋高宗和宋孝宗的特别关照，其前期任职也非常顺利。韩彦古先后担任过直秘阁、将作少监等京官，出任过严州、台州等地知州和平江、临安等地知府，历任刑部侍郎、户部侍郎、户部尚书，可以说是经历广、资历深，而且更为重要的是背景厚。如果没有意外，以他的背景、资历，当上宰相也是顺理成章的事情，而实际上当时确实有不少人对这位将门之子寄予厚望。南宋著名的思想家陈亮就曾经在写给辛弃疾的信中说过："四海所系望者，东序惟元晦，西序惟公与子师耳！"元晦是朱熹的字，子师是韩彦古的字。意思是说，当今的文武大臣中，众望所归者，只有朱熹、辛弃疾和韩彦古三位而已。韩彦古的门客、后来担任过籍田令的王自中还"伏阙上书"，向皇帝推荐韩彦古出任宰相。

第三，韩彦古这人很简单粗暴。尽管朝野上下对韩彦古期望很高，但是他们最终未能如愿，原因是韩彦古这人很会惹事，不管在哪个岗位，总是要惹出一些荒唐事。不仅如此，韩彦古这人还不耐俗事，处理问题简单粗暴，因此非常不得民心。韩彦古在担任临安知府的时候，苛政严法，穷打猛治，使临安的治安状况明显好转。但是，韩彦古只是治标，却并未治本，而且不仅对盗贼严厉，对百姓同样苛责。所以，韩彦古离任后，社会治安迅速恶化。据《续资治通鉴》记载，乾道七年（1171），宋孝宗谈到首都临安的工作时曾说："韩彦古在任时，盗贼屏迹；比其罢也，群盗如相呼而来。以此知治盗亦不可不严。惜乎彦古所以治民者，亦用治盗之术。治盗当严，治民当宽，难以一律。"但是，韩彦古并不懂得宽严之道，用治盗之术治民，结果弄得民不聊生。对此，宋孝宗看得非常清楚，韩彦古这人虽然有才，却不堪大用。还有一件事情，同样可以说明韩彦古在处理问题时方法简单。韩彦古在担任平江知府期间，有个老太太带着自己的儿子到府衙状告丈夫前妻的儿子。韩彦古了解了案情后也觉得"事体颇重"，但又不想认真办理，就对老太太说："这件官司兹事体大，本官认为将令郎略加惩戒就可以了。”老太太说：“民妇已经告到官府了，但愿大人依法论罪。”韩彦古说：“若是如此，就必须进入漫长且繁复的审讯过程，你年纪已大，能就所有的细节一一进行分辨吗？我看暂且将你的亲生儿子关入狱中慢慢查证，再考虑如何处置比较好。”老太太听了大惊失色，对韩彦古说：“民妇请求将诉状暂且撤回，他如果仍不改悔，我便可告请乡里公断。”从此，这位老太太再也不敢前来告状了。

第四，韩彦古这人脾气很大。因为是名门之后，而且又是家里的小儿子，所以，韩彦古从小就养成了目中无人、狂妄自大的性格。淳熙五年（1178），韩彦古在担任户部尚书的时候，阁门寄班董珏在路上与其相遇，董珏没有按照规定回避，韩彦古勃然大怒，竟然把董珏抓回家中，脱去衣服，五花大绑，大肆凌辱，并且令下人把董珏毒打了一顿，朝野上下一片哗然。韩彦古自进入官场，皇帝案前弹劾他的奏折就未曾断过。乾道间，御史弹劾韩彦古：“凶悍险诈，逞恃唇吻，妄议人物，居家不检，恣横悖理。”淳熙间，朝臣状告他贪污腐化、盘剥百姓，“吏民小忤其意，亟置之狱，籍没家业，残刻险诈，无所不至”。韩彦古与家人也相处不睦。韩彦古兄弟四人，他与兄长韩彦直、韩彦质向来不和。韩彦古的门客王自中曾被人推荐出任监察御史，韩彦古的两位兄长担心王自中当上监察御史后会为韩彦古说话，所以就通过各种关系阻挠此事，最终这次举荐没有成功。因此，有论者说韩彦古：“不忠不孝，罪恶暴白”，几乎是骂声一片。

第五，韩彦古这人很会送礼。尽管朝野上下物议汹汹，反对和谩骂韩彦古的人很多，但是，韩彦古仍然不断得到升迁，可以说是边腐边升、越骂越升。究其原因，一方面韩彦古是功臣之后，皇帝特别眷恋和照顾；另一方面，韩彦古这人特别擅长行贿，而且出手大方。韩彦古在行贿方面用心之细密、态度之执着、技艺之高超，可谓前无古人、后无来者。宋末元初周密在《癸辛杂识》中记载了韩彦古两件送礼的事情。

第一件是向范仲芑行贿。韩彦古是名门之后，而且经历过多岗位、多地方的历练，所以，宋孝宗对他非常信任，让他出任临安知府这样重要的职务，准备培养他出任宰相。当时，范仲芑担任谏议大夫，认为韩彦古为人诡诈、贪腐擅权，准备上疏弹劾他。这事不知道怎么就传到了韩彦古的耳朵里。韩彦古知道后十分焦急，思来想去，决定斥巨资进行贿赂，让范仲芑打消弹劾他的念头。韩彦古用白玉打造了一个小玉盒，在盒中放满异常珍贵的大北珠，密封好后再装入一个大盒子之中。韩彦古知道范仲芑为官清廉、治家严谨，对亲属要求十分严格，所以事先以重金买通范府一个看门的老兵，让他寻找机会把盒子送进去。但是，当老兵把盒子送给范仲芑的时候，范仲芑大怒，把老兵臭骂了一顿，硬逼着老兵将礼物送回去。虽然这次送礼没有成功，但也不难看出韩彦古行贿的心思和手段。

第二件是向李焘行贿。宋朝有三大著名的史学家，一是司马光，撰写了《资治通鉴》；二是欧阳修，撰写了《新五代史》；三是李焘，撰写了《续资治通鉴长编》。李焘官至敷文阁学士兼侍读。李焘和韩彦古同朝为官，却十分讨厌韩彦古，不愿和其交往，“恶其为人，弗与交”。李焘不仅素有名望，而且廉洁奉公，深为宋孝宗欣赏和信赖。李焘又担任侍读一职，经常在皇帝身边。被这样一个德高望重、深得皇帝信任，而且经常伴随在天子身边的宿儒厌恶，是一件十分危险的事情。所以，韩彦古心想，无论如何都要摆平这个人，即便不能为我所用，也至少不能让他在皇帝面前说自己的坏话。

为了摆平李焘，韩彦古就针对李焘的爱好，想出一个计谋，故意放出话去，说自己家里有一部本朝野史，是父亲韩世忠从沦陷区得到的，极其珍贵，因此秘不示人。当时，李焘刚刚写完《续资治通鉴长编》，还没来得及好好润色和校对，宋孝宗催着要他赶快编辑抄写后进呈，然而，因为卷帙浩繁，李焘根本无力一时完成。听说韩彦古家里藏有如此珍贵的古籍，正好可以参照，他便厚着脸皮亲自到韩彦古府上，请求韩彦古拿出来让自己看看。韩彦古见李焘中计，故意卖关子说：“家有所藏，将即进呈，不可他示也。”韩彦古越是这么说，李焘越是想先睹为快，再三恳请让自己先看看。韩彦古说：“要看可以，先陪我喝酒。”别说喝酒了，要李焘给他作揖李焘也会答应的。所以，李焘对韩彦古说：“只要你给我看，什么条件我都答应。”于是，李焘陪着自己平时非常讨厌的人一起喝酒，而且还得赔着笑脸，不断说着

“请”字。酒足饭饱之后，韩彦古把李焘领到书房，揭开书橱上的“牙签黄袱”（做成牙签形状的黄色书橱门插）说：“开始是同您开玩笑的，我珍藏的就是您的《续资治通鉴长编》，我已用最好的纸张誊抄装帧好，献给您，您大可以此呈献给皇上。”看到装帧精美、撰写工整的书籍，李焘又惊又喜，惊的是韩彦古怎么会有自己刚刚写完的著作呢，喜的是韩彦古的这套书正好可以解自己的燃眉之急。

原来，为了博取李焘的欢心，韩彦古收买了李焘的书吏，要求他为李焘抄写书稿时多写一份，先送自己，再交李焘，每次酬谢书吏一千钱。所以，李焘书未成帙，而韩彦古却编辑抄正出了全本。最后，李焘果然用韩彦古整理的这套书呈送给了宋孝宗，宋孝宗龙颜大悦，赞扬他“无愧司马迁”。为此，李焘不但一改对韩彦古的印象，而且还将其视为知己。张栻曾说：“李仁甫（李焘字仁甫）如霜松雪柏，无嗜好，无姬侍，无殖产。平生生死文字间。”而正因为李焘有“平生生死文字间”这个爱好，韩彦古才有了摆平李焘的可能。而韩彦古能够摆平李焘，也是用了心思、动了脑筋的。一本书从抄写、编辑到装帧、印刷，不仅需要费神费力，而且需要花费巨资。韩彦古的这种“雅贿”带有极强的隐蔽性，让对方受贿了还浑然不知。这样的事情古今很多，掌权者不可不防。

尽管韩彦古行贿手段高明，但最终仍然未能如愿当上宰相，原因上面已经说过，韩彦古这人不仅脾气大、简单粗暴，而且本性不好、不知恤民。《宋会要辑稿》记载，当时就有人评价他“不晓民事，使之为郡，必致害民”。韩彦古两次出任平江知府，一次是淳熙元年（1174）七月到九月，一次是淳熙二年（1175）正月到八月，前一次任职时间很短，后一次虽略长，却以凌辱官吏被罢职，送临江军居住。此后虽然被起复为隆兴府知府，但很快又出任宫观闲差。

不过，韩彦古在苏州也不是完全没做好事。据范成大《吴郡志》记载：“归仁仓、报功仓，淳熙元年，郡守韩彦古创建。专储年计，并存府仓内。”可见，韩彦古在苏州任职期间，创建了归仁仓、报功仓，专门用于储存储备粮。在常平仓之外建立储备仓，是一种创新，对于调节粮食供应、平抑物价、解决灾年粮食供给问题有百利而无一害，可谓是功德一件。

韩彦古第一次离任后，莫漳出任平江知府。

莫漳，字子章，归安（今浙江湖州）人。莫漳的生卒年不详，《宋史》无传，《全宋词》有小传，简单记载了莫漳的仕途情况。另外，在《宋史》《湖州府志》《苏州府志》中有些关于他的零星记载。

莫漳是莫君陈的曾孙，莫君陈在宋神宗时期受到王安石的器重，曾出任过婺州（今浙江金华）知州，著有《月河所闻集》一卷，《四库全书》有收录。莫漳于乾道五年（1169）考中进士后进入官场，但是其仕途十分不顺，不断被贬谪，又不断被起用。

莫漳第一次受到处罚是在当知县的时候。淳熙元年（1174），莫漳在担任仁和县（归临安府管辖，是南宋都城所在地。1912 年废除杭州府，将钱塘县、仁和县合并设置杭县，为浙江省会所在地）知县期间，宋高宗赵构的皇后吴皇后（时为太后）的亲戚出入德寿宫，并且仗势欺人，虐待老百姓，被莫漳杖责，结果莫漳得罪了吴皇后，被降了一级。德寿宫原是秦桧的府邸，因为风水先生说这里有王气，所以秦桧死后就收为官方所有，改成了新的宫殿。绍兴三十二年（1162），宋高宗传位给宋孝宗后，就搬到了这里居住，其后宫嫔妃也随之迁到这里居住，外戚出入德寿宫是正常的事情。然而，这些外戚往往依仗皇威胡作非为，没想到遇到了铁面无私的莫漳，这才吃了亏。敢打太后的亲戚自然没有好果子吃，好在当时宋高宗已经退位，不然莫漳就不仅仅是降级这么简单了。

然而，吃了亏的莫漳却并没有引以为戒，没几天，莫漳就把一个地方豪恶给打了。这个豪恶能够在都城横行无忌，背景自然不一般，结果，莫漳又被降了一级。由此可见，这莫漳确实胆子够大。也许正是因为莫漳不畏强暴，给宋孝宗留下了深刻印象，所以，在韩彦古第一次离开苏州、平江知府出现空缺的时候，宋孝宗让莫漳以承议郎的官衔出任平江知府。写到这里，笔者十分不解，承议郎在宋朝只是一个正六品的文职散官，而莫漳此前的职务是知县，知县在宋朝只不过是正七品的小官，莫漳在知县任上被连降两级，被降级后的莫漳应该是正八品的小官，他何以会在几个月的时间由正九品而擢升为正六品，而且还登上平江知府这样重要的职位呢？我们知道，平江是南宋地位、人口、经济仅次于临安的大城市，是南宋的北方重镇和赋税来源地，平江知府一般都是由资历深、阅历多、能力强的人担任，大多都在正四品以上。而莫漳考中进士仅仅过去五年时间，此前最高的职务也不过是七品知县，怎么会突然让他到苏州任职呢？笔者实在不解，又无史料可以查证，只能存疑了。

不过，莫漳在苏州仅仅待了一个月就再次被罢职，“未几罢”，这次被罢不知何因。此后，莫漳还出任过信州（今属江西上饶）、均州（今湖北丹江口）知州。宋宁宗庆元元年（1195），莫漳再次也是最后一次被罢职，但是，这次罢职并非因为得罪权贵，而是因为赈灾不力。据《宋史》记载，庆元元年（1195），“台州及属县大风雨，山洪、海涛并作，漂没田庐无算，死者蔽川，漂沉旬日。至于七月甲寅，黄岩县水尤甚。常平使者莫漳以缓于赈恤，坐免。”

莫漳虽然不断被贬，但是小日子过得还是很滋润的。南宋词人王炎有一首叫《临江仙》，题记说“莫子章郎中买妾佐酒，魏倅以词戏之，次韵”。可见，莫漳虽然官场不得意，闲暇生活还是很丰富的，宴会满座都是当朝文士，有美人相伴、有知音相陪，日子岂不美哉？莫漳本就是进士出身，才华不用说，因此，当时文人多有诗词相送，莫漳自己也有佳句存世，可见其也并非没有本事之人。

莫漳在苏州待了一个月就被罢职了，由韩彦古继续担任平江知府，七个月后，韩彦古因为凌辱官员被罢，由陈岘接任。

陈岘（1145—1212），字寿南，温州平阳人。温州陈氏是宋朝的望族，从陈岘的爷爷陈桷开始，温州陈氏五代显宦，并且一直维系了一脉正气，因此受到时人称赞。陈岘的祖父陈桷在宋徽宗时以上舍生及第，官至礼部侍郎，在任时政绩斐然。陈桷为官清廉，待人宽厚，淡泊名利。宋高宗绍兴十四年（1144）陈桷因为议论朝政忤逆了秦桧而被罢官，后被起用为襄阳知州，最终的官职是秘阁修撰。陈岘的父亲陈汝贤是陈桷的次子，曾担任过朝请大夫、达州知州。陈岘的儿子陈昉官至吏部尚书，拜端明殿学士。陈岘的孙子陈均于景定五年（1264）担任过平江知府，官至吏部尚书、资政殿学士。陈岘以祖父余荫叙名补官，一直到宋孝宗淳熙十四年（1187），陈岘才以博学宏词科赐第。进入官场后，陈岘先后担任过邵武（今属福建南平）南尉（主要负责地方治安捕盗，宋朝从九品官员，是宋朝级别最低的官员）、潮州判官等职务，在任上捕杀过数十名剧盗，因此进入宋孝宗的视野。淳熙二年（1175），陈岘以朝散大夫、直敷文阁的官衔出任平江知府。在苏州的第二年转任直徽猷阁，级别没动，都是从七品的职官。淳熙四年（1177），陈岘转任秘阁修撰，级别升迁为从六品，并继续连任平江知府。淳熙五年（1178）二月，因在苏州政绩突出，宋孝宗赐予陈岘紫服金带，并于当年七月将其召回京城出任户部侍郎。

然而，正当仕途一帆风顺之际，陈岘却因为举荐别人不当而受到降级处分。据《文献通考》记载："淳熙六年，知湖州长兴县茹骧坐赃免真决，编管台州，仍籍没家财。参知政事钱良臣奏：'臣昨任淮东总领日，失举茹骧改官，今以赃败，法当同坐。'诏：'览良臣所奏，乃欲以身行法。国有常宪，朕不敢私，勉从所请，可镌三官。'于是陈岘、张宗元、赵磻老、徐本中并坐举骧各降三官。"明朝薛应旗撰写的《宋元通鉴》也有同样的记载："淳熙六年癸巳，诏：'户部侍郎陈岘、待制张宗元、新知秀州徐本中、饶州居住赵磻老，各降三官，亦以保举茹骧也'。"宋朝不仅详列官员的失职行为，而且官员的过失行为不管是否造成事实损失或不利后果，都被视为犯罪。其中就有一条是任人不善、保举不当，用人或者保举的官员也要受到连坐。因为长兴县知县茹骧贪腐一案，包括陈岘在内的所有官员都受到了牵连，他们因此而被降职。

这次降职后，陈岘很长时间没有得到重用，一直到宋宁宗即位后仍然只是一个从八品的太社令、太学博士。庆元元年（1195），陈岘被召试学士院，升迁为兼国史院编修、实录院检讨官，迁为校书郎、秘书郎，官升一级，成为正八品的职官。然而，因为直言得罪韩侂胄，两次被贬，先后出任全州（今属广西桂林）、广州知州。嘉定五年（1212），陈岘以显谟阁待制的官衔出任泉州知州，还没去上任，又被改任为以兵部侍郎兼直院，陈岘因身体原因，正准备推辞，结果因病去世，享年六十八岁。

陈岘一生为官为人，正直而敢言，忠贞而孝友，爱民而实干，是一个难得的好官。

首先，陈岘不畏权贵、正直敢言，因此多次被贬。陈岘一生三次被贬，第一次前面已经介绍过，因为举荐茹骧不当被连降三级。第二次是在召试学士院的时候，陈岘在对策中说："帝王号令不可轻出，傥不经三省施行，从中径下，外示独断，内启幸门，祸患将伏于中而不自知。"当时，韩侂胄以外戚执政，独断专行，好大喜功，在南宋承平日久的情况下，准备兴师北伐，因此，陈岘在奏对中才有这样的言论。针对韩侂胄的北伐，当时很多朝臣出面反对，朱熹、赵汝愚，包括前面介绍过的邱崈等，纷纷上章弹劾，结果惹恼了韩侂胄，韩侂胄将朱熹等五十九人列为"伪党"，称朱熹的学说是"伪学"，将这些人全部贬官，这就是历史上著名的"庆元党禁"。陈岘也名列其中，被外放为全州知州。"庆元党禁"被宽解后，陈岘因政绩突出而被召为秘书郎，后又由礼部员外郎晋升为郎中，并兼史职。嘉泰四年（1204），陈岘升迁为秘书少监。此时，韩侂胄已经牢牢控制朝中大权，独断专行，滥用权力，打击异己。对此，陈岘上书给宋宁宗说："节钺滥予，职名躐授，名器大亵，侥幸益滋，贪墨肆行，生民日困。而大吏赃状暴白，仅从罢免。中外之臣，佞谀成风，虽居可言之地，且蓄缩不敢尽。皆非盛世事。"结果韩侂胄看了非常不高兴。到了第二年，韩侂胄北伐的准备工作已经就绪，为了能够掌控军队，韩侂胄准备起用他的亲信苏师旦为节度使，秘密安排中书省起草诏书，时任中书舍人兼直学士院的陈岘立刻顶了回去说："节钺，以待将臣之功高者。师旦何人，可辱斯授？必以此见命，吾有去而已！"意思就是说："节钺是军权的象征，只能授给功高的将领。苏师旦是何人，怎么可以辱没权力呢？这样的诏书必须见到皇上的命令我才肯起草，否则我只有请辞离开这个岗位。"韩侂胄无奈，只好安排其他人起草。不久，宦官又有以特旨躐进为远郡要职的，陈岘立即犯颜直谏，认为不可。这事本就是韩侂胄的主意，陈岘的反对让韩侂胄非常恼火，于是他就指使御史出面弹劾陈岘，陈岘因此再次被罢官，第二年提举太平兴国宫。开禧三年（1207）以集英殿修撰出任广州知州。

其次，陈岘实心为民、善作善成，因此留下非常好的政声。陈岘虽然三次被贬，却并没有因此自暴自弃，反而每到一个地方就把百姓的疾苦放在心上，真心实意为百姓办事。陈岘在担任平江知府期间，兴建居养院和安济坊，“集癃老之无子妻、妇人无夫亲者，分处之。幼失怙恃，皆得舍焉”。居养院和安济坊不仅规模大，而且里面生活设施齐全，除了供应吃、住外，病给医药，死给葬具，彻底消除了孤寡幼弱者的后顾之忧。为了解决居养院和安济坊的经济来源问题，陈岘还筹集官田和民田将近两千亩，招募农民耕种，每年可得米七百余石。居养院、安济坊兴起于北宋，南宋建立后逐渐恢复，就其规模和设施来讲，苏州为全国之最，足可证明陈岘是一个实心为民的好官。陈岘被贬出任全州知州期间，“至则增学廪、给官书，延见诸生，勉以问学。撙节浮费，籴米三千斛，立仓为俭岁备。蠲民逋租，凡二万余缗。郡城故榷酤，为民患，公（指陈岘）听十里外酿酒入城，收其税，民便之。在郡二年，田野辟，道路修，城堞壮，又捐河渡之人跨江为桥。以免病涉，湘人目曰陈公桥”。在广州期间，陈岘大建学宫，广收寒士；蠲免所属八个县应交州里的钱二万余缗；增建义冢，使暴露的尸骸得以安葬；重修延恩馆，安置迁徙到南方的士族百姓。当时，两广地区经常发生少数民族叛乱事件，“峒寇啸聚，为江湖间害”，陈岘下令修缮城池，专门设立经略司敢勇军，联结各州互为联防，派遣将卒分守险要之处，“寇闻风不敢犯”，确保了广州境内百姓安居乐业。皇上听说了陈岘的事迹后，提升陈岘为宝谟阁待制，再任广州知州。再任期间，陈岘“浚濠通江”，这是有关广州西濠的最早记录；他把药洲莲池上的奉真观改成祀奉五仙的五仙观，五仙观自此被迁建于古西湖。这里的西湖也叫仙湖，是南汉时期开凿的，因湖的北面供奉着五个仙人和五只羊的塑像，因此称为仙湖。嘉定三年（1210），陈岘在广州城东南和西南各修筑雁翅城，以加固南面的城防，形成了中、西、东三城加两翼城的城市格局，为广州城市建设做出了贡献。在广州期间，陈岘还主持编撰了《南海志》十三卷、《清湘志》六卷。

最后，陈岘为人宽厚、孝悌友爱，因此受到广泛好评。陈岘的弟弟早逝，陈岘就把弟弟的儿子带在自己身边抚养，并视为己出，等侄子长大后又送他进入官场。陈岘对待亲戚，“尽恩意，不可挠以私”，做到公私分明。对待朋友，“若简澹久而益亲”，就是说看似淡薄，但是时间长了就更加亲近，也就是君子之交淡如水的意思，“酬应事物，从容有常度，未尝见疾声”。因此，陈岘受到时人的广泛好评。陈岘死后，其好友叶适在挽词中写道：“生死悲欢地，长嗟付短吟。北门晨鹊趁，西甸晚鸦寻。三品官名重，千年墓色新。广东正相忆，泪激海潮音。”此外，陈岘诗文俱佳，“其文典雅有旨趣”，有《东斋集》三十卷。

陈岘在苏州先后待了三年，离任后由单夔接任平江知府。

单夔，字虞卿，钱塘（今浙江杭州）人。单夔的生卒年不详，《宋史》无传，其为官情况散见于《湖州府志》《景定建康志》《吴郡志》等地方志之中，但是记载都十分简单。从这些史料看，单夔于乾道元年（1165）出任大理评事，乾道五年（1169）升任为大理寺丞，乾道六年（1170）兼权度支郎官。从其前期任职的情况看，提拔并不快，算是正常，但是后期提拔飞速。大理评事是正八品的职官，大理寺丞是从七品的职官，也就是说，单夔从正八品到从七品用了四年时间。而度支郎官则是从六品的官员，也就是说，单夔一年时间连跳两级，由从七品直接升迁为从六品。乾道八年（1172），单夔出任湖州知州，淳熙三年（1176）升任为户部侍郎，成为正四品的高官（侍郎相当于现在的中央各部副部长，历史上各个朝代该官职品级不一，唐、宋为正四品，明代为正三品，清代为从二品）。淳熙五年（1178）九月，单夔出任平江知府，在苏州待了半年后就于第二年三月提举江州太平兴国宫，原因史料没有记载。宋光宗绍熙年间，出任遂宁（今属四川）、建宁（今属福建三明）知府。宋宁宗庆元二年（1196）出任绍兴知府，庆元四年（1198）出任隆兴府（今江西南昌）知府，此后在家赋闲，几年后去世。

因为史料匮乏，对单夔的为官为人情况笔者无法全面介绍，但是，可以确定的是单夔与苏州有着很深的渊源。据南宋参知政事袁说友《故太淑人叶氏行状》一文记载，单夔的外祖父从福建徙居苏州，单夔的母亲叶妙慧便在苏州出生，“聪悟闲静，未五岁，女工已辄解。直学俾偕兄弟课句读，日记数百言”。叶妙慧的父母早逝，其姨母“亦寓吴门，爱重夫人……率群叶，为择所宜归者”。于是，叶妙慧长大后嫁给了家境不佳但人品才华出众的单莘，悄悄拿出自己的嫁妆卖了补贴家用，含辛茹苦操持家业、养育子女，使得“单氏门户遂立”。单莘去世后，叶妙慧“访师之良者，买书史，辟庐舍，昼则躬烹饭，夜则供灯火，俾贰卿（指单夔）从游焉”，人们称赞她是“有子而善教之”。正因为有叶妙慧这样的母亲，单夔从小受到了良好的教育，为其以后的发展奠定了坚实的基础。

单夔在苏州待了半年时间就离开了，由司马伋接任平江知府。

第十九章　快速崛起

——"隆兴和议"之后的平江知府（四）

（司马伋、王佐、韩彦质、耿秉）

司马伋，字季思，山西夏县人。司马伋的生卒年不详，《宋史》无传，其事迹和仕途情况散见于《建炎以来系年要录》《老学庵笔记》《景定建康志》《玉堂类稿》《嘉定镇江志》《吴郡志》《泉州府志》等史籍之中。从这些零乱的史料看，司马伋是一个特殊的历史人物，原因有三：

一是特殊的历史背景，将司马伋推上了政治舞台。司马伋是司马光的曾孙，但是，这个曾孙是朝廷指定的，并非血缘上的曾孙。据史料记载，司马光有三个儿子：司马童、司马唐和司马康。司马童、司马唐早逝，司马光就从族人中过继了一个孩子，取名为康，希望这个孩子能够健健康康成长，并且用心抚养。司马康也非常争气，不仅继承了父亲的衣钵，而且在仕途上也比较顺利。司马康有两个儿子，老大叫司马植，老二叫司马桓，司马桓早夭，这样司马光就仅剩下一个孙子。司马康死后，留下了幼子司马植，宣仁太后非常可怜这个孩子，时任宰相吕大防推荐司马光生前好友邵伯温以西京教授的身份教导司马植。邵伯温对司马植说："温公之孙，大谏之子，贤愚在天下，可畏也。"意思就是说：“你是著名宰相温国公的孙子、著名谏臣的儿子，你的贤达或者愚蠢，天下人都在看着，一定要敬畏他们。”司马植也非常听话，“植闻之，力学不懈，卒有立”。然而，悲剧的是，司马植也早逝，并且没有子嗣。所以，司马植死后，“温公之世遂绝”，司马光再也没有后人了。到了靖康年间，金人南侵，司马光哥哥司马旦的孙子司马朴受命出使金营，宗翰、宗望得知他的身份后，称赞他是“贤者之后”，并把他的全家掳到北方。司马朴在金国受到尊重，金人对他的首次任命就是行台左丞，一个副宰相的职务，可见对他的重视程度，却遭到了司马朴的拒绝。司马朴死后，因其守节忠义被南宋朝廷追封为兵部尚书，后又于乾道六年（1170）加谥号“忠洁”。到了绍兴年间，宋金两国开始议和，金人在和谈过程中提出能否让司马光的后代出来当官。据宋元之际胡三省《通鉴释文辨误·序》记载：“汴京之破，温公之后曰朴者，金人以其世而敬之，尽徙其家而北，后莫知其音问。绍兴，两国讲和，金使来问：‘汝家复能用司马温公子孙否？’朝廷始访温公之后之在江南者，得伋，乃公之从曾孙也，使奉公祀，自是擢用。”从这段记载看，金人已把司马朴全家掳到北方，却还在和谈中问南宋朝廷能否让司马光的后代出来做官，明显带有戏弄的味道。但是，这是在两国和谈时正式提出来的，这就不仅仅是司马光是否有后代、其家族是否有继承人的问题了，而是上升到了国家层面，关系帝国的颜面。于是，南宋朝廷从司马家族中挑选出了司马伋，指派他为司马光的曾孙，继承司马家的香火。就这样，籍籍无名的司马伋被推上了历史舞台。

二是特殊的朋友圈子，让司马伋留下了鼎鼎大名。司马伋进入官场后，交游的圈子越来越大，而且所交往的大多是天下名士，像陆游、李彦颖、周必大、韩元吉、洪迈、杨万里等，都与司马伋交好。司马伋和陆游在绍兴年间就开始交往，友谊持续了一生。陆游在《渭南文集·跋》中写道：“绍兴甲戌七月三日，子宅过此，彩选毕景。丙子二月五日，同季思访务，观云门山草堂，复为此戏，子宅记……子宅、季思下世，忽已数年。予今年六十有七，览此太息。然予方从事金丹，丹成，长生不死，直余事耳，后五百年，过云门草堂故址，思昔作彩戏，岂非梦邪？绍熙元年上元日，放翁书，去子宅题字时三十年矣。”

绍兴二十六年（1156），司马伋和友人一起拜访陆游的云门草堂，一起玩彩选游戏。所谓彩选，相当于升官图的游戏。绍熙元年（1190），六十七岁的陆游想起死去的司马伋，感慨万千，所以在跋中写下了这段话。晚年的陆游，痴迷于炼丹，期望长生不老，结果可想而知。陆游最出名的一首诗就是《示儿》："死去元知万事空，但悲不见九州同。王师北定中原日，家祭无忘告乃翁。"人们往往感动于其中的爱国情怀，其实首句"死去元知万事空"是其炼丹失败后的无奈与伤感。陆游在《老学庵笔记》中还记载了另外一件事情，绍兴二十五年到绍兴二十七年（1155—1157），谢伋任括苍（今浙江丽水）太守，司马伋任他的副手，即通判，两个人同名。刘季高（即刘岑，吴江人，曾出任过镇江知府，后因得罪秦桧而被罢黜）写信给谢伋说，想必他们办公事的时候，都像念律令一样吧。"伋伋"音同"急急"，听起来就像太上老君急急如律令一样。除了陆游外，与司马伋交往密切的周必大、吕祖谦、洪迈、杨万里在各自的文章中也都多次提到司马伋。正因为司马伋和这些名流多有交往，才在历史上留下了大名。

三是特殊的历史贡献，使司马伋有了用武之地。司马伋在仕途上并不是十分顺利，也没有干出什么轰轰烈烈的大事，但是有两件事情影响深远。

第一件事情是支持和维护司马光的《涑水记闻》。司马光不仅撰写了《资治通鉴》这一彪炳史册的巨著，而且还写了本朝的历史，这就是《涑水记闻》。司马光的老家是陕州夏县涑水乡，因此，这本语录体的著作叫《涑水记闻》。《涑水记闻》比较详尽地记载了北宋六朝（960—1070）的国故时政、内忧外患，揭示矛盾，反映了许多社会问题，为后世留下极其珍贵的史料。《涑水记闻》在司马槙时开始在社会上流行，绍兴六年（1136），范冲向宋高宗上奏："今士大夫多有之，删之适足以增疑。"于是，宋高宗让赵鼎和范冲对其进行整理后正式出版，最终的版本基本上是按照司马光的原著刊印的。绍兴八年（1138），秦桧第二次出任宰相后，宋金两国开始议和，司马伋被指定为司马光的曾孙。当时，司马伋是赵鼎等主战派的支持者，其官职是右承务郎（从八品），因为他是主战派一方的，因此，一直到绍兴十五年（1145），司马伋的官职都没有得到任何升迁。绍兴十五年（1145）正是秦桧权势的鼎盛时期，他支持的崇国公开始称藩，已经把崇国公和建国公（即后来的宋孝宗）的地位拉平，随时都有可能拥立崇国公为太子。如果皇太子被拥立，宋高宗的帝位就会动摇。因此，秦桧的做法，不仅威胁到了史浩辅佐的建国公，而且也直接威胁到了宋高宗的帝位，宋高宗和秦桧之间的矛盾由此产生。此时恰巧发生了《司马温公记闻》书籍事件，该书内容不详，但是非常可疑。因为经过靖康之难后，北宋的书籍大多遭到毁坏，并且进入南宋后，朝廷严禁野史，所以除了宋高宗亲自下令刊印的《涑水记闻》外，不可能还有元祐党人的作品。这本《司马温公记闻》明显与《涑水记闻》观点相左，但是，奇怪的是，一直严禁元祐党人著作的秦桧却没有要求查禁此书，明显是默许用此书取代赵鼎、范冲刊印的《涑水记闻》。针对《司马温公记闻》在社会上流传的情况，司马伋上书给宋高宗，要求进行查禁。因为秦桧的做法已经威胁到自己的利益，所以，宋高宗只能联合主战派打压秦桧，于是就同意了司马伋的请求，下诏禁止《司马温公记闻》的刊印。对此，秦桧也无可奈何，因为《涑水记闻》是宋高宗下令刊印的，而且社会影响力极大。宋高宗的这一决定，保住了赵鼎和范冲在绍兴六年（1136）刊印的《涑水记闻》，同时，也在一定程度上打击了秦桧一党。这件事情之后，司马伋被提升了一级，但也只是由右承务郎外派到浙东安抚司挂名锻炼，“干办公事”，仍然没有得到重用，一直到宋孝宗即位后，司马伋才逐步得到重用和提拔。

第二件事情是出使金国。前文已经介绍过，宋孝宗即位后，发动了一场对金国的战争，但并没有得到什么便宜，后来不得不进行和谈。宋孝宗知道金国上下对司马光一族非常尊重，为了打感情牌，就提拔司马伋为礼部尚书，让司马伋出使金国。司马伋到了金国后，果然受到了金国的礼遇。在金国朝廷，司马伋还和金国的护卫进行了一场射箭比赛，结果“伋等中五十，护卫才中其七”，让金世宗十分惊叹。司马伋这次出使，顺利完成了使命，为“隆兴和议”的最终达成做出了贡献。此后，司马伋先后担任建康总领、吏部侍郎、中奉大夫、徽猷阁待制镇江知府、宝文阁待制平江知府、泉州知州等职务。

除了以上三点，司马伋有名还与一张“告身”有关。所谓“告身”，是古代官员任官授职的公文凭证，也就是在授予新的职务，或者在剥夺现有的官职时，朝廷采用《公式令》所定的公文格式写给本人的文书。“告身”在唐宋时最为流行，元朝之后则销声匿迹。唐宋时期的“告身”存世非常稀少，主要原因是元代统治者曾下令：“凡收藏宋告身者，悉投水火，有妄讦者，坐死。”因此，前朝文物被洗劫一空，能够保存下来的很少，加上经历上千年的消磨，能够流传到现在的宋代“告身”就更罕见了。就目前存世的来讲，比较著名的有唐朝徐浩书写的《朱巨川告身卷》（保存在台湾故宫博物院）、颜真卿的《自书告身帖》（保存在日本中村不折氏书道博物馆），北宋《范纯仁告身》（保存在日本京都藤井有邻馆）、《司马光告身》（保存在日本细川家族），另外就是南宋的《司马伋告身》和《吕祖谦告身》。2015 年 6 月，北京匡时春拍“畅怀——历代书法夜场”上，林朗庵所藏《司马伋告身》以 2012.5 万元的价格成交，可见其珍贵程度。

司马伋在平江知府任上待了四个月时间就“奉祠”去职了，由王佐接任平江知府。

王佐（1126—1191），字宣子，号敬斋，绍兴府山阴县禹会乡广陵里（今浙江绍兴钱清镇）人。

提起王佐，大家一定会想到“王佐之才”这一成语。“王佐之才”自出《汉书·董仲舒传》：“刘向称董仲舒有王佐之材，虽伊、吕亡以回。”这里的王佐并非指本文中的王佐，而是指能够辅佐帝王的非凡人才。“王佐之才”中的王佐虽不是指本文中的王佐，但是，本文中的王佐也确实是个非凡的人才。

王佐是琅邪王氏之后，是书圣王羲之的三十一世孙。琅邪王氏是中国历史上最为出名、最具代表性的名门望族，自西汉以来，代有大家闻于天下，流传至今的许多典故，如“弹冠相庆”“琳琅满目”“情有独钟”“清谈误国”“信口雌黄”“东床佳婿”“入木三分”等，都与琅邪王氏有关。到了宋朝，琅邪王氏同样名人辈出，王佐的曾祖王贵从清溪迁至清江东塘。王贵，字材卿，号月轩，太学生，官丹阳知县。在北宋徽宗时上书论事，以直言罢，晦迹林泉，自淳安徙居绍兴之山阴禹会乡广陵里清江东塘。王佐的父亲王俊彦于绍兴五年（1135）考中进士，王佐的弟弟王公衮于绍兴二十四年（1154）考中进士，而王佐则于绍兴十八年（1148）高中状元，留下了“父子三进士”的佳话。

王佐中状元的时候仅有二十三岁，与朱熹是同科，朱熹虽然当时只有十九岁，比王佐小得多，但是名次却排在了第五甲第九十名，可见出身名门的王佐确非浪得虚名。

王佐不仅才高八斗，而且刚直不阿。王佐考中状元后，被授予承事郎（正八品散官，是宋朝状元最初的官职），签书平江军节度判官，还没来得及上任，又改为秘书省校书郎（负责校对典籍、订正讹误的职官，宋朝时是秘书省下属）。当时，秦桧专权，秦桧的儿子秦熺为秘书提举，是王佐的顶头上司。王佐的同僚纷纷巴结秦熺，唯独王佐不与秦熺亲近。出身名门、状元及第的王佐，内心深处根本看不起依靠父亲而身居高位的秦熺。这一方面是文人清高的自然表现，另一方面也说明王佐其人不畏权贵、刚直不阿。王佐曾对他的同僚说：“按照唐朝时候三馆先例，丞相与县尉都是学士，怎么可以妄自菲薄、屈居其下呢？”这话传到秦熺的耳朵里，把秦熺气得够呛，于是他就唆使御史弹劾王佐，将王佐外放到地方。秦桧死后，秦熺被放逐，王佐这才被召回京城，授为秘书郎、兼玉牒所检讨官，不久又升为吏部员外郎，兼任右司郎。秦桧死后，秦桧的妻子王氏，上书乞求继续使用以前所得恩赐中尚未用过的东西，并自称“冲真先生”，企图继续享受秦桧生前的奢华生活。当时，秦桧的党羽汤思退执政，当然要维护秦桧一党的利益。王佐上书给汤思退说：“妇人怎么可以得到这样的名字？从前他家误恩，相关官员不能尽职，是失职，如今应当追夺更正。王氏封两国夫人，乃是祖宗因亲王之配得宠，宠及外家尊属，怎么可以倚恃而引为台阶，越分造乱？这封号也应当一并夺除。”但是，汤思退根本不予理睬，将王佐的上书扣了下来。王氏死后，其“冲真先生”称号才被剥夺，有识之士都称赞王佐有胆识、有远见。

王佐不仅刚直不阿，而且忠君爱国、实心为民，史称其“在任典八州、知四府，所仕之处皆以德政著名”。王佐先后担任过永州、吉州

（今江西吉安）、宣州（今安徽宣城）、潭州（今湖南长沙）等地知州和扬州、建康、平江、临安等地知府，还两度权户部侍郎，后又权工部尚书、户部尚书。在地方任职期间，王佐留下了很好的政声，为老百姓做了不少好事。

绍兴三十二年（1162），王佐出任吉州知州。到任后，王佐在巡视州学的时候，发现学宫虽然宏达轩敞，但是门台低下，与州学的地位不相称。同时，学宫的环境不佳，不仅局促在城墙边上，而且学宫旁的吉水也对学宫造成威胁。为了改善州学的环境，王佐采取另择高地和高价补偿的办法，将附近的民户动迁到其他地方安置，派人毁掉城墙，迁走坟墓，搬掉土丘，填平坑洼，在上面建造亭子，并增高加宽州学门台。亭子落成时，王佐亲自书写匾额，名为“咏归”，嘱咐学子们要回归孔子及其弟子知时乐命、逍遥自在、不求为政的志愿（孔子《论语·先进》：“浴乎沂，风乎舞雩，咏而归。”），特别是要学习颜渊，遵从圣海之涯而入，奋发学习，充分表达了王佐劝学思才的思想。为此，南宋著名文学家周必大还专门写了一首诗，名字叫《咏归亭记》。因为政绩突出，所以，宋孝宗即位后，于隆兴元年（1163）十月专门下诏：“知吉州王佐曾任起居郎，治郡有声，可除直宝文阁。”十二月，经张浚推荐，王佐出任中书门下省检正诸房公事兼权户部侍郎。隆兴二年（1164）九月，汤思退都督江淮军马，王佐充任都督府参谋官。但是，没多久，王佐就于当年十一月改任宣州知州。

在宣州的第二年，也就是乾道元年（1165）六月，宣州发生洪水，冲毁民田房屋无数，为此，王佐上书给朝廷：“本州自五月七日至二十六日，雨如倾注，山发洪，被水之人阙食者众。欲将见管常平粜米钱八万余贯循环作本，差官收籴米斛赈济。”得到了朝廷的批准。

乾道元年（1165）十月，王佐改任建康知府。当时，建康府朱端明、崔先生利用邪教，与军营之中的不法分子相互勾结，图谋不轨。王佐到任后，这些人在一起进行密谋，认为王佐这人精明能干，他们做的这些事情无法瞒过王佐，如果起事晚了的话，必然会以失败告终，不如提前行动。于是，经过商量，他们决定于春季阅兵时起事。这帮人虽然做得非常隐蔽，但是仍然被王佐知道了。于是，在这帮人起事前，王佐不动声色地下令将领头的人抓起来给杀了，又将几个重要的信徒流放到岭外，其余被蒙蔽的一概不予追究。僚属们对此一概不知，一直到王佐把判词宣布后，大家才知道是怎么回事。

然而，此事没过多久，乾道二年（1166）九月，王佐就因为属下上元知县李允升受贿受到牵连，“诏左朝奉大夫、知建康军王佐特追两官勒停，建昌军居住”。其后，王佐被起用为发运使，但是很快就因为其他的事情再次被贬。到了乾道六年（1170），王佐出任扬州知府，当年七月，王佐第二次权户部侍郎。淳熙四年（1177），王佐再次被委任为地方官，出任潭州知州。王佐在任期间，正好发生茶民叛乱事件。茶民陈峒在柳州起事，不到半个月手下就发展到数千人，波及附近的郴州、道州、连州、永州、桂阳军等地。淳熙六年（1179）三月，王佐上奏请求发荆鄂精兵三千人前来进剿。朝廷下诏以本路军进行讨伐，并命王佐节制各州人马。接到朝廷的诏命后，王佐进行精心部署，并亲率人马前去征讨，很快就平息了叛乱。消息传到朝廷后，宋孝宗说：“王佐以帅臣亲入贼巢，擒捕诛剿，与向来捕贼不同，书生中不易得也。”因此下诏称赞王佐“忠劳备著”，并提升王佐为显谟阁待制。当时，辛弃疾平定了江西贼寇，刘焞平定了广西贼寇，王佐平定了湖南贼寇，都得到了朝廷的嘉奖。为此，辛弃疾还专门写了一首词《满江红·贺王帅宣子平湖南寇》表示祝贺。

离开湖南后，当年十二月，王佐以显谟阁待制出任平江知府。在苏州待了一年时间，于淳熙七年（1180）十二月，以户部侍郎的官衔出任临安知府。淳熙九年（1182），王佐权工部尚书，再转户部尚书。淳熙十四年（1187），因为母亲和儿子相继病逝，家里只有一个高龄的父亲，王佐辞官回到家乡，在家侍奉老父。绍熙二年（1191）去世，享年六十六岁。王佐死后三年，陆游为其撰写了墓志铭，对其一生进行了高度评价，称其“公听并观，以出贤能”。

王佐一生留下了不少佳话和逸闻趣事，在这里选录几段以飨读者。

一是兄弟手斩发冢贼。绍兴二十七年（1157），王佐母亲的坟墓被盗掘，遗骸被抛弃在荒野。祖坟被盗，王佐一家的愤怒程度可想而知。经过明察暗访，查出这件事情是无赖嵇泗德所为。按照宋朝的刑律，

“诸发冢者，加役流；已开棺椁者，绞。”然而，让王佐一家没想到的是，绍兴知府却只给嵇泗德判了一个轻刑。王佐的弟弟王公衮不胜悲愤，于是就把狱卒给灌醉了，然后把嵇泗德杀死在狱中。擅自杀害罪犯，同样是大罪。当时，王佐是吏部员外郎，为了救弟弟，就上书提出纳出自己的职务为弟弟赎罪。宋高宗下诏让给事中杨椿、中书舍人张孝祥等人对此案进行合议。杨椿和张孝祥商量后认为，为血亲复仇乃是正义的表现，但是，如果任由复仇行为肆虐，则天下将陷入“冤冤相报何时了”的死循环。因此，需要国家通过立法限制私人暴力行为，由法律来维护正义。王佐、王公衮抓住了盗墓贼，却并没有私自杀了他，而是交给官府处理，目的是通过法律程序为母亲讨回公道。王公衮之所以最后杀了嵇泗德，是因为法律并没有替他受辱的母亲讨回公道。看着掘墓戮尸的坏人逍遥法外，为人子者有何面目安心生活在人间？因此，王公衮怒杀嵇泗德，合乎人情正义，也不违背国家立法的本意和精神。为此，张孝祥等人提出对此案的处理意见：“公衮杀掘冢法应死之人，为无罪；纳官赎弟佐之请，当不许；故纵失刑有司之罚，宜如律。”宋高宗下诏：“给舍议是。”为此案下了结论。乾道年间，王公衮为敕令所删定官，一天，宋孝宗召王公衮入宫奏对，等王公衮入宫后，宋孝宗对左右说：“这位便是当年手斩发冢盗的王先生。”王佐兄弟的故事由此流传下来。

二是宣子失告命。王佐在担任临安知府期间，对群盗穷追猛打，使都城治安秩序明显好转，却也因此被这些盗贼怀恨在心，他们想找机会报复他。因为政绩突出，宋孝宗专门下诏对其予以表彰提拔，封赏的告命下发后，王佐将告命放在卧室内，没想到早上起来的时候竟然不见了。王佐知道这是盗贼借此侮辱他，所以就没有声张。有一天，王佐上朝向宋孝宗奏事，等公事说完后，王佐对宋孝宗说：“鼠辈恶臣穷其奸，故为是以沮臣尔。”宋孝宗问：“何以处之？”王佐回答说：“臣若张皇物色，正堕其计中，惟有置之不问。异时从吏部求一公据足矣，今未敢请也。”上称善。由此可见，王佐确实是大才，遇事沉着冷静，应对智慧超群。

三是王佐断臂。《说岳全传》中记载，南宋时，金兵南侵，金兀术与岳飞在朱仙镇摆开战场进行决战。兀术有一义子，名叫陆文龙，这年十六岁，英勇过人，是岳家军的劲敌。这陆文龙本是宋朝潞安州节度使陆登的儿子，兀术攻陷潞安州的时候，陆登夫妻双双殉国，兀术便将还在襁褓之中的陆文龙和奶娘带到金国，并收为义子，将其培养成了一员骁将。但是，陆文龙对自己的身世完全不知，一心一意为兀术卖命，给岳飞部造成了很大压力。一天，岳飞正在思考破敌之策，忽然部下王佐来见。岳飞看到王佐脸色蜡黄，右臂被斩断并敷药包扎，大惊，问王佐发生了什么事。一问之下才知道，王佐打算只身前去金营，策反陆文龙。为了不让兀术怀疑，就把自己的右臂给斩断了。了解实情后，岳飞十分感动。王佐连夜来到金营，对兀术说："小臣王佐，本是杨幺的部下，官封车胜侯。杨幺起义失败后，我只得归顺岳飞。昨夜帐中议事，小臣进言，金兵二十万，实难抵挡，不如议和。岳飞听了大怒，命人斩断了我的右臂，并命我到金营通报，说岳家军不日前来踏平金营，生擒狼主。小臣要是不来，他将斩断我另一条胳膊。因此，我只能前来哀求狼主。"兀术听了之后，非常同情王佐，叫他"苦人儿"，把王佐留在了营中。王佐利用能在金营自由行动的机会，接近陆文龙的奶娘，说服奶娘向陆文龙讲述他的身世。陆文龙知道自己的身世后，决定诛杀金贼，为父母报仇。王佐叫他不可造次，等待时机一同逃回宋营。此时，金兵运来一批轰天大炮，准备深夜轰炸岳家军。陆文龙及时给岳飞送去了消息，使岳家军免受了一次损失。当晚，王佐、陆文龙、奶娘趁机逃回宋营。王佐采取断臂之计，终于使猛将陆文龙回到宋朝，为岳飞战胜兀术立下了不世之功。

王佐断臂的故事出自清代钱彩编次、金丰增订的长篇传奇小说《说岳全传》，其中的故事很多都是演绎的。其实，王佐作为文人，根本没有在岳飞手下干过，《说岳全传》之所以拿王佐进行演绎，正是因为王佐这人不仅才华横溢，而且足智多谋。王佐断臂的故事虽然是小说家的演绎，但也足以证明他在后人，尤其是文人心目中的地位和影响。

王佐离任后，韩彦质接任平江知府。

韩彦质是韩世忠的第三个儿子。前面已经介绍过，韩世忠一共有四个儿子，老大韩彦直，老二韩彦朴，老三韩彦质，老四韩彦古。老二早逝，其他三子都进入官场，但是三子的特点各不相同。韩彦直才华出众、忠君爱国、政绩斐然；韩彦质忠厚本分、忠于职守，但是政绩平平；韩彦古聪慧能干、脾气暴躁、本性不好。因此，脱脱在《宋史·韩世忠传》中写完韩世忠后，对韩彦直做了全面介绍和高度评价，而对韩彦质和韩彦古却只字未提。

因《宋史》无传，加之政绩平平，所以韩彦质在历史上并没有留下多少可以介绍的亮点。据《建炎以来系年要录》和《吴郡志》等史料记载，韩彦质于绍兴十一年（1141）任直秘阁，绍兴二十八年（1158）任光禄寺丞，淳熙五年（1178）出任秀州知州，淳熙六年（1179）权两浙转运判官，淳熙七年（1180）出任平江知府，淳熙九年（1182）以太府少卿出任浙西总兵，淳熙十年（1183）出任临安知府，然后以太中大夫致仕，死后谥“敏达”。

韩彦质于淳熙七年（1180）十二月到任平江知府，淳熙九年（1182）七月离任，在苏州一共待了一年半多一点时间。他在苏州任职期间的政绩没有多少记载，但是，苏州的一条小巷却因韩彦质而闻名至今，这就是位于古城区中南部的醋库巷。

苏州许多小街小巷的名字，都有着深厚的历史意蕴，比如大儒巷、书院巷、富郎中巷、闾邱坊巷等，但也有很多小巷的名字很接地气，如铁瓶巷、柳巷、滚绣坊、石匠弄等，其中就包括醋库巷。醋库巷名字的由来与醋库有关，北宋的时候，官府在这条小巷设立了储藏醋的仓库，小巷也因此得名。离醋库巷不远的地方有一座小桥，叫醋坊桥，则是专门卖醋的地方。

醋是人们生活的必需品，其本身就充满了生活气息。在这里设立醋库，在附近买卖陈醋，空气中自然飘荡着醋的香味，就是在这样的香味中走出了一个状元，因此，这里除了醋香味外，又出现了另一种味道：“墨香”，这条巷子也因此有了另外一个名字：“状元坊”。

淳熙八年（1181），居住在醋库巷的黄由参加当年的科举考试，自小才华出众、聪慧好学的黄由，在殿试作文时从容不迫、洋洋洒洒千言写就，宋孝宗看了黄由的试卷后，龙心大悦，立即点了状元。这可是一件了不起的事情，在宋朝三百一十九年历史中，苏州总共也就出了五位文状元。黄由高中状元，不仅黄家和苏州人感到开心和自豪，担任平江知府的韩彦质自然也感到脸上有光。为了褒奖黄由，激发苏州读书人的热情，韩彦质在醋库巷的西出口建了一个牌坊，名字就叫“状元坊”，因此，醋库巷也称状元坊。从范成大开始，宋以后的地方志对此均有记载。

也许是因为这里出了一位状元，因此，此后的状元坊便成了官宦世家和文人雅士的聚居地，这里深宅大院鳞次栉比，历史上出了不少名人。比如，怡园和过云楼的主人顾文彬的孙子顾麟士。顾麟士是晚清著名的书画收藏家，他二十五岁的时候从其爷爷顾文彬的手中继承家业，成为过云楼的第三代主人。在顾麟士的经营下，其时过云楼的藏书规模和价值都达到了鼎盛时期，甚至有了“江南收藏甲天下，过云楼收藏甲江南”之誉。后来，顾麟士在醋库巷修建了西津别墅，顾麟士去世后，过云楼的部分藏书也转移到了这里。再比如，醋库巷四十二号曾是清代著名文人刘大观的宅子，砖雕门楼上刻有“刘园”二字。相传，刘大观本是山东临清人，曾担任马平、贺县等县令，乾隆五十四年（1789）继母去世，五十七年（1792）父亲去世，刘大观丁忧回到家乡，其间“浪游江浙”来到苏州，寓居在这个深宅大院两年多时间，与当时的苏州名士相唱和。

醋库巷中最有名的是“柴园”——现在的苏州教育博物馆。柴园始建于清代，原为潘曾琦（“贵潘”的后代）宅园，名“茧园”。后被两淮盐运使柴安圃购得，柴安圃对原来的园子进行了重修，取名为“柴园”。柴园不大，面积只有 6.6 亩。自建园到抗战爆发，原来的宅院大部分被毁变成了民居。中华人民共和国成立后，这里于 1957 年变成苏州市聋哑学校。2012 年苏州市聋哑学校搬迁后，苏州市教育局将这里整修后改成苏州教育博物馆，此后这里便成为展示苏州教育史，供市民、游人和学生参观的好去处。

韩彦质离任后，耿秉接任平江知府。

耿秉，字直之，江苏江阴人。耿秉的生卒年不详，于绍兴三十年（1160）考中进士，乾道三年（1167）出任浙江新城（今浙江富阳）

知县，淳熙元年（1174）为魏王府记事参军，淳熙八年（1181）出任广德军知军，淳熙九年（1182）升迁为两浙转运判官兼权平江知府，淳熙十年（1183）改任镇江知府，淳熙十三年（1186）出任明州（今浙江宁波）知州，淳熙十六年（1189）升迁为两浙转运副使，绍熙元年（1190）出任秘书监，绍熙二年（1191）权兵部侍郎，后转任太平州知州，一直到去世。

从乾道三年（1167）出任新城知县到绍熙元年（1190）回京担任秘书监，二十多年间，耿秉基本上都在地方担任官职，所到之处，“律己清俭，以利民为事”，为老百姓办了很多好事，影响较大、有史可查的有四件事。

一是矫制放粮，救百姓于水火。耿秉在担任广德军知军的那年秋天，淫雨霏霏，粮田被淹，百姓颗粒无收，导致饥民遍野。耿秉采取各种措施进行救助，但是，因为灾情太过严重，受灾人数过多，广德军储备的粮食无法满足灾民的需要。而属于中央管理的常平仓，必须报请朝廷批准后才能开仓放粮。如果按照程序上报朝廷审批，等着救助的百姓必然会大批饿死。万般无奈之下，耿秉毅然“矫制”，假传圣旨，打开常平仓放粮救助百姓。假传圣旨可是杀头的大罪，耿秉心里不是不知道这个道理。所以，等水灾结束后，耿秉给朝廷写了一份奏折，首先承认自己“矫制放粮”的罪行，然后指出不及时放粮救助百姓的后果。他在奏折中说：“动仓谷以广皇恩，非邀誉也；饥民户口皆可考，非肥己也。使上有特恩，坐视各州县之流离死亡而不救，官有余粟，野有饿殍，本军之罪，其可逭乎？汉汲黯过河内，以便宜发粟，武帝释之。今已擅动仓谷，题参理应顺受，第恐将来天下各官皆以为戒，视仓谷重民命轻，则害不可言矣！”将奏折送走后，耿秉便一边工作一边等着朝廷的处分决定。但是，让耿秉没有想到的是，朝廷不仅没有治他“矫制”的罪行，反而专门下发了邸报表彰他。因此事当时的太子赵惇对耿秉很是佩服，因此，赵惇即位后，立即就把耿秉召回京城，出任秘书监，第二年又提拔耿秉为兵部侍郎。耿秉出任秘书监后，正好遇上了宋光宗举行郊祀大典，针对当时乐队中的滥竽充数者，耿秉上疏指出：“致敬鬼神，以礼乐为本，乐欲其备，音欲其和。今所用雷鼓所属，正所以祀天致神，而皮革虚缓，声不能振应；登歌、大乐乐器及乐舞工人冠服，有积岁久而损弊者，宜葺新之……其缘托权要、送名充数者，严戢绝之。”又说：“大礼前期，皇帝朝飨太庙，别庙内安穆、安恭皇后二室，前此系大臣分诣行事。今既请诣室祼，其酌献、升殿所奏乐曲，恐不相协，宜命有司吏制。”由此可见，耿秉不仅正直敢言，建议对那些通过非法手段、托关系走后门进来充数的南郭先生，全部严加制止并清除出去，而且对礼乐也非常精通，对祭祀典礼中不和谐的音律也提出了自己的建议。

二是重铸官印，取消不允许百姓在河中取水的禁令。南宋建炎年间，金军大举南侵，包括镇江在内的江南大片地区尽被金军蹂躏，兵荒马乱之际，镇江府官印也遗失了。等金军退走之后，镇江府要用官印时，只能以观察使大印代替，印章旁边还要附上一个小帖，写明“借用”。淳熙十二年（1185），耿秉出任镇江知府期间，觉得如此办公实在不是长久之计，于是就专门奏请朝廷，由文思院重新铸造了一枚镇江府印。新铸的府印送到府衙后，耿秉打开一看，发现“府”字有些向左边偏了。这时有人议论：“太守必不久于此，当调至别处。”果然，一个月后，耿秉接到调令，到明州担任知州去了。此后几年，镇江知府换了几任，但待的时间都很短。在镇江期间，耿秉还做了一件大好事。当年，镇江天气干燥，雨水很少，百姓抗旱出现困难。因此，耿秉向朝廷上书，请求“如遇大旱，请允许让民众车河水”抗旱。宋孝宗接到耿秉的奏折后感到非常奇怪，百姓取河水灌溉不是十分正常的事情吗，怎么会要官府批准？于是问朝中大臣，有人回答说：“寻常人都来用的话，怕水抽干了，所以惯例不让民众车水。”宋孝宗说：“农田庄稼的事大，可以从耿秉所请。”所以，自此以后，不准百姓车河水的禁令就被取消了，耿秉的建议给百姓带来了很大的便利。

三是以绢换物，解决“认纳、和买绢匹不堪”的问题。耿秉两次出任两浙路转运官，一次是担任两浙转运判官，兼任平江知府；一次是出任两浙转运副使。在两浙路任上，耿秉了解到家乡江阴认纳、和买绢匹无法交纳的问题时，及时为当地解决了实际困难。所谓“认纳”，就是各地当年应当向朝廷交纳的赋税；所谓“和买”，按照宋朝的制度，在青黄不接的时候，官府向老百姓发放贷款，夏秋收获季节，老百姓将绢匹交纳官府，用于偿还贷款，叫作“和买”。但是，由于年景不好，当年江阴军没有足够的绢匹来交纳赋税，老百姓也没有绢匹还贷款。但是，按照规定，赋税和贷款都必须用绢匹交纳或者偿还。耿秉了解情况后，进行了实地考察，觉得江阴军和当地的百姓确实存在困难，于是，耿秉通知临安府，允许江阴军和当地百姓用酒等实物交纳赋税和偿还贷款，在不影响执行国家制度和税赋收入的情况下，灵活机动地解决了问题，使国家、地方和百姓各得其所。

四是蠲免赋税，大大减轻百姓负担。江阴是富庶之地，像江阴这样的地方都不能交纳赋税，说明肯定是税赋过重。于是，耿秉通过考察有关州县，提出了役法六事，奏请朝廷批准执行，得到了宋孝宗的同意，“继奏本路数邑版赋之重，蠲减以万数”，大大减轻了百姓负担。

除了以上这些实事外，耿秉还为江阴做了一件流传千古的事情：刻立《心经碑》。据南宋《江阴军志》记载：“僧道松，观音大士木榻下，有草书《心经》满碑，笔力遒健，末题云：孟冬月比丘松书，不记岁，莫祥何代人。尽岁侍郎耿公，命工刻于石，嵌于左庑之壁。或传乃应僧云。”从这段记载看，草书《心经碑》是一个叫道松的和尚写的，但是写于什么年代已无可考。到了孝宗淳熙十五年（1188），耿秉命人将《心经碑》刻文于石，《心经碑》刻成后，由江阴知军侯彦准题跋，嵌于当时江阴规模最大的古刹乾明广福禅寺观音殿左面的墙壁上。到了明朝嘉靖末年，观音殿遭火灾，《心经碑》被毁。武进知县赵麟阳花重金从江阴购得《心经碑》摹本，交黄生道再刻于常州关帝庙中。就这样，《心经碑》在江阴保存了将近四百年时间便销声匿迹了，就连道松手迹《心经碑》的摹本也被买走了。但是，江阴有识之士从来没有忘记《心经碑》，常常呼吁“邑人所当重刻以复旧观。”乾明广福禅寺释音可还写了一首诗：“心经一卷几翻掀，罗汉重书在壁间。忽被晋陵人借去，不知何日送还山。”到了清朝嘉庆三年（1798），江阴知县杨世绶趁乾明广福禅寺补刻五百罗汉名号的机会，按照常州关帝庙的原摹本选石重刻，刻成后仍放在乾明广福禅寺后殿，使原来耿秉所刻的《心经碑》得以延续。后来，此碑移置到江阴中山公园碑廊之内，成为中山公园重要的景点之一。

耿秉在苏州待了一年多就离开了，由谢师稷接任平江知府。

第二十章　快速崛起

——“隆兴和议”之后的平江知府（五）

（谢师稷、邱崈、何万、王希吕、赵彦操）

谢师稷（1115—1194），字务本，邵武（今属福建南平）人。其品行高洁，为官清廉，受到时人和后世的高度评价。《万姓统谱》在谢师稷条目中这样写道：“谢师稷，字务本，邵武人。淳熙中，为集英殿修撰。谢氏之族，盛于江左，求其纯德懿行，操履端洁，始终无瑕，未有出公之右者，闲居，子孙环侍，每以持身居官大节为训。”

江左谢氏和前面提到的王氏一样，都是历史上的名门望族。所谓“江左”并非指某一地方，而是指从北方南迁后侨居南方的名门望族。在东晋之前，谢氏虽然也是名门大族，但无法与琅邪王氏相提并论；然而，从东晋中叶开始，谢安、谢玄登上历史舞台，陈郡谢氏便迅速崛起，成为与王氏并驾齐驱的顶级望族。此后，谢氏更是人才辈出，涌现了许多大家，如山水诗派创始人谢灵运，据说被“初唐四杰”之一的王勃称为“临川之笔”，《宋书》也赞其“文章之美，江左莫逮”。再如永明体集大成者谢朓，李白曾作《宣州谢朓楼饯别校书叔云》评价，“蓬莱文章建安骨，中间小谢又清发”。能得到狂傲的诗仙如此推崇，谢朓的诗文成就和影响力可见一斑。不仅谢氏男儿叱咤风云，谢氏还出了一个叫谢道韫的奇女子，一生传奇，不让须眉。正因为王、谢两家在魏晋南北朝时期一直是最为显赫的望族，因此，刘禹锡才在《乌衣巷》一诗中写道："朱雀桥边野草花，乌衣巷口夕阳斜。旧时王谢堂前燕，飞入寻常百姓家。"

进入宋朝后，江左谢氏仍然人才辈出，出现了不少名留青史的人物，如北宋初期著名文学家和诗人谢涛，被称为"临川二谢"的谢逸、谢薖，"福安三贤"之一的谢翱，官至宰相的谢方叔，等等。因为谢氏的地位和影响，谢师稷得以荫补入仕，最开始担任将仕郎。将仕郎是从九品的文散官，宋朝品级最低的官员，主要用于奏补未出身官人。谢师稷因为是以荫补进入官场，而非通过科举考试入仕，所以按照宋朝的官制，只能被授予这一官职。不过，虽然开始的品级很低，但是，在此后的几十年里，谢师稷做出了那些通过科举进入官场，甚至是状元及第的才子都望尘莫及的政绩。

谢师稷曾出任福建提刑，在任上，为福建百姓做了很多好事。《八闽通志》记载："谢师稷，字务本，邵武人。淳熙中，为福建提刑，建、剑、汀、邵民苦敷盐之弊，按法除之，又为奏免输铁叶钱。秩满再领漕事，凡盐之利害悉罢行之。郡有岁输军储斛面，已免征，时守以经费不足，将复之。师稷请于朝，岁增运盐二纲以助用，得不复。""铁叶钱"和"斛面"，都是官府在百姓正常赋税之外的一种特殊聚敛，是当地人的额外负担之一。当时"斛面"已经免征，但是郡守以经费不足为由想重新征收，谢师稷向朝廷请示后，用加运盐的方式予以弥补，既没有加重农民的负担，也解决了当地的财政困难，可以说是一举两得。

改革盐业是谢师稷为地方做的最大一件好事。中国实行盐业专卖始于春秋，最早提出并实行的是管仲，他提出开放盐池，让民间自由生产，然后由国家统一收购，通过控制产量和销售环节来控制价格。盐业专卖制度对后世政权产生了重大且根本性的影响。但是，战国以后一直到西汉前期，盐业都是民间私营的，尤其是西汉前期，实行轻徭薄赋的政策，百姓负担并不重，一直到汉武帝对匈奴大举用兵，导致国家财税入不敷出，在桑弘羊的建议下，"笼天下盐铁"，把盐铁收为国有。此后，盐业专卖便成了国家税收的一个主要来源。东汉时取消盐业专卖，实行征税制。三国两晋时期注重专卖，南北朝时重新实行征税制。隋至唐前期，取消盐税，改和其他商品一样收市税。唐朝安史之乱后，财政困难，盐业专卖制度又开始实行。此后历朝历代，都加强了盐业专卖。宋初按照五代的旧法，实行官商并卖制，规定或官卖，或通商，按照各州郡的情况而定，把全国划分为官卖区与通商区，沿海州郡为官卖区，内地州郡为通商区。在官卖区，盐斤听由州县给卖，每年以所收税收申报到路，其盈利由转运使掌握，主要用于本路的建设和发展。当时的盐业生产主要沿用唐代旧制，设立亭户户籍，专事煮盐，规定产量，偿还本钱，即以所煮之盐折纳春秋二税；在产盐之地设置场、监等盐政机构，从事督产收盐。庆历年间，范祥创行"盐钞法"：令商人交付现钱，买取盐钞，钞中载明盐量及价格；商人持钞到产地交验后，凭钞领盐运销。政和年间，蔡京创行"盐引法"：官府印引，编立号簿；每引一号，前后两券，前为存根，后为凭证；装盐以袋，每袋即为一引，限定斤重；商人缴纳包括税款在内的盐价领引，然后凭引至产地支盐运销（每引盐的斤重，历代不尽相同，大多在四百斤上下）。南宋沿用北宋引法不变。终宋一代，虽盐制多变，然以行就场专卖为主，即民制、官收、商运、商销。与唐制相比，仅增加一道商人买取证券（钞引）的手续；与此同时，对商人支取的盐类与销盐的地界也做了明确规定。宋朝的"盐引法"创立后，为宋以后各代所沿用。"盐引法"虽然各个环节十分严密，但是在具体执行的过程中，出现了掺假、抬高价格等现象，严重侵害了百姓的利益，因此出现了私盐等问题。

针对盐政方面存在的问题，谢师稷上奏朝廷，提出了自己的建议。《宋会要辑稿》记载："嘉泰元年正月七日，诏：'福建路上四州今后止许逐县将运到逐纲官盐，并从先来装到箩篰，照元制色味、斤两，斟酌时价出卖，不得拌和泥土，增抬价例。除退苴扎，听从人户自行收买，不得科敷抑卖，仍晓示远近通知。所有知县每斤食钱一文，更与裁减。如有违戾，盐（监）司按劾，重置典宪。人吏当行决配。'以臣僚言：'福建路建宁府、南剑、汀州、邵武军谓之上四州，以地据大溪上流，财赋绝少，皆借产盐。自合逐州逐县照元来运到元制盐货并元秤斤两量立价贱（钱）出卖，听人户自行收买，官中亦自获利不少。淳熙初，有提刑谢师稷按其违戾知县数人，免科盐者数年，今乃多是灰土拌和，斤两亏少，却以包裹减克，与向来装纲之日色泽、分数不同。立价又重，复有巧作名色除退，名曰苴扎，每盐一斤，不得六七两。缘此民间不肯收买，是致私盐盛行。兼以科抑民户，每买盐一斤，知县得钱一文，任满厚载而归，疲民困苦无诉。乞委宪使体究，革绝其弊，一如谢师稷所行。’故有是诏。”

谢师稷在福建期间还严惩巫术犯罪，在民间大力惩恶扬善。据洪迈《夷坚志》记载，宋孝宗淳熙二年（1175），古田人林绍先的母亲黄氏病危，家人怀疑是中蛊所致。林绍先家人说：“若是中蛊，当烧床箦照之，必能自言。”采用这种方法后，黄氏果然“自言”道：“某年月日，为黄谷妻赖氏于某物内置毒食我，其所事之神，今尚在谷房里厨中。”林绍先听了这话后，立即派人告诉保甲头领，召集相关人员到黄谷家搜查，“入谷家开厨，得银珂锁子、五色线环珓及小木棋子，两面书‘五逆五顺’四字，盛以七孔合，又针两包，各五十枚，而十一枚无眼，率非寻常人家所用物”。林绍先等人报官拘捕黄谷，并对其严加拷问，但在刑讯过程中，黄谷“佯死，释之则苏，类有鬼相助”。后来，案件由县报到府里，审理这一案件的主簿余靖对“类有鬼相助”的黄谷也毫无办法。“靖无以为计，惧其幸免，不胜愤诃，系于庭下，砺刃断其首，贮以竹篮，持诣府自劾。”府中官员将此事上报朝廷，朝廷命令本路提点刑狱谢师稷前去核查。谢师稷和相关官员亲自去质问黄谷的妻子赖氏，恰好有只大蜈蚣从黄谷家爬出来，谢师稷立即说道：“此明证也，摄赖氏还司自临考之。”三日后赖氏被处以死刑，震慑了用巫术害人者。

因为谢师稷在福建期间“多惠政”，当地人感念他的恩德，所以专门为他立生祠于大乾惠应庙。谢师稷去世后，福建人又在这里建了祠庙用于祭奠他。

谢师稷在苏州期间也做了不少实事好事，最有名的是两件。

一是修复城墙。前面已经介绍过，金军南下的时候，苏州城被烧毁，城墙也多处被毁坏。金军退走之后，历任平江知府都在力所能及的范围内对苏州古城进行修复，尤其是王唤，在担任平江知府期间对苏州古城的恢复做出了卓越贡献。但是，苏州古城墙的修复因为财力限制进展不大。一直到谢师稷出任平江知府后，才用节余下来的钱对城墙进行修复。正德《姑苏志》记载："谢师稷，字务本，邵武人，以右司郎中除集英殿修撰知平江。前守恃其富饶，率多妄用，未几，反病不足。师稷撙节浮费，一以爱人为务，初无横取，未满岁，积四十万缗，以郡城圮坏，奏请修缮，遂为壮观。"不过，这段记载中有一点笔者没能搞清楚，"前守恃其富饶，率多妄用"，所指何人。谢师稷的前任是耿秉，耿秉的前任是韩彦质，韩彦质的前任是王佐，上一章对这几个人都做过介绍，王佐状元及第而且正直敢言，韩彦质豪门出身但政绩平平，耿秉律己、清廉而且一心为民，不知王鏊所指的"前守"是谁？因为没有史料记载，笔者也不好妄议。

二是设立武状元坊。淳熙十一年（1184），苏州人林山票考中武状元，为了表彰他获得的殊荣，谢师稷下令在乐桥的南面立武状元坊。

谢师稷在苏州待了一年就离开了，邱密接替他，第二次出任平江知府。一年后，邱密任满离任，由何万接任。

何万，字一之，生卒年不详，祖籍安徽庐江，本姓韩，为避祸改姓何。金军南下的时候，为了躲避战乱，何万带着家人逃到福建福清龙田镇，因此，何万成了福清龙田何氏的始祖。

关于何万的史料非常少，只有一些地方志简单提及。从这些简单的史料看，关于何万有以下几点值得注意。

一是他好学不辍、善于思考，而且著作等身。何万从小就十分喜欢学习，但并非书呆子型的学者，而是在学习中思索、在思索中写作、在写作中提高的思辨型学者。何万一生著有《易辩》三卷、《渊源录》三卷、《长乐财赋志》十六卷、《鼎论》三卷、《时议》一卷。从这些著作的名字看，除了《长乐财赋志》外，都是带有思辨性的著作。在这些著作中，被后人引用最多的是关于苏辙的评论。"三苏"是中国文化史上的杰出代表，"一门父子三词客，千古文章四大家"，清代名臣张鹏翮的这副对联对苏氏父子三人的成就进行了高度的概括。在"三苏”中，苏洵的文章说古论今，纵横评议，长于分析，很有气势；苏轼诗、词、散文俱佳；苏辙则是一个善于驾驭多种文章的散文家。苏辙不仅散文写得漂亮，而且在文学理论上也有自己独到的见解，提出了著名的“养气说”。他在《上枢密韩太尉书》中提出：“以为文者气之所形，然文不可以学而能，气可以养而致。”也就是说，文章是一个人精神气质的集中体现，如果不先养气丰富内涵，仅凭学习是写不好文章的，而气则是可以通过修养获得的。苏辙虽然名垂千古，但是在仕途上并不顺遂，原因是他生活在两宋党争最激烈也最残酷的时代。宋神宗时期，苏辙因为反对王安石变法而遭到贬黜。宋神宗去世后，宋哲宗即位，宋哲宗的母亲高滔滔垂帘听政，司马光出任宰相，旧党得到重用，苏辙也迎来了自己人生的高光时刻。元祐二年（1087）二月，苏辙回到开封，就任右司谏，此后一路高升，最高的职务是尚书右丞（相当于副宰相），掌管工部、刑部、兵部的人事工作。这一时期，苏辙一方面充分发挥自己的才干，呕心沥血，勤于政事；另一方面则协助司马光不遗余力打击新党（本书上部中关于党争已有详尽介绍，此不赘述）。结果，等到高太后去世后，新党重新掌权，苏轼、苏辙兄弟和旧党成员遭到全面打击，纷纷被贬出京城。对苏辙在元祐期间的政绩，何万专门写了一篇文章，名字叫《苏文定公谥议》。他在文中写道：“朝廷尊，公路辟，忠贤相望，贵幸敛迹，边陲绥靖，百姓休息，君子谓公之力居多焉。”这一评价确实够高，因此，后人在论及苏辙的历史功绩时，大多会提到何万的评价。当然，这也只是何万作为学者和后世之人的一己之见，对苏辙的公正客观评价自有史料可以佐证。

此外，何万还是一个理学大家，与朱熹多有往来，著有《金代实论》和《理家良言》等理学著作并流传于后世。

二是他官运亨通、政绩卓越，因此被誉为“名宦乡贤”。何万于宋孝宗隆兴元年（1163）考中进士，先后担任过朝请大夫、漳州太守、尚书右司马郎中、尚书左司马郎中等职务，淳熙十三年（1186）正月出任平江知府。何万每到一个地方，都能做出突出政绩，史书评价他“政绩蔼然，为朝廷所嘉奖，誉为‘名宦乡贤’”。

三是他子孙满堂，后代中人才辈出，因此何家被誉为“进士世家”。从何万开始，福建龙田何氏便不断发展壮大，出现了不少知名的人物。何万的玄孙何君弼在宋度宗时期出任礼部尚书，并于咸淳九年（1273）在现在的龙田镇中街建造了庐江何氏宗祠，该祠于1996年被评为“福州市十邑名祠”。龙田何氏自何万迁入至今已有八百多年历史，经历了三十八世，名宦辈出、政绩卓著。据不完全统计，从南宋到明、清，龙田何氏考中进士的共有三十六人，担任京官、地方官员的有七十多人。何万的后裔目前有二十多万人，遍布世界各地。

何万在苏州待了半年就改任明州知州了，之后王希吕接任平江知府。

王希吕，字仲行，宿州人。王希吕的生卒年不详，建炎年间金军南下时，随家人一起南迁，寓居在浙江嘉兴。宋孝宗乾道五年（1169），王希吕考中进士，最开始被授予秘书省正字（从八品的职官），除右正言（负责规劝讽喻），结果因为弹劾张说而被罢职，到宫观担任闲职。淳熙四年（1177），出任庐州（今安徽合肥）知州，加江西转运副使。淳熙五年（1178），被提拔为中书舍人兼修玉牒官（“玉牒”指皇族的族谱，修玉牒官，就是专门负责撰写皇家族谱的官员），后又升迁为侍讲、给事中、吏部尚书兼侍读。淳熙九年（1182），出任绍兴知府。淳熙十三年（1186），出任平江知府。淳熙十四年（1187），出任太平州知州，但是因为直言批评朝政再次被罢职，回到嘉兴居住。

从考中进士到第二次被罢职，王希吕在官场混迹了将近二十年，其仕途并不顺遂，究其原因，主要是王希吕此人一生都以正直敢言著称。《宋史》评价他：“天性刚劲，遇利害无回护意，惟是之从。”意思是说王希吕说话做事只考虑该不该、对不对，从不考虑个人的利害得失。有一次他批评宋孝宗的宠臣肆意弄权，话说得很直接也很不客气，宋孝宗“变色欲起”，王希吕竟一把拉住宋孝宗的衣服，不让他离开，并对宋孝宗说：“非但臣能言之，侍从、台谏皆有文字来矣。”宋孝宗只好采纳他的意见。

王希吕最出名的一件事是弹劾张说。张说是吴太后的妹夫，属于皇亲国戚。通过吴太后，张说得到了宋孝宗的赏识，宋孝宗准备提拔张说为签书枢密院事。消息一经传出，朝野哗然。担任右正言的王希吕与侍御史李衡接连上疏弹劾张说，宋孝宗怀疑王希吕与李衡勾结以邀取名声，对两人大加斥责。当时，周必大担任翰林院直学士，拒绝起草任命张说的诏书，给事中莫济还封还录黄，就是把中书省承旨起草的文件封还。结果四人同时受到宋孝宗的斥责，却也因此被时人称为“四贤”。宋孝宗对王希吕等人非常恼火，手诏“与远恶监当”。诏书发下来后，时任左相的虞允文不肯执行，把诏书送了回去，结果可想而知，宋孝宗震怒。时任右相的梁克家对宋孝宗说：“希吕论张说，台纲也，左相救希吕，国体也。”宋孝宗这才稍微平息了怒火，对王希吕从轻处罚，将其贬到宫观。但是，被贬的王希吕不以为意，“屏徒御，蹑履以行”，就是不带一个随从，大摇大摆而去，以此来表示自己“恬不为悔”。从此，王希吕声名大震，“直声闻于远迩”。

但是，这样一个敢于顶撞皇帝的人，对部下却十分宽容，《宋史》说他“尤敬礼文学端方之士”。王希吕在担任江西转运副使的时候，有一次兴之所至写了一篇《拳石记》，自己感觉写得不错，就拿给大家看。一众同僚传诵后，自然纷纷叫好。但其中有个幕僚拿起笔来，在上面涂改了几个字。周围的人大惊失色，心想你这做下属的也太大胆了，竟然当众批改顶头上司的文章。王希吕把改后的文章拿过来看了看，不仅觉得他改得非常好，而且也非常欣赏这个人刚正不阿的性格，就举荐了他。另外，据《宋史・京镗传》记载，宋孝宗曾下诏让官员从县令中推荐优秀者出任台官，给事中王希吕就推荐了京镗：“京镗蚤登儒级，两试令，有声。陛下求执法官，镗其人也。”于是，宋孝宗召见京镗，“问政事得失”。当时，宋孝宗刚刚即位，正在锐意进取，希望能够重振宋朝雄风。多数朝臣都在迎合宋孝宗，以为这样就可以得到皇帝的赏识，并且很快就可以实现目标，唯独京镗说：“天下事未有骤如意者，宜舒徐以图之。”得到了宋孝宗的称赞。京镗又“极论今日民贫兵骄，士气颓靡，言甚切至”。但是，宋孝宗听了十分高兴，于是就升京镗为监察御史。

王希吕不仅正直敢言，而且为官十分清廉。王希吕第二次“以言者落职”后，于淳熙十四年（1187）回到嘉兴，但是因为没钱修建房屋，只好暂时住到了庙里。宋孝宗听说后，专门拨款给王希吕造了一座住宅，人们因此把王希吕住宅所在的街坊称为“听履坊”。据至元《嘉禾志》记载，该地名取自诗圣杜甫的名句“听履上星辰”，“听履”则是指皇帝亲近的重臣。

不过，对王希吕清廉的记载，史料也有矛盾的地方。据《文献通考》记载，淳熙十四年，知平江府王希吕与祠禄官范成大、胡元质常相聚宴，“一饮之费，率至千余缗”，“孝宗怒而绌之”。宋朝对官员聚会宴请有着明文规定，其中有“旬设”制度，规定每半个月官员可以用一次公费，宴请和犒劳部下，官员迎来送往也都可以用公费宴请，但是对宴请的标准有着明确的规定，像王希吕这样一顿饭就吃上千缗的并不多见，宋孝宗动怒也在情理之中。另外，嘉靖《嘉兴府图记》记载：“嘉定间，吏部尚书王希吕致政还家，因旧址建楼。”这里的“旧址”是指钱元璙所建的烟雨楼，王希吕能够在钱元璙的旧址上重建住宅，可见并非十分贫穷。不过，也有专家认为，王希吕这人十分清廉，不可能重建楼阁住宅，有可能是在钱元璙的台榭旧址上加以修葺，使之恢复原貌。不过，对钱元璙的烟雨楼进行修葺，不是一点花费可以完成的。尽管《宋史》对王希吕的清廉有着明确的说法，但作为后人，我们仍然可以质疑其真实性。

王希吕在苏州待了半年就离开了，由赵彦操接任。

赵彦操的生卒年和籍贯不详，《宋史》没有传记，其任职情况和事迹散见于一些宋朝史料和地方志之中。从这些零星的资料看，赵彦操曾经担任过建瓯知州、赣州知州、湖州知州、建宁知府、江西转运副使、福建转运副使、福建路漕运使、福建转运使、临安知府、平江知府、镇江知府等职，其一生大都在地方任职，《万姓统谱》称赞：“彦操治尚静简，不为捷疾。”可见，赵彦操为人稳重、做事稳妥，不是一个急功近利的人。

赵彦操是一个做实事、求实效的人。赵彦操长期担任地方要职，每到一个地方，都做出了实实在在的政绩。淳熙三年（1176），赵彦操出任赣州知州。之前，江西“虔寇纷纷”，为了捕治盗贼，安靖地方，赣州各县交界或者要冲都设立了巡检寨，派驻巡检，招募土军（相当于后来的民兵），土军居住在寨子里进行防守。但是，由于人数过多，费用过大，给地方财政带来了很大的压力，为此，赵彦操到任后提出了减额的方案，并得到了朝廷的批准。据《宋会要辑稿》记载："（淳熙）三年八月十八日，江西提刑郑湜、知赣州赵彦操言：'赣州诸县昨因寇难，增创土军，后来安静已久，而因仍不去。今凡一十二寨，所管一千一百余人，岁费衣粮、料钱二万七千余贯，米二万一千余斛。当时失于申明，科拨衣粮止是州县那融支给。缘州县财赋有限，支遣之日，土军衣粮多不时得。今诸寨未敢遽议废并，盖亦量度紧慢，少损其数，别立新额。若见管人过于新额，姑与存留，有阙不补；苟不及新额，续议招填。如此，亦可以宽诸县煎熬之忧，而科罚之忧不足（及）于百姓，衣粮之给无乏于土军，一举而三获其利。今具元额及欲立新额下项：赣县磨刀巡检寨元额一百人，今欲六十人为额。兴国衣锦巡检寨元额一百人，今欲六十人为额。赣州南安军都巡检寨元额二百人，今欲一百二十人为额。安远、信丰、龙南三县巡检寨元额一百人，今欲六十人为额。宁都青塘巡检寨元额一百人，今欲六十人为额。宁都投杀寨元额七十人，今欲四十人为额。宁都巡检寨元额一百人，今欲六十人为额。宁都、石城、雩都三县巡检寨元额一百二十人，今欲七十人为额。会昌湘乡巡检寨元额一百人，今欲六十人为额。会昌、瑞金两县巡检寨元额一百二十人，今欲七十人为额。瑞金苛脚巡检寨元额一百人，今欲六十人为额。石城捉杀寨元额五十人，今欲四十人为额。诏令见在人并令仍旧。如已溢新额，将来有阙，更不招填。'"

在赣州期间，赵彦操还积极呼吁减轻百姓负担。宋朝一直实行财政中央集权的政策，到了南宋时期，由于不断对北方用兵，加之土地面积明显缩小，税收名目更加繁多，地方横征暴敛的情况越来越严重。北宋时期，赣州只需要负担"上供米万有八千二百六十九石，岁截支七千二百石，应付南安军南安县大传、石龙两寨兵粮"，到了绍兴二年（1132），在原有的基础上增加了两百石，此后不断增加。赵彦操出任赣州知州后，以"赣州滩险，难于漕运"为由，向朝廷提出建议，"得旨蠲其半，计万有八千三百五十余石，再准截支应付如前"，在正税上大大减轻了百姓负担。

赵彦操在担任福建转运副使、漕运使、转运使期间，积极为盐民奔走呼吁。前面已经介绍过，宋朝对盐业实行的是专卖制度。当时，食盐主要有三种：颗盐，即陕西路所产的解池盐和河东路盐；末盐，即沿海地区所产的海盐；四川地区生产的井盐。为了实行盐业专卖制度，一方面划分售卖区，另一方面严厉打击私盐贩子。同时，为了抑制盐价，朝廷还实行“盐引”制度，但是在有些地区又实行通商制度。北宋初年，朝廷规定的福建食盐售价是每斤二十五文，到了北宋中期，售价是二十七文，只比宋初上涨了两文，盐价基本保持稳定。但是，到了绍兴初年，盐价暴涨至每斤一百二十文到一百三十文，不过，这是因为战乱，所以到了绍兴二十七年（1157），福建转运司官方买入的盐价格就恢复到了三十文到五十文。但是，到了淳熙年间，福建的盐价大涨。据《宋会要辑稿》记载，淳熙十三年（1186），福建转运副使赵彦操等上奏称：汀州、上杭、连城、武平等县，官方强制性的科买盐价是每斤一百六十二文，清流县一百四十四文，宁化县一百四十九文，“价既高，人不乐买，是以至于科敷”，也就是说，因为价格高，人们不愿意购买，官方不得不强制配买。随后，四川安抚制置使赵汝愚上奏说：“汀州民贫，而官盐抑配视他州尤甚，乞以汀州为客钞。”福建提举应孟明也上奏说：“上四州军有去产盐之地甚迩者，官不卖盐则私禁不严，民食私盐则客钞不售，既无翻钞之地则客卖销折，所以钞法屡行而屡罢。四川阔远，犹不可翻钞，汀州将何所往？故钞法虽良，不可行于汀州，惟裁减本州并诸县合输内钱，而严科盐之禁，庶几汀民有瘳矣。”到了当年十二月，臣僚言汀州科盐之害，宋孝宗下诏让漕臣赵彦操、王师愈同提举应孟明措置以闻，赵彦操上书说：“汀州六邑，长汀、清流、宁化则食福盐，上杭、连城、武平则食漳盐，亦各从其俗耳。夫食盐者既异，则钞法难于通行。今欲将旧欠盐钱尽与蠲放及减盐价，其所蠲旧欠与所减盐价，本司却多方措置那充，应补其数。如此，则州县之力即日可纾，立价即平，买盐者众，私贩遂息，官卖益行，价虽裁减，用无所亏。是汀州与六邑岁减于民者三万九千缗有奇，减于官者一万缗有奇，所补州用与所放旧欠又在此外。加以利源不壅，财力自丰，救弊之本，无以尚此。”得到了朝廷的批准，大大降低了食盐的成本，减轻了百姓生活负担。

造桥修路是造福百姓、荫及后代的实事好事，但是由于财政收入有限，宋朝在造桥上除了官府拨款修建外，还有民间集资修建和民间筹资与官府补贴相结合的办法。赵彦操在担任建瓯知州的时候，就采用了官民合作的方式修建了一座桥梁。淳熙七年（1180）秋，一场大水冲垮了建溪上的一座桥梁，为了重建此桥，县令季淙请求上级帮助，时任知州赵彦操与部下商量后拨给了五十万缗。但是，这不足以修复冲毁的桥梁，季淙又托僧人妙昌四方筹款。第二年，赵彦操又把“官渡与绝寺之田”交给该县经营，以筹措不足的资金。但是，因为经费缺口太大，此桥当时并没有得到完全修复，一直到淳熙十五年（1188）才完全修好。

除了为当地百姓办实事、做好事外，赵彦操还十分重视文化教育事业的发展。建宁府学建于北宋宝元年间，建炎年间毁于战火，郡守刘子翼重建了学舍，并立庙于府学。但是，到了绍兴十四年（1144）又被大水冲毁，第二年，朝廷拨出专款二十万缗进行重修。陈正同担任知州的时候，在礼堂的左右各建了一个祠堂，分别用于祭祀游酢和胡安国。淳熙十一年（1184），赵彦操担任知州的时候又重修了庙学，并创建了射圃，进一步扩大了府学的规模，完善了设施。淳熙十六年（1189），赵彦操在担任平江知府期间，在府学中修建了五贤堂，纪念陆贽、范仲淹、范纯仁、胡瑗和朱长文，目的是表彰唐宋时期平江府涌现的贤达人士，激励后代见贤思齐、一心向善。此外，赵彦操本就是文人，所以留下不少诗词文章，有史料记载的是淳熙十四年（1187）他担任江西转运副使时的刻本《介庵赵居士文集》。

第二十一章　再度辉煌

——“开禧北伐”与持续繁荣（一）

（袁说友、沈揆、王尚之、雷潨、王溉）

宋孝宗从绍兴三十二年（1162）即位到淳熙十六年（1189）将皇位传给太子赵惇，在位整整二十七年时间。宋孝宗在位期间，南宋政治清明、经济发达、文化繁荣。政治的相对清明、政策的相对宽松，加上二十多年间历任知府和地方官的努力，苏州的经济、社会文化和城市建设都得到了迅速发展，快速崛起为南宋除了杭州之外最为发达的城市。

淳熙十四年（1187），一生奉行求和偏安的宋高宗赵构去世，宋孝宗也终于摆脱了太上皇的制约。但是，此时的宋孝宗已是花甲老人，早已失去了励精图治、大展宏图的雄心。没有了进取中原的信心，失去了太上皇这个斗争的对象，宋孝宗突然之间看淡了一切，对人人向往的皇位也失去了兴趣。第二年十一月，宋孝宗向宰相表示将传位于太子，自己退位修养。淳熙十六年（1189）二月，宋孝宗将皇位传给了太子赵惇，是为宋光宗。宋孝宗的退位，既是南宋的不幸，也是宋孝宗本人的不幸，不仅几十年开创的盛世局面毁于一旦，使南宋迅速走向衰败，而且因为儿子懒政、儿媳悍妒，他最终在郁郁中走完了自己的一生。

宋光宗刚即位的时候还是比较注重吏治的，他也想励精图治，干出一番事业，但是前有宋孝宗的掣肘，后有皇后李凤娘的干预，即位没多久就病了。因为身体不好，也就懒于朝政，结果朝中大权逐渐落在了皇后李凤娘的手中。李凤娘是中国历史上少有的“悍后”，她虽然姿色出众，却生性喜欢搬弄是非，而且霸道无比。李凤娘看准了宋光宗生性懦弱而又疏于朝政的特点，一方面挑拨宋孝宗与宋光宗父子之间的关系，另一方面则不断生事，导致宋光宗的身体越来越差。有一次，宋光宗见给他端水的宫女的手生得嫩白，随口说了一声“好！”第二天李后给宋光宗送来了一盒点心，揭开盖子一看，里面装的就是那位宫女的两只手。绍熙二年（1191）十一月，李凤娘趁宋光宗郊祀晚宿斋宫的机会，杀死了宋光宗的宠妃黄贵妃，宋光宗听闻后心疾突发，从此李凤娘完全把持了朝政，“自是政治日昏”，“而乾、淳之业衰焉”。

绍熙五年（1194）六月，宋孝宗在对儿子、儿媳的极度失望中走完了自己的一生。然而，让宋孝宗没有想到的是，自己死后，李凤娘竟然以宋光宗有病为由，拒绝其主持葬礼，并且借此机会发动政变，逼迫宋光宗退位，由自己的儿子赵扩即位，是为宋宁宗。前面已经介绍过，宋宁宗即位后，朝中大权逐渐被韩侂胄把持，韩侂胄悍然发动了“开禧北伐”，最终不仅葬送了宋孝宗开创的大好局面，而且也葬送了自己的生命，导致朝政大权落入了史弥远的手中，进一步加速了南宋的衰落。

这一时期，虽然朝中局势动荡，但是并没有对苏州的发展带来太大的冲击。苏州的农业、商业、手工业、造船业快速发展，人口急剧增加，城市繁荣发展，继北宋中叶以后，再次走向辉煌。

赵彦操离开苏州后，袁说友接任平江知府。

袁说友（1140—1204），字起岩，号东塘居士，福建建安（今福建建瓯）人，后居于湖州。

袁说友才华横溢、淡泊名利、忠君爱国、勤政爱民，一生经历了宋高宗、宋孝宗、宋光宗、宋宁宗四个皇帝，在朝为官三十多年，一心只想辅佐皇帝励精图治，恢复中原，但最终在失望中走完了自己的一生。

隆兴元年（1163），袁说友考中进士。这一年，也是宋孝宗即位的第二年。亲身经历了宋金之战的宋孝宗，一直牢记南宋的屈辱，因此，即位之后就把收复中原作为自己奋斗的目标。为此，宋孝宗励精图治，进行了一系列改革。同时，宋孝宗还广开言路，下诏宣布："自今时政阙失，并许中外士庶直言极谏，行在诣登闻检、鼓院投进，在外于所在州军实封附递以闻。"宋孝宗实施的一系列改革举措，极大地振奋了当时仁人志士之心。袁说友作为刚刚踏上仕途的朝臣，自然也是心潮澎湃。当时，袁说友被任命为溧阳县主簿。溧阳离长江不远，处于与金交战的前方阵地和后方基地中间。宋孝宗在政治上的一系列举措，瞬间点燃了袁说友的雄心壮志，他希望能报效祖国，早日收复中原。他在诗中写道："击筑为歌嗤汉祖，举觞隆礼视周王。幸哉盛事今逢见，愿赴功名敢入襄。""欲挽长江问豪杰，岂无击楫叹中原。"

然而，理想很丰满，现实却非常残酷。随着北伐的失败，宋金之间再次签订不平等条约。"隆兴和议"达成后，宋孝宗的注意力也转到了内政上，大力整顿吏治、发展经济，推动形成了"孝宗中兴"的良好局面。北伐失败后，袁说友也回到都城，先后主管刑工部架阁文字，出任国子正（执掌国子监学规、考校训导）、宗正寺主簿，担任太常寺主簿、枢密院编修官。淳熙四年（1177），袁说友以秘书丞兼权左司郎官。淳熙五年（1178），袁说友因为患病添差浙西安抚司参议官。虽然身体不好，但是袁说友仍然心系北伐、心怀天下，给宋孝宗上疏说："自绍兴末迄今，宿将多死亡，幸存的也都衰老，新进后生想献身而无门，朝廷应令内外将帅推举，凡武艺超群、谋略深远、熟悉兵法、有志报国者，经考察后予以试用。如所举不实，推举人要重加黜责。"淳熙六年（1179），宋孝宗召见袁说友，问其军国大事，袁说友的应答让宋孝宗非常满意，于是就任命袁说友为池州知州。随后，袁说友上疏提出三条建议，一要久任统帅，二要选任正、副将官，三要修治兵器，受到宋孝宗的赏识。但是不久，袁说友就因为其他的事情牵连而被罢职，主管武夷山冲佑观。不过，这次罢职时间并不长，很快他就被起复，出任衢州知州、提举浙东路常平茶盐、提点浙西路刑狱，随后又于绍熙元年（1190）三月以直秘阁出任平江知府。

前面已经说过，宋光宗刚刚即位的时候还是比较勤政的，《宋史》说他："逮其即位，总权纲，屏嬖幸，薄赋缓刑，见于绍熙初政，宜若可取。"宋光宗的积极进取和勤政爱民，再次点燃了袁说友的爱国豪情。这一时期，袁说友随宋光宗参与了在许浦的一次阅兵，写下了《被旨许浦阅舟归》，在诗中写道："愿陈一得虑，竹头而木屑。方略许图上，稽首思罄竭。君王赦其愚，臣敢毕其说。"希望能够为振兴国家积极建言献策，并向宋光宗建议："自今以往，臣愿陛下修省戒警，愈久愈笃，坚志详虑，细大必谨，勤两宫定省之奉，念万务安危之机，倚信大臣，开广言路，撙节财用，日积而岁赢，省览章奏，朝入而暮报，皆君人之实德，治国之大本也。……臣本疏庸，误被简擢，以论思为职，用敢尽言不隐，以答天地之造，惟圣慈留神，苟臣言不忤于宸心，即圣德仰，当于天意，干犯旒扆，陨越不胜。"然而，"及夫宫闱妒悍，内不能制，惊扰致疾。自是政治日昏，孝义（养）日怠，而乾、淳之业衰焉！"再次使袁说友陷入失望之中。

让袁说友失望的不仅是宋光宗的懒政和李凤娘的专权，还有宋光宗的"孝义（养）"问题。宋光宗因为禅让的事情，一直对宋孝宗耿耿于怀，即位之初还例行公事每个月去重华宫进行探望，但是随后就一再推托不去拜见宋孝宗。对此，袁说友连上五道奏疏，言挚意切地恳请宋光宗前去探望。宋光宗迫于朝臣的压力，于绍熙三年（1192）十二月到次年正月三次前去重华宫，但可惜的是，从此之后一连数月不去探望，一直到宋孝宗病重、去世都不曾过问过一次。袁说友又连上五道奏疏，一次比一次言辞激烈，最后一次写下了近四千字的奏疏，其心念君恩之情溢于言表，但没有起到任何作用，袁说友陷入深深的失望之中。

然而，更让袁说友失望的是随后韩侂胄发起的庆元党禁。宋孝宗去世后，把持朝政的李凤娘联合赵汝愚、韩侂胄发动政变，迫使宋光宗退位，扶持李凤娘的儿子赵扩即位，这就是南宋历史上的"绍熙内禅"。这次政变的主要参与者就是赵汝愚和韩侂胄，但是，宋宁宗即位后，赵汝愚和韩侂胄却得到了不同的结果。赵汝愚在不到两个月的时间内，就由知枢密院而兼参知政事，然后升任为枢密使再升右丞相，而且是独相，一人独揽大权。而韩侂胄先被新任右正言黄度弹劾，继又受到朱熹的弹劾，后又受到吏部侍郎彭龟年的弹劾，宋宁宗迫于压力，只好免除了韩侂胄的具体职务。韩侂胄从此与赵汝愚势不两立，处处排挤赵汝愚。赵汝愚本身是道学的捍卫者，并以道学者的身份自居。道学（即理学）本是由北宋程颢、程颐建立，南宋朱熹集大成的以儒学为宗，兼收道家、释家思想的一门新的思想体系。到了南宋中期以后，理学已经成为当时的主流思想，赵汝愚本身地处高位，又倚恃道学而排挤他人，这就给韩侂胄找到了攻击的借口。韩侂胄联合反道统的朝臣，开始了对赵汝愚的进攻，而第一个被开刀的就是朱熹。韩侂胄在宋宁宗面前进言，让宋宁宗厌恶朱熹，并于绍熙五年（1194）十月将朱熹罢免。

朱熹被罢看起来是道学之争的结果，实际上是党争的表现。对时局深感失望的袁说友，在朱熹被罢这件事情上立即表明了自己的态度，他在《乞留朱熹状》这篇奏疏中说："臣等窃闻陛下近降御笔，直付侍讲朱熹与之外祠，此命一传，举国疑骇，馆学皆有章奏，给舍台谏相继论驳。似闻圣意已即开悟，而未见收回成命，人心皇皇，深为国家惜此事体。……熹自入朝以来，凡所论奏，无非爱君忧国之言，今一旦遽去，莫晓所谓，皆以谓陛下惮其说之高大，若强人以所难者。然尊向于畴昔，而弃置于顷刻，乐闻于软熟，而严惮于切直，此人主之所深戒。陛下好贤乐善，当不出此。臣等窃见朱熹抱负圣贤之学，累聘不起，幡然为陛下一出，有以见君臣道合相得之诚心。熹平日归洁其身，盖其素志，成命既出，熹必不肯复留，臣等区区所论，实以国体所关，非止为一朱熹而已。"

袁说友在奏疏中对朱熹的人格与学术给予了肯定和赞扬，认为罢免朱熹是国家人才的损失，不仅关系朱熹个人的命运，而且也关乎国体。这一奏疏十分明确地表明了袁说友的政治立场，他认为理学一派能够正国体、安社稷，罢免朱熹、打击异己对国家不利。不过，袁说友毕竟在官场浸淫了二十多年，对官场和当时的政治形势定是了然于胸，所以，他虽然上书极力为朱熹辩解，但并没有涉及权力之争的几个核心人物，因此，正在全力打击赵汝愚的韩侂胄并没有把袁说友视为眼中钉，这件事情也没有对袁说友的仕途带来大的影响。

绍熙三年（1192），袁说友出任临安知府，第二年充馆伴金国贺正旦使出使金国，回国后升任权户部侍郎。庆元元年（1195），袁说友正式出任户部侍郎、权户部尚书。袁说友虽然不再担任临安知府，但是依然把民生疾苦记在心上。针对临安、余杭两县和买科取存在的弊端，袁说友上书建议："乞将余杭县经界元科之额配以绢数，不分等则，以二十四贯定敷一匹，衮科而下，足额而止，捐其余以惠末产之民。如此则吏不得而制民，民无资于诡户，救弊之良策也。"后又上书说："贯头均科之法行，则县邑无由多取，乡司无所走弄，而诡挟者不能以幸免，是以奸民顽吏立为异论以摇之。"庆元二年（1196），已经正式担任户部尚书的袁说友又上书说："浙西围田相望，皆千百亩，陂塘溇渎，悉为山畴，有水则无地可潴，有旱则无水可戽。不严禁之，后将益甚，无复稔岁矣。"

庆元二年（1196）九月，袁说友除敷文阁学士，出任四川制置使兼成都知府。当年十一月，袁说友"引道甫出"，次年三月到达成都。一路上，袁说友一方面考察民生，另一方面游历山川，写了大量的诗词。路过鄂州东湖（今湖北武昌东湖）时，写下了《游武昌东湖》："只说西湖在帝都，武昌新又说东湖。一围烟浪六十里，几队寒鸥千百雏。野木迢迢遮去雁，渔舟点点映飞乌。如何不作钱塘景，要与江城作画图。"如今，在东湖的磨山崖头有一座摩崖石刻，刻写的就是袁说友的这首诗，它在展示千年前的东湖美景的同时，也成为武昌东湖新的一景。

袁说友在成都一共待了三年，一方面体察民情、尽职尽责，另一方面游览山水、醉心于诗词创作。袁说友才华出众，一生笔耕不辍，写下了大量诗词，史书称其"学问赅博，文词丰蔚"。《全宋诗》收录其诗词六百六十多首，其中作于四川的就有七十七首，可见在成都期间袁说友还是过得比较滋润的。在任期间，袁说友还组织编写了《成都文类》，这是一部关于成都地区诗文分类的总集，对研究宋朝四川地区的文学具有较高的史料价值和文化价值。

在成都期间，作为四川制置使的袁说友，还对当时川陕形势进行了深入调查和分析，向朝廷提交了《论蜀将当虑其变》的奏疏。袁说友在奏疏中首先指出天下有三患：蛮夷恃兵而强，盗贼恃民而叛，专制之臣恃险而固。在此基础上进一步指出蛮夷强与盗贼叛皆有迹可循，唯独需要重点防备的是地方专制之臣恃险而固，并且引用唐朝崔宁、刘辟、孟知祥的事例来说明历史上据蜀而生事的隐患，指出防患于未然的必要性，表明自己对蜀地统治的担忧，进而建议川蜀之兵应该一岁两易，以防士兵对将帅产生依附。同时，袁说友还在奏疏中建议朝廷应体恤蜀民，让他们对皇上感恩戴德，以此巩固朝廷对川蜀地区的统治。然而，袁说友的奏疏并没有引起朝廷的足够重视，韩侂胄对袁说友的建议根本没听进去，结果在开禧北伐的时候，吴曦叛变，导致北伐以失败告终。开禧北伐的时候袁说友已经去世，可见袁说友的远见卓识，四库馆臣因此称赞袁说友"其识虑亦不可及"。

袁说友于嘉泰三年（1203）正月出任参知政事，然而，面对宋宁宗的无所作为，面对韩侂胄的专横跋扈，此时的袁说友再无报国报君之心，连上两道奏疏请求罢免参知政事一职，最终于当年九月以提举临安府洞霄宫、加大学士致仕回到湖州，嘉泰四年（1204）病逝于湖州德清寓舍。

袁说友生活在南宋最鼎盛的时期，而且一生仕途较为顺利，在多地担任主官，但是袁说友淡泊名利不贪财、甘守清贫不图乐。南宋从建立到宋宁宗即位，虽然"靖康耻"并没有被有识之士忘却，但是，随着经济社会的快速发展，歌舞升平、醉生梦死再次成了很多人的追求。林升的《题临安邸》写道，"山外青山楼外楼，西湖歌舞几时休。暖风熏得游人醉，直把杭州作汴州"，将南宋朝廷偏安一隅、安于享乐之风描写得淋漓尽致。在这样的社会背景下，很多文人学者抛弃了高雅的精神追求而堕入俗尘，有些甚至丧失道义、背弃原则。为此，陆游曾痛心地写下《关山月》，其中写道："朱门沉沉按歌舞，厩马肥死弓断弦。"但是，袁说友并没有沉沦，而是仍旧抱守"不戚戚于贫贱，不汲汲于富贵"的儒家之道。一方面，袁说友不断劝谕君王不可"优游俛默，偷安岁月"，指出"京邑富盛风俗易于侈靡，其间傥有侈靡过度销毁金宝，上下惯习殊无限制”，请求皇帝进行制止。另一方面，袁说友洁身自好，安于清贫，并且醉心文字。他在《题乌程簿听浮玉亭七首》其三中写道：“谁将绝景傍家边，举足溪山已满前。莫恨微官清俸少，一亭风月不论钱。”表现了袁说友简单而又淡泊自乐的心境，他只愿守着一处绝景与风月亭台相对，而不论俸禄厚薄。这体现了袁说友超然脱俗、不染尘世、不求名利的高尚情操。然而，就是这么一位才华出众、政绩卓著、忧国忧民的高官加诗人，《宋史》却没有给他立传，笔者实在不解。当然，不解的不仅是笔者，历史上为他鸣不平的大有人在，《六艺之一录》有言：“说友士寅虽登政地，徒伴中书史传阙之，有由然矣。余尝观古来清流之祸，汉之党锢，宋之学禁，始于君子之嫉邪，终快小人之私愤，然志节由之而衰，国步亦因之而改，正行国之纲也，善言国之纪也，纲隳而纪驰，事棼而乱作，论一朝邪正各从其朋，论一人始终亦异其辙，睹诸题名，核之史传，遗名不灭，行迹愈彰，于此观之，良可慨已。”袁说友一生“扬历中外凡三十年……宋史不为立传殊不可解”。

袁说友离任后，由沈揆接任平江知府。

沈揆，字虞卿，秀州嘉兴（今浙江嘉兴）人。沈揆的生卒年不详，《宋史》没有传记，其为官情况和生平事迹散落在一些地方志之中。从这些史料看，沈揆有这么几个特点。

一是出道晚，但是其子孙遍布江、浙，不少与苏州有关。沈揆并非嘉兴本地人，而是由北方南迁而来。据《沈氏族谱》记载：“今沈氏之散处江、浙者，咸谓自宋季建炎初扈跸南渡而来”，“都远公以上五世，一世祖讳揆，字虞卿，宋绍兴庚辰（1160）进士……居嘉兴”。如果这段记载属实的话，沈揆这人可谓大器晚成，而且十分长寿。建炎初到绍兴三十年（1160），如果沈揆是随宋高宗一同南渡的话，那么他考中进士的时候至少三十五岁，这个年龄才考中进士，在宋朝的官场上是不多见的。另外，建炎初南渡时，沈揆只可能尚在幼冲之年，必然是跟随父母或者长辈一起南渡，但是沈氏族谱称其为“一世祖”居嘉兴，笔者有些不解。这中间有一种可能是沈揆的父辈并不是官宦或者士族，因此，后人在撰写族谱的时候就从沈揆开始记起，将沈揆作为一世祖。自此之后，沈氏便在江浙一带开枝散叶，其中历史上比较有名且与苏州相关的，是南宋沈都远及其在今浦东留下“双孝坊”的子孙和明朝时期大名鼎鼎的沈万三。

沈都远是沈揆的五世孙，南宋末考中进士，曾在扬州担任地方官，元朝建立后在苏州当官，因为私放囚犯被罢职，居住在苏州乌鹊桥。后迁居浦东高桥，成为高桥沈氏始祖。关于沈都远迁居浦东的事情，明代史学家朱国桢在《涌幢小品·两海运》中提及：“陆文裕集云：沈都远登宋进士第，仕于扬州。会元兵渡江，复仕于苏。夜梦双虎，黝然据狱。比明入视，果有两男子荷校者。察其异，阴纵之。即张瑄、朱清也。寻罢官，寓苏之乌鹊桥。后瑄、清以海道功，为万户，贵显。物色之。一日遇诸涂，遥拜曰：‘吾父，吾父！’即奉以归，至清浦居之。地沃，遂卜筑焉。”从这段记载看，沈都远先在扬州当官，刚好遇到元军渡江南下，元朝建立后又在苏州当官。有一天沈都远夜里做了一个梦，梦见两只虎蹲在监狱。第二天到监狱一看，果然有两个男子戴着枷锁关在里面。沈都远看到这两个人与众不同，就悄悄把他们放了。这两个人就是张瑄和朱清。不久沈都远因为私放囚犯被罢官，居住在苏州乌鹊桥。后来张瑄、朱清被元朝招安，因主管海上漕运有功，被封为万户侯，成了达官贵人。两人发迹后也一直在寻找自己的恩人，一日在路上遇见了，很远就跪拜说：“你是我的再生父亲啊！”看到丢官之后的沈都远在苏州生活得并不好，马上把沈都远接到张瑄的老家清浦居住。清浦土地肥沃，于是沈都远就选址建筑房屋定居了下来，遂为嘉定人。到了明朝成化年间，沈都远的七世孙沈辅，因为“至孝”而被朝廷下诏授予“尚义”“双孝”，并立“双孝坊”于宅前。据史料记载，沈辅“自幼天性至孝”，并且夫妇“同心行孝”。成化三年（1467），沈辅在苏州当差，听说母亲“颈部生疽”，立即疾行两百里赶回家里，但是其母“疽溃不救”，沈辅伤心欲绝，几次哭昏了过去。沈辅的父亲“患有气疾”（也就是现在的哮喘），难以入睡，沈辅就打个地铺睡在父亲的床边，日夜服侍。等到父亲去世的时候，沈辅已经六十岁，就在父亲的墓旁结庐守墓三年，“沈孝子”的名声从此远近闻名。沈辅娶妻瞿氏，夫妻二人均以至孝闻名，又乐善好施、仗义疏财，捐票数千斛赈济灾民。后来，御史将沈辅的事迹上报给朝廷，朝廷下诏旌其门为“双孝”，并于弘治八年（1495）建“双孝坊”。另外，因其“义行普泽生民，饧光朝宁”，于弘治四年（1491）诏旌“尚义”，并立坊于浦东高桥太平桥西，激励和影响了无数后人。

沈万三的大名人人皆知，但是，没有多少人知道沈万三和沈揆的关系。据《沈氏支谱》记载，沈万三是沈揆的六世孙，原籍是浙江乌程县南浔镇（今浙江湖州南浔区），元朝末年随父亲沈佑迁徙到昆山周庄，以躬耕起家，帮助商人陆道源理财，取得巨资后开展贸易活动，迅速成为一方巨富。洪武初年，沈万三捐资重修长城和南京城，受到明太祖朱元璋的猜忌，被充军发配云南。流放期间，沈万三在茶马古道再次经商，重获生机。洪武十二年（1379）去世，安葬于周庄银子浜。

二是官运一般，政绩平平。关于沈揆的仕途情况没有完整的介绍，只有一些零散的史料。沈揆于绍兴三十年（1160）考中进士，淳熙六年（1179）出任台州知州，淳熙九年（1182）升任秘书少监（从五品），后转为秘阁修撰，出任江东转运副使。宋光宗即位后出任太府卿兼中书舍人，但因为参与了宋孝宗与宋光宗的权力斗争而遭到弹劾。

史书对宋光宗的评价并不高，原因是他不孝顺，而且懒政，最终导致权力被“悍后”李凤娘把持。其实宋光宗并不是不孝顺，也并非一个懒政的人，他之所以最后落了个这样的名声，完全是被逼的。首先从不孝顺来看，宋光宗在人事任用上与宋孝宗发生矛盾之前是很孝顺的。无奈，宋孝宗退位的时候已经把人事安排好了，而且在之后的人事问题上也屡屡插手，导致父子之间的矛盾越来越大。宋孝宗退位前，安排了两个宰相：左丞相周必大、右丞相留正。宋光宗即位后，留正想办法让何澹当了右谏议大夫。何澹本是学官，为周必大所赏识，但是，何澹是个见风使舵的小人，他怀恨周必大长时间不提拔自己，就向周必大发难，结果周必大被罢免，并波及其多名门人，一同遭到降职或者罢免。随后，留正又向宋光宗任命的一个小官——知阁门事姜特立发难，其理由是“招权预政”，要求宋光宗驱逐姜特立。姜特立专门拜访了留正，传达了宋光宗的意思，让他从右丞相转为左丞相，任用户部尚书叶翥、集英殿修撰张杓二人中一人为参知政事。留正马上把这个消息告诉了宋孝宗，宋孝宗大怒，立即贬姜特立为提举兴国宫。宋光宗对此十分恼火，就把宋孝宗时遭到贬斥的太监陈源召了回来，把被宋孝宗罢免的赵雄升为宁武军节度使、开府仪同三司，进封卫国公。然而，让宋光宗没有想到的是，被自己提拔为殿中侍御史的刘光祖此时倒戈，弹劾户部尚书叶翥、太府卿兼中书舍人沈揆，接着又弹劾带御器械吴端，宋光宗一怒之下降刘光祖为直秘阁、潼川运判，改江西提刑，再改夔州知州。然而，到了五月，刚被宋光宗提拔的赵雄即遭到弹劾降封削食邑，吴端也被贬为浙西马步军副总管。在权力斗争中，宋光宗以完败而告终，没有任何权力的宋光宗，面对太上皇和各方面的掣肘，想要干一番事业根本不可能，陷入失望进而懒政也就十分自然了，对宋孝宗不闻不问也情有可原。

再看和李凤娘的关系，李凤娘是宋孝宗夫妇给宋光宗指定的皇后，对于这个皇后宋光宗是没有权力废除的。李凤娘干了很多坏事，而宋光宗还得为李凤娘的种种暴行承担罪责。绍熙二年（1191）十一月，宋光宗在志满意得之下想祭祀天地。然而，皇后李凤娘却残忍地杀害了宋光宗宠爱的黄贵妃，对外宣称是暴病而亡。再加上祭祀天地时风雨大作，没有成礼。在相信天人感应的古代，这对宋光宗的心理打击非常大，宋光宗一下病倒了。宋孝宗夫妇来看望儿子时，指责了宋光宗，宋光宗更是心灰意冷。从此宋光宗不再热心于朝政，只是心有不甘，偶尔还想有所作为，但一旦发觉自己不能控制政权之时，便再次不理朝政。与此同时，他把这一切归咎于父母，不愿再去见父母，父子关系越来越差。

宋光宗与宋孝宗之间的权力斗争并没有给沈揆带来什么大的影响。绍熙二年（1191），沈揆出任平江知府，在苏州待了将近两年时间，于绍熙四年（1193）升迁为司农卿、权礼部侍郎，最后的官职是吏部侍郎。从这个履历看，沈揆升迁的步伐并不快，也没有什么轰轰烈烈的政绩，因此，《宋史》无传也属正常。不过，虽然沈揆的政绩没有记载，他在苏州的地方志中还是留下了大名，原因是他在苏州期间把历任郡守的画像迁到了瞻仪堂之中。据范成大《吴郡志》记载：“瞻仪堂，旧在厅事之东。绍兴三十一年，郡守洪遵建。吴俗贵重太守，来者必绘其像。春秋则陈于齐云楼之两挟，令吏民瞻礼。至是，洪公恐为风日所侵，故作此堂藏之。绍熙三年，郡守沈揆始迁诸像于后圃旧凝香堂中，并其名迁焉。”

三是有才华。沈揆作为文人很有才气，一生写了不少诗词，留有《野堂集》，但已散佚。沈揆还喜收藏，是南宋中期《兰亭序》的四位收藏和研究大家之一，这四位大家分别是尤袤、沈揆、王厚之、汪逵。绍兴十八年（1148）考中进士的尤袤，擅长书画文物，尤其精于《兰亭序》帖，留下了九件题跋，可见其对《兰亭序》鉴识之精湛。沈揆收藏有欧阳修旧藏的《兰亭序》帖，并且多次与当时的名人相约游玩和欣赏《兰亭序》帖。据史料记载，淳熙十二年（1185），三馆之士一共十四人欣赏沈揆珍藏的《兰亭序》帖；淳熙十三年（1186）上巳日（三月初三），沈揆与陆游、杨万里、尤袤、莫叔光等人游西湖。王厚之是王安石的四世孙，南宋具有代表性的金石碑帖文物收藏家，不仅收藏有千种以上古今碑刻，而且仅珍藏的《兰亭序》帖就达十秩一百多本，目前尚存十二件。汪应辰之子汪逵，以其丰富的家藏和对书画文物超凡的鉴赏能力受到时人的推崇。值得注意的是，尤袤、沈揆、王厚之、汪逵四人都曾在秘书省任职。秘书省是古代专门管理国家图籍的中央机构，从北宋后期开始，秘书省逐渐由提倡不任吏责、论道经邦的儒学，转而推崇究心文化的艺文，到了宋徽宗时更是变为处于政治中心的文化机构，而南宋则把秘书省变成了储备人才的重要地方。正是有了这个便利条件，沈揆等人才会收藏很多书画文物。当然，后人对南宋这一风气也多有批评意见，认为南宋偏安一隅、不思进取，其耽玩《兰亭序》之风气、沉湎一家一帖之小气象，与东晋江左清谈之风如出一辙，这种玩物丧志的风气正是南宋衰败的重要表现。沈揆作为代表人物之一，可见他也算是个玩家，有着大好河山的南宋就是在这帮玩家的手中逐渐走向衰亡的。

沈揆在苏州待了将近两年时间，离任后由王尚之接任平江知府。

王尚之的生卒年和籍贯不详，史书上关于他的资料几乎是空白的，《江南通志》《吴郡志》《姑苏志》只简单提及他的职务。王尚之曾两次出任两浙西路提点刑狱：一次是淳熙十年（1183）正月，以奉议郎出任两浙提点刑狱，当年十一月召赴行在，也就是到宋孝宗身边；第二次是淳熙十三年（1186）七月自朝奉郎、大理寺卿除直宝文阁，出任两浙西路提点刑狱，淳熙十四年（1187）二月除司农少卿、湖广总领。绍熙四年（1193）三月，王尚之以朝奉大夫、直龙图阁出任平江知府，当月致仕。也就是说，王尚之到苏州就任不到一个月就辞官了。因为史料匮乏，无法对王尚之做更多的介绍。

王尚辞官之后由雷潨接任平江知府。

雷潨，字朝宗，潭州（今湖南长沙）人。雷潨的生卒年不详，《宋史》无传，涉及他的资料不多。

据《元和姓纂》《古今姓氏辩证》《雷氏总谱》等资料记载，雷姓是诸侯国方雷氏的后代。方雷是炎帝的第十世孙，臣仕黄帝，辅佐黄帝擒获蚩尤有功，受封领地，后又分为两支：一支姓方，一支姓雷。雷姓主要有两大分布地，一个是陕西冯翊郡（今陕西大荔），一个是江西豫章郡。江西豫章郡的雷姓始于东晋，方雷的第六十四世孙雷焕是一位天文学家，善星历卜占。相传武帝时，斗牛（星名）间常有紫气，雷焕观乾象，知丰城有宝剑，司空张华即补雷焕为丰城令。道光五年（1825）的《丰城县志》载：雷焕是丰城县有文字记载的第一位县令，他“施仁政，废霸道，谦和待百姓，廉洁抚民怨，宽厚感民心”，民间颂之为“父母神明”。饱受战乱创伤的丰城，被他治理得黎民丰衣足食，社会安定和谐，狱中无犯人，粮食无处放。拆监狱建粮仓，挖地基时，果得一对雄雌宝剑，上刻“龙泉”（干将）、“太阿”（莫邪）字样，是夜“紫气”顿消。雷焕欣喜之余，把其中的一柄剑赠给张华，另外一柄留下来自己佩戴。张华得剑后说：“莫邪何复不至？……天生神物……终当会合。”雷焕闻后，夜观天象，料定“本朝将乱，张公当受其祸”。果然，雷焕辞官归里的第二年（300），发生八王之乱，张华被赵王司马伦所害，所佩“龙泉”剑在襄阳消失。唐初王勃所作《滕王阁序》中的“物华天宝，龙光射斗牛之墟”，就是源于雷焕挖宝剑之典故。雷焕的后裔，有一支迁至冯翊，后来发展成为名门望族，于是雷氏便以“冯翊”“豫章”为郡号。宋代比较兴旺的是同州郃阳（今陕西合阳）雷氏家族，有雷德骧，宋太宗时官至户部侍郎。雷潨的爷爷雷申锡登绍兴八年（1138）进士，其父雷植登绍兴十五年（1145）进士。但是，关于雷潨是否进士出身，有着不同的记载，据《雷氏宗谱》记载：雷潨并非进士及第，而是宋孝宗时经胡铨举荐进入官场的。

雷潨进入官场后，曾经担任过三个县的知县，其中在担任湖南宜章知县的时候，“建学宫，多有善政，人立祠祀之”。据《钦定古今图书集成》记载：“宜章县学，旧在县治东九十步，宋淳熙八年知县雷潨徙于治东六十步，十二年知县吴镒重修，象山陆九渊记见《艺文志》。”在宜章期间，雷潨多次游览宜章蒙岩，并留下题名。第二次题名的落款是“庐山雷潨淳熙丁未司宪东广，九月廿九日经从义章，绍熙壬子自番禺趣□□□”。从这段记载看，雷潨第二次游览蒙岩是出任广东运判的时候路过宜章，并留下题名。

淳熙丁未是淳熙十四年（1187），这一年，雷潨出任广东运判。雷潨在《广东运判到任谢上表》中说：“伏念臣禀资蒙陋，涉世迂疏，三绾县章，两纡郡绶。”也就是说此前雷潨当过三个地方的知县、两个地方的郡守，至于在什么地方任职，除了在宜章时有明确记载外，其他没有详细记载。在广东运判任上，雷潨与徐安国在捕盗问题上发生冲突，结果双方被免。据《两朝纲目备要》记载：“大奚山者在广东海岛中，是夏，广东提举茶盐徐安国遣人入岛捕私盐，岛民不安，即啸聚千余人，入海为盗，劫副弹压高登，为首揭榜，疏安国之罪，掠商旅、杀平民百三十余人。经略使雷潨与安国素有隙，及是安国乞遣兵讨之，而潨则用钱酒醪以犒劳，且以安国生事闻于朝，是月戊子，诏安国别与差遣，会安国上疏自辨，癸巳，诏提点刑狱唐弼究实以闻。于是给事中许及之言统领林墉、弹压林通造谋，以倾安国，诏二人皆罢。七月甲寅，下诏召潨还，既而右谏议姚愈又以为言，乃并安国罢之，而弼与宫观。八月庚辰，以军器监钱之望为秘阁修撰，知广州，丁亥，以刑部郎中陈研为提刑，知潮州，陈宏规为提举，言者复奏岛民擅杀平民之罪，辛卯，命之望究治之，之望尽执岛民戮之，无噍类，议者或以为过云。”

但是，这件事情对雷潨并没有造成太大的影响，原因是雷潨与时任宰相留正关系密切，而留正在宋光宗即位后仗着宋孝宗的威势大权独揽，所以，到了绍熙四年（1193）年，雷潨以朝散大夫、直焕章阁的官衔出任平江知府。但是，雷潨在苏州为官的名声似乎并不好。南宋袁燮在《龙图阁学士通奉大夫尚书黄公行状》中说：绍熙五年，“八月，论镇江守马大同以苛刻著，平江守雷潨以纵弛闻，皆不可推行赈济德意，劾奏罢之。丞相留公颇贤此二人，闻之不悦。枢密罗公旧尝偕诸可以，公为荐，既执政，乞避之，上不许，丞相请许之”。从这段记载看，留正对马大同和雷潨非常欣赏，黄度出面弹劾二人，引起留正的不满。后来，黄度又推荐枢密院罗公，并请求回避，但是宋光宗没有同意，而留正却借此机会要求宋光宗批准黄度的请求，宋光宗在不得已的情况下，改任黄度为两浙漕运使。可见留正当时的权势。不过，黄度的弹劾还是有效果的，当年九月，雷潨就被罢去了平江知府一职，主管建宁武夷冲佑观。

雷潨离任后，由王溉接任。

王溉是江南石埭（今安徽石台县）人，其生卒年不详，《宋史》无传，史料中关于王溉的介绍非常少。王溉的为官情况《宋会要辑稿》《江南通志》等史书有所提及，但也基本上都是简单的一句话。从这些记载来看，王溉很有才华，早早就考中了进士。据《江南通志》记载，王溉是绍兴年间的进士，从王溉的年龄看，应该是绍兴末考中进士的。能够考中进士，必然是才华出众之辈。另外，王溉还留下了不少诗词，其中像《老人村》《游大涤》等，传诵至今。

王溉虽然于绍兴年间就高中进士，但是一直到淳熙十三年（1186）才出任江州（今江西九江）知州，时间已经过去了二十多年。不过，宋光宗即位后，王溉也迎来了自己的高光时刻，原因是王溉抓住了宋光宗即位后希望励精图治的心理。

前面已经介绍过，宋光宗即位后，勤于政事，严于吏治，轻徭薄赋，尤其是在减轻百姓负担上，做了很多事情。南宋建立之初，朝廷的财政收入不到一千万缗，但是到了宋孝宗禅位的时候，已经增加到六千五百余万缗。这一数额比北宋最高时的收入高出了一千七百余万缗，而南宋的耕地面积比北宋时要少得多，可见百姓的负担之重。宋光宗显然是了解百姓疾苦的，因此，即位后多次蠲免百姓赋税。宋光宗即位的第一年，就减免了十次赋税。绍熙元年（1190）二月，免淳熙十四年（1187）以前百姓所欠赋税及徭役。四月，将四川三年的“经总制钱”留给地方，抵交“盐酒重额”。以两浙“犒赏酒库”税收归各州，并从六十五万缗减到三十万缗。闰五月，免郡县百姓淳熙十四年（1187）以前“私负”和淳熙十五年（1188）以后“输息及本者”，免郡县第五等户“身丁钱”及临安第五等户“和买绢”各一年，出钱二十三万缗赈济临安贫民。八月，每年减两浙“月桩”等税收二十五万五千缗。九月，每年减绍兴“和买绢”税额四万四千匹。十月，免楚州、高邮、盱眙军民担负的“常平米”一万四千余石。十一月，减江、浙“月桩钱”税额十六万五千余缗。绍熙二年（1191）正月，免临安府民“身丁钱”三年。六月，以“上供”等收入抵广州所免“身丁钱”数。十一月，潼川转运判官王溉节省下漕运开支，代输井户“重额钱”十六万缗，下诏奖励之。十二月，下诏减少每年广东“官卖盐”所得收入。绍熙三年（1192）正月，命两淮行义仓法，帮百姓渡过灾年。二月，出米五万石赈济京城贫民。十月，命地方守令不要向“病民”征敛，安抚四川遭水灾的州军。此后的几年，也多次减免赋税。正是在这样的背景下，担任潼川路转运判官的王溉，以撙节的转运费十六万缗代当地井户缴纳井盐的重税。因此，王溉升迁为成都路转运判官，然后以同样的方式代替百姓“输激赏等绢钱三十三万缗”，为此，又特进一官级。

因为这两件事情很合宋光宗的心意，所以到了绍熙五年（1194）十一月，王溉以朝散大夫、直秘阁的官衔出任平江知府，在苏州待了两年半时间后改任两浙转运副使、兼临安知府。不过，王溉的高光时刻来得快、去得也快，庆元四年（1198），王溉出任婺州知州，“旋因政事乖谬、纵容子侄，罢领宫观”。也就是说，王溉因为在政事上乖谬，并且纵容子侄胡作非为而被罢职。“政事乖谬”不知道表现在什么地方，笔者不敢臆测，而“纵容子侄”说明王溉的家教并不严，而这也正是许多家族迅速衰败的原因。

王溉离任后，由郑若容接任平江知府。

第二十二章　再度辉煌

——“开禧北伐”与持续繁荣（二）

（郑若容、虞俦、刘诚之、赵不艰、张抑、张岩、李大性、张泽、沈作宾、林采）

郑若容（1130—1209），字贵温，明州鄞县（今宁波鄞州）人。

郑若容于隆兴元年（1163）考中进士，淳熙十二年（1185）出任上元县（今属南京江宁区）县令，庆元二年（1196）出任衢州知州，又改为直秘阁、平江知府，离开苏州后出任衡州知州，后以华文阁直学士致仕。从这个任职履历看，郑若容并没有什么特别的地方，也没有轰轰烈烈的政绩，但是，郑若容却在历史上留下了大名，原因有三。

一是有一个好同学、好老乡。郑若容和南宋著名的文学家楼钥不仅同为明州鄞县人，而且是同榜进士，同时，郑若容和楼钥还是姻亲，多重关系的交融使二人结下了深厚的友谊。为此，作为大文人的楼钥为郑若容写了很多诗词文章。郑若容致仕的时候，楼钥专门写诗表示祝贺，他在《同年郑贵温寺丞直华文阁致仕次适齐韵为贺》中写道：“倦游归骑自吴门，欲上封章叩帝阍。俞旨肆颁旌素节，华文进直示优恩。”郑若容去世后，楼钥不仅写了挽联，称“正尔寻姻好，胡然丧老成”，而且专门写了祭奠的文章——《祭郑衡州》：“呜呼衡州，才大屈宋。笔擅雕龙，词高吐凤。妙年驰声，出冠乡贡。吾州多贤，不利首送。惟公开荒，径挹晁董。吏事精明，万口归重。亨途方辟，八骏飞鞚。谗口含沙，巧发奇中。退坠诸渊，公不为动。天定胜人，复为时用。惟公之文，盍仪禁从。清庙作歌，追配《雅》《颂》。骥足方驰，三刀形梦。悠然漫仕，无所修综。闭阁却扫，胸次空洞。至宝横弃，称屈弥众。公乎云亡，乡曲嗟痛。来祖公丧，为之一恸。”在文章中，楼钥对郑若容的才华、文章、政绩给予了高度评价，“才大屈宋”“笔擅雕龙”“出冠乡贡”“万口归重”“追配《雅》《颂》”等，虽然有点言过其实，但是也从一个方面证明了郑若容的优秀和能干。

郑若容与楼钥不仅在学习、工作上多有交集，而且两人退休之后也通过结社的方式经常碰头。在上部中已经做过介绍，从唐朝李白开始，文人结社就已出现，宋朝非常流行。南宋中期以后，因为经济发达、文化繁荣，结社更是盛极一时。当时，明州人才辈出、灿若星辰，这些人成立了许多怡老会之类的组织，其成员大多是德高望重之辈，其中很多是致仕后的高官。当时比较出名的就是史浩组织的六老会和汪大猷、楼钥组织的率真会，尤其是率真会，可以说是南宋家族结社的一个典型。怡老社的成员几乎全部与楼钥或多或少有亲戚关系，其中汪大猷是楼钥的仲舅，楼少潜、楼士颖、楼镃都是楼钥的兄弟辈，王正己是楼钥的姑丈，朱輫是楼钥的哥哥楼鐊的女婿，陈纪、郑若容、张祖顺也都与楼钥有姻亲关系。这个带有家族性质的怡老会，在促进地方文化发展的同时，也进一步加深了成员之间的友谊。

二是有一个好兄弟、好侄子。郑若容并非明州本地人，而是迁徙到明州的。根据《郑氏族谱》记载，郑若容的爷爷从建州（今福建建瓯）迁居明州，生下郑若容的父亲郑章和叔叔郑覃。建炎四年（1130）春，金军追击宋高宗时攻陷明州，郑覃和妻子董氏一并殉国，留下年仅六岁的儿子郑若冲。因为父母双亡，年幼的郑若冲就由伯父郑章抚养。郑若冲自幼勤于学业，与汪大猷、陈居仁、楼钥三人一同学习，彼此交情很深。后来这三人全部考中进士，成为大官，位高权重，但是郑若冲一次都没有去拜访过他们，而是自设私塾，收罗图书数千卷，在专心研究学问的同时，邀请名师来教育儿子郑清之。绍兴三十二年

(1162)，时年三十八岁的郑若冲在梦中走到一个风景优美的地方，那是一座深坞，金碧排空，门匾上书“常充达庵”，署名“某真人书”。到了淳熙元年（1174），五十岁的郑若冲建造了一所山间别墅，又建造了寿穴，亲手种植松柏，忽觉眼前的景象与当年的梦境一样，因而将山中的溪流命名为梦溪，自号梦溪，并创作了《纪梦》一诗以记其事。因为《纪梦》是一首长诗，此处不作录存，有兴趣的可以找来欣赏。

郑清之也确实没有让郑若冲失望，于嘉泰二年（1202）考中进士，参与拥立宋理宗，并于绍定六年（1233）在权臣史弥远死后接任右丞相兼枢密使之职，后又改为左丞相。在任期间建议延揽任用诸能臣名士，促成“端平更化”，又发动端平入洛之役，企图收复三京，但被蒙古击败。宋蒙战争兴起后，再次出任宰相，曾进《十龟元吉箴》，劝宋理宗励精图治。在出任右丞相时，宋理宗询问他的家世，郑清之奏对时提及父亲的梦境应验之事，宋理宗听后在惊异之余也由衷赞叹，于是令郑清之将《纪梦》一诗进呈御览，并亲书“常充达庵”赐给郑清之。郑清之因为有拥立之功，并两次为相，协助宋理宗实行“端平更化”，所以他死后宋理宗辍朝三日，特赠尚书令，追封其为魏郡王，赐谥号“忠定”。因为郑清之的名气很大，所以其家族成员自然青史留名，郑若容也因此而沾了哥哥和侄子的光。

三是办成了一些大好事。郑若容在苏州任职期间做了一件泽及后代、影响深远的事情，这就是在范氏义庄的恢复过程中发挥了自己应有的作用。范氏义庄是范仲淹于皇祐二年（1050）第三次被贬后，在其原籍苏州吴县捐助田地一千多亩设立的。义庄田地的租金主要用于赡养同宗族的贫穷成员。范仲淹给义庄订立章程，规范族人的生活。范仲淹去世之后，他的二儿子、宰相范纯仁，三儿子、尚书右丞范纯礼又续增规条，使义庄维持下去。但是，金军南下时，苏州遭到了毁灭性的破坏，范氏义庄也受到了战乱的冲击。等战争结束、局面稳定下来后，范氏义庄已经是“虽田亩仅存，而庄宅焚毁，寄廪坟寺，迁寓民舍，蠹弊百出，尽失初意”。这场灾难，不仅破坏了义庄的基础设施，而且也使义庄原有的规章受到冲击，制度不能得到有效执行，义庄日益走向衰落。楼钥在《范氏复义宅记》中写道：“中更兵毁，族党星散。故基榛芜，编民豪据为居室，为场圃。僦直无几，甚失遗意。粟无所储，寓于天平山坟寺，倍有往来给散之劳。久复圮废，改置城中，反寄他舍，病此久矣。”义庄的房屋不仅受到破坏，而且为他人所占，仅能收取很少的租金。田地虽然还在，但是因为配套设施不全，也无法发挥应有的作用。针对这种情况，范氏子孙力图重建义庄。当时，位居奉议郎的范公武“念此有年”，但是未能如愿就去世了。范公武的儿子范良器、范之柔兄弟“慨然自任，思图其新”。庆元二年（1196），他们正式开始了义庄的恢复工作。兄弟二人首先“历告居民，尽除僦直，约期而遣之”，也就是告诉所有占据义庄房屋的人，在规定的时间内搬出去。但是，这件事情并非那么容易，因为没有人愿意随随便便让出到手的利益，有许多“不服者”不愿意迁出。因此，范氏兄弟在不得已的情况下“诉于郡、于监司，以至上达台省”。诉状送到府衙后，得到了提刑何异和知府郑若容的支持，二人“咸义此举，力主张是”，使得范氏义庄被占的房屋全部归还给了范氏。把房屋和地产拿回来后，范良器兄弟二人又“首捐私帑，缭以垣墙；创建一堂，仍扁‘岁寒’，以祠文正；结屋十楹，以处贫族。就立新仓，浸复旧观”，使义庄的硬件设施得以逐步恢复。在此基础上，范良器兄弟开始完善制度建设，“参定约束，加备于前”，范良器还“亲掌出纳一年，以为后式”。虽然范氏义庄逐步走上正轨，但是时任左司谏的范之柔还是不放心，上奏朝廷，要求“特颁睿旨札下平江府”，以保证新规旧约的执行，得到了朝廷的批准，为范氏义庄的稳步发展奠定了基础。在范氏义庄恢复和发展这件事情上，郑若容作为平江知府，起到了关键性作用。

郑若容离任后，虞俦接任平江知府。

虞俦，字寿老，宁国（今安徽宁国）人，南宋著名的政治家、文学家。

虞俦的生卒年不详，有学者根据其诗《除夜书怀》“吴楚乡风异，悲欢物态多。岁华惊晚暮，吾道恐蹉跎。莫唱黄鸡曲，宁为白石歌。明年六十一，不醉待如何”，推算其应该出生于绍兴九年或十年（1139或1140），大约于嘉泰三年（1203）去世。虞俦一生著作等身、政绩卓绝，但是《宋史》却无传，清朝陆心源在写《宋史翼》的时候也没有对其进行补缀，笔者实在不解。

虞俦出生的时候，宋金和议基本达成，因此，虞俦的青少年时期都在和平的环境中度过。隆兴元年（1163），虞俦考中进士，正式踏上仕途。前面提到过，楼钥也是这一科的进士，因此，虞俦与楼钥多有交往。乾道三年（1167），虞俦出任广德军（今安徽广德）军学教授，乾道六年（1170）罢归，但是在朝中担任何职没有记载。淳熙三年（1176），虞俦出任湖州州学教授，并重建了州学教授厅。嘉泰《吴兴志》记载："教授厅，在州学之西……淳熙三年，虞俦重建今厅，壁有题名记。"可见，虞俦不仅重建了教授厅，还留下一众题名于壁上。淳熙七年（1180）到淳熙九年（1182），虞俦丁父忧待在家乡。

淳熙十年（1183）守孝期满后，虞俦被提拔为奉议郎，出任徽州绩溪县（今安徽绩溪）知县。绩溪县有一座苏辙公祠，由于年久失修，祠堂破败不堪。刚好苏辙的曾孙路过绩溪前去祭拜，发现祠堂无人维护，就准备从自己的俸禄中拿出一部分重修祠堂。"时奉议郎宣城虞俦方祇县事，愧而谢曰：'此令之职也。昨为令者以频岁救荒，故未能及。俦至甫几月尔，固将及之，其敢用公之私钱？'"刚刚上任的虞俦知道这件事情后羞愧难当，并解释说："前任知县因为绩溪年年灾荒，没有来得及修缮，我刚到几个月，这应该是县令的本职，怎么能用您的俸禄来修呢？"于是，他亲自主持重修苏文定公祠，受到时人的称赞。为此，韩元吉专门写了《苏文定公祠碑》，称"以公之爱其处，规制仍旧，不敢侈也"。虞俦在绩溪期间，"以廉静著"，"饮食服用悉取给于家，诸司上其治状"，得到了上级的肯定和推荐。

因为在绩溪政绩突出，淳熙十三年（1186），虞俦被召回京城，入职官告院。官告院主要负责文武官员、将校的告身及封赠。在职期间，虞俦显示出其杰出的文学和政治水平。四库馆臣称其："辞命温雅，议论祥明，于当时废弛积弊言之尤切，其意亦颇有所取者。"淳熙十四年（1187），虞俦出任太学博士，先后写了《轮对札子》《乞宣示殿试考官务求切直之论札子》等奏疏，针对治道之法、选贤之道、惠民之策等提出了自己的建议。太学博士只是一个八品小官，虞俦在这个位置上一干就是三年，此时的他已经年近半百，因此，难免心中失落，于是就写下了《食墨鱼有感》一诗，其中有“三年博士冗不治，半生铅椠宁非痴”一句，感叹时光之蹉跎、壮志之难酬，生出了倦于宦海之感。

不过，宋光宗即位后，虞俦的官运也慢慢好了起来。绍熙元年（1190）正月，虞俦出任国子监丞，二月，提升为监察御史并提点湖南刑狱公事。其间，提交《乞顺天意修人事以答天变奏》等奏疏，劝谏宋光宗选贤任能，严惩贪吏，修身勤政，为民造福。当时，虞俦母亲年事已高，湖南离家乡太远，无法照料母亲，所以，绍熙二年（1191）八月，虞俦以朝奉大夫权两浙东路提点刑狱公事。杨万里在《太宜人郎氏墓志铭》（虞俦的外公叫郎佪，郎氏即虞俦的母亲）中说：“其子俦自监察御史按刑湖南，孝宗皇帝以太宜人春秋高，改使浙东，四明阙守，复命兼摄。”从这段话中可以看出，虞俦改任江东并非出自宋光宗的本意，而是宋孝宗的旨意，说明宋孝宗还是非常看重虞俦这个人的。到了浙东后，刚好明州（今浙江宁波）知州一职出现空缺，虞俦就于当年十二月权兼明州知州。第二年，虞俦以母亲年龄大、身体不好为由，辞去官职回到家乡，专心侍奉老母。绍熙三年（1192）九月，虞俦母亲去世，虞俦便在家专心为母亲守孝。

绍熙五年（1194）十二月，除服后的虞俦被朝廷任命为朝奉大夫、直秘阁、湖州知州。在湖州期间遇到灾荒，虞俦全力组织救灾，保全了许多人的生命。据嘉靖《宁国府志》记载，虞俦“累迁监察御史，排击贵近，朝纪肃然，出为浙东提刑知湖州，推行荒政，多所全活”。虞俦自己在《和姜总管送别》中也对此进行了描述：“富贵如浮云，于我初何有。转徙浙东西，仅足糊其口。去年在吴兴，民物犹未阜。赈荒事方殷，奚暇诗与酒。今年到东阳，政成不待久。”“姜总管”就是前面提到的姜特立，是宋孝宗和宋光宗权力斗争时的一个重要人物。此人诗词俱佳，受到陆游、杨万里的称赞。虞俦与姜特立交往颇多，感情很深，相互酬唱之作就有 40 多篇。从这首诗可以看出，在湖州期间，虞俦虽然醉心诗酒，但并未忘记本职和民瘼，心系百姓，认真办事。离开湖州后，虞俦又调任婺州（今浙江金华）知州，正是在婺州期间写下了这首诗。

庆元二年（1196）十二月，虞俦被提升为朝散大夫、直焕章阁，出任平江知府。第二年四月，虞俦的官衔提升为朝请大夫，十一月，再次提升为直显谟阁、江南转运副使，十二月则改为两浙西路提点刑狱公事并兼任平江知府。据盱眙《第一山题刻选》记载："□□□□□十有二日，饯客后，漕使虞俦置酒登山，复□于此。""第一山"是古盱眙的别称，雄踞淮水南岸，山中留有五朝名家、政要的碑刻手迹。"漕使"是转运使的别称。从这段记载看，虞俦在担任江南转运副使的时候曾游览盱眙，并题刻纪念于瑞岩泉左侧。如今，题刻仍在，供后世欣赏。

庆元四年（1198）六月，虞俦不再兼任平江知府，同年九月以直宝文阁的身份出任庐州（今安徽合肥）知州，并兼任淮南西路安抚使。虞俦虽然远离京城，但是仍然心系朝廷，他提交了《被召上殿札子》《乞慎择狱官奖掖有功者札子》《奉使淮西回上殿札子》等奏疏，就淮交、冤狱等问题提出建议，苦心陈言宋宁宗，希望他以民为本，任用贤能。庆元六年（1200）二月，虞俦从淮南东路转运副使的任上卸职，回京出任起居郎。当年十月，虞俦又兼任实录院检讨官。

嘉泰元年（1201）三月，虞俦以试刑部尚书的身份出使金国。出使期间，虞俦目睹了沦陷区遗民的生存状况，心灵受到极大的震撼，写下了《使北宿留盱眙》《回程泗州道中》《初八日早出洪泽闸泛淮》等诗，表达自己渴望参加北伐，早日收复故土的心情。回到京城后，又上《使北回上殿札子》，建议宋宁宗重视两淮边境的农业生产，采取富民政策，为北伐收复失地奠定物质基础。

嘉泰元年（1201）八月，虞俦以中书舍人兼实录院同修撰，十一月除权兵部侍郎仍兼。嘉泰二年（1202）四月，虞俦出任兵部侍郎兼同修国史。此时的虞俦终于登上高位，自然心中十分高兴，于是就写了一首《除兵部侍郎赐带趁朝参》："幸叨持橐侍甘泉，敢意恩荣慰暮年。紫绶金章光照地，丝鞭玉勒喜朝天。儿曹莫起无鱼叹，人世难为跨鹤仙。报国无功还自愧，直须及早决归田。"诗中虞俦在表达自己暮年时还能得到重用的喜悦之情的同时，也感叹自己报国无门、无所作为，不如及早卸任归田。

然而，刚刚得到重用的虞俦，却遭到了监察御史林行可的弹劾，“言其嗜进贪得”。虽然这个罪名有点莫须有，但是虞俦仍然遭到罢官，于嘉泰三年（1203）五月主管宫观。但是这还没有结束，到了九月，右正言再次弹劾虞俦，称其“贪猥深险”，于是虞俦再次被贬，提举隆兴府玉隆万寿宫。面对这样的结果，万念俱灰的虞俦只好告老还乡。为官近四十年的虞俦，一心为民、两袖清风，没有了俸禄后，生活立即陷入困顿。虞俦的老友陈倅知道后想要上书朝廷为他增加俸禄，却被虞俦一口回绝了，虞俦还作诗一首，名为《杜门绝俸呈陈倅》表达自己的心愿，自言无功不受禄。虽然处境艰辛，但虞俦仍以乐观的心态来对待生活。虞俦死后葬在归家山，其牌位列入乡贤祠之中，供后人祭拜怀念。

虞俦离任后，刘诚之接任平江知府。

刘诚之，字子开，江西樟树黄土岗镇荻斜墨庄人。墨庄刘氏的始祖叫刘公达，西晋末年为逃避战乱迁徙到江南，入赘荻斜胡氏，并生下五个儿子，第三个儿子叫刘式。刘式是南唐升元二年（938）建清江县（即现在的樟树）的第一位进士，入宋后辅佐宋太祖赵匡胤十多年。进入宋朝后，墨庄刘氏人才辈出，从刘式之后，墨庄刘氏在二百七十多年时间内先后有十九人高中进士，因此获得“进士之家”的美誉。

出生在这样的家庭，刘诚之从小就勤奋好学，而且志向远大。刘诚之的生卒年不详，《宋史》无传，只有一些零散的资料。刘诚之于乾道二年（1166）考中进士，先后担任过吏部郎、提举浙东常平、直秘阁、平江知府等职务，因平反冤狱有功而被加直敷文阁出任夔州（今重庆奉节）知州，后改任湖南转运判官。每到一个地方都卓有政绩，但是因为缺乏资料，无法进行详细介绍。

刘诚之在苏州待了一年就离任了，由赵不艰接任平江知府。

但是，关于赵不艰的资料几乎是空白，只有范成大的《吴郡志》、王鏊的《姑苏志》做了简单的介绍，《姑苏志》载：“赵不艰，庆元五年六月以朝散大夫、直秘阁除任，六年七月除直焕章阁。嘉泰元年四月除直显谟阁再任。”显谟阁直学士已是宋朝从三品的大官，照道理不应该在历史上毫无踪迹可循，但笔者查阅了所有能够查阅的资料，却仍然毫无所获。因为资料匮乏，也无法进行详细介绍。

赵不艰在苏州两任知府，前后待了将近三年时间。赵不艰离开后，由张抑接任。

张抑（1143—1203），字子仪，晋陵（今江苏常州）人。南宋叫张子仪或姓张字子仪的不止一人，如尚书屯田员外郎张子仪，其名字多次在《建炎以来系年要录》中出现；清江张绂，字子仪，绍兴三十年（1160）考中进士；此外就是这里要介绍的主人翁晋陵张抑。上海师范大学范仁和在《南宋词人管鉴考索》一文中对南宋张子仪进行了比较分析，认为在平江当过知府的应是晋陵张抑。

张抑的爷爷叫张守，曾在建炎四年（1130）和绍兴六年（1136）两次出任参知政事，后因为和赵鼎之间出现矛盾而要求外放，先后担任婺州（今浙江金华）、洪州（今江西南昌）、建康（今江苏南京）等地知州或知府。出身宰相之家，张抑的家学渊源不用多说，加上非常有才气，所以张抑不仅考中进士，而且和当时的名流多有交往。

张抑于隆兴元年（1163）考中进士，与前面提到的郑若容、虞俦、楼钥是同科高中。淳熙四年（1177），张抑出任常州通判。淳熙十年（1183），出任大理寺丞。淳熙十五年（1188），为江东总领，也即建康守臣。绍熙四年（1193），改为湖广总领。庆元二年（1196），张抑出任户部侍郎。庆元六年（1200），出任福州知州。嘉泰二年（1202）三月，以敷文阁学士、中大夫出任平江知府，在苏州待了将近一年时间，于嘉泰三年（1203）三月以宝文阁学士提举江州太平兴国宫，当年九月落职，原因不详。

《宋史》没有张抑的传记，其为人为官很少有史料提及。张抑因为家学深厚、才华出众，和当时的名流多有交往，如杨万里、周必大、蔡戡、楼钥、许及之、张镃、管鉴、韩元吉、章甫等。所以，其生平和宦迹情况，可以从其与当时名流的诗词酬唱中加以管窥。

张抑是杨万里的好友，杨万里一生写了不少诗词送给张抑，如《与总领张郎中》《寄饯湖广总领张子仪少卿赴召》《张子仪太社折送秋日海棠》《谢苏州史君张子仪尚书赠衣服送酒钱》《寄题福帅张子仪尚书禊游堂》《谢张子仪尚书寄天雄附子北果十包》《答福师张子仪尚书》等。这些诗的标题本身就大致告诉了我们张抑的仕途情况，同时，杨万里在一些诗的后面还有一些小注，比如，在《诚斋集》卷一百一十四中有“太府少卿张抑字子仪”的记载，直接点名了张抑的身份，避免了这些诗词中张子仪与其他同名的人混淆的情况。在《谢张子仪尚书寄天雄附子北果十包》中有小注：“乃祖全真参政封毗陵公。”“全真”是张抑爷爷张守的字，进一步说明了张抑的身份。

除了杨万里的诗词多次提到张抑的身份和官职外，蔡戡的《送张子仪尚书起镇东阳》点名张抑曾在东阳任过职，但所任何职及任职时间无考。许及之有《送张子仪尚书镇福州》，是在张抑出任福州知州的时候送给他的诗。除了杨万里外，与张抑交游最多的是南宋词人管鉴，其在《养拙堂词》中与张抑的唱和之词就有八首，可见二人关系之密切。管鉴在《满江红》词序中说：“北岩寺饯别张子仪，醉归口占。”“北岩寺”在福建建宁，说明二人在建宁有所交集。另外，管鉴在《水调歌头》一词的序中写道“子仪相招游仓司后圃”，韩元吉也有《次韵张子仪仓司展翠亭》一诗，“仓司”是宋朝官署名，即诸路提举常平司，说明张抑在乾道年间曾经担任过福建路提举常平官。

因为史料匮乏，我们只能从与张抑交游的这些好友的诗词中了解他的任职情况，而对于他的政绩却无法做进一步的介绍。张抑离开苏州后就提举宫观了，至于原因则没有翔实的资料可供考证，笔者也不敢臆测。

张抑离开苏州后，张岩接任平江知府。

张岩，字肖翁，大梁（今河南开封）人，靖康之难后迁居扬州，绍兴末年南渡，定居湖州。

张岩的生卒年不详，脱脱在《宋史》中评价张岩：“为人机警，柔回善谐”，“与张釜、陈自强、刘三杰、程松等阿附时相韩侂胄，诬逐当时贤者，严道学之禁”。从这段评价可以看出，张岩此人外表温顺，但为人机警，很会投机取巧，和当时的一帮趣味相投的人依附权相韩侂胄，打击异己，并参与禁“伪学”，因此多为时人诟病。

张岩因为依附韩侂胄，官运亨通，但是因为品质不好，仕途也是跌宕起伏。张岩于乾道五年（1169）考中进士，但是进入官场前二十多年的张岩并没有什么名气，一直到“绍熙政变”，韩侂胄逐渐把持朝政后，张岩才慢慢得到重用。庆元五年（1199），当时已经是监察御史的张岩，上书弹劾冯履“唱为诐辞”，指出冯履一帮人在历法上的说法不够正确，因此冯履被“罢去”。当时，从绍熙二年（1191）起实行的《会元历》出现了偏差，“占候多差，日官、草泽互有异同”，于是“诏礼部侍郎胡纮充提领官，正字冯履充参定官，监杨忠辅造新历”。“五年，监察御史张岩论冯履唱为诐辞，罢去。诏通历算者所在具名来上。”所以，从庆元五年（1199）开始，南宋实行了新的历法《统天历》。《统天历》实际上废除了上元积年，是我国历法的一个进步，还提出了回归年长度有消长的概念，即回归年的长度在逐渐变化，其数值是古大今小，这也是天文学史上的一个重要发现，比欧洲早得多。之后在《统天历》的基础上，元代制定并颁行了《授时历》。

这件事情之后，张岩先后担任殿中侍御史、给事中等职务，到了嘉泰元年（1201）八月，张岩跃升为参知政事。但是好景不长，不久他就被谏官弹劾，罢为资政殿学士、平江知府。不过，毕竟张岩是韩侂胄的心腹，所以到苏州任职十个月后，又升为资政殿大学士，出任扬州知府。当时，韩侂胄正在积极准备北伐，宋金边界不断出现冲突，于是韩侂胄就下令给张岩，让他担任淮东安抚使，与程松分别统帅两淮兵马。

嘉泰四年（1204）十月，张岩被召回京城，再次出任参知政事。韩侂胄为了筹集北伐的物资，开始对朝廷内外的财赋进行核算，张岩受命与时任御史中丞陈自强、枢密使费士寅共同管理国用司的事务。开禧二年（1206）三月，钱象祖被罢去参知政事一职，以张岩兼知枢密院事。韩侂胄在各方面都还未充分准备的情况下贸然发动北伐战争，加上吴曦的叛变，北伐以失败告终。在形势极为不利的情况下，开禧三年（1207）正月，韩侂胄命令张岩前往前线督视江、淮军马。然而，张岩只不过是一介书生，不懂军事，根本无法改变战局。所以，到了九月，张岩被召回，不久就被罢职。十一月，史弥远与杨皇后密谋杀掉了韩侂胄，张岩也被降了两级，到徽州居住。

嘉定元年（1208），宋金达成和议，宋朝再次以屈辱的条件维持了相对和平的局面。韩侂胄被杀后，御史章燮上书弹劾张岩，称其与苏师旦朋比为奸，误国害民，张岩随即被免去官职。不过，这个时候宋宁宗出来为张岩说话，说宋金战争开始的时候张岩就曾说自己不能胜任军职，所以北伐的失败不应当归罪到张岩身上，应该允许他自己选择地方居住。于是，张岩恢复了原来的官衔，只是不再担任实职。后来，张岩以银青光禄大夫的身份致仕，死后被追赠为特进。

虽然张岩攀附韩侂胄，拉帮结派，排挤异己，打击理学，多为时人和后世诟病，但是，张岩也无意间做了一件影响深远的事情。

张岩对音乐十分精通，因此将郭沔收为清客，后来郭沔成为浙派古琴的创始人。郭沔，字楚望，永嘉（今浙江温州）人。郭沔年轻的时候在临安过着十分清贫的生活，嘉泰元年（1201），郭沔因高超的琴艺而得到已经成为参知政事的张岩的青睐，被张岩招为清客，向张岩传授名曲《乌夜啼》，并和张岩一起合编韩侂胄家祖传古琴谱和民间琴谱，编成《琴操谱》十五卷。后来因为韩侂胄被杀、张岩被贬，郭沔就带着这些琴谱离开临安，避难到了衡山。离开临安后，郭沔一方面大量收集古琴谱，另一方面创作新曲谱《潇湘水云》《泛沧浪》《秋鸿》等，终成一代大家，张岩也因此在中国音乐史上留下了自己的大名。

张岩离开苏州后，李大性接任平江知府。

李大性，字伯和，端州四会人，生卒年不详，是李士廉的玄孙、李积中的曾孙、李良弼的孙子、李安国的儿子。李士廉是宋神宗时期四川的名士，《四会县志》称他“形貌魁伟，胸怀大志，喜周游，尤其留恋蜀中山水，遂在成都住下。他轻财好施，颇受蜀人敬重”，为川民做了很多好事。李积中于元丰二年（1079）考中进士，曾当过县令、御史、翰林学士等，后因得罪蔡京而被赶出京城，贬至豫章。李良弼曾担任卫尉丞，李安国在宋孝宗时期担任过户部侍郎。因为父亲是朝中高官，李大性以恩荫进入官场。

虽然并非通过科举入仕，但是由于家学深厚、家风优良，李大性颇有其高祖之风，不仅正直敢言，而且实心为民，因此受到史家的广泛好评。脱脱在《宋史》中说：“楼钥浑厚正大，李大性直言不愧其先，任希夷请谥先儒，徐应龙在经筵多所裨益，庄夏、王阮、王质皆负其有为之才，卒奉祠去国。”可见对其评价之高。

李大性刚进入官场的时候任都堂审察一职，后升为湖北提刑司干官，不久被调回京城主管吏部架阁文字，也就是刑部的文秘，相当于现在的保密员。没多久其母亲去世，李大性奔母丧回到家乡，守孝三年，除服后恢复原职。李大性虽然不是科举出身，但是他“少力学，尤习本朝典故”，在守孝期间，深入研究宋朝故事，除服后即向朝廷进上《典故辨疑》百篇，对宋朝的故事进行考证，订正了不少错误，得到宋孝宗的赏识，被提拔为楚州（今江苏淮安）通判。

通判是宋朝州府的长官，主要负责本地粮运、家田、水利和诉讼等事项，并对州府长官负有监察的责任。当时担任楚州郡守的吴曦与都统刘超合议，计划撤离楚州迁往别处。李大性认为，楚州城是晋朝年间修建的，非常坚固，坚决反对。吴曦没办法，就叫朝中台臣以“沮挠”公事的名义弹劾他，但未能成功。不久，李大性被召回京城，先后担任太府寺丞、太宗正丞兼仓部郎。

绍熙五年（1194）六月，宋孝宗驾崩，宋光宗以生病为由拒绝出面主持宋孝宗的葬礼，李大性上疏说：“今日之事，颠倒舛逆，况金使祭奠当引见于北宫素帷，不知是时犹可以不出乎?《檀弓》曰：‘成人有兄死而不丧者，闻子皋将为成宰，遂为衰。成人曰兄则死而子皋为之衰。’盖言成人畏子皋之来方为制服，其服子皋为之，非为兄也。若陛下必待使来然后执丧，则恐贻讥中外，岂特如成人而已哉。”《檀弓》是《礼记》中的一篇，其中记载了一个故事，说的是成邑这个地方有个人的兄长去世，他做弟弟的却不替兄长服丧，后来听说子皋要当成邑的长官，这个人知道子皋是注重孝道之人，心生畏惧，便穿上了孝服。成邑的人都说：“蚕则绩而蟹有匡，范则冠而蝉有绥，兄则死而子皋为之衰。”李大性在奏疏中讲这个故事，就是要告诉宋光宗，身为人子就要尽孝道，如果连葬礼这样的大事都不能参加，不仅是不孝，还会让金国的使者笑话。

上这道奏疏可以说是在逆龙鳞，不过，宋孝宗与宋光宗父子之间的矛盾几乎人人皆知，加上李凤娘和韩侂胄借机逼迫宋光宗退位，由宋宁宗赵扩即位，因此这件事情并没有对李大性造成什么不利影响。当时，韩侂胄为了排挤赵汝愚，打击异己，将以朱熹为首的理学一派列为“伪学逆党”，将其全部赶出朝廷。对此，南宋著名的学者、政治家、思想家、教育家，时任中书舍人兼侍讲的陈傅良实在看不下去，对宋宁宗说，朱熹是三朝故老，罢官内批下来，满朝大臣都会失色，他不敢草拟诏书。这事使陈傅良以“依托朱熹”的罪名受到参劾，又被罢官。与陈傅良一起被罢免的还有彭龟年、黄度、杨方等。李大性马上上奏进行抗议：“朝廷清明，乃使言者无故而去，臣所甚惜也。数人之心，皆本爱君，知其爱君，任其去而不顾，恐端人正士之去者将不止此。孟子曰：‘不信仁贤，则国空虚。’臣所以为之寒心也。”虽然这些言论得罪了韩侂胄等权臣，也并没有被采纳，但也并没有给李大性带来大的冲击，随后几年，李大性先后出任军器少监、权司封郎、提举浙东常平、浙东提刑兼庆元知府等职务。不久受召回京城出任吏部郎中，后升迁为司农卿、户部侍郎、户部尚书。

不过，言多必失和因言获罪是官场屡见不鲜的现象。此时，好大喜功的韩侂胄积极进行北伐，李大性又“不合时宜”地上书朝廷，逐条陈述利害关系，反对轻举妄动与金国开战，惹恼了韩侂胄，被赶出京城，先到平江当了将近两年的知府，后改任为福州知州，“开禧北伐”失败后又改任江陵知府、荆湖制置使。经历战争之后的江陵，残破不堪，饥民遍野，而且出现了大范围的瘟疫。李大性到任后，首先倡议救济，筹集了约三十八万缗。前任官员虚报赋税的盈余一共十四万五千缗，李大性也全部予以免除，对流亡迁徙重新恢复生产的百姓，李大性上奏朝廷免去他们的赋税。当时出现了很多虚报边功邀取爵位的现象，李大性上书弹劾两路戎司违规接受已逃亡士兵的身份凭证，一共二千余件，并全部上缴销毁。江陵以前通行铜钱，但是铜钱价值高，纸币不断贬值，人们不得不以实物进行交换，这样一来政府根本收不到税收。李大性上奏朝廷，请求按照襄、郢成例，在江陵通用铁钱，得到朝廷的批准，百姓的生产生活秩序得以恢复，政府也可以收取赋税。

因为在江陵政绩卓著，李大性被召回京城出任刑部尚书兼详定敕令，不久又改任兵部尚书。当时金国出现分裂，国势衰微，有人提议乘机出兵进行讨伐。李大性上疏对形势进行了分析，鉴于和战之说尚无定论，请求皇上下令让朝中大臣进行商议，集思广益后再做决定。嘉定十二年（1219）二月，李大性以端明殿学士的官衔再次出任平江知府，由于年迈，李大性要求致仕，所以在苏州待了四个月后就退休回家了，死后获赠“开府仪同三司”，谥号“文惠”。

李大性第一次离任后，由张泽接任平江知府。宋朝叫张泽的人很多，有史料记载的就有三位：一是宋仁宗时期的诗人张泽，曾经当过泗州通判；二是宋高宗时伪齐宿迁县令张泽，其带县民两千余人投奔南宋，时任宰相赵鼎建议宋高宗积极接纳，得到了宋高宗的赞赏；三是宋宁宗时期的张泽。但是，关于这个张泽的资料非常少，笔者查阅有关史料，提到张泽的一共有三处：

一是雍正《浙江通志》记载的历代进士表，注明张泽是乾道二年（1166）进士，山阴（今浙江绍兴）人，最高官职是兵部尚书。

二是《宋史·胡纮传》提到胡纮被张泽弹劾一事。胡纮的发迹与弹劾赵汝愚有关系。前面已经介绍过，赵汝愚和韩侂胄发动“绍熙内禅”后，赵汝愚独相，韩侂胄为了排挤赵汝愚，发动言官弹劾赵汝愚。当时，胡纮在京镗的举荐下，出任监都进奏院，迁司农寺主簿、秘书郎。韩侂胄利用胡纮与朱熹之间的旧怨，让胡纮上奏弹劾朱熹和赵汝愚，并乘机发动“庆元党禁”，将理学派人士全部赶出朝廷。因为附逆韩侂胄，胡纮得以迅速升迁，被提拔为吏部侍郎。但是他得意没多久就遭到贬黜，于庆元五年（1199）二月被罢职后回到家乡。庆元七年（1201），胡纮被起用担任夔州知州，后改任为和州知州，转朝散大夫，不久又出任广南东路经略安抚使，因为平定傜民动乱有功，被授予华文阁待制。嘉泰二年（1202），韩侂胄觉得自己的权势已经得到巩固，就解除了伪学之禁，列入党籍的人士也逐渐恢复了官职。因为其中的很多人都是胡纮弹劾的，所以胡纮就请求奉祠并得到了批准，提举江州太平兴国宫，后又转任朝请大夫。胡纮被闲置后，谏官趁机排挤他。嘉泰三年（1203），胡纮落职与祠，遭到殿中侍御史张泽的排斥，张泽指责胡纮“心术回邪，动事口吻，奏牍凌犯”。胡纮自知与当时的政治局势不相适应，于是反复请辞，并于嘉泰三年（1203）十月告老还乡。

三是范成大的《吴郡志》和王鏊的《姑苏志》有一句简单的介绍，其中《姑苏志》记载：“张泽，开禧二年五月以朝请郎除任，九月除龙图阁待制，十月赴召。”也就是说，张泽在苏州仅仅待了四个月就离开了，而且是因升迁而离开的。此后的史料再也没有涉及张泽的，至于他什么时候担任的兵部尚书则不得而知。因为史料匮乏，无法对张泽做详细介绍。

张泽离任后，沈作宾接任平江知府。

沈作宾，字宾王，吴兴归安（今浙江湖州吴兴）人，生卒年不详。他不是通过科举入仕，而是靠着父亲的军功进入官场，但是他能力出众、正直敢当、不畏权贵、忠君爱民，每到一个地方都能够做出突出的政绩，一生做了不少名垂青史的事情，因此，脱脱专门在《宋史》中为沈作宾写了传记。

沈作宾进入官场的第一个职务是饶州永平监，永平监是宋朝负责铸造钱币的地方。沈作宾在任上认真负责，把控铸钱的每个环节，“冶铸坚致”。沈作宾在任的时候，还受诏铸造雁翎刀，并出色地完成了任务，受到皇上的肯定和赏识，因此被连续提拔两级。后来，沈作宾考中了刑法科，因此被任命为江西提刑司检法官。唐宋时期的科举考试中都设有明法科（刑法科），要求考生不仅要熟悉律法条文，还要通晓《论语》《孝经》《尔雅》等儒家经典，可见沈作宾是个非常用功、知识面很广的人。

离开江西后，沈作宾被任命为大理评事。淳熙改制后，沈作宾出任绍兴通判。此时担任绍兴知府的是历史上有名的清官邱密，邱密不仅严于律己，而且对部下要求也很严格，沈作宾作为邱密的副手，“每济以宽”，和邱密刚柔相济，“从容裨赞”，使绍兴府上上下下团结一心。任满后，沈作宾被任命为台州知州。沈作宾一到任就访民疾苦，在深入调查的基础上全方位进行改革，放松盐政，放宽租期，平均徭役，更改酒政，判决滞留在监狱的囚犯，仅仅五十多天就彻底废除了之前不利于老百姓的政策。但是之前的太守嫉妒他胜过自己，借机构陷他，结果沈作宾被免职。当地百姓向朝廷请求留用沈作宾，但是没有成功，就为他在当地立了“留贤碑”。嘉定《赤城志》记载：“沈作宾，二月一日以承议郎知。吴兴人，初至有政誉，四月二十二日罢，时民拥其辙，不得行，且请留于朝。”离任之时，百姓“借留不遂”，便为他立“留贤碑”，又在碑旁建留贤桥，后来，这个地方人口逐渐聚集，形成村庄，村的名字也就叫“留贤村”。何奏簧民国《临海县志》也有同样的记载：“西留贤桥，在县西二十里，宋淳熙十六年，为郡守沈作宾而建。”可见，只要一心为民，老百姓是会永远怀念的。

回到京城后，沈作宾被任命为大理正，因为有为亲戚徇私的嫌疑而不得不回避，改任为太府丞，后又出任刑部郎。庆元初年，出任淮南转运判官，以政绩突出、办事有方闻于朝廷，因此升迁为直华文阁，继续担任淮南转运判官一职。后又擢升为太府少卿，总领淮东军马钱粮，不久再次晋升为太府卿。庆元元年（1195）之后的这几年，沈作宾晋升的速度非常快。太府丞是从六品的职官，太府少卿是正六品的职官，而太府卿则是从四品的职官，几年时间，沈作宾就由从六品的官员晋升成为从四品的大员。

升任太府卿的沈作宾不久又改任为直龙图阁，于庆元六年（1200）帅浙东，知绍兴府。这是沈作宾第二次到绍兴任职，第一次是以通判的身份，而这一次则是作为主要领导到绍兴任职。在绍兴知府任上，沈作宾办了几件影响深远的事情：一是于就任当年刊印《春秋左传正义》一书，推动了绍兴版刻业的发展。二是于嘉泰元年（1201）组织编写嘉泰《会稽志》，卷前有陆游亲自写的序：“直龙图阁沈公作宾来为守，慨然以为己任；而通判府事施君宿发其端，安抚司干办公事李君兼、韩君茂卿为之助，郡士冯景中、陆子虚、王度、朱鼐，永嘉邵持正等，相与上参《禹贡》，下考太史公及历代史、金匮石室之藏，旁及《尔雅》、本草、道释之书，稗官野史所传，神林鬼区、幽怪慌惚之说，秦汉晋唐以降金石刻，歌诗赋咏，残章断简，靡有遗者。若父老以口相传，不见于文字者，亦间见层出，积劳累月乃成。沈公去为转运副使，犹经营此书不已，华文阁待制赵公不迹，宝文阁学士袁公说友继为守，亦力成之。而始终其事者，施君也。”该序把修纂此书的始末详细道了出来。此书一共有二十卷，共分一百七十个细目，对其他志书中关于姓氏、迎送、古第宅、古器物、藏书等没有详细记载的内容进行了考证，对研究绍兴地区历史和文化具有重要的参考价值。三是严惩违法乱纪的韩侂胄族人。当时韩侂胄专权，他的亲戚仗着韩侂胄的威势私自酿酒，沈作宾并没有对此网开一面，而是不畏权贵，把韩侂胄的亲戚和逃跑的奴仆一并抓起来投入监狱问罪。四是积极为民请命，减轻百姓负担。一方面，针对绍兴府和买中存在的问题，积极向朝廷提出改进建议；另一方面，就蠲免赋税中存在的舞弊行为向皇上反映。他在入朝奏对时对宋宁宗说："徽州、南康军月桩不如期，朝廷科降额，比年曰'权免一次'，来年督促如初，适足启吏奸、重民害，乞明诏示。"意思是徽州、南康军的月桩钱不能准时征收，朝廷已经降低了税额，并且明确暂时免除一次，结果第二年照样征收，这完全是为奸吏谋取私利创造机会，是害民之举，因此请求皇上下诏予以明确。在这次奏对中，沈作宾还就军队的减员及训练问题提出了建议："楚州武锋一军已招三千五百余人，朝廷初欲减戍，数年未就纪律：一，主将望轻；二，郡守节制不为礼；三，训练不尽其能。愿令本州少假借，责之练习，期以岁月，考绩用成否，上于朝而黜陟之。"得到了皇上的肯定。另外，沈作宾在绍兴期间还在游览过绍兴名园春园之后，写下了《小隐山记》，并刻石纪念，可惜的是，此处的石刻在 20 世纪 80 年代开山取石的时候被毁掉了。也许是两次到绍兴任职，对绍兴这个地方感情很深，沈作宾就定居在了绍兴，成为绍兴沈氏始祖。

离开绍兴后，沈作宾出任两浙转运副使。针对殡宫修缮过程中偷工减料、投机取巧的行为，他在入奏时对皇上说："攒宫一司，岁拨经、总制钱为缗率四万有奇，丹艧未弊，加之涂饰，墙壁具存，从而创易，妄费固不足计，亡谓惊黩，非所以妥神灵、彰圣孝。今后有合营缮，闻于朝，下守臣稽核，画旨而后兴役。""上首肯再三，而修奉者不乐也。"可见沈作宾是一个十分耿直的人，不怕得罪人。

然而，古代官场的生存之道就是维持和平、保持中庸，得罪的人多了自然就会被别人算计。在两浙转运副使任上没多久，沈作宾被任命为权工部侍郎，随后又兼任户部侍郎。到任后，沈作宾奏请修撰绍兴三十一年（1161）以前的史料，恢复敕令所删修官五人，以备选取有用之才，又上奏请求申严保伍法，结果再次触及了一些人的利益，被言官弹劾罢职。后又起复出任镇江知府，除集英殿修撰、宁国知府，再改任为宝谟阁待制、潭州知州，离开潭州后再次出任户部侍郎兼详定敕令官，上奏建议湖北要加强粮食储备，湖南要增加兵额。

就任户部侍郎没多久，沈作宾出任平江知府。当时，苏州有个使臣，原本是海盗，沈作宾让他引诱曾经的同党，等他的同党来了之后，沈作宾加以安慰劝勉，还赠给衣物，又招募了几千个强壮勇猛的人，设置了将领来统帅他们，称他们为“义士”；又招募了几千个品行恶劣的年轻男子，称他们为“壮士”。这些人的衣服、粮食、兵器等都和官兵差不多，但比官兵骁勇善战，自此，这里海路没有警报，街市上不再吵闹，整个苏州地区治安得到很大改善。

在苏州待了四个月时间，朝廷任命沈作宾为参赞督府，并权兼镇江府，就是暂时代理镇江知府一职。沈作宾请求留下戍守的官兵一千人，又准备用江苏、福建新军中的两千人换掉旧军队中的一千人，以备不时之需。但是，枢密院有人为难沈作宾，所以他的要求没有得到朝廷的批准，沈作宾只好“请祠”，也就是请求到宫观主管祭祀，但遭到了言官的反对，于是他又被召回朝廷再次出任户部侍郎。当时正值“开禧北伐”，战事一开，国库立即紧张起来，“见存金谷，仅支旬日”。沈作宾追查拖欠的赋税、债务，阻止奸猾官吏的不良行为，仅仅三个月就筹备了足够使用半年的物资。“开禧北伐”失败后，宋金之间再次进行和谈，沈作宾被任命为馆伴使，负责接待金国使臣，同时权兼工部尚书。刚好遇到临安知府出现空缺，当时的宰相史弥远想奏请让沈作宾出任临安知府，但是沈作宾极力推辞，没有接受这一职务。不久，沈作宾被任命为户部尚书，但是刚好遇到母亲去世，就回到家乡为母亲守孝。

除服后，沈作宾被任命为显谟阁直学士、建宁知府，后改为宝谟阁学士、江西安抚兼隆兴府知府。到任后，沈作宾在深入调查的基础上，上奏朝廷：南安、南康、龙泉三县靠近“溪峒”，三个县的县令和县尉以及临近的秀洲、北乡、莲塘和永新县的乡砦，应该就地选择帅、宪两司有才干的人员，并根据情况授予品级，进行奖励。同时，还建议下诏让诸道监司前往各个州郡，精选禁军，勤加训练，并将其中不够勇敢的人改为厢军。在隆兴府期间，沈作宾节约经费达二十多万缗，部下建议将这笔钱献给朝廷，沈作宾说："我平生还没有向朝廷献过钱。"于是就把这笔钱分成两份，一份交给帅司用于犒劳军士，另外一份留在府衙作为日常开支。

离开江西后，沈作宾以焕章阁学士的官衔提举隆兴府玉隆万寿宫，最后以显谟阁学士致仕，死后被赠予金紫光禄大夫。

沈作宾离任后，由林采接任平江知府。

林采，字伯玉，闽县（今福建福州）人。林采是林大声的孙子，林大声是政和二年（1112）的进士，先后担任过武义知县、建昌知军、总领淮南东路军马钱粮、江南东路转运副使、江南西路提点刑狱等职，后因"讥谤"朝政得罪秦桧而被罢职。

林采于淳熙五年（1178）考中进士，担任过遂昌（今属浙江丽水）知县，绍熙三年（1192）出任湘阴（今属湖南岳阳）知县。庆元六年（1200）晋升为监察御史，第二年改任殿中侍御史兼侍讲。嘉泰二年（1202），权礼部侍郎兼中书舍人。嘉泰四年（1204）出任太平州（今安徽当涂）知州，后改任为绍兴知府。开禧三年（1207）四月，以通议大夫、充宝谟阁待制出任平江知府，五月受命暂时节制许浦水军，十一月出任宫观。嘉定六年（1213），林采在贵州知州任上被罢，原因不详。不过，在《宋史·韩侂胄传》中有一段话提到林采："三年，刘三杰入对，言前日伪党，今变而为逆党。侂胄大喜，即日除三杰为右正言，而坐伪学逆党得罪者五十有九人。王沇献言令省部籍记伪学姓名，姚愈请降诏严伪学之禁，二人皆得迁官。施康年、陈谠、邓友龙、林采皆以攻伪学久居言路，而张釜、张岩、程松率由此秉政。"说明林采是韩侂胄一党的，如此林采在平江知府和贵州知州任上两次被罢职就说得通了。

关于林采的史料比较少，《福建通志》《遂昌县志》《吴郡志》等地方志中只有简单的任职经历，没有其生平事迹的记载，所以，无法对林采做全面介绍。不过，有一点需要强调一下，林采出身官宦世家，而且又是进士出身，才学是无可置疑的。作为文人，林采一生不仅写了不少诗词，如《登览》《劝耕》《黄陵题咏》等，而且和当时的名人，比如陆游等多有交往，留下了不少唱和的诗词。

林采离任后，李大异接任平江知府。

第二十三章　走向巅峰

——权臣史弥远时代（一）

（李大异、赵希怿、陈芾、沈皞、赵彦橚、李大性）

史弥远是南宋宰相史浩的儿子，淳熙十四年（1187）考中进士。开禧元年（1205），史弥远只不过是正六品的司封郎中。但是，从当年六月开始，不到三年的时间，史弥远不但被封为男爵，而且升任礼部侍郎兼刑部侍郎，成为三品大员。随着地位的升高，史弥远的野心也迅速膨胀。当韩侂胄支持、重用的宋军西线主帅吴曦叛变降金的消息，于开禧三年（1207）二月传到南宋首都临安时，宋朝君臣对战胜金军、收复中原已失去信心，韩侂胄的威望也因此严重受挫。史弥远看到机会来了，“乃建去凶之策，其议甚秘，人无知者”，决心设法秘密杀死韩侂胄，取而代之。

当年，宋宁宗在立皇后的时候，韩侂胄反对立杨贵妃（杨桂枝）为后。杨贵妃在被立为皇后以后，对韩侂胄怀恨在心。史弥远便积极拉拢被杨桂枝冒认为哥哥的杨次山，由杨次山向杨皇后进言，请她向宋宁宗提议罢免韩侂胄。史弥远又利用自己兼任资善堂翊善的机会，蛊惑年仅十六岁的宋宁宗嗣子赵与愿，向宋宁宗上奏“侂胄再启兵端，将不利于社稷”，但是都没有说动宋宁宗。意识到让宋宁宗下诏罢免韩侂胄是不可能的，史弥远决定绕过宋宁宗，由杨皇后伪造宋宁宗的御批密旨，将韩侂胄杀死于玉津园。

韩侂胄死后，史弥远迅速掌握大权，嘉定元年（1208）正月，升为知枢密院事，六月，兼参知政事，十月升为右丞相。十一月，因母丧丁忧。嘉定二年（1209）五月，史弥远起复为右丞相，从此开始了长达二十多年的独相擅权时期。史弥远在任期间，一方面，对金采取屈服妥协的政策，借助宋宁宗对自己的信任，独揽朝纲，大权在握，干扰皇统的继立；另一方面，对百姓则疯狂掠夺，大量印造新会子，致使会子充斥，币值跌落，物价飞涨，民不聊生。同时，为了减少因降金乞和对自己造成的不利影响，史弥远接受理学大家刘爚的建议，“荐引诸贤”，罢除学禁，为韩侂胄执政时遭罢斥的大臣赵汝愚、吕祖谦等人复官，又追封朱熹官爵，召林大中、楼钥等故老十五人入朝，起用了真德秀、魏了翁、杨简、李心传等诸多理学人士，还在嘉定年间，为不符合赐谥条件的理学家朱熹、周敦颐、程颢、程颐、张载，分别特赐谥号文、元、纯、正、明，提高理学派的地位，争取理学人士的拥戴。虽然在此期间因为发动“嘉定夺储政变”，制造废立，而遭到理学人士的反对，但在史弥远掌权时期，理学的统治地位得到确立和巩固，从此理学成为中国封建王朝真正的统治思想，影响持续数百年。

史弥远掌权二十六年，其间虽然吏治腐败、国势渐衰，但因为金国受蒙古威胁无暇南顾，整个南宋相对安定，苏州继续全面发展，不管是城市建设还是经济发展水平，无论是百姓生活还是文化教育，都达到了宋朝的巅峰。正是在这样的背景下，李大异出任平江知府。

李大异，字伯珍，新建（今属江西南昌）人。李大异是前面介绍过的李大性的弟弟，然而两个人的籍贯不一样，其原因是李大性的爷爷李积中因为得罪蔡京而被贬到了豫章（今江西南昌），从此落籍豫章，但是其祖籍是端州四会，因此史书在介绍李大性的时候说他是四会人，而在介绍李大异的时候却说成是豫章人，二者并不矛盾。

李大异的生卒年不详，他于乾道八年（1172）考中进士，先后担任过刑工部架阁文字、太学正、将作监主簿、司农寺丞，宋宁宗即位后被任命为夔州路转运判官，嘉泰三年（1203）回京出任秘书监，第二年被提拔为中书舍人，再迁右谏议大夫。嘉定元年（1208）出任平江知府，嘉定三年（1210）转任建康知府，致仕后回到豫章居住。

从任职经历看，李大异并没有当过什么大官，也没有什么突出的政绩，却在历史上留下了大名，原因是李大异此人十分正直，而且非常有才华，留下了许多精彩的诗文。同时，李大异专注于办学为文，在推进文化事业发展上做出了巨大贡献。

首先，李大异正直敢言，因此蹉跎官场。开禧元年（1205），李大异出任博学宏词科考官，著名的理学家真德秀参加了当年的考试。李大异看了真德秀的答卷后，对其评价为四个字“宏而不博”，不想录用他。但是，由于真德秀的岳父杨圭奔走权门请托关照，最终真德秀还是被录取了。而杨圭所托之人陈自强就是韩侂胄的党徒，时任右丞相的陈自强为了推荐真德秀而“力赞韩氏”，可谓是绞尽脑汁。在这件事情上李大异虽然没有直接得罪韩侂胄，但也为后来的宦途埋下了隐患。后来，韩侂胄准备进行北伐，李大异直接出来反对，最终彻底得罪了韩侂胄。《宋史・韩侂胄传》中有一段话：“或劝侂胄立盖世功名以自固者，于是恢复之议兴。以殿前都指挥使吴曦为兴州都统，识者多言曦不可，主西师必叛，侂胄不省。安丰守厉仲方言淮北流民愿归附，会辛弃疾入见，言敌国必乱必亡，愿属元老大臣预为应变计，郑挺、邓友龙等又附和其言。开禧改元，进士毛自知廷对，言当乘机以定中原，侂胄大悦。诏中外诸将密为行军之计。先是，杨辅、傅伯成言兵不可动，抵罪。至是，武学生华岳叩阍乞斩侂胄、苏师旦、周筠以谢天下，谏议大夫李大异亦论止开边。”结果，韩侂胄大怒，将华岳抓起来投进了大理寺监狱，李大异也被罢去了官职。一直到韩侂胄被杀之后，李大异才被起复出任平江知府。

其次，李大异才华横溢，留下了许多精彩的诗文。嘉泰四年（1204）正月，朝廷晋封杨万里为庐陵郡开国侯，担任中书舍人的李大异为此作《庐陵郡侯告词》，文中说：“杨万里地负海涵之学，日光玉洁之文，皋陶陈谟，底三朝之伟绩，祁奚告老，垂百世之清规。”同年六月，韩侂胄为了做北伐准备，晋封岳飞为鄂王，晋封的告词即为李大异所写，他在《追封鄂王告中书舍人李大异行》中写道：“人主无私，予夺一归万世之公；天下有真，是非不待百年而定。眷言名将，宿号荩臣，虽勋业不究于生前，而誉望益彰于身后。缅怀英概，申畀懋章，故追复少保、武胜定国军节度使、武昌郡开国公，食邑六千一百户、食实封二千六百户，赠太师、谥武穆。岳飞蕴盖世之材，负冠军之勇，方略如霍嫖姚，志灭匈奴，意气如祖豫州，誓清冀朔。屡执讯而获丑，亦舍爵而策勋。外憺威灵，内殚谟画。属时方讲好，将归马华山之阳；而尔独奋身，欲抚剑伊吾之北。遂致樊蝇之集，浸成市虎之疑。虽怀子仪贯日之忠，曾无其福；卒堕林甫偃月之计，熟拯其冤？逮国论之既明，果邦诬之自辨。中兴之主，恩念不忘；重华之君，追褒特厚。肆眇冲之在御，想风烈以如存。是用颁我恩纶，襚之王爵，裂熊渠之故壤，超敬德之旧封。岂特慰九原之心，盖以作六军之气。於戏！修车备械，适当闲暇之时；显忠遂良，罔问幽冥之际。谅惟泉穸，歆此宠光，可特追封鄂王，余如故。”这两篇文章都是公文，但写得气势如虹、精彩绝伦，李大异的才华展露无遗。

李大异不仅公文写得好，诗词也十分出色，其《欣欣亭》两首、《跋游本兰亭序》等诗流传至今。另外，李大异与当时的著名文人也多有唱和之诗，杨万里、楼钥、晁公溯等都有写给李大异的诗词。

最后，李大异专心治学，为推进文化事业的发展做出了自己的贡献。李大异在文化方面做的事情很多，这里简单列几条。

一是重修“丽泽书院”。“丽泽书院”是南宋著名思想家、史学家、文学家、教育家吕祖谦讲学会友的地方，也叫“丽泽堂”，开设于南宋乾道初年。因其屋临二湖，故取名为“丽泽”，亦称“丽泽堂”“丽泽书堂”，后人称为“丽泽书院”。最开始吕祖谦讲学会友的地方，是其曾祖自开封迁居金华时所借的官府的房子，后来吕祖谦将房屋还给了官府，另外在城北建了新居，讲学会友的“丽泽堂”也随之转移到新居。淳熙八年（1181），吕祖谦去世后，“丽泽书院”便由其弟弟吕祖俭主持。嘉定元年（1208），吕氏门人请求官府将位于光孝观旁的吕氏旧居，也就是当年吕祖谦曾祖租借的房屋，一半辟为一堂，以供祭祀吕祖谦。收到吕氏后人的请求后，时任婺州知州的李大异批准了他们的请求，并从官府拨款重建了“丽泽书堂”和吕祖谦祀堂，为“丽泽书院”的进一步发展和文化传播做出了自己的贡献。

二是刻印《宋大诏令集》。《宋大诏令集》收录了宋太祖赵匡胤到宋徽宗宣和年间的重要诏书，一共三千八百多篇，按照顺序分门别类汇编而成。据赵希弁《郡斋读书附志》记载，此书为《皇朝大诏令》，豫章李大异刻于建宁，时间是嘉定三年（1210）。此书对于研究北宋历史具有十分重要的史料价值，引起了宋史研究专家的关注。现在能够看到这本书，与李大异的贡献密不可分。

三是修撰地方志。宋代方志编修工作十分活跃，而且有很多官员和学者参与到了地方志的修撰工作之中，比如苏州人范成大修编《吴郡志》。李大异也因为编撰《隆兴续职方乘》一书而在志书修撰史上留下了大名。

此外，李大异还是书法高手，他在桂林任职期间，遍游桂林山水，留下了很多题刻。《李大异与胡槻等四人雉山题记》有“李大异帅桂之三年，劝农于广寿寺”字样，而且在雉山有“遍观前贤镌刻”的字样。李大异在苏州的时候，还撰写了“范家园”匾额。范庄前是苏州的一条小巷，东起人民路，西接河沿下塘，因范仲淹在此创办义庄得名。《姑苏志》记载：“范家园，在雍熙寺后。范周无外所居。有石刻三大字，郡守李大异书，后移置文正公书院之右。”民国《吴县志》载：“芝草营巷，即今范庄前，《吴郡志》作范家园。”

李大异在苏州待了将近两年时间，后改任为建康知府，由赵希怿接任平江知府。

赵希怿（1155—1212），字叔和，宋太祖赵匡胤九世孙。赵希怿的祖籍是汴梁（今河南开封）。南宋初，北方士族包括皇室，为了逃避战争纷纷南迁，赵希怿的祖父赵伯仁也由汴梁迁居到了处州青田（今浙江青田），居住在青田县城内新市巷，因此成为青田人。后来因为赵希怿的儿子被立为太子，又举家前往临安（今浙江杭州），再迁吴兴（今浙江湖州）。

赵希怿之所以史书留名，并非因为他是赵匡胤之后，而是因为其正直敢言、一心为民，而且其第二个儿子被选为皇储，虽然最终没有当上皇帝，但有此一节，也足以让赵希怿青史留名了。

赵希怿虽为皇族，却从小志向远大，勤奋好学。淳熙十四年(1187)，赵希怿考中进士踏上仕途，最开始的职务是户掾，也就是户部的办事员。赵希怿选取古今官员爱民惠民的事迹编成一本书，放在手头经常研读，说此书“是吾师矣”。当时，赵汝愚出任福州知州，赵希怿被派到赵汝愚手下担任司户参军，负责户籍、赋税、仓储等事宜。赵希怿曾对赵汝愚说：“治人如修身，治政如理家，爱民如处昆弟。”赵汝愚听了后很受感动，从此对赵希怿很是赞赏，并把他推荐给了抗金名将辛弃疾。辛弃疾办事威严，崇尚节气，下属都非常怕他，没有人敢在他面前发表意见，而赵希怿不仅品行端正，而且勇于建言，因此受到辛弃疾的器重，并向朝廷推荐赵希怿。当时，福州路所属的侯官县（今福建福州）因为赋税重于其他地方，每年都不能足额上缴，赵希怿一方面对侯官的赋税进行认真核查，并向上级申请予以减免，另一方面用节余下来的公款补交了欠下的赋税。在辛弃疾等人的推荐下，赵希怿被提升为从政郎。

“绍熙内禅”后，因为拥立宋光宗有功，赵汝愚出任宰相，赵希怿也被调到江南东路转运司，出任干办公事，也就是转运使的属官。因为表现优秀，上级屡次举荐他，但每次都被赵希怿让给了自己同僚中的贤者。后来，赵希怿的一个同寅因为和韩侂胄走得近，韩侂胄被赵汝愚排挤的时候，此人也受到了牵连，诸司没有人敢举荐这个人。赵希怿觉得此人不仅能干，而且品质高尚，于是就请求推荐自己的人把他推荐了上去。

离开江南东路转运司后，赵希怿被任命为宣教郎，出任太平州通判。当时的知州对赵希怿的人品和能力非常了解，就把太平州州府的事情全部交给赵希怿处理，可见对赵希怿的信任。这位知州离任后，接任的知州对赵希怿不太了解，怀疑赵希怿侵夺知州的权力，就把赵希怿以前处理的事情全部翻出来，结果发现每件事情都处理得井井有条，这才感叹自己对赵希怿了解得太晚了。当时，太平州有一个盗贼被黥面后逃跑了，后来又被抓回来处死了。赵希怿认为这样的处罚是有问题的，他说：“强盗特贷命而辄逃者斩，今黥罪致死，非法之平也。”意思就是说，“强盗”在免去死罪（“贷命”）后逃跑的要被处死，现在这个盗贼被黥面而逃跑，再处以死刑是违法的。从此之后，凡是此类案件均减去死刑之罪。

离开太平州后，赵希怿出任饶州（州治在今江西鄱阳）知州。饶州这个地方的人喜欢打官司，赵希怿一看就知道其中的真伪，所以，首先对这些打官司的人晓之以理，然后再依照法律进行判决，获胜的一方心悦诚服，败诉的一方也会心怀愧疚，从此“喜讼之俗为少衰”。当时饶州全州的田租为十二万石，而供应官兵就需要七千石，因此，州府的压力很大，支出也越来越紧张。赵希怿到任后，严格管理，打击籴买过程中的不法行为，整顿军队，不仅使粮食实现了自给，还节余了数万石。第二年，饶州遇到饥荒，赵希怿利用积攒下来的粮食救济灾民，活人无数。在饶州任上，赵希怿居官清廉，怜惜百姓，乐于施舍，凡是能力范围内的事情无不尽力而为，深为当地百姓所爱戴。赵希怿离任的时候，老百姓用彩色的布做成旗帜，并举着这些旗帜相送，队伍绵延数十里不绝。赵希怿离开饶州后，当地百姓还把他的肖像供奉在城内的三贤堂祠内。

在饶州任满后，赵希怿出任江西茶盐提举。任上遇到饥荒，“恶少”聚集在一起到处打劫，赵希怿决定亲自去处理，下属怕出现意外，极力阻止。但是，赵希怿坚持亲自前往，并对部下说：“希怿不出，饥民终不得食，且召乱矣。”于是，赵希怿一方面下令就地开仓赈济百姓，另一方面抓捕作乱的首恶分子，将其他“恶少”驱散，很快就稳定了局面。随后，赵希怿升任为江西路帅兼漕事，也就是兼任转运使。当时，黑风峒贼寇罗世传在郴阳（今湖南郴州）到处劫掠，并在江西与湖南交界的吉州乱窜。而两省对贼寇的态度也不一样，湖南说必须进行讨捕，江西说必须进行诱降，而罗世传则首鼠两端，表面上听从官府的命令，实际上仍然劫掠不止。赵希怿到任后，提出与湖南合作，互为犄角，配合讨捕。罗世传部缺少粮食，当地有人与贼寇暗通款曲，暗地里给贼寇资助粮食，赵希怿下令，凡是有资助贼寇者，一律按军法处置。贼寇没有粮食来源，只好投降了官府。第二年夏天，青草峒发生叛乱，赵希怿发兵讨伐。到了秋天，瑶族人李元砺率众进犯郴阳，陈廷佐率众进犯南安，还诱使罗世传与他们联合，一路烧杀劫掠到龙泉。赵希怿几次发兵讨伐，但是因为贼寇势大，官兵一直处于下风。赵希怿一方面向朝廷上书，要求派兵增援；另一方面安排池州副都统许俊率兵赶往龙泉，并交代他要持重养威，不要与贼寇争锋。当时，湖南方面派人过来商议，希望两省进行夹攻，郴阳有个叫何光世的官吏说："贼恃险连衡状，且谓可以计破，难以力碎。"赵希怿说："即如汝所言，当先诱罗世传，李元砺自赎。元砺获，则世传孤，亦可缚也。二寇得，陈廷佐在吾目中矣。汝能往说世传，使自归否?"何光世答应了赵希怿的要求，前往敌营劝降。为了保证这次劝降成功，赵希怿还给了何光世两万缗用于犒劳军队。过了两天，朝廷下旨让赵希怿移守辅郡，赵希怿抗旨不去，要求留下来讨伐贼寇，但没有得到朝廷的批准，他只好交出了帅印。直到当年冬天，这次动乱才顺利平息。

嘉定三年（1210）四月，赵希怿以朝请郎、龙图阁待制出任平江知府。到任后，他发现平江府衙聘请了很多文职人员，队伍十分庞大，政府开支巨大。赵希怿对财政认真核对，对各级机构详细梳理，在精减人员的同时，缩减各种不必要的费用，大大减少了财政支出。第二年八月，赵希怿晋升为焕章阁直学士，仍然兼任平江知府。嘉定五年（1212）五月，赵希怿以显谟阁直学士出任太平州知州。因为是再次到太平州任职，赵希怿对太平州百姓的疾苦非常了解，所以到任后，立即"损折帛价，减榷酤额，以苏民力"，并说："吾知其厉民久矣。"

在苏州的时候，赵希怿就已经染病了，所以到太平州没多久，赵希怿就提出致仕，但是还没来得及离开就在太平州去世了，享年五十八岁，死后被赠少保，封成国公，葬在苏州穹窿山。

赵希怿不仅严以律己，为官清廉，怜惜百姓，乐善好施，凡能力所及者无不助之，颇得民心；而且对自己的子女要求也非常严格，选择贤能之士教子女读书为文，并且亲自督查子女的学业，四个儿子后来全部成才。次子赵与愿被选为皇子，长子赵与愬、三子赵与勤、四子赵与筹都先后登进士第，孙辈们也再接再厉，先后有四人登进士第，一家三代出了八个进士、一个太子。

宋宁宗一直没有儿子，于是就于庆元四年（1198）从宋太祖的后裔中选择了年仅七岁、居住在青田的赵与愿为继子，接到宫中进行抚养。宋宁宗召赵与愿的圣旨到达青田的时候，青田县热闹异常。赵希怿一家在新市巷（今青田新寺巷）迎候，并举行隆重的仪式跪接圣旨。为增添太子威仪，除了规定的礼仪外，宋宁宗还特别颁赐宝幢（又称宝幡）二面，于是这条街也被当地百姓称为“宝幢街”，而赵家接圣旨的街道也被称为“圣旨巷”（今称“圣旨街”）。因为赵希怿本就在朝为官，其次子又被选为皇子，因此，不久之后，赵希怿一家全部迁往临安。

庆元六年（1200），赵与愿被赐名为赵曮，除福州观察使。嘉泰二年（1202），拜武威军节度使，封卫国公，听读资善堂。开禧三年（1207），立为皇太子，拜开府仪同三司，封荣王，更名为赵帱。嘉定元年（1208），皇上下诏让皇太子御朝侍立，宰执日到资善堂参与会议。嘉定二年（1209），皇上下诏皇太子改名为赵询，出居东宫。可惜的是，天不假年，嘉定十三年（1220），赵询因病去世，年仅二十九岁，与庄文太子（宋宁宗的伯父）一起葬在杭州太子湾（这也是如今杭州西湖太子湾公园名称的由来），谥号“景献”，后人称“景献太子”。

因为“景献太子”早逝，赵希怿一家又迁居吴兴归安县（今浙江湖州）。在赵希怿的精心教导下，他的几个儿子和孙子相继考中进士，吴兴府为了表彰他们，把赵府门口的仁政坊改名为丛桂坊，但是，因为他们的户籍在处州青田，因此都算作青田的进士，《处州府志》中有详细的介绍，而《湖州府志》《归安县志》则均无介绍，由此可见宋朝对户籍的管理是非常严格的。

赵希怿离开苏州后，由陈芾接任平江知府。

陈芾是四明（今浙江宁波）人，生卒年不详。陈芾是陈居仁的儿子，陈居仁是南宋著名的正直大臣，曾当过徽州、鄂州、建宁、镇江、福州等地的知州、知府。在任期间，为民豁免欠款，减轻赋税，平粜官粮，发放贷款，以工代赈，兴修水利，创办“安乐寮”（养老院），留下了很好的名声。陈居仁本是河南光州（今河南潢川）人，其七世祖为了逃避五代时的战乱从光州迁到福建莆田，遂为莆田人。“父太府少卿膏，娶明州汪氏女，因家焉。”也就是说，陈居仁的父亲陈膏娶了明州（今浙江宁波）汪氏的女儿为妻，因此就把家安在明州，其后代遂为明州人。

陈芾的资料非常少，只在《城阳山志》《姑苏志》以及楼钥的文章等史料中有些零星记载。楼钥在《华文阁直学士奉政大夫致仕赠金紫光禄大夫陈公行状》一文中，在全面介绍了陈居仁的生平事迹后，还提及了其子女情况，陈居仁“子男六人，曰巩，宣议郎；曰革；曰毕；曰芾，通直郎，新知湖州武康县；曰卓，宣教郎，新知绍兴府余姚县；曰皁，承奉郎”。可见，陈芾是陈居仁的第四子，曾当过武康县（今浙江德清）知县。《城阳山志》记载：陈芾“累官至德安州”。南宋时并没有德安州，只有德安府，德安府是宣和元年（1119）由安元军升格而来，治所在今湖北安陆，估计是志书有误。不过，笔者没有查阅到《城阳山志》一书，史料在介绍宋代诗人许元的时候也引用过《城阳山志》，说明这本书应该是存在的。王鏊《姑苏志》在介绍陈芾的时候说：“陈芾，嘉定五年二月以朝散郎、两浙西路提点刑狱公事兼权知府事，当年八月除直秘阁知平江府，九月除度支郎官。”也就是说，陈芾开始的几个月是以两浙西路提点刑狱公事的职务暂时代任平江知府的，到八月才以直秘阁的官衔正式出任平江知府，九月其官衔调整为度支郎官，但是平江知府的职务并没有调整。

因为资料匮乏，无法对陈芾做全面介绍，现存有陈芾的一首诗，名叫《同舍弟游紫阳》，值得一读，录此以飨读者。

紫阳高不极，旧是许仙家。
古观开山麓，悬崖吐杏花。
云飞笼晚树，鹤唳落残霞。
且共探玄理，从他日欲斜。

陈芾离任后，沈皡接任平江知府。但是，关于沈皡的资料几乎空白。王鏊《姑苏志》卷三记载：“沈皡，嘉定七年九月二十七日以奉直大夫、秘阁修撰除任，十年四月十三日除浙东提刑。”也就是说，沈皡前后在苏州待了约三年的时间，是南宋在平江知府任上时间比较长的一位，何以会少有史料记载，笔者有些不解。因为史料匮乏，无法对沈皞进行详细介绍。

沈皞离任后，赵彦橚接任。

赵彦橚（1148—1218），字文长，严州建德（今属浙江杭州）人。

赵彦橚是魏悼王赵廷美的七世孙。赵匡胤一共兄弟五人，老大叫赵匡济，后为避赵匡胤的讳，改为赵光济，早亡，宋朝建立后被追封为雍王，改曹王；赵匡胤是老二；老三是宋太宗，原名叫赵匡义，后为避赵匡胤的讳，改名为赵光义；老四叫赵光美，为了避赵光义的讳，改名为赵廷美；老五叫赵光赞，早夭，被追封为夔王，改岐王。宋朝建立后，赵廷美于建隆元年（960）被授予嘉州（今四川乐山）防御使之职。第二年改任兴元（今陕西汉中）尹、山南西道节度使。乾德元年（963），加中书门下平章事。开宝六年（973），改任京兆尹、永兴军节度使，加检校太保、侍中。赵匡胤去世前，遵照“金匮之盟”，将皇位传给了弟弟赵光义。宋太宗即位后，加赵廷美为中书令、开封尹，封为齐王。

所谓“金匮之盟”（也叫“金柜之盟”），是指杜太后病重的时候，宋太祖赵匡胤在旁侍疾，杜太后临终时召赵普入宫记录遗言，交代未来的皇位继承问题，劝说太祖赵匡胤死后传位于其弟，赵普于床前写成誓书，藏于金匮之中。国史等所记录和承认的“金匮之盟”只是“独传约”，而北宋时期的私史稗乘对“金匮之盟”多有“三传约”的记录，即“太宗传之廷美，而廷美复传之德昭”。司马光《涑水记闻》、王禹偁《建隆遗事》、李焘《续资治通鉴长编》等史籍对于两种说法都有类似的记载。按“金匮之盟”的约定，宋太宗应该将皇位传给其弟赵廷美，但赵光义登基后，隐匿“金匮之盟”的内容，死后把皇位传给了自己的儿子宋真宗赵恒。魏王赵廷美一向专横骄恣，曾多次遭到三兄宋太宗的斥责。得知有“金匮之盟”一事后，更加对赵光义不满，于是暗中谋划，篡夺皇位。太平兴国七年（982），赵廷美篡夺皇位的阴谋泄露，赵光义遂罢免了他的开封府尹一职，但是顾及手足之情，念其多次立下战功，将其贬为西京（今河南洛阳）留守。赵廷美被贬谪任西京留守后，暗中仍与兵部尚书卢多逊勾结，事情败露后，赵廷美被罢去西京留守之职，削去一切官职，仅保留魏王的空名。但是，宋太宗对赵廷美仍然不放心，赵普以廷美谪居西洛非便，叫开封府知府李符上言："廷美不悔过，怨望，乞徙远郡，以防他变。"于是，宋太宗下诏，再降赵廷美为涪陵县公，于房州（今湖北房县）安置。雍熙元年（984），赵廷美举家迁至房州，到房州不久，他就忧愤成疾，吐血而终，年仅三十八岁，谥号为"悼"，其后代散布在全国各地。

虽然赵彦橚是皇室后裔，但是因为魏悼王在争夺皇位的过程中惨遭失败而一再遭到贬谪，祖上早已衰败，所以他并没有享受到多少皇室的待遇。赵彦橚从小好学上进，并养成了不畏权贵、正直敢言的品格，一心为民、务实肯干。

赵彦橚于乾道二年（1166）考中进士，最开始的官职是乐清县县尉，后累官至福建路运干。庆元初年出任晋陵（今江苏常州）知县，后晋升为监登闻检院，因为得罪韩侂胄而被外放为汀州（今福建长汀）知州，转广西提刑。韩侂胄被杀后，回京出任户部侍郎兼枢密院检详官，后又出任湖广总领。嘉定十年（1217）出任平江知府，第二年在任上去世。

赵彦橚每到一个地方都是实心为民，为老百姓办了很多好事实事。赵彦橚出任乐清县尉的时候，正好遇到当地大旱，时任县令并没有想办法抗旱以减轻灾情，而是一方面按照以前的做法祈雨，另一方面派人催逼农民交纳租税，赵彦橚说："损敛已责，所以和气，何祷为?"意思就是说，减少聚敛就可以保持和气，为何还要祈雨呢？结果没多久果然下雨了。出任福建路运干时，下面州县积欠"盐本钱数千万"，多年无法偿还，赵彦橚向转运使汇报后，全部予以蠲免。在晋陵知县任上遇到饥荒，赵彦橚想方设法进行赈恤，使二十多万人得以存活，同时还用节余下来的钱为五等户（按照财产将各户划分为不同的等级，北朝是九等，宋朝为五等）代缴了赋税。在汀州期间，有一个姓叶的人聚集一帮人在汀州和赣州之间为非作歹，赵彦橚派遣官兵将其剿灭，保证了一方平安。广西各州郡贩卖官盐，并将利润的百分之六十上交转运司，后来增加到了八成，给当地百姓带来了沉重负担。赵彦橚出任广西提刑后，上奏朝廷恢复了原来的抽税比例，大大减轻了百姓负担。

当时，军队吃空饷的现象十分普遍。士兵死后，将官往往不把这些士兵削籍，而是将其俸禄装入自己的私囊。赵彦㭿出任湖广总领后，对部队士兵的籍贯、名册进行了详细核查。有人说这样做军队中会有人有怨言，可能会影响军心，赵彦㭿说："不乐者主帅耳，何损士卒？"坚持一查到底，三年时间查出吃空饷的人数达到三万人之多，减少开支"百万缗"，地方的财政一下子就宽裕起来。等到赵彦㭿离任的时候，仅这一项就节余下来七百万缗，而地方州郡积欠的赋税也高达四百万缗，赵彦㭿就将各州郡积欠的赋税全部予以蠲免，可见赵彦㭿的能力和胆魄。

赵彦㭿最大的政绩是在担任平江知府期间奏请成立嘉定县。范成大《吴郡志》记载："朝请大夫、集英殿修撰、知平江军府事赵彦㭿，奉议郎、提举两浙西路常平茶盐公事兼权提点刑狱公事王棐奏：'照对平江府管下五县，其境土广袤，无如昆山；而顽犷难治，亦无如昆山。详考其故：盖昆山为邑，一十四乡五十二都，东西相距几二百余里，县治以迁就马鞍山风水，僻在西北。故西七乡与官司相接，稍稍循理。自昆山县治东，止练祁七十里；自练祁止江湾，又七十里，通计一百四十里。其间止有商量湾、杨林两寨，又皆不足倚仗。故东七乡之民，凭恃去县隔绝，敢与官司为敌，不奉命令，不受追呼；殴击承差，毁弃文引；甚而巡尉会合，亦敢结集千百，挟持器仗，以相抗拒。自此习成顽俗，莫可谁何……盖县方百里，而兹邑广袤倍焉，以一令临之，制驭必有所不能，及养成顽恶，亦地势使然。昨于嘉定七年，准尚书省行下备白札子陈乞，欲于练祁市添置一县，本府已尝委长洲县娄主簿、吴县丘县丞，两到练祁，相视利害。据各官所申，亦以为合置一县，但恐有起盖廨宇等费，且先添置一尉。然东七乡之顽，根深蒂固，决非邑尉之卑，所能耸动。察其理势，莫若置县之为利便。今斟酌事宜，欲割昆山西乡之安亭，并东乡之春申、临江、平乐、醋塘，凡五乡二十八都，别为一县。就练祁要会之地，置立县治，以嘉定为名。'"收到这份奏疏后，宋宁宗于嘉定十一年（1218）八月下诏：

“平江府新创嘉定县，分置五乡，可易以依仁、循义、服礼、乐智、守信为名。”

赵彦橚和王棐的奏疏得到朝廷批准后，首任知县高衎孙避开了人口稠密的练祁市西部，将嘉定县衙选定在练祁市东部的原军马司酒坊处。为了解决建衙署所需经费问题，高衎孙特地申报平江府，要求将嘉定八年（1215）、九年（1216）的畸、零两税暂时搁置不收。宋代地方政府催税时故意存留畸零欠税，如一户纳绢一丈，只催交八九尺，畸零欠税留待他日追索。同时，还申请将嘉定十年（1217）的税赋一万四千缗留在地方，另外，朝廷拨付五千缗，平江府提供一万缗，合计约三万缗，以此充作营建县衙的费用，没有给百姓增加额外负担。

在平江知府任上，除了奏请设立嘉定县，赵彦橚还做了很多实事。一是积极呼吁减轻百姓赋税。宋代江东和两浙，一直是赋税最重的地方。据《朝野杂记》记载，淳熙末年，两浙岁输左、内藏库钱至千二百万缗，这还不包括盐、茶税。赵彦橚到任之前，平江、镇江、常州三郡每年上交总领司十五万缗，比江西九郡上交的总数还要多两万缗。赵彦橚到任的前一年，江南多数地区发生旱灾，导致米价飞涨。第二年春天，旱情更加严重，“浙西饥，三十县饿死待尽”，“传闻常润间，流殍满路衢”。但是，尽管如此，朝廷仍然催逼赋税。赵彦橚为此上书朝廷，希望予以减免。时任总领浙西江东财赋、淮东军马钱粮的叶适，对此也进行了坚决抵制，并上奏朝廷，要求减税免赋，并将积羡钱用在百姓身上，为缓解灾情发挥了积极作用。二是疏浚锦帆泾。洪武《苏州府志》记载：“锦帆泾，在府治官街西，纵贯乐桥南北市郭。俗传吴王锦帆游乐于此。嘉定十年，赵彦橚疏浚以达运河。”为此，谢南还专门写了《重竣河记》以记其事。三是重修季子墓。最早记载季子墓的是东汉袁康的《越绝书》，其中写道：“毗陵，故为延陵，吴季子所居……毗陵上湖中冢者，延陵季子冢也，去县七十里。上湖通上洲；季子冢，古名‘延陵墟’。”《史记》太伯世家注：“季子冢在暨阳西，孔子过之，题曰：延陵季子之墓。”《江阴县志》记载：“汉初在江阴申港建有季子祠，祠内有孔子书十字碑，后渐湮没。北宋常州太守朱彦重刻十字碑于墓上。南宋时，平江知府赵彦橚以其破败，遂移建于文笔塔东（即今红梅公园内）。”赵彦橚为保护文化遗产做出了自己的贡献。

赵彦橚去世后，李大性第二次出任平江知府，在苏州待了不到四个月就改任提举京西嵩山崇福宫，由綦奎接任平江知府。

第二十四章　走向巅峰

——权臣史弥远时代（二）

（綦奎、赵汝述、沈皞、王元春、章良朋、林介、李寿朋）

綦奎，字仲文，台州临海人。綦奎的生卒年不详，《宋史》无传，其生平和事迹散见于一些地方志之中。

綦奎是綦崇礼的侄曾孙。綦崇礼本是山东高密人，宋高宗时官拜中书舍人，先后当过漳州、明州知州，晚年寓居台州临海，其兄长淮阳军司工漕事綦执礼、刑部郎中綦审礼的子孙也大多聚居于此，其后裔遂为临海人，綦氏逐渐发展成为临海望族。元代翰林学士袁桷曾说："北海子孙现流寓四明，为衣冠名族。"

綦崇礼之所以在历史上出名，主要是因为他曾帮助过李清照。前面第六章已经介绍过，建炎三年（1129）六月，赵明诚在建康病逝后，举目无亲的李清照只好跟随南逃的难民沿着朝廷的南迁路线，一路颠沛流离、转徙奔波，最终落户临安。丧夫失国加上一路逃难，到了临安后的李清照已经是身心交瘁、重病缠身。就在李清照彷徨无助、生活无依之时，一个叫张汝舟的人走进了李清照的生活。张汝舟结识李清照后经常去看望她，嘘寒问暖，关怀备至，这使孤苦无依、病困交加的李清照备感温暖，因此于绍兴二年（1132）嫁给了张汝舟。此时，李清照已经四十九岁。张汝舟之所以要迎娶李清照为妻，一是因为贪慕李清照第一才女的名声；二是欲图谋李清照收藏的那些价值连城的书籍文物。结婚后他才发现，李清照一生的收藏早已在南逃的路上散佚，于是立即露出凶残的面孔，甚至对李清照拳脚相加。不能忍受这种屈辱的李清照只能选择和离，但是，宋朝法律规定，妻子到官府讼告丈夫，即便事实确凿、罪名成立，在丈夫受到惩罚的同时，妻子也必须坐三年牢。为了尽快结束这段不堪忍受的婚姻，李清照义无反顾地提出了和离诉讼。结果，张汝舟受到了应有的惩罚，李清照也身陷囹圄。就在此时，綦崇礼向李清照伸出了援助之手。当时，綦崇礼已经晋升为翰林学士，并深受宋高宗的信任和倚重，綦崇礼将李清照几年来颠沛流离，一直追随皇上銮驾南逃，以及被张汝舟骗婚的经过如实奏报给了宋高宗，请求宋高宗网开一面，赦免李清照。宋高宗非常同情李清照的不幸遭遇，而且对第一才女也是由衷佩服，所以就同意了綦崇礼的请求，李清照在监狱里待了九天就被放了出来。出狱后，李清照给綦崇礼写了一封书信表示感谢，这就是著名的《投翰林学士綦崇礼启》。在这封书信中，李清照不仅对綦崇礼搭救自己出狱表示衷心感谢，还详细阐述了自己被骗婚的经过，表达了自己宁为玉碎，不为瓦全，绝不忍辱偷生的决心。正是有此一节，綦崇礼在历史上留下了鼎鼎大名，并由此让临海綦姓后代也得到不少实惠。

綦崇礼的侄孙綦焕曾整理綦崇礼的文集《北海集》刊行于世，并整理綦崇礼的事迹编纂成《綦崇礼年谱》。綦焕还为范仲淹著作的流传做出了很大贡献，《四库全书》收录有綦焕整理的《范文正公集》。綦崇礼的另外一个侄孙綦更生曾任六部架阁官，善诗文，与南宋文学家楼钥交往比较密切。楼钥《北海先生文集序》中写道："有更生者，亦公之从孙，早有隽声，寓居吾乡。"綦更生曾把綦崇礼扈从宋高宗在海上避难时所作的《海上诗》整理好后请楼钥作跋，楼钥欣然应之。楼钥的《攻媿集》中还收录了《答綦君更生论文书》一文，可见二人的交情。

而綦奎的出仕也与楼钥有着直接关系。《建炎以来系年要录》等史料记载：綦奎，通晓军事，亦工诗文，初由楼钥举荐任建阳令，后以承奉郎知衢州，迁太府少卿、湖广总领，以朝散郎、直敷文阁知平江府，以朝议大夫、直敷文阁知太平州，后任大理卿。从这些记载看，綦奎进入官场与楼钥的举荐不无关系。而称其“通晓军事”，也是有佐证材料的。《宋史·王霆传》有一段话：“授承节郎，从军于鄂，帅钟兴嗣戍边，请于枢密院，以霆为随军都钱粮官。总领綦奎委霆专一教阅总效军，寻委帅师守御黄州。”王霆是南宋著名的将领，出任湖广总领的綦奎让王霆专门训导士卒，足以证明綦奎是一个懂军事的人。

开禧年间，綦奎以通直郎出任建宁府建阳县知县，其在建阳任上，史称“官业可称”，其事迹被载入《福建通志·名宦传》。楼钥在《举阎一德、綦奎、赵积谦充边郡状》中曾称赞綦奎：“建阳最号剧邑，奎勤于抚字，号称治辨，列剡政绩，未蒙擢用，曾叔祖故翰林学士崇礼，建炎艰难之时，实掌书命，著《兵筹机要》上之，奎习熟闻见，使之乘障，必有可观。”得到楼钥充分肯定的綦奎，于嘉定四年（1211）以承奉郎知衢州。

嘉靖《衢州府志》记载：“嘉定三年庚午，又水，城圮。知州孙子直修筑，会侯以奉祠去。明年春，綦奎成之。毛宪为记。宪，状元，毛自知父。碑文并佚。”弘治《衢州府志·艺文》中收录了毛宪《重修城记》，其中说道：“既幸食新不尽用，则愿以其余备城筑之役，并四僧牒，以补不足。上皆可其请。”从这些记载看，嘉定初年，衢州连续发大水，城墙被冲毁，时任知州孙子直组织重修，因为经费不足，就向朝廷上奏申请用僧牒弥补，得到了朝廷的批准。但是，城墙还未修完，孙子直以“奉祠”离任，接任衢州知州的綦奎到任后将后续工程全部完成。

“僧牒”也叫“度牒”，是朝廷发给僧尼的凭证，发放度牒的目的是防止私度僧尼，控制僧尼的数量。持有度牒的僧尼可以得到政府的保护，获得免除徭役的特权。因此度牒就有了市场价值。宋朝因为长期面对辽、西夏、金等外敌，战争赔款不断，加上冗员、冗兵，国库经常吃紧，为了缓解财政困难，朝廷采取了各种应急办法，包括出卖度牒。度牒由祠部管理，祠部印制了一些空名度牒（即按照格式印好的空白度牒），由朝廷赐给地方，卖给有钱人家，筹款用于赈济、工程和军队等。比如本书上部第十章提到的范仲淹的儿子范纯礼申请重修苏州府学斋室，宋哲宗赐给度牒十道充作费用。苏轼在担任杭州知州期间，奏请赐度牒买米用于赈灾，并请得度牒百道用于募工疏浚西湖。据史料记载，宋代度牒发放的数量呈上升之势，宋神宗时期限定每年为一万道，到了宋徽宗的时候上升到每年三万道，南宋初为五六万道，而到了乾道三年（1167）竟然高达十万三千道，可见其滥发程度。而度牒的价格，宋神宗时每道一百三十贯，宋哲宗时每道一百七十贯，宋徽宗时每道二百二十贯，宋孝宗淳熙年间每道已经达到七百贯，而到了宋宁宗嘉定初年竟高达一千二百贯，可见货币贬值的速度和程度。

綦奎在衢州待了三年后，以太府少卿的官衔出任湖广总领，嘉定十二年（1219）以朝散郎、直敷文阁出任平江知府。在苏州期间，綦奎重修了思贤厅。王鏊《姑苏志》卷二十二记载："思贤亭在旧木兰堂之左、池光亭西，以祠韦应物、白居易、刘禹锡三刺史，后改曰三贤堂。绍兴二十八年蒋灿重建，三十二年洪遵益以王仲舒、范文正公像，复更曰思贤堂。嘉定十四年綦奎再新之，又于堂北创白桧轩。"嘉定十四年（1221）六月，綦奎因"调遣军马五关策应剿逐残虏委有劳绩"，特升为朝奉大夫，仍知平江府。嘉定十五年（1222）五月离开平江府，除主管亳州明道宫的虚职，一直到宝庆元年（1225）才以朝散大夫、直敷文阁出任太平州知州。在太平州期间，綦奎修建了瓮城，因此受到朝廷的奖励，朝廷专门下诏晋升其为中奉大夫。

太平州原来叫姑熟城，从宋代开始改为太平州，一直到1914年改为扬中。《嘉庆一统志》记载："姑熟溪在当涂县南二里，姑熟城因此名。"《读史方舆纪要》记载："姑孰城，今府治。汉丹阳县地也。迫临江渚，商贾凑集，鱼盐所聚。东晋时置城戍守，并积盐米于此，城南临姑孰溪，因曰姑孰城。"可见，姑熟城是因为城南有一条叫姑熟溪的河流而得名。光绪《重修安徽通志》记载：太平府"府城创建于吴黄武间，东晋太和七年桓温重筑并建子城于内，为今府治。南唐保大三年复高广之，高三丈、周十五里，跨姑溪河。宋太平兴国九年，知州王洞重修。建炎三年知州郭伟改筑新城，割姑溪于城外，减旧三之一，为今制。周六里，高三丈六尺，厚称之。乾道三年，知州吴芾始建五门城楼，东曰行春、西曰澄江、南曰南津、南右曰姑熟、北曰清源。淳熙四年知州杨倓增修。宝庆三年綦奎加筑瓮城，增南北水关二。明洪武间知府许瑗、范常、潘有庆相继修筑……"

綦奎在太平州待了四年多时间，其间做了不少事情。据《太平府志》记载，当涂县采石驿原有谈笑亭，为綦奎谈笑灭寇处。可见，綦奎在太平州的时候谈笑之间就可剿灭贼寇，难怪史书称其"通晓军事"。

綦奎不仅"通晓军事"、实心做事，而且"亦工诗文"，在建阳县令任上写过《读书室记》，在苏州重修思贤堂之后还专门写了《白桧轩记》，记叙重修思贤堂的经过，文章清新隽永，可称古文中的佳作。

綦奎于绍定二年（1229）回京担任大理卿，此后的经历没有史料记载。

綦奎离开苏州后，由赵汝述接任平江知府。

赵汝述，字明可，明州鄞县（今属浙江宁波）人，生卒年不详。他的身上有两个标签：一是宋太宗赵光义的八世孙；二是南宋的奸臣。

赵汝述的曾祖叫赵士说，在金兵攻陷开封掳走宋徽宗、宋钦宗的时候被一同带走。他在渡河北上的时候大骂金兵，金兵一怒之下把他杀了。可见他是个非常有血性的人。然而，祖上的血性并没有遗传给赵汝述，作为皇族后裔，赵汝述却一味迎合权臣史弥远，并因此留下千古骂名，实在有点可惜。不过，笔者觉得史书的评价值得商榷，因为赵汝述不仅才华横溢、政绩突出，而且与当时的奸臣相比，也并非恶贯满盈之辈，将其列为奸臣有点勉强。

赵汝述于淳熙十一年（1184）考中进士，出任剑州（指南剑州，今福建南平一带）顺昌县尉。嘉定六年（1213），回京担任官告院主管。宋朝的官告院主要负责管理文武官员、将校告身及封赠告身，虽然级别不高，但是权力不小。不久，赵汝述又升迁为将作少监、权侍立修注官。侍立修注官是由起居舍人改名而来，绍熙元年（1190），罗点由户部员外郎调任起居舍人，为了避其曾祖的讳，改为太常少卿兼侍立修注官，行起居舍人之职。从此以后，起居郎、起居舍人出现空缺，补缺的人如果资历浅的话，都叫权侍立修注官。嘉定八年（1215），赵汝述升任为起居郎兼枢密院都承旨，随即升为兵部侍郎，后改为刑部侍郎。嘉定十五年（1222），赵汝述升迁为刑部尚书，五月，以文华阁直学士、正议大夫出任平江知府，任职半年后就于当年十二月致仕。

赵汝述在苏州时间不长，但对苏州的城墙进行了重建。前文已经提到，淳熙十年（1183）谢师稷在担任平江知府期间，利用节余下来的钱四十多万缗对苏州城墙进行了修缮，使之完好如初。但是，到了开禧年间，有一半的城墙又被毁坏了，而且被农民当作种植稻谷和菱藕的田地。嘉定十六年（1223），朝廷赐钱三万缗、米两万石，由赵汝述和继任的沈皡相继主持，对城墙进行了重修，一年后完工。不过，这里有一点衔接不上，王鏊《姑苏志》说赵汝述于到任当年的十二月十五日就致仕了，而苏州地方志关于城墙修复的记载中均指出，嘉定十六年（1223）赵汝述和沈皡相继修缮，而王国平先生主编的《苏州通史》却记载是嘉定十七年（1224），在时间上显然存在矛盾。笔者认为，赵汝述应该是嘉定十六年（1223）才致仕，因为沈皡就任平江知府的时间是嘉定十六年七月，如果赵汝述是嘉定十五年十二月致仕的话，中间有半年多时间的空缺，史料中既没有提到暂时代理的知府，也没有提到正式接任的知府，显然不合常理，应该是王鏊《姑苏志》有误。而《苏州通史》的说法不知来源，如果按照“历一年余完工”的说法，此处指的是完工的时间也是说得过去的。

从修缮苏州城墙这件事情看，赵汝述是一个非常能干而且实心办事的人。不仅如此，赵汝述还是一个非常有才华的人，在书法上有着很深的造诣。赵汝述留有一幅行书跋司马光《资治通鉴》残稿：“温公起《通鉴》，草于范忠宣公尺牍，其末又《谢人惠物状》草也，幅纸之间三绝具焉，诚可宝哉！岐国汝述明可识。”这幅书法作品现藏于国家图书馆，是一件难得的艺术珍品。

然而，史书对赵汝述的评价并不高，《宋史》评价他说：“汝述为尉，应诏上封事，论议悬恻。立朝荐引，多知名之士。然为时相所亲，躐跻通显，人亦以此少之。”意思就是为了自己升迁而排挤他人，所以为时人所不齿。史弥远掌权后，为了巩固地位，特意提拔了一批与自己比较亲近的人，其中最出名的就是“四木三凶”。“四木”是指薛极、胡榘、聂子述、赵汝述，因为他们名字中间都有一个“木”字，所以被人称为“四木”。“三凶”是指李知孝、梁成大、莫泽，此三人心狠手辣，专门帮助史弥远干坏事，所以被称为“三凶”。这些人按照史弥远的命令，排斥异己，残害忠良，将朝廷搞得乌烟瘴气。史弥远死后，宋理宗亲政，起用郑清之为宰相，将史弥远时期被排挤出朝廷的一些名士，如魏了翁、真德秀、崔与之、洪咨夔、李宗勉等召回朝廷，同时罢免了“四木三凶”，“世指知孝及梁成大、莫泽为三凶。卒以贬死，天下快之”。

史弥远从嘉定元年（1208）升任右丞相开始，到绍定六年（1233）去世，独揽大权二十五年，比秦桧专权的时间都要长，而且史弥远比秦桧更狠，连皇帝废立这样的事情都敢参与，可见其势力之大、势焰之强。在这样的形势下，不攀附就没有前途，反对就是自取灭亡。赵汝述是皇族，要在仕途上有所作为，攀附史弥远是可以理解的。他在朝中的时候“立朝荐引，多知名之士”，在地方上也做了不少实事，因此，将其列为奸臣确实有点勉强。不过，对历史人物的评价向来见仁见智，笔者也只是从一个苏州人的角度为其说几句公道话而已。

赵汝述致仕后，沈皞以太中大夫、集英殿修撰再次出任平江知府，在苏州待了两年时间，于宝庆元年（1225）五月提举安庆真源万寿宫，由王元春接任平江知府。

关于王元春的资料非常少，仅《南宋馆阁录》《续资治通鉴》等史籍简单提到了他的名字。而这些史籍之所以提及王元春，主要是因为“雪川之变”与他有关。

王元春是邵州（今湖南邵阳）人，于庆元二年（1196）考中进士，其前期任职情况不详。《宋史·王迈传》记载：王迈于嘉定十年（1217）考中进士，被任命为潭州（今湖南长沙）观察推官。任满后回京，“丁内艰”，也就是丁母忧，除服后调任为浙西安抚司干官。一次廷试的时候，详定官王元春想把自己亲戚的名次排在前面，王迈立即予以揭发和谴责。这让王元春大为恼火，就指示谏官李知孝诬陷王迈在宫内值班的时候高声喧哗，王迈因此被贬出京城，出任南外睦宗院教授，一直到郑清之出任宰相，受真德秀的举荐才被召回，到学士院策试。从这段记载看，王迈从考中进士到参加廷试约为六年。宋朝地方官任期为三年，而古代守孝一般也是三年，所以此时大致的时间应该是嘉定十六年（1223）。此时王元春的职务是详定官，详定官主要负责皇帝命令的详定工作，官不大，但是因为在皇上身边工作，因此对皇上的决策有着直接的影响。也许正是因为这个身份，王元春与当时的太子赵竑之间建立了深厚的友谊，赵竑被废的时候顺便把王元春带在了身边。

赵竑是宋太祖四子秦王赵德芳的九世孙，原名赵贵和。嘉定十三年（1220），景献太子赵询去世，宋宁宗赵扩不得不立赵贵和为皇太子，赐名赵竑。史弥远权倾朝野，奸猾诡诈，他知道赵竑喜欢弹琴，就投其所好，试图拉拢赵竑。但是，赵竑对史弥远的专横跋扈非常不满，一日，赵竑指着地图上的崖州说：“吾他日得志，置史弥远于此!”意思就是说：“等将来我当了皇上，就把史弥远发配到这个地方。”这话没多久就传到了史弥远的耳中，史弥远废立之心从这个时候就埋下了。后来，史弥远又采取了各种办法拉拢赵竑，但都没有达到目的。嘉定十七年（1224）宋宁宗驾崩后，史弥远联合杨皇后，矫诏“废竑为济王，立昀为皇子，即帝位”，是为宋理宗。

赵竑被废除太子身份后，以“济王”的身份居住在湖州，王元春也随其一起来到湖州。宝庆元年（1225），湖州太学生潘壬、潘丙兄弟二人因不满史弥远擅自废除太子、拥立宋理宗，密谋发动政变，准备拥立赵竑。潘壬兄弟派人与山东“忠义军”首领李全联系，让李全与他们一同起事，但是，李全为人狡诈，表面上表示同意，并约好了起事的时间，实际上却按兵不动。潘壬、潘丙兄弟只好假冒李全的名义起事，率渔民、巡尉兵数十人夜入湖州城，以武力胁迫赵竑穿上黄袍。赵竑知道这帮乌合之众难成大事，一面派王元春到临安向朝廷报告，一面派州兵进行讨伐。史弥远得知有人造反后大惊，立即派兵前往湖州平叛。潘壬兄弟等人本就难成大事，等史弥远派出的军队到达湖州时，潘壬一帮人早就被平定，潘壬兄弟随即被杀。因为在这次史称“霅川之变”（“霅川”是湖州的一条河名）的事件中报信有功，王元春得到了史弥远的赏识。

关于这件事情，南宋周密在《齐东野语》中也有记载，而且是以“志怪”的形式专门记录：“宝庆间，有孙氏子名守荣，善风角鸟占，其术多验，号‘富春子’。薄游霅上，闻谯楼鼓角声，惊曰：‘旦夕且有变，而土人当有典郡者。’适见富公王元春，因贺之曰：‘旦夕乡郡之除，必君也。’王以为诞。越两月，而潘丙作乱，王果以告变之功典郡，自是人始神之。”这段话虽然是志怪类的记载，但是也从一个侧面证明王元春正是因为潘壬兄弟造反才开始得到重用的。

王元春于宝庆元年（1225）六月以中大夫、右文殿修撰出任平江知府，在苏州待了将近两年的时间，于宝庆三年（1227）四月降为大理卿，原因不详。王元春离任后，林介以提刑权兼平江知府，十二月除太府少卿，仍然权兼，其间章良朋于绍定元年（1228）三月出任平江知府，七月致仕，然后再由林介权兼，十一月林介升任为大理卿。所以，这里先介绍章良朋，再介绍林介。

关于章良朋的资料非常少，有资料说章良朋和章良能是兄弟，二章小时候家里非常穷，“衣不掩胫”，与宰相沈该是邻居，遭到沈氏子弟的嘲笑。章良能是处州（今浙江丽水）人，后迁居湖州。如果二章是兄弟的话，章良朋也应该是处州人。但是笔者没有查到翔实的资料，姑且存疑。

章良朋于绍定元年（1228）以朝奉大夫、直宝谟阁出任平江知府，当年七月就致仕了，在苏州仅仅待了四个月的时间。不过，在短短四个月里，章良朋处理了一件官司，并因此而留下大名。当时，苏州府学在常熟双凤乡有田，共一千六百九十亩，其中一千零四十亩租给了佃户，另有六百余亩不见着落。根据佃户的举报，这六百多亩是被陈焕冒占，因此苏州府学于绍定元年（1228）正月就此事提起诉讼，要求平江府严查此事。收到诉状后，平江府委派常熟尉进行追查，但没有结果。苏州府学又于绍定元年（1228）三月二十三日第二次提起诉讼，此时，章良朋刚刚到任（三月十七日到任），接到诉状后，要求限期进行裁决。章良朋委派常熟县尉实地调查取证，所有证据都指向陈焕冒占学田。面对指控，陈焕拿出嘉定和宝庆年间的三份田契，试图证明该学田为自己所有。这些证据先上交到吴县周主簿处，周主簿根据这些证据得出初步结论：府学丢失的学田确为陈焕冒占。平江府采纳了周主簿的意见，判陈焕父子归还冒占的学田，并“赴府招认所欠十年租课”。随后，府学就此案初审后所面临的产业交接、后续可能出现的问题等向平江府提出了六条关切，也都得到了章良朋的支持。但是，到了当年七月，陈焕的弟弟陈焯（当时陈焕已死）到提举常平司反诉，案件交由平江府再次审判。而此时章良朋已经致仕，案件便交到了代理知府林介的手中。林介的判决基本维持了章良朋的结论，只是所依据的法律条文有所变化。对这个判决结果，陈焯表示认可，判决得以执行，府学接收了被冒占的学田及陈焯补交的部分盗收花利，计三千五百一十贯。然而，绍定三年（1230）陈焯越级申诉到刑部，提出了两项诉讼：一是陈焕在狱身死，应当追究陈焕的死因；二是陈焯补交的三千五百一十贯盗收花利，是胥吏欺诈，应当治胥吏的欺诈之罪。案件已经由田产纠纷案变成了命案和胥吏贪诈案，应当先到提刑司、转运司申诉，因此，刑部将此案移交给了转运司审理。接到陈焯的反诉后，苏州府学在原有罪名的基础上，申诉追究陈焕父子侵占学田之罪和越诉罪，得到了尚书省的支持。

此案经过三年多的审理才最终审结，苏州府学将相关牒文和尚书省札子刻在三块石碑上存证。三块石碑原存放在府学内，今存何处不详。中国政法大学教授李雪梅女士根据三块石碑的拓片对其内容进行了深入研究，写成《公文中的动态司法：南宋〈给复学田公牒〉和〈给复学田省札〉碑文考释》一文，有兴趣的可以找出来阅读。

章良朋到任之前和致仕之后，由提刑林介代理平江知府一职。

林介的生卒年不详，史料中对他的介绍都非常简单，说他是南宋名臣林湜的儿子。林湜一生为官清正，关心民瘼，深受百姓爱戴。庆元元年（1195），韩侂胄为了打击异己，制造“庆元党案”。林湜为了不与韩党同流合污，坚决要求调离京城，被任命为直宝文阁、湖北转运副使，后以直龙图阁致仕，寓居平阳松山（今属浙江苍南），授徒讲学。林湜本是福建长溪县人，后因致仕寓居苍南，林氏后代遂为苍南人。

林民湛先生在《名仕之乡——苏田村》一文中介绍了从古到今苏

田村的名贤，在林介条目中介绍说：“林介（会），字几叟，号秦溪，昌言公子。南宋绍兴二十七年（公元 1157 年）丁丑科进士，据《吴郡志》记载，嘉定十七年（公元 1224 年）任浙西提举常平。宝庆元年（公元 1225 年）广西提刑，绍定四年（公元 1231 年）以秘阁修撰擢任临安知府。著有理学名篇，刊行于世。上谕授予‘父子理学名贤’。”

林介先后担任过户部郎中、提举两浙西路常平茶盐、浙西提刑、太府卿兼删修敕令官，后又兼任临安知府。从林介的这些职务看，越到后来官越大，而且兼任的职务也很高，主要原因是其与权相史弥远有着亲戚关系。史弥远掌权后，为了巩固自己的地位，将宰相属官的都司官（尚书左、右司郎中及员外郎）与检正官（中书门下省检正诸房公事）的官署进行合并，然后安排亲信任职。史弥远有一个小妾姓林，而这个小妾与林介通谱，因为这层关系，林介被史弥远当作自己的亲戚，让其掌握实权，甚至还让其兼任临安知府这样的要职。不过，从前文介绍过的苏州府学诉讼学田一案的情况看，林介这个人还是比较正直的，被史弥远重用也许不是主动巴结的结果。只是史料缺乏，笔者不好做过多的分析。

林介第二次代理平江知府四个月后被提升为大理卿，由李寿朋出任平江知府。

李寿朋的生卒年和任职情况不详，王鏊《姑苏志》记载：“李寿朋，绍定元年十二月二十八日以朝请大夫、直宝谟阁除任，二年十月二十七日除荆湖北路转运判官。”也就是说，李寿朋在苏州仅有十个月的时间，而在这短短不到一年的时间内，李寿朋却干成了两件影响深远、名垂青史的大事：制作《平江图》和刻印《吴郡志》。

李寿朋到任后，迅速开展城市建设，不仅将苏州城内的六十五坊全部整修一新，而且在阊门里河南建望云馆（即后来的金阊亭），重建了望星桥。在此基础上，李寿朋下令将当时的平江城按照一定的比例缩小绘成地图，并刻在石碑上保存，作为后世重建平江城的参考依据。为了确保地图的精确，李寿朋实地考察城内街巷、河流、桥梁，在核对无误的基础上才进行绘制。经过大半年的努力，《平江图》最终绘制完成。如今，这块长两米八、宽一米六的碑刻仍然收藏在苏州文庙碑刻博物馆，向后人述说着当时平江城的繁荣，同时也让后人记住了李寿朋对苏州城市建设做出的贡献。

李寿朋在苏州做的另外一件大事，就是刊刻范成大的《吴郡志》。据《四库全书》总纂纪昀等人为《吴郡志》写的提要和赵汝谈《吴郡志》序记载，此书为范成大晚年所作，苏州人滕茂、周南相协助范成大完成。书稿完成后，不断有人想要把一些事情添加进书稿中，但没有如愿，因此造谣说："是书非石湖笔也。"当时的郡守担心无法印证书稿的真假，就把书稿藏到了学宫。李寿朋出任平江知府后，到学宫进行视察，发现书稿仍然束之高阁没有刊印。"他日拜石湖祠，退从其家求遗书，得数种，而斯志与焉"，然后"校学本无少异"，力辩"为石湖作"，证明了此书的版权确实是范成大的，这样才一锤定音，明确了此书的版权问题。但是，因为范成大早已去世，《吴郡志》只写到绍兴三十年（1160），绍兴三十年以后的事情均无记载。于是，李寿朋"会校官汪泰亨与文学士，杂议用褚少孙例，增所缺遗，订其倪讹"，对范成大原本加以增补，请赵汝谈写序，于绍定二年（1229）正式刊印出版，此时距范成大原书成书已经过去了三十七年。我们今天能够看到范成大的《吴郡志》，与李寿朋的贡献密不可分。仅此两件事，李寿朋也足以名垂青史了。

第二十五章　走向巅峰

——权臣史弥远时代（三）

（朱在、吴渊、邹应博、杨煜）

李寿朋离任后，朱在接任平江知府。

朱在（1169—1239），字叔敬、敬之，号立纪，徽州婺源（今江西婺源）人。

朱在是著名理学家朱熹的第三个儿子，也是朱熹子女中成就最大、官职最高、寿命最长的一个，他还是理学官学化的重要见证者、参与者和受益者。1984年11月，朱在的墓在福建建瓯被发现，一起出土的还有《宋故太中大夫焕章阁待制朱府君圹志》（以下简称《朱在圹志》）。这份圹志由朱在的儿子朱铉、朱铸撰写，详细记载了朱在的世系、生平和历任官职、姻亲、子嗣、葬地等，为当代学者研究朱在的生平事迹、朱熹家族的历史以及南宋理学发展等问题提供了重要的线索和参考。

朱在祖籍徽州婺源，从其爷爷一辈开始才迁入福建。朱在的爷爷叫朱松，“累迁至通议大夫”。北宋宣和末，朱松出任建州政和（今属福建南平）县尉，携父母兄弟举家赴任，朱氏一家由此迁居到福建。朱松的父母朱森和程氏死后就葬在政和。朱松后改任南剑州尤溪（今属福建三明）县尉，任满后闲居在邑人郑安道家。建炎四年（1130），朱熹就出生在这里。所以，在严格意义上，朱熹、朱在都不是婺源人。朱熹生前被封为婺源县开国伯，死后被追封为信国公，后改徽国公，主要是因为朱熹的祖籍是徽州婺源的缘故，“爵之父母之邦”以示褒崇。

朱松一家后来寓居在建州建安县城南环溪精舍。绍兴十三年（1143）朱熹十四岁的时候其父病逝，朱熹和母亲一起投靠父亲的好友刘子羽，寄住在建州崇安县五夫，并定居此地达五十年之久，一直到绍熙三年（1192）才搬到建阳县考亭，并在那里终老。朱熹去世后，建宁府向朝廷奏请在府城修建朱子祠，朱在“因居其侧”。其实，朱在并非朱熹死后才“因居其侧”，而是自小便受业于其父。朱在是乾道五年（1169）出生的，从小就在父亲的悉心教导下成长。有资料说，朱在十三岁的时候前往金华受教于吕祖谦，后娶吕祖谦的女儿为妻。但是，从《朱在圹志》的记载看，这一说法显然是站不住脚的。吕祖谦和朱熹是好友，二人与张栻并称“东南三贤”。朱熹也确实将儿子托付给吕祖谦管教，但是，送去的是长子朱塾，而非三子朱在。《朱在圹志》记载：朱在先后娶妻二人，“娶吕氏，东莱成公之女弟，继黄岩赵氏，并封硕人，皆先府君卒”。吕祖谦死后谥号“东莱成公”，因有此称。“女弟”即妹妹，所以，朱在娶的是吕祖谦的妹妹，并非女儿。至于是亲妹妹还是族妹，史书没有详细记载。朱在的继室赵氏也非泛泛之辈，而是赵宋宗室、燕王赵德昭之后。其始祖叫赵子英，万历《黄岩县志》记载：“赵子英，字积中，开封人，宋宗室，绍兴五年来为丞，以厚德秩满留，家于西桥，历官至朝议大夫、宗正卿、秘阁修撰。”也就是说，赵子英是因为到黄岩当县丞而把家安在了黄岩，因此成为黄岩赵氏始祖。而据有关史料，朱熹与黄岩赵氏渊源颇深，赵子英之孙赵师渊、赵师夏、赵师雍等兄弟五人都师从朱熹，并作为朱熹的高足配享朱文公祠。赵师夏还是朱熹的孙女婿，朱熹亲自作《赵婿亲迎礼大略》以记其事。因为有这层关系，朱在娶赵氏为继室就不难理解了。至于朱在的继室与赵子英和赵师夏的具体关系还有待学者进行考证。

朱在虽然从小跟着父亲学习，但并非科举出身，而是以荫补进入官场。朱在于绍熙五年（1194）荫补为官员，最开始的职务是从九品的承务郎，一生先后当过籍田令、将作簿、司农簿、大理正、南康军知军、湖州知州、信州知州、右曹郎兼嘉兴知府、司农少卿、枢密院副都承旨、两浙漕运副使、司农卿、权工部侍郎、吏部右侍郎、平江知府、袁州知州等职务。据《朱在圹志》记载，朱在从宝庆元年（1225）出任司农卿开始，就一直请求“丐祠”（也即奉祠），但一直没有得到理宗的批准。绍定三年（1230），朱在“乞外补，奏三上，始除宝谟阁待制，知平江府”。第二年，朱在要求“丐祠”，仍没有得到批准，而是“除焕章阁待制，知袁州，再辞，不允”。在去袁州赴任的路上，“道中辞，丐祠愈力，不报”。朱在三番五次要求“丐祠”，宋理宗没办法，才让朱在提举隆兴府玉隆万寿宫，后又以焕章阁待制提举江州太平兴国宫，嘉熙三年（1239）朱在去世，死后葬在建安县永安寺后黄华山麓。

朱在从绍熙五年（1194）荫补进入官场到嘉定二年（1209）的十五年间一直是九品小官，但是，从嘉定三年（1210）开始，其官职却得到稳步提升，此后的仕途可以用“通达”二字描述。究其原因，一方面与理学地位的提升、朱熹的影响有着直接关系；另一方面，朱在的政治才干和个人能力也起了一定的作用。

前面已经提到，韩侂胄上台的时候，为了排挤赵汝愚以达到专权的目的，实行“庆元党禁”，将朱熹等一干理学人士赶出朝廷，然后发动“开禧北伐”，却以失败而告终，落了个身死名毁的下场。史弥远在杀死韩侂胄、掌握实权后，为了摆脱自己降金乞和的丑行，解除“学禁”，“荐引诸贤”，在为朱熹平反的同时，为赵汝述、吕祖谦复官，起用真德秀、魏了翁等诸多理学人士，使理学的地位得到迅速提升。到了嘉定十七年（1224），史弥远矫诏废掉太子赵竑，拥立宋理宗赵昀上位，为改善其形象，仍继续扶持理学派，重用或起用理学派人士，并追赠朱熹太师官号，追封信国公爵位，表彰朱熹的《四书章句集注》，还追赐岳飞谥号为“忠武”，最终推动程朱理学成为正统思想。随着理学地位的不断上升，作为朱熹唯一一个还在官场的儿子，朱在不断晋升再正常不过。

当然，朱在也并非无能之辈，在官场上也做出了一些政绩，最突出的就是两次修建书院。一次是修建“石井书院”。“石井书院”与朱氏三代都有关系。朱松在石井监镇的时候，里人黄护在镇西鳌头镜捐建了一所镇廨，并在廨畔筑“鳌头精舍”，作为朱松讲学之所。二十年后，朱熹多次到安海，访察朱松的遗迹和旧事，《安海志》称：朱熹“屡过此，见其老幼义理详悉，遂与论说，士因益勤于学”。朱熹多次到访安海并在此讲学，对当地向学之风起到了积极的推动作用，安海因此有“二朱过化之地”之称。乾道年间，朱熹的学生傅伯成，感念朱氏父子对安海倡教兴学的功绩，于鳌头精舍辟建“二朱先生祠”，绘朱松、朱熹父子画像奉祀。嘉定三年（1210），朱在出任泉州通判。第二年，石井镇的镇官游绛应安海士民的要求，上报泉州知州邹应龙，申请建石井书院。邹应龙同意了石井镇的申请，拨官帑四十万缗作为建设费用，并指令漕、舶二司捐助，同时调朱在出任石井监镇官，具体主持书院的营建事宜。书院按照州学、县学模式设计，中有大成殿，后有尊德堂，奉祀朱松、朱熹父子，两边有富文、敏行、移忠、立信等四座书斋，此外还有杏坛、碑坊、乐轩、庑舍等建筑设施。书院建成后，又购置许塘、承天等地田地作为学田，使就读的生员“赡养有田，肄业有舍”，成为当时泉州州属建院最早、规模最大、设备最全的高级学府。南宋著名文学家留元刚为书院撰写碑文，称赞道：“天下如石井者凡几?”除了主持修建石井书院，朱在在南康军知军任上，还重修了白鹿洞书院，为文教事业的发展做出了积极贡献。

除了修建书院外，朱在“奉祠”和致仕后，在对朱熹著作的整理方面也花费了大量心血。朱熹一生著述颇丰，现存著作有二十五种、六百多卷，其中《晦庵先生朱文公文集》八十册一百二十一卷，包含《朱文公文集》一百卷、《续集》十一卷、《别集》十卷，其正集部分即为朱在整理、编辑、出版，他为朱熹思想的传播做出了自己的贡献。

朱在在苏州待了一年时间就离任了，后由吴渊接任平江知府。

吴渊（1190—1257），字道夫，号退庵，江宁溧水（今南京溧水）人，祖籍宣州宁国（今安徽宁国）。吴渊与其父吴柔胜、弟弟吴潜都是进士出身，也都是南宋的名臣，时称“溧水三贤”。吴柔胜于淳熙八年（1181）考中进士，初任嘉兴府学教授，当时浙西发生饥荒，吴柔胜被调去主持救灾工作。宋宁宗期间，受“庆元党禁”牵连，吴柔胜被罢官闲置十多年，到嘉定初年才被起用，先后任随州知州、京西提刑、湖北运判兼鄂州知州、太平州知州、秘阁修撰等职，死后追赠太师、正肃公。

吴渊是南宋著名的政治家、军事家和词人，一生经历非常丰富，而且为人正直、为官清廉、为子孝顺，能力出众、政绩卓绝。

吴渊从小就勤奋好学，《宋史》称其“幼端重寡言，苦志力学”，为一生的成就打下了坚实的基础。嘉定七年（1214），吴渊考中进士，被任命为建德主簿。时任宰相史弥远与他长谈一日，发现吴渊非常有才，“大悦”，想任命他为开化县尉，但是，吴渊志向远大，并不想与史弥远走得太近，所以就以“甫得一官，何敢躁进”为由婉言拒绝了。尽管吴渊拒绝了任命，史弥远仍然称赞他为“国器也”，可见对吴渊的器重。

吴渊一生多次出任地方官，担任过建德主簿、武陵知县、扬子知县、浙东转运司干办公事、真州通判、平江知府、浙西提点刑狱、江州知州、镇江知府、江东转运使、隆兴知府、江西安抚使兼转运副使、安庆府屯田使、平江知府兼浙西两淮发运使、浙西提点刑狱兼太平州知州、江东安抚使兼建康知府等，也在中央多个部门担任要职，先后出任过将作监丞、枢密院编修官兼刑部郎官、秘书丞兼刑部郎官、枢密院检详诸房文字兼国史院编修官、实录院检讨官兼左司、右文殿修撰、枢密院副都承旨兼右司兼校正、权工部侍郎、权户部侍郎、兵部尚书，最后的官职是参知政事（副宰相），但是任命仅仅七天就在从荆湖回京的途中去世了，死后被追赠为少师，谥号“庄敏”。归纳吴渊的一生，有四个特点尤为后人所称道。

一是能力超群，勤政爱民。吴渊刚刚进入官场，就显示了不凡的能力。在任建德主簿的时候，“江东九郡之冤，讼于诸使者，皆乞送渊”，在任上为老百姓伸张正义、洗刷冤情，深得百姓爱戴。在出任浙西提点刑狱的时候，正值衢州、严州盗贼四起，吴渊调遣将士，“歼其渠魁，散其支党”，很快平息了贼乱。因为平贼有功，吴渊晋升为枢密院检详诸房文字兼国史院编修官、实录院检讨官兼左司。吴渊在知太平州兼江东转运使的时候，两淮流民涌入太平州的达四十多万人，他将流民编入“什伍”予以赈济，下令让当地人不得侵犯流民。当时，邻近的其他州县经常发生流民放火抢劫事件，唯独太平州境内安然无恙、民乐其业。吴渊在出任隆兴知府、江西安抚使兼转运副使的时候，遇到江西大灾，数次进行赈灾和救济，使一百八十多万灾民得以存活。在出任镇江知府兼都大提举浙西沿海诸州军、许浦、澉潸等处的时候，同样遇到了大灾，吴渊多方救助，因其赈济而活下来的约六十五万人。在担任沿江制置副使兼提举南康军兵甲公事，节制蕲、黄州及安庆府屯田使的时候，湖南峒寇在江右作乱，连破数县，袁州、洪州大震，吴渊调兵遣将，生擒寇首，很快平息了峒乱。吴渊出任平江知府的时候（1230），苏州发生大灾，吴渊全力救灾和赈济，“因渊全活者四十二万三千五百余人”。

吴渊的能干不仅表现在一心为公、勤政为民上，他在军事上也表现出了杰出的才能。除了前面提到的两次平乱外，端平元年（1234），元朝在灭金后频频对南宋用兵，朝廷知道吴渊在军事上有着杰出的才能，于是“付渊以光、丰、蕲、黄之事”，吴渊创办团练，建司空山、燕家山、金刚台三大寨及嵯峨山、鹰山、什子山等二十二小寨，组织丁壮为伍，各寨队伍互相接应，使之星罗棋布、脉络贯通，无战则耕，有警则御，形成完备的防御网络。宝祐三年（1255）三月，吴渊担任江陵知府兼夔路策应大使、京湖安抚制置大使的时候，调兵二万增援四川，又力战于白河、沮河、玉泉一带，大败元军将领汪惟立，阻断了元军的南下步伐。

二是富有远见，不畏权贵。除了前面提到的权相史弥远拉拢被吴渊拒绝外，史弥远死后郑清之出任宰相，极力主张北伐，吴渊坚决反对，结果因此而被贬。端平元年（1234），金国在蒙宋的联合进攻下，丢掉了最后的据点蔡州，金国最后一个皇帝完颜承麟被杀，金国灭亡。金国被灭后，蒙古大军撤到了黄河以北，原金国统治的广大中原地带成为无主之地。刚刚亲政的宋理宗赵昀心中燃起了重振山河的热切愿望，准备出兵收复中原。对此，接任史弥远为宰相的郑清之采纳了出身军旅世家的赵葵、赵范兄弟的建议，提出了“西守潼关、北依黄河”

的战略，准备以此和元军对抗。而史弥远的侄子史嵩之、参知政事乔行之、枢密院副都承吴渊和淮西总领吴潜等大多数大臣却强烈反对。他们反对的理由主要有三个：第一，依靠黄河进行防守，需要沿河布置大量的军队，预计至少需要十五万人，南宋难以集结这么大规模的军队；第二，南宋的军队缺乏训练，而且军备匮乏，难以支撑北伐所需要的粮草；第三，中原地区长期饱受战火，赤地千里、民生凋敝，既不能增强南宋的国力，也无法为南宋军队提供人力物力支持，占领这样的中原，只会让南宋已经捉襟见肘的财政更加困难。吴渊直接说"国家力决不能取，纵取之决不能守"。结果，惹得郑清之大为不快，吴渊因此而被贬。但是，宋理宗赵昀的决心已定，加上郑清之等大臣的支持，南宋朝廷最终于端平元年（1234）五月发布檄文，颁布诏书，任命赵葵为主帅、赵范为两淮制置大使，正式宣布发兵收复中原，著名的"端平入洛"就此开始。然而，南宋军队在蒙古铁骑面前不堪一击，短短两个多月的时间里就几乎全军覆没。"端平入洛"成为宋蒙之间长达四十五年战争的开始，也成为南宋噩梦的开始。如果没有这次发兵，也许宋蒙之间的战争不会这么快到来。从这一点来讲，宋理宗和郑清之无疑是南宋的罪人。所以，事后宋理宗发布了罪己诏，郑清之也上书请辞并向吴渊致歉。但是，结果已定，致歉也无法改变战争的结果和历史的进程。

三是孝行远播，名垂后世。吴渊五岁的时候母亲就去世了，尚在幼冲的吴渊伤心欲绝，"哭泣哀慕如成人"。嘉定十七年（1224），吴渊的父亲吴柔胜去世，按照当时的规定，父母去世是要丁忧三年的。但是，当时正值用人之际，朝廷下诏让吴渊以原职回朝，遭到了吴渊的拒绝，但拒绝没有得到朝廷的批准，朝廷再次下诏让他赴任，吴渊只能上书朝廷："人道莫大于事亲，事亲莫大于送死，苟冒哀求荣，则平生大节扫地矣，他日何以事君？"当时，史弥远的侄子史嵩之刚刚得到重用，所以有人提醒吴渊说："得无碍时宰乎？"意思是会不会因此而得罪宰相史弥远？吴渊没有顾忌那么多，史弥远本就对吴渊十分欣赏，没有因为这件事情而为难他，最后同意了吴渊的请求，让他在家守孝。一直到除服后才任命他为浙东提举茶盐司干办公事，随后改任其为镇江府节制司、沿江制置使司干办公事，但吴渊都没有到任，又被任命为武陵县知县，改扬子县知县兼淮东转运司干办公事，添差通判真州。

四是才华出众，词文俱佳。吴渊自小力学，在文学上有着不俗的成就，诗词文论都很擅长，尤其在词上成就最大。吴渊的代表作是在采石矶写的《念奴娇·我来牛渚》：

我来牛渚，聊登眺、客里襟怀如豁。谁著危亭当此处，占断古今愁绝。江势鲸奔，山形虎踞，天险非人设。向来舟舰，曾扫百万胡羯。

追念照水然犀，男儿当似此，英雄豪杰。岁月匆匆留不住，鬓已星星堪镊。云暗江天，烟昏淮地，是断魂时节。栏干捶碎，酒狂忠愤俱发。

这首词上阕写登眺牛渚危亭，因景抒怀，抚念昔日抗金英雄功绩，壮怀激烈；下阕触景生情，激发满腔豪气，继而叹惜流年，悲愤激烈，表达了“报国欲死无战场”的英雄无奈。全词着笔古战场的险景，抒发爱国豪情，由景及情，情景交融，十分自然；词中流露的深沉的历史感和现实感，以及豪迈悲壮的鲜明风格都极具感染力。除了《念奴娇·我来牛渚》之外，吴渊还写有《水调歌头·太白已仙去》《沁园春·寿弟相国》《沁园春·梅》等，有兴趣的可以找出来欣赏。

吴渊曾两次出任平江知府，第一次是绍定三年（1230）十二月到四年（1231）七月，第二次是淳祐七年（1247）八月到八年（1248）五月。虽然两次在苏州任职待的时间都不长，但他做了不少事情，除了前面提到的救灾全活百姓几十万人外，吴渊为苏州做的最大的好事就是开办“济民药局”。

宋朝由于经济高度发展，商业贸易繁荣，较以往各个朝代，在社会救济和福利制度方面，取得了前所未有的成就。北宋时期社会救济机构主要有三类：一类专门收养“鳏寡孤独者”，重点是六十岁以上无人赡养的老人，还包括孤儿、流浪儿童、残疾人以及基本生活无着的难民、饥民。这类机构叫居养院。一类专门负责收治无钱治病的病人，这类机构叫安济坊，病人进安济坊后，可以得到免费治疗。还有一类机构，专门负责埋葬居养院与安济坊中故去的人，以及社会上“孤老馁疾致死”后“暴露沟堑者”，叫漏泽园。漏泽园还有专门由官方购买的墓地。到了南宋，由于宋金对峙、战乱不断，流民遍野，灾害频发，疫疾流行，朝廷于绍兴十八年（1148）将北宋时期就已成立的官药局“医药惠民局”更名为“太平惠民局”。但是因为中央财政吃紧，朝廷出资开办的惠民局不仅规模小，而且网点少，远远不能满足需要。因此，到了嘉泰二年（1202），宋宁宗下诏允许地方政府用常平钱开办官营药局，各地也有所落实，而做得最好的就是平江府。王鏊《姑苏志》记载：庆元元年（1195），太府寺在醋库巷建“太平惠民局”；绍定四年（1231），平江知府吴渊在鱼行桥东、广惠坊左建“济民药局”，并撰写了《济民药局记》，详细记载了济民药局开办的目的、投入资金、完成规模、设备设施、管理人员、药品采购、经营方针、社会反响、产权变更等，为研究南宋官办药局提供了宝贵的第一手资料。吴渊的这篇文章收录在明朝钱谷《吴都文粹续集》中。吴渊在文中写道：“渊犹及见先生长者，谈乾淳间事。其言曰：圣朝体列，圣好生之德，每以民命为重，一念恳恻，无所不用其至……姑苏城大人众。余领郡适有春疫。亟幸郡医之良，分比闾而治，某人某坊，某人某里，家至户到，悉给以药。窭而无力者则予钱粟。疾不可为者复与周身之具。由二月至七月，其得不夭者一千七百四十九人。因念仓卒取药于市，既非其真；非惟不真，且不可以继，乃创济民一局。为屋三十有五楹，炮泽之所，修和之地，监临之司，库廪庖湢，炉硙鼎臼，翼然井然，罔不毕具。总夫匠木石之费，钱以缗计者，七千八百四十五；米以石计者，三百二十三。既落成，复以二万缗实之，为市材费。凡川广水陆之产，金石草木之品，无珍不致，无远不取。冀有益于人，故真其剂；弗求赢于官，故轻其值。料置丰盈，芗味芳烈。较市炫玉贾石者，相去不啻万万。列肆阛阓，过者欢喜。他日设遇流行之灾，四时之沴，则分医以疗捐药。济民药局在鱼行桥东，绍定四年吴渊创于广惠坊之左。自为记。”可见，济民药局不仅规模大，而且药品也十分齐全，这在当时确实是了不起的。吴渊虽然在苏州待的时间不长，却实实在在为苏州老百姓办了一件大好事。到了宋理宗开庆元年（1259），名医马杨祖重建济民药局于平江府内城、两浙西路分出的办公厅故址，以后又迁于办公厅之北。

当然，吴渊也非完人，最为人诟病的就是其性格直、脾气不好，为政有些严苛。这样的性格一方面表现为杀伐果断、雷厉风行，决策能力强、办事效率高；但另一方面也会导致说话、办事考虑不周，对下要求严格，史书说他“为政尚严”就是明证。吴渊的弟弟吴潜就此曾多次劝导他，但是他生性如此，很难改掉。为此，吴渊也吃了不少亏，比如前文提到的“端平入洛”，吴渊就坚决反对，而且话说得很难听，所以惹恼了郑清之，被贬为江州知州。后来，都司袁商让御史弹劾吴渊，吴渊被罢。吴渊以权户部侍郎出任镇江知府的时候，在朝堂上向宋理宗进献九事，因为说话太直，加上所推荐的人不是宰相喜欢的，所以吴渊刚离开朝堂，御史唐璘就弹劾他，结果吴渊“遂仍前职，提举太平兴国宫”，很久才得到起复。吴渊第二次出任平江知府的时候，御史刘元龙上奏弹劾他，虽然宋理宗把弹劾奏章扣了下来，但是吴渊内心不安，“累具辞免，且丐祠”，宋理宗这才让他以本官提举洞霄宫。不过，总体上讲吴渊的优点大于缺点、政绩大于不足，可以说是瑕不掩瑜。

吴渊离任后，邹应博接任平江知府。

邹应博，福建泰宁人，是邹应龙的从弟。邹应龙于开禧元年（1205）考中进士，曾任参知政事，名气比较大。相比较而言，邹应博的名气要小得多，而且史料记载也非常少，只在一些地方志中有所涉及。从这些散乱的史料看，邹应博于开禧元年（1205）考中进士，先后当过县尉、知县、婺州知州、江南西路提点刑狱等。绍定四年（1231）九月，邹应博以中奉大夫、新除直秘阁出任平江知府，绍定六年（1233）十一月离任，在苏州待了两年多时间。

因为缺乏资料，无法对邹应博做全面介绍，不过，一些地方志中零星记载了一些邹应博的事迹，从这些资料看，邹应博曾经长期在地方任职，在每一个地方都留下了一些政绩，这说明此人是能员干吏，心系百姓，称得上是一位好官。

嘉定年间，邹应博出任武昌县（今湖北鄂州）县尉，巧修“四眼井”，留下一段佳话。当时，在今鄂州市鼓楼街与十字街的交会处有一口井，因为打水的人太多，人们经常为谁先打谁后打而发生争执。有一天，县尉邹应博路过此地，看见很多人在一起吵吵闹闹，就上前询问原因，百姓告诉他说是因为打水而起了争执。这事本来跟县尉没太大关系，但是邹应博平生以积德行善为荣，就把此事记在了心里，并思考如何解决。邹应博本想自己出钱打几口井，但是无奈囊中羞涩。俗话说日有所思，夜有所梦，当天夜里，邹应博梦见自己像青蛙一样坐在井里，看着天上，恍惚中眼前出现四个圆。醒来后邹应博回味这个梦，恍然醒悟：“原来是上天指点我，把一口井改为四口井，这样就可以解决百姓打水的问题了。”之后，邹应博叫手下吏员找来工匠，商量出了修建方案：在井口架设十字梁，用条石砌成，其上置四眼铁盖，可以同时供四个人打水，就这样，独特的“四眼井”建成了，解决了百姓打水的问题。水井建成之日，曾有祝词：“后当有登高位者、掇魏科，亭上寿者。”故后人又称之为“寿井”。井旁有亭，清末民初毁于战火。现在的“四眼井”是 2004 年鄂州市政府组织修复的，是鄂州市的重点文物保护单位。

嘉定十七年（1224），邹应博在莆田县担任知县的时候立了两块碑，流传至今。一块上书“唐孝友林先生之墓”。《新唐书》记载：唐贞元初，林攒出任福唐县尉。因为母亲年老，还没有来得及接到身边就生病了，林攒听说后，放弃官职回到母亲身边。母亲去世后，“自埏甓作冢，庐其右，有白乌来，甘露降”。意思就是自己和泥做瓦为母亲建了一座墓穴，并在墓穴边盖了房屋住在里面，引来了白乌，甘露也从天而降。这件事情传到朝廷后，“诏作二阙于母墓前，又表其闾，蠲徭役”，时号“阙下林家”。从此，林攒的孝行闻名天下。南宋嘉定十七年（1224）八月初一日，莆田知县邹应博重修唐孝子林攒墓，请当时莆田著名的书法家陈宓手书“唐孝友林先生之墓”，右上款“皇宋嘉定十七年岁在甲申八月丙寅朔”，左下款“知莆田县事泰宁邹应博立，邑人陈宓书”。另一块是“甘露山”石碑。原莆田县文赋里甘露山下立有一石碣，为陈宓手书，右上款“皇宋嘉定十七年岁在甲申八月良辰”，左下款“署莆田县事泰宁邹应传（应为博）立，邑人陈宓书”。后此碑丢失，2013年4月，阙下林委员向城厢区林桥村征集阙下祖陵“唐甘露林”相关文物时，在一村民的废弃坑中发现此石碣，遂运回妥善保管。作为知县，这样的事情虽然是小事，但是也体现了邹应博实心办事的作风，他为当地的文化传承和教化做出了自己的贡献。

邹应博在平江知府任上一共两年多时间，为苏州做了很好实事、好事。

一是重修宝带桥。宝带桥是我国现存古代桥梁中最长的一座石质连拱桥，坐落在苏州古城东南、澹台湖东口，南北跨澹台湖，连接大运河古纤道。宝带桥设计精巧，造型优美，在中国桥梁建筑艺术史上独树一帜，与河北赵州安济桥、北京卢沟桥等同在“中国十大名桥”之列。宝带桥始建于唐朝元和十一年到十四年（816—819），时任苏州刺史王仲舒带头发起募捐活动，并解下自己腰间的一条祖传宝带助捐，当时的富商纷纷捐款，很快就建起了一座三百多米长的木桥，人们为纪念王仲舒捐宝带建桥的功绩，称此桥为“宝带桥”。但是，当时王仲舒建的桥是木质的，经不起水冲雨淋，所以到了南宋，邹应博在出任平江知府的时候将此桥拆除重建，并改为石质结构。明洪武《苏州府志》记载：“舟车往来之冲桥界澹台湖，故木不能支，久过者危之，绍定五年郡守邹应博始易以石。”到了明朝，巡抚周忱再次进行了修建。民国《吴县志》引陈循《重修宝带桥记》称：“宋元以来，修葺不继，遂致倾圮。有司架木以济，行旅每有覆溺之患。正统七年，庐陵周公恂如以工部右侍郎巡抚兹地，睹之兴慨，乃与知府朱胜谋曰：‘是役工费浩繁，不可轻为。’乃戒有司豫备工材之用……”如今的宝带桥正是明朝重修的产物。1956年宝带桥被列为江苏省文物保护单位，2001年被列为全国重点文物保护单位，2014年中国大运河成功入选世界文化遗产名录，宝带桥作为大运河遗产点之一，成为苏州大运河文化带上一颗璀璨的明珠。

二是捐俸购买学田。《平江府增置常熟县学新田记》记载：“知平江府事秘阁编修户部邹公开府之明年，纲举目张，赋不加敛，郡计有羡。内不以实囊橐，外不以奉苞苴，顾庠序风化之原，而教养师帅之任。今廪稍之入者犹旧，而矜佩之来者日多。每食无余，责难他诿。而世之沽养士之名者，往往取财于赃罚，拨田于拘籍。犹之盗泉之水，度必有宁渴不饮者，其可效尤。乃斥郡帑之羡，买田民间，时直不亏，而售之者无难色。岁入有实，而得之者非具文。常熟隶邑之一，而所增田数如许，则府与他邑可知。增田之令既下，各邑士子皆请刻石，以诏方来。常熟之士属笔于沂，靖惟沂不才负丞，且尝摄郡广文之席，知颠末为详，故不辞而为之书。昔鲁僖公修泮宫，诗人颂之曰永锡难老，曰眉寿无有害，又曰翩彼飞鸮，集于泮林。食我桑黮，怀我好音。公方以清德受知明天子，奉诏登朝，一岁九迁，无足为公道。惟眉寿难老，乃多士之所一饭必祝者。鸱鸮非祥禽，桑黮非嘉实，而鲁人之颂如此，况吾邑之士德公之赐，如鸾凤之饱于竹实甘露者乎？继自今为邑士者，益思礼耕义种，学耨仁聚，以无负新田美才之意，敢并举此以为公颂，且以为诸生勉。公名应博，字景仁，泰宁人，乙丑别头进士第一人。绍定六年癸巳十二月既望，承直郎、平江府常熟县丞孙沂记。通直郎、知平江府常熟县、主管劝农公事、兼兵马都监章巽亨书，并题额、立石。吴郡张世聪同弟思明摹刻。”后面还有一段话：“知平江府邹应博捐俸置田，发各学以供士子灯火之用，发到常熟田凡七十余亩……”从记载看，邹应博在出任平江知府的第二年，捐俸购买田地，交给常熟县学，以供士子学习之用。其实，邹应博当时不仅捐俸置田给常熟县学，也给了其他地方。《嘉定县学田租记》记载：嘉定县学，“郡太守编修邹公发俸资置到，余皆本学陆续添置。此邑濒江枕海，田多租薄，又得学正东祁王君首拨己产添助”，其田至度宗咸淳二年（1266）共计七百七十三亩四十五步，租二百四十四石二斗七升。邹应博在苏州期间，捐出自己的俸禄为各个县学购买学田，这种义举值得我们永远纪念。

此外，王鏊《姑苏志》记载：“军资库，在大厅东南仪门左，绍定五年邹应博重建”，“甲仗库在大厅西，绍定中邹应博别建于瞻仪堂后，改名安成库”。说明邹应博在苏州期间还做了很多其他事情，为苏州的发展做出了巨大贡献。

邹应博不仅为官清廉、积德行善，做了很多惠民利民的事，还是一个孝子，写了不少祝寿的诗词，如《鹧鸪天·天遣丰年祝母龄》：

天遣丰年祝母龄。人人安业即安亲。探支十日新阳福，来献千秋古佛身。

儿捧盏，妇倾瓶。更欣筵上有嘉宾。紫驼出釜双台馈，玉节升堂两使星。

再如《鹧鸪天·诸佛林中女寿星》：

诸佛林中女寿星。千祥百福产心田。喜归玉母初生地，满劝麻姑不老泉。

吾梦佛，半千员。一年一佛护庭萱。数过九十从头数，四百余零一十年。

邹应博在词序中说："十月二十一日，吾母太淑人生日也。今年九十，仰荷乾坤垂佑，赐以福寿康宁，愿益加景覆，令其耳目聪明，手足便顺，五脏六腑，和气流通，常获平安之庆，子孙贤顺，寸禄足以供甘旨也。"邹应博的一片孝心跃然纸上。

邹应博离任后，杨煜接任平江知府。但是，关于杨煜的资料几乎是空白的，只有王鏊《姑苏志》中记载了一段话："杨煜，绍定六年十二月十二日以徽猷阁学士、正奉大夫除任，端平元年二月丐祠、提举隆兴府玉隆万寿宫。"说明杨煜在苏州仅仅待了三个月的时间。因为资料匮乏，无法对杨煜做详细介绍。

第二十六章 风雨飘摇

——蒙宋对峙与“端平更化”（一）

（赵立夫、张嗣古、王遂）

绍定六年（1233）十月，擅权达二十六年之久的史弥远终于走完了自己的一生，郑清之接任右丞相兼枢密使。宋理宗赵昀亲政后，联合蒙古灭掉了金国。踌躇满志的赵昀决心收复三京（东京开封、西京洛阳、南京商丘），贸然发动“端平入洛”，以失败告终。收复三京的失败，不仅葬送了数万精兵，严重削弱了南宋的国力，而且让蒙古找到了进攻南宋的借口，宋蒙战争从此全面爆发，南宋也从此陷入风雨飘摇之中。

宋理宗虽然在战争问题上决策失误，导致“端平入洛”以失败告终，但是，在对内的治理上却采取了一系列卓有成效的改革措施：一方面，罢黜史党，慎选宰相，亲擢台谏，澄清吏治；另一方面，面对货币乱发超发的局面，停止发行新币，适当回收旧币，严禁伪造楮币，严格会计制度，实行节用政策。同时，提升理学和道学的地位，使理学成为正统官学，并因此影响后世几百年。这次被称为“端平更化”的改革，大有中兴之势，然而，历史背景已经发生了根本性的变化，面对蒙古的全面进攻和权臣的不断出现，昙花一现的改革最终没能阻止南宋衰亡的趋势，正如《宋史》所说："理宗享国久长，与仁宗同。然仁宗之世，贤相相继。理宗四十年之间，若李宗勉、崔与之、吴潜之贤，皆弗究于用；而史弥远、丁大全、贾似道窃弄威福，与相始终。治效之不及庆历、嘉祐，宜也。蔡州之役，幸依大朝以定夹攻之策，及函守绪遗骨，俘宰臣天纲，归献庙社，亦可以刷会稽之耻，复齐襄之仇矣。顾乃贪地弃盟，入洛之师，事衅随起，兵连祸结，境土日蹙。郝经来使，似道讳言其纳币请和，蒙蔽抑塞，拘留不报，自速灭亡。吁，可惜哉！"

在宋蒙陷入对抗、朝局出现新的变化的背景下，赵立夫接替杨煜出任平江知府。

赵立夫，字德成，浙江乐清人。赵立夫是魏悼王赵廷美的九世孙（一说十世孙）。前面第二十四章赵彦橚条已经介绍过，当年，赵廷美因为"阴谋篡位"而被削去一切官职，安置在房县，其十个儿子便散布各地。建炎四年（1130），宋高宗赵构为躲避金军追击而乘船抵达温州，随从宋高宗一同南渡的宗室成员既有太祖赵匡胤一支，也有太宗赵光义一支，同时也有魏王赵廷美一支。正是在这次南逃的过程中，赵廷美的六世孙赵定之留在了温州，并于绍兴三十年（1160）前后迁至乐成（即乐清县治），遂为乐清赵氏始祖。赵立夫是赵定之的三世孙（一说四世孙），其后代基本上都居住在乐清的湖塘西岙、坭垟、沙埭、下阮、三重閭、南草垟等地。

赵立夫虽然是皇族后裔，却是靠着自己的才学进入官场，而且依靠自己卓绝的政绩一路升迁的。赵立夫一方面深受儒家思想影响，主张以德治国、实施仁政，在地方任职期间关心民瘼、实心为民；另一方面主张实行法家思想，变法改革、依法治国，痛革吏奸、惩治腐败，留下不少政绩。

赵立夫于开禧元年（1205）考中进士，最开始的职务是处州龙泉县（今浙江丽水龙泉市）主簿，后改为泰宁县（今福建泰宁）主簿。上任后，见太宁境内盐商哄抬盐价，按照当地人口强买强卖，当地百姓深受其苦，赵立夫采取严厉措施，打击盐商的不法行为，很快抑制了盐价，受到百姓的称赞。

离开太宁后，赵立夫再次参加科考，又考中法科。宋朝通过采取糊名制度、确立考试时间［宋之前是每年举行一次考试，自宋英宗治平二年（1065）开始，定为三年一大考。这个规定直到宣统年间最后一次科举，没有任何改变］、转变文风、调整考试科目和内容等措施，使科举考试更加规范。赵立夫早就考中了常科，后来再次参加考试，又考中法科，可见其才华十分出众，这也正是赵立夫在以后为官的过程中既受儒家思想的影响，又坚持法家改革进取精神的原因所在。

考中法科后，赵立夫从嘉定五年（1212）开始，一直在大理寺任职，先后担任大理评事、大理主簿、大理司直、大理寺丞、大理寺正等职务。嘉定十一年（1218），赵立夫出任临安通判。当时，钱塘江连接西湖一带遭海水入侵，河道和湖井之水苦咸，加上连年干旱，百姓用水和田地浇灌十分困难。赵立夫组织民众兴修水利，疏浚河道和湖泊，筑堤两百丈，河堤缺口之处重修增高，终于消除了水患，使临安百姓安居乐业，社会秩序也得以安定。嘉定十六年（1223），赵立夫被任命为湖州知州，“受朝廷覃恩”，改为严州（今浙江桐庐）知州，在任内重视储粮备荒，修筑堤塘等水利设施，政绩十分突出。声誉传到朝廷后，赵立夫于绍定元年（1228）被提拔为尚书右司郎中，第二年因为和籴有功官升一级，以太尉少卿兼知临安府。就任后，赵立夫仔细研究了杭州的城防、治安等，发现冗员严重，决心裁减冗员，节约开支，减轻财政负担。因此，赵立夫在向宋理宗汇报工作的时候提出建议：“请将茶槽、下沙合为一寨。”（茶槽、下沙均为杭州巡警防务机构所在地）宋理宗问：“每寨几人？”赵立夫回答说：“多者百二十人。”宋理宗又问：“京城民讼如何？”回答说：“臣幸与民相安。”宋理宗交代赵立夫说：“民命所关，不可淹延”，“京城细民，当一意抚摩，使常在春风和气中”。从此，赵立夫常用“循理”二字告谕百姓，安富恤贫，不以痛法绳下。又根据宋理宗“使常在春风和气中”的嘱托，在临安府西面修建“春和楼”，用来宣扬朝廷仁政。在赵立夫的精心治理下，临安社会和谐，民众安居乐业。

绍定三年（1230），赵立夫升任太府卿兼删修敕令官。绍定四年（1231），年届七十的赵立夫奉祀东归。他和大儿子赵时诂及好友宋正礼一同返回家乡，途经缙云，兴致勃勃地访游仙都山，留下了宝贵的摩崖石刻。丽水缙云仙都山是著名的风景名胜区，境内九曲练溪、十里画廊，山水飘逸、云雾缭绕，有奇峰一百六、异洞二十七，有“桂林之秀、黄山之奇、华山之险”的美誉。相传在唐天宝年间，有许多彩云回旋于此山，山谷声乐震天，时任刺史苗奉倩将此上报给唐玄宗，玄宗听后惊叹道：“这是仙人荟萃之都也！”并亲书“仙都”二字，仙都山因此得名。此时，年已古稀、无官一身轻的赵立夫兴致勃勃登上初阳谷，顿觉畅快无比，一路畅游吟咏，在初阳谷留下摩崖石刻：“乐清赵立夫奉祠东归，访仙都，登初阳谷，飏舟小蓬莱下，憩流盘礴。回视二十年间，缚缨□王朝，抗尘京兆，得此闲适，岂不顿快。时绍定辛卯立夏后二日也。子时诂侍行，友人宋正礼同游。”一生勤政爱民、忧国忧民的赵立夫，脱去官服后一身轻松，表现出了淡泊名利、脱然尘表的心态，实在再正常不过。

然而，赵立夫想就此优游山水、终老故里的愿望并没有实现，端平元年（1234）三月，赵立夫被起用，以秘阁修撰出任浙西提刑兼知平江府事，在苏州待了五个月的时间，以执法威严公正、使吏民相安而著称，尤其是在奉旨“和籴”时，在没有扰民的情况下很快为朝廷储米两百万斛。当年八月，赵立夫第二次担任太府卿、秘阁修撰。进谒时宋理宗说：“如今和籴不可缓。”赵立夫回答说：“蒙朝廷委以籴事，痛革吏奸，遂得不扰而办。”宋理宗说：“奸弊多端，严与关防，庶几百姓乐与官为市。”可见，对赵立夫在“和籴”中的表现，宋理宗是满意的。因此，端平二年（1235）正月十九日，赵立夫以秘阁修撰、太府卿的官衔出任临安知府。京城的百姓听说后高兴地说：“我辈又在春风和气中矣！”三月五日除权户部侍郎，仍兼前职。嘉熙三年（1239），“临安大饥，饥者夺食于路，市中杀人以卖，隐处掠卖人以徼利，日未晡，路无行人”，“江浙、福建旱蝗……人无粒食，楮券猥轻，物价腾踊，行都之内，气象萧条”。面对大饥荒，赵立夫设置粥棚赈济饥民。自二月至七月，赵立夫以七十多岁的高龄整天忙碌其中，从不知疲倦。每天施粥近千人，聚散起坐以钟鼓为号，虽然饥民众多，但秩序井然，甚至台州饥民也相携而来。赵立夫还施药医治病人，安葬死者。在自己家腾出二十多间房屋，储备粮食数千斛，作为乡邑储备之粮，等到青黄不接的时候减价三分之一卖给缺粮的人家。

不久，赵立夫晋升为宝章阁学士、刑部尚书。当时，蒙古铁骑兵分三路进攻南宋，南宋军队节节败退。内忧加上外患，南宋朝廷危机四伏。面对内外危机，宋理宗也表现出了开明的态度，下罪己诏，诏求直言。大臣杜范慷慨进言："人死于干戈，死于饥馑，父子相弃，夫妇不相保，怨气盈腹，谤言载道，是不得乎民而民已怨矣……甚而阖门饥死，相率投江，里巷聚首以议执政，军伍谇语。"宋理宗对杜范给予重奖，授予杜范吏部侍郎兼中书舍人之职。这无疑为言官们提供了范例，结果朝中大臣言辞越来越激烈，宋理宗终于无法容忍，很多大臣被革职，著名诗人刘克庄也因抨击弊政遭到免职。赵立夫因为议论朝政、抨击时弊而被免去刑部尚书一职，以龙图阁待制提举万寿宫。后被起用，担任婺州（今浙江金华）知州，赵立夫以身体有恙为由引退，回到家乡后居住在白石西漈五峰，不久就去世了，葬在乐清石塘岙。

赵立夫自小勤奋好学，又是科举出身，因此诗词俱佳，最出名的是《腊日偶书》："鬓逐年华换，身资药力轻。听传吴蜀事，对酒不能倾。"感慨年华易逝去，国力衰微。蒙古军队挥兵南下，南宋军队败退淮河；蒙古军队进攻夔府（今重庆），南宋军队大败。消息传来，赵立夫忧形于色，食之无味，写诗《谢刘潜夫寄示诗卷》给刘克庄，诗中说"想当落笔时，真宰森左右"，暗喻宋理宗阴沉可怕，"芳兰委萧艾，嘉植梗稂莠"，认为刘克庄是一个杰出的人才，可惜"芳兰"委身于"萧艾"，"嘉植"梗塞于"稂莠"，暗示朝政腐败，人才受到摧残，其忧国忧民之心尽显于文字之间。

赵立夫在苏州待了五个月就离任了，由张嗣古接任平江知府。

张嗣古，江西宜春人。张嗣古的生卒年不详，他是权臣韩侂胄的外甥，因为这个关系，张嗣古进入官场后就不断得到提拔；但也正是因为这个关系，张嗣古多次遭到罢官，仕途可谓是跌宕起伏。张嗣古虽然在官场上并不得志，但是他才华出众、诗文俱佳，因此，很多地方志都提到他，如《江西通志》载："嗣古有文名。庆元以后，凡郡邑纪述文翰，多出其手。”所以，张嗣古在历史上很是有些名气。

张嗣古于绍熙元年（1190）考中进士，庆元五年（1199），其职务是秘书省正字，仅是从八品的官职，到了嘉泰元年（1201），其官职也仅仅升了一级，即正八品的著作左郎兼国史院编修官、实录院检讨官。张嗣古这次提拔，还为了避讳，将官职改了。所谓“避讳”，就是指人们不得直接书写或者称呼帝王、圣贤和尊长的名字，而必须采用其他的方法加以回避。古代的避讳十分复杂，洪迈在《容斋随笔》卷第十一之“帝王讳名”中说：“帝王讳名，自周世始有此制，然只避之于本庙中耳。……汉代所谓邦之字曰国，盈之字曰满，彻之字曰通，虽但讳本字，而吏民犯者有刑。……本朝尚文之习大盛，故礼官讨论，每欲其多，庙讳遂有五十字者。举场试卷，小涉疑似，士人辄不敢用，一或犯之，往往暗行黜落。方州科举尤甚，此风殆不可革。”可见，避讳在宋以前并不是特别严格，但是到了宋朝以后，避讳特别烦琐，不仅说话写字避讳，连当官都得避讳。最典型的非赵匡胤的三弟赵廷美莫属。赵廷美最早叫赵匡美，他二哥赵匡胤当皇帝后，他只好改名叫赵光美，后来三哥赵光义当了皇帝，他又改叫赵廷美。宋朝避讳主要分两类：一类是官讳，包括皇帝生前的“御名”（正名）、曾用名（旧讳），皇帝祖先的名字，皇太子、亲王以及皇后之父等人的名讳。第二类是私讳。私讳又称家讳，雍熙二年（985）宋太宗下诏：官员三代的名讳只可行于自家，州县长官不准命人将家讳在客位榜列出；新授的职官，除三省御史台五品、文班四品及武班三品以上，允许按“式”奏改外，其余不在请改之列。同时，法律还规定：“诸府号官称，犯祖父名，而冒荣居之者，徒一年”，“诸上书若奏事，误犯宗庙讳者，杖八十……若嫌名及二名偏犯者，不坐”。此后，朝廷对家讳不断做出新的调整，到宋神宗时明确规定：凡官员所授官职，遇府号或官称犯父、祖正名时，不论官品高低，都准回避；如果只犯嫌名或双名中一字，仍旧不用避讳。至于避讳的方式也有很多，就避私讳来讲，就有近十种之多：一是改地，就是更改差遣的地点；二是改授次等官职；三是改授其他官职；四是改官称或者官衔的名称；五是变动官职但是仍然适用原来的官衔；六是不系官衔，就是所授的官衔犯了名讳，在称呼上减少这个官衔；七是减去官衔中的某一个字；八是改变文书用语；九是改人名等。据赵升《朝野类要·杂制》记载，当时，朝廷任命张嗣古为起居郎，但是他的名字犯家讳就请求辞免，朝廷只好将起居郎改为“侍立修注官”。

不过，这次提拔，张嗣古的级别并没有多少变动，只是由从八品晋升为正八品；两年后，张嗣古就晋升至从六品的起居舍人，连升了三级，很大原因是此时的韩侂胄大权在握，这次晋升也包含了韩侂胄对外甥的期许。当时，掌握实权的韩侂胄意图对金发动战争，收复中原，以建立不世之功。但是，韩侂胄对金国的国内形势和兵力部署并不清楚。为了知己知彼，嘉泰四年（1204），韩侂胄让张嗣古以贺寿的名义出使金国，刺探金国虚实。张嗣古回来后，向韩侂胄汇报说：“敌未可伐，幸太师勿轻信人言。”这个结果让韩侂胄非常不满意，于是，第二年又派李壁和史达祖这两位亲信出使金国，并最终发动了“开禧北伐”，葬送了宋孝宗开创的大好局面。

因为出使金国办事不力，当年十月，张嗣古被降职一等。《宋会要辑稿》载：嘉泰四年“十月十三日，侍立修注官、充贺金国生辰国信使张嗣古降一官，合门舍人、充贺金国生辰副使陈焕降三官放罢。以嗣古坠笏失仪，焕于射处争竞”。以“失仪”和“争竞”降职，理由确实有点牵强，可见韩侂胄对这个外甥并不怎么照顾。不过，从这件事情也可以看出，张嗣古并非善于攀附的人。但是，张嗣古和韩侂胄的亲戚关系仍使他受到了牵连。韩侂胄被杀后，张嗣古以直龙图阁被任命为泉州知州，很快就遭到弹劾而被罢职。《宋会要辑稿》载：嘉定二年（1209）三月廿五日，“直龙图阁、新知泉州张嗣古落职放罢。以侍御史陈晦言三人皆权臣之所亲厚，得罪公议”。虽然没多久就被起用，但是，到了嘉定六年（1213），刚出任安庆知府的张嗣古再次被罢职。《宋会要辑稿》载：嘉定六年“二十九日，潼川运判樊士迪、知安庆府张嗣古并罢。以臣僚言：士迪前守嘉定，输纳取赢，类试受嘱；嗣古权臣之甥，佚罚得郡”。可见，张嗣古因韩侂胄外甥的身份而一再遭到弹劾和贬职，这对张嗣古来讲确实不公，就像当年党争之中的苏轼等人一样，尽管满腹才华，在权力斗争面前都是微尘。

好在张嗣古这人并非靠着韩侂胄的关系进入官场，也不是一个品质差、能力弱的人，而且他也并没有参与韩侂胄打击异己、整治他人的行动。所以，到了宝庆元年（1225），张嗣古被起复，出任衡州知州，随后转任湖南路转运判官。端平元年（1234）十月，以中大夫、右文殿修撰出任平江知府，在苏州待了两年时间。在地方任职期间，张嗣古做了不少实事，留下了很多政绩，归纳起来主要有以下几点。

一是修志写序。一些地方志和史书多次提到张嗣古为志书和史书写序的事情。被《四库全书》收录其中、由纳兰性德辑编的《合订删补大易集义粹言》是研究《易经》的集大成之作，而其重要来源就是《大易粹言》和《大易集义》，《大易粹言》由南宋曾穜撰写、张嗣古作序，是一种资料汇编性质的书籍，主要汇集了“二程”等七家“易说”。后来，魏了翁对曾穜的《大易粹言》很不认同，所以又重新进行了整理编辑，于绍定二年（1229）出版《大易集义》。纳兰性德编辑的《合订删补大易集义粹言》的主要来源就是这两个本子和后人增删的稿子。张嗣古还为《袁州志》写了序言。《江西通志》载：“滕强恕，字宗卿，宋金华人，以宗正少卿于宋嘉定十三年任袁州知州。经意典章文物，遂命郡博士林护新、醴陵大夫张耕博访旧闻，搜辑散佚，随事编纂，厘为十二卷。于是一郡四邑之事迹，粲然皆备，因请张嗣古序而刻之行世。”正德《袁州府志》的序言中也有同样的记载。同时，正德《袁州府志》还收录了张嗣古的《修城记》，他在文中说：“开禧改元夏五月，庐陵罗公克开被天子明命，来守宜春郡。”任职期间重修老城，张嗣古因此写了这篇《修城记》。张嗣古还写了《兴贤庄碑》一文，文中说：“往者寺正庐陵罗侯克开达夫守吾郡，予适里处。”罗克开在任的时候，大力发展公益事业，修建了“待补庄”，并因此撰写了《待补庄记》。罗克开死后，在家乡的张嗣古就建议罗克开的继任者郑昉将待补庄扩大，并改名为“兴贤庄”，其资助的对象不仅有赴太学补试者，还包括新、旧举人。兴贤庄落成后，张嗣古为之作记。可见，张嗣古不仅积极支持地方志的编纂工作，还积极参与家乡建设和慈善事业，为家乡做出了很大贡献。正如《江西通志》所说：“凡郡邑纪述文翰，多出其手。”评价不为不高。

二是建房修亭。张嗣古在苏州期间做了很多好事实事。首先，做实事不扰民。据《宋会要辑稿》和《江南通志》记载，端平二年(1235)六月，因和籴有功，朝廷升平江知府张嗣古官品一级。其次，修治亭圃。王鏊《姑苏志》记载："知乐亭即旧生云轩也，在古池光亭东。端平中，张嗣古改立（郡人周虎书额）。淳祐初废。""郡圃，在州宅正北。前临池光亭，大池后抵齐云楼，城下甚广袤……其前隙地，南宋为教场，俗呼后教场……郡治旧有齐云、初阳及东西四楼，木兰堂东、西二亭，北轩，东斋等处，建炎兵后，惟齐云、西楼、东斋为旧制，余皆补造。端平初，张嗣古改郡圃名，同乐园。嘉定十三年，綦奎新浚府宅后方池，环以土山，辇西斋之石，益而为之。立四小亭于上，曰棱玉、苍霭、烟岫、清漪……其齐云楼前有芍药坛，每岁花开，太守必宴客号芍药会。"可见，张嗣古在苏州还是做了很多事情的。

三是荐才写铭。南宋张淏编著的《云谷杂记》中收录了张嗣古的《特荐状》，其中有一句话："凡本府委送剖决民讼，毫分缕析，多得其情。"这是一封推荐自己下属的信。张淏在《云谷杂记》卷末跋中说："予自幼无他好，独嗜书之癖，根著胶固，与日加益，每获一异书则津津喜见眉宇，意世间所谓乐事，无以易此。"因此，当时直龙图阁张嗣古、宝谟阁学士章颖、正议大夫萧逵、宗室赵善坚等先后写奏表向皇上举荐。张嗣古的《特荐状》正是举荐张淏的，而且这封举荐信还留下了一个成语，即"毫分缕析"。另外，《永乐大典》载："嘉定六年九月十六日敕：知安庆府张嗣古状，桐城、太湖两县选人，右班冒授，不修廉隅，遂致败坏。欲下吏部，自今专注有举主改官人。奉圣旨：依。"可见，张嗣古对选人用人非常关心，并根据桐城、太湖的情况，专门上疏要求吏部改革荐人用人政策。此外，张嗣古还为当时的不少名人写过墓志铭，广东经略使陈希圣的墓志铭就是张嗣古写的，其落款为"中奉大夫、直龙图阁、真宁县开国伯、食邑三百户、赐紫金鱼袋张嗣古题盖并书"。

四是畅游抒怀。张嗣古在为官之余，畅游名山大川，留下了不少脍炙人口的诗词。他在游览湖南衡山妙高峰后写下了《登妙高亭》：

“雨余山石洗潺颜，卧虎蹲羊各自闲。杖履贪穿秋色好，不知衣惹藓痕斑。”他在游览宜春仰山雪谷潭后也写下了一首诗，名字就叫《雪谷潭》：

崎岖鸟道开烟萝，长松偃蹇声荡摩。
白龙怒吼挂绝壁，苍兕离立迎清波。
枯筇柱破青苔色，雷雨收功神敛迹。
穷源不得空归来，掬雪抟珠三太息。

仰山位于江西宜春市袁州区洪江镇境内，北接木平山，西邻甑盖顶，西南遥对太平山，东出梅洲，面积约 20 平方公里，属武功山东部的余脉。仰山栖隐寺坐北朝南，东西两旁的山坡上是一大片绿色的梯田，包围着山谷。据悉，这里的梯田原为“农禅并重”，是自耕自食的僧人所开垦。南宋乾道九年（1173）正月，范成大赴广西任职时路过袁州，游览仰山，后在他的《骖鸾录》中写道：“岭阪上皆禾田，层层而上至顶，名梯田。”据有关专家考证，这是中国见于典籍的最早关于“梯田”的记载。后来，张嗣古游览仰山，也写了一首诗，名字就叫《游仰山》，其中也有“众壑争飞流，四岭半为田”之句。可见，张嗣古是一个很有才华的人。

张嗣古离任后，由王遂接任平江知府。

王遂（1182—1248）是南宋的名臣、文学家和诗人，一生不畏权贵、不计名利，实心为民、政绩卓著，才华出众、著述颇丰。

王遂原来的字为颖叔，后改为去非，号实斋。关于王遂改字一事，真德秀《西山文集》卷三十三收录的《王去非字说》做了详细说明：“予谓因名以制字，因字以自儆，则‘去非’为宜。盖遂之为言，将成而不可已之谓也，故曰遂。事不谏然善焉，而遂之可也；不善焉，而亦遂之，是耻过而作非也，予故曰‘去非’为宜。”《京口耆旧传》说：“子志于道，而慕战国策士非字也。为改去非，且序其说。”可见，王遂原来的字估计是其父亲帮他取的，王遂却羡慕战国策士有勇有谋、有胆有识，敢于非议时政、建言献策，因此将自己的字改为“去非”。

王遂是王韶的玄孙。王韶是江州德安（今江西德安）人，考中嘉祐二年（1057）进士，官至枢密副使，因和王安石的政见不同而被贬为洪州（今江西南昌）、鄂州（今湖北鄂州）知州。王遂的曾祖叫王寀，进士出身，官至翰林学士、兵部侍郎。王寀后来遭道士林灵素诬陷被处死。靖康元年（1126），王遂的爷爷王彦融“时年十九，徒步走京师，上书讼冤，召对命官”，终使王寀的冤情得以洗刷。王彦融曾在平江府长洲县当过知县，死后累赠为金紫光禄大夫。王寀曾写了一篇文章叫《王氏总说》，对江西德安王氏源流做了详细介绍，具有重要的史料价值。王遂的父亲王万枢是王彦融的次子，“以父任授昆山尉，移崇德丞，改秩知滁州来安县，迁知兴国军，秩满改知吉州”。由此可以得知，王遂的祖籍是江西德安，到他爷爷的时候才迁居到金坛（今江苏金坛），王遂是王氏徙居金坛的第三代，因此史志大多称其为金坛人，而嘉靖《宁国府志》、《江南通志》等则称其为“敷阳人”，敷阳是德安的古称，王韶就号敷阳子。王遂的曾祖王寀、祖父王彦融分别在长洲和昆山当过知县和县尉，与苏州也算有着较深的渊源。

王遂一共兄弟六人，王遂排第三。因为出身官宦世家，加上其母亲蔡氏对子女管教有方，王遂从小受到了良好的教育。真德秀《夫人蔡氏墓志铭》记载：“诸子幼时，夫人夜课诵读，苟未精熟，夫人亦不寝；所取师友，必四方文学行谊士；膳饮皆亲视具。”王遂因为受到了严格的教育，所以从小就品学兼优、品行高洁、不畏权贵。十四岁那年，王遂和二哥王逢一同到江东参加举人考试，因为在策论中批判了韩侂胄和王德谦，不仅自己名落孙山，还连带父亲被贬职。《京口耆旧传》载：“十四，（与）伯兄逢试江东，对策抵韩侂胄、王德谦，考官舒麟、刘三杰、石宗万并置选中，谏议李沐闻而大怒，谓公父私属监试刘大临，皆劾罢。”《宋会要辑稿》也记载：庆元元年十一月二十九日，“建康添差通判刘大临、通判王万枢各降一官并放罢。以右谏议大夫李沐言：大临受王万枢请嘱，科举出题，私祷考试官取其子王逢、王遂，士论甚哗。”第二年，王遂和二哥王逢去省里参加复试，结果未参加考试就被“驳放”。然而王遂仍然没有惧怕权贵，而且这种品格保持了一生。

庆元三年（1197），连续两次考试都未能如愿的王遂，“旋以父任子恩铨中，主富阳薄”，靠着父亲的官职恩荫进入官场，出任富阳（今杭州富阳）主簿。庆元五年（1199），王遂的二哥王逢考中进士，被授予溧水主簿一职，兄弟二人出仕之后的第一个职务都是主簿。嘉泰二年（1202），王遂终于考中进士，仍然担任富阳主簿。对于王遂兄弟在科考中的蹉跎，王遂的母亲蔡氏表现得很是淡定，真德秀在《夫人蔡氏墓志铭》中说：“遂年十四，与江东荐书，夫人无喜色，既而言者缪于风闻，夫人亦不愠。后二子踵世科，人皆艳之，言者亦愧叹。”正是这样宠辱不惊的母亲，才能培养出王遂这样的良才。

开禧元年（1205），王遂的父亲王万枢晋升为吉州知州，但是不幸的是，王万枢在赴任的路上经过仪真的时候病逝在舟中，王遂便回家守孝三年。守孝期满后，王遂于开禧三年（1207）被任命为楚州教授。此时，“开禧北伐”以失败而告终，韩侂胄也被处死，经过战争的摧残，江淮大地满目疮痍。王遂受邱密和杨辅的委托，积极参与救荒和战后的恢复工作。《京口耆旧传》记载：“当开禧兵火后，缮治黉舍，招集生徒，士风顿还。淮东敌退民归，岁适苦旱，条救荒事宜，上之台郡，既而权倅。制使丘公崈、杨公辅皆以措置给籴委公。”可见，王遂不仅在战后积极修缮校舍、招集学士，而且参与了救荒工作，得到邱密和杨辅等建康留守的器重。

嘉定三年（1210），因忤逆韩侂胄而被罢职的黄度出任建康知府兼江淮制置使，同时负责行宫留守司公事。当了两年多楚州教授的王遂被黄度召到身边，担任他的幕僚。《京口耆旧传》载：“黄公度开江淮阃，罗致幕中，建策画平湖海余寇，淮西有雄淮军，虚费诸郡，朝议留屯，以省馈运。公白制阃：‘凡田多者，以正月下旬纵遣，使得春耕；田少者，四五月麦登乃遣归，使有以续食，其不预归者改制。’黄公以其说复于朝，行之，所在帖息，岁省缗钱四百万，米斛三十余万。”对王遂出任黄度幕府这件事情，王遂的母亲给予了大力支持：“大夫从金陵帅黄公度幕府，夫人手书戒曰：‘汝年少，更事浅，谨之谨之，家事吾自力，不以累汝也。’”当年王遂已经二十九岁了，并非年少无知的年龄，而且早年还经历了科场风波的洗礼，应该非常成熟了，但其母亲仍然谆谆教导，叫他谨慎办事，不要操心家里的事情。

一个母亲对儿子的关怀与期许溢于言表。

黄度在南京待了两年多时间后改任礼部尚书兼侍读，王遂没有离开，而是留下来协助真德秀和李道传进行救荒和战后重建工作。“淮西总所漕使真公德秀、仓使李公道传共议救荒，事悉咨公，民多全活。”“真公德秀、李公道传振荒江东，大夫及南库颇参其议，夫人曰：‘民命所系，何可忽诸？’”真德秀是嘉定八年（1215）出任淮西转运副使的，李道传则担任提举江南东路常平茶盐一职，说明此时王遂仍在建康，并且参与救荒。正是在这次救荒的过程中，王遂和真德秀、李道传建立了深厚的友谊。嘉定十年（1217），李道传出任果州（今四川南充）知州，王遂赋诗《送李果州归蜀》（李道传是四川井研人）。可惜的是，李道传在赴任路上死在了九江，年仅四十八岁。

嘉定十六年（1223），王遂出任当涂县令。在任上，王遂遵循古代“循吏”的作风，访民苦、变民风、不扰民、宽民利，留下了非常好的政声。刘宰为此作《代柬寄当涂大夫王去非》称赞他道：“闻道王明府，仁声已四传。催科能不扰，赋入自争先。理到顽民服，仁渐黠吏悛。俊良搜士类，疾苦访氓编。义役颁成制，巫风变昔年。已闻销珥笔，直欲弛蒲鞭。未可徒宽治，还疑执德偏。碧云江外合，爰助正拳拳。”然而，王遂出任当涂县令不到一年时间，其母亲就在嘉定十六年（1223）十二月去世了，王遂于是丁忧在家，一直到宝庆三年（1227）四月，才被起复出任山阴（今浙江绍兴）知县。当时，江西、福建盗贼蜂起，闹得两地不得安宁，王遂写了《弭盗六策四要》，并“赴枢密院禀议”。王遂的捕盗对策得到了朝廷的认可，因此，王遂被任命为干办诸司审计司，出任邵武军知军，负责平定匪寇。《忠烈刘君锡先生纯》载：“绍定己丑，闽寇晏头陀等啸聚汀残郡，破宁化、清流、将乐，陷剑南，犯建宁，纯适调湖北帐干，闻贼迫近其乡里，即归，散家财，招唐石义勇千人讨之。樵守王遂请于朝，命知邵武县，俾将所招军往立官府，收散亡，军势大振，事闻改宣教郎，诏号其军曰：‘忠武’。”晏头陀盗乱被平定后，绍定三年（1230），“朝廷选贤能吏，劳来安集，以遂知邵武军兼福建招捕司参议官”。王遂在赴任时经过江山、浦城，遇到躲避贼寇的百姓，赠给他们金钱作为回乡的路费，老百姓纷纷跟着王遂赶往家乡，“从者如市”。到了邵武后，王遂“抚摩疮痍，剪平凶孽，民恃以安”。在邵武期间，王遂把包恢招为光泽（今福建光泽）主簿，协助平叛。包恢后来担任过平江知府，后面还会专门介绍。

王遂被任命为福建招捕司参议官不久，就遭到了言官的弹劾，说他“妄自标致，邀誉沽名”，结果被贬，出任安丰军知军。不过，王遂就任安丰军知军时间不长，绍定五年（1232）改任国子监主簿，后又晋升为太常寺主簿。王遂人生中真正的高光时刻是绍定六年（1233）。这一年，史弥远去世，宋理宗亲政后立即任用了一批能员干吏。《资治通鉴后编》载：“绍定六年十一月戊辰，礼部郎中洪咨夔进对，帝问以今日急务，咨夔言：‘进君子退小人，开诚心布公道。因乞召用崔与之、真德秀、魏了翁。’帝纳之，命咨夔与王遂并拜御史。”王遂升任监察御史后，立即上疏弹劾史弥远的党羽。《京口耆旧传》载：“与洪公咨夔并命。首疏论决于进君子退小人，则拨乱底于治；决于进小人退君子，则由治趋于乱。君子小人之势，相持未决，而治乱混并未分。虽百君子而一小人，终于以小人而害君子，则天下之似治者，适阶以为乱。于是首疏劾余天锡，再疏劾赵善湘、郑损、陈昡，三疏又劾善湘诸子，并其党与，余逮事藩邸，赵、郑、陈故相之肺腑腹心，久任方面，以功自诡者，公连疏及之。于是人心震悚，朝纲精明，群枉之党倾，众正之路辟矣。”端平元年（1234），王遂又上疏弹劾史弥远的侄子史嵩之：“史嵩之本不知兵，矜功自侈，谋身诡秘，欺君误国，留之襄阳一日，则有一日之忧。”史嵩之于嘉定十三年（1220）考中进士后，被任命为光化军司户参军，后来史弥远想给他换个职务，问他想到哪里任职，史嵩之回答说：“希望能到襄汉一带去做官。”于是，史嵩之被任命为襄阳户曹，从此，史嵩之经营襄阳十余年，为后来抵御蒙军南下做出了很大的贡献。后来南宋联合蒙古灭掉了金国，史嵩之功劳很大，他还将金哀宗遗骨、宝玉法器、俘虏张天纲及完颜好海等一同送到临安，宋理宗下令举行了盛大的献俘仪式，举国欢庆。正是在这样的背景下，王遂上奏弹劾史嵩之。对于王遂的弹劾，宋理宗没有给予任何回复，“疏上不报”。洪咨夔随后也上疏说：“残金虽灭，邻国方强，加严守备，尚恐不及，怎可动色相贺？”宋理宗“颇为嘉纳”，但并没有对史嵩之做出任何处罚。可见，宋理宗虽然对史弥远不满，但是对史嵩之的能力和眼光还是认可的，嘉熙四年（1240）还提拔史嵩之为右丞相兼枢密使。

王遂的这次弹劾虽然并不被宋理宗认可，但是宋理宗也没有因为此事而对王遂失望，反而对王遂进行了充分肯定和高度评价。端平二年（1235），王遂晋升为右正言，随即又被提拔为殿中侍御史。《右正言王遂除殿中侍御史制》中说："朕始亲万几，首得一士，置在明目张胆之地，蔚有正色敢言之风。神鼎铸而魑魅莫逢，干将淬而犀兕亦断。善类吐气，贪夫革心，察之既稔所安，用之不厌其速，甫跻谏列，亟副台端。纯仁之内出姓名，盖非轻授；赵抃之不避权幸，抑所优为。朕方虚己以受人，尔亦得时而行道。难逢者风云之胥会，易失者日月之如流；万古在前，亿世在后。毋替精白承休之节，用为汗青传远之图。"对王遂不仅充分肯定，而且期许有加。担任殿中侍御史后，王遂立即上疏弹劾"三凶"："三十年来，凶德参会，未有如李知孝、梁成大、莫泽肆无忌惮者。三凶之罪，上通于天，乞重其刑。"

从绍定六年（1233）出任监察御史，到端平二年（1235）升任为殿中侍御史，王遂"在台院逾两年，屡击巨奸"。这种不畏权贵、一心为公的大无畏精神，深得宋理宗的欣赏和肯定，因此，端平二年（1235）年底，王遂再次被提拔为户部侍郎。洪咨夔在《殿中侍御史王遂辞免除户部侍郎恩命不允诏》中对王遂做了充分肯定和高度评价："卿气壮而材茂，识高而论伟，繇分察再迁，察非法于殿中，暴未殄之恶，折方萌之奸，蹇蹇匪躬，闻于天下，朕甚器其直……"

端平三年（1236）正月，王遂以户部侍郎兼同修国史、实录院同修撰，暂兼权侍左侍郎。不过很快他就以宝章阁待制差知遂宁府，又改以焕章阁待制出任四川安抚制置副使兼知成都府，在陛辞的时候对宋理宗说："和之不可恃，战之必可守，且谓臣远去阙庭，犹不敢忘忠爱者，君子小人之辨是也。诸葛亮出汉中，上表言亲君子远小人，此乃讨贼兴复之第一义，惟陛下念之。"然而，王遂刚刚离开临安，"蜀士之党郑损者居中沮止之，改知平江府"。也就是说，王遂被任命为遂宁知府、制置四川兼成都知府，但均未赴任，最后改任平江知府。《吴郡志》记载："王遂，朝奉大夫新除焕章阁待制四川安抚制置副使兼知成都府，端平三年四月十二日，三省同奉圣旨，依旧焕章阁待制改差知平江军府事，节制许浦都统司水军，七月初九日到任。"王遂到任后，"下车，首以崇学校、宽民力、抑豪强为务，会两倅及县令，赋诗勉厉之。时诣学亲，为诸生讲说，吴中理学始兴"。《江南通志》名宦条记载："王遂，字去非，金坛人。理宗时知平江府，崇学校、宽民力、抑豪强，禁盂兰盆，会洞庭村民徐汝贤以诈惑众，自号水仙太保，掠人财，贿妻妾，为害数十年，遂收捕，黥面鞭背，投之盘门水中，污俗一变。"

从这些记载上看，王遂在苏州期间做了很多好事实事：一是重视教育，并且亲自到府学讲授理学，使理学在苏州兴起。王遂与当时的理学大家真德秀、魏了翁交往颇多，感情很深，其本人在理学上的造诣也非常高。端平二年（1235）十二月，魏了翁受命赴江淮"督视军马"，嘉熙元年（1237）正月初三日，宋理宗下诏要魏了翁"知福州、福建路安抚使"。魏了翁在返京途中接到诏命，上书请辞。二月十五日，魏了翁抵达苏州，再次上书请辞，并请求致仕："臣自发芜湖，历升、润，以至毗陵、姑苏，求医问药，殆无虚日。而沉疴展转，终未洒然。"此时魏了翁确已重病在身，没有等到朝廷回音，于三月十八日病逝于苏州，享年六十岁。魏了翁的后事由时任平江知府的王遂一手安排，"王实斋时知平江府，经纪丧事，甚为周挚"。可见二人交情之深。理学虽然发端于北方，但是集大成者是朱熹等人，所以，当时传播和影响的主要地区是浙江以南，尤其是福建一带，对苏州等地的影响并不大。王遂到任平江知府后，亲自到府学讲授理学，对理学在苏州的发展无疑起到了积极的促进作用。二是体恤百姓，减轻负担。《宋史全文》卷三十三载：嘉熙元年二月甲辰，"知平江府王遂、知建宁府姚珪、知常州何处信各以秤提会子进一秩"。史弥远在任的时候，滥发纸币，导致物价飞涨，宋理宗亲政后，大力整顿货币，停发新币，收回超发的纸币，逐步稳定币值。所谓"称提"，最初的意思是平衡，"指不同物品之间达到一种对等、平衡的关系。引申出权衡不同物品的比例、对应关系，使之符合于某种原则和规定的做法"。因为滥发货币带来了严重后果，南宋从宋宁宗开始，两次实行“称提之政”以平抑物价。王遂到苏州后，积极落实宋理宗的政策，对平抑物价做出了很大的贡献，所以才被晋升一级。三是打击豪强，整顿民风。当时，苏州东西山一带有一个叫徐汝贤的人，自号水仙太保，利用佛教的盂兰盆妖言惑众，欺诈百姓，为害一方数十年。王遂了解情况后，想派属下前去除去他，但无人敢去。时任吴县主簿孙子秀“奋然请往，焚其庐，碎其像，沈其人于太湖，曰：‘实汝水仙之名矣。’妖遂绝”，维持了一方百姓安宁。此外，王遂在平江府任上重修了社稷坛，并作《重修社稷坛记》；整修了通判亭，并作《平江通判西厅记》；写了《祭王著作文》悼念王苹。王苹是福建福清人，少年时随父亲迁居苏州，跟从“二程”的子弟学习洛学，因曾任著作佐郎通判常州，故称“王著作”。

王遂在苏州待了一年多时间，于嘉熙元年（1237）七月以敷文阁待制出任庆元知府兼沿海制置使。嘉熙二年（1238），王遂进显谟阁待制，出任泉州知州，又改任温州知州，但是均未上任。嘉熙三年（1239），王遂以华文阁直学士出知隆兴府兼江西转运副使。淳祐元年（1241），王遂以显谟阁待制出知宁国府，在任上“首革故弊、定斗斛、置义役，奏罢坍塌逃亡田税，尝诣学宫，督励生儒及载酒，出郊劳农，各劝以文，民甚德之”。《钦定大清一统志》卷八十一《宁国府》也记载：“王遂，敷阳人。淳祐元年出守宁国，除积弊、定斗斛、置义役，奏罢荒废逃往田税，人群颂之曰：‘作民父母，后王前社。’政绩极佳。”可见，王遂在宁国期间做了大量工作，办了很多实事，深受百姓喜爱。在隆庆府、宁国府期间，王遂还写了《溧水县建小学记》《真文忠公祠堂记》《华亭修复经界本末记》《赡学圩田记》《鲁公祠堂记》等，不遗余力大兴学校，弘扬文化。

淳祐三年（1243），王遂以宝章阁直学士出任建宁知府，任上筑坛修桥兴学校，实心为民办实事，留下了很多政绩。王遂在建宁任上，先后写了《建宁府重修府学记》《建安书院记》，他在《建宁府重修府学记》中说：“辛丑十月乃始为殿，明年二月讫事，又明年六月建阁，以次而举……遂到郡，见其轮奂灿然，……他日陛夫讲学建安书堂，私谓遂曰：‘子诚有意于共理乎，愿一言以为之教。’遂避席不遑，迟迟数月而不敢当……乃不辞而书。”可见，建宁府学是王遂的前任重修的，王遂到任后受托写下了这篇重修记。他在《建安书院记》中说：“淳祐三年夏，前建安太守王公移书今郡守王遂……遂以是操简执笔而不敢以固陋辞。”说明王遂写下这两篇记确实是受其前任王公（指王野）的委托，这说明当时王遂的名气确实非常大。在建宁期间，王遂还写了《重修拱辰桥记》《重造十桥记》《仁智堂记》《忠烈公庙碑记》等，其中所记建筑有些是王遂到任后亲自主持修建的，比如风雨坛、十桥等，而有些则是其他官员修建的，后请王遂作记。正因为有了这些王遂妙笔留下的文章，这些人这些事才流传千古。

淳祐五年（1245），王遂再次出任隆兴知府兼江西安抚使，第二年五月，六十五岁的王遂提举江州太平兴国宫，奉祠回到金坛，淳祐八年（1248）去世，享年六十七岁，死后赠谥“正肃”。王遂去世后，包恢写了《祭王实斋文》，对王遂做了高度评价：“世推名流，公为第一。质犹近古，纯正笃实；文由美中，英华炳蔚；才堪济时，权奇周密。自少俊伟，高视一世。以其姿器，超群拔萃；加以学问，真切深至……”

第二十七章　风雨飘摇

——蒙宋对峙与“端平更化”（二）

（吴潜、史宅之）

王遂离任后，南宋晚期名臣吴潜接任平江知府。

吴潜（1195—1262）是吴渊的弟弟，第二十五章介绍过。吴渊一生为人正直、为官清廉、为子孝顺，能力出众、政绩卓绝。和吴渊一样，吴潜才华出众、兴趣广泛、秉性耿直、品格高尚。兄弟两人都具有杰出的才能，也都因政绩卓著而名留青史。不同的是，吴渊虽然因为政过于严苛而被时人诟病，但仍然能够寿终正寝；而吴潜虽然位极人臣，但最终落得个被毒身亡的下场。正如皖西学院教授吴承林的总结：“吴潜虽是一个官员，但他却从不把自己局限在衙门的日常争讼中，而是保持着广泛的兴趣。在政治技巧方面，吴潜善于改善行政，但在处理微妙事件和探究新转变方面却不够随机应变。他毫无偏私进行人事选拔，但却没有留心寻找盟友、培养支持者，以保护自己的地位。秉性耿直的性格，使他在国家的大政方针上，表现出坚强的品质，总是坚决果敢，不为皇帝的权威而折腰。在南宋末年官僚日渐平庸的趋势下，吴潜显得颇为特立独行，很具典型色彩。”这个评价不仅全面，而且十分中肯。

正因为性格耿直、能力出众而又不肯结党、不会变通，吴潜才在官场上起起落落，最后还被贾似道陷害而不得善终。

吴潜，字毅夫，号履斋，原籍宣州宁国（今安徽宁国），出生地为浙江德清新市镇。因为吴潜考中了状元，所以关于他到底是什么地方的人自古就争议不断，主要原因是他的籍贯、出生地、居住地不一样。江南吴氏大多出自徽州休宁，平江吴氏亦出自徽州休宁，因此有说吴潜是休宁人，但是这种说法显然站不住脚，因为吴潜的籍贯不在休宁，他也不是在休宁出生的，说他是休宁人应不成立。吴潜的爷爷吴丕承入赘到了溧水（今南京溧水），吴潜的父亲吴柔胜即出生在溧水，并以溧水籍登进士第，吴柔胜的长子吴源、次子吴泳、三子吴渊都生于溧水，而且吴泳世居溧水，因此有吴潜是高淳人一说。但是，吴柔胜后来迁宗回到宁国，又徙居宣城，其间居住在浙江德清，吴潜于庆元元年（1195）出生于德清，因此有吴潜是德清人一说。还有一说提出吴潜是宣城人，理由是吴潜的伯父吴柔立在宣城为官，但没有儿子，吴渊、吴潜很小的时候母亲就去世了（当时吴渊只有五岁，吴潜只有一岁多），很受伯父、伯母疼爱。吴渊、吴潜小时候游学于宁国、宣城、泾县，且后来吴柔胜、吴渊、吴潜及其后裔大多在宣城居住。但是，吴潜籍贯不在宣城，所以说也不是宣城人。《宋史·吴潜传》称其为宁国人，因为《宋史》是以户籍界定人物籍贯的，说明吴潜的户籍在宁国，因此，吴潜应为宁国人。

吴潜自幼聪慧过人，并且受到了良好的教育。韩侂胄掌权时，为了排挤异己，发动“庆元党禁”，将所谓的伪学逆党记录在册，其中就包括吴潜的父亲吴柔胜。加上御史汤硕弹劾吴柔胜在浙东任职时擅放田租，且主张朱熹理学，吴柔胜被罢职。从此，吴柔胜在家开馆授徒，把精力放在儿子的教育上。除了自己悉心教导外，吴柔胜还遍访名师教导儿子。临川人邹斌是陆象山的高足，久负盛名，吴柔胜便让吴渊、吴潜拜其为师。吴潜本就聪明异常，过目不忘，加上严格的家教和名师的指点，很快其才名就传遍乡里，所以吴潜自称“幼闻先臣之训”，“泣而识之不敢忘”。嘉定九年（1216），二十二岁的吴潜参加省试，第二年，吴潜又参加殿试，被宋宁宗点为状元。状元及第的吴潜被授予承事郎之职，签镇东军节度判官，从此步入仕途。嘉定十七年（1224），吴潜的父亲吴柔胜病逝，吴潜安葬完父亲后在家守孝三年，除服后于宝庆二年（1226）十一月起复为秘书省正字，负责典司图籍管理。上任后，吴潜埋头书海，一方面尽职尽责整理和校正书籍，另一方面在这些古籍中汲取营养、丰富自己。绍定元年（1228），吴潜晋升为校书郎。绍定二年（1229），吴潜被任命为嘉兴府通判，并代理嘉兴府事。这是吴潜进入官场后第一次出任地方主官，其非凡的办事能力和乐善好施的品行在任上得到了充分体现。吴潜到任前，嘉兴知府岳珂想建居养院收养孤寡老人，因为经费问题只能作罢。吴潜上任后，“扩田纳粮”，多方筹措资金，在一个多月的时间里就完成了居养院的修建工作。因为政绩突出，吴潜很快升任朝散郎、尚书金部员外郎。

绍定四年（1231），吴潜被召回京城出任尚书右郎官。当年九月，京城发生火灾，并且蔓延到了太庙，导致大批百姓流离失所。吴潜上疏论致灾之由，劝宋理宗赵昀：“愿陛下斋戒修省，恐惧对越，菲衣恶食，必使国人信之，毋徒减膳而已。蔬损声色，必使天下孚之，毋徒彻乐而已，阉官之窃弄威福者勿亲，女宠之根萌祸患者勿昵”，“怀奸党贼者诛，贾怨误国者黜”，“以培国家一线之脉，以救生民一旦之命”。指出皇帝不可骄奢淫逸，要修省悔悟，对待国事兢兢业业。同时又上《与丞相史弥远书》，提出六条建议：“一曰格君心，二曰节奉给，三曰赈恤都民，四曰用老成廉洁之人，五曰用良将以御外患，六曰革吏弊以新治道。”这里的“格君心”，正是孟子所谓“惟大人为能格君心之非，君仁莫不仁，君义莫不义，君正莫不正，一正君而国定矣”。次年，吴潜改任吏部员外郎，后晋升为太府少卿。

绍定六年（1233），史弥远去世，宋理宗亲政，蒙古来使与南宋商讨联合夹击金国一事。朝臣一致认为应当答应蒙古的要求，并借机收复汴京，唯独吴潜认为不可，并上书给当时的宰相郑清之说：“金人既灭，与北为邻，法当以和为形，以守为实，以战为应。自荆襄首纳空城，合兵攻蔡，兵事一开，调度浸广，百姓狼狈，死者枕藉，使生灵肝脑涂地，得城不过荆榛之区，获俘不过暧昧之骨，而吾之内地荼毒如此，边臣误国之罪，不待言矣。闻有进恢复之画者，其算可谓俊杰，然取之若易，守之实难。征行之具，何所取贤，民穷不堪，激而为变，内部率为盗贼矣。今日之事，岂容轻议！”这段话可真是振聋发聩，非常具有远见！这也是吴潜对蒙政策的总纲领：第一，“以和为形”，绝不可与蒙古一起灭了金国，不然就要直接面对蒙古；第二，“以守为实”，积极进行备战，做好防守准备；第三，“以战为应”，既然战不可免，那就要随时做好准备，当战则战，以战争赢得和平。如果当时宋理宗和郑清之采纳了吴潜的建议，也许历史就会改写，至少南宋不会那么快和蒙古正面对抗。可惜的是，刚刚亲政的宋理宗急于建功立业，而刚刚接任丞相的郑清之也想建立不世之功，他们不想放弃这次难得的历史机遇，所以，对吴潜的建议置之不理。

吴潜的建议虽然没有被采纳，但是其军事才能和远见卓识还是受到了朝廷的重视。所以，吴潜并没有像他哥哥吴渊一样被贬职，反而于第二年“端平入洛”失败后晋升为太府卿兼权沿江制置使、知建康府、江东安抚留守。其间，吴潜上疏论“保蜀之方，护襄之策，防江之算，备海之宜”，建议在“端平入洛”失败的情况下“会兵黄州，勒兵而进，开府于鄂，进师江陵。示以形势，压以声威”。如果按照吴潜的建议，经营好川蜀，守好襄阳，蒙古铁骑未必那么容易占领襄阳。然而，吴潜的建议再次石沉大海。端平元年（1234），因为“端平入洛”失败给国家带来重大损失，宋理宗下罪己诏，并诏求直言，吴潜再次上疏，提出了九条建议：顺天应命，不荒废国政；立太子以固国本；笃信人伦纲常；匡正学术风气，以还斯文之气派；广纳人才，以待乏绝；体恤百姓，减轻赋税，宽限民力；吸取边防屡屡战败的教训，重振军威，以图新功；改革币制，避免通货膨胀；肃清盗贼，保障社会治安。因言论过于切直和激烈，得罪了时任宰相郑清之，被贬，奉祠提举千秋鸿禧宫。不过，时间不长，当年九月他就被起复，以秘阁修撰权江西转运副使、兼知隆兴府，主管江西安抚司。吴潜向朝廷奏请减少斛斗容量，并重新制造斛斗发给各个州郡，以此宽恤百姓，培植根本，让百姓休养生息。吴潜一共提出了十五个建议，但是，因为次月吴潜就晋升为右文殿修撰、集英殿修撰、枢密院都承旨、督府参谋官兼知太平州，所以，这些建议也就没了下文。

也许是因为之前的直言未被采纳反而被贬职让吴潜太过失望，此时的他萌生了退隐的念头，所以，这次任命下来后，吴潜五次上书请辞，结果都被驳了回来。既然不准退隐，吴潜便又上疏谈论和战大计，对郑清之说：“京西既失，当招收京淮丁壮为精兵，以保江西。”端平二年（1235），郑清之提出用“计亩纳会”的办法回收会子，即凡有田者均按一亩田一贯会的比例交纳，而时任福建转运判官的袁甫则建议朝廷只向官户和寺观征会。吴潜立即连连上疏，坚决反对征大户，他认为这一方法是“剜心肉以救眼创，拨根本以扶枝叶”，纵然纸币能够升值，但是官户和寺观也会因此而对朝廷不满，引发新的社会矛盾。同时，吴潜还指出，仅靠“计亩纳会”无济于事，“朝廷之印造不已，奸民之伪造不已，铜钱则海道之漏泄不已……不过年岁，弊将如初”，这才是问题的根本，治理货币超发必须从根子上采取措施。

端平二年（1235），窝阔台派三路大军攻宋，宋蒙战争正式爆发。中路蒙军很快就对襄阳形成了包围之势，吴潜立即意识到了形势的严峻，他以督府参谋官的身份向宋理宗写了长篇奏疏《论和战成败大计，襄宜急救，备不可缺》，指出襄阳危在旦夕，建议朝廷应该全力支持督府魏了翁。端平三年（1236）正月，吴潜到采石谒见正在督师京湖兵马的签书枢密院事魏了翁，魏了翁非常欣赏吴潜的才华，上奏请求让吴潜暂时留在幕府，协助参赞军事。二月，魏了翁的奏请得到了朝廷批准，吴潜转赴九江，留在了魏了翁的幕府。三月，吴潜进京面见宋理宗并述职，被任命为权工部侍郎、江州知州，但是被吴潜拒绝，他仍然回太平州担任知州。在面见宋理宗的时候，吴潜请求宋理宗养宗室子弟为子，稳固国本，稳定人心。

嘉熙元年（1237）正月，吴潜改任权兵部侍郎兼校正。这年夏天，吴潜再次上疏，要求急救襄阳，认为“襄、汉溃决，兴、沔破亡，两淮俶扰，三川陷没。欲望陛下念大业将倾，士习已坏，以静专察群情，以刚明消众慝，警于有位，各励至公。毋以术数相高，而以事功相勉；毋以阴谋相讦，而以识见相先。协谋并智，勠力一心，则危者尚可安，而衰证尚可起也”。他还建议大力支持督府的工作，“会兵黄州，勒兵而进，开府于鄂，进师江陵。示以形势，压以声威”。但是，朝廷并没有采纳吴潜的建议，致使蒙古军队突破京湖防线，攻克襄阳，湖北九郡相继陷落，蒙古军队直逼江陵，饮马长江。同时，吴潜还上疏建议分路取士，“以收淮、襄之人物”，其重视人才的思想再次在奏疏中体现了出来。吴潜一生爱惜人才、重用人才。在人才问题上，吴潜首先非常重视人才的储备，尤其是在重要地区储备人才，以免急需时“无仓卒乏才之叹，亦无缓慢不及事之忧”；其次是注重人才的广泛搜寻，秉公取士，不限地域，“不拘荆、淮、湖、广，不止闽、浙、江左，使一方各有所进之士”。最后主张任人唯贤，“大者道德器识，其次明察惠和，其次方略果敢；小者刑狱钱谷，岂可专取文艺之人?”应“备百官，济万事”，以益公家。在这种不拘一格降人才的思想指导下，吴潜举荐和任用了大批有用之才，可惜的是，吴潜为人太正直，在奸相贾似道的进攻面前显得势单力薄，最后被贾似道构陷身亡。

嘉熙元年（1237）八月，吴潜被任命为试工部侍郎知庆元府兼沿海制置使，未上任又改知平江府。到任后，一方面奏请兵部调拨粮款、派遣福建民船，招募精兵，防守江海要塞；另一方面考察民情，分析民生凋敝的原因，上疏说明财计凋敝本末，建议宽限民力，藏富于民。但是，在这件事情上吴潜与时任两浙转运判官王野的观点完全相左，两人发生了激烈争论，结果吴潜于嘉熙二年（1238）正月被贬，以宝谟阁待制提举太平兴国宫，后改任玉隆万寿宫。当年六月，吴潜被起复为太平知州、措置采石江防、淮东总领财赋。他提出要放水养鱼，反对竭泽而渔。八月，权户部侍郎、淮东总领兼知镇江府，任内提出如果要团结江淮民众共同抗蒙，就必须任用对当地情况熟悉的人。吴潜还在宋蒙交界的地方组织民兵壮丁进攻蒙军营寨，并屡屡获胜。嘉熙三年（1239）三月，吴潜改任宝谟阁直学士兼浙西都大提点坑冶；五月改任兵部尚书、知庆元府（今浙江宁波）兼沿海制置使。在任上，吴潜一方面实心为民办事，兴办学校、培养人才，开河筑坝、兴修水利，设置“永丰仓”救济灾民、赡养孤寡老人，改善民众医疗条件；另一方面，全力抗击倭寇，成为中国最早抗击倭寇的英雄之一。从唐朝开始，日本、高丽就与中国开展贸易活动，进入宋朝后，这些地方的海盗就开始掠夺沿海地区，到了南宋后，倭寇越来越猖獗，严重威胁宋朝沿海百姓的财产和生命安全。面对这样的局面，吴潜首次提出“义船法”，统一民船编制单位，方便沿江制置使调度，以便更好地应对倭寇，并将民船与百姓的收入来源挂钩，兼顾民生，一举两得。吴潜下令，明州、温州、台州三州所属的每个县，推选出本地有财力的人来主持摊派船只工作。按照乡都的大小决定征发船只的多少，“如果一个县每年调三艘船，而登记的船主有五六十家，就由这五六十家共同置办六条船，均钱备船。然后交出其中的三艘供征调，余下的三艘为百姓赚钱谋利；其他没有任务的船就让船主们维修保养，以供来年征调”。凡是用于征调的船只都要烙上统一的标记，按时调用。被抽调的船只停靠在江边，不定期轮番下海巡逻警卫。于是“有船者没有逃避的理由，无船者没有被强制征调的顾虑，断绝贪官污吏利用模糊政策贪污克扣的隐患，消除沿海居民倾家荡产的担忧，人心安定，天险稳固，边海之人莫不欣然听从”。同时，吴潜还设定水军的“海上十二铺”，构成一个海上长城，对来自日本、高丽的威胁起到了有效的震慑作用。对吴潜的这一套做法，明朝的冯梦龙给予了高度评价：“海上如此联络布置，使鲸波蚁穴之地，如在几席，呼吸相通，何寇之敢乘？”吴潜在庆元府不到两年时间，取得了卓著的政绩，为此，其离任后庆元百姓还勒石纪念。

淳祐元年（1241），吴潜晋升为工部尚书，后改吏部尚书兼知临安府。他写奏疏给宋理宗说：“艰屯蹇困之时，非反身修德，无以求亨通之理。”并于第二年再次建议在皇室近族中慎选太子，及早培养，以安人心，宋理宗欣然采纳，还让吴潜兼侍读经筵。台臣徐荣叟弹劾吴潜在庆元府有三罪，宋理宗改任吴潜为宝谟阁学士、绍兴知府、浙东安抚使，吴潜坚辞不就，宋理宗只好改任吴潜提举南京鸿庆宫。吴潜请求致仕，但是宋理宗没有批准，而是改授吴潜为华文阁学士、知建宁府，吴潜推辞没有就任。淳祐四年（1244）七月，吴潜的继母楚国夫人去世，吴潜丁母忧在家守孝三年。

淳祐六年（1246），吴潜除服后转任中大夫，试兵部尚书兼侍读。从淳祐六年到九年（1246—1249），吴潜先后担任翰林学士、知制诰兼侍读、端明殿学士、签书枢密院事，并进封为金陵郡侯。因为当时两浙出现旱情，吴潜请求罢职，改任为资政殿学士、提举洞霄宫，再改为福州知州兼福州路安抚使，又改为绍兴知府、浙东安抚使。淳祐九年（1249）十二月，吴潜拜同知枢密院事兼参知政事，开始参与最高决策。在宋理宗召见的时候，吴潜说："国家之不能无敝，犹人之不能无病。今日之病，不但仓、扁望之而惊，庸医亦望而惊矣。愿陛下笃任元老，以为医师，博采众益，以为医工。使臣辈得以效牛溲马勃之助，以不辱陛下知人之明。"牛溲就是牛尿，马勃是一种菌类，虽然不值钱，但可以入药，还是很有用的。

淳祐十一年（1251）十一月，郑清之去世后，吴潜被任命为参知政事、右丞相兼枢密使。为了防止再次出现秦桧、史弥远等独相权力过于膨胀而专政的情况，在任命吴潜为右相的同时，宋理宗又任命谢方叔为左相，但是两位宰相之间权责不清，经常出现遇事推诿的现象。对此，宋理宗专门以御笔告诫二人："现在我任用你们两人为相，是采纳了士绅的公言，顺应了内外朝的要求，你们二人切勿徇私枉法，不能因为宾客交斗，遂成党与，不可不戒。"淳祐十二年（1252）正月，朝廷决定整顿楮币，吴潜奏请由谢方叔总管此事，参知政事徐清叟、董槐协助，但二人并不负责。自此吴潜和谢方叔之间的矛盾开始出现。当时，两浙一带发生水灾，吴潜四次上疏请求解除宰相职位，但都没有得到宋理宗的批准。宝祐元年（1253）正月，萧泰来（时任起居郎）上疏弹劾吴潜，指出吴潜的十宗罪，说他的罪过与王安石相比有过之而无不及，结果吴潜被罢相。不久，李伯玉（时任尚书右司员外郎）弹劾"萧泰来附谢方叔伤残善类"，但是弹劾不仅没有成功，反而受此牵连一同被罢免。

被罢相后，吴潜在宣城响山闲居四年，筑堂种竹，吟咏自适，一直到宝祐四年（1256）才被起复，以观文殿大学士除授沿海制置大使、知庆元府。这是吴潜第二次到宁波任职。吴潜到任后，"条具军民久远之计，告于政府，奏皆行之"。吴潜在宁波三年时间，修建了洪水湾塘三坝，外泄江潮，内增官池蓄水，成为它山堰的重要配套工程。另外还修建了吴公塘、大西坝、北郭碶、澄浪堰等水利工程，为宁波的长期发展奠定了坚实的基础。同时，吴潜一方面积极开源，大力增加财政收入；另一方面体恤百姓辛苦，减轻群众负担，“积钱百四十七万三千八百有奇，代民输帛，前后所蠲五百四十九万一千七百有奇”。在任期间，吴潜还积极保障军队供给，不断改善百姓生活，地方风气为之一变，使原本民生凋敝的庆元府从财政捉襟见肘的窘境中走了出来，使宁波府库充盈、百姓安居乐业。因此，《宛雅》诗话引《牧津录》赞叹道：“吴履斋在宁波，有‘数茎半黑半白发，一片忧晴忧雨心’之句，自古牧民未有两者。”此外，吴潜在宁波期间，还创建和修复了老香堂、苍云堂、生明轩、占春堂、逸老堂等，以供人们闲暇观景、修身养性。繁忙的公务之余，吴潜还游览了宁波的山河美景，与当地的名流相唱和，写了二百三十多首诗词，占到吴潜全部诗词的一半以上。由于任职时间过长，吴潜要求丐祠，并多次上疏请求致仕，于是，朝廷进封吴潜为崇国公，判宁国府，允许其回到家乡。

开庆元年（1259）十月，蒙古以忽必烈为将，渡江进攻鄂州（今湖北鄂州），另外一路大军由大理经交阯攻破广西、湖南，京师震动，丁大全罢相。危难之际，宋理宗起用吴潜为左丞相兼枢密使，进封庆国公。吴潜立即上奏：“乞令在朝之臣各陈所见，以决处置之宜。”随即又被封为许国公。面对摇摇欲坠的南宋王朝，吴潜忧心忡忡，再次陈述“畏天命、结民心、进贤才、通下情”的必要，对宋理宗说：“今鄂渚被兵，湖南扰动，推原祸根，良由近年奸臣憸士设为虚议，迷国误军，其祸一二年而愈酷。附和逢迎，媕阿谄媚，积至于大不靖。臣年将七十，捐躯致命，所不敢辞。所深痛者，臣交任之日，上流之兵已逾黄、汉，广右之兵已蹈宾、柳，谓臣坏天下之事，亦可哀已。”当时，贾似道已是右丞相兼枢密使，面对蒙古的凌厉攻势，贾似道提出迁都四明。在此紧要关头，吴潜紧急面见宋理宗进行劝阻：“銮舆一出，民心将失，国家亦无望，臣恐生灵将遭涂炭。”宋理宗这才打消了迁都的想法。吴潜又根据当时的军事形势，命贾似道移军黄州，加强防务，但贾似道认为这是吴潜在排挤他，从此怨恨上了吴潜，开始伺机报复。

景定元年（1260）三月，吴潜再次慷慨陈词：“盖自近年公道晦蚀，私意横流，仁贤空虚，名节丧败，忠嘉绝响，谀佞成风，天怒而陛下不知，人怨而陛下不察，稔成兵戈之祸，积为宗社之忧。章鉴、高铸尝与丁大全同官，倾心附丽，躐跻要途。萧泰来等群小噂沓，国事日非，浸淫至于今日。陛下稍垂日月之明，毋使小人翕聚，以贻善类之祸。沈炎实、赵玉筹之腹心爪牙，而任台臣，甘为之搏击。奸党盘据，血脉贯穿，以欺陛下，致危乱者，皆此等小人为之。”因此，建议让丁大全致仕，沈炎等与祠，高铸羁管州军，“遂挽救天下颓势，使大乱渐定，小祸向安”。然而，这篇奏疏不仅没有得到宋理宗的重视，反而引起了这些人的嫉恨，为自己树立了无数的政敌。

吴潜笃信儒学，秉承中庸之道，洁身自好，为官前期对权幸奸佞往往嗤之以鼻而未做强力反击；在国家危难之时，又痛斥奸贼，给人以口实。如先前监察御史沈炎，把守言路，弹劾贤才，“举天下之善人，莫不碎于其手”。宋理宗曾经想让沈炎知临安府，吴潜本可顺意乘机将他赶出朝廷，但他“扪心定虑，谓乘机则有机心矣，一有机心，则何以上对苍穹，阴消夷狄?”沈炎就是在他的“严于律己，宽于待人”的原则下才得以留任御史，并迁升为同知枢密院事兼权参知政事，继续作恶。然而，吴潜成为左丞相后，深感奸邪不除，国运难回。于是在论国家安危治乱之原后，于景定元年（1260）三月再论士大夫当纯意国事。他指斥章鉴“何物老丑，乃敢挑衅召闹”；揭露沈炎“论弹劾丁大全乃欲掩其非大全之党”；痛陈得宠宦官董宋臣“为天下怨府”。结果没有达到目的，反而给自己留下了祸根。

不仅如此，吴潜在立太子的问题上又得罪了宋理宗。宋理宗想立忠王赵禥为太子，而赵禥先天发育不良，生来手脚软弱。因此，吴潜反对立赵禥为太子，密奏宋理宗说：“臣无弥远之材，忠王无陛下之福。”此事既违背了皇帝的意志，又触碰了当年宋理宗靠史弥远选入宫中、矫诏废掉太子赵竑而登上皇位的伤疤，因此，宋理宗对吴潜非常恼火。加上“开庆之役”军情紧急，吴潜自知责任重大，遇事往往先斩后奏，让宋理宗有大权旁落之忧。尤其是蒙军渡过长江，宋理宗向吴潜问策时，吴潜认为宋理宗应该暂时离开临安，自己“死守于此”，使宋理宗误以为吴潜想当张邦昌，有不臣之心。因此，等蒙军退走后，宋理宗对群臣说：“吴潜几次误朕。”可见他对吴潜的不满到了何种程度。

当时，蒙古大汗蒙哥在钓鱼城一战中败死，在黄州前线与忽必烈对峙的贾似道看准机会，派遣宋京与忽必烈议和。忽必烈因为要回去争夺汗位，也急于从鄂州前线脱身，所以就在与南宋签订了协议后退兵而去。贾似道连上捷报："诸路大捷，鄂州的包围开始解开，江汉的元军都肃清了。朝廷转危为安，实在是万世无疆之休。"自吴潜拜相后，贾似道便视他为眼中钉，必欲除之而后快。蒙军退走后，贾似道深得宋理宗的信任，便借机对宋理宗说：有童谣云"大蜈蚣、小蜈蚣，尽是人间业毒虫。夤缘攀附有百尺，若使飞天能食龙"，暗示吴潜将会威胁帝位。贾似道又让沈炎罗织罪名，弹劾吴潜说："忠王之立，人心所属，潜独不然，章汝钧对馆职策，乞为济邸立后，潜乐闻其论，授汝钧正字，奸谋叵测。请速诏贾似道正位鼎轴。"宋理宗本就对吴潜十分不满，加之以为蒙古已退兵，南宋朝廷暂时无忧，因而，吴潜纵有补天浴日之功，亦可弃之不用。所以，在贾似道和台谏的共同攻击下，再次任相仅半年时间的吴潜被罢职后先贬建昌军，再贬潮州，最后被贬到循州（今属广东）安置。流放到循州的吴潜，仍竭力为百姓造福，受到百姓爱戴，百姓勒碑纪念，将吴潜曾寓居的仙塔下的古寺改名为"正相寺"，塔亦因名"正相塔"。1989 年，广东省政府将"正相塔"列为省级文物保护单位。

然而，贾似道仍然不解心头之恨，必欲置之死地而后快。所以，景定二年（1261），贾似道派遣心腹刘宗申为循州知州，并命刘宗申杀死吴潜。景定三年（1262）正月，宋理宗下诏，吴潜党人永不录用。五月，刘宗申假意设宴为吴潜庆祝生日，吴潜不知是计，喝了刘宗申准备好的毒酒，肝胆欲碎，痛苦万分，最终强忍疼痛，端坐而死。《宋史·吴潜传》说："潜预知死日，语人曰：'吾将逝矣，夜必雷风大作。'已而果然，四鼓开霁，撰遗表，作诗颂，端坐而逝。"吴潜之死震惊朝野，时人写下了不少哀悼、纪念他的诗文。德祐元年（1275），贾似道被贬循州，沿途百姓认为他经过当地将带来晦气，于是纷纷张贴檄文驱逐，贾似道狼狈不堪。负责押送贾似道的官员郑虎臣带着一众人等走到一所古寺中歇息时，看到墙壁上有吴潜被贬循州路过此地时的题字。郑虎臣大声责问：“贾团练，吴丞相何以至此?”贾似道羞愧难言。九月，贾似道到达福建漳州城南的木棉庵。郑虎臣多次催他自尽，贾似道贪恋余生，不肯自杀。郑虎臣说：“我为天下杀你，虽死何憾!”便将贾似道锤杀。

吴潜一生忠君报国、勤政爱民、刚直不阿，最后却落了个不得善终的下场，令人扼腕长叹。德祐元年（1275），贾似道被处死后，宋恭帝赵㬎为吴潜平反昭雪，追复原官。次年，太府卿柳岳请赐谥吴潜，宋恭帝赐谥吴潜为“少师”。

吴潜在苏州待了不到五个月就被罢职了，由史宅之接任平江知府。

史宅之是史弥远的次子，因为史弥远的关系而进入官场，且做到了副宰相的高位，同时，也因为与史弥远的关系而身负千古骂名。在中国古代的权臣中，能够寿终正寝的不多，史弥远算是一个；而能够寿终正寝还能够荫及子孙，并且至今是忠是奸仍然争论不休的，历史上屈指可数，史弥远是其中之一。秦朝李斯协助秦始皇完成一统，废除分封、统一文字、统一货币、统一度量衡，为秦朝建立了不世之功，然而最终为赵高所谗被夷灭三族，而赵高也同样不得善终，被夷三族。汉朝霍光历官三朝，行“伊霍”、定废立，可谓权倾天下，然而最终仍然落了个满门抄斩的下场。唐朝李林甫“口有蜜，腹有剑”，排斥异己，养虎为患，最后却被同样是奸相的杨国忠设计陷害，落了个“籍没家产，子婿流配”的结果，而杨国忠同样身首异处、不得善终。宋朝是权相最多的朝代，蔡京、秦桧、韩侂胄、史弥远、贾似道这五人中，除了秦桧和史弥远外，其他几个都是被杀身亡，而秦桧虽然也算是寿终正寝，却因为杀害岳飞、投敌卖国而遗臭万年。元朝的阿合马专相期间，兴铁冶、铸农器官卖、增盐课、括户口、推行钞法、籍括药材，为元军统一全国立下了汗马功劳，但是他专权横暴，打击异己，贪赃不法，最终被杀身死。明朝的严嵩独揽国政，父子相携，权倾朝野，收礼纳贿，为所欲为，最终落了个无家可归、病死墓舍的凄惨下场。清朝的和珅大权在握，结党营私，打击政敌，盛极一时，然而最终却身陷囹圄、自缢身亡。

历数中国古代的这些权臣，像史弥远这样既能保全自身，又能荫及子孙的，确实不多。史弥远能够二十多年屹立不倒，而且死后其子孙能够宠荣依旧，其是有过人之处的。首先，“拥立之功”让史弥远有了最安全、最保险的靠山。宋理宗是史弥远一手拥立的，这让宋理宗对史弥远感激一生。其次，“荐引诸贤”让史弥远得到了理学人士的大力支持。史弥远为了改变降金乞和的形象，接受刘爚的建议，解除学禁，起用理学人才。在行废立之后，虽然引起理学派人士的不满，但史弥远仍然继续扶持理学派，重用或起用理学派人士，并最终推动理学成为官方的统治思想。再次，重用部下以固己，组建团队图长久。史弥远拥立宋理宗的时候收买了仅是九品小官的国子学录郑清之，并安排郑清之出任宋理宗的老师，郑清之后来的官职虽然几经变化，但是兼任赵昀老师之职一直没变，直到史弥远死后接任宰相。此外，史弥远虽然排斥异己，但是并非所有的人才他都进行打击，像前面提到的吴渊、吴潜兄弟，虽然并未为史弥远所用，但是史弥远并没有对其进行打击。

正因如此，后人对其评价向来不一，《宋史》也并没有将其列入《奸臣传》。实事求是地讲，史弥远只能算“权臣”，而并非“奸臣”，虽然其在政治上主和遭到非议，但也维持了南宋稳定发展的局面；虽然他纵容爪牙、豢养鹰犬，但这是权臣几乎都会采用的做法。史弥远最大的问题是滥发会子，导致通货膨胀、民不聊生，从宋孝宗时期好不容易发展起来的经济基本上被摧毁，国力急剧减弱。如果说史弥远是历史罪人的话，最大的罪就是葬送了南宋的经济。

因为史弥远不仅有拥立之功，而且“荐引贤才”，大胆使用自己人，因此，史弥远不仅保住了自己，也为子孙留下了活路。宁波民间至今有“一门三宰相，四世两封王”“五尚书，七十二进士”“满朝文武，半出史家”的说法。三宰相即史浩、史弥远、史嵩之，祖孙三代为相。五尚书即兵部尚书史弥坚、户部尚书史宅之、吏部尚书史岩之、工部尚书史宇之、兵部尚书史宣之。六部中五部出现过史家子弟，几乎垄断了六部。史宅之作为史弥远之子，从小就和史弥远一起出入皇宫，与宋理宗关系非常好，加上史弥远有拥立之功，所以，宋理宗对史弥远一家一直礼遇有加。绍定六年（1233），史弥远死后，有不少朝臣弹劾史弥远，但是宋理宗除了处置“四木三凶”外，不仅没有对史弥远及其子弟做出任何处罚，反而追封史弥远为卫王，谥“忠献”，而且授予其子史宅之同进士出身，任命他为权户部侍郎兼崇政殿说书。然而，从史宅之受到重用开始，就不断有朝臣上疏非议，《姑苏志》卷五十记载：史宅之将守袁州，史韶率同列一再弹劾他，宋理宗则采取了置之不理的办法。另外，据《历代名臣奏议》记载，吴昌裔上疏：“近睹邸报，史宅之除焕章阁待制知袁州，除目之颁，上下疑怪，不知陛下姑欲以宠之耶？将实以用之耶？姑以宠之，则宅之郿邬之金足以自润，铜山之钱足以自饶，武安之甲第腴田足以自给，不待得千里以为富也。实以用之，则宅之多欲寡谨，必不能廉以表民；怙侈宣骄，必不能俭以固本；豢安长傲，必不能敬以临事。又安能导主德意以致之民也。”《宋史·王万传》记载：王万论史宅之，说他是故相之子，而故相曾经弄权如是，不当让其子“复玷从班”。宋理宗为了让王万不再弹劾史宅之，“命丞相再三谕旨，迄不奉诏。上不得已，出宅之知平江。又论之，疏凡五上”。可见，宋理宗对史宅之有多么厚爱，在不得已的情况下，才让史宅之到平江担任知府。

嘉熙二年（1238）四月，史宅之以朝议大夫、徽猷阁待制出任平江知府兼浙西提举，六月又节制许浦都统司水军，十月节制在府军马，平江府的军政大权全部交给了史宅之，可见宋理宗对他的信任和器重。史宅之在苏州待了大半年时间，于嘉熙三年（1239）正月被召赴行在，也就是到宋理宗的身边了。淳祐元年（1241）三月，史宅之再次出任平江知府，在苏州推行括田，设立田事所，“属其嗜利无耻者经营……一路骚动”。史宅之在苏州期间的政事情况没有多少记载，但是他和南宋晚期落拓词人吴文英的交往却在历史上留下了很多痕迹。吴文英和史宅之都是宁波人，他本姓翁，后入继吴氏，因此改姓吴，但同乡不是吴文英与史宅之交往的主要原因。吴文英是南宋著名的词人，流传下来的词超过三百四十首，对后世词坛有重大影响。关于吴文英为什么没有参加科举，一生都是布衣的身份，史书没有记载。吴文英的一生基本是以游幕依人而生活。有资料说，吴文英的出名与吴潜有关，因为吴潜十分欣赏吴文英的词，在吴潜的推崇下，吴文英的才名才盛极一时。其实这种说法是站不住脚的。考察吴文英的事迹，早在绍定三年（1230）吴渊出任平江知府的时候，吴文英就已经在苏州，作为仓台幕僚。吴渊离任的时候，吴文英作《江神子·送桂花吴宪时已有检详之命未赴阙》（吴宪即吴渊）为其送行，说明吴文英进入平江府担任幕僚并非吴潜的关系，而是吴渊招入。吴文英的哥哥翁逢龙与吴潜是同年进士，这也许是吴文英与吴渊兄弟相交甚笃的原因之一。此后，平江府的几任知府，除了陈垲之外，吴文英都有交往，并皆有诗词相送，说明从吴渊开始，吴文英一直都在苏州担任幕僚，直到吴潜离任后，才跟随吴潜一起迁居杭州，此后几年，吴文英又多次在苏州盘桓，写下了大量的诗词。

吴文英正是在担任平江府幕僚期间与史宅之相识的，加上有老乡这层关系，因此二人交往十分密切。在吴文英的酬唱诗词中，最多的是两个人，其中之一就是史宅之（另外一个是尹焕），现存的一共有十一首之多，可见二人的关系非同一般。离开苏州后，吴文英仍然过着依附权贵的日子，最后于景定元年（1260）在越州“困踬而死”，实在令人扼腕。

史宅之离开苏州后，于嘉熙四年（1240）出任浙东安抚使，淳祐二年（1242）以显谟阁直学士、通奉大夫知绍兴府兼浙西两淮发运使，淳祐六年（1246）出任户部尚书。宋朝的土地兼并十分普遍，而且受到政府的鼓励，到了南宋中晚期，土地兼并的现象越来越严重，导致官田占比越来越小。为了改变这种状况，史宅之提出了“括田”的办法，州县设立“田事所”，将沙田、围田、没官田等收为官田，其中还包括户绝田和废弃寺庙的田产。宋理宗、史宅之企图用这样的办法来扩大官田，同兼并土地的大地主斗争。但田事所随即遭到浙西一路地主们的反对，“怨嗟满道，死于非命者甚众”，于是，运行了一年后，朝廷以赵与膺为浙西宪司家禾提领江浙田事，陈绮为浙西饷置司会陵提领江淮田事，刘坦、赵汝腾、黄自然等都提出了反对意见，认为“括田”不可行，此事则不了了之。但是，这件事情对史宅之并没有什么影响，史宅之不仅没有受到任何处罚，还被提拔为端明殿学士、同签枢密院事，淳祐九年（1249）改任同知枢密院事。但是，此时的史宅之也走到了生命的尽头，没多久就死在了任上，死后被谥“恭惠”。

第二十八章　风雨飘摇

——蒙宋对峙与“端平更化”(三)

(赵与筹、史宅之、陈垲、魏峻、徐鹿卿、吴渊)

史宅之在苏州待了八个月时间就被宋理宗召回了京城，由赵与筹接任平江知府。

赵与筹（1197—1260），字德渊，号节斋，是宋太祖赵匡胤的十世孙，赵希怿的第四子。前面第二十四章已经介绍过，赵希怿的二儿子赵与愿被宋宁宗选为太子，可惜天不假年，二十九岁时就因病去世了。赵与愿去世后，赵希怿一家便迁居到了湖州，赵与筹也因此“居湖州”。后来，赵与筹跟随杨简学习，于是又把家迁到了慈溪，成为慈溪洪塘赵家洋赵氏一世祖。因此，《宁波府志》称其“初寓青田”，卢熊《苏州府志》称其“寓处州之青田”，而《宋史》记载是“居湖州”。这些记载都没有错，因为赵与筹的户籍一直在青田，二哥赵与愿去世后随父亲迁居湖州，后来因为千里求学，又迁居慈溪。另外，值得一提的是，赵与筹还是状元邹应龙的女婿，而邹应龙是绍定四年（1231）担任过平江知府的邹应博的堂兄（前面第二十五章已做过介绍），邹应龙去世后，赵与筹专门写了《故少保大资政枢密参政邹公圹志》，对邹应龙的一生进行了全面总结。

赵希怿和赵与筹父子先后担任平江知府，在宋朝历史上是不多见的，而赵与筹先后三任平江知府，在苏州的历史上更是绝无仅有，因此值得我们深入挖掘和介绍。

赵与筹是在他二哥赵与愿去世的那一年，也就是嘉定十三年（1220）考中进士的，从此进入官场。从嘉定十三年（1220）到景定元年（1260）八月在平江知府任上去世，赵与筹为官整整四十年时间，先后担任过嘉兴知府、庆元知府、绍兴知府、平江知府、建康知府、扬州知府、镇江知府、临安知府，也多次在朝中为官，经历非常丰富。对其为官情况，《宋史·赵与筹传》做了详细介绍，不过，让人不解的是，《宋史·赵与筹传》整篇记载的都是赵与筹的任职经历和职务变迁，而对他的具体事迹只字未提，这在《宋史》传记中十分少见。同时，赵希怿和赵与筹在《宋史》中都有本传，而在两个本传中均未提及他们父子之间的关系，而且在《宗室世系表——赵德昭》后人中也没有记载他们父子的名字。更加令人不解的是，《宋史·赵与筹传》最后一句说“与筹所至急于财利，几于聚敛之臣矣”。然而，从赵与筹从政过的地方的记载看，赵与筹不仅爱民如子、为政清廉，而且重视教化、注重建设，留下了许多政绩。对此，淳祐《临安志》、《吴兴志》、《姑苏志》都有详细记载，而这些志书均早于《宋史》，何以脱脱在《赵与筹传》中对他的善政只字不提，反而下了一个结论称其为“聚敛之臣”，笔者实在不解。对此，清朝李绂也提出了异议，并写了《陆子学谱》，对其中的原因进行分析：“按《宁波府志》与筹本传，称其初居青田，慕杨文元公简倡道学于慈溪，不远千里，因从弟与明诣门授业，得其心学。至历官司农少卿时，兼知庆元府，沿海制置副使，因度县地之湖北，创立慈湖书院，以崇祀文元公；又申闻其事于朝，设立书院山长，诸生诵法之盛，与宋相终。又自青田徙居慈溪，其心悦诚服，倡明师学，不亚于钱融堂时陈和仲埙矣。又称其于嘉熙中，知平江府，郡中饥，分场设粥，以寓公方万里董其事，全活数万人，行饮射礼于学宫，广弦诵以严教养，学宫子弟为立生祠。其惠政感人如此，而《宋史》目以聚敛，其信然耶？聚敛必有其实，传中并未指出，其若何聚敛？岂以吴丞相潜疏言，沈炎为与筹腹心爪牙，甘为搏击云云，故滋物议耶？是时元兵渡江，国事已危，军需旁午，与筹身为宋臣，催科严切，以济时艰，容或有之，且潜亦为炎论罢，则相恶之言，未可为据。又称其卒谥忠宪，史传亦不载，惟见于本纪而已，其先居青田后徙慈溪，子孙现家其地，府志必无舛错，而史传止称其居湖州。则亦误矣。《宋史》成于元之中叶，时方崇尚朱子，排诋陆子之学，以吴文正、虞文靖二公之贤，时论犹以陆学为疑，使不得安于胄监，则已往之为陆学者，横遭诬蔑，固其所也。故存《宋史》本传以备忠宪官阶，而复参以宁波府本传，而论之如此，至于吴丞相潜与兄参政渊，并学于邹奉议斌，盖亦陆子门人，而疏论忠宪甚厉，亦如东坡目伊川为奸，意见偶不相合，则不能不异，而各成其为君子，不相妨，亦正不必强同也。”

文中提到的“陆子”是指陆九渊，陆九渊是心学的开山祖，主张“吾心即是宇宙”“明心见性”“心即是理”，在政治上坚持“民为邦本”，强调对官吏的治理。陆九渊的学说独树一帜，与当时以朱熹为代表的理学相抗衡。然而，在史弥远“荐引诸贤”政策的推动下，理学占据上风，并且最终成为统治阶级的指导思想。陆九渊的学说受到后人的推崇，后世有很多的追随者，前文提到的赵与筹的老师就是其中之一，他在《象山先生行状》中说：“简虽凡下，不足以识先生，而于是亦知先生之心，非口说所能赞述，所略可得。而言者日月之明，先生之明也；四时之变化，先生之变化也；天地之广大，先生之广大也；鬼神之不可测，先生之不可测也。欲尽言之，虽穷万古不可得而尽也。虽然先生之心与万古之人心一贯无二致，学者不可自弃。”到了元朝，理学依然占据绝对的统治地位，脱脱两次为相，在他为相期间，朝廷恢复科举考试，遴选大儒开设经筵，继续推行理学思想。由此或可以推测，因为赵与筹师从杨简，主张陆九渊的学说，所以脱脱在主持修撰《宋史》时才诋毁他，并且莫须有地认为他是“聚敛之臣”。若果真如此，实在不是作为史家应有的态度。

纵观赵与筹的一生，可以用“能臣”二字加以概括。“能”自然是能力出众、政绩卓著，“臣”则可解释为忠君爱民、清廉自守。赵与筹一生做了很多大事、实事、好事，集中起来讲，主要有三个方面：师从杨简，创办慈湖书院；为政平江，留下不俗政绩；执掌临安，成就不世之功。

一是师从杨简，创办慈湖书院。杨简也称慈湖先生，宁波慈溪（今属浙江宁波）人，是南宋著名的理学家和教育家。杨简是南宋心学创始人陆九渊的高足，与袁燮、舒璘、沈焕并称“甬上四先生”或“淳熙四先生”，晚年寓居在鄞县，在月湖旁开馆讲学，引来四方学子求学，赵与筹即是其中之一。宝庆二年（1226）杨简去世后，时任庆元知府兼沿海制置副使的赵与筹，为纪念杨简先生，在其家乡慈城德润湖北边购地建房，创立慈湖书院，嘉熙年间，赵与筹又把慈湖书院迁于湖中新址。光绪《慈溪县志》载：“宋，宝庆间（1225—1227），慈湖书院在县东一里，慈湖之滨，以祀乡先生杨文元公。嘉熙间（1237—1240），制置使赵与筹迁于湖中之沚。淳祐二年（1242），郡守秘撰陈公垲，发钱米下县，委令曹部为创祠堂于成德堂之右。祠成，令以告于郡，于是朝奉郎主管建康府崇熙观，天台郑霖作记，先生之侄愉书丹，邑人桂万荣书盖。”《宁波府志》记载：“赵与筹……慕杨文元公简，创道学于慈溪，不远千里，因从弟与明，诣门授业，得其心学，历官司农少卿，兼知庆元府，沿海制置副使，度地县之湖北，创立慈湖书院，以崇祀之，遂自青田就居慈溪。累官至提举洞霄宫，赠少师，谥忠宪。”可见，赵与筹因为师从杨简而学业大进，后来又创办了慈湖书院，为宁波教育事业和文化发展做出了自己的贡献。

二是为政平江，留下不俗政绩。赵与筹三次担任平江知府，这在苏州历史上是绝无仅有的。卢熊《苏州府志》记载：“赵与筹，字德渊，太祖十世孙，希怿子，寓处州之青田，嘉熙三年（1239），直敷文阁，知平江，兼淮浙发运使，特置司，领其事，自与筹始。四年，郡中饥，分场设粥，以寓公方万里，为人所推敬，委请董役，全活者数万人。宝祐三年，以观文殿学士，再守郡，行乡饮射礼于学宫，复修饰殿堂、斋庐，广弦诵。以严教养学宫子弟，为立生词，明年，兼提刑。六年，除江东安抚使，知建康府，景定初，再知平江，乞祠。”从这段记载看，赵与筹在三任平江知府期间，确实留下了不少政绩。在第一次出任平江知府期间，郡中出现饥荒，赵与筹开设粥厂，救活了数万人。宝祐三年（1255），赵与筹“再镇吴门”，“行乡饮于郡学”，

“四月壬午，合乡射于学之圃”。古代的射礼分为四种：一是大射，是天子为祭祀择士而举行的射礼；二是宾射，是诸侯朝见天子或者诸侯相会时举行的射礼；三是燕射，是燕息（即安息）之日举行的射礼；四是乡射，是地方官为荐贤举士而举行的射礼。赵与筹举行的即为乡射。当时，为了弘扬射礼的教化作用，社会贤达对旧乡射亭进行了翻新，“撤射亭而新之”，并命名为“观德亭”，赵与筹书写“观德”二字，立碑记事。观德碑现存于苏州碑刻博物馆，碑刻分为上下两部分，上为赵与筹书写的“观德”二字，正书大楷；下为一篇《观德亭记》，作者是苏州人王景齐。王景齐在文中称赞道“憩棠阴于衮绣之乡，德爵无慊于范公”，将赵与筹与范仲淹相提并论，可见对其评价之高。

三是执掌临安，成就不世之功。从淳祐元年（1241）到淳祐十二年（1252），赵与筹担任临安知府达十二年之久，是宋朝在都城任职时间最长的长官。任职期间，赵与筹关爱百姓，设置慈幼局，支给钱米，收养遗弃小儿并雇请贫妇乳养；创立官药局，安排大夫到各个街巷进行诊治，并发给药品，到药局领取药品的百姓络绎不绝，“民甚赖之”；重建平籴仓，每年在旺季收购粮食，在淡季出售，以平抑粮价。赵与筹在临安留下的最大政绩是治理西湖。淳祐二年（1241），因为大旱，西湖水枯见底，赵与筹组织对西湖进行疏浚，挖出葑泥；修筑长堤，起自苏堤东浦桥南，向西延伸一直到曲院，成为通向灵隐、天竺方向的主要道路；同时，把天目湖之水引入西湖。到了淳祐七年（1247），临安出现了“百年未见”的大旱，“水尽涸”。朝廷令临安府“开浚四至，并依古岸”，不许存留菱荷菱荡，妨碍水利。赵与筹“奉诏惟谨，尽除翳塞”，渐复西湖往日面貌。在这次疏浚过程中，赵与筹按照朝廷的要求，“开浚四至，并依古岸”，最大限度地维持西湖原来的范围，又利用挖出的塘泥将大堤加高加宽，堤上建有四面堂、三亭，以供游人休憩。此外，还学苏堤，夹岸种植花柳，长堤成为一时之胜。为了纪念赵与筹，人们把这条堤称为赵公堤，因为在苏堤之旁，所以又叫小新堤。宋代诗人董嗣杲专门写了一首《小新堤》描写其景色：

添筑湖堤种柳条，行春路截九松腰。
直看西日归三竺，平接南山第五桥。
曲院岸通沙涧浅，桃溪寺接石津遥。
游人从此言旋便，不受回舟著相招。

此外，赵与筹还刊刻了《通鉴纪事本末》。《通鉴纪事本末》由南宋史学家袁枢编，是中国第一部纪事本末体史书。全书共四十二卷，其内容以事为纲，将司马光所著《资治通鉴》记载的一千三百多年间重大史事归纳为二百三十九个事目，始于三晋分家，终于世宗征淮南，并将每一件事的始末详细书写。此书大约成书于淳熙元年（1174），初刊于南宋淳熙二年（1175），由严陵郡庠刊刻，因为字体小，又称小字本。宝祐五年（1257），赵与筹对其进行精心校对，改小字为大字，私人出资重新刊刻，并为之作序，因刊刻于湖州，后人称为湖州本。

赵与筹第一次出任平江知府在任上待了将近两年时间，离任后由史宅之再次担任平江知府。史宅之在苏州做了两年知府，离任后由陈垲接任。

陈垲（？—1268），字子爽，祖籍福建侯官（治所在今福建福州），寓居嘉兴崇德（今属浙江嘉兴）。陈垲是桐乡第一个在正史中列传的人物，陈垲死后被谥“清毅”，成为桐乡历史上第一个有谥号的官员。

陈垲是北宋理学家陈襄的曾孙。陈襄历官仁宗、英宗、神宗三朝，因居福建古灵，故号古灵先生，与郑穆、陈烈、周希孟并称“古灵四先生”，并一起创立“古灵学派”。陈襄不仅学富五车、为官清正，而且善为伯乐、荐贤举能，神宗时举荐司马光、韩维、吕公著、苏颂、苏轼等名士三十多人。这些名士，除了林希外，全部成为硕学名臣，可见其识人之明和荐贤之公心。不过，陈襄举荐的这些人均是保守派人物，明显带有党争的色彩，本书第一部已经做了介绍，此处不再赘述。

陈垲于端平二年（1235）考中进士，最开始的职务是京湖制置司主管机宜文字，也就是制置司的文字秘书，此后出任德安（今属江西九江）知府、江西提点刑狱，改为直敷文阁、提举千秋鸿禧观，转司农寺丞、主管崇道观、知安庆府。离开安庆后，陈垲被召回京城，加直显谟阁，出任湖南提点刑狱。不久又被召回京城，加直宝文阁、知隆兴府、江西安抚使，又改知江州，主管江西安抚司事，离任后进直龙图阁、浙西提点刑狱。淳祐初年，陈垲以秘阁修撰知庆元府兼沿海制置副使。淳祐三年（1243），以右文殿修撰知平江府兼淮、浙发运使。因为在苏州期间政绩卓著，户部侍郎赵必愿“举垲最”，也就是认为陈垲在考核中最优秀，因此专门举荐，所以朝廷下诏晋升一级，提拔陈垲为太府卿、司农卿、权工部侍郎兼同详定敕令官，兼中书门下省检正诸房公事，可谓是大权在握、春风得意。然而，此时的陈垲虽然经历了基层的锻炼，但似乎并没有参透帝王心术，对官场的规则也不能了然于胸，在宋理宗召见时，直言时弊：“愿陛下转移世道之枢机，砥砺士大夫之廉耻，使知名义为重，利禄为轻。久去国以恬退闻者召之，久立朝以更迭请者从之，甘言容悦者必斥，真情丐闲者勿留。如此，则君臣上下皆以真实相与，四维既张，士大夫难进易退之风，当见于圣世，人才幸甚！”又说：“请以从官仿古昔人从出藩之意，其从臣为诸路宪漕，则以提点刑狱使、转运使系衔，假之‘使’名，示与庶官别，仍乞除授自臣始。”陈垲说了一大堆话，开始宋理宗置之不理，但是陈垲不知进退，仍然喋喋不休，终于惹恼了皇上，于是以言论不当的理由罢免了陈垲的官职。

不过，宋理宗对陈垲的能力还是肯定的，并没有就此将陈垲闲置不用。没多久，就起复陈垲为集英殿修撰、婺州知州，又改为太平州知州兼江东转运副使。到任后，陈垲上疏请求蠲免各个州郡因为灾情而出现的欠赋。不久，又加陈垲为户部侍郎、淮东总领，很快又让其提领江、淮茶盐所并兼太平州知州。离开太平州后，陈垲以显谟阁待制出任广州知州。从广州回京后，陈垲权兵部尚书，进宝章阁学士再次出任婺州知州，转权户部尚书，暂兼吏部尚书，又以宝文阁学士出任潭州知州兼湖南安抚使，这是陈垲一生最后的实职。从湖南回京后，陈垲加龙图阁学士，担任提举太平兴国宫的闲职，后加端明殿学士，于咸淳四年（1268）去世。

《宋史》评价陈垲说："垲屡历麾节，军民爱戴，幕客盛多，而垲又乐荐士。"陈垲任职的经历非常丰富，而且在很多地方留下了不俗的政绩。他在知庆元府（今浙江宁波）期间，抓住丰收之后的农闲季节，推行"买葑之法"（"葑"是芜菁的古称，指菰的根。江南是著名的水乡，湖泊密布，水网纵横，有些湖泊长年累月淤积，就会形成葑田，也就是不长菰根的黑泥，影响水塘的养殖业生产和库存以及航运。宁波的东钱湖等湖泊，是宁波重要的水源地，虽经多次疏浚，但仍然出现淤积现象，所以，陈垲决定利用农闲时节组织疏浚。所谓"买葑之法"，就是让百姓去挖泥，政府出钱按照土方购买，这无疑会极大地刺激百姓的积极性，实在是创新之举），疏浚各个湖泊。同时，还主持兴建保丰碶、江东碶、回沙闸、大石碶等水利设施，为消除水患、增加粮食生产创造了有利条件。宁波子城建于唐朝长庆元年（821），到陈垲任职庆元府时，子城遭到严重破坏，老百姓建了很多临时建筑，不仅阻碍水运，而且也有碍形象。为此，陈垲下令拆除浮棚，并对子城进行了重修。宝庆《四明志·公宇》记载："子城，周回四百二十丈，环以水。唐长庆元年，刺史韩察所筑。岁久民居跨壕造浮棚，直抵城址，不惟塞水道，碍舟楫，设有缓急亦无路可以运水，邦人病之，淳祐癸卯春，制守陈垲给钱酒付造棚人，听自除拆，环城遂有路可通，立东子城水同坊牌一，子城西街坊牌二，重修子城，限隔内外。"

在太平州期间，除了前面提到的上疏请求蠲免百姓因灾欠下的赋税外，陈垲还从府库中抽出五十多万贯替下面三个县代交折丝帛钱。同时，陈垲还非常注重教化，修建浮淮书堂，让两淮之间的民众接受教育。除了以上这些，陈垲还像他曾祖陈襄一样，积极荐贤举士，为国家推荐人才，因此获得"军民爱戴"。

陈垲在苏州待了一年时间，然后晋升为太府卿、司农卿，由魏峻接任平江知府。

魏峻的生卒年不详，宝庆《四明志》、《吴郡志》等记载，魏峻，字叔高，号方泉，四明（今属浙江宁波）人，嘉熙二年（1238）周坦榜进士。历任两浙转运司运判、转运副使、兵部侍郎、知平江府兼浙东转运使、刑部侍郎等职。卒于淳祐六年（1246）。另周密《癸辛杂识》后集记载："魏峻，字叔高，号方泉，娶赵氏，乃穆陵亲姊四郡主也。""穆陵"指宋理宗，其陵名叫"永穆陵"，因此，宋朝人也以"穆陵"代指宋理宗。也就是说，魏峻娶了宋理宗的亲姐姐四郡主为妻，因此成了皇亲国戚。魏峻考中进士后迅速得到提拔，与此应该不无关系。同时，也正是因为这种关系，魏峻的儿子搅进了皇储争夺之中，并最终葬送了性命。

宋理宗曾经有两个儿子，即永王赵缉和昭王赵绎，但都夭折了。此后，后宫再没有为理宗生下皇子。前面已经提到过，吴潜曾两次向宋理宗进言，希望从皇族中寻找合适的人作为太子。到了淳祐六年（1246），理宗已经年过四十，仍然没有儿子，而立储之事已经不能再无限期拖延下去，遂开始物色皇子人选。从感情和血缘关系来讲，理宗理所当然地倾向于亲弟弟赵与芮的儿子，即后来成为皇帝的宋度宗。

宋度宗生于嘉熙四年（1240），小名叫德孙，母亲黄氏。黄氏的名叫定喜，是宋理宗弟弟赵与芮夫人李氏的陪嫁侍女，地位十分低下，后被赵与芮看中，因此怀孕。黄氏怀孕的时候，担心因为自己的身份而影响孩子的未来，曾服药堕胎，但没有成功，最后还是把儿子生了下来。也许是受到这次堕胎药物的影响，宋度宗生下来就先天不足，发育迟缓，手脚发软，很晚才能走路，七岁才会说话，智力也低于正常孩子。前文已经提到，当时宋理宗曾征求吴潜的意见，吴潜明确表示反对立德孙为皇子，其理由之一就是德孙先天不足。

德孙于淳祐六年（1246）被接入皇宫接受教育，并被赐名孟启。宝祐元年（1253）正月成为皇子，改名为禥，正式确立皇储身份。当年十月，又被封为忠王。正是在这个过程中，魏峻的儿子关孙莫名其妙地搅进了皇储争夺之中。周密《癸辛杂识》记载有"魏紫姚黄"的传说，指的就是这件事情。关孙深得宋理宗母亲全氏的喜爱，全氏经常向理宗提起关孙，并为关孙求官职。宋理宗因为母亲的缘故，就想召见关孙，然后授其官职。按照规定，凡是异姓进入皇宫必须佩带腰牌，赵姓宗室子弟则不用。这次召见乃是一时权宜，便让关孙假名赵孟关，冒充宗室进入皇宫。赵禥对此非常忧虑，不明白宋理宗为何要召见关孙，并赐他宗子的名字。他感受到了来自关孙的巨大压力，以为理宗要用关孙来取代自己，在事后就散布了“魏太子”的传言，说理宗有意立关孙为太子。赵禥此举非常狠毒，散布这种传言实际上是要将关孙置于死地。宰相王伯大和吴潜专门就此事上疏宋理宗求证，宋理宗表示并无此事，然而此后“四方遂有魏紫姚黄之传”。魏紫、姚黄都是牡丹花的品种，魏紫相传是宋初宰相魏仁浦家所种植的牡丹，用魏紫来比喻关孙，表示其母为郡主，身份高贵；姚黄相传出自寻常百姓家，用它来比喻赵禥，暗示其母为侍女，身份卑微。虽然宋理宗说并无调换之意，但后来关孙却非常“巧合”地淹死在赵与芮府邸瑶圃池中，遂给后人留下了丰富的遐想空间，即极有可能是赵禥父子谋害了宋理宗姐姐的孩子，以解除对赵禥皇位的威胁。

当然，此事应该是发生在魏峻去世之后，魏峻于淳祐四年（1244）四月出任平江知府，淳祐六年（1246）三月离任，回京担任刑部侍郎，不久就去世了。魏峻在苏州待了两年时间，并留下了不少政绩。

一是刊刻《张司业集》。张司业指张籍，司业是其官职。张籍（约766—830）是苏州人，后移居和州乌江（今属安徽和县）。张籍擅长乐府，与王建合称“张王乐府”。白居易称其“尤工乐府诗，举代少其伦”，对其推崇备至。张籍在世时，其诗即已广泛流传，享有盛名。对此，张籍也很自豪。但是，张籍生前并没有对其全部作品加以编辑整理结集。张籍去世后，五代人张洎花了二十年时间搜集整理张籍的诗篇，整理编辑后进行刊刻，这就是最早的《张司业集》。这本集子后来为钱公辅所得，并更名为《木铎集》。“木铎”出自《论语·八佾》：“天下之无道也久矣，天将以夫子为木铎。”“木铎”本是金属铃铛，中以坚木为舌，振荡以发声，因此叫木铎，古代行施政教时，用以警示民众。而钱公辅之所以对张籍的诗集以“木铎”重新命名，不仅因为张籍的诗中有“身逐陵官齐再拜，手持木铎扣三声”之句，同时也因他认为张籍的乐府诗精妙绝伦，“上可裨教化，舒之济万民；下可理情性，卷之善一身”，有警世醒众的功能。《木铎集》从钱公辅家散出后，曾先后为“故家”及张元龙所有，最后落到魏峻手中。魏峻在担任平江知府期间，对《张司业诗集》与《木铎集》进行比勘，在完善的基础上重新刊刻《张司业集》，并为其写跋：“《木铎》者，司业诗之别名也。前国子监书库官张元龙震发得于故家，张氏问其由来，则皇祐三年舍人毗陵钱公辅通守越郡时，得于故太守杨君，云张洎家本也。视他本最完，大略与今所刻司谏汤公家藏本相出入，而此五首则今刻本无之，今刻本第六卷《赠项斯》七言则《木铎集》阙焉，因互见云。魏峻并识。”可见，魏峻在相互比对的基础上，将《木铎集》未收入的几首诗编入其中，进行了刻印。魏峻重修、整理和刊刻《张司业集》，为张籍诗篇得到传承和研究做出了自己的贡献。

二是访民问政兴修水利。在本书上部第十六章已经介绍过，至和二年（1055），吕居简担任苏州知州期间，支持昆山主簿丘与权修建了至和塘。到魏峻出任平江知府的时候，已经过去了近两百年时间，至和塘不少地方淤积严重，不仅影响防洪，而且也妨碍交通。魏峻通过“周询民隐”和民众的词讼，了解到至和塘年久不修产生的弊端，于是组织进行了疏浚。据郑霖《重修昆山塘记》记载，这次施工，“富民争出财以助工”，当时正值农忙季节，老百姓却“助以众力，人不为扰”，说明魏峻的前期调研工作做得很扎实，所做的是惠民利民之举，所以才得到了民众的广泛支持。

三是修桥建仓加强城市管理。魏峻在苏州期间，利用废弃的军营兴建平籴仓，用于收储粮食、平抑物价。《姑苏志》卷二十六记载：“平籴仓在营桥东，淳祐五年魏峻以壮城废营改并。”“营桥”也就是寿星桥，东连望星桥北堍，西接叶家弄，《吴门表隐》称：“南宋绍兴十年，里人浚河时得瓷寿星，遂建桥立庙祀之，名寿星桥。”魏峻改建的兵营就在桥西，寿星桥因此而有了“营桥”的别名。

另外，魏峻在苏州期间与吴文英多有交往，吴文英写了不少词赠予魏峻，如吴文英于淳祐五年（1245）写的《声声慢·寿魏方泉》：

莺团橙径，鲈跃莼波，重来两过中秋。酒市渔乡，西风胜似春柔。宿春去年村墅，看黄云、还委西畴。凤池去，信吴人有分，借与迟留。

应是香山续梦，又凝香追咏，重到苏州。青鬓江山，足成千岁风流。围腰御仙花底，衬月中、金粟香浮。夜宴久，揽秋云、平倚画楼。

这首词是魏峻生日时吴文英写的贺词，其中“莺团橙径”意思是苏州洞庭山莺黄色的霜橙累结于枝头，橙树行列成径。“鲈跃莼波”是指苏州的特产鲈鱼和莼菜。“围腰”等句则主要是写魏峻的生日在桂花盛开的八月，而且暗喻此年四月朝廷赐给魏峻玉带的事情。

淳祐六年（1246），吴文英又写了一首词，名叫《声声慢·饯魏绣使泊吴江，为友人赋》：

> 旋移轻鹢，浅傍垂虹，还因送客迟留。泪雨横波，遥山眉上新愁。行人倚阑心事，问谁知、只有沙鸥。念聚散，几枫丹霜渚，莼绿春洲。
>
> 渐近香菰炊黍，想红丝织字，未远青楼。寂寞渔乡，争如连醉温柔。西窗夜深剪烛，梦频生、不放云收。共怅望，认孤烟、起处是州。

淳祐六年（1246）魏峻出任刑部侍郎，因此，词中称其为“魏绣使”。“垂虹”，即吴江上垂虹桥，在吴江县东，本名利往桥，宋庆历间构亭于其上，名曰垂虹亭，因此也称此桥为垂虹桥。魏峻回京出任刑部侍郎时，吴文英在吴江垂虹桥上送别，并写词相送，可见二人的感情之深。

另外，吴文英还写了《水调歌头·赋魏方泉望湖楼》：

> 屋下半流水，屋上几青山。当心千顷明镜，入座玉光寒。云起南峰未雨，云敛北峰初霁，健笔写青天。俯瞰古城堞，不碍小阑干。
>
> 绣鞍马，软红路，乍回班。层梯影转亭午，信手展缃编。残照游船收尽，新月画帘才卷，人在翠壶间。天际笛声起，尘世夜漫漫。

对于此词写于何处，很多人认为是吴文英在魏峻出任刑部侍郎后写于杭州，所望之湖为西湖。其实，这首词写于绍兴，词中的“望湖楼”是绍兴府治建筑群中的一座，这座楼建在可以俯瞰绍兴城的“古城堞”之上，因此被称为“望湖楼”。魏峻娶宋理宗姐姐四郡主后，在绍兴有自己的府邸，据《癸辛杂识》载，魏峻绍兴府邸中有赘婿入住的“甥馆”：“（魏峻）庚午岁得男，小字关孙，自幼育于绍兴之甥馆，实慈宪全夫人之爱甥也。”而吴文英淳祐四年（1244）入绍兴知府史宅之幕中，居住地就在府衙建筑群的延桂阁之下，因为吴文英的家眷还在苏州，所以在绍兴幕府期间，他经常往来于绍兴、苏州两地，因此和魏峻仍然有所交集。魏峻在绍兴有自己的府邸，儿子又养在绍兴，经常回去是必然的，而吴文英入幕史宅之后，也常在绍兴居住，二人交集未断，因此吴文英写了这首《水调歌头》相送。后世读者多以“半流水”“千顷明镜”“残照游船”等，认定该词写的是西湖之景，显然有误。此是题外话，有兴趣的朋友可参阅孙虹、冉丹《吴梦窗与魏峻交游考辨》一文。

魏峻离开苏州后，徐鹿卿接任平江知府。

徐鹿卿（1170—1249），字德夫，号泉谷，隆兴丰城（今江西丰城）人。徐鹿卿是南宋著名的文学家、藏书家，博学多闻，通晓经史，闻名乡里。徐鹿卿于嘉定十六年（1223）考中进士后正式步入官场，先后担任过安南军学教授、福建安抚司干办公事、尤溪县知县、南安军知军、官告院干办诸司审计司、国子监主簿、枢密院编修官、敕令删修官、江东转运判官、浙东提点刑狱、太府少卿兼右司、中书门下省检正诸房文字、吏部侍郎、平江知府、礼部侍郎、宁国知府等职，最后的官职是华文阁待制。

徐鹿卿出仕很晚，五十三岁才考中进士，以忠君爱国、直言善谏，爱民如子、政绩卓著，博学多才、著作等身闻名于世。

首先，徐鹿卿向以耿直闻名，一生不畏权贵、正直敢言，因此多次被罢，但他仍然不改初心。徐鹿卿参加科举考试的时候，因为文章非常优秀，礼部负责当年科考的官员将其列为第二名，但是详定官却认为他的策论太过切直，就将他降到了第十名。考中进士后，徐鹿卿被安排到南安军学担任教授（后改为“周程书院”，时有“南安军学甲江西”之说）。南宋著名的理学家、绍兴二年（1132）的状元张九成因为得罪秦桧，以“谤讪朝廷”的罪名谪居南安十四年。徐鹿卿到南安后，选择张九成的名言刻石立在军学作为校训，可见因“直言”而在科考中被降名的徐鹿卿并没有接受“教训”，反而极力推崇同样直言的张九成，说明其骨子里就是一个耿直的人，不会因为遭遇挫折而改变。徐鹿卿在担任官告院干办诸司审计司的时候，已故宰相的儿子不仅以集英殿修撰的官衔领取管理宫观闲职的俸禄，还帮司农少卿领取米麦，这显然违背了当时的规定，对此，徐鹿卿毫不客气地上疏指出：“奈何为一人坏成法?”对这种做法表示坚决反对。宋理宗召见徐鹿卿的时候，徐鹿卿奏请了六件事情，针对当时史弥远专权的问题，建议“洗凡陋以起事功，昭劝惩以收主柄，清班著以储实才，重藩辅以蔽都邑，用闽、越舟师以防海，合东南全力以守江”，得到宋理宗的嘉纳，并因此晋升徐鹿卿为枢密院编修官、权右司。当时，右史方大琮、编修刘克庄、正字王迈等都因言获罪被贬黜，徐鹿卿不仅没有疏远这些人，反而写诗相赠，结果因此被言官弹劾而改为建昌军知军。徐鹿卿在担任度支郎官兼右司的时候，当着宋理宗的面直陈时弊。在担任敕令删修官兼右司的时候，指出当时二相并立的弊端。时任宰相郑清之企图拉拢徐鹿卿，结果徐鹿卿不仅对郑清之的示好置之不理，还私下对人说：“是牢笼也，吾不能为宰相私人。”结果言官借其他的事情攻击他，徐鹿卿再次被罢官，主管云台观。徐鹿卿出任浙东提点刑狱兼提举常平时，建议撤销浮盐经界碱地，并指出应首先从宰相家所筑的经界开始拆除，宰相家里负责守护田地的人说：“我是相府的人，看谁敢动!”徐鹿卿说：“执行法律就要从权贵开始。”最终还是拆除了宰相家的经界。史弥远的弟弟担任温州通判时，用韩世忠家传的珍宝获利，徐鹿卿奏请剥夺了他的官职。徐鹿卿曾邀请衢州推官冯惟说到婺州帮助断案。冯惟说向来廉洁公正，到婺州后很快就辨明了是非曲直，把长期未能解决的疑难案件很快就了结了，结果引起了当地大家族的不满。刚好有个婺州同乡在朝中担任言官，婺州的这些大家族就委托这位言官出面弹劾冯惟说。州官索要告发冯惟说的文书，冯惟说笑着说：“是不是还可以任官啊?”然后在盖有手印的状纸上题诗后就离开了。衢州郑逢辰因举荐错了人，徐鹿卿也因为委托冯惟说断案不当，相继自请免职。虽然上疏请求处分，但是二人却不以为意，反而互相和诗酬唱。御史以此对二人进行弹劾，徐鹿卿再次被罢职。后来，朝廷起复徐鹿卿为泉州知州，再改赣州知州，但是徐鹿卿均推辞不去就任。朝廷只好改任徐鹿卿为浙西提点刑狱、江淮都大坑冶，但是，徐鹿卿以身体不好为由坚辞不就，朝廷只好让他出任主管玉局观的闲职。没多久，宋理宗召见徐鹿卿，改直宝章阁、宁国知府，徐鹿卿仍然不肯就任。到了淳祐三年（1243），朝廷任命徐鹿卿为右司，但是再次遭到徐鹿卿的拒绝。时任宰相杜范写信给徐鹿卿说："直道不容，使人击节。君不出，岂以冯惟说故耶？惟说行将有命矣。"意思就是说，直言敢谏之士不被潮流所容忍，确实让人击节长叹。你不肯出来做官，难道是因为冯惟说被罢职的原因吗？冯惟说也马上就要被起复了。徐鹿卿这才接受朝廷的任命，出任太府少卿兼右司，上任后立即上疏给宋理宗说："时事多艰，人心易摇，无独力任重之臣，无守节伏义之士，愿蚤决大计。"第二年，权吏部侍郎。当时很多人提出建议，认为应该让执政分别负责军队和财政，徐鹿卿表示坚决反对。淳祐六年（1246），徐鹿卿以右文殿修撰的官衔出任平江知府兼发运副使。在苏州待了一年后他又极力要求丐祠，宋理宗授意宰相进行挽留，让徐鹿卿回京担任兵部侍郎，徐鹿卿坚决推辞，宋理宗让宰相写信给徐鹿卿，召他进京。进京后，他又上书议论君子与小人，对时弊痛加指责。可见，徐鹿卿不管官居何职、身在何处，直言敢谏的特点始终如一，虽然因此而多次被免被罢，但仍然坚守初心，不改本性。

其次，徐鹿卿爱民如子、能力出众，每到一个地方都留下突出的政绩。徐鹿卿担任福建安抚司干办公事的时候，刚好遇到汀州、邵州寇乱，徐鹿卿积极参与剿匪活动，对那些避乱进入城市的难民，徐鹿卿多方赈济，救活了很多百姓。真德秀因此称他"气平论正，有忧爱之诚心"，因此向朝廷举荐徐鹿卿为尤溪县知县。真德秀担任泉州知州的时候，邀请徐鹿卿到南安任职，徐鹿卿以不便奉养母亲为由推辞。真德秀对他说："道同志合，可以拯民，何惮不来？"徐鹿卿回去把这件事情告知他的母亲，徐鹿卿的母亲欣然答应了这件事情。徐鹿卿到任后，首先罢免了没有名目的科敛，注明版籍，革除预借，解决积累下来的问题，"邑以大治"。真德秀出任福建安抚使后，上疏推荐徐鹿卿，认为他的政绩是各个州县中最突出的，“岁饥，处之有法，富者乐分，民无死徙”。于是，晋升徐鹿卿为都堂审察，但是遇到母亲去世，徐鹿卿于是丁母忧回家守孝。徐鹿卿在刚刚被任命为建昌军知军的时候，崇教、龙会两保（相当于现在的乡镇）与建黎原、铁城两个地方的百姓出现纠纷，准备相互进攻，徐鹿卿写了一封书信快马送去进行劝导，双方立即停止了械斗。徐鹿卿到任后，放宽赋税，禁止科敛，抑制豪强，救济弱寡，在将狡黠之吏刺字发配的同时，精选将领，训练士兵，“治行大孚，田里歌诵”。当时，督府收取秋苗“斛面”（官府收取赋粮时的额外负担），下达给建昌军为米五千斛，徐鹿卿坚决予以抵制，对督府说：“守可去，米不可得。”意思是就算你撤销我的知军职务，我也绝不会上交这些苛捐杂税。老百姓担心徐鹿卿因此被罢免而失去一个好官，请求由大家一起承担这些“斛面”，但是徐鹿卿坚决不同意，对老百姓说：“民为守计则善矣。守独不为民计乎?”最终，督府不得不免除额外加给建昌军的“斛面”，徐鹿卿以自己的正直担当维护了百姓的利益。徐鹿卿在担任江东转运判官的时候，江东出现饥荒，“人相食”，留守别之杰对此置之不理。徐鹿卿下令抓捕这些吃人者，并将尸体集中处理。同时，又上奏要求用真德秀为发运使时拨付的钱救灾，却没有下文。但是，救灾如救火，人命关天的事情一刻也耽误不得，徐鹿卿只好拿出转运司积累下来的三千多石米半价卖给老百姓，同时出钱一万七千缗用于救济百姓，艰难度过了饥荒。当时，岳珂驻守在当涂，私自制作茶盐，诡称为国谋利，到处横征暴敛，导致商旅不敢到当涂经商，结果收入不升反降。朝廷命徐鹿卿前去核实这件事情，当地官吏纷纷逃窜，隐匿非法获得的利润。徐鹿卿亲自进行审查，并宽限这些获利的官员，很快就查清了实情，惩治了这些贪官污吏，没收了他们的财产，释放了被岳珂羁押的百姓，百姓个个感激涕零。于是，朝廷让徐鹿卿兼任太平州知州，提举茶盐事。《宋史》记载，当时江东很多州县发生蝗灾，徐鹿卿焚香进行祷告，不久就下起了大雨，蝗虫纷纷逃离江东，往北飞过淮河。这事有点迷信的色彩，不过脱脱在其本传中加以叙述，也从一个方面说明了徐鹿卿爱民如子。

再次，徐鹿卿博学多才、著述颇丰，一生留下了很多诗词文章。

此外，徐鹿卿忠孝两全，为人沉稳，喜怒不形于色，恩怨泯灭于无形，与宗族乡党相处非常和睦；为官廉洁清正，因此，徐鹿卿死后被谥“清正”，可谓至当。

徐鹿卿离任后，吴渊第二次出任平江知府，在苏州待了大半年时间，于淳祐八年（1248）五月离任，由郑霖接任。

第二十九章　风雨飘摇

——蒙宋对峙与“端平更化”（四）

（郑霖、余晦、余天任、赵与訔、赵汝历、赵与筹、余晦、马扬祖）

郑霖（1180—1251），又名郑汝林，字景悦，庆元府宁海西岙（今属浙江宁波宁海）人。郑霖于开禧元年（1205）进入太学，绍定二年（1229）考中进士。郑霖考中进士的时候已经四十九岁，虽然比前面介绍过的徐鹿卿考中进士的时候要年轻一些，但是，这个年纪确实已不小，这也注定了他在官场上的职务不可能很高。

郑霖在《宋史》中没有传记，他的名字在《宋史》中仅出现两次，一次是《宋史·叶梦鼎传》：叶梦鼎，“字镇之，台之宁海人。本陈待聘之子，七岁后于母族。少从直龙图阁郑霖、宗正少卿赵逢龙学，以太学上舍试入优等，两优释褐出身”。一次是《宋史·王应麟传》：王应麟，“差监平江百万东仓。调浙西提举常平茶盐主管帐司，部使者郑霖异待之”。地方志中最早介绍郑霖的是明朝弘治《赤城新志》，而对其生平和事迹介绍最为详细的是崇祯《宁海县志》，此后的志书关于郑霖的介绍大多是依据这两部地方志。从这些志书所介绍的情况看，郑霖虽然出仕较晚，但是从小就志存高远，“初为太学生，慨然有及物之志”。进入仕途后，为官二十余年，纯良正直，实心为民，深受百姓爱戴。初任江西南安军教授时，遭遇民众暴动攻城，郑霖不顾个人安危，冒着矢石登上城墙进行劝阻，终使事件得以平息。后来先后担任过嘉定知县、赣州知州、安庆知府等，每到一个地方都励精图治，因此声望越来越高。尤其是在赣州期间，当地地广民贫，盗贼经常出没，郑霖到任后，招抚叛逆，保境安民，使百姓得以安居乐业；裁员简政，减轻人民负担；释放长期羁押囚犯，赈济救灾，恢复生产。郑霖最后的职务是平江知府兼淮浙发运使，后被贾似道陷害身亡。

郑霖一生并没有做过什么大官，也没有留下特别突出的政绩，他之所以被后人称道，主要是因为以下三个方面。

一是启蒙叶梦鼎，使之成为一代名相。叶梦鼎原姓陈，和郑霖同居西岙村。叶梦鼎出生于庆元六年（1200），原名陈吉甫，其父为陈待聘。其母叶氏，娘家就在离西岙村不远的上宅村。陈吉甫一共兄弟四人，因其舅舅家始终没有男孩，两家商量后决定将陈吉甫过继给舅舅，为舅舅传承香火。陈吉甫七岁的时候到舅舅家生活，改姓叶，取名梦鼎，寓意将来能够高就。从十二岁开始，叶梦鼎跟随郑霖学习，郑霖因此成为叶梦鼎的启蒙老师。叶梦鼎后来官至宰相，深受宋度宗的器重，郑霖也因此而青史留名。宋度宗曾称赞说："右丞相陈吉甫，为朕股肱，竭忠匡赞；发运使郑霖，转饷江淮，懋著能声；国子祭酒周成童，职司文教，造就多才；翰林学士王良宠，授任词垣，文辞藻丽。四卿生同乎里，仕同乎朝，文章政事历历可观，忠孝节义不愧科名。"宋度宗于咸淳三年（1267）八月专门颁发圣旨，让这四人子孙合用一祠，并敕封祠名为"四大名宗"。

二是建造登台桥，在当地留下千古美谈。在郑霖的家乡附近有一个港湾渡口，名为黄公渡，因港宽潮急，渡船经常被风浪倾覆，当地百姓不胜其苦。郑霖还在太学学习的时候，就和他弟弟季杰、灵峰寺僧人元海等商议在此建桥。后来，郑霖在各地做官，虽然公务十分繁忙，但是仍然关心建桥事宜，通过节衣缩食省下经费并将其交给元海用于建桥。但是，因为港宽浪急，堤防屡遭海浪冲毁，桥基也多次崩塌，元海多方筹款，坚持了十多年，桥未建成，人却因积劳成疾而去世。郑霖在悲痛之余，嘱咐元海的两个徒弟清隐、惠畴继承师父的遗志，完成师父的心愿，并一再拿出自己的俸禄倾囊相助。后来，经过两位僧人和当地百姓的艰苦奋斗，历时十七年，桥终于于淳祐十年（1250）建成，取名为“登台桥”。后来，郑霖的孙子找到王应麟，请他撰写了《登台桥记》。王鏊《姑苏志》记载：“郑霖，初以朝奉大夫权发遣两浙西路提点刑狱公事。至淳祐八年正月，暂权平江府发运司事。七月，除直宝章阁知平江府事兼主管浙西两淮发运司公事兼措置浙西和籴，以其月交割。十二月，又命暂权浙西提举，其月磨勘转朝散大夫。九年，诏以职事修举除直华文阁，依旧职。”郑霖在苏州一共待了近三年时间，其间王应麟于淳祐八年（1248）“差监平江百万东仓。调浙西提举常平茶盐主管帐司，部使者郑霖异待之”。王应麟差监的百万东仓在苏州阊门里面，其上司正是郑霖，而郑霖“异待之”，也就是非常赏识他，厚待于他。南宋灭亡后，王应麟隐居在鄞县。正因为如此，郑霖的孙子才找到王应麟写记，而王应麟在记中自称是郑霖的“门下士”，可知他对郑霖是十分尊敬的。

三是对抗贾似道，最终为其所害。自从嘉熙二年（1238）考中进士后，贾似道依仗其作为贵妃的姐姐被宋理宗宠信，一路平步青云。随着官职的提升，贾似道的野心也越来越大，四处网罗人才，以为自己将来掌控朝局打下基础。贾似道了解到郑霖非常能干，就有意拉拢他，许以“都司”“监礼部郎官”等官职。但是，郑霖对贾似道弄权误国深恶痛绝，不愿跟他交往，对贾似道许诺的官职也坚决拒绝。贾似道非常恼火，就诬陷郑霖建造登台桥是为了“积粮聚众，图谋不轨”。宋理宗偏听偏信，就下令处死了郑霖。几年后，宋理宗看到郑霖的遗表，这才幡然醒悟，为其昭雪，追赠郑霖为中奉大夫、龙图阁直学士，并赐葬西岙集福寺前。

郑霖离开苏州后，由余晦接任平江知府。

余晦，字养明，庆元府昌国（今浙江舟山）人。余晦的伯父余天锡是史弥远的亲信，曾当过参知政事，其父亲是接替他担任平江知府、官至兵部尚书的余天任。

舟山余氏可追溯到北宋时期，当时余晦的高祖余息庵出任明州观察判官，其家族也一起移居到宁波鄞县。余息庵在任上曾到昌国（当时隶属明州）视察，流连海岛美景，致仕后就隐居在岛上。余晦曾祖父、余息庵之孙余涤后又将家从海岛迁出，移居到鄞县。当时，史浩正担任余姚县尉兼管昌国县盐务，余涤遂与史浩结识。史浩后来到临安参赞机务，就聘请余涤担任塾师，教授自己家中后代，余天锡和余天任兄弟也就随父亲一起入鄞县史家读书。后来，史弥远又聘请余天锡担任塾师，余家遂与史家结成世交。

被立为太子的赵贵和（后改名为赵竑）对史弥远的专权极为不满，嘉定十四年（1221），史弥远决定废除赵贵和，就密嘱余天锡物色皇族子弟入宫。这一年，余天锡自临安回乡，在越州（今绍兴）找到了宋太祖的十世孙赵与莒、赵与芮兄弟。第二年，史弥远秘密将赵与莒接至庆元（今宁波），命余天锡的母亲朱氏教他学习宫廷礼节。同年八月，史弥远设法将赵与莒接入宫中任秉义郎，不久封为济国公。嘉定十七年（1224）宋宁宗病重时，史弥远矫诏封赵竑为济阳郡王，出居湖州，立赵与莒为皇子。宋宁宗逝世后，赵与莒即位，改元宝庆，是为宋理宗。余天锡因拥立赵与莒有功，擢升迅速，嘉熙二年（1238）晋升为参知政事兼同知枢密院事，嘉熙四年（1240）为资政殿学士，后又被封为奉化郡公。淳祐元年（1241），余天锡逝世后被谥“忠惠”。余晦的父亲余天任也于宝庆二年（1226）入仕，后官至刑部尚书、兵部尚书。因为有史弥远和宋理宗的关照，余晦在仕途上更是顺风顺水，最后甚至成为西路军的元帅，官至兵部尚书。因此，宁波余家有“一门三尚书”的称谓。

关于余晦的史料并不多，《宋史·余天锡传》中提到余晦只有三十七个字：“从子晦，历官尚书，出帅全蜀，尝置义庄，以赡宗族。然在蜀以违言论知阆州王惟忠死，士论少之。”其他的任职经历则主要记载在一些地方志中，从这些地方志看，余晦于绍定年间担任高邮知军，淳祐十年（1250）出任镇江知府，淳祐十一年（1251）改任平江知府，淳祐十二年（1252）四月出任临安知府，当年五月因国子监事件而改为鄂州知州。宝祐元年（1253）擢升为权刑部侍郎、四川安抚制置使，代余玠知重庆府、兼四川总领财赋。宝祐五年（1257）改任为淮西总领，宝祐六年（1258）再次出任平江知府兼发运使。开庆元年（1259）改知庆元府兼沿海制置使，景定元年（1260）除户部侍郎兼知临安府、浙西安抚使。

余晦虽然因为有宋理宗的关照在官场如鱼得水，但是关于其任职期间的政绩却鲜少被提及。道光《高邮州志》、至顺《镇江志》、咸淳《临安志》、景定《建康志》、宝庆《四明志》、《姑苏志》也都只记载了他任职的时间和职务，而对其在任情况只字未提，只有《宋史·余天锡传》“尝置义庄，以赡宗族”算是一个正面评价，其他提到他的资料对他的评价基本上都是偏负面的，而其中最为人所诟病的就是构陷和杀害王惟忠。

余晦的故事要从离开苏州开始。

淳祐十一年（1251）五月，郑霖因为得罪贾似道而被罢职，六月，余晦以朝奉大夫、直宝章阁出任平江知府，同时节制许浦都统水军兼淮浙发运措置和籴，可以说是集军政财务大权于一身。在苏州待了半年后，淳祐十二年（1252）正月余晦被调入京城，担任右司郎官，当年四月代理临安知府。然而，让余晦没有想到的是，到临安就任的第二个月就出现了死人事件，而且因为处理不当而丢了官职。当年五月，国子监诸生与百姓之间发生冲突，不久发现一名学生死在了学校。余晦开始并没有重视，就随便派了一个人前往国子监了解情况，不知道怎么回事激怒了这帮学生，结果就把事情闹大了，学生卷堂罢课（也就是关闭学堂罢课），伏阙上书，将矛头直指余晦，并斥他为“仆”。看到事情有些难以收拾，余晦就准备上朝面见宋理宗，将事情原委解释清楚。学生们了解情况后，等候在余晦上朝的路上，准备将他痛揍一顿。余晦知道后大惊失色，仓皇逃走，一直渡过钱塘江，这才躲过一劫。但是，这件事情让刚刚到任的余晦丢掉了临安知府的帽子，时任国子监祭酒的蔡杭也因此被降职。对这个处分国子监的学生并不满意，于是纷纷上书要求留下蔡杭，一些言官也趁机弹劾余晦，挽留蔡杭。最后余晦外放为鄂州知州。

宝祐元年（1253），抗元名将余玠身死，余晦的机会再次来临。余玠三十岁时投笔从戎，身经百战，功勋卓著。他在转战淮东的八年时间里，立下了赫赫战功，因此被宋理宗破格提拔为兵部侍郎。为扭转四川战局的颓势，巩固长江上游防线，确保宋军不陷入多线作战的局面，宋理宗派余玠出任四川制置使兼重庆知府。临行前，余玠向宋理宗立下誓言："愿假十年，手挈全蜀之地，还之朝廷。"到任后，余玠根据四川的地形地貌特征，结合蒙古铁骑擅长平原作战的特点，制定独特的山城防御体系，也就是被后人津津乐道的钓鱼城防御体系，不仅有效遏制了蒙军的轮番进攻，还利用有利地形创造了以三千人马大败二十万蒙军的奇迹，创下了军事史上以少胜多的典范。后来的钓鱼城之战，不仅成功阻止了横扫欧亚大陆的蒙古大军，沉重打击了蒙古铁骑的嚣张气焰，还在钓鱼城之战中杀死了蒙哥，迫使进攻鄂州的中路军统帅忽必烈匆匆赶回蒙古争夺汗位，延缓了蒙军灭宋的步伐。从这一点来讲，余玠的功绩可谓至伟。余玠因守蜀有功被任命为兵部尚书，但是仍然驻守四川，以震慑蒙军。余玠在四川与蒙军对峙十多年，蒙军虽然多次发起进攻，但始终未能得手。而川渝地区在余玠的精心治理下，也越来越富裕强大，成为抗蒙的中坚力量和维护南宋江山社稷的强大后盾。

余玠在大力整治川蜀时，因铁面无私重拳打击贪赃枉法之徒而得罪了统制姚世安。姚世安行贿当朝宰相谢方叔，编造余玠在川渝犯下累累罪行的谣言。谢方叔早就对余玠在川蜀的政绩心生妒忌，就安排人在宋理宗面前挑拨离间，说余玠拥兵自重，有谋逆之心。对这帮人的挑拨，宋理宗也是半信半疑，就试探性地下诏让余玠回京述职。不巧的是，此时余玠突然病重无法起床，只好上书向皇上告假。宋理宗一下子警觉了起来，认为余玠是借故不来京城，确有谋反之心，于是立即下旨，免去余玠一切职务。接到圣旨后，余玠万念俱灰，在失望之余选择了服毒自杀，以此证明自己的清白。

余玠被免后，让谁接替余玠的职务就成了朝廷博弈的重点。此时的宋理宗已经亲政将近二十年，已是信心满满，他乾纲独断，决定让余晦前往川渝。六月，余晦到京后，宋理宗对他说："西事乏人，卿可为朕行。"余晦回答道："臣资浅望轻，西事素未谙悉，冒承恐误国。"余晦这么回答绝非谦让之词，他对自己的能力和水平还是有清醒认识的。但是，宋理宗对余晦说："朕与宰执熟筹之，无如卿者。"这显然是假话，因为宋理宗根本就没有和宰相商量过，而且当时比余晦合适的人也不是没有。所以，七月初五日，宋理宗和大臣们讨论这次人事任免的时候，不少人提出反对意见，比如国子司业叶梦鼎、参知政事徐清叟等。然而，宋理宗根本听不进去，对叶梦鼎说："余晦有才。"叶梦鼎回答道："晦虽小有才，蜀当垂亡危急之秋，恐不胜任。"徐清叟也上书说："朝廷命令不行于西蜀者，十有二年矣。今者天毙此玠，乃祖宗在天之灵，社稷无疆之福，陛下大有为之机也。今乃以素无行检、轻儇浮薄、不敢任重如晦者当之，臣恐五十四州军民不特望而轻鄙之，敌国闻之，亦且窃笑中土之无人矣。所有除晦内批，乞赐收回。"宋理宗看了很不高兴，御笔一批，责备徐清叟说："数十年来未见执政缴回成命者，卿若固执，则庙堂之间，同列之人，皆有不安。召命已颁，决难反汗。"意思就是告诉徐清叟，既然我已经做了决定，即便错了也要错到底。面对宋理宗的不可理喻，朝臣除了徒唤奈何也只能随它去了。

当年七月，余晦从临安出发，一路游山玩水，一直到十二月才到夔峡办理交接手续，次年正月才在重庆正式办理公务。余晦不仅"资浅望轻"，而且对四川的情况也不怎么了解，所以到任后吃了不少败仗。将军南永忠、高贵不仅投降蒙军，而且献出了隆庆府；余晦派出甘闰带数万人马在紫金山要地筑城，结果遭到蒙军夜袭，宋军大败而归，甘闰"仅以身免"，紫金山被蒙军占领。弹劾余晦的奏章如雪片般送到宋理宗的面前，不得已，宋理宗只好将到任刚刚几个月的余晦召回，让他第二次到苏州任职。此时的余晦，不仅没有反思，反而抓住王惟忠一度失守阆州一事不放，通过构陷而将之置于死地。

余晦到任之前，王惟忠担任阆州知州兼利州西路安抚使，看到邸报上有余晦的任职通报，笑着说："余再五来也。""再五"是余晦的小名。王惟忠这句带有轻视甚至蔑视的话传到余晦耳朵里后，余晦非常愤怒，就想找机会报复他。《钱塘遗事》上说，余晦得知南永忠反叛后，隐匿消息，并故意问王惟忠："南永忠此人怎么样？"王惟忠回答说南永忠"勇而义"。余晦又设下圈套问王惟忠说："人言其不可保，有之乎？”王惟忠不知是个圈套，立马就上当了，对余晦说：“当入状，以百口保之。”余晦就拿出纸笔，让王惟忠写下保书，等王惟忠写完后，余晦拿出南永忠的反书给王惟忠看，王惟忠愕然不知所措，这才知道自己上当了。后来余晦回到临安，通过陈大方、丁大全，将此事告知朝廷，以庇护叛贼的罪名将王惟忠关入大理寺监狱，并于当年十月以“顶冒补官，任知阆州判西安抚府日，丧师庇叛，遣援迟缓”等罪名，将其问斩于东市。《钱塘遗事》说：“血逆流而上。惟忠颜色不改，曰：‘吾将诉于天，以明此案也。’”害死王惟忠后，余晦等人各怀鬼胎，从此也留下了心理阴影。据周密《癸辛杂识·王惟忠》记载，陈大方于宝祐四年（1256）暴毙，死前称见到了王惟忠。没几年，余晦也患上瘰疬（俗称鼠疮），堕首而死，死前感叹道：“可畏哉！”

余晦调任京城后，其父亲余天任接任平江知府。史书上关于余天任的资料很少，基本上都是在提到余天锡和余晦的时候带上一笔。余天任曾担任过临安知府兼户部侍郎，淳祐十二年（1252）六月以中大夫、宝章阁待制出任平江知府，同时还兼任浙西两淮都运使，节制许浦都统司水军、兼提领浙西措置和籴，在苏州待了不到一年，就于宝祐元年（1253）四月回京担任兵部侍郎。这一安排应该和余晦出任四川安抚制置使有着直接关系，因为打仗首先涉及的就是军队调度，虽然有宋理宗的全力支持，但是具体的落实还是要有人照应。余晦到四川为帅，朝中反对的人很多，免不了会有人从中掣肘，而由余天任担任兵部侍郎，就不用担心朝中有人故意为难余晦了，可见宋理宗对余氏父子有多关照。可惜的是，最终宋理宗还是搬起石头砸了自己的脚。

余天任调走后，由赵与訔接任平江知府。

赵与訔（1213—1265），字仲父，号菊坡，安吉州（今浙江湖州）人。赵与訔是宋太祖赵匡胤的十世孙，秦王赵德芳之后。但是关于赵与訔的史料并不多，大多是在介绍其子赵孟頫的时候顺便提及一下。赵与訔自小聪慧秀敏，爱好读书。年少时以父亲的官职恩荫进入官场，曾担任过饶州司户参军，后改任萧山县令。由于在萧山县任上政绩突出，淳祐八年（1248）擢升为临安府通判。淳祐十年（1250）以太府寺丞出任嘉兴知府，任上为官清廉，勤于政事，使嘉兴府“治为诸郡最”，因此而升为直秘阁、两浙转运判官。宝祐元年（1253）十月，赵与訔以朝请大夫、直宝章阁的官衔出任平江知府、兼主管浙西两淮发运司公事，于宝祐二年（1254）正月改任镇江知府，此后先后担任过江西转运副使、两浙转运副使、江东转运使、户部侍郎、两浙转运使、浙西安抚使等职。

赵与訔之所以青史留名，除了是因为他是宋太祖赵匡胤的十世孙这一皇族身份外，主要还是因为其子赵孟頫是中国书法史上最璀璨的明星之一。

赵匡胤一共四个儿子：赵德林、赵德昭、赵德秀、赵德芳。长子赵德林和三子赵德秀早夭，次子赵德昭因被宋太宗训斥而自杀身亡，四子赵德芳也于太平兴国六年（981）病逝，年仅二十二岁。赵德芳的后代从第五代开始做官。赵德芳的五世孙赵子偁于宣和元年（1119）外放为嘉兴县丞，居住在秀州衫青闸（今嘉兴境内），次年春病故。赵子偁在嘉兴的时候生有一子名叫赵伯琮，因宋高宗赵构无子，赵伯琮被选入宫中作为皇子进行抚养，这就是后来的宋孝宗赵昚。赵伯琮有一个哥哥叫赵伯圭，赵伯琮入宫为太子的时候，赵伯圭任秀州华亭县尉，后提升为浙西提刑司。宋孝宗即位后，授予赵伯圭集英殿修撰、台州知州之职，不久改为敷文阁待制、明州知州兼沿海制置使。因为在明州十年任上“政宽和，浚湖陂，均水利，辨冤狱”，取得了优异成绩，赵伯圭深受当地百姓爱戴。淳熙三年（1176）晋升为显谟阁、龙图阁学士，出任安德军节度使，不久又加封开府仪同三司、充万寿观使，并被宋孝宗赐玉带、加少保，封为荥阳郡王。宋孝宗驾崩后，赵伯圭奉命入朝担任攒宫总护命名，升任少傅。宋光宗即位后又升任赵伯圭为少师、少保，封为嗣秀王。绍熙二年（1191），宋光宗拜赵伯圭为太师，不久又令其兼任崇信军节度使，赐第于湖州。从此，赵德芳一支便正式在湖州繁衍。赵伯圭定居湖州不久就病逝了，死后“帝为辍朝三日，追封崇王，谥宪靖”。

赵伯圭生有九个儿子，三子赵师垂生赵希戭，赵希戭生赵与訔，赵与訔生有十个儿子：赵孟頔、赵孟颁、赵孟硕、赵孟颂、赵孟頪、赵孟颢、赵孟睢、赵孟頫、赵孟頳、赵孟愿。其中名气最响、成就最大、影响最远的就是第八个儿子赵孟頫了。赵孟頫生于宝祐二年（1254），当时赵与訔已经四十二岁，正好在苏州担任平江知府。因为出身名门，加上其父赵与訔“善诗文，富收藏”，赵孟頫从小就受到了良好的文化熏陶和家庭教育，并显露出艺术方面的天赋。据有关资料记载，赵孟頫天资聪颖，“读书过目辄成诵，为文操笔立就”。赵孟頫喜好书画，追慕古人，五岁时其书法已经被乡人所重，“未弱冠时出语已惊乡里儒先，稍长大，而四方万里重购以求其文”。然而，天有不测风云，赵孟頫十二岁的时候，其父赵与訔不幸去世。赵孟頫在兄弟中排第八，又是偏房所生，因此在家庭中的地位并不高。虽然赵孟頫十四岁时就以父荫出任真州司户参军，但是不久南宋就在蒙古的铁骑之下灭亡，二十三岁、壮志凌云的赵孟頫，面对国破家亡，只能闲居家中，无所事事。好在赵孟頫的母亲丘夫人是一个刚毅而又眼光独到的伟大女性，看着儿子一蹶不振，她语重心长地对赵孟頫说：“圣朝必收江南才能之士而用之，汝非多读书，何以异于常人?”在母亲的督促下，赵孟頫向当地名儒敖继学习经史，向钱选学习画法，经过十年勤奋学习，学问大进，成为“吴兴八俊”之一，闻于遐迩，达于朝廷。当时，元朝刚刚统一全国，民族矛盾和阶级矛盾十分尖锐，尤其是南方作为南宋故地，知识分子反元情绪异常激烈。忽必烈接受御史程文海的建议，让他到江南搜访有名望的知识分子，授予他们官职，借此笼络江南知识分子，缓和矛盾，稳定民心。赵孟頫既是前朝宗室后裔，又是名重当地的才子，自然是元廷笼络的重点对象。在程文海南下之前，赵孟頫已经多次拒绝了当地官府的征召，但是，这次程文海代表元廷专门邀请，盛情难却，加上赵孟頫已经在家赋闲多年，家道日衰，也需要借此改善家庭生活，实现理想抱负，所以，在半推半就中告别家人，赶往京城。

赵孟頫一到京城立即就受到忽必烈的接见。忽必烈赞誉其才貌，惊呼为“神仙中人”，给予种种礼遇。赵孟頫受宠若惊，从此尽心竭力为忽必烈做事，让忽必烈非常满意。然而，赵孟頫的得宠引起了许多大臣的妒忌，加上他并没有什么实权，赵孟頫施展政治抱负的美梦破灭，他既为受到元廷的猜忌而苦恼，又为自己未能抱守民族气节、有负祖先而感到愧疚，更为自己进退维谷感到惆怅。此时，忽必烈已经年迈，朝中权力争斗更加严酷，为了躲避是非，赵孟頫力求外放，终于在至元二十九年（1292）出任济南路总管府事。元贞元年（1295）忽必烈去世后，元成宗召赵孟頫回京参与修撰《世祖实录》，但是，赵孟頫不想卷入元廷权力斗争之中，借病乞归，终于在夏秋之交回到了故乡。赵孟頫在江南闲居四年，闲情逸致寄于山水、诗画，虽然在仕途上毫无作为，但是在艺术修养和书画技巧上却进步颇大。其间，朝廷曾任命他为太原路汾州知州，但是赵孟頫对这个官职毫无兴趣，托人说情后并没有去上任。大德三年（1299），赵孟頫被任命为集贤直学士行江浙等处儒学提举，"统诸路、府、州、县学校祭祀教养之事，及考校呈进著述文字"，即主要负责文化教育方面的事情，而且不需要离开江南，所以赵孟頫欣然同意了，而且一干就是十一年。

至大三年（1310），赵孟頫的命运再次发生变化。当时还是太子的元仁宗对赵孟頫产生了兴趣，并召他进京。元仁宗深受汉文化影响，非常喜欢文学艺术，而且希望利用文学之士为国朝粉饰太平。因此，他建议将各地艺文之士网罗到大都，歌功颂德，感化世风，赵孟頫自然成了他征召的对象。当年冬天，赵孟頫偕夫人管氏一同抵达大都，被任命为翰林侍读学士、知制诰同修国史，朝夕与商琦、王振鹏、元明善等人伴随皇太子左右，相得甚欢。次年五月，元仁宗即皇帝位，立即将赵孟頫升为从二品的集贤侍讲学士、中奉大夫，夫人管氏也被封为吴兴郡夫人。皇庆元年（1312），元仁宗又借改元之庆，封赠赵孟頫父、祖，并恩准赵孟頫返乡为先人立碑修墓。延祐三年（1316），元仁宗又将赵孟頫晋升为翰林学士承旨、荣禄大夫，官居从一品，推恩三代，管夫人也被封为"魏国夫人"，至此，赵孟頫的政治地位达到其人生的巅峰。元仁宗对赵孟頫推崇备至，把他比作李白、苏轼，称他"操履纯正，博学多闻，书画绝伦，旁通佛老之旨，皆人所不及"。由于元仁宗的青睐和其自身出类拔萃的书画艺术能力，晚年的赵孟頫名声极为显赫。然而，延祐五年（1318）夫人管氏病逝在南归的舟中，给赵孟頫以沉重打击，从此他的身体每况愈下。元英宗至治元年（1321），经多次恳请，朝廷终于批准赵孟頫致仕。第二年，赵孟頫病逝于家乡吴兴，享年六十九岁。死后被赠荣禄大夫、江浙等处行中书省平章政事，追封魏国公，谥“文敏”。

赵孟頫是中国书画史上一座不可逾越的高峰，著名书画家潘伯鹰曾说：“我们看清楚了赵孟頫，方能领会元朝这一时代的书法；如若对他缺少真知灼见，不但不能了解书法的传统如何归结到他的趋势，也不能了解他以后书法传统的流变。”说不尽的宋元文明史，道不完的中华艺术史，这一切因为有了赵孟頫的存在，显得更加丰富多彩。而正因为有这么一个优秀的儿子，赵与訔才在历史上留下了大名，也难怪从古到今“望子成龙”之风长盛不衰了。

赵与訔在苏州待了三个月就离开了，由赵汝历接任平江知府。

赵汝历的籍贯和生卒年不详，按照宋朝皇族赵氏三大派（太祖、太宗和魏王）玉牒排序，太祖派是按照“德、惟、从、世、令、子、伯、师、希、与、孟、由、宜、顺、溥、纲、鼎、建、存、忠、厚、礼、义、谦、和、勖、永、循”进行排序的，而太宗派则是按照“元、允、宗、仲、士、不、善、汝、崇、必、良、友、季、同、原、本、懋、兼、思、尚、实、式、景、均、中、庆、以、充”进行排序的。因此，“汝”字辈是宋太宗赵光义的第八代子孙，和前面第二十五章介绍过的赵汝述是同辈，都是宋太宗的后裔。如此看来，赵汝历是皇族无疑，因为在那个年代，如果不是皇族的话，是不能用皇族的玉牒起名字的，就算有也不敢出来当官。不过，不知何因，《宋史》专门给赵汝述立了传，而对赵汝历却只字未提。也许赵汝述不仅是宋太宗的后裔，更重要的是他被列入“四木三凶”，因此恶名远扬，不得不为其立传。相比较而言，赵汝历虽然官也做得不算太小，但此人只是实心办事，既未能成为高官，也不是什么名人，没能进入史书也属正常。

因为史料匮乏，无法对赵汝历进行全面介绍。提及赵汝历的主要是《景定严州续志》及有关资料，以及王鏊的《姑苏志》。从这两部史书中的记载看，赵汝历在这两个地方都留下了不少政绩。

据董弅《严州图经》记载，赵汝历是淳祐十年（1250）六月以奉议郎的官衔到任严州知州的，淳祐十二年（1252）三月转承议郎，四月除司农寺丞，在严州共待了近两年时间。在这不到两年时间里，赵汝历留下了许多政绩。一是修建“状元坊”。严州的前身是建德县，唐武后神功元年（697）睦州府由雉山（今浙江淳安境内）迁至梅城镇，梅城升格为州治。景祐元年（1034）范仲淹出任睦州知州，留下了著名的《潇洒桐庐郡十绝》。因睦州人方腊组织农民起义，宋徽宗于宣和三年（1121）将睦州改为严州。淳祐十年（1250），严州方逢辰考中状元，时任知州赵汝历在府衙正街专门为方逢辰建造“状元坊”，牌坊背面题“甲第魁首”四字，以此激励学子和士民向学求善。二是扩建“钓台书院”。据《景定严州续志》记载，北宋景祐年间，知州范仲淹建祠祀严子陵。南宋绍定元年（1228），知州陆子遹辟为书院，建高风阁，置经史子集，教育严家子弟等。淳祐元年（1241），郡守王佖拓建斋舍，延聘山长、堂长，广收生徒，讲习其中。“又十一年辛亥，知州赵汝历凿石累土，以广其地。益以栋宇，为门三间，榜曰钓台书院。历级而升，为官厅，左仍先生祠也。”可见，赵汝历在严州任上，通过开山累土，对钓台书院进行了扩建，并建造了房屋，使之更具规模。三是修建严陵“钓台亭”。在富春山腰有两块巨大的磐石，高各百余米，分别称为东台和西台。东台就是严子陵钓台，台上有石亭，正是赵汝历在任时所建，后被毁。明朝正统元年（1436）严州知府万观重建，并刻石额为“不事王侯”。1960 年台厅被毁，1981 年当地政府进行了重建，使其成为桐庐的一个著名景点。四是兴办安养院用于安置孤寡幼弱。《景定严州续志》载：“安养院，淳祐壬子知州赵汝历即神泉监废址为之。”五是兴办“抵质库”。“抵质库”又叫“抵当库”“抵当所”，是随着宋朝商品经济发展而兴起的官营抵押借贷机构，目的是利用官府闲置的物品进行抵押或者官方出资作为本金收取利息获利。《景定严州续志》记载：“抵质库在军门内东，淳祐辛亥知州赵汝历以旧醋库改充。”“郡捐帑五万缗就城为抵质库，月收其息，以助养士。”

据王鏊《姑苏志》记载，赵汝历于宝祐二年（1254）二月以朝奉郎、直宝章阁出任平江知府，同时兼管浙西两淮发运司公事、措置浙西和籴，第二年七月离任，在苏州待了一年半时间。在任期间，赵汝历为苏州做了两件载入史册的事情。一是增修女墙。苏州城墙在金军南下时被毁，到绍定二年（1229）经李寿朋重建才得以完全恢复。宝祐二年（1254），赵汝历又在苏州城墙上增置女墙，也就是城墙顶上连续凸凹的齿形矮墙，其作用是在敌人来犯时掩护守城的士兵。女墙的修建，进一步提高了苏州城墙的防守能力。二是旌表孝子。据《钦定古今图书集成》记载，“陆十七，吴江震泽人。父疾，刲心作糜进啖，遂愈。宝祐二年，郡守赵汝历为建旌孝坊”，以此表彰孝行，弘扬传统美德。

赵汝历离任后，赵与筹第二次出任平江知府，一共在苏州待了三年，离任后由余晦第二次出任平江知府。余晦这次在苏州待了半年时间就离开了，由马扬祖接任。

马扬祖，字从度，东阳（今属浙江金华）人。马扬祖的生卒年不详，其生平和仕途情况史料基本没有记载。根据王鏊《姑苏志》介绍，马扬祖于宝祐六年（1258）任平江知府，开庆元年（1259）十月奉祠，在苏州待了一年多时间。在苏州期间，马扬祖重建济民药局，从此这条巷子就叫马医科巷。前面第二十五章已经介绍过，济民药局是绍定四年（1231）吴渊担任平江知府期间修建的，马扬祖到任的时候又进行了重建，并因此为自己在历史上赢得了一席之地。在任期间，马扬祖还修建了一座小楼，名字叫清芬雕。卢熊《苏州府志》记载：“东楼，唐有之，宋开庆元年马扬祖建小楼于熙熙堂侧，以是为名，称曰清芬雕。”

马扬祖离任后，由洪焘接任平江知府。

第三十章　醉生梦死

——最后的狂欢（一）

（洪焘、赵与筹、程元凤、王爚）

开庆元年（1259）是一个非常普通的年份，然而，对于战争中的蒙古和南宋来讲，这一年却有着非凡的意义，因为这一年发生了一件事，这就是蒙哥之死。

蒙哥死在了今天重庆市合川区的钓鱼城下。其实，蒙哥本不该来到这里，因为按照部署，蒙古的军务已经交给了他的两个弟弟：西征由三弟旭烈兀负责，漠南战事由忽必烈总领。这两个弟弟在两个战场都是捷报频传：旭烈兀于1252年出征，1256年渡过阿姆河，先灭阿拉穆特堡，再灭巴格达，1259年兵分三路攻入叙利亚；忽必烈于1252年率领蒙、汉诸军启程南下，并于1254年相继征服吐蕃和大理。忽必烈在南下的同时，接受刘秉忠、姚枢的建议，在已经占领的关中、河南、河北等地实行新政，取得了显著效果，很得人心，但侵害了蒙古贵族的利益。1256年，忽必烈又在漠南滦河上游建造了王城，名叫开平。面对忽必烈在中原士众之中威望的提升，加上他建立王城意图与自己分庭抗礼，刚愎自用、独断专行的蒙哥实在无法容忍。在保守派的挑拨下，蒙哥派出两位钦差到忽必烈的封地巡视，罗列了一百多项罪名，逮捕大批官员。这让忽必烈十分愤怒，但无可奈何。在姚枢的建议下，忽必烈携家眷回到和林，蒙哥停止了对他的审查，同时也收回了总领漠南的兵权，由塔察儿代替忽必烈指挥军队继续进攻樊城。然而，塔察儿四处抄略，前线战事毫无进展，没办法，蒙哥只好让赋闲在家的忽必烈出山，从中原进攻南宋，自己亲自率军分三路进攻四川，没想到不仅大军止步于钓鱼城，连自己的性命也丢在了这里。

钓鱼城解围，南宋朝廷上下长长松了一口气，但是蒙古却陷入了迷茫。蒙哥的突然去世使蒙古顿时陷入群龙无首的混乱状态，谁来继承汗位成为首要问题。蒙哥去世后，最有资格争夺汗位的有三个人：旭烈兀、忽必烈和阿里不哥。但是，旭烈兀得到消息已经是半年以后了，虽然他得到消息后立即就将指挥权交给了怯的不花，自己带着主力军匆匆由叙利亚往回赶，但是等他赶到半路的时候，汗位争夺已经尘埃落定。阿里不哥是拖雷的嫡子和蒙哥的亲弟弟，而且是最小的。蒙古人最看重的是嫡幼子，称他们是“看守火和灶”的人。所以，蒙哥在御驾亲征时，留守和林的就是阿里不哥和自己的嫡幼子玉龙答失。不仅如此，阿里不哥长期生活在漠北，得到了蒙古保守的亲贵们的大力支持，因此，在争夺汗位上有着天然的优势。所以，接到蒙哥去世的消息后，阿里不哥决定在和林召开忽里台大会，推选自己为大汗。现在是万事俱备，只等着忽必烈前来参加会议。

然而，忽必烈却按兵不动。忽必烈非常清楚，自己回到和林，根本争不过阿里不哥。这个时候回和林，要么为了汗位与阿里不哥发动战争，要么向阿里不哥俯首称臣。这两种结果都不是忽必烈想要的，也是他无法接受的。所以，当使者到达鄂州（今湖北武昌）前线，让他立即回和林争夺汗位的时候，忽必烈毫不犹豫地拒绝了，理由是自己肩负大汗赋予的神圣使命，绝不能在没有完成任务的情况下无功而返。按照蒙哥原定的进攻计划，忽必烈应该渡过长江，与南路军在潭州（今湖南长沙）会合，然后包抄消灭南宋军队。现在若自己突然撤军，就会使南路军陷入孤军奋战的境地。这显然是借口，但是使者无法辩驳。忽必烈本来想占领鄂州后再北上争夺汗位，但是没想到南宋的抵抗异常激烈。两个月后，他的妻子派人送来消息，阿里不哥在漠北调兵遣将，马上就要自立为汗，要他尽快北还。没办法，忽必烈只好一面和南宋议和，一面派人到潭州（今长沙）接应兀良合台，率兵北上争夺汗位。这一走就是近十年时间，直到1268年卷土重来。

当时在鄂州前线督战的正是南宋奸臣贾似道，当时他是右丞相。开始贾似道并不知道蒙哥去世的消息，就遣使向忽必烈求和，愿意称臣纳贡，割让长江以北土地。忽必烈急于北上，所以立刻答应了贾似道的请求，派使者到鄂州进行谈判，并嘱咐谈判使者，看见蒙古军旗动就返回随军北归，蒙古使者在鄂州城头看见自己军旗动，就立即签订密约，之后返回。鄂州和潭州相继解围，贾似道也以胜利者的姿态回到临安，自此，朝中大权全部落入贾似道之手，南宋也赢得了十余年的和平岁月。得到喘息的南宋朝廷，不是总结教训、加强战备，而是在“暖风熏得游人醉”的假象中过着醉生梦死的生活，直到噩梦真正降临。

正是在蒙哥去世的开庆元年（1259），洪焘就任平江知府。

洪焘，字子公，於潜（今浙江杭州临安区於潜镇）人。洪焘的生卒年不详，《宋史》无传，只有一些地方志在介绍其他事情时提及。从这些散乱的资料看，洪焘曾担任过平江知府、庆元知府、临安知府、吏部尚书、刑部尚书、安抚使等职，并以高龄寿终正寝。

记载洪焘以高龄寿终正寝的是明朝颜茂猷的《迪吉录》。《迪吉录》共九卷，分为官鉴、公鉴两类，全部杂录史书上因果报应之类的事情，因此，一直为明清期间众多官员、读书人所重。《迪吉录》记载：“洪焘，忠文公次子也。一日如厕，被亡仆拉至阴府，见一贵人中坐，绯衣绿衣者，左右侍立，洪以前程为问，绿衣者出一册于袖中，其字如蚊，己名下不能尽阅，后注云：‘合参知政事，以某日污室女某，降秘阁修撰，转运副使。’洪悚然泪下，绿衣者曰：‘但力行善事，犹可挽回。’既苏，已死三日。遂勇于为善。后公以秘撰两浙漕召，甚恐，竟无恙。以上寿终，官至端明殿学士。”意思就是洪焘是文忠公的次子，一天他上厕所的时候，忽然昏倒了，被家中死去的仆人拉到了阴曹地府，看见中间坐着一位官员，左右站着穿红色和绿色衣服的侍者。洪焘便壮着胆子问起自己的前程，穿绿色衣服的侍者从袖子中拿出一本册子，上面的字像蚊子一样小，前面的内容看不清楚，只能看到后面的注释写着："本应担任参知政事，但是因为某年某日奸污了某女子，官位降至秘阁修撰、转运副使。"洪焘看了这条注释后，不禁悚然泪下，穿绿色衣服的侍者说："只要你努力行善，事情还是可以挽回的。"等到洪焘苏醒的时候，已经昏迷了三天，家人感觉他的心口一直是热的，因此并没有将他入棺就殓。从此，洪焘一心向善，后来做到了秘阁修撰、两浙转运使。洪焘一直心怀不安，但无事发生，官至端明殿学士。之后寿终正寝。

这个故事明显是演绎而来，目的是教导人们但行善事，莫问前程。但是，颜茂猷将这个故事安排在洪焘身上，说明洪焘一生应该是做了不少好事善事，而这一点在有关资料上是可以得到印证的。洪焘在担任庆元（今浙江宁波）知府期间，对孔庙进行了维修和改造，并立碑为记，由大学者王应麟撰写碑记。景定四年（1263），因为贾似道推行公田法，"公田租浩瀚，诸仓不足以受"，于是，朝廷下诏扩建丰储仓，由刑部尚书兼检正洪焘负责督建，至咸淳二年（1266）八月落成。咸淳四年（1268），洪焘在担任安抚使期间对霍山张王行祠进行了修葺，使霍山张王行祠成为临安地区香火最旺的祠庙。兴教修庙、建仓储粮，都是利在当代、荫及子孙的好事，虽然限于史料，这方面的事迹不是太多，但是仅从这几个例子看，洪焘一生应该是做了不少善事的。

当然，颜茂猷将这个死而复生的故事安在洪焘的身上，也许是想说明洪焘以前做了坏事，至少是强奸了某女子，不然也不会被自己家里的仆人强行拉到阴曹地府。洪焘是不是真的干了这事，现在已经无法考证，也没有史料作为旁证，但是有一点可以确认，洪焘是著名诗人洪咨夔的次子。杭州天目山洪氏自洪钺开始，经洪咨夔及其子洪熏、洪焘、洪熹，到第四代洪乔祖，都是宋元时期各有成就的诗人、文学家和藏书家，均有遗作存世。洪钺著有《谷隐诗集》，洪咨夔和其长子洪熏分别于嘉泰二年（1202）、淳祐四年（1244）考中进士，官至刑部尚书和兵部尚书，洪焘也做到了吏部尚书和刑部尚书，洪咨夔还被加授为翰林学士和端明殿学士，成为南宋朝廷的重要辅臣，民间称其为

"洪丞相"，因此天目山洪氏被称为"四代鸿儒""二代尚书"之家。《西天目山祖山志》中有一句话：洪咨夔"其子熏、焘、熹继其学家"。这说明洪咨夔的三个儿子都受到了良好的教育，既然如此，洪焘是否做出了强奸之事就要打上一个问号了。不过，颜茂猷的《迪吉录》本身就是演绎各种因果报应的，读者也只能当作志怪小说去读，不可认真与历史人物一一对应。

洪焘在苏州待了半年就离开了，由赵与筹第三次出任平江知府。但是，赵与筹这次到苏州仅一个月的时间就请求丐祠了，由程元凤接任平江知府。

程元凤（1199—1268），字申甫，号讷斋，歙县（今安徽歙县）人。歙县程氏源远流长，《新安文献志》记载："公讳元凤，字申甫，姓程氏，系出重、黎氏后伯休父，为周宣王大司马。魏有昱、吴有普，皆以勋劳闻。至晋讳元谭者守郡，有功德于民，诏赐田宅于歙，因家焉。梁有讳灵洗者，积官开府仪同三司，谥忠壮，子孙蕃衍，散处四方，独先公一派留旧乡，故世为歙人。"这段文字的信息量很大，要解释清楚需要不少文字，但是为了让读者弄清楚是怎么回事，也只能多啰嗦几句。程氏起源于风姓，在涿鹿之战时，风姓的后代接受黄帝的命令制造指南车，最终黄帝战胜了蚩尤。到了黄帝的孙子颛顼的时候，"九黎乱德"，颛顼"命南正重以司天，北正黎以司地"，重和黎就是程氏的远祖，而周宣王时期的大司马程伯休父就是重和黎的后裔。三国时候的程昱是曹操的谋士和将领，为曹氏立下汗马功劳，而程普则辅助孙策平定江东，协助孙权建立不世之功。到了西晋末年永嘉之乱的时候，程伯休父的后代程元谭出任新安郡守，镇守新安，立下大功，朝廷在歙县为他赐下田宅，程元谭因此就把家安在了歙县，成为歙县程氏始祖。到了南北朝梁武帝末年侯景之乱发生的时候，程元谭的裔孙程灵洗率兵捍卫徽州全境，被梁元帝任命为新安太守、开府仪同三司，封重安县公，子孙散布各地，唯独程元凤这一支留在故乡，世代为歙县人。后来，程元凤仿效北宋王祐在庭院中手植三棵槐树的故事，也在自己屋前的水塘边种植了三棵槐树，因此留下了"槐堂"的名字。

程元凤出身于歙县名门望族，家学渊源很深，具有很高的文学造诣，尤其是在诗词方面成就最大。程元凤曾两度为相，为官清正、为人正派，敢言善谏、荐贤任能，不畏权贵、正气凛然，因此在历史上留下了较好的名声。

程元凤于绍定元年（1228）考中进士，被任命为江陵府学教授，端平元年（1234）改为江西转运司干办公事。其间因母亲去世回家守孝三年，于淳祐元年（1241）被任命为礼、兵二部架阁（架阁库是南宋专门保管现行档案的机构），但是因为父亲年事已高，不忍心离开，程元凤就没有去上任。朝廷又改任他为太学正，程元凤以避讳祖先（不知是名字还是官位）的名义辞去了这一职务，再被改为国子录。不久，程元凤的父亲去世，他又回家为父亲守孝三年，除服后被任命为太学博士，改宗学博士（主要负责教授皇族子弟），在荣王府（宋理宗的弟弟赵与芮被封为荣王）教授《诗经》和《礼经》，“旁讽曲谕，随事规正，多所裨益，王亦倾心敬听”。有一次，程元凤入朝进对，向宋理宗论述世道运气之道，建议人主要遵循天道，被宋理宗称赞为“有古遗直风”。淳祐六年（1246），程元凤晋升为秘书丞兼权刑部郎官，第二年又改为著作郎兼权右司郎官，被宋理宗召见的时候，程元凤直陈时弊，而且言辞非常激烈，因此被外放为饶州（州治在今江西鄱阳）知州。当时，饶州洪水泛滥，民不聊生，程元凤到任后立即访贫问苦，督促整修城池，“置义阡，宽诛求，察诬证”，受到百姓的称赞。因为政绩突出，程元凤被任命为江、淮、荆、浙、福建、广南都大提点坑冶，同时兼任饶州知州和冶司。每年冬夏收取赋税时，只要账上有多余的银两，程元凤都拿出来用于补交历年积累下来的欠赋。有一年，府衙长出了灵芝，百姓都认为是程元凤治行突出带来的，而程元凤却说：“五谷丰登百姓才能得到实惠，长出灵芝不足为奇。”

程元凤的事迹传到朝廷后，宋理宗召他回京奏对，程元凤想就此辞去官职，但没有得到批准，被任命为右曹郎官。程元凤上疏就实学、实政、国本、人才、吏治、生民、财计、兵威等八个方面的事情提出了自己的建议。随即，程元凤被擢升为右司郎官，拜监察御史兼崇政殿说书。当时，郑清之在丞相位置上已经做了很多年，仗着宋理宗对他的信任，“老不任事”，台官潘凯、吴燧联合上奏弹劾郑清之，惹得郑清之不高兴，就设法使二人改任其他职务，二人一怒之下辞官而去。程元凤上疏指责郑清之的罪行，极力为潘凯、吴燧说情，其奏章有理有据、光明正大，郑清之没办法，只好将二人召回并官复原职。不久，宋理宗在明堂举行祭祀，程元凤借机上疏对宋理宗说："祈天以实不以文。"意思就是说祈祷上天是要依靠实实在在的政绩，而不是仅凭一纸空文。同时，他建议在边备上"申儆军实"，尽快去除积累下来的顽疾。淳祐十二年（1252），程元凤晋升为右正言兼侍讲，因为和祖先的姓名或者官职相冲突，为了避讳而辞去了这一任命，所以朝廷就暂时授予他右补阙的官衔兼任侍讲。程元凤上疏议论"格心之学"，提出"革士大夫之风俗，当革士大夫之心术"，匡正世风，必须从转变心术开始，同时还就文敝、边储、人才、民心、储将才、救灾异等，提出了一系列建议。

上一章已经介绍过，余晦出任临安知府不到一个月就发生了群体性事件，国子监学士"伏阙上书"揭露他的罪行，国子监祭酒蔡抗又上书极力陈述余晦的过错，程元凤也上奏弹劾余晦。结果，余晦丢掉了临安知府一职，改任大理少卿，蔡抗被降为宗正少卿。对这一处分，国子监学士和朝中大臣很不满意，程元凤又上疏为蔡抗辩解，要求贬黜余晦挽留蔡抗，朝廷不得已，只好将余晦外放为鄂州知州，让蔡抗继续担任国子监祭酒一职。这件事情处理完了以后，程元凤升任殿中侍御史，仍然兼任侍讲。刚好遇到京城发生灾荒，程元凤上疏给宋理宗，建议"辍土木无益之役，以济暴露之民；移缁流泛滥之恩，以给颠沛之众。务行宽大之政，固结亿兆之心。旁招俊乂，而私昵无滥及之恩；屏去奸私，而贪黩无覆出之患。谨便嬖之防，而不使之弄权；抑恩泽之请，而不至于无节"。拳拳爱民之心和忠君爱国之情溢于言表。

宝祐元年（1253），程元凤改任侍御史兼侍读，上疏建议效法宋孝宗，并举荐名士二十多人。不久，被擢升为吏部侍郎兼中书舍人，同时兼修国史、实录院修撰，仍兼侍读。程元凤极力推辞，但是没有得到批准。南宋时，朝廷在西湖边建有西太乙宫，宋理宗想到西太乙宫上香礼佛，经程元凤极力劝阻，才没有劳民伤财。宝祐三年（1255），程元凤晋升为端明殿学士、同签书枢密院事。当时，川蜀地区正在与蒙军交战，战事非常吃紧，朝廷想选择重臣镇守长江上游，先以徐敏子代替四川主帅，再由向士璧镇守川渝。程元凤请求亲自前往荆南，调兵援助川渝，同时调吕文德紧急支援沅州（今属湖南）、靖州地区。但是，朝廷并没有让程元凤前往湖北，而是擢升他为参知政事，随即又拜为右丞相兼枢密使，进封为新安郡公。程元凤极力请辞，宋理宗亲自下诏劝勉，几个来回后，程元凤才就任右丞相，提出“进贤、爱民、备边、守法、谨微、审令”十二字方针作为施政纲领，并亲自从全国挑选数十名德才兼备的名士，推荐给朝廷加以重用。当时，从宋高宗到宋宁宗四朝国史还未能完成，程元凤奏请让礼部尚书负责，牵头完成撰写任务。程元凤就任宰相的前一年，上文提到的状元方逢辰因为上疏指斥宦官和奸佞擅弄威福，言辞非常激烈，让宋理宗非常恼火，只好以患病为由请求辞去官职。程元凤极力推荐方逢辰，但遭到了朝中大臣的反对，理由是方逢辰“交游学舍”，意思就是方逢辰接受各地书院的邀请前去讲学，传播理学思想，这是朝廷所不允许的。

正当程元凤施展自己政治抱负之际，投机分子丁大全在宋理宗面前诬告左丞相吴潜，试图取而代之。程元凤对此感到非常失望，羞于和丁大全为伍，坚决要求辞去右丞相一职。没办法，宋理宗只好改任他为观文殿大学士、福建安抚使，程元凤再次请辞，宋理宗只好让他提举洞霄宫。开庆元年（1259），蒙哥率领大军分三路进攻川渝，宋理宗终于认识到了形势的严峻性，亲自手书诏书，要求收人心、重赏罚、团结兵民一致对外。第二年，起复程元凤出任平江知府兼淮、浙发运使。程元凤四次上疏要求辞职，但都没有得到批准。程元凤在苏州待了一年多时间后，被拜为特进，充醴泉观兼侍读。景定三年（1262），程元凤被拜为少傅、右丞相兼枢密使，进封吉国公，第二次出任宰相。当时，贾似道专权，程元凤根本无法施展才华，他多次上疏议论国事，最终得罪了贾似道，以言论不当被罢职，保留少保、观文殿大学士的官衔充任醴泉观使。程元凤一再要求致仕，但没有得到批准。景定四年（1263），朝廷终于批准了程元凤的请求，免去他醴泉观使的虚职，他以少保、观文殿大学士的身份致仕，死后宋度宗为之辍朝哀悼，特赠少师。

程元凤不仅忠君爱国、实心为民，而且正直敢言、不谋私利。程元凤担任宰相期间，有一个“契家”（通好之家，私交非常好的意思）儿子找到他，希望能够得到一个官职，程元凤对他说：“担任这个职务是要有资历的。”但是，好友的儿子并不死心，三番五次要求提拔，并且提及程元凤当年被他父亲推荐的事情。没办法，程元凤只好对他说：“你父亲当年之所以推荐我，是因为他清楚我这个人知道进退。现在你所请求的职务，难道也是你父亲的意思吗？拿国家官爵来报私恩，我是做不到的。”程元凤一生弹劾了很多人，后来发现其中有的人仍然可以重用，就重新举荐提拔。对这样前后矛盾的事情，程元凤说：“前日弹劾他们，是想让他们成才；现在擢升他们，是为了人尽其才。”坦荡的胸襟着实让人佩服。

程元凤离任后，王爚接任平江知府。

王爚（1199—1275），字仲潜，一字伯晦，号修斋，绍兴新昌长潭人。王爚是宋恭宗时的著名宰相之一，也是书圣王羲之的第十八代孙。据《图山王氏宗谱》记载，南北朝时期，王羲之的四世孙王超之曾经在郯县（古地名，在今浙江嵊州北）当官，闲暇之余沿郯溪游览，“上溯至长潭，见山明水秀，决意定居于此，长潭有居民始于此时”。王超之死后就葬在长潭西山，其长子王逊之由太学生官至临海尹，奉母命在父亲的坟墓旁建西山庵居住守墓，并将长潭改名为槐潭。从王逊之开始，长潭人口不断增加，规模不断变大。北宋末年方腊起义的时候，王爚的高祖率领乡党捍卫家乡、抵御乱贼，最终战死，因此其家以大义闻名乡里。王爚的父亲王梦得以朝奉郎致仕，后因王爚官至宰相累官至太师、魏国公。可见王氏一门在绍兴新昌是名门望族、缙绅人家，先辈以大义为子孙积累了很好的政治声望。

王爚自幼“风格清远，志尚卓荣，劬书属文”，十八岁即被荐举，但是其父王梦得觉得王爚应该多加磨砺，因此“未许即上南宫”。一直到嘉定十三年（1220）才参加科考，并顺利考中进士，被任命为台州仙居县尉，在仙居大力推行经界法，取得明显效果。南宋自绍兴十二年（1142）开始推行经界法，目的是清查与核实民众土地实际占有情况。王爚到仙居上任后，“周访熟议，精思密画，详简适宜，经界中节，不泥合古额，不求赢今数”，在深入调研的基础上，制订了切实可行的方案，很快就完成了任务。

端平元年（1234），王爚出任平江府常熟知县，上任之初有吏部官员担心王爚以年轻书生的身份管理常熟这样的大县不能胜任，王爚回答说：“剧邑诚未易治，惟上之人知其剧，扶植宽假之，则剧者庶乎易矣。”并立下军令状：“古人三月报政，若治邑三月，而百里之内不受吾提领者，令不才也，纵未劾去，当亦自劾。”王爚到任后，将自己的住处安置在县衙厅堂的后面，深思熟虑后才上堂视事，革故鼎新，“未三月，诸乡之靖嚚、人物之良窳，与夫户第虚实，风土利病，纤悉通知，如辨皂白”。在常熟知县任上，王爚对地方的经界推广、教育文化、移风易俗等都做出了重要贡献。常熟是言子故里，但是，随着岁月的流逝，言子的后代很多都沦落为农夫商贾，王爚常常感叹：“吾试邑于此，方期服行学道爱人之训，若坐视不恤，谓能爱人，自诡也。”于是，他自费购买了几百亩田地，将言子后代聚拢在一起进行教育。为言子立祠，四时进行祭奠，并将言子散布在各个典籍中的经典语录编辑成册，命名为《言子》，作为教材让学生学习。当年，朱熹在常熟的时候也曾为常熟学宫立记，但是相比较王爚的做法，“当时规划不及公今日之周密深远也”。在常熟任知县期间，王爚除了兴办教育、传播文化、经界田地外，还严厉打击豪强，维护百姓利益。当时，有一个豪强居住在水村篱竹间为非作歹，二十多年不交赋税，而且不如实上报田地，县吏也不敢上门催缴赋税。王爚了解情况后，亲自带着衙役上门丈量土地，并将其欠下的赋税一并征缴，打击了豪强的势焰，维护了百姓的利益。

嘉熙元年（1237），王爚在常熟任满，被评为上上，特进秩为员郎，被安排为提辖行在左藏东西库、提辖封桩下库，当年十二月，因为言论不当被罢职。嘉熙二年（1238）二月，右丞相史嵩之负责督视荆襄军马，想推荐王爚负责籍田兼督府干办公事，王爚极力推辞没有就任。四月，王爚被任命为福州通判。在任上，留下了平反冤狱的美谈。当时，福州监狱里面关了六十多个海寇，负责案件的官员准备将这些人全部绳之以法。王爚怀疑这些人中有的是被胁迫的，就把两个狱官叫到一起吃饭，两个狱官吃饭的时候显得心不在焉、面露忧色。王爚就问他们为什么不高兴，狱官回答说："因为冤狱未能得到申辩，所以食不下咽。"王爚说："我也非常怀疑。但是，现在案件已经审结，你们不知道冤情也就算了，既然知道其中存在冤情，为什么不去申辩，这不是草菅人命吗？大概是在乎自己头上的乌纱帽吧。"狱官回答道："如果能够申冤，又怎么会在乎这个官职呢？"王爚说："如果你们争取了而不能取胜，最多也就是怒而去职。如果不去争取的话，冤枉百姓丢掉性命，难道心里不愧疚吗？况且以后朝廷下来廉洁的官员查明了实情，将会加重处理。虽然去就无所谓，但是，就算最后因此获罪去职，也仍然无法补救这些死去的人。"狱官回答说："愿意按照大人说的去做。"于是，王爚去找提刑，想向他说明情况，提刑刚好在宴请燕国公派来的人，没空接待王爚，让他第二天再来。王爚说："我为百姓的性命来向提刑反映情况，提刑和安抚使就不能用一杯酒的时间听一下我的汇报吗？"王爚再三请求当面汇报，但始终没能如愿。到了晚上，两个狱卒面露忧色地说："等到明天事情就来不及了。"上司不见，王爚也不好硬闯，对狱官说："明天早上你们两个把朝服穿上守在牢狱门口，不要让任何人进出，我会亲自去争取的。"等到天亮后，王爚前往提刑衙门反映情况，途中遇到一个狱官手中拿着一张纸，王爚要过来看了一下，是去监狱提取犯人送往刑场的命令。王爚就把这一纸命令放在袖子中，狱官看到王爚这一行为非常害怕，跪在地上磕头，希望王爚能够还给他。王爚说："我正要前往提刑衙门说明此事，如果有罪的话我会担着，你不要担心。"到了提刑衙门后，王爚把这些人的冤情告诉提刑，提刑说："已经送到法场行刑了，来不及了。"王爚说："来得及。"就把袖子中的命令拿出来递给了提刑，提刑感到非常愧疚和惊骇，对这个案子重新进行了审理，其中有一半的人是被胁迫的，罪不至死，得以洗冤。王爚当时的官职是通判，原则上是无权过问刑狱之事的。但是，当王爚知道这些人有被冤枉的时，依然越职申冤，足以显示王爚敢于担当的精神。事后，王爚总结说："苟者不暇为，怯者不敢为。不暇为，不敢为，则缘情立论，借口非职，始有当为而不为者矣。”

淳祐二年（1242），王爚晋升为籍田令，兼尚书六部，迁三省枢密院兼提辖封桩上库，开始在朝中任职。从基层进入朝堂，王爚依然坚守士大夫的高尚情操，留下了很好的政声。按照宋朝习惯做法，像王爚这样六部或者枢密院的官员，见到宰相的时候要提起自己的腰带在门中迎接。王爚是新进朝廷官员，对这一套并不懂，当同僚告诉他的时候，他批驳道：“朝廷借士大夫立国，士大夫借廉耻立身。吾忝缀班行，欲以此事宰相，廉耻安在！吾不忍作此态。”当时的宰相是史嵩之，当年史嵩之想让王爚到督府办事，被王爚拒绝了，这次安排他到三省枢密院，明着是提拔他，实际上是在羞辱他。王爚不愿意屈节迎奉宰相，所以不久就去职了。淳祐五年（1245），王爚被起复为太府寺丞，迁秘书监丞。第二年，拜左司郎官，迁司农少卿兼左司。淳祐七年（1247）四月，王爚申请外放，被任命为福建提刑，后改为温州知州，离开温州后改任宁国知府。淳祐十年（1250），王爚母亲去世，他回到家乡守孝三年。宝祐元年（1253），王爚除服后被任命为司农卿兼校正，六月擢升为兵部侍郎。宝祐三年（1255），王爚父亲去世，他再次回家丁忧三年，一直到开庆元年（1259）才回京出任吏部侍郎兼侍读。当时，宋理宗“念诸总所绩弊，选易乡臣，首除公户部郎中、淮西总领”。总领这一官职，主要职责是管理财赋，如果行为不端，很容易监守自盗、贪污腐化。宋理宗亲自任命王爚出任淮西总领，可见对其人品和才能是充分信任的。王爚也确实没有让宋理宗失望，淮西财政在他的治理下日渐充裕，朝廷派来验收的官员在检查后说：“西总谨守法度，不待生财而财自裕，是天下未尝无财，惟不耗财，即所以生财，真儒者家法也。”一个长期在建康任职的官吏也感叹道：“近百年来，帅总廉者三人，公居其一。”可见王爚的清正廉洁形象已经得到了上下的一致公认。

当时，史嵩之当权，“挟定策勋，子弟蟠据要地，声焰燔灼”。朝中大臣忌惮史氏的权势，敢怒不敢言，唯独王爚在朝廷大发议论，“挺议排斥”。不久，宋理宗想拨内藏的旧纸币换取外面的新钱，向王爚征求意见，王爚深知国家财政年年亏空，宋理宗这么做，无异于让国家财政雪上加霜，所以就劝宋理宗放弃这一做法，结果宋理宗大怒，经吴渊再三说情才没有处罚他。景定元年（1260），王爚晋升为礼部尚书兼太子左庶子，负责教育太子赵禥，每次讲课的时候，“复拳拳以刚大坚重为先，手书《玉藻》九容请置左右，上见之曰：‘此切身功夫，勉之毋忽。’”从此他和赵禥建立了深厚的感情。

景定二年（1261），王爚以礼部尚书权兼吏部尚书。当时，贾似道专权，势焰高涨，王爚经常和贾似道议论朝政，大谈义理，分析事情是否正当，但是贾似道却不以为意。这年秋天，浙江发生大水，“禾尽坏，民死昏垫，行都湖水亦逆入城，廛庐倾摧，迁使相踵，证候甚恶，玉色不怡，举朝无有为上指陈利害者”。面对内忧外患，朝臣竟然无人说话。为此，王爚上疏说：“夫公为阳，私为阴，大君主此公道者也。今正路虽开，实则私意充塞；局面似定，实则品汇混淆。大臣，翼此公道者也，聚精会神，或谓行迹之多避；集思广益，或谓采录之未宏……近者自奸臣杜塞言路，士气消耎，缄默成风。圣度天宽，不当以直言罪人，而臣下乃如此，则今日阴沴之过，未必非言路之过也。愿陛下亟下明诏，博求公论，务尽下请，择其的确而行之，必有裨弥灾救民之政矣。”王爚多次弹劾贾似道，也知道贾似道对自己怀恨在心，所以这次上书之后就要求出京担任地方官，于是王爚以龙图阁学士的官衔出任平江知府，在苏州待了三个月后又改任淮浙发运使。

景定五年（1264）王爚以端明殿学士提举佑神观兼侍读。当年十月，宋理宗驾崩，宋度宗赵禥即位，第二年改元为咸淳。宋度宗即位后，立即召王爚赴京奏事，但是王爚多次称病不行。后来，念及新主刚登大位，屡次召见，不去的话对新主和朝廷的威望不利，所以，王爚于咸淳元年（1265）元月上朝奏事，建议宋度宗首先要推行四“要务”，这样才能使国家转危为安：“一谨命令以忱信，二辨邪正以严用舍，三奖忠谠以作士气，四久任使以责功效。四者刚明之本也，惟在陛下立志以先之，务实以行之。”这次上朝后不久，王爚六次上疏乞归，但都没有得到宋度宗的批准。二月，王爚拜签书枢密院事，次月同知枢密院事兼权参知政事，进入国家最高领导层。咸淳二年（1266），王爚进参知政事，四月，除资政殿大学士提举万善观兼侍读。

咸淳十年（1274）七月，宋度宗驾崩，宋恭宗赵㬎即位。因为宋恭宗尚在幼年，所以由谢太后垂帘听政。当年十一月，“以爚为左丞相，章鉴为右丞相，并兼枢密使。寻授爚特进，加食邑。乞致仕，两乞辞免，皆不许”。德祐元年（1275）六月，进王爚平章军国重事。有宋一朝共有八位平章军国重事，王爚是最后一个。

从宋度宗咸淳元年（1265）二月拜签书枢密院事，到德祐元年（1275）去世，王爚先后担任宰执达十一年之久，在任期间，不仅屡屡参与军国大事的决策，而且与贾似道进行了不屈不挠的斗争，为维护南宋的和平局面和抗元斗争做出了积极贡献。咸淳三年（1267），王爚进知枢密院时兼参知政事，立即指责贾似道刚愎自用，阻塞言路，以致“上下交乱之事机将萌”。贾似道大怒，与王爚当面在朝堂上进行辩论，王爚说：“彼民臣子，家学素有渊源，天台又多世友，恐亦有商榷者。丞相但当放开心胸，容受人言。”贾似道自从景定元年（1260）专权以后，台谏不再由皇帝亲自任命，贾似道出居湖州，任平章国重事，事无巨细，“皆自湖上处分，冠履倒施，几不成国”。咸淳九年（1273），吕文焕举城投降，襄阳失守，贾似道将战报截留下来不予上报，满朝文武惧怕贾似道的威势，没人敢说，王爚感叹道：“国亡无日矣，吾不知死所矣。”咸淳十年（1274），“北兵所至，诸郡土崩，势迫江东，京师震动，朝列率多遁”。在此危亡之际，谢太后携幼帝下诏催促王爚上朝。当时，人人都知道国家将亡，劝王爚不要入京，但他没有听从众人的劝阻，对大家说：“吾行亦死，不行亦死，吾受国恩至矣，国事未几极矣，不就死君命，坚处山林，可坐视国破不死国乎？吾病退且十年，方今人物才否，将帅勇怯，兵马财用多寡，曾莫知一二，吾岂不知此行无能为者，姑尽心耳。昔伍尚有言：‘我知往不能全父命，念父召我求生，我不往，终为天下笑。’”义无反顾前往京城。

德祐元年（1275）二月，贾似道向元朝求和，遭到伯颜的拒绝。当月二十二日，宋元双方大战于丁家洲，宋军战败，贾似道也就此失势。朝中局势迅速变化，贾似道专权时被压制的官员纷纷掀起反贾浪潮，签枢密院事兼参知政事陈宜中本来是贾似道的党羽，此时也痛击贾似道。当此巨变之际，王爚再次请求致仕，陈宜中上奏“谕留爚以镇人心，以康世道”。可见当时王爚在朝中的地位。当时，王爚因为年事已高，“言己不能与大计，遂去”。但是，这个时候像王爚这样的老臣在朝中可以起定盘星的作用。所以四月，王爚再次入京，“令如文彦博故事，自朝参起居外并免拜”。六月，谢太后以“爚为平章军国重事，一月两赴经筵，五日一朝；（陈）宜中左丞相兼枢密使，都督诸路兵；（留）梦炎右丞相兼枢密使，都督诸路兵”，试图力挽狂澜。然而，南宋这艘航船已经千疮百孔，难以挽救。不仅如此，在此大厦将倾之际，王爚与陈宜中产生矛盾，党争仍然不断，内斗依然不止。七月，王爚的儿子王楖率领太学生伏阙上书，奏告陈宜中与贾似道结党擅权，“使门客子弟交通关节，其误国将甚于似道”。最后，陈宜中无奈离开朝廷，四次下诏召见均被拒绝。八月，王爚上疏乞归，当时他病得很严重，十一月在家中去世，享年七十七岁。

王爚一生清廉自守，一直以“儒者”自居。其前期在地方任职，确实做了很多实实在在的事情，显露其非凡的才华和突出的能力。然而，自从入朝担任宰执之后，便因为政见不同而陷入无休止的党争之中，前期是与贾似道，晚期是与陈宜中，终使朝政不可收拾。因此，史书对其评价并不高，《宋史》评论说：“爚、宜中于其既出，稍欲处异，及闻其败，乘势蹙之，既而二人自为矛盾，宋事至此，危急存亡之秋也。当国者交欢戮力，犹惧不逮，所为若是，何望其能匡济乎？”认为王爚进入中枢后，除了参与和贾似道、陈宜中的党争之外，“其他无所建明”。王爚到朝中后，多次请求罢官归家，这也许是其坚守节操，不愿与奸臣同朝为官，意欲明哲保身。所以，《钱塘遗事》认为“爚具位平章，在朝无所建明，不顾君父之颠危，退为保身存家之计，鄙哉！”王爚在国家危难之际仍然参与党争，而且一直希望致仕归家、明哲保身，对南宋的灭亡确实负有不可推卸的责任。但是，南宋灭亡的命运并非一个人可以扭转，把南宋灭亡的责任推到王爚一个人身上显然是不合适的。不过，历史人物自由历史做出评价，吾辈晚学能做的就是从其身上吸取经验，报效国家。

第三十一章 醉生梦死

——最后的狂欢（二）

（朱熠、包恢、赵与訔、陈均、季镛、陈梦斗）

王爚在苏州待了三个月就离任了，由朱熠接任平江知府。

朱熠（1192—1269），字明远，号肃庵，温州府平阳县（今浙江温州平阳县）人，南宋著名的武状元、副宰相和直臣。

朱熠出身书香门第，其父朱伯飏曾是一名颇有成就的将领，在宋金作战中立有战功，并在家乡设立“演武堂”，亲自教育三个儿子射箭。朱熠在父亲的精心培养下，技艺高超，臂力惊人，号称能开二百斛大弓。同时，朱熠还爱好读书，是个文武双全的人。成年后，朱熠就离开了家乡，以武学上舍生的身份寄住在临安。端平二年（1235），四十四岁的朱熠考中武状元，被授予秉义郎一职，迁阁门舍人，后来被派到沅州（今属湖南）、横州（今广西横州）担任知州，回京后再次出任阁门舍人，后又被派到雷州（今广东雷州）等地担任地方官。任职期间，办事公正廉明，颇受百姓称赞。然而，因为朱熠是武举出身，而且性格直爽，在入对时受到监察御史陈垓弹劾被罢职，不久又因为同僚认为不可重用而再被降一级。

朱熠命运的转折点来自一次偶然事件。当时，宋理宗一个宠妃的弟弟结婚需要写婚书，找到了朱熠，朱熠一挥而就，其中有“舍妹夫人，十年陪凤辇，霓裳犹粲于朝霞。水流红叶之无心，琴续朱弦而有托。琼台不怕雪，甫歌采鸾之诗，玉杵曾捣霜，辱聘云英之咏”。这一婚书后来传到了宋理宗的手里，当他得知如此典雅华丽的文章竟然出自一个武状元之手时，不禁对朱熠刮目相看。进入宋理宗的视野后，朱熠青云直上，先特旨授带御器械兼干办皇城司，也就是带刀御前侍卫兼宋朝特务机构皇城司的办事人员，不久又让他到兴国军（治所在今湖北阳新县）担任知军。回京后又晋升为度支郎官，再拜监察御史兼崇政殿说书。宝祐元年（1253）擢升为右正言，此后四年时间里，又先后晋升为殿中侍御史兼侍读、左谏议大夫，由从七品晋升为从四品，升迁可谓非常迅速。在谏官的位置上，朱熠疾恶如仇、大胆建言，对南宋吏治腐败、兵将不振、边防空虚的状况深感忧虑，上疏揭露边防将领勾结官吏、肆意盗用国库经商牟利的违法行为，要求朝廷进行严惩。同时，针对政府机构臃肿及冗员的状况，上疏对宋理宗说：“如今国用日益不足，前线馈饷缺乏。真宗、仁宗时期，全国只有一万多名官员，现在却增至二万四千余人，境土蹙而赋敛繁，百姓不堪重负。”因此，“欲宽民力，裁汰冗员”，建议精简机构、裁汰冗员，以补国用，以宽民力。

当时，南宋在盐业的制造、流通环节存在不少问题，对此，朱熠多次上疏陈述弊端、提出建议。宝祐元年（1253），朱熠刚刚就任右正言就上疏尖锐指出盐税亏空的原因：“现在盐税亏空日甚一日，以真州为例，见亏二千余万缗，这都是由于不法官吏与军队勾结。”四年后，已经晋升为谏议大夫的朱熠再次就盐业问题上疏，在这篇名叫《请措置浮盐》的奏章中，朱熠说：“盐之所以由国家专卖，是因为它能给国家带来很大的利税。但蜀、广、浙等地的盐税，皆不及淮盐额度的一半，这是因为盐场广大，可以供煎烹；芦苇繁茂，可以用来烧蒸海水。所以环海之边，有亭户，有锅户，有正盐，有浮盐。正盐出于亭户，归之公上；浮盐出于锅户，鬻之于商贩。如果盐利有五成的话，那么正盐居其四，浮盐居其一。端平初年，朝廷不想使浮盐之利散而归之于下，于是分置十局，以收买浮盐，以每年的额度计算，有二千七百九十三万斤。十数年来，钞法屡次变更，国家和个人都很困难。真、扬、通、泰四州有六十五万袋的正盐，视其犹不及额，谁还能为计算浮盐呢？所以贪婪无耻的士大夫，知道朝廷买浮盐，就垄断而获取利益。平民百姓每日只有很少的盐，以延旦夕之命。今天商贾既不得私贩，朝廷又不与收买，这是断绝百姓衣食之源啊！为今之计，不如采取端平年间旧的办法，收买锅户的浮盐，所给盐本，应当超过盐的最低售价，这样人们就会都和官家交易，而官家所得的盐利全部上交朝廷，如此一来就可以杜绝不法官吏、军官勾结争利之风，二来可以使锅户得到煎烹之利。”朱熠的进言得到了宋理宗的重视，理宗下旨要求有关部门参照执行。

宝祐六年（1258），朱熠晋升为端明殿学士、签书枢密院事。开庆元年（1259），升任参知政事兼权知枢密院事，进入最高领导层。景定元年（1260），朱熠知枢密院事兼参知政事。但是，朱熠这人禀性刚烈、一身正气，上疏言事，喜欢直来直去，因此得罪了很多人。他在担任监察御史期间，中书舍人马廷鸾、资政殿大学士徐清叟、端明殿学士马天冀、翰林学士尤焴、宗正少卿姚希得、秘书郎吕中等大臣，都被他弹劾过。这些人对他恨之入骨，称其为“狂猘”，意思就是“若疯狗焉”，“朱熠在台察如狂猘，遇人辄噬之云”，可见他们对他恨到了什么程度。因此，当贾似道独揽大权之后，这些人趁机报复，连续上奏弹劾朱熠。景定二年（1261），朱熠被排挤出京，以观文殿学士出任建宁知府。景定三年（1262），朱熠改任平江知府。但是，这些人仍未罢休，监察御史胡用虎上奏弹劾，朱熠被罢职。朱熠见国事日非，朝廷危机四伏，三次上疏要求辞官归里，但是马廷鸾等人从中阻挠，对朱熠的致仕要求置之不理，授意监察御史张桂等人继续弹劾，朝廷将朱熠安置到处州（今浙江丽水）居住。咸淳四年（1268），宋度宗下诏令其自便，朱熠不再受到管束。咸淳五年（1269），侍御史章鉴在朝堂上翻出旧账，再次弹劾朱熠，朝廷将他驱赶回乡，他不久病逝于家中，享年七十八岁，死后被谥“文惠”。今天其家乡还有朱熠墓，1984年，朱熠的后人集资建造了“状元亭”和“朱状元熠公纪念堂”，以供瞻仰、凭吊。

朱熠在苏州待了将近一年时间就离开了，由包恢接任平江知府。

包恢（1182—1268），字宏父，一字道夫，号宏斋，建昌南城（今江西南城）人，南宋著名的廉吏、能臣、理学家，同时也是文学批评家。不过，包恢在中国文学史和中国文论史上一直籍籍无名，他能够跻身《宋史》，靠的是其突出的政绩而非文学或者文论成就，之所以称其为文学批评家，主要是因为其留下了传世之作《敝帚稿略》，对文学“意境”进行了全面论述，具有较高的文学价值。

包恢是包拯的九世孙，《包氏宗谱》序中写道：“包氏，盱江之望族也，宋大中祥符庚戌（1010），龙图大学士包拯之长兄播由金陵合肥以官（通判）来建昌，乐两姑山水之秀遂家于七仙阁下（县城门楼岭附近），后徙修仁里之月湖包坊，自是建昌始有包氏。”包恢出身书香门第，其父包扬、伯父包约、叔父包逊一起求学于陆九渊，后又从朱熹游学。包恢自幼聪明好学，在其父辈的教育下博览群书，通经熟史。他曾在父辈的学堂中为那些学子讲解《大学》，将孟子学说的要旨和精髓阐述得恰到好处，使百余名学子无不惊羡，父辈们也赞叹不已。从嘉定十二年（1219）考中进士，正式踏上仕途，到咸淳四年（1268）去世，包恢为官近五十年时间，做出突出政绩，受到高度评价。《宋史》称：“恢历仕所至，破豪猾，去奸吏，治蛊狱，课盆盐，理银欠，政声赫然。尝因轮对曰：‘此臣心恻隐所以深切为陛下告者，陛下恻隐之心如天地日月，其闭而食之者曰近习、曰外戚耳。’参知政事董槐见而叹曰：‘吾等有惭色矣。’他日讲官因称恢疏剀切，愿容纳。理宗欣然曰：‘其言甚直，朕何尝怒直言！’经筵奏对，诚实恳恻，至身心之要，未尝不从容谆至。度宗至比恢为程颢、程颐。恢侍其父疾，涤濯拚除之役不命僮仆。年八十有七，临终，举庐怀慎卧箦穷约事戒诸子敛以深衣，作书别亲戚而后卒，有光陨其地。遗表闻，帝辍朝，赠少保，谥文肃，赙银绢五百。”（卢怀慎卧箦穷约：卢怀慎是唐玄宗时著名的宰相，为官谨言慎行、清正廉洁，家中的陈设和用具都十分简陋，过着清贫俭朴的生活。有一次，卢怀慎生了一场大病，卧床不起，好友宋璟和卢从愿听说后，便到家里去探望他。令两人没想到的是，到了卢怀慎家，他们看到卢怀慎就躺在一张薄薄的破竹席上，门上连个门帘也没有。卧病在床的卢怀慎看到好友宋璟和卢从愿来了，十分高兴，并执意挽留他们吃饭。等到吃饭的时候，宋璟和卢从愿才发现，桌子上只有两瓦盆蒸豆和一盘青菜。最后两人要离开的时候，卢怀慎握着他们的手，语重心长地说："你们两人一定要帮助皇上治理好国家。如今皇上求贤若渴，希望能够治理好国家。"之后，卢怀慎向皇上举荐了宋璟、卢从愿、李杰和李朝隐等人。）

从《宋史·包恢传》的记载看，包恢不仅正直敢言，为宋理宗、宋度宗两位皇帝所称赞，而且能力出众，留下赫赫政声，其人品道德和政绩都受到了高度评价。光州布衣陈景夏称赞他为"刚正不屈之臣"，理学家林希逸说他"守法奉公"，宋度宗将其与"二程"相提并论。包恢致仕后，不用僮仆，亲自侍奉父亲，可以说为人至孝。从包恢临终之时对后事的安排也可以看出，他对传统礼法也是非常尊重的。因此，《宋季三朝政要》称赞他："恢学师朱、陆，以道德仪法当世。"但是，史书上也有完全不同的评价，《桐江续集》说"误国残民如包恢"，明显表露了对包恢的不满。

回顾包恢的一生，其政绩囊括很多方面，归纳起来主要包括平定寇乱、整治豪强、治理蛊狱、清理欠银等，同时，包恢在理学研究和文学评论方面也取得了不俗的成就。至于"误国残民"一说，本书也将对其稍加分析。

包恢任职前期主要功绩是平定寇乱，并因此不断得到提升。包恢考中进士后最初的官职是金溪（今江西抚州金溪县）主簿，被当时邵武的知府王遂看中，推荐为光泽（今福建省南平光泽县）主簿，让他负责平定贼寇。时任建宁府袁甫推荐包恢出任府学教授，并负责监督建宁府翼军。包恢招募地方豪绅成立地方武装，讨平唐石之乱。因讨贼有功，被授掌故（文职官员，掌管礼乐制度），改沿海制置司干官。当时，江东出现饥荒，盗贼出没于金坛、溧阳之间，包恢所部将领受命前往进行讨伐，很快就杀掉了寇首。沿海制置使陈哔看中了包恢的才能，将他调到自己手下担任机宜。包恢再次讨贼立下功劳，被任命为吉州永丰（今江西吉安永丰县）知县，还没去上任又改任福建发运司干官，受福建安抚使陈垲之命，负责进剿匪寇。随后升迁为武学谕、宗正寺主簿，出任台州通判。当时，徐鹿卿正在进剿温州贼寇，知道包恢在剿贼上颇有办法，就上疏要包恢兼任提点刑狱司主管文字，协助商议讨贼策略。温州贼寇被讨平后，包恢改任临安府通判，再迁宗正寺主簿、台州知州。从这段经历可以看出，包恢之所以能够不断升迁，主要就是讨贼有功，但也正是在讨贼上采取了霹雳手段，因此史书称其“残民”，叫他“酷吏”。

包恢在地方任职时做的另外一件影响深远的事，就是移风易俗、整治封建迷信，打击妖言惑众的僧人，惩治不肖子孙。在担任台州知州的时候，有一个妖僧盘踞山中，自称“活佛”，装神弄鬼，愚弄百姓，扰乱民风，为害一方。包恢将其捉拿法办，为当地除去一害。在台州任职期满后，包恢晋升为左司郎官，还没去上任又改为湖北提点刑狱，没来得及出发就又改为福建提点刑狱兼建宁知府。福建有一种习俗，在九月祭祀“五王”的生日，届时全城老少齐出，不论贫富纷纷拿出财物奉献给“五王”。包恢对这些百姓说：“它又不是猪狗，怎么可能一日生出五个儿子呢？这显然是不祥之物，而你们却这么敬畏它，这不是十分愚蠢的行为吗？”听了包恢这话，老百姓慢慢醒悟了，祭祀“五王”的行为也就逐渐减少了。随后，朝廷又让包恢兼任转运判官，但遭到了侍御史周坦的弹劾。光州布衣陈景夏上书给朝廷说：“包恢刚正不屈之臣，言者污蔑之耳。”尽管如此，这次任免因为周坦的弹劾而不了了之，直到四年后才起复为广州转运判官、权经略使，迁侍右郎官，随即又被任命为大理少卿，同一天除直显文阁、浙西提点刑狱。当时，海贼作乱，包恢亲自驾着车前去处理，调许浦、澉浦驻军分别防守重要关口，然后集合各路军马一鼓作气进剿海贼。嘉兴一个官吏在和籴的时候受贿，包恢受旨进行审查，对这些官员说：“我就用这个人来消除沴气。”免去这个人死刑，砍断了他的双手，让他从此不能为害百姓。随后，包恢进直龙图阁、权发运使，再升迁为秘阁修撰、知隆兴府兼江西转运使。

此后，包恢被任命为湖南转运使，因为遭到弹劾被罢职。景定元年（1260），包恢被起复为大理卿、疏密都承旨兼侍读，后被任命为权礼部侍郎，随即又晋升为中书舍人。南宋最后一个理学家，也是包恢交往最多的朋友林希逸上疏说："包恢守法奉公，其心如水。"随后，朝廷让包恢权刑部侍郎。景定四年（1263）二月，包恢以华文阁直学士出任平江知府，同时节制许浦都统水军兼淮浙发运使、措置浙西和籴。当时，苏州有一个劣绅强夺民田，却反过来诬告老百姓抗租。包恢了解情况后，向朝廷奏明事情始末，宋理宗看了包恢的奏章后心中"恻然"，下诏惩治了这一豪强，并归还了百姓田地。

包恢在苏州待了半年时间，于当年八月上书要求致仕，没有得到批准，朝廷下诏让他回京奏事，从此离开苏州。到临安后，宋理宗让包恢出任绍兴知府，但被包恢拒绝了。宋度宗即位后，于咸淳二年（1266）起用包恢为刑部尚书，进秩端明殿学士，签书枢密院事，封南城县侯。咸淳四年（1268），包恢陪宋度宗郊祀，结束后以资政殿学士致仕，不久就去世了，享年八十七岁，是当时难得的高寿官员。因此，后世有不少学者专门研究包恢的长寿之道，有兴趣的朋友可以找出这方面的资料阅读。

历史上对包恢的评价总体上是肯定和正面的，称他是"能臣"，但是也有不同的看法，认为包恢"祸国残民"，是"酷吏"，一生有很多"恶迹"。这些恶迹主要集中在三个方面。

一是推行公田法，手段残酷。《宋史·包恢传》中并没有关于包恢推行公田法的记载，这件事情记载在《宋史·贾似道传》中："包恢知平江，督买田，至以肉刑从事。"而对于贾似道为什么要推行公田法，《宋史纪事本末》中说："景定四年二月，贾似道当道，以国计困于造楮，富民困于和籴，思有以变法而未得其说……吏又恣为操切，浙中大扰，民之破家失业者甚众。官吏有奉行不至者，刘良贵辄劾之，追毁出身，永不收叙。由是有司争以多买为功。"也就是说，推行公田法是贾似道作出的决策，目的是解决国家财政困难和百姓负担过重的问题，但是，这项改革却触及了各个阶层的利益，再加上用人不当，凡是推行不力的，贾似道的党羽刘良贵等就会进行弹劾，各地官员不得不加快推行，以保住自己的乌纱帽。在这种情况下，包恢作为平江知府，推行公田法态度非常积极，手段也十分残酷，同时，效果也十分明显。《大明一统志》卷八记载："包恢知平江府，首以所得供堂缗钱，尽偿供帐之费，节省浦课以补九任度支逋欠，去官之日，府库剩钱六百余万。"包恢在苏州任职仅有半年时间，通过推行公田，不仅还掉了以前九任欠下的旧账，还积累下来余款，可见效果之明显。但是，包恢在推行公田法的过程中，手段也极其残忍，甚至动用了"肉刑"。正因为如此，包恢的行为才受到了诟病。四库馆臣在《四库全书总目》中写道："《宋史》本传称恢诸父皆从朱子学，少时即闻心性之旨。历官所至，破豪猾，去奸吏，治蛊狱，课盆盐，然于《贾似道传》又称似道行公田法时，恢知平江，督民买田，至以肉刑。从事两传，皆出托克托手，乃贤奸迥异。盖《宋史》于道学诸人例皆褒美，虽有恶迹亦讳之不书，而似道传中则偶忘刊削此事，故有是矛盾也。"四库馆臣认为包恢在平江推行公田法是"恶迹"，至于脱脱为什么没有写，因为包恢是理学人士。元朝继承南宋后期的做法，将理学作为统治思想，而脱脱又是这一思想的积极推行者，因此，凡是理学人士，全部进行褒奖，而对于其"恶迹"则不写，至于在《贾似道传》中又出现了这一情况，是脱脱在写《宋史》的时候忘了删除了。

二是为官"狠厉"，是标准的"酷吏"。包恢在断案时手段有些残忍。脱脱在《宋史》中美化包恢，有点掩耳盗铃的味道。

三是镇压起义。南宋末年，各种矛盾相互交织，外有蒙古南下，内有奸相专权，国家入不敷出，官员莺歌燕舞。处于水深火热之中的百姓纷纷揭竿而起，反抗朝廷的压榨。在这种情况下，"包恢以严为治，抑以衰世之民非可以纵驰待之"，用霹雳手段镇压"贼寇"。这是政治立场的问题，不能以此判断个人的道德水准。如果抛开政治不谈，包恢确实是一个品德优秀、能力出众的人。

包恢离任后，赵与訔第二次出任平江知府，在苏州待了半年时间就离开了，由陈均接任平江知府。

陈均，字子公，一字公斋，浙江苍南人。南宋有两个陈均，一个字平甫，福建莆田人，是宰相陈俊卿的侄孙。他终生没有入仕，但名气很大，原因是他撰写了《皇朝编年举要备要》《中兴编年举要备要》两本书，上自宋太祖，下至宋宁宗嘉定十七年（1224），具有较高的史料价值，因此，备受后世学者推崇。因为这个陈均并没有当过官，跟苏州没有交集，所以本书不做介绍。

陈均的生卒年不详，他是北宋陈桷的六世孙。温州苍南陈氏自陈桷开始，一门六代显宦，是苍南的望族之一。陈桷是苍南第一位历史文化名人、第一位被《宋史》立传的人，也是苍南第一位探花，官至秘阁修撰。陈桷的次子陈汝贤，官至朝请大夫、四川达州知州。陈汝贤的儿子陈岘，官至中书舍人、权兼直学士院。陈岘的儿子陈昕，官至监官主簿。陈昕之子陈昉，曾担任过工部侍郎、吏部侍郎、户部侍郎兼中书门下省公事、吏部尚书等职。

陈均虽然出身名门望族，但并非科举入仕，而是因为父亲的官职荫补进入官场。陈均先后担任过东阳、丽水、西安（今浙江衢州柯城区与衢江区）知县，后晋升为江东提刑、广东提刑，因为其他的事情被罢职，过了很长时间才起复为江西提刑兼赣州知州。宝祐三年（1255）回京出任直秘阁，景定四年（1263）出任镇江知府，景定五年（1264）五月，以中奉大夫、直焕章阁改任为平江知府，同时，节制许浦都统司水军，咸淳元年（1265）正月除直敷文阁，仍旧担任平江知府，五月，暂交割浙西提刑提举司职事，七月三日兼权浙西提举。因忤逆贾似道，当月被罢职。此后一直赋闲在家，八十一岁去世。

陈均在苏州一共待了一年零两个月时间，留下了不少政绩，其中有史料记载的有两件事。

一是兴办长洲县学。苏州自范仲淹创办府学之后，文风之盛甲于天下，明徐有贞在《苏郡儒学兴修记》中说："吾苏也，郡甲天下之郡，学甲天下之学，人才甲天下之人才，伟哉！"但是，在南宋后期以前，长洲并没有自己的学校，长洲县的学子都是借用府学内的丽泽斋读书。乾隆《长洲县志》称："长洲县初未有学，附于府庠，名丽泽斋。宋景定三年，制诏天下县设主学，时宋楚材以选至叹曰：官以主学名，而居无庐士无廪，师倚席不讲，可乎？请于太守陈均，即广化寺改建焉。建讲堂曰礼堂（魏文靖公篆），建四斋曰富文、贵德、广业、博学（两浙西路提点刑狱公事俞琰记）。建友德堂，绘学中士登大魁者黄由、阮登炳像于壁，此立学之始也。八年，提刑洪起畏拓地辟门面南，寻毁。”从这段记载看，在南宋以前，长洲并没有创办县学，一直到景定三年（1262），朝廷才诏令天下各个县都要设立县学。三年后，一个叫宋楚材的人感叹说，现在长洲已经单列学额，却没有固定的教学场所，只能借居他处。于是，他向时任太守陈均请示，建议对广化寺的庙宇进行改建。陈均下令于此处创建讲堂和四座书斋，同时，感念范仲淹在苏州创办府学的恩德，特地在广化寺内建起一座景文堂。另外还建起一座友德堂，里面绘制两位状元的画像，以此激励学子们刻苦学习。到了咸淳八年（1272），提刑洪起畏扩大了县学的面积，并且改正门于南侧。但是不久蒙古兵占领苏州，长洲县学也被毁掉了。

另《江南通志·官学》记载：“吴县县学，原在府西宾兴坊。明时，知府况钟移至县治东南。宋绍定初始建。明宣德九年迁移。”长洲县学兴办后，加上范仲淹创办的苏州府学和之前已经兴办的吴县县学，苏州城内就有三处官办学校，是当时官办学校最多的一座城市。明嘉靖二十年（1541），长洲县学从旧学前迁到现今平江实验学校的位置，即所谓“新学”。雍正二年（1724），长洲、元和拆分，县学没有分，只是名称从长洲县学变成了长（洲）元（和）县学。长洲县学经过几百年的演变，现在已是苏州平江实验小学的所在地，其内还有初建于明嘉靖二十年（1541）、重建于清光绪八年（1882）的大成殿和十八棵百年银杏，处处展现着古朴之风和文化底蕴。

二是建造状元坊。王鏊《姑苏志》卷十七记载：“状元坊，醋库巷口，淳熙间郡守韩彦质为黄由立。”“绍定二年重建又一坊南星桥西，咸淳中郡守陈均为阮登炳立，留梦炎书。”从记载看，苏州有两座状元坊，其中一座是韩彦质为状元黄由立的，另外一座是陈均为状元阮登炳立的。这段记载有一点问题，就是时间不对，陈均在苏州担任知府是景定五年到咸淳元年（1264—1265），咸淳元年七月就离任了，而对其任职情况做详细记载的也是王鏊的《姑苏志》，所以，此处“咸淳中”显然有误。不过，陈均为状元阮登炳立坊是毫无疑问的，他在苏州兴办县学、建造状元坊，为弘扬向学之风、激发学习热情起到了重要作用。

陈均离任后，季镛接任平江知府。

季镛，字伯韶，处州龙泉（今浙江丽水龙泉市）人。季镛的生卒年不详，《宋史》无传，关于季镛的史料非常零乱，散布在地方志和《宋史》有关人物传记之中。从这些零散的资料看，季镛此人为官经历丰富，也留下了不少政绩；为人圆滑世故，因此在官场上如鱼得水。

季镛年轻时跟随金华名儒何基学习，后以父亲的官职恩荫入仕。季镛的父亲叫季衍，但是，关于季衍的资料基本空白，只在《宋史·杜杲传》中提了一句：杜杲"知定远县，会李全犯边，衍时为淮帅，辟通判濠州，朝廷以杲久习边事，擢知濠州"。也就是说，季镛的父亲季衍曾经出任过抗金前线主帅，后来的官职应该不会太小。正是这个关系，季镛才能荫补进入官场。

季镛入仕后，于淳祐十二年（1252）出任睦州（今杭州淳安）知州。景定元年（1260），出任温州知州。景定四年（1263），任浙西转运使。咸淳元年（1265）十月，以朝奉大夫、右文殿修撰知绍兴府，改为平江知府，兼浙西提举。咸淳三年（1267），晋升为司农卿兼户部侍郎。此后的任职情况不详。有关资料在介绍南宋著名将领刘仕龙时有一段话："祥兴二年（1279），户部侍郎季镛上奏折，对刘仕龙的居官功绩和战死沙场的英勇事迹，给予高度评价。南宋最后一个皇帝下诏，赠谥刘仕龙为武节侯。"为纪念这位忠贞爱国的一代忠良，乡人在青岩银树园建立了刘武节侯祠。如果这段话无误的话，那么季镛最后的官职是户部侍郎，也就是说，他在这个位置上一干就是十多年。不过，这段记载的详细资料笔者未能查到，暂且存疑。

季镛做官有政绩，是有不少资料可以佐证的。季镛在担任睦州知州期间遇到饥荒，于是"虚己问俗，首蠲私茶，又力请于朝，宽京府榷籴之令，发廪分赈，民乐安生"。为此，金华藏书家、书画家王柏在《答季严州》一文中称赞道："乡守严明，官吏敛束，雨旸以时，数十年无此政。"给予了高度评价。他在担任睦州知州期间，还将嘉定十年（1217）曾担任过平江知府的赵彦橚（见第二十三章）的像绘制于学宫先贤祠，供后人瞻仰。季镛在担任温州知州期间，推荐南宋著名文学家戴侗为孝廉。季镛出任司农卿兼户部侍郎后，对推行经界法提出了自己的意见，他在奏章中说："夫经界尝议修明矣，而修明卒不行；

尝令自实矣，而自实卒不竟。岂非上之任事者每欲避理财之名，下之不乐其成者又每倡为扰民之说。故宁坐视邑政之坏，而不敢诘猾吏奸民之欺；宁忍取下户之苛，而不敢受豪家大姓之怨。盖经界之法，必多差官吏，必悉集都保，必遍走阡陌，必尽量步亩，必审定等色，必纽折计等，奸弊转生，久不迄事。乃若推排之法，不过以县统都，以都统保，选任才富公平者，订田亩税色，载之图册，使民有定产，产有定税，税有定籍而已。臣守吴门，已尝见之施行。今闻绍兴亦渐就绪，湖南漕臣亦以一路告成。窃谓东南诸郡，皆奉行惟谨。其或田亩未实，则令乡局厘正之；图册未备，则令县局程督之。又必郡守察县之稽违，监司察郡之怠驰，严其号令，信其赏罚，期之秋冬以竟其事，责之年岁以课其成；如《周官》日成、月要、岁会以综核之。”从这段话看，季镛对经界法推行过程中存在的问题是十分清楚的，提出的对策也切实可行，只是当时朝廷上下已经腐败透顶，再好的政策也不可能取得应有的效果，何况经界法本身就饱受诟病，加上贾似道专权，祸国殃民也就不可避免了。

说季镛圆滑世故也是有史料佐证的。季镛和贾似道、陈宜中都保持着很好的关系，这也是他能够在仕途上一帆风顺的主要原因。据《浩然斋雅谈》记载，咸淳四年（1268），贾似道在越州（今绍兴）的私宅望海楼建成的时候，季镛赋诗为贺，陈宜中和诗两首表示忠心，其一云：“名与山高千古重，恩如海阔一身轻。门下少年初幕府，梦随诸吏上峥嵘。”其二曰：“功归再造金瓯好，岁已三登玉烛调。昨日倚筇平地看，一如石壁望松寥。”当时，忽必烈发兵围困襄阳，整整两年时间，朝廷爱国人士多次请求发兵前往解救，但是贾似道却置之不理，每天嬉戏作乐，累月不朝。葛岭望海楼当年建成，他率众僚登临望海楼之巅，这些同党纷纷作诗为贺。前面已经提到，陈宜中是贾似道一手提拔上来的，因此在诗中才有“恩如海阔一身轻”之句，对贾似道的提携之恩表示衷心的感谢。讽刺的是，最后也正是陈宜中的反戈给了贾似道最后一击。贾似道的望海楼落成，季镛能够参与庆典，而且赋诗为贺，说明季镛和贾似道的关系不错，就算不是贾似道一党，也至少说明贾似道对他并没有什么意见，不然也不会邀请他参加了，可见季镛此人在官场上处理各种关系还是游刃有余的。

能够说明季镛此人圆滑世故的还有另外一件事，这就是对待黄震关于盐政改革建议的态度。黄震考中状元后，于开庆元年（1259）出任吴县县尉，到任后打击豪强，整顿吏治，维护百姓利益，留下了很好的政声。景定四年（1263），黄震出任提举措置两浙盐事司干办公事，他在深入调查的基础上，对如何恢复盐业生产和整顿盐务提出了自己的看法，并写成奏章呈送给自己的上级两浙盐运使季镛，但是季镛对黄震的建议根本不感兴趣，原因是黄震的这些建议虽然能够使凋敝的盐业得以恢复，但是两浙甚至朝廷大大小小官员的财路也会因此而断绝，得罪的人非常多，季镛当然不会去做。所以，黄震一怒之下辞去了官职。从这件事情同样可以看出，季镛此人能够得到不断提拔，与他这种处事方式是分不开的。

季镛在苏州待了一年多时间，离任后陈梦斗接任平江知府。

陈梦斗的生卒年不详，史料基本上空白，只有《江南通志》和王鏊的《姑苏志》有简单介绍。王鏊《姑苏志》记载："陈梦斗，字子明，和州人。咸淳五年三月三日以太中大夫、显文阁待制知平江府，节制许浦水军兼权浙西提举，七月十五日与祠。"也就是说，陈梦斗是安徽和州（今安徽和县）人，以显文阁待制出任平江知府，当年七月就离任了。这段记载有一处错误，就是任职的年月。季镛离任的时间是咸淳三年（1267）正月，黄万石接任陈梦斗是咸淳三年（1267）九月，其间饶应龙暂时代理了两个月，因此，陈梦斗的任职时间不可能是咸淳五年（1269）。而记载这些人的任职情况的同样是王鏊的《姑苏志》，因此，这显然是笔误。陈梦斗出任平江知府时的官衔是显文阁待制，是从四品的职官，这个级别在宋朝也不算低，何以会在史料中毫无踪迹可寻，笔者实在不解。不过，前面第二十八章介绍过的陈垲有一首诗，名字叫《怀古堂和陈梦斗诗》："峨眉亭下路，舟楫几经过。晚识黄山面，新添白发多。学仙徒化鹤，病偻喜名驼。四上江湖请，金章许换蓑。"说明二人多有交往，而且陈梦斗的诗词水平应该也不低。但是，因为史料匮乏，也就无法进行详细介绍。

陈梦斗丐祠后，饶应龙代理平江知府。

第三十二章　醉生梦死

——最后的狂欢（三）

（饶应龙、黄万石、赵顺孙、黄镛）

饶应龙，字翔夫，号瑶山，抚州崇仁（今江西抚州崇仁县）人。崇仁饶氏是当地望族，崇仁也是中国饶姓最集中的地方。饶应龙的爷爷饶年延师从陆九渊，是南宋著名的学者，“以经学著称，隐居不仕，轻财好义，乡人德之”。晚年为了逃避寇乱寓居建康（今江苏南京），后因蜡烛失火而去世，魏了翁为其题铭说：“有宋长者饶止翁之墓。”对其进行了高度评价。饶应龙的堂兄饶应子于绍定五年（1232）考中进士，官至监察御史、崇政殿说书，其为官以“戆直”著称，曾上疏弹劾丁大全、董宋臣等人，史书称其“性俭约，能自重，严谨不疏忽”。出生在这样的家庭，饶应龙从小就受到了良好的教育，并于端平二年（1235）考中进士。饶应龙的为官情况史料没有详细介绍，根据王鏊《姑苏志》记载，陈梦斗丐祠后，朝廷暂时没有派新的知府，饶应龙以朝散郎、直文华阁权发运两浙提点刑狱公事，节制顾泾、澉浦、金山、常州、江阴军水军，同提领镇江府转搬仓时，暂时代理平江知府。转搬仓是宋朝漕运的方式之一，自开宝五年（972）起，朝廷陆续在漕运路上泗、楚、真、扬四州分设转搬仓，卸纳东南六路漕粮，再换船转运至京师。后来，官船数量减少，雇人运输的需要长年雇请，吏卒运输的又多侵盗，所以，熙宁后转搬法逐渐为直达法替代。南宋后时复时废，或两法并用。也就是说，饶应龙当时兼任了很多职务，同时暂时代理平江知府一职。

饶应龙代理平江知府仅有两个月时间，加上史料匮乏，无法对其进行全面介绍。不过，饶应龙出身理学世家，自己在理学上也有很高的造诣，对推进理学在江西的发展做出了自己的贡献。据史料记载，南宋淳祐二年（1242），南安知军林寿公在当年周敦颐、程珦（程大中）传习理学的地方创建了“周程书院”。景定四年（1263），担任南安知府的饶应龙上疏给朝廷，认为南安是周敦颐传播“二程”之地，“道学之源，实肇于此”，“南安乃道学发源之地”，请求皇帝赐匾额。宋理宗接到奏疏后，亲书“道源书院”四字，赐予南安。

饶应龙虽然在历史上没有多少名气，但是他的四世孙饶介却在历史上留下大名，而且对苏州的文化事业做出了巨大贡献，值得在此一提。

饶介生于元大德四年（1300），曾出仕过元廷，累官至淮南行省参议。元末天下大乱，张士诚占领苏州后，自称吴王。张士诚占领苏州后，饶介杜门不出，张士诚慕名亲自上门拜访，饶介这才到苏州，先后担任郎中、参军、左丞等职。至正二十七年（1367），朱元璋攻下苏州，张士诚自杀身亡，饶介作为张士诚的谋士，也被朱元璋抓到南京杀死，一代书法大家就此陨落。

饶介虽然身首异处、壮志未酬，但是他在艺术上尤其是书法上取得的成就却影响深远。饶介个性倜傥豪放，其书法豪迈、自信，尤擅草书，上纳王羲之、王献之、怀素、张旭之长，下取元代康里子山行草之劲健，形成自身圆融畅朗、清劲飘逸的独特风格。饶介在苏州期间，是苏州地区文化艺术界的重要人物，元末明初有影响的书法家宋克、宋广均就出自其门下。宋克在饶介的精心指导下，在继承康里子山笔法的基础上，糅合古人书法意趣，创造出了风靡明初的新书风。饶介在为官之余，举办了不少“醉樵歌文会”，营造自由舒适的人文环境，并多次以西园为据点，举行诗歌雅集活动，以诗文与文人交流，促使形成了以苏州为中心的文学文化圈，对推动吴中文艺创作繁荣，尤其是对以高启为首的北郭诗社成员的创作起到了重要的推动作用。因此，饶介当时享有极高的声誉，并受到高度评价。李日华在《六研斋笔记》中说："饶书圆劲畅朗，神追大令。"饶介的好友陈基评价其书法说："介之草书尤瑰诡逸群可喜，观其势殆不至于圣不止也。"

饶介死后，他赞助过的"吴中四杰"（高启、杨基、张羽、徐贲）和"北郭十友"（《明史·文苑传一·王行》："初，高启家北郭，与行比邻，徐贲、高逊志、唐肃、宋克、余尧臣、张羽、吕敏、陈则皆卜居相近，号北郭十友，又称十才子。"）或隐居山林，或重新出仕，在文学艺术上的成就虽然没有饶介在世时候大，但是对后世的影响却不容忽视，明中期的书法领军人物文徵明就深受其影响。

饶应龙代理两个月后，黄万石出任平江知府。

黄万石的生卒年，王鏊在《姑苏志》卷三记载："黄万石，字介中，建昌人。咸淳三年九月十二日以承议郎、集英殿修撰知平江府，节制许浦水军。四年八月论罢。"也就是说，黄万石是建昌（今属江西抚州）人，咸淳三年（1267）九月出任平江知府，第二年八月遭到弹劾被罢职，在苏州待了不到一年时间。

黄万石的生平和仕途情况不详，史料关于他的记载就是两句话：投机派、投降派。

说黄万石是投机派，主要是他投靠贾似道，因此虽然他人品低下、能力不足，却屡屡得到提拔和重用。关于这一点，有两条史料可以佐证：一是《宋史·陈文龙传》，据其记载，咸淳九年（1273），南宋将领、殿前都指挥使范文虎因"总师无功"，致使襄阳失守，贾似道却并没将范文虎治罪，而是让他出任安庆知府，改任赵溍为建康知府、黄万石为临安知府。陈文龙一怒之下上疏进行弹劾，说"文虎当罚而赏，溍乳臭子耳，万石怠荒，皆不胜任，宜罢"。结果贾似道大怒，将陈文龙贬到抚州，又指示台臣季可上疏弹劾陈文龙。不久，范文虎降敌，贾似道兵败鲁港时，赵溍最先逃跑，导致其余守城将领弃城而逃。二是《宋史·李芾传》，据其记载，咸淳元年（1265），李芾出任临安知府。当时，贾似道权倾朝野，前任知府事无巨细都要事先禀告贾似道，得到贾似道的认可后再去实施。李芾到任后，凡是自己权限范围内的事情都是自己做主。福王府发生了逼死人的事件，贾似道竭力进行营救，李芾通过书信三次向贾似道说明情况，最终还是依法进行了处理，让贾似道非常恼火。李芾曾经外出视察火攻战具的生产情况，其中有人不生产战具，李芾问他为什么不执行官府的命令，他回答说："我是贾丞相的家人。"李芾立即把此人抓到官府处以杖刑。贾似道得知后大怒，安排当时还是谏官的黄万石以贪赃罪弹劾李芾，并因此罢免了李芾。从这两段记载看，黄万石为政怠惰，却能够得到不断提拔，主要原因就是他附会贾似道，甘愿给贾似道当鹰犬。像黄万石这样的官场投机派，在历史上并不少见，实在不足为奇。

黄万石最为后世所诟病的，就是他的降敌。黄万石的投敌行为从构陷文天祥开始。咸淳十年（1274），文天祥被任命为赣州知州。到任后，文天祥招募义军，积极备战。德祐元年（1275），长江中上游全面告急，正月初一，元军攻入黄州（今属湖北黄冈）。初五，蕲州（今属湖北蕲春）知州管景模派人到黄州请求投降。二月初二，贾似道以宋京为都督府计议官，出使元军，请求和议。初三，以黄万石为江南西路制置使，加湖北制置副使，后改为江西制置使。七月初一，黄万石移治抚州。当此危难之际，朝廷诏令天下兵马勤王。文天祥捧着诏书流涕哭泣，派陈继周率郡里的志士，同时联络溪峒蛮；派方兴召集吉州（今属江西吉安）的士兵，各路英雄豪杰群起响应，聚集兵众万人。宋廷得知此事，命文天祥以江南西路提刑安抚使的身份率军守卫京师临安府。当此国家危亡之际，黄万石不是团结一心、共同抗敌，而是造谣文天祥部是"乌合之众"，军纪很差，"抢掠地方"，吓得朝廷差点禁止文天祥入京。当元军攻入湖南、江西的时候，黄万石身为江西制置使，不仅不积极组织抗敌，还阻挠江西义士的抗敌行为。当时，建昌南城领村人吴楚材纠集民兵，请求黄万石派兵援助，组织抗元斗争。黄万石拒绝了吴楚材的出兵请求，授予吴楚材迪功郎、权制置司计议官之职，但是申戒他不得出兵。吴楚材不听，组织民众准备攻城，结果被元军打败。黄万石看到形势危急，立即弃城跑到福建邵武，导致元军统帅阿里海牙以摧枯拉朽之势迅速占领了抚州、吉州、赣州、南安等地。德祐二年（1276）年初，元军进逼临安，南宋投降。三月，黄万石在邵武降元。黄万石本来是想把整个福建作为投名状降元邀功的，但是南剑州（今属福建）知州林起鳌得知后，毅然起兵进行反抗，击败黄万石后，与文天祥一起迎立益王赵昰于福州。黄万石降元后，接到的任务除了率部进攻南宋守军外，就是劝降被俘的南宋军官。米立在随陈奕守黄州时，陈奕投降，米立突围而出，被黄万石任命为帐前都统制。蒙军攻入江西时，米立率军迎战于江防，不幸被俘。蒙军多次劝降，但是米立至死不降，被关在了监狱。黄万石受命劝米立降元，并且自豪地对米立说："吾官阶一个先牌写不尽，今亦降矣。"对这样不以投降为耻反以为荣的无耻行为，米立回答说："立乃生擒之人，与投拜者不同。"如此犀利的话让黄万石羞愧不已，也非常恼火，只好让元军将米立杀害了。

然而，对黄万石这样的投降派，忽必烈"虽赏之爵之，而未尝不疑其心、薄其行"。有一次，在忽必烈招待降将的宴会上，降将们纷纷把自己投降的责任推到贾似道的身上，大臣董文忠当场痛骂道："似道薄汝，而君上则爵以贵汝，禄以富汝，未尝汝薄也。而以有憾而相，移怨而君，不战而坐视亡国，如臣节何？似道薄汝，岂不逆知汝曹不足恃为一旦用乎！"而对董文忠的这番痛骂，忽必烈的反应是"上深善之"。可见，这些投降派在元朝的日子并不好过。不仅如此，这些投降派不仅自己身披骂名，而且殃及子孙。到了明朝，朱元璋下诏不准南宋降将蒲守庚、黄万石的子孙做官，并说"此举虽非中道，然足以寒乱贼之胆"。确实不失为一种震慑手段。

黄万石被罢职后，由赵顺孙接任平江知府。

赵顺孙（1215—1277），字和仲，号格庵，缙云云塘（今属浙江丽水）人。赵顺孙是北宋开国宰相赵普的第十一代孙，是南宋著名的政治家、理学家，其一生以学术立世、以正直闻名。为官不畏权贵，为匡扶宋室殚精竭虑，立下不世之功；为学深耕细究，笔耕不辍，留下宝贵财富。

赵顺孙家学渊源深厚，从小就受到了良好的教育。其父赵雷是理学大师朱熹的学生，与理学家真德秀交往很深。因为从小就受到严格的教育和家学的熏陶，赵顺孙八岁的时候就能够诵读和理解“九经”要义。因此，嘉定十五年（1222）赵顺孙八岁时，朝廷即授予其童子出身。但是，赵顺孙并不急于求取功名，而是像他父亲一样，跟随朱熹的学生、“南湖学派”的杜范刻苦学习，因此，赵顺孙也被称为朱熹的“再传弟子”。杜范不仅是朱熹的得意门生，而且曾担任过宰相，其从政理念、学术思想都对赵顺孙产生了相当大的影响。

在缙云县还流传着一个赵顺孙七岁救父的故事。据说赵顺孙七岁这年，父亲被别人陷害，判为“拒纳皇粮罪”，关押在处州府监狱里，因没有确凿证据，一时定不了罪，临近年关还没有回家。赵顺孙就对他娘说：“可惜路途太远，一个人走不到。如果三叔送我到处州，我就能把父亲救回来过年。”开始赵顺孙的母亲觉得小孩子不懂事瞎说，但是耐不住赵顺孙反复请求，他母亲最终答应了他，由他的三叔背着去处州。三叔年纪轻，力气大，从家中起身，一直背到桃花岭才停下来歇息。他想让赵顺孙走一程，就哄他说：“这里到处州很近了，你就走着去吧！”赵顺孙随口回答说：“山未明，水未清，这里成不了府，结不得城。我还走不到。”赵顺孙的三叔只好继续背他前行。到了岩泉岭头，赵顺孙看到前面山势开豁，不等三叔开口，就挣脱着要自己步行。他三叔问他什么缘故，他回答说：“山已明，水已清，府城就要到了，我可以走了。”

叔侄两个来到处州衙门，却被看门的吏卒拦阻。赵顺孙就趁着三叔与吏卒争辩之际钻了进去，走到府衙中厅大堂，东瞧西看。这时，处州府太爷赵必愿走过来，看到一个小孩在官衙瞎转，就训斥说：“这里是府城衙门，并非游玩之地，小子何敢擅入？”赵顺孙头也不抬，立即回答说：“小小处州府衙门，进来走走有何妨？”赵太守听了非常惊讶，觉得这个孩子口气蛮大，再看他虽然年纪小，但器宇不凡，也没有责怪他。接着用和缓口气问他：“几岁？”“七岁。”“哪里人？”“缙云县城里登俊坊。”赵太爷听他口齿流利，颇感兴趣。再问他：“可曾读书？”赵顺孙听他接连提问，才仰起头看看，见到这位大人身穿大红官衣，料定是个官，就严肃恭敬地回答：“略识之乎。”太守见他穿着一身青色土布，忽然想起昨天夜里做梦，梦见青龙绕柱，莫非就应在他身上？有意要试探，顺口出个对子让他对：“出水青蛙穿绿袄。”赵顺孙朝太守看看，接着对：“落汤螃蟹着红袍。”赵太爷听后不觉吃了一惊，暗暗称赞：我把他比作活物，他却把我比作死物，真厉害！又问：“来此何事？”赵顺孙略一思索，出口成诗：“母在堂前为父忧，特令儿子谒公侯。大人若肯行方便，一点春风在笔头。”赵太爷又问明他父亲的姓名和案情，但疑心刚才的答话是有人替他代作，早有准备，还要再试一试，就指定以栏下盆景小松树为题，命他作诗一首。赵顺孙又略加思索，即吟道：“小小松树未透栏，枝枝叶叶傲霜寒。如今正好低头看，异日冲霄仰望难。”赵必愿听了惊叹不已，就把他带入私衙，再详细询问。赵顺孙就把父亲被人陷害，受冤枉坐牢的情况当面向赵必愿禀告，并请求立即释放。赵必愿上任后对旧案情做了复核，发现赵雷的案情蹊跷，正在考虑平反。如今听了赵顺孙的申辩，心中更加明白，决定立即释放。又将橘子赏赐给赵顺孙吃，同时口出上联：“半边红如佳人脸。”赵顺孙应道：“一点清如太守心。”两人都放声大笑。赵必愿随即将赵雷放出，让父子二人一起回家过年，还赠他们十两银子，并对赵雷说：“高大君家门户者，必此子也。”

这个故事明显是演绎而来，但也从一个方面说明了赵顺孙天资聪颖、少年老成。不过，赵雷被人诬陷而关进监狱这件事情是有史料记载的。赵雷任监婺州永康县酒税时，被人诬告，监禁于处州府，释放后厌倦为官，乐为隐士。

淳祐九年（1249），赵顺孙参加乡试，高居榜首。第二年，赵顺孙参加礼部考试，再获第一名，殿试的时候排在二甲第二名，从此步入官场。从淳祐十年（1250）考中进士，到德祐二年（1276）因病辞归，赵顺孙为官整整二十六年时间。其仕宦生涯做出了突出政绩，归纳起来主要是三类：为百姓勇于任事，解百姓于水火；为帝师殚精竭虑，劝皇上改恶从善；为宰执不屈不挠，与权贵斗争到底。

赵顺孙曾经三次出任地方官。第一次是考中进士后，先被任命为太平州学教授，后以校书郎出任婺州通判，因母亲去世回乡守孝三年。第二次是咸淳四年（1268），因与贾似道不和，自请外放，担任了八个月的平江知府。第三次是咸淳十年（1274），因身患疾病，出任福建安抚使兼福州知州。赵顺孙所处的时代，可谓是风雨飘摇，在此内忧外患之际，皇帝惰政、奸相专权，朝廷上下不是同仇敌忾一致对外，而是歌舞升平极尽享乐，使得朝臣上下离心离德，民不聊生。在此背景下，赵顺孙在出任地方官期间，心系百姓疾苦，体贴民情民愿，做了不少惠民利民的事情。

在苏州期间，赵顺孙做了两件事情：一是兴建学道书院，鼓励士子勤奋学习。民国《吴县志》记载："学道书院，祀吴公言偃，初在府城东南隅，旧长洲县学南。"陈宜中《学道书院记》说："昔者夫子讲道齐鲁之郊，从游多北方之士，由句吴之墟登圣门者，独吴公子游一人。"徐绾《学道书院记》也说："迨言公北学，而孔子之道渐于吴，吴俗乃大变。千载之下学者益众，家诗书而户礼乐，东南学道之宗实言氏启之。"又说孔门三千弟子，"而产于吴者惟公一人"。因他有功于民，民则祀之，并说其功不在泰伯之下，虽从祀孔子庙廷，然未有祠，不能表达吴人对他的崇敬怀念之情，故为之建祠以表彰他"能不远数千里，亲受业于孔子，传圣学以淑诸乡人，一洗其陋而归于儒"。意思就是说，言偃是将孔门儒学传于吴的有功之人，因而立祠祀之。咸淳五年（1269），知府赵顺孙在武状元坊北普贤子院故址营建言子祠，还未建成就离职了，后奏请建立书院以祀言子，并以学道二字为名。书院主要挑选言氏子孙及民间优秀子弟入院读书。另外还建燕居殿，专奉先圣，并建"师友渊源斋"四个，命名为"正己""选贤""问礼""知本"，作为讲堂。又拨官田，设置育材庄，收租作为书院经费的主要来源。咸淳七年（1271），知府常楙又在讲堂西边增建先贤祠，祀颜、曾、思、孟四贤。言子祠历经几百年变化，清光绪三十一年（1905）七月，江苏巡抚端方在言子祠东庑创办第三初等小学堂。新中国成立后，改为干将中心小学。1951 年 7 月 21 日，言桥小学并入，改为干将小学二院。1976 年 9 月，大井巷小学部分班级并入，学校改名为干将小学。1995 年 8 月，干将小学并入马医科中心小学。1992 年，干将路扩建时，言子祠的祠门、照墙拆除，缩进重建。2003 年，言子祠被列为苏州市控保建筑。二是关心百姓疾苦，蠲免百姓赋税。当时，因为元军南下，加上贾似道和朝廷官员花天酒地，财政入不敷出。为了满足军费和享乐需要，朝廷采取夏季提前征收冬季税赋的方式解决财政困难，这种寅吃卯粮的办法，导致生活本就十分困难的百姓雪上加霜。赵顺孙拿出自己的俸禄和府衙部分可支配的公款，购买二十万斛粮食，代百姓交纳预收的赋税，让百姓渡过了难关。在福建任上，赵顺孙也用自己的俸禄为老百姓代缴夏秋两税达十多万缗。

咸淳元年（1265），赵顺孙晋升为秘书郎兼崇政殿说书，到咸淳四年（1268）被贾似道排挤出朝廷任平江知府，其间职务虽有变动，先后任监察御史兼说书、右正言左司谏、殿中侍御史、侍御史兼侍读，但是作为帝师的身份一直没变。这期间，赵顺孙主要做了三件事情：一是谆谆教导、苦苦劝诫宋度宗；二是和皇亲国戚进行不屈不挠的斗争；三是和贾似道展开针锋相对的斗争。

宋度宗二十五岁即位，在历朝历代皇帝中年纪并不算小。但是，宋度宗此人不仅软弱无能，而且荒淫无度。宋度宗将贾似道封为太师，对其倍加宠信，将朝政统统委托给贾似道处理，而自己则整天宴坐后宫，与嫔妃们饮酒作乐。贾似道见宋度宗昏庸无能，更加肆无忌惮、专横跋扈，不仅擅权胡作非为，而且目无天子，只要稍不如意，就以辞官相要挟。而宋度宗唯恐他辞官，总是卑躬屈膝，流泪挽留。后来，还授予贾似道平章军国重事，允许他三日一朝，后又放宽到十日一朝。不仅如此，每次退朝，宋度宗都要离座目送贾似道走出大殿，才敢坐下。为了留住贾似道，宋度宗还在西湖葛岭为他建造了绝美的住宅。针对这种状况，作为帝师的赵顺孙，不仅谆谆教导、循循善诱，而且苦苦相劝、直言谏诤。他劝导宋度宗要勤于政事，对皇上说："弭变于未形者，其国安；遇变而知惧者，其国存；玩变而弗戒者，其国危且亡。"他建议宋度宗要重用贤才，"远小人，近君子"，"亲君子昌正气"。赵顺孙一方面极力向宋度宗举荐汤汉、李伯玉、汪立信、陈宜中等人，另一方面又极力劝阻宋度宗对皇亲国戚滥封滥赏，"特恩不当数出"。他对宋度宗说：官爵是国家的大柄，是用来"砺世磨钝，使天下人赴忠义、立事功，殉节捐躯而不自悔"。古代的帝王对官爵"至重至谨，至靳至啬，不肯视为虚名而轻用"，而现在频繁特除、特转、特补、特赠，"特之一字何其多也"，长此以往，"不过数十年，人人皆尊官大爵”，那些捍卫边疆、守卫社稷的将士即便受到奖赏，也一定会说：“彼得之如此其易，则我得之亦不足贵矣。”针对宋度宗奢侈荒淫的一面，赵顺孙劝谏他要节俭体民，告诫宋度宗说：“今则东南一隅，疆土日蹙，……西土堕甑，嘉渝日急，孤城之外，四顾苍茫，春无以耕，秋无以获，……所入有限，所出无穷，天不能雨，鬼不能输，邦计枵单，莫过于此。”咸淳四年（1268），宋度宗要兴建宗阳宫，准备拆除民房、拓宽道路，赵顺孙两次上疏，认为提倡俭德是祭扫天地的根本，并举宋孝宗、宋宁宗、宋理宗祭祀天地都以节俭为原则的例子，规劝宋度宗“当崇俭约，免拆民居。度地量址，宁狭毋广；上栋下宇，宁朴毋华”，以固民本。在蒙古军队大举南下之时，赵顺孙劝导宋度宗“当作急务者，修军政、裕民赋、宽民力、改弊政、省冗官、节赐赏，明号令以动人心，信赏罚以壮士气，选师臣以任要害，择郡守以措军饷”，如此才能“政事修举，战守可恃”。可惜宋度宗对赵顺孙的苦口劝谏根本听不进去，放任贾似道胡作非为，终于将大好江山弄得不可收拾。

赵顺孙在担任帝师期间，还与皇亲国戚进行了不屈不挠的斗争。咸淳三年（1267），宋度宗奉皇太后之命，准备册封美人杨氏为淑妃。按照嫔妃的级别，淑妃极其尊贵。当时杨氏的父亲刚刚去世不到半个月，按照礼制，杨氏守孝期间是不能加封的。所以，赵顺孙就上了《乞缓进封淑妃疏》，提出“礼，君子不夺人之丧，……父子至情，自天子达于庶人，孝无差等”，因此建议“稍缓降制”。因为赵顺孙的奏疏符合礼制，最终皇太后和宋度宗不得不推迟加封淑妃。皇太后的侄子谢垕，享受二品待遇，但没有实职，在临安胡作非为，无恶不作，百姓深受其害，却无可奈何。赵顺孙知道后，上章进行弹劾，宋度宗顾及皇太后，一直犹豫不决。赵顺孙就连续上疏弹劾，促使宋度宗不得不处罚谢垕，京城百姓拍手称快。谢垕的大哥谢堂和贾似道结为儿女亲家，官至疏密都承旨，掌管都城宫禁事宜，手握兵权干预朝政，权倾朝野。赵顺孙上疏弹劾说“贵戚用事，汉祚中衰，长此不已，祸有不可胜言者”。然而，因为有宋度宗和贾似道保护，赵顺孙的弹劾没有起到任何效果。最后，赵顺孙以不罢谢堂自己就辞职相要挟，不得已，宋度宗最后还是罢免了谢堂。

赵顺孙在仕途上做的第三件大事就是和权相贾似道展开了针锋相对的斗争，主要分为三类：一是在经济上，反对推行经界法和滥发货币；二是在军事上，极力主张救援襄阳；三是在权力上，反对贾似道专权。

前面已经介绍过，贾似道专权以后，为了解决国库空虚问题，推行经界法。为了配合经界法的实行，还配套实行公田法和推排法。公田法是按照官品高低规定占田限额，如果超出限额，在超出的田地中抽出三分之一，由官府收买，作为公田出租，然后收取田租用于军费。各地官吏为了买田邀功，常常将只能收取六七斗的公田虚报为一石，强迫农民交租，大大加重了百姓负担。同时，有权有势的官僚虽有余田，却拒不出卖，地方官为了完成买田数额，不敢得罪这些权贵，就强迫中小地主和自耕农卖地，大量中产及以下阶层破产失业。为了确保公田法的推行，还配套实行推排法，清查民间土地，纤毫必争，搜刮田税田租。贾似道还大量发行纸币，导致货币贬值，物价飞涨，民不聊生。针对贾似道的这种倒行逆施，咸淳元年（1265），赵顺孙上《农田疏》揭发经界法的弊端。咸淳二年（1266），他又上《平籴疏》，揭露救荒弊政。咸淳三年（1267），赵顺孙上疏抨击贾似道坚持推行的公田、庄官、关子弊端。咸淳四年（1268），再次上疏抨击贾似道不能像王旦一样劝阻宋度宗建造宗阳宫。虽然连年的弹劾并没有对贾似道造成实际性的影响，反而使赵顺孙不断受到贾似道排挤，但是，有了反对的声音，无形中对贾似道在经济上的倒行逆施起到了一些束缚作用。

赵顺孙除了反对贾似道在经济上的倒行逆施外，还就襄阳保卫战与贾似道发生了冲突。景定二年（1261），因为受到吕文德的迫害，对南宋防御体系了如指掌的大将刘整投降元军，并向忽必烈提出了攻取南宋的战略："攻宋方略宜先从襄阳。"忽必烈接受了刘整的建议，在巩固了自己后方之后，于咸淳四年（1268）正式围困襄樊。然而，前方战报送达朝廷后，贾似道却将这一事关南宋存亡的消息隐匿不报。咸淳五年（1269）五月，赵顺孙由平江知府调任吏部左侍郎，一到任就向宋度宗上《乞援襄疏》，一方面向宋度宗说明支援襄阳的重要意义："襄阳东连吴会，西通巴蜀……白河、鹿门堡垒相望，真昔人所谓危急存亡之秋也"，"不亟援襄，后将噬脐，祸至无日，可谓寒心"。另一方面抨击贾似道"人臣知危亡而不言，则人主处危亡而不知矣"。宋度宗这才知道形势的严峻性，但是贾似道却说："襄阳不守，何以不可立国。"如此误国之言何以南宋不亡？

咸淳六年（1270），赵顺孙晋升为端明殿学士、同签枢密院事，开始进入最高决策层。然而，此时的朝廷最高决策层，有平章军国重事贾似道、右丞相兼枢密使马廷鸾，还有一个和赵顺孙一起升任的陈宗礼。贾似道开始三日一朝，后来又改为十日一朝，在西湖边的"半闲堂"斗蟋蟀，朝廷重要事项都要送到他的家中审批，当时就有民谚说"朝中无宰相，湖上有平章"。当年十一月，陈宗礼就致仕了，而右丞相马廷鸾受制于贾似道也无法办事，以养病为由长期不上朝，到咸淳八年（1272）也致仕了。马廷鸾致仕后，朝廷想召叶梦鼎复出，但被叶梦鼎拒绝了。因此，自从进入中枢以后，真正主持工作的只有赵顺孙一人，然而，在贾似道专权的情况下，赵顺孙处处受到阻碍，根本无法施展才能。樊万在《宋丞相格庵赵先生神道碑》中说："公独知省院印，外筹军旅，内总万机，躬亲庶务，无分昼夜，心劳而事冗，人形焦悴。"赵顺孙见国势日危，而贾似道一味避战求和，正直敢当人士都与之形同水火，曾写《感情吟》："豪杰消磨叹五陵，发冲乌帽气填膺。眼前不是无豪杰，身后何须论废兴。当道有蛇魂已断，渡江无马谶难凭。可怜一片中原地，虎啸龙腾几战争。"马廷鸾致仕后，宋度宗准备让赵顺孙接任右丞相，但是，赵顺孙明白，如果贾似道专权，即便自己出任右丞相，也不可能有所作为，因此感叹道："不见人烟空见花，烟笼寒水月笼沙。人生自古谁无死？莫怨东风当自嗟。"三年后，文天祥也发出了"人生自古谁无死，留取丹心照汗青"的感慨，其中"人生自古谁无死"就是来自赵顺孙的诗句。因为在相位上忧愤难当，积劳成疾，赵顺孙要求致仕，没有得到批准，淳祐十年（1274）被任命为福建安抚使兼福州知州，不久因为身体不好就致仕回到家乡，因不肯服药而亡，享年六十三岁。

赵顺孙出身理学世家，又师从杜范进行深造，在理学、史学上都有很深的造诣。其著述颇丰，经学上有《四书纂疏》二十六卷、《麟经注解》、《近思录精义》，史学上有《孝宗系年要录》《中兴名臣言行录》，经济方面有《格庵奏稿》等，流传至今的只有《四书纂疏》《格庵奏稿》，另外《全宋诗》收录其诗七篇，《全宋文》收录其文章二十四篇。赵顺孙的《四书纂疏》是收集朱熹及其学生对《四书注释》的理解，加上自己的见解编纂而成，具有很高的参考价值，从南宋在乡校刊印以后，很快就普及开来，成为研究朱熹学说的参考书籍和学生求取功名的必读课本。此后，元、明、清都将此书作为科举考试的主要参考书籍，并受到高度评价。明朝刑部侍郎李棠称："格庵赵先生顺孙承考亭之传，文章道德为时宗主，《纂疏》一书衣被后世。"乾隆皇帝把《四书纂疏》作为"钦定御览"书籍。赵顺孙的《四书纂疏》不仅在我国思想界、哲学界具有重要地位，而且在东亚的地位也非同一般，尤其是在日本，影响非常广泛。

赵顺孙在苏州待了八个月就回京了，由黄镛接任平江知府。

黄镛（1230—1300），字器之，福建莆田人，南宋晚期宰相。黄镛出身儒学世家，幼年受父辈的熏陶和影响，养成豪迈宽广的胸襟，因此一生刚正忠直，在亡国之际奋起反抗，虽最终难挽大厦之将倾，但不失精彩人生。

黄镛从小就具有奇资灵性，早年入莆田县学、军学读书，其聪慧的一面早就显露无遗。其祖父曾经考他，黄镛对答如流。宝祐元年（1253），黄镛以明经入太学，考中监员（也称监生）。在国子监期间，黄镛干了一件轰动一时、名垂青史的事情，就是弹劾奸臣丁大全。丁大全本来是一个出身寒微的学子，四十八岁时才考中进士。不过，丁大全的妻子是妃子的婢女，靠着这层关系，他巴结上了阎贵妃，并由一个微末小吏快速得到升迁。宝祐三年（1255），担任侍御史兼侍读的丁大全采取极端手段将正直敢言的右丞相董槐拉下马，而自己则因此晋升为右谏议大夫、端明殿学士、签书枢密院事，并于宝祐六年（1258）进封公。大权在握的丁大全更加肆无忌惮、胡作非为，他任用袁玠为九江制置使。袁玠不仅十分贪婪，而且非常苛刻，他负责向当地渔湖土豪收纳税银，因丁大全拘捕了一些渔湖土豪残酷催逼赋税，惹怒了众人，这些渔民竟背弃南宋，把所有的渔舟都用来援助南下的敌兵，给朝廷带来极大的威胁。在这种情况下，太学生陈宗、刘黻、黄镛、曾唯、陈宜中、林则祖等六人伏阙上书，要求罢免丁大全，被时人称为“六君子”。当时的台臣翁应弼、吴衍都是丁大全的鹰犬，他们在丁大全的授意下，上奏弹劾，颠倒黑白，最后将六人全部贬逐出京，放到边远州郡编管，并禁止三学（太学、宗学、武学）学生妄议国政，以消弭朝野的不满。当时，刘克庄除右文殿修撰知建宁府，改福建路转运副使，也因为受到“六君子”事件的牵连而被罢职。黄镛与刘克庄既是老乡，也是忘年之交，两个人书信往来不断，诗词唱和很多。

开庆元年（1259），忽必烈包围鄂州，丁大全将消息隐匿不报，不久阴谋败露。御史朱貔孙弹劾丁大全“陷害忠良，遏塞言起，浊乱朝纲”。丁大全被罢相后，吴潜再次出任宰相，上疏为“六君子”鸣冤，要求将其召返朝廷参加科举考试。景定二年（1261），黄镛返回京城，第二年考中进士，被授予秘书省正字，出任建宁府建山书院山长。

宋度宗即位后，黄镛于咸淳二年（1266）由左丞相兼枢密使江万里保举晋升为国子编修，拜御史。在谏官任上，黄镛清廉忠直，大胆谏言，上疏要求“进贤才，通下情”，第二年就升为秘书省校书郎，宋度宗亲自敕书褒奖他：“自游六馆，学问文章，气节可称。”因此，再次晋升黄镛为枢密院编修、崇政殿说书。咸淳四年（1268），黄镛晋升为正言兼侍讲。面对当时的朝局，黄镛进言：“今守边急务，非兵农合一不可。其说者有二：曰屯田，曰民兵。川蜀屯田为先，民兵次之。淮、襄民兵为先，屯田次之。此足食足兵之良策也。”但并没有被采纳。不久，黄镛晋升为刑部侍郎。当年五月，黄镛以奉议郎、右文殿修撰、江东提举出任平江知府，同时节制许浦水军。当时，赵顺孙修建的言子祠尚未完工，黄镛到任后不仅将后续工程完成，还奏请以书院命名。所以，苏州学道书院实际上是赵顺孙和黄镛两任知府共同完成的，两位知府都为苏州的教育和文化做出了自己的贡献。

黄镛和赵顺孙一样，在苏州待了八个月后就离任了，不同的是，赵顺孙是提拔回了京城，而黄镛则是丐祠离任，原因史书没有记载，估计是得罪了贾似道。当时，贾似道专权，而黄镛此人又非常刚直，因言获罪的可能性很大。后来，黄镛被起复为给事中。到了德祐元年（1275），元军大兵压境，进逼常州，国势危急。宋恭宗即位后，因为年幼，由谢太后垂帘听政。时任给事中的黄镛围绕时政十二事慷慨陈述，被授予兵部侍郎。十一月，朝廷下诏以陈文龙同知枢密院事，黄镛同签书枢密院事，玺书褒崇，追封五代，并派遣尚书宋用臣为黄镛建造房屋，御书“新府堂”赐之。十二月，以吴坚签书枢密院事，黄镛兼权参知政事，封涵国公。当时，贾似道被罢，陈宜中执掌国政，但是，值此国难之际，陈宜中不能统帅上下一起抗元，将士离心，郡邑降破。第二年正月，张世杰、文天祥战败，元军逼近临安，朝廷权贵纷纷要求议降。黄镛和陈文龙坚决反对向元军投降，请求亲自督军与元军决一死战，但因和陈宜中、张世杰的意见不合而未被采用。看到大势已去，黄镛上疏请求致仕回家奉养母亲，但没有得到朝廷批准，黄镛只好弃官而去。

景炎元年（1276）五月，张世杰等奉益王赵昰于福州即位，是为端宗。端宗下诏命陈文龙任参知政事。黄镛与陈文龙起兵赴国难，命新州太守谢枋得与元军作战，黄镛亲自到前线督战，结果被流矢射中右肩，带伤回到家乡卧床休养，以年迈不复出。同年十二月，元军攻破福州，陈文龙被抓，元军劝其归降但遭到了陈文龙的拒绝。陈文龙被押送到临安后，绝食而死。黄镛闻讯后悲痛欲绝，深深为其“不为穷变节，不为贱易志”的高尚品格所感动，写诗称赞道：“高标逸韵君知否？正在层冰积雪时。”不久，黄镛病逝，享年六十一岁，朝廷诏赐墓葬于兴化县之温阳。

第三十三章　走向灭亡

——最后的挽歌（一）

（常懋、倪普、潜说友）

前文已经介绍过，开庆元年（1259）蒙哥去世后，忽必烈离开鄂州前线北还争夺汗位，给了南宋暂时喘息的时间。然而，南宋朝廷不是同仇敌忾、加紧备战，而是歌舞升平、极尽享乐，沉浸在醉生梦死之中不能自拔，直到铁血蒙军再次挥师南下，朝廷上下才惊慌失措。就在赵顺孙、黄镛出任平江知府之时，南宋的噩梦再次降临。

从开庆元年（1259）北归争夺汗位，到景定五年（1264）阿里不哥向忽必烈认输，长达五年的汗位争夺战最终尘埃落定，忽必烈成为最大的赢家。这次汗位争夺战带来了两个变化：一是蒙古从此分崩离析，分裂为四个汗国与忽必烈统治的蒙古本部和中原地区；二是蒙古的权力中心由漠北的和林转移到了漠南的开平，此后再次迁移到大都（在今北京），为统一南方奠定了基础。其间发生了一件事情，为忽必烈巩固统治提供了契机，这就是“李璮之乱”。李璮是当时汉地实力最大的世侯，从其父亲开始李氏统治山东东部达三十多年。李璮长期利用地处蒙宋之间的特殊位置和与蒙古皇族之间的特殊关系（李璮娶了塔察儿的妹妹），培植和扩展自己的势力。忽必烈即位后，李璮借口防御南宋，“自为完善益兵计”，随时准备反叛蒙古。景定三年（1262），李璮趁忽必烈与阿里不哥发生内战之机，公然起兵反叛。李璮起兵前曾与其他世侯联络，本以为会得到这些汉族世侯的积极响应，然而让他没想到的是，他起兵后应者寥寥，结果这次反叛很快被忽必烈平定。

忽必烈之所以能够很快平定李璮之乱，一方面是因为蒙军的战斗力确实不是汉军所能比的，但更重要的是因为忽必烈实行的一系列政策让这些世侯在新的政权中找到了自己的位置，不会轻易冒险反叛。而这次李璮的造反也让忽必烈认识到，从金朝灭亡之后尽专中原兵民之权的大小世侯，无疑是新王朝有效统治中原的最大障碍。因此，忽必烈以“惩青徐之乱”为由，采取了一系列削弱世侯权力的措施，最终使中原以北地区得到巩固，接下来的事情就是统一中国。

然而，对于蒙古人来讲，统一南方并非易事，湿热的气候、纵横的湖泊、起伏的山峦，都让蒙古人望而却步。因此，忽必烈最初的选择并非征服，而是像当年的辽宋、后来的朝鲜一样，签订“澶渊之盟”之类的协议。他在和阿里不哥内战的时候，曾派出使者前往临安，表示只要南宋承认自己是天子，每年称臣纳贡，就可以换取实质上的自治。但是，这显然是忽必烈的一厢情愿，他伸出的橄榄枝并没有被南宋接受，摆在忽必烈面前的唯一选择就是开战。

方向已经明确了，接下来就是选择突破口。就在忽必烈茫然之际，南宋给他送来了刘整。刘整是南宋最重要的将领，被誉为“真将才”，然而却受到吕文德和俞兴的构陷，被迫北降蒙古。忽必烈闻讯后大喜过望，立即派人接应并降诏进行嘉奖。刘整也是投桃报李，对忽必烈知无不言，“蒙古由是尽得国事虚实”。刘整降蒙后即向忽必烈建议：“攻宋方略宜先从襄阳。”听了刘整的这个建议，忽必烈拍案叫绝：这确实是消灭南宋的最佳方案。灭宋无外乎三条路线：破蜀入江、占领荆襄、渡淮南下。三条路线中第一条已经被蒙哥证明并非上策，渡淮南下有长江天险，当年金军已经留下了惨痛教训，而如果拿下襄阳，就可以顺江而下攻陷鄂州，鄂州下则江淮不存，临安自然可以顺势而取，临安亡则川蜀可以不战而降。于是，忽必烈按照刘整的建议正式开始灭宋之战，而整个战争基本上就分为三个阶段：攻取襄阳、占领临安和追击流亡。这一打就是十多年时间，直到崖山之战南宋彻底灭亡。其中，攻取襄阳就整整用了五年的时间，可见襄阳的战略地位有多么重要。

咸淳四年（1268）十一月，襄阳战役正式开始。忽必烈任命阿术为蒙古都元帅，刘整为汉军都元帅，率领大军奔赴襄阳前线。在通过火力侦察后，阿术采取了刘整“急攻缓取”的战略，围绕襄阳和樊城建立了方圆百里的巨大环城，将襄阳和樊城围得水泄不通，彻底切断了南宋救援的路线。经过五年的围困，襄阳守将吕文焕最终投降。襄阳之战结束后，忽必烈没有重用在这次战役中立有大功的阿术和刘整，而是任命丞相伯颜为统帅，阿术为副帅，新投降的吕文焕随军行动，刘整则被安排去打江淮。自以为建立了不世之功的刘整，因为没有得到重用郁郁而终。忽必烈这样更换统帅是有其道理的，因为忽必烈不仅需要消灭南宋、一统江山，而且需要人心。如果只要江山，使用刘整这样对南宋有着刻骨仇恨的大将确实是首选，但是，如果要人心，则就需要伯颜这样的政治家。伯颜在陛辞的时候，忽必烈给他讲了当年曹彬攻取江南的故事，对他说：你如果能做到不妄杀一人，那就是我的曹彬。事实证明忽必烈的决策是对的，伯颜和阿术率领二十万大军顺汉水而下，鄂州不战而降，伯颜兑现了承诺，不但没有滥杀无辜，而且将南宋降将一律原职留用。重用吕文焕也是忽必烈的英明决策，长江沿线守将要么是他的亲属，要么是他的属下，加上南宋军队士气低落，这次南下几乎变成了蒙军的一次行军，不到三年时间，就占领了南宋都城临安。当然，变节和投诚并非全部，具有民族气节的仁人志士也不在少数，部分地区和城市的抵抗与战事依然十分激烈。因此，伯颜也并没有像曹彬一样，对江南的士民那么仁慈，在一些城市，如常州，进行了残酷的镇压和杀戮。

正是在这样的背景下，常楙接任黄镛成为平江知府。

常楙的生卒年不详，关于他的资料基本上没有。《德清县志》在介绍本地进士的时候提到常楙，说他是淳祐七年（1247）进士，说明常楙是浙江湖州德清人。至于其考中进士后的仕途经历和为官情况，史料上没有记载。查阅南宋有关史料，提及常楙的有四处。从这四处简单的资料可以看出，常楙是贾似道一党，先后担任过监察御史、权户部尚书、参知政事等职务，职务不低。而《宋史》之所以无传，除了他是贾似道一党外，一个重要原因是他的职务升迁是在亡国之际，并没有对南宋做出什么贡献。

证明常楙是贾似道一党，主要是因为他参与弹劾朱熠。前面三十一章已经介绍过，朱熠是南宋的武状元和著名的直臣，因为受到宋理宗的赏识而得到不断提拔，一度担任知枢密院事兼参知政事，官至副宰相。但是，因为朱熠秉性耿直、敢言敢谏，得罪了不少权臣，在贾似道等人的操作下，朱熠被排挤出京，先到建康，再到平江担任知府。朱熠见国事日非，三次请求致仕，但都被这些权臣所阻挠。后来，在监察御史胡用虎、常楙，中书舍人马廷鸾等的持续弹劾下，朱熠被安置到处州编管。参与对朱熠的围攻和弹劾，虽然不能完全证明常楙是贾似道一党，但至少说明常楙与贾似道一党政见一致，并非什么正直人士。

据王鏊《姑苏志》记载，常楙于咸淳六年（1270）五月以朝奉大夫、集英殿修撰的官衔出任平江知府，节制许浦都统司水军，咸淳七年（1271）四月转任绍兴知府、浙东安抚使。在平江知府任上，常楙做了一件事情在历史上留下了名字，就是在赵顺孙、黄镛修建学道书院的基础上，在讲堂的西边增建先贤祠，祭祀复圣颜回、宗圣曾参、述圣子思、亚圣孟轲，左边是澹台子羽，两侧列周、程以下九贤，为言子祠的完善做出了自己的贡献。

离开苏州后，常楙转任绍兴知府兼浙东安抚使，后回京担任户部尚书。《宋史》有一段话提到常楙："领户部财用常楙、中书舍人王应麟请立济王后。赠夏椅直秘阁。征绍兴府处士陆应月为史馆编校文字。壬戌，大元兵发建康，参政阿剌罕、四万户总管奥鲁赤将右军出四安镇趣独松关。"元军从建康出发是德祐元年（1275）十月，说明此时常楙已经回到京城，并主管户部财赋。此时，元军分三路向临安挺进，主帅伯颜亲率中军进攻常州，常州知州姚訔、通判陈炤等奋勇抵抗。伯颜驱使城外居民运土填充护城河，甚至将运土百姓也当作堆砌材料，最终筑成环城堤防。十一月十八日，元军总攻，两天后常州城被攻破，元军进行了野蛮的大屠杀，上万人被害，只有为数不多的人幸免于难。常州大屠杀产生了蒙古入侵者所希望的震慑作用，随后，当元军逼近苏州时，平江守将未经接战便献城投降。当此危难之际，都城临安人心惶惶，大批人试图逃离都城。由于朝中大臣纷纷逃离，朝廷到了无人可用的地步，因此，起用吴坚为左相，常懋为参知政事。然而，没多久，到了德祐二年（1276）二月，临安即已落入元军之手，南宋实际上已经灭亡，作为参知政事的常懋也从此没了下文。

常懋在苏州待了将近一年时间，离开后由倪普接任平江知府。

倪普（1224—?），字君泽，号警斋，婺州石门（今属浙江婺州）人。倪普在历史上并不出名，史书也没有记载其政绩，而他之所以能够青史留名，主要是因为两件事情：一是高中探花，使其名显一时；二是积极逃跑，让他遗臭万年。

倪普自幼聪慧，小时候就学于季原学堂，成绩非常优秀，家谱称："警斋自幼不凡，善诗文，援笔立就，往往有警人语，成童以治尚书，兼通诸经。"博览群书，少有才名，时人称其"才猷德业昭然，为一世山斗"。倪普很早就考中秀才，并于淳祐十年（1250）高中探花。考中进士后，倪普被任命为南康军推官，后来先后担任过秘书省正字、监察御史、宗政殿侍讲、省试别院监试官、江南东路平义仓茶监、江南东路提点刑狱、饶州知州、吉州知州等。咸淳七年（1271）九月，倪普以朝请郎、直显谟阁出任平江知府。在苏州待了一年半时间后，于咸淳九年（1273）二月回到临安。回京后，倪普先被任命为秘书监兼侍读，后升任为刑部侍郎、刑部尚书，又改为礼部尚书、吏部尚书。德祐元年（1275）年初，倪普晋升为端明殿学士、同签书枢密院事，荣升副宰相，进入最高领导层。然而，此时的倪普却做出了一件令时人不齿、让后辈蒙羞、对国家不利的事情，最终使自己陷入万劫不复的境地。

德祐元年（1275）春，伯颜兵临建康城下，贾似道受命率十万精兵前去迎战，结果在鲁港大败而归。建康陷入敌手，首都临安告急。垂帘听政的谢太后下诏要求各地起兵勤王，然而，此时的南宋朝廷已是一盘散沙，不管是文臣还是武将，要么在想着如何投诚，在新政权下继续享受荣华富贵，要么就是想着怎么样逃跑，带着万贯家财回到家乡，或者隐居山林，没有多少人想再为这个即将灭亡的王朝卖命。当时，真正起兵勤王的只有两个人：张世杰和文天祥（这两位都在南宋灭亡之际出任过平江知府，后面还会专门介绍）。最先逃跑的是左丞相留梦炎，早在三月他就弃官而逃。之后，六部官员纷纷效仿，争先恐后逃离临安。此时，主管军事、边防事务的文及翁、倪普等人也想逃走，但又怕落下一个临阵脱逃的骂名，就去恳请还留在临安的御史弹劾自己，要求朝廷罢免自己，这样就可以名正言顺地离开临安。但是，文及翁和倪普又担心朝廷会挽留自己，对弹劾他们的奏章不予批准，所以，不等御史的奏章送上去，就抢先离开了临安。文及翁和倪普的举动让那些想要逃走又稍微有点羞耻心的人顿时眼前一亮，于是竞相效仿，在朝廷中掀起了更大规模的“自我弹劾”浪潮。对这种不忠的行为，谢太后进行了严厉谴责：“我大宋朝建国三百余年来，对士大夫从来以礼相待。现在我和继位的新君遭蒙多难，你们这些臣子不见有一人一语号召救国。内有官僚叛离，外有郡守、县令弃印丢城，耳目之司不能为我纠击，二三执政又不能倡率群公，竟然内外合谋，接踵宵遁。平日读圣贤书，所许何谓？却于此时作此举措，生何面目对人，死何以见先帝？”随后，谢太后颁发严诏：“大宋江山未改，国法尚在，自即日起，文武官员凡尽心守职者，一律官升两级。倘有临难弃官出逃者，一律严加追究惩处。”然而，谢太后的谴责与严诏在蒙古铁骑面前和生死关头显得十分苍白无力，根本无法激起内外官员为宋室而战的信心。德祐二年（1276）二月，按时上朝的官员仅有六名。倪普和文及翁的可耻行径带来了极其恶劣的影响，然而，就是这么一位在国难之际率先逃跑的人，后世有人竟然称其是因为和贾似道不和遭受弹劾而归，筑亭于椒山，以望临安，因此后人称此山为望山，“待国亡，常于此北向恸哭，真可谓忧国忧民忧天下，一生忠君爱国，为后世楷模”。看了这段文字，实在有点不可思议。篡改历史事实本就令人不齿，篡改后还说得这么大义凛然就更加让人感到愤怒了。

倪普离任后，潜说友接任平江知府。

潜说友（1216—1288），字君高，号赤壁子，缙云（今浙江丽水缙云县）人。潜说友是南宋晚期的文学家、政治家和书法家，在南宋末期做出了杰出贡献，但因为身处朝代更迭之际，做出一些情非得已的事情而备受构陷，也深受争议。

《宋史》没有潜说友的传记，后世对潜说友的了解和评价主要来源于周密的《癸辛杂识》、《宋史》中有关人物的传记和《四库全书总目提要》，另外就是《潜氏家谱》《临安志》等一些史料。根据这些史料记载的情况看，潜说友于淳祐元年（1241）考中进士，从此步入官场，一直到至元二十五年（1288）被部将李雄杀害，其间除了德祐元年（1275）年底被削官隐居家乡一年多时间外，为官四十多年，出仕宋、元两朝，留下不少政绩，也留下了千古骂名。在南宋期间，潜说友先后担任过南康军知军、浙东安抚使、两浙转运判官、两浙转运副使、枢密院编修官兼刑部郎官等职，咸淳四年（1268）兼任临安知府，此后，得到不断升迁，咸淳六年（1270）晋升为中奉大夫、权户部尚书，仍然兼任临安知府。在临安知府任上做了四年，因为“误捕贾似道私秫罢”。咸淳九年（1273）起复为平江知府。在苏州待了将近两年的时间，遇到元军南下，因“弃城逃遁”而被贬，“贬潜说友南安军，吴益汀州，并籍其家”。进入元朝后，潜说友于至元二十五年（1288）二月被元廷任命为福建安抚使，当月其部将李雄在王积翁的煽动下，以军米不支为由，在福州将潜说友及其三房妻妾和儿女亲戚十八人全部杀害。

潜说友的一生可谓跌宕起伏、惊心动魄：建设都城，使临安焕然一新；惩治贪官，让自己丢掉官职；增修志书，使自己千古留名；逃离平江，让潜氏蒙冤灭族；依附权臣，使自己备受争议；投靠元廷，让全家惨遭杀戮。可以说，潜说友既是一个立有大功、留下不少可圈可点政绩的政治家，又是一个备受争议、有很多地方值得商榷和研究的悲剧人物。下文将重点对潜说友的主要政绩、具有争议的几个问题进行分析和探讨，以期对读者全面、客观了解潜说友提供帮助。

潜说友在南宋末年为官四十多年，留下了不少政绩。潜说友历仕宋理宗、宋度宗、宋恭宗三朝，而且受到了高度评价。潜说友生活的时代，正值南宋风雨飘摇、江河日下之际，但他仍然能够忠于职守、担当作为，处处为百姓着想，做了很多实实在在的事情。因此，受到宋理宗的高度评价和充分肯定，称其“赋民养军，而民不怼；整军卫民，而民不怨，甚得治体”。宋度宗继位后，潜说友从咸淳四年（1268）到咸淳八年（1272）担任临安知府，为临安的城市建设、民生改善、文化事业做出了巨大贡献。主要体现在三个方面：一是大规模修缮城市；二是大幅度改善民生；三是大力撰修史志。

经过一百多年的持续发展，到南宋末期，临安已经是世界上规模最大、人口最多的城市。根据城市发展的需要，潜说友一方面对城市基础设施进行了大规模改造，于咸淳七年（1271）组织对临安的街道进行了改建，仅六步街到太庙，就铺设巨幅石板三万五千多块，调换新石两万余块，修建桥梁四百多座，极大地改善了城市交通状况，确保舟车畅通无阻。对城南十口公共水井进行深扩加固，井上加盖石板，并建亭保护，改善百姓饮水条件。为了纪念潜说友，人们把临安丁桥的一口水井命名为“潜公井”。疏浚维修水池二十多处，还派遣民工开挖一口大水池，增强城市防火能力，使皇宫以南的民居“皆恃以为安”。对破旧不堪的官衙进行整修，“撤走老屋，焕然一新”。另一方面，大规模疏浚西湖，并采取严厉措施加以保护。咸淳五年（1269），潜说友组织民工采取“载砺运土”的方式，对苏堤进行了修整，将苏堤填高二尺，增宽至六丈，对堤上原来建设的九亭也进行了重修粉刷，大堤两岸又补种了花木，使苏堤焕发出新的活力。同时，重申和下发禁令，禁止人们乱抛粪便、栽种菱荷和浣衣洗马，以免污染湖水。对权贵违规进行严惩，御药院陈敏贤在西湖边灵芝寺前造了很多房子，大量厨房污水流入西湖，严重污染湖水，潜说友奏请皇上后，对陈敏贤予以降职惩处。潜说友也因此成为有史以来大规模建设临安和疏浚整治西湖的第一人。

潜说友在临安期间，还将民生作为执政的重点，“撙节浮费，桩酿库本”，节约下来大量经费用于改善民生；“善调民讼”，断案公正果断，使京城治安状况得到根本改善，监狱连续几年空无犯人；体察民情，爱护百姓，三次奏请朝廷帮九个县的百姓减租，并代缴赋税。在任期间，潜说友还在修葺临安的粮仓镇城仓的同时，新建大粮仓咸淳仓，可以储存粮食六百万石，为平抑物价、保障民生创造了良好的条件。因为能力突出、治绩显著，宋度宗先后四次奖谕潜说友治政有道，称其“存心治本，一鉴之清。政宣治道，一衡之平。仁恩广被，黎民安生。尽忠报国，奚为好评”，并特旨晋升潜说友为户部尚书，“朕维念此不忘汝勋”。时任礼部尚书冯梦得在《见廉堂记》中说：“咸淳六年户部侍郎潜君守京兆尹，至是二年矣，政修人和，百为克开，千里之内大治，每岁考终其成，无一人之狱。计所财缩，代九县输四五等户租壹年；库本为缗凡五百万，此其大较也。高节传闻，玺书数下，嘉其廉平。”

在临安知府任上，潜说友还做了一件非常有意义的事情，就是撰写咸淳《临安志》。潜说友以乾道《临安志》、淳祐《临安志》为基础，旁搜博采，增补成书。此书共计一百卷，前十五卷为行在记录，记载皇城及中央官署等。十六卷以下分列疆域、山川、诏令、御制、秩官、宫寺、文事、武备、风土、贡赋、人物、祠祀、寺观、园亭、古迹、冢墓、恤民、祥异、纪遗等。全书体例完备，材料宏富，考辨精审，条理秩然。书中所绘皇城、京城、府衙、浙江（即钱塘江）、西湖、府治、各县境、九县山川等非常详细。其中所引用的晏殊的《舆地志》、范子长的《皇朝郡县志》、洪适的《大宋登科记》等资料，原书早已散佚，因此，该书就成为主要的参考，被明清时代的研究者所引用。咸淳《临安志》是南宋志书中的佳作，为研究杭州地方史和宋朝历史提供了重要参考，潜说友也因为撰写该书而在志书上留下大名。

潜说友在临安任上大兴土木，加强城市建设，加大城市管理力度，同时公正执法，打击奸吏，虽然使临安的秩序得以安定，都城的百姓得以安居乐业，但也因此而得罪了不少权臣。咸淳八年（1272），潜说友“误捕贾似道私秫”，结果被罢职。在家闲居了一年多后，被起复为平江知府，到苏州将近两年时间，遇到元军围城，结果又因为“弃城逃遁”而被贬南安军（治所在今江西大余县），并被抄没家产。朝廷的诏书到了他的家乡缙云县后，变成了官兵的抢杀令，凡是潜姓居住的村庄，被烧杀抢劫一空，潜姓几乎死绝。南宋都城临安失陷后，潜说友于至元十四年（1277）出任福建宣慰使，这也因此成为他被后世质疑的罪证之一。

潜说友被后世质疑和诟病主要是因为三件事：附和贾似道、放弃平江逃跑和投降元朝。这三件事在史料中都语焉不详，而且存在不少矛盾之处。下面笔者依据相关的资料逐一加以分析，以期还原历史的事实。

首先，看附和贾似道的事情。关于潜说友与贾似道的关系，前面提到的史料均有记载，最早的是《癸辛杂识》："潜说友缙云人，甲辰得第，咸淳庚午尹京，凡四年。后因误捕贾公私秫事去，语之同传者吴元真，逾年起家守吴……"其次是《宋史·唐震传》："咸淳中，由大理司直通判临安府。时潜说友尹京，恃贾似道势，甚骄蹇，政事一切无所顾让。会府有具狱将置辟，震力辨其非，说友争之不得，上其事刑部，卒是震议。"再次是《四库全书总目提要》："咸淳庚午以中奉大夫权户部尚书，知临安府事，封缙云县开国男。时贾似道方炽，说友曲意附和，故得进。越四年，以误捕贾似道私秫罢。"由此可见，最早记载潜说友的《癸辛杂识》并没有附会贾似道一说，直到一百多年后脱脱修《宋史》的时候才在《唐震传》中说潜说友"恃贾似道势"，《四库全书》是清朝乾隆年间纪晓岚牵头编纂的，更是几百年以后的事情了，纪昀在《四库全书总目提要》中说潜说友"其人殊不足道，而其书则颇有条理"，同时指出"时贾似道方炽，说友曲意附和，故得进"。从这些记载看，有三点值得剖析：一是史料的来源与可靠性问题。最早记载潜说友的是《癸辛杂识》，其次是《宋史》，然后是《四库提要》，但是，《癸辛杂识》中并没有提及潜说友附会贾似道，那么《宋史》和《四库全书总目提要》这个结论从何而来？笔者曾对伍子胥"掘坟鞭尸"一说做过论证，在司马迁《史记》以前所有资料中都没有这一说法，《史记》之后的史料却对此不断演绎，因此，史学大家顾颉刚说司马迁"非良史"。此处的记载也是一样，最早的史料并没有提及潜说友附会贾似道，这个说法是一百年以后的事情，其可信度值得怀疑。二是史料中间的矛盾之处。《唐震传》说潜说友"恃贾似道势，甚骄蹇，政事一切无所顾让"。潜说友是不是"恃贾似道势"未必是事实，但是“政事一切无所顾让”是有可能的。前面已经介绍过，潜说友在临安知府任上做了很多事情，在都城这样的地方大拆大建、大兴土木，如果没有铁腕手段和强大的背景，很可能还没付诸实施自己就先被罢职了。而从宋度宗对潜说友的奖谕中也可以看出，潜说友在临安任职期间确实做出了实绩，说明潜说友很大可能是一个十分强势的领导，对身为副手而且在很多问题上与自己意见相左的唐震没有顾让也在情理之中。同时，当时贾似道权倾朝野，潜说友很有可能与这位权相虚与委蛇，所以，说其“曲意附和”也许并没有冤枉他，不然，潜说友也不可能做出这么大的成绩。然而，让人不解的是，既然潜说友“曲意附和”贾似道，“恃贾似道势，甚骄蹇”，何以会出现“误捕贾似道私秣”呢？当时，贾似道主要在西湖边上的私宅办公，如果潜说友攀附贾似道的话，肯定会经常出入贾似道的家，不可能不认识贾似道的管家。显然他是认识的。既然认识就不存在“误捕”的问题，就算是不认识，潜说友“误捕”了贾似道的管家，以史料所讲的潜说友与贾似道的关系，把管家放了也只不过是贾似道一句话的事情。但是，结果却是潜说友因此被罢职，说明潜说友不仅认识贾似道的管家，而且十分了解这位管家的劣迹，所以才不畏权势，不顾贾似道的情面，坚决将贾似道的管家抓捕了，并因此丢掉了官职。恐怕这才是历史的事实。三是潜说友的升迁问题。《四库全书总目提要》说潜说友是因为“曲意附和”贾似道，“故得进”。而从潜说友的任职经历看，他从考中进士开始，在地方任职多年，并且得到了宋理宗的高度评价。宋度宗继位后，潜说友于咸淳四年（1268）出任临安知府。而据《缙云县志》记载，潜说友“知临安府。才器宏大，善治繁剧。时建都临安，凡宫壶财用庙堂意向，民讼之曲直，物价之低昂，皆囿于审度之内。先任是官者多以旷职去，说友处之裕如。以户部侍郎转尚书”。说明潜说友得到提拔并非完全是依仗贾似道的权势，与其本人的才能是分不开的。因此，说潜说友“曲意附和”贾似道是有可能的，而仗贾似道之势平步青云甚至嚣张跋扈则未必，不然也不会落了个被罢职的结果。

其次，关于潜说友在平江“弃城逃遁”问题。关于这件事情，《癸辛杂识》是这样记载的："……闻北师至，计无所出。适时宰欲以金银往舒城犒军，会舒已下，不得进，寄吴门郡库。潜因移为撒花用，偕表同往。北师既退，自以全城为功，未几朝廷知其事，遂罢去。文天祥实代之。"从这段记载看，潜说友并没有"弃城遁走"。当时，贾似道想运送金银到舒城犒劳军队，但是，当这些金银刚运到苏州的时候，舒城已经被元军占领了，于是这些金银暂时就被寄存在了平江府的府库中。潜说友就把这些应该用于犒劳士兵的钱用作"撒花"了，而且"自以全城为功"，没多久，朝廷知道了他的事情，"遂罢去"。也就是说，潜说友被罢职，并非因为逃跑或者投降，而是因为挪用军费。再从时间上来看，潜说友是咸淳九年（1273）到任平江知府的，德祐元年（1275）四月就被罢职了，而当时元军还在建康，当年十月才开始分兵南下，所以根本不存在投降和逃跑的问题，《癸辛杂识》所说的"自以全城为功"也并不准确。

最后，关于潜说友降元的事情。德祐元年（1275）四月，潜说友被罢职，五月就被流放到江西（南安军）。潜说友乘乱带着全家，避开潜姓被灭族的缙云县人口密集地区，到磐安县方山的女儿家隐居。潜说友添置家产，称自己"垂垂老矣"，准备在方山安度晚年，整日与方山的卢应宇"诗酒徜徉"。当时，卢应宇组织重修卢氏宗谱，应卢应宇之请，潜说友撰写了方山《卢氏家乘序》《子宜公传》《学士墓铭》三篇文章，并流传至今。至元十四年（1277），潜说友被元廷任命为福建宣抚使。关于潜说友降元的事情，《癸辛杂识》和《四库全书总目提要》都有记载，只是说法不同。《癸辛杂识》的说法是："后从二王入闽，二王入广，留守闽中，更反覆随之向背，末乃复为北守。所共事王积翁因众军支米不得，王以言激之曰：'潜意也。'遂罹剖腹之酷，王复作文以祭之。"而《四库全书总目提要》则说潜说友"及宋亡，在福州降元，受其宣抚使之命"。也就是说，潜说友被罢职后，跟随益王、信王到了福州，后来元军攻陷福建后，"二王"又逃到了广东，潜说友留在了福建，看到大势已去，只好降元，被元朝廷任命为福建安抚使，王积翁为副使。

潜说友在担任临安知府的时候，王积翁为富阳县令，应王积翁之请，潜说友减免了富阳县百姓积欠的五百九十九石白米，因此，二人都得到了朝廷的嘉奖。后来，王积翁先后出任临安府通判、徽州知州兼都督兵马府参议等职。德祐二年（1276）三月，元兵攻下临安，王积翁随皇室益王、信王南下福州。当年五月一日，益王赵昰在福州即位，改元景炎，王积翁出任福建制置使。十一月，元兵压境，王积翁献闽图籍降元为内应，福州知州刚中献出端宗临时京都福安府城（今属福建）。投降元军后，王积翁被授予福建道宣抚副使之职，作为潜说友的副手镇守福州。当时，福州守将叫李雄，李雄原为瑞安府（今温州）的一个小校，元兵进攻瑞安的时候，李雄偷偷开了城门放元军入城，李雄因此受到元军的重用。李雄向宣抚使要求提供军粮，但没有得到满足，王积翁对李雄说："这是潜说友的意思。"李雄一怒之下率领部下将潜说友一家十八口全部杀掉了。潜说友死后，王积翁一方面假意安抚李雄，另一方面把潜说友的后事操办了，并为潜说友写了祭文，接着收买了李雄的一个部下，在一次阅兵式上突然发难，擒杀了李雄。此后，王积翁被元廷任命为中奉大夫、福州路总管、福州府尹，又改为福建道宣慰使。至元十五年（1278）入京，以全闽八郡图籍献给忽必烈。忽必烈让中书左丞张谦向他询问有关日本的事情，王积翁的回答、策划甚合忽必烈之意，于是被授予刑部尚书、佩金虎将之职。至元十六年（1279），王积翁曾向元廷力荐文天祥，并在忽必烈的安排下试图劝降文天祥，但遭到了文天祥的拒绝。后来，王积翁曾试图联合汉臣一起保文天祥性命，让文天祥削发为僧，但为同僚留梦炎所阻。

潜说友被杀后，元世祖忽必烈破格赐予御葬，十八具尸棺从福州运回浙江缙云，沿途州县官员迎送。可见元廷对潜说友十分器重，只是此人已逝，生前身后事，留予后人说。

潜说友被罢职后，戴觉民接任平江知府。

第三十四章　走向灭亡

——最后的挽歌（二）

（戴觉民、陈谦亨、文天祥、张世杰）

戴觉民的生卒年不详，嘉庆《太平县志》有一段戴觉民的小传："字希尹，南塘人，景定三年进士，授两浙添差干官，转国史检阅、浙西提举，除礼部郎中兼军器大监。"王鏊《姑苏志》记载："戴觉民，字希尹，台州人。以宣教郎、宗正寺簿兼沂静惠王府教授除权浙西提举兼都督府参议官，于德祐元年三月二日交割，四月二十一日暂兼权平江府，除直秘阁，仍旧任。八月二十二日赴行在。"从这些记载看，戴觉民是浙江台州人，于景定三年（1262）考中进士，先后担任过两浙添差干官，太平州儒学教谕、国史检阅、沂静惠王府教授、浙西提举兼都督府参议等官职。德祐元年（1275）四月，因为潜说友被罢职，戴觉民以都督府参议官暂时代理平江知府一职，三个月后被招赴行在，也就是回到京城。不久，戴觉民见大势已去，和当时的其他人一样辞官回到了家乡。

戴觉民的官职并不高，也没有多少地方为官的经历，因此，其政绩并没有什么记载。有关史料涉及戴觉民的主要是三件事。

一是编刻《李翰林集》。在上部第二十一章中已经介绍过，晏知止在担任苏州知州期间曾刊刻《李太白集》，这是李白集最早的刻本。清王琦《李太白集辑注跋》载：“宋时李诗刊本，始自苏守晏公，所谓苏本也。其后又有蜀本，有当涂本。”又云：“其当涂本，周益公《二老堂诗话》，谓当涂《太白集》本后有续刻《司空山瀑布诗》一首。陆放翁《渭南集》中一跋，谓当涂本虽字大可喜，然极多谬误。”可见，整个宋朝编辑和刊刻《李太白集》最早的是晏知止，此后还有蜀本和当涂本，而当涂本就是戴觉民编刻的《李翰林集》，江万里在序中写道：“当涂独以太白故见称。学有祠，墓有祭文，有亭曰脱靴，无不可以想见其人。及问其诗集，乃无有，盖漫灭弃毁久矣。后来文字亦有当涂不必刻者，而白集不见刻，岂非恨也。岂士大夫察其名者实亦有所未至，将由学道者众，无所事乎此也。盖予将去，甫及此，广文戴觉民又能以余力趣成之，予犹及见其成而去。咸淳己巳三月上浣日，江万里书。”从江万里的序中可以得知，咸淳五年（1269），江万里出任太平州知州，到任后见到这里有太白祠，有太白墓，有脱靴亭，却见不到李白其人，问及李白的诗集，“乃无有，盖漫灭弃毁久矣”。又说后来有人主张“当涂不必刻者，而白集不见刻，岂非恨也”。于是他邀请州学教谕戴觉民编辑《李翰林集》。到咸淳五年（1269）三月江万里离开太平州时，始“见其成而去”，因此写了这篇序文。光绪三十二年（1906）吴隐影宋本《李翰林集》卷末戴觉民跋曰：“盖旧刻之不存，雷电取将久矣。予为学官，修复经始，每每不暇给，抑岂不可后？顾将去此，独不能为太白一日之役，以藏不朽？孰有如予之汨且陋乎！明日以告古心公，公喟然曰：‘岁晚矣，奈何！吾成子之志，亟为之。’则裨凡费，集众工，不足则布之诸郡，不两月而集，集成而公亦召矣。或谓：‘白虽天才，了不可壮语，少删之，其庶几乎。’会孟曰：‘不然。近年甫有此论，子美、退之不敢闻也……’”从戴觉民的跋中可知，咸淳本的编刻是在江万里离任两个月之前仓促决定的，所用底本当为陈振孙家藏本或翻刻本。此本的编刻时间仓促，不到两个月时间就已经竣工。为了赶进度甚至还延请了诸郡的刻工来刻书。而且戴跋还透露出一个很重要的信息，即戴觉民想对李白集进行“少删”，虽然遭到了刘辰翁的劝阻，但有可能他未必全部采纳，故咸淳本编排紊乱而且改动了曾巩的序文。但是从此开始，宋代所流传的三十卷本李白全集有两个系统，一个是晏知止刊刻的《李太白文集》，卷一为序、记，卷二到卷二十四为诗歌，按二十一类编排，后六卷为杂著。另一个是《李翰林集》，前二十卷为诗歌，后十卷为杂著，以陈振孙家藏本、宋咸淳本为代表。二者虽然卷数相同，但在各卷的编排与内容上不尽相同。从版刻时间上讲，宋蜀本《李太白文集》要早于咸淳本《李翰林集》。从版本源流上讲，咸淳本《李翰林集》三十卷较接近乐史、宋敏求所裒辑的古本，而宋蜀本《李太白文集》是经过曾巩编次整理的新本。这两种李白全集历代都有翻刻本，两者之间互有影响，直到元代至正辛卯（1351）后再编李白集，才出现合流。晏知止和戴觉民这两位担任过苏州知州（知府）的主官先后编印和刊刻李太白集，不仅为李白诗文的传世做出了重大贡献，同时也反映出自宋朝开始苏州文化的兴盛与繁荣。

二是在虎丘留下题刻。虎丘是苏州著名的风景名胜区，素有“吴中第一名胜”的美誉。虎丘枕石位于虎丘上山路的西侧，临近永翠山庄。相传，晋代著名高僧生公就坐在这块石头上看经书，疲倦了就睡在这块石头上。因为这块石头形如蜒蝣，所以又称“蜒蝣石”。据传，“枕石”二字为明代苏州才子祝枝山所题。据说苏州才子唐伯虎曾携小妾游虎丘，走累了就枕靠在蜒蝣石上休息，不知不觉就睡着了。正巧这天祝枝山也偕夫人到虎丘游玩，无意间看到唐伯虎和小妾枕着石头睡觉，就把他推醒，并调侃了一番，后在石头上挥毫写下“枕石”二字。唐伯虎和祝枝山两位才子由枕石想到枕头，由枕头想到夫妻同眠共枕，由同眠共枕联想到生儿育女，就从地上捡了两个小石头，各自抛向枕石，如果掉下来了就会生女儿，如果没有掉下来就生儿子。祝枝山先抛，结果小石头滚了下来，后来夫人果然生了女儿。唐伯虎后抛，小石头稳稳落在了枕石上，后来夫人果然生了一个儿子。两位大才子的做法很快就被传扬开来，苏州百姓纷纷来此效仿，枕石之名由此传天下。就在枕石的东壁，留有戴觉民的题刻：“德祐乙亥，天台戴觉民、须庚幞，古汴赵崇炎、赵时铩、赵崇奭，古岷邹良仲，东嘉王继孙，四明刘经，天台陈将，以仲丁舍菜于和靖尹肃公。既竣事，小憩于虎丘。郡人徐孔霖偕来。期不至者，赵必达、童斯咏、郭梦良、杜文甫。”从这一题刻看，戴觉民在苏州期间，邀请朋友在尹肃公家聚会后到虎丘休息，当时有应约一起来的，也有到了时间没到的，戴觉民因此题刻以记其事。

三是拥有名砚“砚山”。砚山，古称研山，是一种利用天然峰峦石材制作的砚石。该砚山由南唐著名砚工李少微利用天然奇石，精心打造而成。砚山制作完成后，由南唐后主李煜收藏。进入北宋后，砚山落入了著名书法家米芾的手中。相传，米芾的夫人正是南唐皇族李氏后裔，新婚之夜，李氏将传家之宝砚山送给了米芾。米芾作为书画大家，得到此砚如获至宝，平时藏在家中秘不示人。米芾和蔡京是同窗，蔡京得势后将米芾推荐给宋徽宗。米芾和宋徽宗有着相同的爱好，所以相处非常融洽，二人既是君臣，又是好友。有一次，米芾酒后与宋徽宗谈论起灵璧石，一时高兴，便将家中的砚山拿给宋徽宗看。宋徽宗观后非常激动，流露出了索要的意思。米芾发现了宋徽宗的意图后，就装醉卖傻，趁宋徽宗不注意，从其手中夺回砚山，抱在怀里哈哈大笑。宋徽宗也不好硬抢，只好无奈地说：“活像个癫子！”米芾因此而落了个“米癫”的外号。宋徽宗没有得到砚山，心中闷闷不乐，就让蔡京想办法把砚山弄到手。蔡京找到米芾，软硬兼施，采取了各种办法，但是米芾就是不给。蔡京只好拿出王羲之的“鹅”字与米芾交换，米芾的夫人便拿出一罐大头菜回赠给蔡京。无奈之下，蔡京只好将这一罐大头菜包装成砚山送给了宋徽宗，陷害米芾欺君，又用王羲之的“鹅”字作为证据，诬告米芾思念前朝，有谋反之罪，将米芾抓进监狱，威胁他交出砚山。米芾向宋徽宗解释了王羲之“鹅”的事情，但是宋徽宗没有拿到砚山前，就是不放米芾出狱。没办法，米芾的夫人只好手捧“灵璧砚山”献给了宋徽宗，米芾这才被放了出来。失去砚山的米芾情绪非常低落，就写下了《研山铭》以作纪念：“五色水，浮昆仑。潭在顶，出黑云。挂龙怪，烁电痕。下震霆，泽后坤。极变化，阖道门。”

米芾的夫人献上砚山后，米芾郁郁之下写了《研山铭》，故事似乎到此就结束了。其实，米芾夫人献给宋徽宗的并非真正的砚山，而是与砚山差不多的另外一个砚台，所以，关于砚山的故事远远没有结束。在第一卷第二十六章“王汉之”条已经介绍过，米芾退隐丹阳的时候想找一处安居之所，看中了苏仲恭位于北固山甘露寺附近的一处晋代的宅院，而苏仲恭则看中了米芾手中的砚山。后来，在王汉之兄弟的斡旋下，二人达成了“砚、宅”交换协议，从此，真正的砚山落入苏氏手中。

北宋灭亡后，砚山辗转到了戴觉民的手中。这么有名的砚台，觊觎的人自然不在少数。当时的权相贾似道知道砚山在戴觉民手中后，就想方设法得到它，但是戴觉民坚决不给他，因此，贾似道对戴觉民怀恨在心，一直打压他不予重用。一直到德祐元年（1275）贾似道被杀后，戴觉民才晋升为直秘阁、代理平江知府。临安失陷后，戴觉民带着砚山回到家乡台州，将其作为至宝珍藏在家中。元朝统治稳定下来后，戴觉民的后代张惟一将其带到大都，向公卿们展示，得到道长宏道真人和文士揭傒斯的赞赏。据嘉庆《太平县志》载，张惟一本姓戴，“世业儒”，“工诗及画兰”，“由昭瑞宫提点授全德靖明宏道真人、太乙宫提点”。揭傒斯是元代著名文学家、史学家、书法家，也是元廷中为元帝倚重的高官，“元诗四大家”之一、元代“儒林四杰”之一。揭傒斯观赏了砚山，作了一首《砚山诗》，诗曰：“何年灵璧一拳石，五十五峰不盈尺。峰峰相向如削铁，祝融紫盖前后列。东南一泓尤可爱，白昼玄云生霮䨴。在唐已著群玉赋，入宋更受元章拜。天台颎洞云海连，戴氏藏之余百年。护持不涴权贵手，离乱独与身俱全。帝旁仙人乘紫霞，尺书招之若还家。阴崖洞壑何谽谺，宛转细路通褒斜。昆仑蓬莱与方壶，坐卧相对神仙居。硬黄从写《黄庭》帖，汗青或抄《鸿宝》书。秦淮咽咽金陵道，此物幸不随秋草。愿君谷神长不老，净几明窗永相保。”

此外，元朝著名的书法家赵孟頫也欣赏了砚山。赵孟頫看了砚山后，写下《张秋泉真人所藏砚山》，诗曰：“泰山亦一拳石多，势雄齐鲁青巍峨。此石却是小岱岳，峰峦无数生陂陀。千岩万壑来几上，中有绝涧横天河。粤从混沌元气判，自然凝结非镌磨。人间奇物不易得，一见大叫争摩挲。米公平生好奇者，大书深刻无差讹。傍有小研天所造，仰受笔墨如圆荷。我欲为君书道德，但愿此石不用鹅。巧偷豪夺古来有，问君此意当如何?”此诗描写了砚山有“峰峦”，有“天河”，也写了砚山与“米公”即米芾有关。

小小的一方砚台与苏州几任知府都有着直接的关系，而且演绎了无数的故事，也算是一段佳话。

戴觉民代理三个月的知府后回到临安，由陈谦亨出任平江知府。

陈谦亨的生卒年不详，史料提到他的也不多，笔者查找后有四处：一是《宋史》；二是《续资治通鉴》；三是《丘烈小传》；四是王鏊《姑苏志》。《宋史·陈大猷传》中有一句话：“长子继周封为监察御史，幼子谦亨封兵部侍郎。”《续资治通鉴》载：淳祐十二年“六月，癸酉朔，盗逼衢州境，命孙子秀知衢州。子秀谓捕贼之责虽在有司，亦必习土俗之人，乃能翦其凭依，截其奔突。乃立保伍，选用土豪，疏奏常山县令陈谦亨、寓士周还淳等捍御之劳，人心竞劝。未几，擒贼四十八人，玉山盗平”。这说明淳祐十二年（1252），陈谦亨担任常山县令。《丘烈小传》记载：“丘烈，字希文，南宋海州朐山人，徙居平江常熟。以父泽授芜湖薄，迁通州司理、知丹徒县。宋理宗景定中，任真州通判。宋度宗咸淳十年，为江东安抚司参议官。元兵来攻，使者委印而去，城失守，丘烈护印匿民间。将赴行在，至吴地遇疾，平江知府陈谦亨为上印于朝，方拟进秩而逝。”介绍最详细的是王鏊的《姑苏志》：“陈谦亨，字元厚，婺州人。德祐元年四月二十六日以朝请郎、直宝章阁、浙西提刑暂知平江府事，五月初八日交印，七月初一日方直宝谟阁知平江府事，节制许浦都统司水军及经从驻戍军马，又转朝奉大夫，八月二十四日除司农少卿。”

从这些记载看，陈谦亨是婺州（今属浙江金华）人，陈大猷的小儿子。陈谦亨于淳祐元年（1241）考中进士，曾当过常山县令、浙西提刑等职。德祐元年（1275）四月，以朝请郎、直宝章阁、浙西提刑暂时代理平江府事，但是并没有到任，因此朝廷才让都督府参议戴觉民暂时代理。七月初一，陈谦亨以直宝谟阁正式出任平江知府，一个半月后，陈谦亨改任司农少卿，后又晋升为兵部侍郎。因为资料匮乏，无法对陈谦亨进行全面介绍。

陈谦亨在苏州待了一个多月就离任了，文天祥接任平江知府。

文天祥（1236—1283），字宋瑞，又字履善，自号浮休道人、文山，江南西路吉州庐陵县（今江西吉安青原区富田镇）人，南宋末年著名的政治家、文学家，与陆秀夫、张世杰并称“宋末三杰”。

文天祥原名叫文云孙，字天祥，生于端平三年（1236）六月，是家中长子。据史料记载，文天祥相貌堂堂，身材魁伟。文天祥的父亲文仪是个读书人，一生未做官。他嗜书如命，只要书本在手，就废寝忘食，经常一盏孤灯，通宵苦读，学问十分渊博，对文云孙有着极大影响。父亲的言传身教，使文云孙自小立下了远大志向。幼年初入学堂的时候，看见学宫中所祭祀的乡贤欧阳修、杨邦乂、胡铨等人的画像，谥号都有一个“忠”字，文云孙羡慕不已，说道：“如果不能成为其中的一员，就不是真正的男子汉。”

宝祐四年（1256），二十一岁的文云孙参加科举考试，殿试的时候以“法天不息”为题，针对当时宋理宗在位日久、倦于政事进行议论，洋洋洒洒一万多字一挥而就。这一科的主考官是王应麟，他称赞道：“这份卷子，议论卓绝，合乎古圣先贤之大道。文中表现出的忠君爱国之心，坚如磐石。我为陛下得到这样的人才致贺！”卷子是密封的，拆开一看，考生姓名是文天祥。理宗觉得很吉利，高兴地说：“天祥，天祥，这是天降的吉祥，是宋朝有瑞气的预兆。”钦点文云孙为进士第一，也就是状元。于是，高中状元的文云孙改名为文天祥，改字为宋瑞。

考中状元不久，文天祥的父亲就去世了，他回家为父亲守孝。除服后，文天祥被任命为宁海军节度判官。开庆元年（1259），元军兵分三路大举进攻南宋，宦官董宋臣建议宋理宗避其锋芒，迁都宁海军（今属浙江）。因为董宋臣深受宋理宗宠信，朝中无人敢对此提出异议，唯独文天祥这个小小的判官上书给宋理宗，请求斩杀董宋臣，以稳固人心。但是，文天祥的奏疏被董宋臣扣了下来，并没有送到宋理宗的手中。文天祥对此非常失望，自请免职回乡。景定元年（1260），文天祥被任命为签书镇南军（治所在今江西南昌）节度判官厅公事，但是他不愿赴任，请求祠禄。朝廷批准了他的请求，任命他为建昌军（今江西南城）仙都观的主管。景定四年（1263），董宋臣晋升为都知，文天祥再次上书一一列举他的罪行，要求进行严惩，但仍然石沉大海。由于自己的建议屡屡得不到采纳，文天祥愤而请辞，被朝廷任命为瑞州（今江西高安）知州。瑞州曾遭蒙古人蹂躏，城垣屋宇被毁，百姓被残忍虐杀，文物古迹被洗劫。文天祥到任后，实行宽惠政策，尽力安抚百姓，筹集资金建立“便民库”，供借贷和救济之用，使地方秩序重新恢复过来。他还修复了一些古迹如“碧落堂”“三贤堂”等，新建“野人庐”“松风亭”等，以发扬先贤的民族正气，鼓舞百姓的爱国精神。瑞州在文天祥的治理下，百废俱兴。

离开瑞州后，文天祥被任命为江南西路提点刑狱，后升任尚书左司郎官。咸淳六年（1270），文天祥出任军器监（掌管武器制造）、崇政殿说书（为皇帝讲解书史、经义）等职。有一次，贾似道托言患病，以去职回乡要挟宋度宗，软弱的宋度宗竟涕泣挽留。文天祥为皇帝起草诏书，他没有像有些大臣那样，对贾似道歌功颂德，反而直言臣下要以国事为重，指出贾似道的行为是“惜其身，违皇心”。贾似道记恨于心，指示台臣张志立弹劾文天祥，将其免职。文天祥一怒之下要求致仕，得到了朝廷的批准。于是刚刚三十六岁的文天祥回到家乡，他深感人心险恶，世道污浊，决意息影林泉。他在文山修建了一所山庄，隐居于此，寄情山水，写下了不少优美的诗篇。然而，他的内心一点也不宁静，每见落叶萧萧，凉月堕阶，忧国忧民之情就油然而生。

在家赋闲了两年后，咸淳九年（1273），朝廷起用文天祥为湖南提刑，掌管狱讼，他推辞不了，唯有启程上任。文天祥在赴任的时候遇见了前宰相江万里。江万里对文天祥的志向和气节早有了解，同他谈到国事时，神色忧伤地说：“我老了，观察天时人事也发生了变化。我一生看到的人很多，能够担任治理国家责任的，不就是你这样的吗？希望你努力。”咸淳十年（1274），文天祥被委任为赣州（今江西境内）知州。赣州紧邻他的家乡，在赣州期间，他办事分外勤谨，主张对百姓少用刑罚，多用义理，所属十个县的百姓对他非常爱戴，加上这年风调雨顺，稻谷丰收，出现了短暂的安乐景象。

正当文天祥在地方主官任上大展拳脚之际，元军大举南下，南宋到了最危险的时刻。文天祥结束了十五年的宦海浮沉，踏上戎马征途。德祐元年（1275），元军击败贾似道占领建康，临安告急，垂帘听政的谢太后下了一道《哀痛诏》，述说继君年幼，自己年迈，民生疾苦，国家艰危，希望各地文臣武将、豪杰义士，急王室之所急，同仇敌忾，共赴国难，朝廷不吝赏功赐爵。接到诏书后，文天祥捧着诏书流涕哭泣，立即派陈继周率领州里的志士，联络溪峒壮士，派方兴召集吉州的士兵，聚集兵众万余人，准备抗元救国。朝廷听说后，任命文天祥为江南西路提刑安抚使，率军赶赴临安。有朋友劝阻他说："现在元军分三路南下，攻破京畿，进迫内地，你以乌合之众万余人赴京入卫，这与驱赶群羊同猛虎相斗没有什么区别。"文天祥回答道："我也知道是这么回事，但国家养育臣民三百多年，一旦有危急，征集天下的兵丁，没有一人一骑入卫，我为此深感遗憾。所以不自量力，以身殉国，希望天下忠臣义士听说此事后奋起抗击。依靠仁义取胜就可以自立，依靠人多就可以促成事业成功，如果按此而行，那么国家就有保障了。"

然而，当国难来临之际，像文天祥这样的热血男儿和仁人志士不是没有，而是太少。当时真正起兵勤王的只有文天祥和张世杰，而文天祥刚刚起兵就遭到了黄万石的诟病和诬陷，差点没能成行。为了召集足够多的义军，文天祥把家产全部变卖用作军费。面对黄万石的构陷，文天祥在与宾客和僚属谈到国事时，拍案说道："以别人的快乐为快乐的人，也忧虑别人忧虑的事情，以别人的衣食为衣食来源的人，应为别人的事而至死不辞。"

德祐元年（1275）八月，文天祥率兵抵达临安，被朝廷任命为平江知府。然而，此时南宋的最高指挥系统几乎瘫痪。贾似道死后，继任的陈宜中不仅胆小怕事、畏敌如虎，而且没有主见，在战与和之间摇摆不定。当时，统帅禁军的殿前指挥使韩震提出迁都的建议，陈宜中竟然将他骗到自己的家中杀害，结果几乎引起禁军的哗变，谢太后当机立断，急调江万载接掌禁军才平息了事态。七月，宋军兵败焦山，太学生刘九皋等人伏阙上书，陈列陈宜中过失数十条。陈宜中知道后，弃职而去，逃到远离前线的南部沿海地区，要求朝廷在这一地区给他安排职务。陈宜中逃走后，因为朝中群龙无首，很多事情都无法办理，文天祥的任命也迟迟无法生效。谢太后多次派人前去请陈宜中回朝，但都被陈宜中拒绝了。没办法，谢太后只好亲自给陈宜中的母亲写信。九月，在其母亲的干预下，陈宜中才回到临安担任右丞相。

陈宜中回到临安后，文天祥于九月十八日以江西安抚使、浙西江东制置使的官衔出任平江知府。陈宜中同时擢升已经投降元朝的吕文焕的侄子吕师孟为兵部尚书，追封吕文德为和义郡王，想以此讨好元朝，为乞和做准备。已经到苏州上任的文天祥听说后，上疏给朝廷说："朝廷之内，有姑息、求和意向的大臣很多，有奋发之志、能果断处事的人却很少。请求处斩吕师孟祭祀战旗，以此鼓舞将士们的士气。"同时，文天祥还根据当时的抗元形势，对谢太后说："我大宋吸取五代分裂割据的教训，削除藩镇，建立郡县城邑，虽然完全革除了尾大不掉的弊端，但国家的军队也因此渐趋衰弱。所以，敌军到一州就破一州，到一县就破一县，中原沦陷，悔恨、痛心已经来不及了。"因此，建议将天下分为四镇，设置都督作为统帅，统一指挥抗元事宜。同时，文天祥还建议责令长沙兼领鄂州等处，隆兴兼领蕲州、黄州，番阳兼领江东，扬州兼领两淮，扩大其辖区，增强其力量，全民动员抵抗元军。然后让各地约定日期，一齐奋起抗敌，使元军四处应敌，疲于奔命，再伺机而动，如此元军不难被击退。但是，执政的陈宜中等人认为文天祥的建议过于疏阔，难以实行，没有予以采纳。

德祐元年（1275）十月，伯颜兵分三路进攻临安，伯颜亲率中路军进攻常州。文天祥派将领尹玉、麻士龙、朱华等人率领三千名赣军前去救援。此时，主张议和的陈宜中也派张全率军前来救援，但是其真正目的是牵制救援常州的各路大军，以讨好元军。十月二十六日，麻士龙在常州、无锡交界的虞桥设下埋伏，等元军到来的时候，麻士龙伏兵齐出，杀死元兵多人，无奈元军人多势众，麻士龙力战而死，但是张全不仅见死不救，反而退到朱华所防守的五牧。朱华要求挖掘沟堑，设立鹿角，加强防御，但是张全不准。二十七日，元军全力攻打五牧，朱华奋起抵御，从早上一直战斗到中午，战况异常惨烈。到了下午，元军从山北杀出，部署在这里的尹玉率军拼杀，杀死元兵千余人，而张华却隔岸观火，坐看尹玉部死战。朱华部不敌人数众多的元军，败退运河，争渡过河，但是张全不仅不救，还下令斩杀攀爬到自己船舷的士兵，撤离而去。元军主力转而进攻尹玉，尹玉身率五百壮士进行殊死搏斗，但终因寡不敌众而战败被俘，受尽虐待而死，其手下士兵四百多人回到苏州。常州被占领后，元军采取了大屠杀政策，全城被屠一万多人，彻底震慑了其他城市。

正当苏州危在旦夕的时候，另一路元军攻占吉安，独松关告急，陈宜中、留梦炎急调文天祥回防杭州。文天祥委托通判王矩之、都统王邦杰固守苏州，然后匆匆奔赴杭州。就在文天祥离开苏州没几天，元军攻占无锡后进兵望亭，王矩之、王邦杰到寒山寺迎降，苏州沦陷。

伯颜占领苏州后，继续率中路军向临安挺进，并于十二月在临安外围与其他两路大军会合。在大军压境形势下，南宋朝廷一片混乱，丞相陈宜中请谢太后出海避敌，张世杰、文天祥主张决死一战。德祐二年（1276）正月，文天祥被任命为临安知府。此时，宋廷既没有兵力抵抗，求和又被元军拒绝，于是奉玺书向伯颜请降。陈宜中、张世杰撤出临安，文天祥升任为枢密使，不久，又升任为右丞相兼枢密使，作为使臣到元军中议和，与伯颜在临安城外的皋亭山会面。文天祥大义凛然，与伯颜发生激烈争执。伯颜一怒之下拘捕了文天祥，将其与左丞相吴坚、右丞相贾余庆、知枢密院事谢堂、签书枢密院事家铉翁、同签书枢密院事刘祒，一同押往大都。走到镇江时，文天祥与他的侍客杜浒等十二人，于夜间逃到真州。南宋抗元三杰之一、时任真州知州的苗再成听说后，亲自到城外迎接他，高兴得流着泪说：“两淮的士兵足可以兴复宋朝，只是二制置使有些矛盾，不能同心协力。丞相到来从中调配，必能大破元军。”文天祥问道：“计从何来？”苗再成回答说：“我们先约淮西兵赶赴建康，元军必然会全力以赴防御淮西的士兵。我们再指挥东西两部的将领，以通州、泰州兵攻打湾头，以高邮、宝应、淮安兵攻打杨子桥，以扬州兵攻打瓜步，我率水军直捣镇江，约在同一天同时举兵。湾头、杨子桥都是元军防守的薄弱地带，出其不意一定能够取胜。其他三路军一齐进攻瓜步，我亲自从长江水面以较少的士兵进行佯攻，就算是诸葛在世也不会料到我们会采取这样的战术。瓜步攻下后，以东面的军队进攻京口，西面的士兵进攻金陵，堵住浙江元军的退路，那么元军主帅不难被擒，整个战局就可以扭转。”文天祥对苗再成的计划大加赞赏，立即写信派人送给两位制置使，并派遣使者四处联络。

文天祥还没到真州的时候，有从扬州逃出来的士兵说：“朝廷秘密派遣一位丞相进入真州劝降来了。”两淮安抚使李庭芝信以为真，认为文天祥到真州是来劝降的，就发文给苗再成，让他迅速将文天祥杀掉。苗再成不忍对文天祥下手，就将他骗到城垒外，把制司的文书给他看，随后将文天祥关到门外，并先后派出两批人与文天祥交谈，看看他是不是来劝降的，如果真是来劝降的就立即杀了他。两批人与文天祥交谈后，证实他并非来劝降的，于是就派士兵将他送往扬州，交由制置使处理。当天夜里四更，文天祥一行抵达扬州城下，等待城门开启后进城。在等候的过程中，文天祥一行听守城的士兵说，制置使对他防守非常严密。于是，文天祥一行绕过扬州，准备进入长江从海路返回临安，结果很快遇到了元军，只好躲入荒废的土墙后。文天祥一行连日奔波、饥肠辘辘，饿得走不动路，只好向樵夫们讨要残羹剩饭充饥。当走到板桥的时候，再次遇到元军，众人躲进竹林中，元军进入林中搜捕，擒获杜浒、金应，虞候张庆眼睛被箭射中，文天祥侥幸逃脱。杜浒、金应拿出身上的金银送给元军才被放回，雇请两个樵夫将文天祥放入箩筐之中抬到高邮，坐船泛海抵达温州。

到达温州后，文天祥上疏劝益王赵昰即皇帝位。德祐二年（1276）宋端宗赵昰即位后以观文殿大学士、侍读的官职召文天祥至福州。接到诏书后，文天祥立即前往福州，到达行在后，被任命为枢密使、同都督诸路军马，升任右丞相。文天祥积极主张北上，建都永嘉（今属浙江温州），而张世杰却坚持开府广州，为小朝廷南逃做准备。不久，广州被元军占领，张世杰这才让文天祥开府南剑州（今属福建）。但是，看到文天祥一呼百应、威信极高，张世杰担心文天祥的影响在自己之上，就借宋端宗的名义，命令他将督府远移到汀州（今属福建长汀），还百般阻挠文天祥入朝面见皇帝。

德祐二年（1276 年）七月，以同都督职出掌江南西路的文天祥先召集士兵进入汀州，又于十月派参谋赵时赏、咨议赵孟溁率领一支军队攻取宁都（今江西宁都），参赞吴浚率一支军队攻取雩都（今江西于都），刘洙、萧明哲、陈子敬都从江西起兵来与他会合。招谕副使邹㵯在宁都召聚兵众，被元军击败，与他一同举事的刘钦、鞠华叔、颜师立、颜起岩等全部遇害。武冈教授罗开礼起兵收复永丰县（今江西永丰），不久兵败被俘，死于狱中。文天祥听后，穿起丧服，痛哭不已。

景炎二年（1277）正月，元军攻入汀州，文天祥退至漳州，请求入卫朝廷。赵时赏、赵孟溁也率兵归来，唯独吴浚的士兵没有到。不久，吴浚降元，并受元军委托前来游说文天祥，被文天祥派人绑起来吊死了。四月，文天祥进入梅州，处死专横跋扈的都统王福、钱汉英。五月，文天祥进入会昌。六月，进入兴国县。七月，文天祥派遣参谋张汴、监军赵时赏和赵孟溁等率大军进逼赣城，派邹㵯率领赣州各县的军队攻取永丰，派其副官黎贵达率领吉州各县的士兵攻取泰和。在各路义军的奋勇拼杀下，吉州八县克复了一半，仅剩赣州没有攻下。江西附近的州郡纷纷送来钱粮劳军，潭州赵璠、张虎、张唐、熊桂、刘斗元、吴希奭、陈子全、王梦应在邵州、永州等地起兵克复数县，抚州人何时等起兵响应文天祥，分宁、武宁、建昌三县豪杰也都派人到军中接受调遣参战。

正当各路义军纷纷收复失地之时，元军江南西路宣慰使李恒派遣士兵入援赣州，而他则率兵在兴国进攻文天祥的据点。文天祥没有预料到李恒突然攻至兴国，于是率兵撤退，向在永丰的邹㵯靠拢。邹㵯的军队已在他之前溃败，李恒于是穷追文天祥至方石岭。其部将巩信坚守拒战，身中数箭而死。退守到空坑时，士兵被打败溃散，文天祥的妻妾子女也都被抓住。当时，赵时赏坐在轿子中，后面的元军讯问他是谁，赵时赏说“我姓文”，元兵以为是文天祥，活捉他返回军营，文天祥因此得以逃脱。彭震龙、张汴等死于军中，缪朝宗上吊自杀，赵时赏及吴文炳、林栋、刘洙、萧敬夫、萧焘夫等均被杀害。

逃离了元军的追捕后，文天祥召集残兵奔赴循州，驻扎于南岭。黎贵达密谋向元军投降，被文天祥擒杀。景炎三年（1278）三月，文天祥进驻丽江浦（今广东海丰县西南长沙港）。六月，进入船澳（今广东惠东县南沿海）。此时，宋端宗赵昰已死，卫王赵昺继位。文天祥上表自责，请求入朝，没有获准。八月，文天祥被加封为少保、信国公。当时正值盛夏季节，军中瘟疫流行，损失士卒数百人，文天祥的母亲和他唯一的儿子也都不幸病死。十一月，文天祥进驻潮阳县。潮州盗贼陈懿、刘兴多次叛附无常，为潮阳一大祸害。文天祥赶走了陈懿，击杀了刘兴。十二月，文天祥赶赴南岭，邹㵯、刘子俊也从江西率兵而来，再次攻打陈懿的党羽，陈懿于是暗中勾结元将张弘范，帮助、引导元军逼攻潮阳。文天祥正在五坡岭吃饭，张弘范的军队突然出现，一众士兵和随从措手不及，纷纷埋头躲在荒草中。文天祥匆忙逃走，被元军千户王惟义抓住。文天祥吞食龙脑自杀未能如愿，其僚属、部卒大多被抓获杀害。

文天祥被俘后，先押至潮阳。见到张弘范时，文天祥不肯行跪拜之礼，张弘范也没有勉强他，而是以客礼接见，并带文天祥一起抵达厓山，要他写信招降张世杰。文天祥说："我不能保卫父母，还叫别人叛离父母，可以吗？"因多次强迫索要书信，文天祥最后创作了著名的《过零丁洋》。张弘范看后，笑着将其收藏（一说张弘范"但称好人好诗，竟不能逼"）。厓山之战后，宋朝彻底灭亡，元军置宴犒军，张弘范对文天祥说："丞相的忠心孝义都尽到了，若能改变心意，像侍奉宋朝那样侍奉皇上，不失宰相之位。"文天祥含泪说："国家沦亡却不能补救，作为臣子，死有余辜，怎敢怀有二心苟且偷生呢？"张弘范感其仁义，派人护送文天祥到京师。据说在路上，文天祥八天没有吃饭，却仍然没死。到达燕京后，元朝给文天祥安排了非常奢华的馆舍，并且安排人小心侍奉，但他并没有入睡，一直坐等天亮。于是被移送到兵马司，由士卒监守。当时元世祖忽必烈多次搜求有才能的南宋官员，降臣王积翁说："南人中没有比得上文天祥的。"忽必烈于是派王积翁去传达圣旨，文天祥说："国家亡了，我只能以死报国。倘若因为宽赦，能以道士回归故乡，他日以世俗之外的身份作为顾问，还可以。假如立即给以高官，不仅亡国的大夫不可以此求生存，而且把自己平生的抱负全部抛弃，那么任用我有什么用呢？"王积翁想与谢昌元等十人一起请求释放文天祥为道士，降元的留梦炎不同意，说："文天祥放出后，又在江南号召起事，置我十人于何地？"此事于是作罢。文天祥在燕京共三年，忽必烈知道文天祥始终不屈，同宰相商议想放了他，有人以文天祥起兵江南西路的事为借口加以阻止，结果此议不了了之。

文天祥在狱中曾收到女儿柳娘的来信，得知妻子和两个女儿都在宫中为奴，过着囚徒般的生活。文天祥明白：只要投降，家人即可团聚。但文天祥不愿因此丧失气节。他在写给自己妹妹的信中说："收柳女信，痛割肠胃。人谁无妻儿骨肉之情？但今日事到这里，于义当死，乃是命也。奈何？奈何！……可令柳女、环女做好人，爹爹管不得。泪下哽咽哽咽。"

至元十九年（1282），福建有一僧人说土星冒犯帝坐星，怀疑有变乱。不久，中山有一狂人自称"宋主"，有兵千人，想救出文天祥。京城也有未署名的书信，说某日火烧蓑城苇，率领两侧翼的士兵作乱，丞相就没有忧虑了。当时元左丞相阿合马为"盗"刺杀，元廷于是撤除城苇，迁瀛国公及宋宗室到开平，并怀疑信上说的丞相就是文天祥。之后，忽必烈召见文天祥，对他说："你有什么愿望？"文天祥回答："天祥深受宋朝的恩德，身为宰相，哪能侍奉二姓，愿赐我一死就满足了。"然而忽必烈还是不忍心，急忙挥手要他退去。有人建议答应文天祥的要求，忽必烈同意了，不一会儿又下诏加以阻止，但文天祥已经遇害。临刑时，文天祥尤为从容不迫，对狱中吏卒说："我的事完成了。"在向南方跪拜后，从容就义，终年四十七岁。几天后，文天祥的妻子欧阳氏发现他的面色如同生者一般。这时，刑场上出现十位江南义士，他们冒死来为文天祥办理后事。在遗体的衣带间，他们发现了这样一篇附有序言的赞：

> 吾位居将相，不能救社稷，正天下，军败国辱，为囚虏，其当死久矣！顷被执以来，欲引决而无间，今天与之机，谨南向百拜以死。其赞曰：孔曰成仁，孟曰取义，惟其义尽，所以仁至。读圣贤书，所学何事？而今而后，庶几无愧！宋丞相文天祥绝笔。

文天祥就义的消息传到南方后，其旧日在勤王军的部属和朋友非常悲痛，纷纷设酒祭奠，撰文赋诗，以表悼念之情。元至元二十一年（1284），文天祥归葬于故乡富田村东南二十里的鹜湖之原，乡人邓光荐为之作墓志铭。元至治三年（1323），吉安郡学奉文天祥像于先贤堂，和欧阳修、杨邦乂、胡铨、周必大、杨万里并列，实现了文天祥少年时的志愿。明洪武九年（1376），明廷在北平教忠坊建文丞相祠，岁时遣官致祭。明代宗景泰七年（1456），经巡抚江西的右佥都御史韩雍、华盖殿大学士陈循等奏请，按照《谥法》中“临患不忘国曰忠，秉德遵业曰烈”，赐文天祥谥号为“忠烈”。清道光年间，文天祥从祀于孔庙。

文天祥回援临安后，张世杰接任平江知府。

张世杰（？—1279），涿州范阳县（今属河北涿州）人，宋末抗元名将，与文天祥、陆秀夫并称宋末三杰。

张世杰的生年不详，其一生都在与元军的厮杀中度过，并战斗到生命的最后一刻，留下了可歌可泣的英雄事迹。

其实张世杰算不上是真正的南宋人，他的老家在河北涿州，这个地方早在北宋灭亡之后就被金国占领，因此，张世杰从小成长在金国的统治之下。淳祐元年（1241），张世杰投军到张柔的部队，随张柔戍守杞州（今河南杞县）。张柔是河北保定人，是当地的豪族大家，蒙古攻金的时候，兵败投降了蒙军，后随蒙军一起消灭了金国。其子就是后来攻占南宋、抓捕文天祥、逼死张世杰的张弘范。而张弘范是金国灭亡后出生的，因此，张弘范是在蒙古统治下长大的。

张世杰是在张柔与蒙军对峙的时候加入其麾下的，后来不知道犯了什么罪，因为担心被处罚，就逃到了宋州（治所在今河南睢阳）投靠了宋军，从此成为南宋忠贞不渝的战将。张世杰投靠宋军后，没有人知道他的名字。驻守襄阳的吕文德的部将见到张世杰后，觉得此人与众不同，是个难得的奇才，就把他推荐给了吕文德，吕文德将他征召到身边，任命为小校。张世杰是一个典型的在战场上摸爬滚打出来的武将，作战经验非常丰富，多次立下战功，不久就升任黄州武定等军都统制。在攻打安东州、援助鄂州等战役中立有大功，官阶晋升十阶。不久，张世杰又随从贾似道进入黄州，战于鬃草坪，夺回敌人掠夺的东西，加环卫官，被任命为高邮军知军、安东州（今江苏涟水）知州等。

咸淳四年（1268），元军围攻襄阳，吕文焕向朝廷请求援军，张世杰与夏贵被派去支援襄阳。因为元军采取长期围困、断绝外援的战略，襄阳被围长达四年之后终于弹尽粮绝，吕文焕向元军投诚，张世杰率领五千人退居鄂州。张世杰用铁索封锁两城，夹以火炮、弓弩，并在险要位置散布木桩，与元军进行了激烈对抗，但因寡不敌众，只能弃守鄂州，向临安撤退。随后，贾似道率领南宋十万大军到建康，组织了最后一次大规模抵抗，结果大败，南宋元气大伤，败局已经注定。

鄂州战败后，张世杰率军经饶州赶往临安。当时，贾似道战败后，朝野震荡，谢太后下诏各路大军入卫临安，张世杰第一个抵达，因此受到朝廷的特别重视，几个月时间就从和州防御使晋升为保康军承宣使，总都督府兵。张世杰派兵四处出击，取得了一些胜利，收复了临安附近的州县，士兵颇为振奋。德祐元年（1275）七月，张世杰组织军队和元军名帅阿术大战于焦山。阿术乃是“蒙古四獒”之一——速不台之孙，名将兀良合台（灭大理，征安南）之子，也是元军名宿，战斗能力惊人，张世杰再次大败。朝廷于是召文天祥等入京勤王，以张世杰为保康军节度使，兼任平江知府，当月即被征召入卫朝廷，并加官为检校少保。

德祐二年（1276）正月，元军逼近临安，张世杰请求将皇帝、皇后、太后三宫转移到海山避难，自己与文天祥合兵背水一战，但是遭到陈宜中的反对。陈宜中派人向元军求和，却遭到了元军的拒绝。不久，元军抵达皋亭山，张世杰率军进入定海。石国英派都统卞彪劝说张世杰投降，张世杰开始以为卞彪是来随自己一同南下的，所以就杀牛煮肉让他享用，等酒喝到一半的时候，卞彪从容说明来意，张世杰听后大怒，当场就把他的舌头割了下来，随后又在巾子山将其裂尸。

德祐二年（1276）正月十八日，谢太后派大臣杨应奎向元军献上降表和传国玉玺，元军要求与宰相会谈，陈宜中当夜撤离临安，逃往温州，漂泊在海上，在婺州跟上宋室二王和杨淑妃、杨亮节、宋理宗驸马都尉、谢道清的侄子杨镇、赵宋皇室人员赵与择、陆秀夫等的逃跑队伍。到达温州后，陈宜中等拥立益、广二王为都督天下兵马正、副元帅，然后一路南下抵达福州。四月，张世杰也随同二王进入福建，与陈宜中一同拥立益王赵昰即位，是为宋端宗。陈宜中主持南宋流亡政府全面工作，陆秀夫、曾渊子、杨亮节、赵与择、杨镇等文臣辅助陈宜中，张世杰被任命为签书枢密院事。张世杰率军与元军在福建进行了多次战斗，无奈元军势大，张世杰只好边战边退，从海路抵达泉州。然而，由于张世杰的决策失误，他们在泉州遇到了问题。当时，泉州最大的海外贸易商、阿拉伯商人蒲守庚已被任命为福建、广东招抚使。当张世杰的船队抵达泉州的时候，蒲守庚曾上船觐见皇帝和太后，并请两宫驻跸泉州，但遭到了张世杰的拒绝，原因是他认为蒲守庚是外国人，怀疑他和蒙古人有勾结，万一皇上和太后上岸后被扣为人质，自己就完全失去了主动权。当时，有人劝张世杰扣留蒲守庚，也遭到了张世杰的拒绝。张世杰既没有答应皇上和太后驻跸泉州的请求，也没有扣留蒲守庚，而是将蒲守庚放走后又抢了他的船和钱，结果，蒲守庚大怒，立即和南宋小朝廷翻脸，不仅大肆屠杀在泉州的赵氏宗室、士大夫和地方军，而且于当年十二月八日，与知府田真子一起向元军投降，献出了泉州城。

无奈之下，张世杰只好率船队继续南下。他们首先抵达广州珠江的秀山，又转移到珠江口外的大小横琴岛，再逃到广东雷州湾外。此时，一路逃亡被吓出病来的宋端宗命丧黄泉，而一向见风使舵的陈宜中则早就逃往越南占城，后来元朝占领占城后，陈宜中又逃到遥国，即暹罗，也就是现在的泰国，并在当地终老。宋端宗死后，朝廷官员准备各奔前程，此时，陆秀夫成了主心骨和顶梁柱，他说："度宗不是还有个儿子吗？只要天不灭宋，我们尚有可为！"大家这才拥立赵昺为帝，改元祥兴。然而，这个时候的南宋，既不祥和，也没有复兴的可能。张世杰试图打通前往越南占城的海道，或者将雷州半岛作为落脚点，均遭失败。走投无路之下，张世杰率军抵达崖山，准备抗战到底。祥兴二年（1279），元军主帅张弘范率军抵达崖山，有人对张世杰说："北兵用水军堵住海口，我们就不能进退了，为什么不先占据海口，侥幸取胜，这是国家的福分，不能取胜，仍然可以向西撤退。"张世杰担心军队长时间在海上漂泊会有离散之心，就说："连年航行在海上，什么时候是结束呢？现在应该和敌人决一胜负。"于是，张世杰命令烧毁皇帝临时驻地的集市，将一千多艘大船连接起来做成水寨，以为死守之计。没有及时占领海口，又将所有船只连结在一起，张世杰虽然做好了必死的准备，却犯下了兵家之大忌，失败也就不难预料了。

不久，张弘范兵占海口，宋军的柴、粮、水道全部被切断，士兵只好啃干粮、喝海水，极度困乏。张弘范抓到张世杰的一个外甥，授以官职，让他前去招降张世杰，前后共三次，张世杰历数古代之君臣后说："我知道投降了不仅能够生存，而且能够富贵，但是我为皇帝死的志向是不能动摇的。"二月二十日，张弘范发起总攻，张世杰战败。张世杰本想派人接宋少帝突围出逃，但陆秀夫在兵荒马乱之下担心是奸细，拒绝了张世杰的兵士，最后全部跳海溺亡。张世杰还想侍奉杨太后寻找赵氏后代立新的皇帝，再图后举，但是杨太后听闻赵昺死讯后也跳海自杀。张世杰将杨太后葬在海边，将士劝其登岸，张世杰说："不必了。"然后登上柁楼，焚香跪拜说："我为赵氏，能做的事都做尽了，一君亡，又立一君，现在又亡。我还没有死的原因是希望敌兵退，再另立赵氏以存祀。现在到了这个地步，岂非天意耶？"不久，张世杰在暴风雨中溺死于平章山下。

宋朝灭亡后，张世杰也受到了后人的高度评价。近代历史学家蔡东藩在《宋史演义》中说："及文、张、陆三人之奔波海陆，百折不回，尤为可歌可泣，可悲可慕。六合全覆而争之一隅，城守不能而争之海岛，明知无益事，翻作有情痴，后人或笑其迂拙，不知时局至此，已万无可存之理，文、张、陆三忠，亦不过吾尽吾心已耳。读诸葛武侯《后出师表》，结末云：'鞠躬尽瘁，死而后已，成败利钝，非所逆睹。'千古忠臣义士，大都如此，于文、张、陆何尤乎？宋亡而纲常不亡，故胡运不及百年而又归于明，是为一代计固足悲，而为百世计则犹足幸也。"

是啊，对于个人来讲，这些忠臣义士的悲惨命运确实十分可惜，但是，对于中华民族来讲，他们留下的宝贵精神财富足以激励千千万万的后来者。从这个意义上讲，文天祥、张世杰、陆秀夫的死，是死得其所的，也是民族之幸、国家之幸！

张世杰离开苏州后，苏州很快被元军占领，张世杰也成为整个宋朝平江最后一任知府。

附录

宋朝苏州知府名录

序号	姓名	籍贯	任职时间	去职时间	所在章节
1	宋康年	不详	政和三年（1113）十二月	政和四年（1114）九月	第一章
2	庄徽	不详	政和四年（1114）九月	重和元年（1118）四月	第一章
3	应安道	不详	重和元年（1118）四月	重和二年（1119）八月	第一章
4	贾諲	不详	宣和二年（1120）	宣和三年（1121）七月	第一章
5	楼异	浙江宁波	宣和三年（1121）七月	宣和五年（1123）	第一章
6	胡直孺	江西宜春	宣和五年（1123）	宣和七年（1125）正月	第一章
7	许操	不详	宣和七年（1125）正月	宣和七年（1125）正月	第一章
8	季伦	山东甄城	宣和七年（1125）正月	靖康元年（1126）四月	第一章
9	王靓	江西吉安	靖康元年（1126）四月	靖康元年（1126）九月	第一章
10	郑滋	福建福州	靖康元年（1126）九月	建炎元年（1127）七月	第一章

续表

序号	姓名	籍贯	任职时间	去职时间	所在章节
11	赵岍	浙江衢州	建炎元年（1127）七月	建炎二年（1128）正月	第二章
12	孙觌	江苏常州	建炎二年（1128）正月	建炎二年（1128）六月	第三章
13	汤东野	江苏丹阳	建炎二年（1128）六月	建炎三年（1129）五月	第三章
14	孙觌	江苏常州	建炎三年（1129）四月	建炎三年（1129）闰八月	第三章
15	李邴	山东济宁	建炎三年（1129）九月三日	建炎三年（1129）九月六日	第三章
16	汤东野	江苏丹阳	建炎三年（1129）九月	建炎四年（1130）七月	第三章
17	胡松年	江苏连云港	建炎四年（1130）七月	绍兴二年（1132）四月	第四章
18	李弥大	江苏苏州	绍兴二年（1132）闰四月	绍兴二年（1132）六月	第四章
19	席益	河南洛阳	绍兴二年（1132）闰四月	绍兴二年（1132）八月	第五章
20	李擢	山东济南	绍兴二年（1132）十二月	绍兴三年（1133）三月	第五章
21	向伯厚	不详	绍兴三年（1133）四月	绍兴三年（1133）七月	第五章
22	宋伯友	不详	绍兴三年（1133）七月	绍兴三年（1133）十月	第五章
23	孙佑	不详	绍兴三年（1133）十月	绍兴五年（1135）二月	第六章
24	赵子画	河北涿县	绍兴五年（1135）二月	绍兴五年（1135）七月	第六章
25	李光	浙江绍兴	绍兴五年（1135）七月	绍兴五年（1135）十一月	第六章

续表

序号	姓名	籍贯	任职时间	去职时间	所在章节
26	张守	江苏常州	绍兴五年（1135）十一月	绍兴六年（1136）四月	第七章
27	章谊	福建南平	绍兴六年（1136）六月	绍兴七年（1137）八月	第七章
28	梁汝嘉	浙江丽水	绍兴七年（1137）九月	绍兴八年（1138）七月	第七章
29	仇悆	山东青州	绍兴八年（1138）	绍兴八年（1138）	第八章
30	向子諲	江西樟树	绍兴八年（1138）八月	绍兴八年（1138）十一月	第八章
31	林安宅	福建福清	绍兴八年（1138）十一月	绍兴九年（1139）正月	第八章
32	欧阳懋	江西永丰	绍兴九年（1139）正月	绍兴九年（1139）五月	第九章
33	赵霈	浙江衢州	绍兴九年（1139）八月	绍兴十年（1140）六月	第九章
34	梁汝嘉	浙江丽水	绍兴十年（1140）六月	绍兴十一年（1141）七月	第九章
35	张宗元	河南方城	绍兴十一年（1141）八月	绍兴十三年（1143）正月	第九章
36	周葵	江苏宜兴	绍兴十三年（1143）正月	绍兴十四年（1144）正月	第十章
37	王映	成都华阳	绍兴十四年（1144）三月	绍兴十七年（1147）正月	第十章
38	郑滋	福建福州	绍兴十七年（1147）三月	绍兴十八年（1148）五月	第十章
39	俞俟	浙江湖州	绍兴十八年（1148）五月	绍兴十九年（1149）三月	第十一章
40	王晌	成都华阳	绍兴十九年（1149）三月	绍兴十九年（1149）十一月	第十一章

续表

序号	姓名	籍贯	任职时间	去职时间	所在章节
41	周三畏	河南开封	绍兴十九年（1149）十二月	绍兴二十年（1150）三月	第十一章
42	徐琛	浙江慈溪	绍兴二十年（1150）五月	绍兴二十三年（1153）三月	第十一章
43	李朝正	江苏溧阳	绍兴二十三年（1153）四月	绍兴二十四年（1154）十一月	第十二章
44	汤鹏举	江苏金坛	绍兴二十五年（1155）正月	绍兴二十五年（1155）七月	第十二章
45	王会	成都华阳	绍兴二十五年（1155）八月	绍兴二十五年（1155）十一月	第十二章
46	孟忠厚	河北永年	绍兴二十六年（1156）二月	绍兴二十六年（1156）十一月	第十三章
47	蒋璨	江苏宜兴	绍兴二十七年（1157）二月	绍兴二十八年（1158）八月	第十三章
48	陈正同	福建延平	绍兴二十八年（1158）十二月	绍兴三十年（1160）三月	第十三章
49	朱翌	安徽桐城	绍兴三十年（1160）三月	绍兴三十一年（1161）三月	第十四章
50	洪遵	江西饶州	绍兴三十一年（1161）五月	绍兴三十二年（1162）五月	第十四章
51	沈介	浙江德清	绍兴三十二年（1162）七月	绍兴三十二年（1162）十月	第十四章
52	陈之茂	江苏无锡	绍兴三十二年（1162）十二月	隆兴元年（1163）四月	第十五章
53	张孝祥	安徽和县	隆兴元年（1163）五月	隆兴二年（1164）二月	第十五章
54	陈汉	不详	隆兴二年（1164）三月	隆兴二年（1164）七月	第十五章
55	虞允文	四川眉山	隆兴二年（1164）十月	隆兴二年（1164）十一月	第十五章

续表

序号	姓名	籍贯	任职时间	去职时间	所在章节
56	沈度	浙江德清	隆兴二年(1164)十一月	乾道二年(1166)七月	第十六章
57	沈介	浙江德清	乾道二年(1166)七月	乾道三年(1167)四月	第十六章
58	姚宪	浙江嵊州	乾道三年(1167)五月	乾道四年(1168)五月	第十六章
59	徐嘉	浙江衢州	乾道五年(1169)四月	乾道六年(1170)四月	第十六章
60	汪应辰	江西玉山	乾道六年(1170)五月	乾道六年(1170)九月	第十六章
61	魏杞	安徽寿县	乾道六年(1170)九月	乾道七年(1171)十二月	第十七章
62	向沟	河南沁阳	乾道八年(1172)正月	乾道八年(1172)六月	第十七章
63	邱密	江苏江阴	乾道八年(1172)七月	乾道九年(1173)四月	第十七章
64	方滋	浙江桐庐	乾道九年(1173)五月	乾道九年(1173)七月	第十七章
65	马希言	山东菏泽	乾道九年(1173)七月	淳熙元年(1174)七月	第十八章
66	韩彦古	陕西绥德	淳熙元年(1174)七月	淳熙元年(1174)九月	第十八章
67	莫漳	浙江湖州	淳熙元年(1174)十月	淳熙元年(1174)十一月	第十八章
68	韩彦古	陕西绥德	淳熙二年(1175)正月	淳熙二年(1175)六月	第十八章
69	陈岘	浙江平阳	淳熙二年(1175)八月	淳熙五年(1178)七月	第十八章
70	单夔	浙江杭州	淳熙五年(1178)九月	淳熙六年(1179)三月	第十八章

续表

序号	姓名	籍贯	任职时间	去职时间	所在章节
71	司马伋	山西夏县	淳熙六年（1179）四月	淳熙六年（1179）八月	第十九章
72	王佐	浙江绍兴	淳熙六年（1179）十二月	淳熙七年（1180）十一月	第十九章
73	韩彦质	陕西绥德	淳熙七年（1180）十二月	淳熙九年（1182）七月	第十九章
74	耿秉	江苏江阴	淳熙九年（1182）七月	淳熙十年（1183）十月	第十九章
75	谢师稷	福建邵武	淳熙十年（1183）十月	淳熙十一年（1184）十月	第二十章
76	邱崈	江苏江阴	淳熙十一年（1184）十二月	淳熙十二年（1185）十二月	第二十章
77	何万	福建福清	淳熙十三年（1186）正月	淳熙十三年（1186）六月	第二十章
78	王希吕	安徽宿州	淳熙十三年（1186）八月	淳熙十四年（1187）四月	第二十章
79	赵彦操	不详	淳熙十四年（1187）八月	绍熙元年（1190）三月	第二十章
80	袁说友	福建建瓯	绍熙元年（1190）三月	绍熙二年（1191）五月	第二十一章
81	沈揆	浙江嘉兴	绍熙二年（1191）六月	绍熙四年（1193）二月	第二十一章
82	王尚之	不详	绍熙四年（1193）三月	绍熙四年（1193）三月	第二十一章
83	雷潨	湖南长沙	绍熙四年（1193）七月	绍熙五年（1194）九月	第二十一章
84	王溉	安徽石台	绍熙五年（1194）十一月	庆元二年（1196）二月	第二十一章
85	郑若容	浙江宁波	庆元二年（1196）三月	庆元二年（1196）十二月	第二十二章

续表

序号	姓名	籍贯	任职时间	去职时间	所在章节
86	虞俦	安徽宁国	庆元二年（1196）十二月	庆元四年（1198）六月	第二十二章
87	刘诚之	江西樟树	庆元四年（1198）六月	庆元五年（1199）六月	第二十二章
88	赵不艰	不详	庆元五年（1199）六月	嘉泰二年（1202）三月	第二十二章
89	张抑	江苏常州	嘉泰二年（1202）三月	嘉泰三年（1203）二月	第二十二章
90	张岩	河南开封	嘉泰三年（1203）三月	嘉泰四年（1204）正月	第二十二章
91	李大性	广东四会	嘉泰四年（1204）七月	开禧二年（1206）四月	第二十二章
92	张泽	浙江绍兴	开禧二年（1206）五月	开禧二年（1206）十月	第二十二章
93	沈作宾	浙江湖州	开禧二年（1206）十一月	开禧三年（1207）三月	第二十二章
94	林采	福建福州	开禧三年（1207）四月	嘉定元年（1208）四月	第二十二章
95	李大异	江西南昌	嘉定元年（1208）四月	嘉定三年（1210）正月	第二十三章
96	赵希怿	浙江青田	嘉定三年（1210）四月	嘉定五年（1212）正月	第二十三章
97	陈芾	浙江宁波	嘉定五年（1212）八月	嘉定七年（1214）九月	第二十三章
98	沈皞	不详	嘉定七年（1214）九月	嘉定十年（1217）四月	第二十三章
99	赵彦橚	浙江杭州	嘉定十年（1217）六月	嘉定十一年（1218）十一月	第二十三章
100	李大性	广东四会	嘉定十二年（1219）二月	嘉定十二年（1219）六月	第二十三章

续表

序号	姓名	籍贯	任职时间	去职时间	所在章节
101	綦奎	浙江台州	嘉定十二年(1219)十二月	嘉定十五年(1222)五月	第二十四章
102	赵汝述	浙江宁波	嘉定十五年(1222)五月	嘉定十六年(1223)十二月	第二十四章
103	沈皞	不详	嘉定十六年(1223)七月	宝庆元年(1225)五月	第二十四章
104	王元春	湖南邵阳	宝庆元年(1225)六月	宝庆三年(1227)四月	第二十四章
105	章良朋	浙江丽水	绍定元年(1228)三月	绍定元年(1228)七月	第二十四章
106	林介	浙江温州	绍定元年(1228)七月	绍定元年(1228)十一月	第二十四章
107	李寿朋	安徽广德	绍定元年(1228)十二月	绍定二年(1229)十月	第二十四章
108	朱在	江西婺源	绍定二年(1229)十一月	绍定三年(1230)十一月	第二十五章
109	吴渊	江苏溧水	绍定三年(1230)十二月	绍定四年(1231)七月	第二十五章
110	邹应博	福建泰宁	绍定四年(1231)九月	绍定六年(1233)十一月	第二十五章
111	杨煜	不详	绍定六年(1233)十二月	端平元年(1234)三月	第二十五章
112	赵立夫	浙江乐清	端平元年(1234)三月	端平元年(1234)八月	第二十六章
113	张嗣古	江西宜春	端平元年(1234)十月	端平三年(1236)正月	第二十六章
114	王遂	江苏金坛	端平三年(1236)四月	嘉熙元年(1237)七月	第二十六章
115	吴潜	安徽宁国	嘉熙元年(1237)八月	嘉熙二年(1238)正月	第二十七章

续表

序号	姓名	籍贯	任职时间	去职时间	所在章节
116	史宅之	浙江宁波	嘉熙二年（1238）四月	嘉熙三年（1239）正月	第二十七章
117	赵与筹	浙江慈溪	嘉熙三年（1239）三月	淳祐元年（1241）二月	第二十八章
118	史宅之	浙江宁波	淳祐元年（1241）三月	淳祐三年（1243）二月	第二十八章
119	陈垲	福建福州	淳祐三年（1243）二月	淳祐四年（1244）四月	第二十八章
120	魏峻	浙江宁波	淳祐四年（1244）四月	淳祐六年（1246）三月	第二十八章
121	徐鹿卿	江西丰城	淳祐六年（1246）四月	淳祐七年（1247）四月	第二十八章
122	吴渊	江苏溧水	淳祐七年（1247）八月	淳祐八年（1248）五月	第二十八章
123	郑霖	浙江宁海	淳祐八年（1248）七月	淳祐十一年（1251）五月	第二十九章
124	余晦	浙江舟山	淳祐十一年（1251）六月	淳祐十二年（1252）正月	第二十九章
125	余天任	浙江舟山	淳祐十二年（1252）六月	宝祐元年（1253）四月	第二十九章
126	赵与訔	浙江湖州	宝祐元年（1253）十月	宝祐二年（1254）正月	第二十九章
127	赵汝历	不详	宝祐二年（1254）二月	宝祐三年（1255）七月	第二十九章
128	赵与筹	浙江丽水	宝祐三年（1255）八月	宝祐六年（1258）二月	第二十九章
129	余晦	浙江舟山	宝祐六年（1258）三月	宝祐六年（1258）八月	第二十九章
130	马扬祖	浙江金华	宝祐六年（1258）八月	开庆元年（1259）十月	第二十九章

续表

序号	姓名	籍贯	任职时间	去职时间	所在章节
131	洪焘	浙江杭州	开庆元年（1259）十月	景定元年（1260）五月	第三十章
132	赵与筹	浙江丽水	景定元年（1260）七月	景定元年（1260）八月	第三十章
133	程元凤	安徽歙县	景定元年（1260）八月	景定二年（1261）十月	第三十章
134	王爚	浙江绍兴	景定二年（1261）十一月	景定三年（1262）二月	第三十章
135	朱熠	浙江温州	景定三年（1262）三月	景定四年（1263）正月	第三十一章
136	包恢	江西抚州	景定四年（1263）二月	景定四年（1263）八月	第三十一章
137	赵与訔	浙江湖州	景定四年（1263）九月	景定五年（1264）四月	第三十一章
138	陈均	浙江温州	景定五年（1264）五月	咸淳元年（1265）七月	第三十一章
139	季镛	浙江丽水	咸淳元年（1265）十月	咸淳三年（1267）正月	第三十一章
140	陈梦斗	安徽和县	咸淳三年（1267）正月	咸淳三年（1267）七月	第三十一章
141	饶应龙	江西抚州	咸淳三年（1267）七月	咸淳三年（1267）九月	第三十二章
142	黄万石	江西抚州	咸淳三年（1267）九月	咸淳四年（1268）八月	第三十二章
143	赵顺孙	浙江丽水	咸淳四年（1268）九月	咸淳五年（1269）五月	第三十二章
144	黄镛	福建莆田	咸淳五年（1269）六月	咸淳六年（1270）三月	第三十二章
145	常楙	浙江德清	咸淳六年（1270）五月	咸淳七年（1271）四月	第三十三章

续表

序号	姓名	籍贯	任职时间	去职时间	所在章节
146	倪普	浙江金华	咸淳七年（1271）九月	咸淳九年（1273）二月	第三十三章
147	潜说友	浙江丽水	咸淳九年（1273）闰六月	德祐元年（1275）四月	第三十三章
148	戴觉民	浙江台州	德祐元年（1275）四月	德祐元年（1275）七月	第三十四章
149	陈谦亨	浙江金华	德祐元年（1275）四月（五月交印，七月一日到任）	德祐元年（1275）八月二十四日	第三十四章
150	文天祥	江西吉安	德祐元年（1275）九月	德祐元年（1275）十月	第三十四章
151	张世杰	河北涿州	德祐元年（1275）十月	德祐元年（1275）十月	第三十四章